大学问

始于问而终于明

守望学术的视界

实践社会科学系列 013

# Experience and Theory

## The History of Practice of Chinese Society, Economy, and Law

# 经验与理论

## 中国社会经济与法律的实践历史研究

黄宗智 著

GUANGXI NORMAL UNIVERSITY PRESS

广西师范大学出版社

·桂林·

经验与理论：中国社会经济与法律的实践历史研究
JINGYAN YU LILUN: ZHONGGUO SHEHUI JINGJI YU FALÜ DE SHIJIAN LISHI YANJIU

**图书在版编目（CIP）数据**

经验与理论：中国社会经济与法律的实践历史研究 / 黄宗智著. -- 桂林：广西师范大学出版社，2024.7
（实践社会科学系列）
ISBN 978-7-5598-6725-4

Ⅰ.①经… Ⅱ.①黄… Ⅲ.①中国经济史－研究②法制史－研究－中国 Ⅳ.①F129②D929

中国国家版本馆 CIP 数据核字（2024）第 018639 号

广西师范大学出版社出版发行

（广西桂林市五里店路 9 号　邮政编码：541004）
（网址：http://www.bbtpress.com）
出版人：黄轩庄
全国新华书店经销
深圳市精彩印联合印务有限公司印刷
（深圳市光明新区光明街道白花社区精雅科技园　邮政编码：518107）
开本：880 mm ×1 240 mm　　1/32
印张：24.25　　　字数：545 千
2024 年 7 月第 1 版　　2024 年 7 月第 1 次印刷
印数：0 001~5 000 册　　定价：108.00 元

如发现印装质量问题，影响阅读，请与出版社发行部门联系调换。

# "实践社会科学系列"总序

中国和美国的社会科学近年来多偏重脱离现实的抽象理论建构,而本系列丛书所强调的则是实践中的经济、法律、社会与历史,以及由此呈现的理论逻辑。本丛书所收入的理论作品不是由理论出发去裁剪实践,而是从实践出发去建构理论;所收入的经验研究则是那些具有重要理论含义的著作。

我们拟在如下三个子系列中收入精选后的重要作品,将同时推出中文版和英文版;如果相关作品已有英文版或中文版,则将其翻译出版。三个子系列分别是"实践法史与法理""实践经济史与经济学""中国乡村:实践历史、现实与理论"。

现今的社会科学研究通常由某一特定的理论立场出发,提出一项由该理论视角所生发出的研究问题,目标则是证明(有时候是否证)所设定的"假说"。这种研究方法可以是被明确说明的,也可以是未经明言的,但总是带有一系列不言而喻的预设,甚或是无意识的预设。

因为当下的社会科学理论基本上发端于西方,这种认识论的进路经常伴随着西方的经验(诸如资本主义、自由市场、形式主义法律等),以及其理论抽象乃是普适真理的信仰。而在适用于发展中的非西方世界时,社会科学的研究基本上变成一种探索所研究国家或地区的不足的工作,经常隐含或者公开倡导在西方"模式"道路上的发展。在经济学和法学领域内,它表现得最为明显,这是因为它们是当前最形式主义化和意识形态化的学科。而中国乡村的历史与现实则是最明显与主流西方理论不相符的经验实际。

我们的"实践社会科学系列"倡导把上述的认知过程颠倒过来,不是从源自西方的理论及由此得出的理论假说出发,而是从研究国家的实践历史与现实出发,而后进入理论建构。近代以来,面对西方在经济、军事及文化学理上的扩张,非西方国家无可避免地被卷入充满冲突性斗争的历史情境中——传统与西方"现代性"、本土与引进、东方与西方的矛盾。若从西方理论的视野去观察,在发展中国家的历史社会实践中所发生的现象几乎是悖论式的。

我们从实践出发,是因为不同于理论,实践是生成于所研究国家自身的历史、社会、经济与政治的情境、视域和话语内的;而且由实践(而非理论)出发所发现的问题,更有可能是所研究国家自身的内生要求,而不是源自西方理论/认知所关切的问题。

实践所展示的首先是悖论现象的共存——那些看起来自相矛盾且相互排斥的二元现实,却既真实又真切地共存着。例如,没有(社会)发展的(全球化的)商业化、没有民主的资本主义,或者没有相应司法实践的西化形式主义法律。其挑战着那些在它们之间预设因果关系的主流西方理论的有效性,因此呼吁新理论的构建。此外,理论往往由源自西方的形式演绎逻辑所主导,坚持逻辑上的前后一贯,而实践则不同于理论,惯常地容纳着看起来自相矛盾的现象。从实践出发的认知要求的是,根据实践自身逻辑的概念化来建构理论——比如中国的"摸着石头过河"。

从实践出发的视野要求将历史过程作为出发点,要求由此出发的理论建构。但是,这样的实践和理论关怀并不意味着简单地拒斥或盲目地无视西方的社会科学理论,而是要与现有理论进行自觉的对话,同时自觉地借鉴和推进西方内部多样的非主流理论传统。此类研究还可以表现在实际层面上,在西方主流的形式主义理论以外,有必要结合西方主流以外的理论传统去理解西方自身的经验——例如,结合法律实用主义(以及马克思主义和后现代主义)和主流的"古典正统"法学传统,去理解美国法律实践的过去和现在,或者结合马克思主义、实体主义和主流的亚当·斯密古典自由主义经济学传统,去理解西方的实践经济史。更重要的还在于,要去揭示这些与实践相结合的运转理论逻辑,在这些看起来相互排斥的二元对立之间,去寻找超越"非此即彼"之逻辑的道路。

我们的丛书拟收入在实践法史与法理、实践经济史与经济学,以及中国乡村的实践历史、现实与理论研究领域内的此类著作,也包括讨论中国创新的著作,这些创新已经发生在实践内,却尚未得到充分的理论关注和表述。我们的目标是要形成一系列具有比主流形式主义研究更适合中国历史、现实的问题意识和理论观念的著作。

黄宗智

# 目 录

前 言　*1*

第1章　《华北的小农经济与社会变迁》探讨的问题　*1*

　　一、中国的小农　*1*

　　二、农村演变的型式　*8*

　　三、中国的农村　*23*

第2章　《长江三角洲小农家庭与乡村发展》导论　*42*

　　一、经典理论：斯密和马克思　*43*

　　二、中国的学术研究　*44*

　　三、两个现代派别：恰亚诺夫和舒尔茨　*47*

　　四、对舒尔茨与恰亚诺夫学说的反思　*51*

　　五、没有发展的增长　*54*

　　六、内卷型商品化　*57*

　　七、帝国主义与农村内卷化　*59*

　　八、集体制下的内卷化　*60*

九、改革时期 61

第3章 《长江三角洲小农家庭与乡村发展》几点思考 67

一、中国的人口密度 67

二、中国的社会制度和政治经济 72

三、中国历史上的城乡关系 75

第4章 中国研究的规范认识危机——社会经济史中的悖论现象 80

一、规范认识的危机 81

二、没有发展的商品化 91

三、其他的悖论现象 100

四、当代史 111

第5章 《清代的法律、社会与文化：民法的表达与实践》导论 127

一、研究资料 130

二、"民事法律"和"民事调判" 132

三、一些初步的思考和结论 138

第6章 介于民间调解与官方审判之间——清代纠纷处理中的第 三领域 154

一、清代诉讼的三个阶段 155

二、中间领域的纠纷处理 168

三、第三领域中的弊端及各种缘由 175

四、正式性、非正式性以及第三领域的纠纷处理 180

附录 185

第7章 中国的"公共领域"与"市民社会"？——国家与社会间的 第三领域 187

一、哈贝马斯论公共领域 188

二、与会者的不同用法 *193*

三、国家与社会之间的第三领域概念 *197*

四、中华帝国晚期的第三领域 *199*

五、第三领域及其新的变迁 *203*

六、当代中国的第三领域 *206*

第8章 学术理论与中国近现代史研究——四个陷阱和一个问题
*214*

一、不加批判地运用 *215*

二、意识形态的运用 *217*

三、西方中心主义 *221*

四、文化主义 *225*

五、几对矛盾与新概念 *238*

六、一个萦怀于心的问题 *241*

第9章 近现代中国和中国研究中的文化双重性 *248*

一、什么是文化双重性？ *249*

二、美国的中国研究学者与近现代中国的双重文化人 *253*

三、文化双重性与国籍属性 *257*

四、中国近现代史上的双重文化人与文化双重性 *258*

五、近现代世界中双重文化的影响 *264*

六、文化双重性与萨义德和格尔茨 *266*

七、对中国研究的含义 *269*

八、当今美国的"外国区域研究"面临的危机 *275*

第10章 发展还是内卷？18世纪英国与中国——评彭慕兰《大分
岔：中国、欧洲与近代世界经济的形成》 *283*

一、英国的农业革命 *285*

二、长江三角洲的农业　288

三、内卷与工业发展　302

四、"勤勉的革命"？　313

五、人口史　320

六、是因为煤炭？　333

七、两种对照鲜明的经济　336

附录　346

第11章　离婚法实践——当代中国法庭调解制度的起源、虚构和现实　347

一、毛泽东思想中的民事法律制度　350

二、历史起源　372

三、离婚法实践与整体的民事法律制度　387

第12章　中国民事判决的过去和现在　399

一、大陆形式主义与清代司法　402

二、儒家的表达与清代的法律实践　410

三、大陆形式主义与民国民法的中国式原则及实践　413

四、法律形式主义与当代中国的法庭实践　416

五、法律变革和中国当代立法　448

第13章　中国法庭调解的过去和现在　459

一、清代的调解观念　462

二、清代的法庭实践　465

三、民国时期的调解　469

四、1949年后中国的调解意识形态　473

五、1949年后中国的法庭调解实践　477

六、调解与判决之间　487

七、当代中国法庭调解的性质　*494*

八、清代、民国和 1949 年后的中国调解　*497*

九、中国法庭调解的逻辑　*499*

第 14 章　中国法律的现代性？　*509*

一、美国法律的现代性　*510*

二、后现代主义与现代性问题　*513*

三、中国法律的现代性？　*516*

四、前瞻　*541*

第 15 章　集权的简约治理——中国以准官员和纠纷解决为主的

半正式基层行政　*548*

一、历史证据　*550*

二、集权的简约治理　*563*

三、儒法合一的治理　*569*

四、当代中国的科层制化和简约治理　*572*

第 16 章　认识中国——走向从实践出发的社会科学　*584*

一、中国现代的认识论和历史观的形成　*586*

二、中国现代的认识方法和西方启蒙现代主义认识论的不同

*587*

三、走向从实践出发的社会科学和理论　*593*

四、一些初步的认识　*595*

第 17 章　悖论社会与现代传统　*609*

一、悖论社会　*610*

二、二元对立的语境　*613*

三、形式主义的误导　*614*

四、实践的现代传统　*617*

五、双刃性的实践逻辑 621

六、理念的现代传统 623

第18章 制度化了的"半工半耕"过密型农业 629

一、从当前的根本事实出发 630

二、历史回顾和经济分析 633

三、国家政权与"三农"问题 638

四、出路问题 642

五、历史性契机 644

第19章 中国农业面临的历史性契机 650

一、世界发达国家农业发展经验回顾 652

二、当前中国农业发展的历史性契机 653

三、一个可能的出路 656

四、问题与措施 661

第20章 三大历史性变迁的交汇与中国小规模农业的前景 666

一、引言 666

二、人口与劳动就业 671

三、食品消费趋势 675

四、食品消费的上升空间 678

五、农业生产预测 682

六、劳动就业与收入 684

七、结论 691

附录 695

第21章 连接经验与理论——建立中国的现代学术 699

一、一个意识形态化的世界及其市场原教旨主义理论 700

二、新制度经济学在美国和中国的历史背景 703

三、美国法律的主流"古典正统" 707

四、只有特殊的学术模式,没有普适的理论 708

五、现代主义和后现代主义,以及其制度化表现 712

六、历史学界的一个现象 720

七、国内的学术环境 722

八、实践历史中的实用道德主义和第三领域,以及现代革命的实践精神 726

九、实践历史 730

十、课程设计解释 733

附录 "中国社会、经济与法律的实践历史研究"研修班课程大纲 738

# 前　言

　　本书汇集了我进入不惑之年后 25 年学术生涯中的精华,主要集中于这样一个学术问题:面对众多的现代社会科学和历史学理论,中国历史的实际意味着什么? 西方的一些主要理论体系对我们理解中国的历史实际能有什么样的帮助? 同时,反过来说,带有什么样的误导? 中国历史实际需要什么样的不同于西方的理论和概念来理解?

　　这是 1985 年的《华北的小农经济与社会变迁》(以下简称《华北》)一书试图回答的中心问题。在大量翔实的满铁①经验材料的基础上,我看到的是中国农村的几大特征,包括较高的人口压力、糊口边际的生活水平、半分化的社会结构以及相对闭塞的自然村,而这些都是伴随程度相当高的商品化而长期延续的。这样的历史

---

① "满铁"是日本"南满洲铁道株式会社"的简称。在这个机关的资助下,日本学者在中国进行了许多乡村调查和考察,由此形成了关于乡村社会可资利用的、差不多是最丰富的文档材料。(详细讨论参见 Huang,1985:第三章)

实际上不能通过任何单一的西方学术理论传统来理解，无论是古典和新古典经济学的形式主义理论、马克思主义政治经济学理论，还是实体主义理论。从中国农村历史的实际来看，三大理论体系各有是处，也各有不足。中国实际要求的是在综合各家理论是处之上，创建符合其本身的新理论概念。

《长江三角洲的小农家庭与乡村发展》（以下简称《长江》）同样在大量满铁材料的基础上，集中探讨了形式主义理论和马克思主义理论一个共同的核心信念——市场经济会导致经济发展（或封建主义到资本主义的演变）——对该地区历史适用与否。明清以来的历史实际确实显示出程度相当高的商品化，主要围绕14世纪以来的（我称之为）"棉花革命"，但这种商品化主要是由"内卷化"/"过密化"推动的，是小农在人口压力下为维持生存而做出抉择的结果。它主要体现于从粮食转到棉花和蚕桑的种植以及冬小麦的广泛传播，是通过更多的劳动投入，在其按日报酬递减的条件下，来换取更高的单位土地产出（见本集所收该书"导论"篇）。这样的"内卷"型农业能够支撑庞大的城市和众多的市镇、复杂的国家机器和灿烂的上层文化，但是以牺牲长时期在生存边缘挣扎的农民生活为代价的（见本书所收该书"几点思考"篇）。

在新中国成立后毛泽东时代的集体时期，决策者认为大规模的集体农业能够推进农业的现代化发展，但事实上只不过延续了原来的农业过密化，通过大幅度劳动力投入的增加来扩大单位土地的产出，并没有提高单位劳动日的生产率（而国家政策又是从农业提取剩余，优先发展工业），结果是劳动报酬的停滞不前。在其后的联产承包制下，市场主义论者以为市场刺激和个体农民的利益追求大幅度地促进了农业发展,但事实是种植业发展十分有限,真正的发展来源是乡村工业化在部分地区带来的农业剩余劳动力的转移,也就是说,去过密化。

在《华北》和《长江》两书之后写的《中国研究的规范认识危机:社会经济史的悖论现象》(以下简称《规范》)一文指出,中国农村的历史所突出的是"悖论"(paradox)的实际,无论从什么西方现代理论来分析,都违反其理论预期。"悖论"所指是两种实际状况的并存,从理论预期来看是相互矛盾的,但其实同是真实的。例如:商品经济的高度发展和生存经济的长时期延续("内卷型商品化"),总产量的增长和劳动生产率的停滞("没有发展的增长"),以及城市的发展和农村的落后。正是众多这样的悖论实际,导致了今天中国研究的"规范认识危机",突出了理论创新的要求。

这些是我早些年提出的问题和想法。今天看来,有其过时的方面,也有其适时的一面。在当时的语境中,几乎在世界各地,马克思主义政治经济学都是任何学术讨论中不可或缺的一个组成部分,最起码也是必得与之对话的观点,而今天已经不是。昔日马克思主义在学术界所占地位,在相当程度上已由今天的后现代主义取代,而上述的著作都没有考虑后现代主义理论。但是,今天形式主义经济学中的市场主义在知识界的影响,和当时相比,则唯有过之而无不及。《华北》《长江》两书和《规范》一文的主要对话对象正是今天占霸权地位的市场主义理论,因此今天读来,应该仍然有一定的意义,甚或更高的紧迫性。(至于马克思主义理论的价值,我们今天同样需要从历史实际来衡量。)

在上述关于乡村的研究暂时告一段落之后,我的主要注意力转向其他领域,尤其是法律史,而在理论问题上,则更倾向于和新兴的后现代主义潮流对话。核心问题则仍旧,亦即面对一系列的现代西方学术理论,中国的历史实际提出了什么样的问题?要求什么样的解答?

后现代主义关注的主要是话语,也可以说是"表达",区别于实践。在它的影响之下,我自己的研究掺入了对表达的关注,但这种关注不是(像有的后现代主义研究那样)单方面以话语为唯一实际的探讨,而是同时探讨表达与实践以及其间的关系。

表达和实践的问题清楚地凸现于我的法律史研究中。在相当数量新近开放的诉讼案件档案材料的基础上,于1996年写就的《清代的法律、社会与文化:民法的表达与实践》(以下简称《表达与实践》)一书,论证了清政府对自己的民事法律制度的表达和实践间的背离。官方的表达强调"细事"纠纷应由社区或宗族处理,但地方法庭其实经常处理许多这样的案件。官方表达强调和谐与调解的理想,不重判决,但地方法庭在司法实践中其实以判决(断案)为主。但是,这样的背离并不证明清代法律的表达不重要,因为它对法律制度整体的影响十分深远。正是道德性理念与实用性实践的结合(我称之为"实用道德主义")才是清代法律制度的真髓,也是中国法律制度得以长期延续的秘诀。《表达与实践》一书突出的结论可以这样表述:清代法律说的是一回事,做的是另一回事,但是,两者合起来,则又是另一回事。

在移植和本土两大观点相互对抗的语境之下,不少论者提倡用中国自己的表达和理论(话语)来替代西方理论的表达。《表达与实践》一书则证明两者之间的背离不仅见于移植过来的西方理论和中方的实践之间,也可见于中方自己的表达(或理论、话语)和自己的实践之间。历史实践证明,简单在西方或中国两种表达之间做非此即彼的选择是不合适的。它再一次要求我们尽可能从实际的认识出发,从那里创建新的概念。

在本书的第 6 章《介于民间调解与官方审判之间——清代纠纷处理中的第三领域》中,我突出了清代纠纷处理制度中的"第三领域"(the third realm)。民间的社区和宗族面对纠纷所做的是调解,而法官在正式堂审中所做的是断案,此两者之间实际上存在一个庞大的"第三领域"。纠纷当事人一旦告上法庭,便会触发民间与官方两套制度间的互动。一方面是社区或宗族的加紧或重新调解,另一方面是县衙对原告状词、被告辩词以及各种呈禀的批示。那些批示一般要么榜示或传达,要么由当事人通过其他渠道获知。它们常常会直接影响正在进行的民间调解。如果当事双方在这个阶段中达成协议,便会具呈要求撤诉,而县官几乎没有例外地会批准就此销案。这样,纠纷便会在这个半制度化了的第三领域中通过民间与官方制度的互动而得到解决。

《中国的"公共领域"与"市民社会"?——国家与社会间的第三领域》一章从同样的角度剖析了 20 世纪 90 年代中期十分流行的(哈贝马斯的)"公众领域"和其后的"公民社会"理论中国家和社会的二元对立建构与中国历史实际之间的区别,突出了中国历史长期以来国家与社会交搭的事实,提出其间两者互动的"第三领域"的概念。

1998 年的《学术理论与中国近现代史研究——四个陷阱和一个问题》对我自己的学术生涯和理论阅读做了一个反思性的总结,

说明了自己在上述这些问题上的想法和变化。首先是自己一贯强调从经验研究出发,然后与各家理论进行对话,借以提炼自己的概念,如此反复不止。另外,在《近现代中国和中国研究中的文化双重性》一文中提出了超越现存语境中的中西二元对立、非此即彼框架的设想。该文强调,在双重文化人的头脑和日常生活中,以及他们在近现代中国所起的作用里,更多的是两者的融合,甚或超越。

世纪之交,国内外史学界兴起了美化清代前期的倾向。一方面,这是出于后现代主义提倡的"去西方中心化"潮流的影响,在国内则更加上了民族感情等因素。另一方面,也是出于美国新保守主义提倡的市场主义的影响,把一切发展归源于市场,从这样的角度来强调清代经济的高度发展。这样,一反过去以马克思主义为经典、把"封建社会"黑暗化的倾向,新论点坚持清代前期的中国和西方起码实力相当,甚或更先进。这个新潮流来势汹汹,尤其体现于此派人士关于18世纪中国经济的讨论,认为当时中国经济的发展,比之西方只有过之而无不及。

国内不少学者对这个新论点的理解是,18世纪英国和中国经济实力果真相当的话,英国后来的先进发展只可能从殖民主义和帝国主义的外因来解释。也就是说,西方的现代化发展充满偶然性和强暴性。这样,便否定了西方现代主义的目的先行历史叙述。但如此的理解其实似是而非,因为它忽视了新论点的市场原教旨主义(market fundamentalism)核心,也是由美国新保守主义国家意识形态化了的市场主义,即认为中国经济只有在18世纪(以及其前)的市场机制推动下,才经历了真正的发展,其后则要到改革以后,才再次走上正途。这样,从原先中国革命的反西方资本主义/

帝国主义,一变而成为完全认可西方资本主义市场经济。这种观点只在表面上摆出批评西方帝国主义的姿态,实质上则是全盘否定中国革命,亦即20世纪全球首要的反帝国主义民族解放斗争和革命运动。

同样关键的是这个新论点的经验证据非常贫乏,归根结底乃是意识形态和感情用事的观点。我在2002年的《发展还是内卷?18世纪英国与中国——评彭慕兰〈大分岔:中国、欧洲与近代世界经济的形成〉》一文中总结了最近二十多年西、中学术积累的翔实经验证据,说明已被证实的18世纪英国所经历的五大"革命"(农业、手工业工场、消费、人口行为和城镇化革命)那种程度的变化,在18世纪中国的长江三角洲其实一个都没有,更毋庸说它们具有一定偶然性的交汇,以及它们之会同于偶然特早发展的英国煤矿业,由此促成了工业革命。事实是,英国的工业革命绝对不能仅凭殖民主义和帝国主义外因来解释;它确实具有一定的内因,而英中所面对的人口/资源压力也十分不同。我们不应再次陷入中西二元对立、非此即彼的话语结构,那只是感性和意识形态性的争论。我们需要的是基于中、西双方历史复杂实际的踏实经验研究和概念创新。

在写作上述著作的同时,我的主要研究一直都放在前些年刚开放的诉讼案件档案资料上,包括清代、民国时期和(因偶然机会而获得的)当代的众多案件档案。在完成了关于清代民法的《表达与实践》一书之后,发表了比较清代民法与民国民法的第二卷,用两者的比较来突出各自的特征,进一步论证了第一卷的一些初步的结论。其中对两种不同法律的构思,以及田面权、典权、养赡和妇女意志等问题的有关法律和司法实践讨论得比较详细。但此卷对中国法律历史的整体,除了进一步充实原先的表达与实践的背离论点之外,尚未形成前后一贯的论点。后者要在进入第三卷的当代民事法律研究之后,才得出一些初步的结论。这里纳入了新近完成的其中四篇比较关键的论文。

首先,中国当代法律实践历史中最鲜明的特点是它的法庭调解制度,无论中外古今,都没有如此的法庭调解(虽然官方表达夸大了其程度,几乎把毛泽东时代法庭的所有行为都划归为调解)。究其根源,实际上是来自多年的离婚法的实践,源于中国革命中一些特殊的历史背景:在原先激进地承诺男女平等和离婚自由(包括单方要求离婚便允许离婚)之后,面对农村激烈的抵制,最后采取一件一件地处理有争执的离婚案件的办法,试图借此化解党和农村之间的矛盾,由此形成了民事法庭实践中很有特色的法庭调解制度。这是当代法律制度中的一个关键性的传统,区别于古代传统,也可以称作中国的(毛泽东时代遗留下来的)"现代传统"或"革命传统"。

与世界各国当前的调解制度相比,此制度有其过分强制性的弱点,在强迫一对对不能相处的夫妇勉强"调解和好"的案件中尤其明显;但是,也有其相对高效率的优点,在处理无过错的离婚纠纷和其他无过错民事案件时尤其显著。今日,我们既需借鉴西方的明确维护个人权利的对抗性、必分胜负制度的优点,也应适当推进中国传统的息事宁人社区调解制度以及当代的法庭调解制度的优点。这是《离婚法实践——当代中国法庭调解制度的起源、虚构和现实》和《中国法庭调解的过去和现在》两篇所突出强调的论点。

　　但是,我们绝对不能就此把中国古代和现代的法律实践简单地等同于其调解制度,以为它没有判决传统。为此,我在《中国民事判决的过去和现在》一文中首先详细论证了清代法庭判决的实践。儒家传统打出的理想是一个无讼社会,即使有诉讼,也要求通过调解息事宁人来解决。但是,事实上,有许多案件是调解所没有或不能解决的。在实际运作之中,如果双方当事人坚持到庭审阶段,一般县官都会做出明确的、有法律依据的"断案"。一方面,这是一个实用性的做法:排除一切阻力而坚持到庭审阶段的双方当事人一般都比较固执己见,很不容易调解,判决乃是效率较高的处理方法。另一方面,清代的法律制度并不简单只是儒家道德性理想的制度,而是儒法结合的"实用道德主义"制度,既有其道德化的一面,也有其十分实用性的一面。《大清律例》本身便同时包含道德化的原则(多见于其律文)和实用性的规定(多见于其例文),清代法律的实践历史乃是两者的结合。

　　此篇和《中国法庭调解的过去和现在》更指出,中国法律的实践历史其实体现了一种比较特殊的思维方式。与西方启蒙时代以来的主流形式主义思想传统相比,中国古代和现代都比较倾向于从经验事实出发,把抽象原则寓于具体的事实情况,同时强调实用性,把它作为修改、补充道德性法律原则的标准。这和西方现代法律主流形式主义从抽象权利原则出发,要求通过法律演绎逻辑而适用于任何事实情况的思维方式十分不同。正是在这种经验—实用的思维方式之下,形成了中国法律制度长时期的"实用道德主义"特征。也正是这种思维方式才允许在今日的中国法律制度中,移植而来的形式主义法律和原有的实用道德主义法律两者并存

(形式主义则要求逻辑上的统一和整合，不会允许两种制度并存)。

《中国法律的现代性?》一文则特别强调，"现代性"的概念和理念若要适用于中国，必须着眼于其实践历史，从实践历史出发，而不能寄希望于任何单一的意识形态或理论。其实，西方本身的"现代性"真髓并不寓于任何单一的理论传统，而在于其法律实践历史中多种传统的长时期并存、拉锯和相互影响。美国法律中的形式主义和实用主义两大传统的长时期相互渗透便是很好的例子。中国在近百年的法律实践中其实已经形成了一系列行之有效的民事法律条款和原则，以及独特的法庭调解制度，并显示了长时期的实用道德主义思维方式。它们足可视作具有中国特色的法律现代性的可能组成部分。今后可以在目前的移植和本土对立的语境中采取融合与选择、协商和谈判的做法，既要避免单一的盲从西方现代占霸权地位的形式主义理论和思维方式，也要避免感情化的简单本土意识。移植的从权利出发的西方形式主义法律和中国本土的实用道德主义传统可以相互补充、取长补短。其间的关键可能应是案件具体情况是否涉及过错：在没有过错的纠纷之中，调解成效较高；在有过错的事实情况下，则应明确判决，维护法定权利。

接下来是一篇关于治理和体制方面的思考。《集权的简约治理——中国以准官员和纠纷解决为主的半正式基层行政》是对之前提出的"第三领域"概念的进一步思考。西方有关治理的理论分析一般都局限于正式官僚机构，把它们和民间社会建构成为一个对立的、非此即彼的二元框架。但是近二十多年来根据档案材料的研究证明，中国长期以来的地方基层治理实践的关键其实并不在于官方和民间的二元对立体制，而在于其间的半正式、半官方的

领域和治理方法。它依赖的是准官员，在清代是由社区显要推荐
经过官府认可的"乡保"①，民国时期则是同样由自然村会首推荐
的村长。这些人员并没有工资、办公处或文书工作，但他们所起的
作用乃是国家机器和农村之间的关键性连接。在这种半正式治理
之下，县衙的一贯做法是任其自行运作，只有遇到纠纷或控告，或
人员调换，方始介入，而介入的时候则是以解决纠纷为主要目的。
这是中国长期在集权的简约主义原则下所形成的治理实践方法，
非常清楚地显示于清代的地方档案。其部分特征也可见于其后的
民国时期、毛泽东时期以及当前的改革开放时期。我们不能简单
地像西方学术那样只用"科层制化"(bureaucratization，官僚主义)
或(科层制化了的)福利国家(welfare state)等概念去理解中国现当
代的地方治理。"集权的简约治理"乃是中国前现代和现代传统中
的一个重要部分，其中的"国家带头+村庄民众参与"的模式在今天
可能仍然可以起到一定作用(譬如，在公共服务业上)，甚至可能成
为具有中国特色的政治现代性的一个组成部分。

　　除了以上学术性较强的研究，笔者近几年在国内为历史学、
(农业)经济学、法学、社会学—人类学和政治学的研究生们开办
"中国社会、经济与法律的历史学研究"研修班时，感到有必要简单
地说明自己多年来从事学术研究的一些基本概念和方法，同时也
有必要进一步澄清自己对当前一些现实问题的看法。因此，在上

---

① "乡保"在不同区域有不同称呼：在 18 世纪的四川巴县叫"乡约"(Huang, 1993)，
在 19 世纪的宝坻叫"乡约地保"(或简称"乡保")(Huang, 1985：225—232)，在 19
世纪台湾的淡水—新竹叫"总理"(Allee, 1987；Huang, 1993)。"乡保"是清代法典
里使用的概称，在 19 世纪的宝坻，他们平均要负责约 20 个村庄的事务，规模接近
当代的"乡"。

述的学术论文之外，着力写了几篇覆盖面较广而又比较通俗的文章。

一组是关于方法的文章，说明自己一贯要求从翔实的经验材料出发，着眼于历史实际和实践，通过与不同理论传统对话而形成自己的概念；在问题和重点的选择上，不局限于单一理论传统，特别关注不同理论的交锋点，以及经验证据所呈现的悖论现象。这种认识方法和近年西方强调实践的理论以及中国革命在其早期形成的认识方法有一定的共同之处。这是《认识中国——走向从实践出发的社会科学》以及《悖论社会与现代传统》两篇文章的主要论点。本书的最后一章《连接经验与理论——建立中国的现代学术》则更详细地总结了我自己对理论研究必须紧密连接经验的总体看法。

另一组是关于现实问题的讨论，一反我自己多年来在美国学术和文化语境中对中国现实问题想而不写的习惯，对当前的问题提出了一些探索性的看法。这些文章不争取达到历史学术著作所要求的"看尽一切可能得到的材料"那种严格条件，只希望提出可能有用或可能引起讨论的一些想法。它们是探讨过程中的产品，最多只能说是做到利用长时段的历史学术眼光，提出了一些与一般意见不大相同的方向性想法。

在农村问题和对土地产权的看法中，私有化和均分土地承包权两种意见确实针锋相对，但是，其实两者基本上都认为中国农业必须等城市化和工业化吸收了大部分的农村人口之后，才有可能大规模发展。也就是说，在所谓的"三农"问题中，农业问题要到将来才有可能解决，务农人口要到将来才可能彻底摆脱贫穷。我的三篇文章试图超越这种思想局限,在中国农业只可能长时期仍然是小规模农业的前提下,为农业和农村问题寻找出路。

首先,《制度化了的"半工半耕"过密型农业》一文突出"半工半耕"制度的实践逻辑,说明在土地不足和劳动力过剩的"过密"实际下,进城打工的农民和农户同时依赖打工和种地两柄"拐杖"来维持生活,体现的乃是一个制度化了的"低收入口粮地种植+低收入城市临时工"的就业模式。在这样的制度之下,农业和农村被普遍视作一种绝境,离快速上升的城市生活水平越来越远。这种"农业是条死路"的意识乃是所谓"三农"问题的一个关键性的根源。

《中国农业面临的历史性契机》的写作目的则是在"绝境"中寻找出路。文章指出,食物消费和农业生产正经历着一个结构性的转移,从以粮为主到粮食与菜、果及肉、鱼兼重的模型。新的模型可以容纳更多的劳动力,并为农民带来较高的收入,伴随近年来的农村大规模非农就业,这个消费与生产转型正赋予中国农业一个历史性的发展契机。20世纪80年代不太现实的"适度规模"设想,也是六个多世纪以来一直没有可能达到的规模,在改革开放以来快速的城市化和大规模的非农就业环境下,配合农业的结构性转型,已经成为完全可以做到的现实可能。适度小规模、高劳动密度,结合种植和养殖、粮食和菜—果的新时代的相对高收入的小农农场,乃是当前十分现实的选择。它也可以是使用后工业时代的技术,尤其是生物技术的可持续发展的生态农业。这样,在城市化和工业化进展的同时,可以促使农业去过密化,提高务农人口的收入水平,由此反过来扩大工业产品在农村的市场。现当代中国与西方先进国家的一个基本不同是小规模农业长时期延续的现实。

面对这个现实以及十分紧急的"三农"问题,我们不能只期待西方模式在中国将来的实现,而必须抓住当前的历史性契机,由国家带头大规模投入新时代的小规模农业,借以解决农村贫穷问题,促进整个国民经济发展。

沿着上述的思路,我另外和彭玉生教授合作《三大历史性变迁的交汇与中国小规模农业的前景》一文,试图对中国农业的近、中期前景做一个比较系统的量化估计。文章强调,中国农业正处于一个由三大历史性变迁的交汇而形成的契机中:首先是 20 世纪 80 年代以来生育率的下降终于反映在新就业人数的明显下降中;然后是 80 年代以来,先是乡村工业化,而后是大规模城市化建设,吸收了两亿多的农村劳动力,形成历史性的农村非农就业大趋势;最后则是因改革以来人民收入的提高(虽然是伴随社会分配极其不平均的加剧)而形成的食物消费转型,从以粮为主的模型转向粮食与菜、果及肉、鱼兼重的模式,因此形成新型的需求以及农业生产结构的转型,也是向需要更多劳动力投入的农业的转型。其结果是在农业劳动力供应减少的同时对农业劳动力需求的提高。面对这个历史性契机,如果国家适当扶持,其结果应该是农业的去过密化和农业劳动力收入的显著提高。

此文采用了计量方法,但绝对不是为技术而技术,无谓地加上貌似精确、高深但实质上烦琐的公式与方法。量化的目的和其他的经验研究一样,需要和概念的提炼反复来回、相互促进,在整个过程中与分析概念紧密结合。

最后,回顾自己最近 25 年来的学术生涯,可以说虽然在题目和方法上多有变化,但前后贯穿着同一个问题,即怎样通过与(西方)现代主要学术理论的对话来建立符合中国历史实际和实践的概念和理论。最终的结论是,人文社会领域与物质领域不同,没有单向的或纯客观的规则,只有客观与主观双向互动的实际;没有超时空普适的理论,唯有连接一定历史条件的分析概念。这是本书最后一篇《连接经验与理论:建立中国的现代学术》的中心论点,文中扼要讨论了今天影响最大的一些理论流派的局限,澄清我自己提倡的学术方法,并把它具体化为为国内青年研究生设计的研修班内容(见所附《课程大纲》)。在这个问题上,我今天集中讨论的问题与 25 年前并无不同,甚至可能更为迫切。此文既可以当作全书的总结来看,也可以当作其导论来看。

与过去的不同在于,我自己近年来对于现实问题的积极关怀,和在美国环境中的消极关怀很不一样。读者明鉴,这里纳入的新近的一些文章,可以说是那种关怀和学术研究的互动下的作品。这个新近的动向对我自己的学术研究到底会引起什么样的变化,还是个未确定之数。从这个角度来说,此书既是我过去研究的总结,也是我未来研究的新开端。

最后应该提及的是,此书经我自己从头到尾重新校阅,所纳入各篇论文应是现有印刷和电子版本中比较完整准确的版本。本书责任编辑为统一注释格式做了很多工作,也为正文做了一些文字加工,谨此致以衷心的感谢。

第 1 章

# 《华北的小农经济与社会变迁》探讨的问题

## 一、中国的小农

共产党革命胜利前,中国的小农具有三种不同的面貌。首先,是在一定程度上直接为自家消费而生产的单位,他们在生产上所做的抉择,部分地取决于家庭的需要。在这方面,他们与生产和消费、工作和居住截然分开的现代都市居民显然不同。其次,他们也像一个追求利润的单位,因为在某种程度上他们又为市场而生产,必须根据价格与供求、成本与收益做出生产上的抉择。在这方面,小农家庭的"农场"也具备一些类似资本主义的特点。最后,我们可以把小农看作一个阶级社会和政权体系下的成员,其剩余产品被用来供应非农业部门的消费需要。

## (一)农民学中三个不同的传统

关于小农的这些不同特性,各主要传统学派已分别加以阐明。西方经济学家研究其类似资本主义企业一面的代表作是西奥多·舒尔茨(Theodore W. Schultz,诺贝尔经济学奖获得者)的《改造传统农业》(1964)。舒氏在书中论述道,小农绝非像西方社会一般人心目中那样懒惰、愚昧,或没有理性;事实上,他们是在"传统农业"(在投入现代的机械动力和化肥以前)的范畴内,有进取精神并能对资源做最适度运用的人。传统农业可能是贫乏的,但效率很高。它渐趋一个"均衡"的水平。在这个均衡之内,"生产因素的使用,较少有不合理的低效率现象"(Schultz, 1964:37)。舒氏认为小农作为"经济人",毫不逊色于任何资本主义企业家(Schultz,1964:特别是第二、三章)。因此,舒尔茨提出改造传统农业的正确途径,不是苏联式的改造,而是在保存家庭式农场的生产组织结构的基础上,提供给小农可以合理运用的现代"生产因素"。一旦有经济利益的刺激,小农便会为追求利润而创新,从而改造传统农业,如同美国所经历的农业改革一样(Schultz,1964:第七、八章)。[1]

波普金(Samuel Popkin)又进一步阐明了舒尔茨的分析模型对我们了解小农的政治行为的意义。在他看来,小农的农场,最宜于

---

[1] 西方经济学家常以美国家庭农场来说明一个近乎纯粹的资本主义企业(例见曼斯菲尔德1980年的教科书)。小生产者的大批存在,造成一个在公开市场上比较理想的自由竞争局面(区别于汽车生产中少数制造商控制市场的情况)。一个种植小麦的农场主所做的生产抉择,可以充分说明价格和供求之间的关系。他如何最合理地分配土地、劳力和资本的不同比例,则可以说明如何将有限的资源做最适度的运用,以尽量降低成本和增加利润。

用资本主义的"公司"来比拟描述。而作为政治行动者的小农,最宜于被比作一个政治市场上的投资者。在波氏的分析中,小农是一个在权衡长、短期利益之后,为追求最大利益而做出合理生产抉择的人。波普金的书也因此取名为《理性的小农》(Popkin, 1979)。①

对这种把小农当作资本主义企业家的分析持批评态度的学者则强调小农为自家生计而生产的一面。此学派可以苏联的恰亚诺夫(A. V. Chayanov)为代表。他在 20 世纪 20 年代对革命前俄国小农所做的研究,令人信服地说明了对小农经济不能以研究资本主义的学说来理解。资本主义的利润计算法,不适用于小农的家庭式农场。因为这种农场不是依赖于雇佣劳动,其家庭全年所投入的劳动,很难分计为一个个劳动单位的成本。农场一年所生产的农产品,是全年劳动的成果,也不宜像现金收入一样按单位计算。最重要的是,小农的家庭式农场的生产,主要是为了满足其家庭的消费需要,不是为了追求最大利润。(Chayanov, 1966a, 1966b)

经济史学家卡尔·波兰尼(Karl Polanyi)又从另一角度批评了用资本主义经济学来研究小农经济的做法。波兰尼和他在哥伦比亚大学的同派学者认为,资本主义经济学的概念和分析方法都是以一个根据供求规律而定出价格的市场的存在为前提的。将这种

---

① 波普金考虑到小农农业中的冒险因素,试图改进舒尔茨的分析。在这方面,波氏采用了米尔顿·弗里德曼(Freedman, 1948)对风险条件下消费者的抉择原理的经典分析(这套理论提出"效用的极大化",包括有计划的"赌博"和"保险")。波普金还借用了迈克尔·利普顿(Lipton, 1968)的以生存为首要条件的"理性"经济行为的分析。在批评斯科特(Scott, 1976,见下文)时,波氏也采用了马克思主义的概念。但他的观点基本上和舒尔茨相同。

经济学应用到尚无此类市场的经济体系中，实际上等于强把"功利的理性主义"普适化——把世界上所有的人都等同于一个追求经济合理化的"功利的原子"。波兰尼提倡用"实体经济学"取代上述"形式经济学"，来分析资本主义市场尚未出现之前的经济。他还认为，"形式经济学"的前提是人人都有余裕做经济抉择，并假定土地、劳力和资本都可以用货币买卖。他所提倡的"实体经济学"则认为在资本主义市场出现之前的社会中，经济行为"植根"于社会关系，如古代的"互惠"关系（例如互助及亲属之间的义务），而非取决于市场和追求至高利润的动机。研究前资本主义的经济，需要一种截然不同的方法——要把经济作为社会"制度过程"来探讨。(Polanyi et al., 1957；特别参见第十二、十三章)

波兰尼的观点得到许多研究尚无市场关系的小社团和半商业化农村的经济人类学者的支持。这些"实体主义者"（同行们常这样称呼他们）一向反对用西方传统经济学的模式来研究非西方的前工业社会。时至今日，资本主义经济学到底应否或如何应用于小农经济研究，仍是一个争论不休的问题。（所涉及的问题范围可见于 Dalton, 1969，以及附录的评论）

詹姆斯·斯科特(James Scott)阐明了恰亚诺夫和波兰尼的学说在分析农民思想和政治行为方面所蕴含的意义。在其《农民的道义经济学：东南亚的反叛与生存》(1976)一书中，斯科特力持：小农经济行为的主导动机是"避免风险""安全第一"；在同一共同体中，尊重人人都有维持生计的基本权利的道德观念，以及"主客"间的"互惠关系"等。因此，小农的集体行动基本上是防卫性和复原性的，是为了对抗威胁生计的外来压力，对抗资本主义市场关系以及资本主义国家政权的入侵。

与形式主义和实体主义的观点相对立,马克思主义强调的则是小农的最后一个方面。一些传统的马克思主义理论著作认为,小农经济是"封建"经济的基础,其主要特点是一整套的阶级关系,即地主和小农生产者之间的剥削与被剥削关系。小农的生产剩余,主要是通过地租(包括劳役、实物和货币地租)和赋税形式而被地主及其国家榨取。封建社会中的农民,既非形式主义分析中的企业家,也非实体主义者笔下的道义共同体成员;他们是租税的交纳者,受剥削的耕作者,其生产的剩余被用来维持统治阶级和国家机器的生存。(马克思主义者承认封建主义社会中小私有者农民的存在,但认为当时主要的阶级关系是地主和佃户间的关系。特别参见 Marx,1967,3:782—802;Lenin,1907:190—218;Stalin,1940;毛泽东,1972[1939]。)

## (二)对分化中的小农经济的一个综合分析

本书所采用的首先是一个综合的分析。以上概述的三种分析,对我们了解他们所特别强调的那个方面有所裨益。可是,这些分析引起了长时间的争论。在我看来,继续坚持某一方面的特征而排斥其他方面,是没有意义的。本书首先主张,要了解中国的小农,需进行综合的分析研究,其关键应是把小农的三个方面视为密不可分的统一体,即小农既是追求利润者,又是维持生计的生产者,当然更是受剥削的耕作者;三种不同面貌各自反映了这个统一体的一个侧面。

其次,我们还需要区别不同阶层的小农。因为这些特性的混合成分和侧重点，在不同阶层的小农中有所区别。一个经济地位上升的、雇佣长工以及生产有相当剩余的富农或经营式农场主，要比一个经济地位下降的、在饥饿边缘挣扎、付出高额地租和领取低报酬的佃农、雇农，更为符合形式主义分析模式中的形象；而后者则更符合马克思主义的分析模式。一个主要为自家消费而生产的自耕农，则接近于实体主义所描绘的小农。

我们要采用的是一个区别不同阶层小农的综合分析。16世纪后期，华北平原开始植棉。这些棉农，表面看起来似乎都是为适应市场需求和棉花的较高利润而植棉。但仔细观察，就会发现各个阶层的棉农，其植棉的动机是不同的。较大而富裕的农场，在决定把棉花纳入其总作物组合型时，显然在很大程度上受到利润的诱导。然而，即使是规模最大、商业化程度最高的农场，一般仍以其耕地面积的相当部分种植直接供家人食用的作物，并把部分剩余用以纳税，供政权组织所用。至于较贫穷的小农，对生存的考虑往往重于对利润的追求。小农分化和人口递增的双重压力，使许多贫农农场面积在18世纪后缩小到生产不足以维持其家庭的生计。许多这类小农，被迫冒险以反常的比例面积来种棉花，因为植棉可以较充分地利用剩余劳力，而棉花的较高收益也使他们有可能赖以维持生计。至于租佃土地的贫户，则往往毫无选择的余地。地租一旦随棉花所得的收益增高，租种可以植棉的土地的小农便无法继续种粮食。但是，如果市场行情发生剧变，他们便相应地调整作物组合比例，与较富裕的农场并无二致。换言之，小农对种植棉花的态度，同时受三种因素的影响。利润的考虑，在富裕的农场上占较大的比重。在贫穷的农场，则较多地考虑生计与生产关系。

另一个有关的现象是,使用雇佣劳力的大农场和依赖家庭劳力的家庭农场,对人口压力会做出不同的反应。大农场可以就农场的需要变化而多雇或解雇劳力,家庭式农场则不具备相似的弹性。从相对劳力而言,面积太小的家庭式农场无法解雇多余的劳力,因而面对剩余劳力的存在和劳力的不能充分利用而无能为力。在生计的压力下,这类农场在单位面积上投入的劳力,远比使用雇佣劳力的大农场为多。这种劳力集约化的程度可以远远超过边际报酬递减的地步。恰亚诺夫指出,革命前俄国曾存在过这种现象(Chayanov,1966:113—116)。克利福德·格尔茨(Clifford Geertz)给爪哇水稻农作中这种集约化到边际报酬收缩的现象,冠以一个特别的名称——"农业内卷化"(Geertz,1963)。[1] 本书将证实人口压力常使冀—鲁西北平原贫农农场劳力的边际报酬降至雇佣劳动工资和家庭生计需要之下。对一个与资本主义企业相类似的大农场来说,这样的经济行为是不合理的——一个企业何以会在边际收益低于成本时继续投入劳力? 这样做岂不等于故意要亏本?

但我们不应就此下定论说,那些家庭农场的经济行为是"不合理的",这是不能用形式经济学来理解的。内卷化的现象,实际上也可以(勉强)用微观经济学的理论来给予合理的解释,但需要同时用关于企业行为和消费者的抉择理论来分析,而不可简单地用追求最大利润的模式来分析。一个有剩余劳力的小农,把投入农场的劳力提到如此高的地步,是因为这样的劳力对他来说,只需很

---

[1] 我们如在图上以垂直轴线代表产量,水平轴线代表投入的势力,"内卷"的现象出现于显示产量与劳力之间的关系的曲线开始向右伸平之后,即劳动力边际产量开始递减之后。

低的"机会成本"(因缺乏其他的就业可能),而这种劳力的报酬,对一个在生存边缘挣扎的小农消费者来说,具有极高的"边际效用"。不用追求最高利润的观念(来自企业行为的理论),而用"效用"观念(来自微观经济学中关于理性消费者的抉择理论)来解释这一现象的好处是,它可以顾及与特殊境况有关的主观抉择。最主要的是要把家庭农场当作一个生产和消费合一的单位来理解。

以上关于小农经济行为的两个例子——一个和商业化有关,另一个和人口压力有关——只能通过区别不同阶层的小农,而又综合形式主义、实体主义和马克思主义学派的分析来理解。这是本书探讨华北农村的演变模式时所采用的基本观点。

## 二、农村演变的模式

近代农村演变的古典模式,当然是英国向资本主义过渡的模式。小农分化为农业资本家与雇佣劳动者,而农业伴随着资本主义工业化而现代化。在这个过程中,小农社会和经济的彻底转化,使得"小农"这一名词不再适用于英国农村。

若将英国与西方其他国家相比较,当然会看到很大差别。例如,法国小农家庭式农场,在工业化发生之前及其发生过程中,比英国的家庭式农场顽固得多(Brenner,1982)。而美国比任何其他国家更使我们注意到现代化和资本化的家庭式农场在改造传统农业中所起的作用。然而,和中国比较起来,这些不过是速度上的差别。形成鲜明对照的是,西方的小农分化过程归结于农村经济的全面转化;中国则是在小农经济范围内的进展,它所导致的不是资本主义工业经济,而是一个分化了的小农经济。

## (一)过去的研究

关于中国农村演变的模式问题,必然会连带提出下面两个问题:中国在帝国主义入侵之前,经历了怎样的变化? 入侵之后,又经历了怎样的变化? 要了解近代中国的变化,必须首先明确这些变化的底线。

形式主义学者特别强调明清时期人口的压力。主要著作见于德怀特·珀金斯(Dwight Perkins)对 1368 年至 1968 年六个世纪的中国农业所做的大规模的量性研究。在他之前,何炳棣(Ho Ping-ti,1959)对怎样运用中国历代田赋和人口的资料系统研究中国人口史,做出过建设性的研究。珀氏的数据研究建立于何氏的成果基础上。在分析结构方面,珀氏采用了埃斯特·博塞拉普(Ester Boserup,1965)所总结的一个模式——人口增长是历史上农业发展(也就是集约化)的主要动力。从 20—25 年一作的"森林休耕制"(刀耕火种式农作),到 6—10 年一作的灌木休耕法,3 年两作的"短期休耕法",1 年一作法,以及人口稠密的小农经济中的复种制,是一个由人口增长推动的集约化发展过程。

根据珀金斯的研究,从明初到 1949 年,中国人口增加了七倍至九倍,而农业产量增长的比例也约略相等。在这段时期内,农业技术和"制度形式"(土地所有和生产关系的形式)基本上没有变化,因此人口的增长本身,是推动产量增加的主要动力。人口的递增促使小农向他处迁移,从而把耕地面积扩大了约四倍。这是产量提高七八倍的原因之一。另一主要原因,是单位面积产量的倍增。

在这期间，投资于农业的"资本"①有所提高，主要是需要大量劳力的水利工程和有机肥——两者皆得自人口和劳力的增长。

同时，单位面积投入的劳力增多了，也促使小农选种产量较高、劳动较集约的作物，或提高复种比率。这样，中国的农业得以和人口保持齐头并进。直到 20 世纪，可供移民的边区开发净尽，集约化的道路也已走到尽头，方始面临危急的关头（Perkins，1969：特别见第 184—189 页）。珀金斯的分析，显然是把"传统晚期"的中国农业经济视为只经人口促成的量变，而未达到西方那种质变的程度。

在珀金斯的人口增长推动农业集约化的理论模式之上，马克·艾尔温（Mark Elvin）又添加了边际劳动生产率递减（当其土地、资本和技术不变时）的概念。当中国农业伴随"帝国后期"的人口增长，集约化程度发展到愈来愈高时，边际劳动生产率就逐步下降，小农农场在必需消费上的剩余也随之消失（Elvin，1973：特别见第十七章）。换言之，小农经济已像格尔茨的模式那样内卷化了。

西方学者研究的重点是人口，而中国学者研究的重点则是生产关系，主要的分析模式是"资本主义萌芽论"。这一模式坚持认为，在帝国主义入侵之前，资本主义已在中国"萌芽"——此事实可见证于商品经济和雇佣关系的发展。但帝国主义的入侵，使中国沦为一个半殖民地半封建的国家，从而妨碍了中国资本主义的正常发展。这是一个有一定的政治内容和民族感情的论点：它的前一部分把中国历史摆入"五种生产方式"的公式（人类一切社会都

---

① 形式经济学理论习惯以"土地""劳动""资本"三个概念来划分一个企业的生产因素。在传统农业中，"资本"指的是耕畜、农具、肥料、水利等设施。

将经历原始、奴隶、封建、资本主义和社会主义五个社会阶段);后一部分则毫不含糊地谴责帝国主义的罪过。

中国的经济史学家们多在这个分析的前半部分内工作。[1]

在农业方面,景甦与罗崙首先于 20 世纪 50 年代做出创新性的研究——他们用口述资料证明,19 世纪 90 年代,山东一些地区有相当数量的"经营地主",用雇佣方式经营农场(景甦、罗崙,1959;Wilkinson ed. and tr.,1978)。随后,李文治指出十七八世纪中,伴随商业性农业的发展,许多小农因"力农致富"而成为"庶民地主"(1963a,b;1981)。之后,一些学者更用明清档案馆所收藏的清代刑科题本中的资料,进一步充实了农业中雇佣关系发展的证据。

---

[1] "资本主义萌芽论"虽然仍是今日国内明清经济史学界的主导分析课题(南京大学,1980:2 附有截至 1979 年的 218 篇属于这个学派的论文目录),然而也出版了一些不同观点的著作。尤其在两本主要著述(胡如雷,1979;傅筑夫,1980)中,我们可以看到关于中国和西方前资本主义时期的社会经济结构上差别的深入分析。胡如雷认为关键在于中国的"封建地主制"与西欧的"封建领主制"之间的区别。在欧洲的封建庄园内,经济权和军事、政治、司法权融合为一;领主行使这一系列的权力。因此,领主制的国家政权体制,是一个主权分封的体制。反之,在中国的地主制中,政权和经济权通过土地私有和频繁买卖而分离;中央集权制因此有可能兴起。地主制与中央集权体系相互关联,而形成一个必须区别于领主制的政治经济体系。胡氏的分析,有助于理解中、西方前近代的政治经济体制的差别,也可推及它们在近代不同的演变道路。傅筑夫指出领主制和地主制之间的另一个差别。在基于农奴制的领主制下,庄园主必须照顾劳动者的生计和再生产,不然,领主经济本身的根基会遭到破坏。但中国的地主没有这种限制,他可以依靠相应供求关系而求取土地租佃的市场所允许的最高利润(傅筑夫,1980:9—10,201—202)。傅氏虽然并未讨论人口问题,但这种规律显然在人口压力加上社会分化压力时最为严酷。在这种情况下,一个无法维持生计的佃户,可由另一佃户取代。地主制可以成为一个把贫穷佃户压至生存边缘以下的制度。

其中刘永成的贡献尤其重要(1962,1979)。[1]

由于理论的限制,也由于资料的缺乏,过去有关资本主义萌芽的著作多着眼于生产关系的变化,而较少分析生产力——马克思主义生产方式概念中的两个因素之一。许多学者简单地把资本主义萌芽等同于自由雇佣劳动关系的兴起。关于生产力方面,即使论及,也只不过视生产力的发展为必然的事,而没有去系统地分析、估计劳动生产率的变化(景甦、罗崙,1959;刘永成,1962,1979;中国人民大学,1957;南京大学,1980)。至于"资本主义萌芽"公式的下半部所提出的问题——帝国主义对近代中国农村经济的影响——或因触及当代及政治上的敏感性,未曾有深入的学术研究。[2]

实体主义者之中,恰亚诺夫提出了最独特和完整的关于前资本主义小农经济变迁的一个模式。恰氏认为农场家庭经济的情况,主要随家中消费者与劳动者比例的周期性变化而升降(这种比例,随家中子女的数目和年龄而变化)。家庭的经济条件,在成年父母不需供养老人而又没有子女时(消费者对劳动者的比例是一比一)最佳;在没有劳动能力的消费者(儿童和老人)最多时则最差(Chayanov,1966b:1—40,第一章)。革命前的俄国农村,主要循周

---

[1] 我在本书英文原稿付印之后,才收到李文治、魏金玉、经君健的新作《明清时代的农业资本主义萌芽问题》(北京:中国社会科学出版社,1983年)。无论在资料上还是分析上,此书无疑是近三十多年来国内资本主义萌芽传统学术讨论中,关于农业的分量最重、内容也最成熟的论著。虽然,此书仍基本未涉及人口增长所起的作用。我为本书,尤其是第五、六两章未能参考、纳入李文治等的最新研究成果,深感遗憾。

[2] 中国学者的研究仍未能超越经济研究所的李文治和章有义在20世纪50年代发表的资料集。那三卷资料集是任何研究此问题的人必备的参考书。但进一步的研究分析尚未问世。

期性的"人口分化"形式变动,而不是循列宁研究俄国资本主义发展时所强调的阶级分化形式而变化(Shanin,1972:第三章)。最近的实体主义著作,例如斯科特(Scott,1976),多着重分析世界资本主义经济对前资本主义经济的影响,而不注意其前期的演变模式。实体主义关于那方面的分析,我们将于下一节讨论。

恰亚诺夫的模式尚未被系统地应用于中国历史的研究。这是可以理解的:我们能看到的有关家庭农场经济的数据,多限于20世纪30年代调查的横断面资料。我们没有可供检验恰氏模式的长期性按户统计的数据资料。在现有资料范围内,我们只能对恰氏模式做一些推论性的讨论:此理论显然没有充分考虑到土地和其他财产的分配不均。在俄国的"米尔"(mir)村社组织下——它在不可确定的程度上时而重新分配土地(Shanin,1972:79—80)——这个偏向尚可理解,但并不符合中国的实际。虽然如此,恰氏的"家庭周期"概念,若能兼顾到中国分家制度对农民家庭所施加的压力,也许有助于解释为何同样经济条件下的家庭会有不同的命运。在废除土地私有制之后的集中制下的中国,恰氏的理论显然有一定的分析力:一村中最有钱的农户常是生产与消费比例最有利的家庭。

## (二)人口与生产关系

本书主要探讨农村长时期的演变模式。将来若能得到足够的资料,我们也许可以兼顾恰氏所提出的基于家庭生物节奏的短期变化。本书所强调的是,我们必须兼顾考虑人口和生产关系,综合形式主义和马克思主义的观点,才有可能说明中国农村在帝国主义侵入之前的变化模式。

　　形式经济学对于阐明人口增长对中国农业所起的作用,肯定做出了很大的贡献。19世纪和20世纪,中国的家庭农场平均面积,只有当时美国农场的1/60、法国农场的1/10左右。这一根本差异,对中国农业和经济整体结构,有一定的约束作用。中国的农业经济与美国、英国或欧洲农业的一个主要差异在于,它主要依赖农作物,而较少饲养牲畜。后者只占中国农业很小的比例(约为今日农业生产总值的16%,而在美国则占60%,法国占57%),而其中多数是喂谷牲口,如猪和家禽,绝少牛羊之类的放牧牲畜(陈平,1979,1981)。此一区别,当然是由于中国人口数量相对耕地比例较高的缘故。而高人口密度,排除了大量放牧牲畜的可能性,必定要依赖作物,因为生产一斤肉(或牛奶或乳酪)需耗去数斤饲料。①

　　这个以作物为主的农业经济的特色表现为极高的土地生产率和极低的劳动生产率。河地重造曾用卜凯(John Lossing Buck)的资料指出,中国农业在20世纪30年代所达到的单位面积产量,实际上比当时已相当现代化的美国农业高出很多。在卜凯的"冬小麦—高粱区"(包括冀—鲁西北平原)中,单位播种面积的产量和美国中西部差不多。但中国的"冬小麦—高粱区"复种率较高,是一个高粱、小麦和大豆两年三作的耕作制度。而美国中西部则是一个小麦、养草休耕和小麦的三年两作制。假如把不同的复种指数计算在内,中国每亩耕地单位面积产量就等于216—247斤,或每英亩647—740公斤,比美国的每亩133斤或每英亩400公斤高出甚

---

① 卜凯指出一英亩土地可产六七倍于所产牛奶的作物(Buck,1937:12)。

多。① 当然,这几乎完全是由于中国耕作制度远比美国高度集约化:每英亩小麦所投入的人工是美国的 23 倍,每英亩高粱所投入的人工则是美国的 13 倍[河地重造,1963a;Linda Grove(顾琳)and Joseph W. Esherick(周锡瑞),1980:42—43]。高土地生产率与低劳动生产率的结合,正是农业内卷化的证明。

另一方面,资本主义萌芽的分析,使我们得以掌握小农经济的商品化及伴之而来的阶级分化现象。明清时期中国农村所经历的,并不只是伴随人口压力所引起的量性变化。实际上,愈来愈多的小农加入了经济作物的种植,因此分化为一系列在两种生产关系中处于不同地位的阶层。“封建主义”这个概念突出的是租佃关系的轴线,即把租种土地并将农场的一半收成用来付租的人和脱离生产并依赖地租为生的人区别开来(也区别于耕种自有地的自耕农)。资本主义萌芽的分析,则强调革命前小农经济中的第二条生产关系轴线——雇佣劳动,并将雇主(用劳动者生产价值的约 1/3 雇用农业工人)与佣工区别开来。根据这两条轴线,我们可以像 1950 年土地改革法那样,系统地区别农村社会中的地主、富农、中农、贫农和雇农(将于第 4 章中详细讨论)。这样的分析也可以阐明革命前三四个世纪中农村社会演变的主要模式。

为了同时兼顾到人口和生产关系所起的作用,本书在大量实地调查资料和清代刑科档案资料基础上,对冀—鲁西北平原上的经营式和家庭式农业的历史,做了比较分析。这两种农业生产关系迥异:一个主要依赖雇佣劳力,另一个则是靠家庭劳力。家庭式

---

① 这个数字没有把休耕年份计算在内。

农业之转化为经营式农业，显示雇佣劳动和大农场的扩展。这两种农场对人口压力的反应也不相同：一个可以根据农场的需要调整其劳动力的数量；而另一个却常常无法做出同样的调整，因为一个农户家庭不能解雇自家多余的劳力。比较两种农场劳动力利用的不同，有助于我们理解人口压力对家庭式农业的小农经济所起的影响。

分析比较两种农场的生产率，可以解释农业经济的发展及停滞的原因。经营式农场是华北平原最大和最成功的农场。它伴随商业性农业而兴起，证实了本地区农业的发展；其未能导致农场生产力发生质的改变，则说明了农业经济的停滞。

经营式和家庭式农业这一孪生现象的历史，可以同时照顾到生产关系和生产力两个因素，并清楚地说明经济内卷化下社会分化的客观事实。这一演变模式，与形式主义和马克思主义的分析所塑造的形象都不相同。华北农村所经历的变化，不是简单的内向超集约化，也不是简单的向资本主义过渡，而是一个极端集约化的小农经济中的阶级分化。

中国经济没有像西方那样蓬勃发展，这意味着中国社会变迁的模式与西方的模式是各不相同的。西欧农村在近世经历了长期的社会分化：一方面是资本家的兴起，另一方面是小农的无产化。在无产化的过程中，社会上越来越多的人丧失了生产资料而依赖佣工为生，从农村雇佣劳动者到乡村手工业作坊和小型工场的雇工，城市各种服务性行业中的伙计，以至现代工厂的工人，都是小农无产化的结果(Tilly, 1978, 1979)。小农社会便渐渐地被资本主义工业社会取代。与此相反，华北农村的演变，没有像典型无产化过程那样导致经营式农场的资本化和越来越多的小农从他们的家庭农场分离出来,却导致了有雇佣劳动但未资本化的经营农场的兴起,和越来越多小农的半无产化——这些小农同时依赖家庭农场和佣工收入为生;虽然有的在农业部门之外就业,但大部分仍束缚于农业,许多是短工,有的做长工。本书称这个演变过程为"贫农经济的形成",或小农经济的"半无产化"。我用"半无产化"一词,并不意味着这个过程是必定要过渡到资本主义和完全无产化的一个中间阶段;而是要表明处在人口和阶级分化的双重压力及没有蓬勃的资本主义经济发展的情况下,小农经济的特殊演变模式。

本书的宗旨之一,是要说明小农的性质会在半无产化过程中改变。这既不是说他们简单地从小农变为非小农,也不是说他们简单地失去了前文提到的三个面貌中的任何一个。这个变化的主要内容,是三个特征混合的相对比例的变化,以及在小农特征之上又加上佣工者这一新的特征。

## (三)经济落后的问题

中国社会经济演变模式异于西方的问题,必然会连带引出中国经济为什么没有经历资本主义发展的问题。艾尔温继续他的分析,进一步论说人口压力通过两条主要途径造成中国经济的落后:它蚕食了小农农场维持家庭生计以外的剩余,而使小农无法积累"资本";它虽把传统农业推到了一个很高的水平,但对新式投资却起了抑制作用。因此,中国农业陷入一个"高水平均衡的陷阱"。(Elvin,1973;特别见第十七章)

艾尔温的分析和舒尔茨的看法基本一致。他们认为中国的小农和西欧与美国的农场主一样,是追求最"合理地"使用资源的经营者。这样的小农把传统的农业推到高效率的"均衡"。此外,英国的经历似乎证明地租并不足以妨碍佃农资本家成为农业现代化的前驱。因此,小农家庭式农场的生产组织方式应该保留,不应通过革命来改造它的社会结构。①

艾尔温根据他的分析,进一步提出了政治性的结论。关于帝国主义怎样影响中国的问题,艾氏写道:"近代西方的历史性使命是缓和,而后解脱中国的高水平均衡陷阱。"(Elvin,1973:315)帝国主义把中国开放给世界市场,并提供了近代科技,因而刺激了中国经济的发展。国际贸易和科技传输如真能不受限制地发挥其作用,其结果定会导致中国的工业化。② 而中国小农的企业心和创造性会重新显示出来,并促进中国农业的现代化。(Elvin,1973:315—316,319)

传统的马克思主义者把封建主义下的小农视为受剥削的辛劳者,其维持生活之外的剩余是被地主以地租形式榨取掉的。因此,他们认为,像艾尔温那样问小农何以没有累积资本来促使经济发

---

① 在这一点上,艾尔温和舒尔茨都重申了卜凯的意见。卜氏在其书序言中明确地申明,他反对社会革命和集体化,提倡以控制人口和改善市场及技术的措施来应付中国农村的危机(Buck,1937:21—22;1930:159—66)。与卜凯同时代的美国乡村社会学家,也曾同样地论说美国式家庭农作比苏联式集体化农作优越(索罗金与齐默曼是这方面研究的代表人物(特别见 Sorokin and Zimmerman,1929:625—628)。

② 艾氏的见解当然不是上述一类分析所能提出的唯一的结论。例如,珀金斯在对比19世纪中国和日本时,论说日本的发展主要得力于国家所起的作用,认为与其说晚清政府阻碍了经济发展,不如说它没有像明治政府那样促进经济发展(Perkins,1967)。

展,是没有意义的。地主控制了可供投资的剩余,所以这个问题应该针对他们提出。只要封建地主把剩余用于消费而不做生产上的投资,经济便会停滞不前。只有当一个新的积累资本的阶级兴起,才能带来新的雇佣关系和新的生产力,资本主义改造才会实现。生产方式从旧到新的过渡,源于生产关系和生产力的相互作用。这样,一种生产关系会继续到它成为生产力发展的桎梏为止。而在真正向新的生产方式过渡时,会呈现生产关系及生产力双方面的变化。资产阶级是伴随资本主义经济的发展而兴起的。①

保罗·巴兰(Paul Baran)为进一步阐明资本形成的过程而区别"实际剩余"(消费后留下的)和"潜在剩余"。后者包括从劳动者身上榨取而供统治阶级消费的剩余,现存阶级关系一旦改变,这样的剩余便可能用于生产投资,故称为"潜在"的剩余。(Baran,1957:特别注意第二章)维克托·利皮特(Victor Lippit)把巴兰的理论应用于革命前的中国,试图以数据说明地租、雇佣劳动、高利贷和赋税等形式是用以榨取小农剩余的手段。以地租形式榨取"潜在剩余"的计算方法最易说明:如有1/3(利皮特数据的约数)的耕地出租,而租率一般约为农产的一半,那么收取的地租就约为农业总产量的1/6。再用此演算程序来计算支付工资后的剩余,农民付予高利贷主的利息,以及小土地所有者对国家所交付的赋税,利皮特得出的总数约为农业总产量的30%,相当于经济整体总产值的约19%。(Lippit,1974)

因此,利皮特认为中国经济落后的缘由,并非如艾尔温所提出

---

① 这个宏观分析的最佳总结,当然是马克思本人的《政治经济学批判》前言(Marx,1968[1859]:182—183)。

的剩余匮乏①,而是潜在剩余为统治阶级所控制,只用于奢侈性消费,而不用作生产性投资。在这种情况下,发展只能随社会革命而产生。中国土改的经济意义是:国家通过社会革命,将从统治阶级手中夺取的潜在剩余,部分转用于生产性投资,部分用以提高农村社会中贫穷分子的生活水平。(Lippit, 1974, 1978;参较 Riskin, 1975)

利皮特证明,这个小农经济中存在相当的剩余,是对艾尔温"陷阱"的前半部分的一个重要纠正。考虑到生产关系,便不会怀疑这个社会中有小部分人控制了相当的潜在剩余的事实。对华北平原的农业而言,本书的资料特别突出经营式的农场主。他们直接参与生产,而异于普通地主;他们控有剩余,而又异于一般小农。分析他们为什么没有做创新性的生产投资,可以具体地说明中国农业停滞不前的缘由。

艾氏"陷阱"论的下半部分分析高密度人口对剩余使用的影响,尚需进一步讨论。我们可以把它与马克思主义的生产关系分析综合起来,提出这样一个问题:人口与生产关系如何相互影响该经济体系中剩余的使用?这里,经营式农场的历史可以清楚地说明一个在人口压力下分化了的小农经济,怎样阻碍农业部门中资本的形成。它也可说明社会政治制度在这方面所起的作用。

农业部门当然不能单独地解释整个经济体系。农业的发展可以促进工业部门的成长,例如可以为它提供用于投资生产的剩余。

---

① 艾氏虽然在正文的辩论中承认剩余的存在(Elvin,1971:285—316),但他的"高水平均衡陷阱"图解(同上:313)指明人口压力耗费了必要消费以上的剩余。

而农业的落后,也可以抑制工业的发展,例如限制国内市场的发展。相反地,一个高速发展中的工业部门,也可促进农业的发展。利皮特的分析试图解释中国经济的整体,但艾尔温主要着眼于农业。要对人口和社会结构如何在落后的中国经济中互相作用这个大问题做分析,我们必须考虑到农业部门以外的许多其他因素。在此问题上,本书只能做一些初步的分析,指出一个内卷而又分化了的小农经济,在某些方面怎样影响到中国幼小的工业部门中资本的形成和使用。

## (四)帝国主义的问题

本书的另一个重要问题是,中国农村在近代受到西方和日本资本主义经济怎样的影响。形式主义者既然认为资本主义市场经济的形成是经济发展的主要前提,所以也认为世界资本主义对中国经济的影响,基本方面是有利于中国的。如上所述,艾尔温坚持帝国主义赋予了中国经济唯一突破停滞陷阱的机会;但是,中国经济并未真正能够迅速地发展。艾氏认为,这应归咎于高密度的人口。形式主义经济学中很有影响的"二元经济论"模式同样认为,世界资本主义的冲击使中国经济分化为两个截然不同的体系,一个是受帝国主义刺激而兴起的"现代经济部门",主要集中在商埠、城市;另一个是没有受到此刺激的腹地的"传统经济"。这两个体系分道扬镳,极少互相渗透。传统经济的劳力集约和所生产的价格低廉的货物仍吸引着传统市场的乡村消费者。在这方面,经常被人引用的例子是手工织的土布。它不仅幸存,而且还在与机织布的竞争中增长。现代工业产品往往价格较为昂贵,超出收入低微的农村消费者的支付能力。所以,那些商品正和现代经济部门的影响一样,大多局限于城市。于是,近代的中国农村实质上没有受到帝国主义和近代城市经济多大的影响[Hou Chi-ming(侯继明),1965:特别是第七章;Hou,1963;Murphy,1977]。

马克思主义者不会同意帝国主义有益而无害的论说,根据西方一个主要的马克思主义流派的分析,帝国主义所强加于第三世界的是一个两层的剥削系统:在受害国内,城市榨取农村的剩余产品和原料;在国际之间,先进国家榨取后进国家的经济剩余。"宗主国"与"附属国",又或"中心"与"边陲"地区之间的关系是一种剥削和被剥削的关系。帝国主义非但没有赋予第三世界以经济繁荣,实际上反而强加以"附属性",造成并延续了其经济落后的状态。(Frank,1968,1978)

伊曼纽尔·沃勒斯坦(Immanuel Wallerstein)在"附属论"之上又补充了资本主义"世界系统"的观念——世界市场把各国的经济结合成为一个统一的经济体系。这个观念的优点,是有助于把剥削意图这个感情性的问题从帝国主义问题的讨论中摒除,而强调它的客观系统性和世界性。它也突出全世界同类现象的相关性,指出这些现象都与资本主义世界经济的扩张有关。(Wallerstein,1979,1974)

实体主义者从另一角度指出帝国主义的破坏性作用。根据斯科特的看法:脱离人与人之间直接联系的资本主义市场经济一旦侵入农村,前资本主义的互惠性道义经济便会遭到破坏;此外,资本主义殖民地国家机器向农村榨取更多的剩余,也会瓦解闭塞自主的前资本主义自然村。

　　西方这三家学派的论说,虽然有助于我们了解近代中国,但它们都忽视了中国在帝国主义入侵之前的内在的变迁动向。本书将指出,只有把这一变迁模式分析清楚,我们才可以从几个世纪的眼光来了解帝国主义对中国的影响。"二元经济论"虽然在讨论农村手工织布业的命运时大体上正确,却严重地低估了农业加速商品化对中国农村的影响。"附属论"在分析机器纺纱对手工棉纺业的破坏以及日本经济侵略对山东省经济的影响上,虽然基本正确,但它忽视了这一事实:中国小农经济在结构和变动的方向上,基本延续着过去的趋势。最后,道义经济的论述虽然指出了生产关系演变过程中常被人忽视的一面,却过分夸大了道义观念在过去的生产关系中所起的作用。

　　至于帝国主义和近代中国经济的落后到底有什么样的关系这一问题,我们必须从帝国主义和中国内在的经济和社会结构如何相互作用这一角度来考虑。单纯突出帝国主义这一因素,或者把它当作一个类似实验室的试验中可以随意加入或抽出的因素,我认为是不符合历史客观事实的。帝国主义一旦侵入中国,即和中国原有的社会经济和政治体系结合成一个整体。本书将提出理解这一问题的一种分析方法,即着重分析资本形成的过程,把帝国主义视为许多相关的决定因素之一。

## 三、中国的农村

　　华北平原的村庄,如同它们的小农一样,同时具有形式主义、实体主义和"传统的"马克思主义各自分析中所突出的三种特征。

小农家庭一般都在一定程度上是为市场生产的单位。从这一角度来看,与其说每个村庄是一个紧密内聚的整体,不如说它是一个由个别农户组合的街坊。可是,大部分的村庄也在不同程度上形成自给自足的经济单位,它的居民直接消费他们自己的一部分产品。村庄不仅划出居住的界限,也在某种程度上划出生产与消费的界限。工作和居住的纽带关系又常和宗族关系交织而互相强化。从这一角度来看,村庄是一个闭塞的,或许也是紧密的共同体。同时,一般村庄都存在一定程度的租佃和雇佣关系。着眼于这些关系,便会得出村庄是一个分化了的社会的缩影,其中部分人榨取其他村民生产的剩余。和对分化了的小农经济一样,对华北村庄及其在近代的演变,必须综合形式主义、马克思主义和实体主义的观点,而又注意不同村庄的区别来进行分析。村庄大多具有三种特征,但其混合的比例,则随村庄的经济和社会结构而变化,也因村庄所面对的外来势力的性质不同而变化。

## (一)过去的研究

美国史学家心目中的中国村庄的形象,主要来源于形式主义的观点。其中影响最大的是威廉·施坚雅(William Skinner)的研究。施坚雅企图纠正人类学主流派只注重小社团而忽略村庄与外界的联系的实体主义倾向。他写道:

> 人类学者在中国社会做实地调查时,把注意力几乎全集中在村庄上,大多歪曲了农村社会结构的实况。要是说中国的小农生活在一个自给自足的世界中,那个世界不是村庄,而

是基层市场共同体。我要指出的是,小农的实际活动范围,并不是一个狭隘的村落,而是一个基层集市所及的整个地区。
(Skinner,1964—1965:32)

根据施氏的说法,基层集市是地方市场系统的三层等级中最低的一级。在这里,农户一般贸易需要都可得到满足。它也是农产品和工艺品向上流动的起点和供应小农消费的货物向下流动的终点。一个典型的基层集市,是一个约有 18 个村和 1500 个农户的核心点,所及范围约为 50 平方公里的六角形地区。(同上:3,6)

根据施坚雅于 1949 年在成都东南 25 公里的集市高店子所做的三个月实地调查得出的结果,当地一个小农:

> 到 50 岁时,在基层市集赶集已达 3000 次。他与该共同体的每一户男子平均至少在同一街道上碰面 1000 次。他在市上向来自各方面的小贩购物。更重要的一点是,他在茶馆内与远处村庄的小农朋友社交往来……上集市的人很少不在一两个茶馆内消磨至少一个钟头。在好客和联谊的礼俗下,任何进门的村民都可以立即成为座上客。在茶馆里消磨的一个钟头,无可避免地扩大了个人的交际圈子,也加深了他对这共同体社会其他部分的认识。(同上:35)

在这样一个图像中,每个小农都"与同一个市场系统中所有的成年人有点头之交"。基层市场共同体是媒婆、秘密社会、宗教组织、方言等的基层空间范围(同上:40—41)。一言以蔽之,它是"小

*25*

农的社会生活圈子",是中国社会的最基本单位(同上:40—41)。

施氏后来把早期分析市场的模式,延伸成为一个包含八层等级的"中心地"的模式,上达县城以及区域性和中央的大都市。同时,市场系统也上延而成为整体的"区域系统",把中国分为八个"大区域",每个区域围绕它的中心都市而分布。此外,在空间之外兼顾到时间,把市场结构和区域系统上溯到它们历经数世纪的"周期节奏"。(Skinner,1977a,1977b)

施氏原意,不过是要矫正人类学家只着眼于小社团的倾向,但结果几乎完全消灭了他的对手(我们由此也可以看到他在美国学术界影响之大)。一整代的美国史学家,都以为中国的村庄在经济上和社会上高度结合于大的贸易体系,因此未注意到村庄这个单位。这个假说,在过去的许多学术研究中都有所体现,其中表达得最明白的也许就是今日在美国学术界影响颇大的西达·斯考切波(Theda Skocpol)———一位全靠第二手文献来描述中国社会结构的比较史理论家:

> ……我们必须留心,传统中国共同体的基本单位并非个体村落……而是包括一组村庄的市场共同体。……虽然农民在个体村庄内居住和工作,但市场共同体才是他们真正的世界。他们经常到定期市集做买卖,取得工匠的服务、贷款、参加宗教仪式,以及寻找婚姻对象。(Skocpol,1979:149)

形式主义学者不甚重视村庄的观点,也得到其他几种研究者无意中的支持。美国学者对"帝国后期"中国政治结构的研究,多集中于国家政权和士绅阶级。除了在叛乱期，庶民小农都被视为纯粹被动地受国家统治和士绅领导的对象。萧公权的主要著作《中国乡村：论十九世纪的帝国控制》(Hsiao, 1960)是运用国家、士绅这个二元分析模式的好例子。他采用的基线出自官僚制度本身所绘制的理想状态：将所有乡村农户都系统地编入以十为单位的小组，一为赋税之用(里甲制)，二为治安之用(保甲制)。这样，国家官僚政权在理论上深入自然村内，乃至每家农户。萧氏又把社会上的所有领导分子等同于士绅。他写道："说士绅是乡村组织的基石，其实并不夸张。村庄可以、也确曾在没有士绅的状态下存在；但没有士绅的村庄，很难有任何高度组织性的活动。"(Hsiao, 1960：317)在这样一个将小农纯粹视为被动因素的图像中，中国历代社会政治结构的变迁，主要出于国家和士绅二元之间的权力转移。在19世纪，随着国家正式机关的权力衰落，权力重心移向"非正式"的士绅政权。村庄在这个过程中没有单独分析的必要。

瞿同祖(Ch'ü T'ung-tus, 1962)和张仲礼(Chang Chung-li, 1955)在他们很有影响的研究中，采用了大体上同一的模式。和萧公权一样，瞿同祖将所有的地方社会领导层等同于士绅。在国家机关之外，他只注意政府和士绅的关系，并没有考虑到村庄自身内部的权力结构，以及它与国家之间的关系。张仲礼也和萧公权一样，强调士绅在地方社会中非公职性的领导作用，而无视村庄中可能存在着的自发领导。

基于这些研究，孔飞力(Philip Kuhn A.)指出了"军事化"的长期趋势——它开始于18世纪末年为镇压白莲教叛乱而在士绅领导下成立的地方团练。这个趋势以及随之而来的权力从国家向士绅的转移（Kuhn，1970），又成为 20 世纪地方"自治"运动中士绅僭取更大政治权力的背景。孔氏认为，20 世纪二三十年代土豪劣绅的兴起，是国家权力向士绅转移的长期过程中的一个现象；基于此，他认为这些人物的来源，是旧日的下层士绅（Kuhn，1975）。在另一篇论文中（Kuhn，1979），孔氏继续这一分析，进一步讨论因国民党政府冀图将地方政府重新官僚化而引起的摩擦冲突，这同样是国家与士绅之间权力交替转移过程中的一个现象。

所有这些研究的基本假定，是自然村完全被深入基层社会的国家政权和士绅所控制，整合于上层的体系之内。这个观点和施坚雅认为村庄完全结合于大的贸易系统的模式，是互相支持的。所以，即使事实上村庄居民一般全是庶民，没有士绅或官员，他们仍可坚持说，只需要研究国家和士绅，就足以了解中国村落的组织和政治生活。

这个农村的图像，也得到中国史学界关于农民战争的研究的支持。在这些研究之中，农民常被描绘为一个跨越村庄、集体行动的"农民阶级"。当然，在农民意识形态和行为特征等一些课题上常有热烈的论争[见《中国历史年鉴（1979）》；刘广京（K. C. Liu），1981]，但极少有学者考虑到，农民是否有可能有时只以村庄整体成员的身份和意识做出行动。

中国关于革命史的研究，大多同样只强调阶级行动，而不考虑村民的内向闭塞性。我们从一些著作中很少看到把村庄作为一个值得注意的单位来研究的资料。这会使我们觉得自然村共同体似乎在革命中不起任何作用，虽然在后来改造农村社会时实际上保留了自然村这个基本单位。

有的学者曾对这个主导的阶级模式提出商榷,但他们多从宗族关系而非村庄共同体的观点出发。他们指出宗族关系常跨越阶级,而使农民组织和行动变得更加复杂(例见傅衣凌,1979)。他们没有考虑到与亲族交织、但不可与之等同的自然村这一单位。在这方面,他们的观点和近年西方人类学者在台湾和香港所做的研究相当接近。后者多把注意力集中于一些望族,而无视一般的村民[Watson(1982)对这些研究做了敏锐的总结]。

实体主义的观点主要在日本学术界中得到表达,平野芳太郎是较早的一个提倡者。他认为中国的村庄是一个具有内在权力结构、宗教组织和信仰合一的共同体。但平野氏并不是实体主义学派最理想的先锋。他在学术以外另有政治目的:在他看来,由村庄共同体组成的东亚式社会,与西方个人主义式的社会根本不同,而可以被视作"大东亚共荣圈"的基础。当时戒能通孝从综合形式主义与马克思主义的观点批评了平野氏。他强调中国的村落是一个分散而又不平等的社会,它没有固定的分界线或公共财产;其中每家每户分别为自己的利益而生产;它的权力基础是阶级和暴力,而不是村民的自发支持。戒能的目的是提倡他自己理想中的西方的发展途径:私有财产和小农个人主义导致资本主义的发展和民主的政治制度,从而形成一个所有成员都以平等地位参与政治的真正的近代国家共同体(旗田巍,1973:35—49)。戒能与平野的论争使人联想到最近美国学术界波普金(Popkin,1979)与斯科特(Scott,1976)的论争。

实体主义学派在日本的起源尽管不理想,但村庄"共同体"的概念后来仍在学术界起了重要的作用。抗战时期,一些日本社会科学家在中国做的实地调查，是一个得助于日本人类学研究的优良传统的调查。他们搜集了相当多有关农村内部组织的具体资料。后来的学术分析（无论持形式主义还是持马克思主义观点）都一致把村庄共同体问题放在讨论和研究的中心。例如清水盛光（1951）沿实体主义传统和马克思的"亚细亚生产方式"概念，进一步假设闭塞的村庄是和"东方专制主义"相互关联的。仁井田陞（1963：365—383）则主要从家族组织和阶级关系的角度来研究农村社会。而今堀诚仁（1963：42—61）则强调各种形式的"共同体"不过是掩盖和维持阶级统治和剥削的工具。旗田巍（1973）在清楚地区别了自己的观点和平野、清水的过分夸张的分析的不同之后，提出了一些关于村庄的比较具体和综合性的分析。

## (二)华北的村庄

西方形式主义和日本实体主义学派关于中国村庄的看法之所以不同，一个主要原因是两者所依赖的实证根据不同。

西方学者多着重研究中国较先进的地区，即那些商品经济较发达、社会分化较明显，而宗族组织较高度发展的地区。因此，他们多强调村庄整合于市场系统与上层社会亲族网的一面。

日本学者对近代中国的研究，则多受战时在华北平原所做实地调查的影响。该地区农业以旱作为主，且缺乏河道运输，因此农村经济的商品化程度远低于长江下游和四川盆地。小农为市场生产的比率较低，为贩卖产品而上集市所花的时间也较少。商品经济的不发达和较少的农业生产剩余，造成了一个以自耕农——在生产关系上与外界接触较少的人为主的社会。村庄成员的绝大部分是拥有土地的自耕农,这又意味着国家政权在村民生活中占有相对重要的地位——因自 18 世纪中叶起,国家赋役已经摊丁入亩。国家政权渗入村庄,又促使村庄政治组织为应付国家赋税而形成。村庄之中,居民未经高度阶级分化,缺乏显要人物,又使家族的组织结构较长江下游和珠江流域地区薄弱。华北农村的宗族,一般只有少量族产(几亩祖坟地),而不会跨越村与村或村与市之间的界限。这样的家族结构,加强了村庄的内向性。

在现存的西方形式主义和中国马克思主义学术观点之中,我们首先需要把实体主义形象中商品化程度较低而比较"内向"的村庄,重新纳入我们注意的课题之中。美国学者裴宜理(Elizabeth J. Perry)的研究说明,华北平原 20 世纪 20 年代的红枪会是一个以个别农村为基础的村庄自卫性运动,是一个以自耕农为主要社会基础,为防御盗贼、反抗国家苛捐杂税,在抗战期间又成为抵抗侵略者的村庄武装组织(Perry,1980:152—207)。1938 年刘少奇在总结华北抗战经验的一个报告中,曾清楚地指出这种组织的性质。根据他的报告,红枪会、天门会、联庄会等都是"单纯的武装自卫组织","对一切问题都是从本身利益出发,谁去骚扰掠夺他们,他们就反对谁",而不会"积极出来反日、打土匪、打游击等"(刘少奇,1938:51)。施坚雅本人似乎既考虑到红枪会这类现象,又为了纠正自己过分夸张了的"基层市场共同体",在 1971 年提出了一个同时考虑到闭塞分散的和与外界相结合的村庄的模式。在那个分析中,一个自然村会伴随朝代的盛衰而经历周期性的"开"与"闭"(Skinner,1971)。

为了探讨村庄组织与其社会经济结构之间的关系,本书采用了 20 世纪 30 年代日本社会科学家在冀—鲁西北平原所搜集的关于 33 个村落的实地调查资料。据此，我把这些地区的自然村分为 7 个类型，区别了高度商业化、商业化程度较低和中等商业化的村庄（细节见第二章和附录），还有手工业高度发达的村庄、市郊村庄、作为移徙东北佣工工人家乡的村庄，以及严重遭受军队蹂躏的村庄。20 世纪变化不大的村庄，为我们提供了一条可以用来了解清代自然村的基线。

至于清代的村庄与国家政权之间的关系，本书用 19 世纪一个县政府的档案资料，来探讨当时的税收情况和国家对村庄权力的限制。20 世纪 30 年代，关于各村如何针对现代国家机器企图进一步控制农村而采取措施的口述资料，也有助于我们了解清代的情况。本书将试图证明清代华北的村庄，在政治上和社会关系上均比我们过去想象的要闭塞得多。

## （三）20 世纪的变化

清楚地了解 19 世纪村庄与国家之间的关系，有助于我们明了 20 世纪的变化。美国学者魏斐德（Wakeman，1966）、孔飞力（Kuhn，1970）和周锡瑞（Esherick，1976）的著作，说明了近代地方士绅权力扩张的事实：先是通过对付农民起义的"军事化"，继而通过士绅领导的地方"自治"和改良运动，把权力扩展开来。同时，美国学者刘广京（Liu，1978）和麦金农（Stephen MacKinnon，1980）指出，国家机器试图把地方政权重新官僚化，以扭转士绅领导下的军事化和地方"自治"的趋势。欧内斯特·扬（Ernest Young，1977）则说明了这两种趋势的同时扩张导致地方分权与中央再度集权的交替呈现,以及军事化和地方议会与正规政府的官僚化相互交错的复杂局面。

上述两种矛盾趋势以及学者们之间的分歧,使我们忽视了 20 世纪农村与国家政权之间关系的变化。在西欧,国家权力渗入农村,是从政权分封的封建时代向近代中央集权国家发展过程中的一个环节。研究欧洲史的学者已十分清楚地指出这两个过程,把它们合称为“近代国家机器的形成”(Tilly,1975a,b)。但研究中国的学者的注意力,则被吸引到一些更加引人注目的课题上面去了:在帝国主义入侵下国家部分主权的丧失,王朝政权的衰落和崩溃,以及军阀割据。此外,因为我们主观上习惯赋予中国古代在朝政权以现代的特征(这是可以理解的:中国唐代以来的科举制度在西方则是进入近世之后才出现的),而民国政府现代化的程度又远远不如当时的西方政府,所以清代与民国国家机器之不同遂显得模糊不清。

本书在村级资料的基础上,试图描述 20 世纪自然村与国家政权之间的关系演变情况。在此,我将再度强调“赋税”这一村庄和国家之间的主要交叉点。20 世纪地方政府权力的扩张,及对乡村的渗入和榨取,都超越了清代的国家机器。

20 世纪村庄与国家之间的关系,不只取决于国家政权的性质,也受到村庄内部结构的影响。本书将指出,伴随半无产化过程而来的,是紧密内聚村庄的日益松散化。自耕农之转化为部分或完全脱离土地所有、每年以部分时间外出佣工的贫农,意味着许多村民与村庄整体关系的逐渐松弛,以及紧密村庄向较松散的社团的转化。在 20 世纪频繁的天灾人祸摧残之下,更多的自然村也日趋松散。

半无产化与官僚化两个过程的交接，导致了村庄与国家之间新的矛盾。这种矛盾在村级政府（村庄内在权力组织与外来政权的主要交叉点）中尤其显而易见。有的地方出现了"土豪劣绅"和"恶霸"（后者是北方较通用的称谓）滥用权力、蹂躏村庄的现象，也就是当时毛泽东（1972[1927]）、费孝通（1948）和丁玲（1949）等人都曾注意到的问题。这种村级政权的兴起，正是本书所探讨的农业内卷化和伴随商业性农业而来的阶级分化怎样影响自然村及其与国家之关系的明显例证。

## 参考文献

陈平（1979）：《单一小农经济结构是我国长期动乱贫穷的病根》，载《光明日报》11 月 16 日第三版。

陈平（1981）：《社会传统和经济结构的关系》，载《学习与探索》第 1 期，第 4—19 页。

丁玲（1949）：《太阳照在桑乾河上》，北京：新华书店。

费孝通（1948）：《乡土重建》，上海：观察社。

傅衣凌（1979）：《明清时代阶级关系的新探索》，载《中国史研究》第 4 期，第 65—74 页。

傅筑夫（1980）：《中国经济史论丛》二卷，北京：生活·读书·新知三联书店。

胡如雷（1979）：《中国封建社会形态研究》，北京：生活·读书·新知三联书店。

景甦、罗崙（1959）：《清代山东经营地主的社会性质》，济南：山东人民出版社。

李文治(1963a):《论清代前期的土地占有关系》,载《历史研究》第 5 期,第 75—109 页。

李文治(1963b):《明清时代的封建土地所有制》,载《经济研究》第 8 期,第 67—77 页;《经济研究》第 9 期,第 55—61 页。

李文治(1981):《论中国地主经济制与农业资本主义萌芽》,载《中国社会科学》第 1 期,第 143—160 页。

刘少奇(1938):《坚持华北抗战中的武装部队》,载《解放》第 43/44 号,第 49—53 页。

刘永成(1962):《论清代雇佣劳动:兼与欧阳凡修同志商榷》,载《历史研究》第 4 期,第 104—148 页。

刘永成(1979):《论中国资本主义萌芽的历史前提》,载《中国史研究》第 2 期,第 32—46 页。

毛泽东(1972[1927]):《湖南农民运动考察报告》,载《毛泽东集》第一卷,第 207—249 页,东京:北望社。

毛泽东(1972[1939]):《中国革命和中国共产党》,载《毛泽东集》第七卷,第 97—136 页,东京:北望社。

南京大学历史系明清史研究室编(1981):《明清资本主义萌芽研究论文集》,上海:上海人民出版社。

《中国历史学年鉴(1979)》(1979),北京:生活·读书·新知三联书店。

中国人民大学中国历史教研室编(1957):《中国资本主义萌芽问题讨论集》二卷,北京:生活·读书·新知三联书店。

[日]河地重造(1963):《一九三〇年代の中国農業生産力構造と最近の動向》,载《經濟学雜誌》第 49 卷 6 号,第 1—29 页。

[日]今堀诚仁(1963):《東洋經濟社会史序説》,京都:柳原書店。

［日］旗田巍(1973):《中國村落の共同体理論》,东京:岩波书店。

［日］仁井田陞(1963):《中國法制史》(增订版),东京:岩波书店。

［日］清水盛光(1951):《中國鄉村社會論》,东京:岩波书店。

Baran, Paul A. (1957). *The Political Economy of Growth*. New York: Monthly Review Press.

Boserup, Ester (1965). *The Conditions of Agricultural Growth: The Economics of Agrarian Change Under Population Pressure*. Chicago: Aldine.

Brenner, Robert (1982). "The Agrarian Roots of European Capitalism," *Past and Present*, 97(Nov): 16–113.

Buck, John Lossing (1937). *Land Utilization in China*. Chicago: University of Chicago Press.

Chang, Chung-li (1955). *The Chinese Gentry: Studies on Their Role in Nineteenth-Century Chinese Society*. Seattle: University of Washington Press.

Chayanov, A. V. (1966a). "On the Theory of Noncapitalist Economic Systems," in Daniel Thorner, Basile Kerblay, and R. E. F. Smith(eds.), *A. V. Chayanov on the Theory of Peasant Economy*, pp. 1–28. Homewood, Ill.: Richard D. Irwin, Inc.

Chayanov, A. V. (1966b). "Peasant Farm Organization," in ibid., pp. 29–277.

Ch'ü, T'ung-tsu (1962). *Local Government in China under the Ch'ing*. Cambridge, Mass.: Harvard University Press.

Dalton, George (1969). "Theoretical Issues in Economic Anthropology," *Current Anthropology*, 10.1: 63–102.

Elvin, Mark (1973). *The Pattern of the Chinese Past*. Stanford, Calif.: Stanford University Press.

Esherick, Joseph W. (1976). *Reform and Revolution in China: The 1911 Revolution in Hunan and Hubei*. Berkeley: University of California Press.

Frank, Andre Gunder (1978). "Development of Underdevelopment or Underdevelopment of Development in China," *Modern China*, 4.3: 341–350.

Frank, Andre Gunder (1968). *Capitalism and Underdevelopment in Latin America*. New York: Monthly Review Press.

Friedman, Milton, and L. G. Savage (1948). "The Utility Analysis of Choices Involving Risk," *Journal of Political Economy*, 56: 279–304.

Geertz, Clifford (1963). *Agricultural Involution: The Process of Ecological Change in Indonesia*. Berkeley: University of California Press.

Grove, Linda, and Joseph Esherick (1980). "From Feudalism to Capitalism: Japanese Scholarship on the Transformation of Chinese Rural Society," *Modern China*, 6.4: 397–438.

Ho, Ping-ti (1959). *Studies in the Population of China, 1368–1953*. Cambridge, Mass.: Harvard University Press.

Hou, Chi-ming (1965). *Foreign Investment and Economic Development in China, 1840–1937*. Cambridge, Mass.: Harvard University Press.

Hou, Chi-ming (1963). "Economic Dualism: The Case of China, 1840–1937," *Journal of Economic History*, 23.3: 277–297.

Hsiao, Kung-ch'uan (1960). *Rural China: Imperial Control in the Nineteenth Century*. Seattle: University of Washington Press.

Kuhn, Philip A. (1979), "Local Taxation and Finance in Republican China," in Susan Mann Jones (ed.), *Select Papers from the Center for Far Eastern Studies*, no. 3, 1978–1979, pp. 100–136. Chicago: Center for Far Eastern Studies, University of Chicago.

*37*

Kuhn, Philip A. (1975). "Local Self-Government Under the Republic: Problem of Control, Autonomy, and Mobilization," in Frederic Wakeman Jr. And Carolyn Grant (eds.), *Conflict and Control in Late Imperial China*, pp. 257-298. Berkeley: University of California Press.

Kuhn, Philip A. (1970). *Rebellion and Its Enemies in Late Imperial China: Militarization and Social Structure, 1796-1864*. Cambridge, Mass.: Harvard University Press.

Lenin, V. I. (1956[1907]). *The Development of Capitalism in Russia*. Moscow: Foreign Languages Publishing House.

Lippit, Victor (1978). "The Development of Underdevelopment in China," *Modern China*, 4.3: 251-328.

Lippit, Victor (1974). *Land Reform and Economic Development in China*. N. Y.: International Arts and Sciences Press.

Lipton, Michael (1968). "The Theory of the Optimizing Peasant," *Journal of Development Studies*, 4.3: 327-351.

Liu, K. C. (1981). "World View and Peasant Rebellion: Reflections on Post-Mao Historiography," *Journal of Asian Studies*, 40.2: 295-328.

Liu, K. C. (1978), "The Ch'ing Restoration," in John K. Fairbank (ed.), *The Cambridge History of China, vol. 10: Late Ch'ing, 1800-1911*, part 1, pp. 409-490. Cambridge, Eng.: Cambridge University Press.

MacKinnon, Stephen R. (1980). *Power and Politics in Late Imperial China: Yuan Shi-kai in Beijing and Tianjin, 1901-1908*. Berkeley: University of California Press.

Mansfield, Edwin (1980). *Economics: Principles, Problems, Decisions*, 3rd ed. New York: W. W. Norton.

Marx, Karl (1968[ 1859] ). "Preface to *a Contribution to the Critique of Political Economy*," in Karl Marx and Fredrich Engels, *Selected Works*. New York: Lawrence and Wishart.

Marx, Karl (1967[ 1867] ). *Capital*. 3vols. New York: International Publishers.

Murphey, Rhoads (1977). *The Outsiders: The Western Experience in India and China*. Ann Arbor, Mich. : University of Michigan Press.

Perkins, Dwight H. (1969). *Agricultural Development in China, 1368 – 1968*. Chicago: Aldine.

Perkins, Dwight H. (1967). "Government as an Obstacle to Industrialization: The Case of Nineteenth-Century China," *Journal of Economic History*, 27.7: 478 – 492.

Perry, Elizabeth J. (1980). *Rebels and Revolutionaries in North China, 1845 – 1945*. Stanford, Calif. : Stanford University Press.

Polanyi, Karl, et al. (eds.) (1957). *Trade and Market in the Early Empires: Economies in History and Theory*. Glencoe, Ill, : Free Press.

Popkin, Samuel (1979). *The Rational Peasant: The Political Economy of Rural Society in Vietnam*. Berkeley: University of California Press.

Riskin, Carl (1975). "*Surplus and Stagnation in Modern China*," in Dwight Perkins(ed.), *China's Modern Economy in Historical Perspective*, pp. 49 – 84. Stanford, Calif, : Stanford University Press.

Schultz, Theodore W. (1964). *Transforming Traditional Agriculture*. New Haven, Conn. : Yale University Press.

Scott, James C. (1976). *The Moral Economy of the Peasant: Rebellion and Subsistence in Southeast Asia*. New Haven, Conn. : Yale University Press.

Shanin, Teodor （1972）. *The Awkward Class: Political Sociology of Peasantry in a Developing Society, Russia, 1910 - 1925.* London: Oxford University Press.

Skinner, G. William （1977a）. "Regional Urbanization in Nineteenth-Century China," in William Skinner( ed.), *The City in Late Imperial China*, pp. 211-252. Stanford, Calif. : Stanford University Press.

Skinner, G. William （1977b）. "Cities and the Hierarchy of Local Systems," in ibid. ,pp. 275-351.

Skinner, G. William （1971）. "Chinese Peasants and the Closed Community: An Open and Shut Case," *Comparative Studies in Society and History*, 13.3: 270-281.

Skinner, G. William （1964 - 1965）. "Market and Social Structure in Rural China," *Journal of Asian Studies* （3 parts）, 24.1: 3-44;24.2: 195-228;24.3: 363-399.

Skocpol, Theda （1979）. *State and Social Revolutions: A Comparative Analysis of France, Russia, and China.* Cambridge, Eng. : Cambridge University Press.

Sorokin, Pitirim, and Carl C. Zimmerman （1929）. *Principles of Rural-Urban Sociology.* New York: Henry Holt.

Stalin, Joseph （1940）. *Dialectical and Historical Materialism.* New York: International Publishers.

Tilly, Charles （1979）. "Proletarianization: Theory and Research," Working Paper no.202. Center for Research on Social Organization, University of Michigan.

Tilly, Charles （ ed.）（ 1978）. *Historical Studies of Changing Fertility.*

Princeton, N. J. : Princeton University Press.

Tilly, Charles (1975a). "Revolutions and Collective Violence," in Fred I. Greenstein and Nelson W. Polsby( eds.) , *Handbook of Political Science*, *vol. 3: Macropolitical Theory*, pp. 483-555. Reading, Mass. : Addison-Wesley.

Tilly, Charles (1975b). "Food Supply and public Orderin Modern Europe," in Charles Tilly( ed.) , *The Formation of National States in Western Europe*, pp. 380-455. Princeton, N. J. : Princeton University Press.

Wakeman, Frederic Jr. (1966). *Strangers at the Gate: Social Disorder in South China, 1839-1861*. Berkeley: University of California Press.

Wallerstein, Immanuel (1979). *The Capitalist World Economy*. Cambridge, Eng. : Cambridge University Press.

Wallerstein, Immanuel (1974). *The Modern World System: Capitalist Agriculture and the Origins of the European World Economy in the Sixteenth-Century*. New York: Academic Press.

Watson, James L. (1982). "Chinese Kinship Reconsidered: Anthropological Perspectives on Historical Research," *The China Quarterly*, 92: 589-622.

Wilkinson, Endymion (ed. and tr.) (1978). *Landlord and Labor in Late Imperial China: Case Studies from Shandong*. Cambridge, Mass. : East Asian Research Center, Harvard University.

Young, Ernest P. (1977). *The Presidency of Yuan Shih-k'ai*. Ann Arbor, Mich. : University of Michigan Press.

第 2 章
# 《长江三角洲小农家庭与乡村发展》导论[*]

　　在 1350 年至 1950 年长达 6 个世纪蓬勃的商品化和城市发展过程中,以及在 1950 年至 1980 年的 30 年集体化和农业现代化过程中,中国先进地区长江三角洲的小农农业长期徘徊在糊口的水平。直到 20 世纪 80 年代,质的发展才真正在长江三角洲农村出现,并使农民的收入相当程度地超过了维持生存的水平。本书旨在探讨长江三角洲农民糊口农业水平长期延续的过程和原因,及其变化的过程和原因。我将着重分析农民的生活状况,而不是整个经济的毛收入或全部人口的人均收入。重点在于揭示一个特定地域和社会阶层的发展与不发展,对中国历史总体以及对农民社

[*] 本文原载于《长江三角洲小农家庭与乡村发展》,第一章,第 1—19 页(北京:中华书局,1992;第二版,2000;第二次印刷,2006)。英文原作 Philip C. C. Huang, *The Peasant Family and Rural Development in the Yang zi Delta, 1350–1988*, Stanford, Calif.: Stanford University Press, 1990。

会和经济的各派学术理论的意义。

## 一、经典理论:斯密和马克思

亚当·斯密(Adam Smith)和卡尔·马克思(Karl Max)尽管有着明显的分歧,却都认为商品化会改造小农经济。[①] 斯密认为,自由的市场竞争和个人致富的追求会导致劳动分工、资本积累、社会变革,乃至随之而来的资本主义发展。马克思的观点与此类似,他认为商品经济的兴起会加速资本时代的来临。

马克思进而把小农农业等同于小生产,把资本主义等同于以雇佣劳动为基础的大规模生产。商品经济的发展会伴随着以拥有生产资料的资产者与他们的无产阶级劳动者为对立双方的资本主义性质的"生产关系"。即使斯密没有这样去关注资本主义生产的社会关系,但他在相当程度上持有同样的观点:劳动分工和专业化会导致资本"改进"和规模经济(A. Smith,1976[1775—1776],特别是 I:7—16)。[②]

当然,斯密和马克思的共识很大程度上是基于英国的经验。小农农场随着商品化而让位于以雇佣劳动为基础的大规模资本主义农场,这毕竟是英国圈地运动和18世纪农业革命的实际经历。

---

[①] 当然,斯密没有用"小农经济"这个词,但毫无疑问他认为前资本主义农业之所以是停滞和落后的,很大程度上是因为政府强行抑制了自由贸易(A. Smith,1976[1775—1776],特别是 I:401—419,Ⅱ:182—209)。

[②] 虽然斯密曾指出小农是具有高度进取心的耕作者(A. Smith,1976[1775—1776],I:441 页),但他的论点并不是小规模农作会比大规模农作更有效率,而是自耕农作会比佃耕农作更具激励性(同上:418)。

随之而来的是城镇中"原始工业"和工业的兴起。斯密和马克思的共识于是在实证之上逐渐成了人们心目中的一个规范认识，似乎到了不可置疑的地步。

　　甚至对俄国和中国的革命也从同样的认识出发。列宁直接引用马克思的说法，力革命前俄国的商品经济与农民正向资本主义性质的富农和农村无产者两极分化同步发展。在列宁看来，无论在俄国还是在英国，小农经济只能是停滞的和前商品化的经济，而商品化只能带来资本主义发展和资本主义性质的社会分化（Lenin，1956[1907]）。他的继任者斯大林认为"社会主义的"集体化是避免资本主义的社会弊病、同时使小农经济实现现代化的唯一办法。生产资料的集体所有制能够解决资本主义分化的问题，而集体化农业能够把农民的小生产转化为高效率的大规模农业经营。

　　毛泽东接受了相同的公式和选择。社会主义的集体化被视作市场导向的资本主义发展之外的唯一途径，而对于资本主义和社会主义之外的其他乡村发展途径的可能性不加以认真考虑；同时，也没有考虑糊口农业会在商品化或集体化之下持续的可能（毛泽东，1977a[1955]，1977b[1955]）。


# 二、中国的学术研究

　　毛泽东时代中国的学术研究为上述的经典模式所支配。"封建经济"等同于前商品化的"自然经济"，资本主义经济等同于商品化的大生产。这一模式特殊的中国式结合体是"资本主义萌芽"概念。据这一分析，"资本主义萌芽"在中国差不多与近代早期的英国和欧洲大陆同时发生,若不是西方帝国主义的入侵打断了这一进程,中国也会走向资本主义的发展道路。据此,中国历史被纳入了斯大林主义的原始社会、奴隶社会、封建社会、资本主义社会和社会主义社会交替演进的"五种生产方式"的公式。

在上述主要的理论信条下,新中国成立后从事中国农村史研究的第一代学者首先关注明清的商业发展,开展了鉴定主要贸易商品及对其做量性估计的出色研究,尤其重在研究那些长途贸易和城乡贸易的商品,以此考察统一的"国内市场"的形成,把它等同于资本主义的发展。这些始于 20 世纪 50 年代的研究成果,在 80 年代终于开始发表。[①]

新中国成立后的第一代其他学者努力寻找经典模式预言的雇佣劳动的资本主义生产关系在中国的兴起证据。在 20 世纪五六十年代的官方政治理论中,生产关系被认为是马克思提出的人类历史上一对主要矛盾(生产关系与生产力)中的决定性方面。它设想,要是地主与佃农之间的"封建"关系能被证实让位于劳资间的资本主义关系,便可成为资本主义发展出现的无可辩驳的证据。出自这一分析框架,学界对明清雇佣关系的发生整理出了很多实证研究成果(中国人民大学,1957;南京大学,1980)。[②]

在改革开放的 20 世纪 80 年代,研究的重点转向生产力的发展,反映了新的政治理论偏重生产力,认为生产力才是历史发展的决定因素。新一代学者开始寻找伴随着商品化而来的生产率提高的证据。随着对集体化农业的非议的蔓延,他们回到他们所能想

---

① 吴承明(1985)的著作是关于清代商品经济发展的杰出研究。
② 李文治等(1983)的著作是关于农村雇佣关系扩展的最优秀的学术成果。

到的唯一替代途径：市场和资本主义。如果明清时期的商品化真带来了农业发展，那么今日的农村也应采用同样的做法。这一新的学术倾向的突出代表甚至争辩说，清代长江三角洲总体上的经济发展超过了"近代早期"的英国（李伯重，1985a，1985b，1984）。

关于清代中国经济发展的新的中国学术研究，在美国学术界得到了呼应。美国新斯密学派日益普遍的设想之一坚持认为，伴随着清代市场扩展而来的变迁应被视作"近代早期"的发展，相当于16—19世纪英国和西欧的发展阶段。这一观点把中国并入一个通用的现代化模式，而把清史作为中国的"近代早期"史。[1]

有关资本主义萌芽的研究有许多值得赞许之处。在我看来，它的成功之处在于无可怀疑地证实了1350—1850年间长江三角洲在围绕着本书所称的"棉花革命"的过程中经历了相当程度的商品化。它也考证了清代社会生产关系的相当大的变化。清代中国城市、工农业中雇佣劳动增长的事实已经没有疑问了。

然而新的研究未能证实单位劳动力的生产率和收入有所改进。尽管明清时期出现了蓬勃的商品化，但处于糊口水平的小规模家庭农业一直持续到解放前夕。如同我在别处指出的，华北平原18世纪初至20世纪30年代随着商品化而出现的经营式农场，仅在使用雇佣劳动上类似于资本主义企业，它们明显地无法在生产率上有任何真正的进展，无论是通过规模经济、增加投资，还是

---

[1] 本书写作时，关于清代是中国"近代早期"的观点尚未有人系统说明，主要含蓄地反映在一些著作中，尤其是罗威廉的（Rowe，1984）。这个观点和中国新学术的分歧在于两者对帝国主义的认识。"近代早期"观点很容易导致认为帝国主义刺激了进一步商品化和发展（"现代化"）（如Faure，1989；Rawski，1989）。这样为帝国主义辩护的观点当然不能为大多数爱国的中国学者所接受。

改进技术(黄宗智,1986)。长江三角洲也是这样,仅敷糊口的农业持续着,劳动生产率没有显著的改进。到了20世纪,那里的小农农业生产实际上排挤、消灭了明末以前相当流行的大规模雇佣劳动生产。

简单的事实是,斯密和马克思从英国经验中做出的预言未在中国发生,也未在第三世界的多数地方发生。糊口水平的家庭农作不但在随着帝国主义时代和统一的"世界经济"形成而来的蓬勃的商品化过程中顽强持续,而且它至今仍存在于世界的许多地方。即使在欧洲大陆,尤其在法国,小规模的小农生产也远比在英国持续得长久(Brenner,1982)。

我们需要把商品化与质变性发展区分开来。长江三角洲的历史记载表明,小农经济能在高度的商品化条件下持续。易言之,小农生产能够支撑非常高水平的市场扩张。商品化必然导致资本主义发展的经典认识明显是不对的。

## 三、两个现代派别:恰亚诺夫和舒尔茨

当代小农经济理论的两大主要学派是以恰亚诺夫和西奥多·舒尔茨为代表的。两个学派都承认现代市场经济下小农经济可能持续的事实,从而区别于斯密和马克思。问题是,如何和为何,以及如果只是商品化不能导致质变,那么小农经济怎样才能转化呢?

与马克思、列宁以及斯密相反,恰亚诺夫认为即便是在国民经济商品化的过程中,小农的行为仍然不同于资产者。他指出,小农家庭农场在两个主要方面与资本主义企业不同:它依靠自身劳动

力而不是雇佣劳动力,它的产品主要满足家庭自身的消费而不是在市场上追求最大利润。因为它不雇佣劳动力,因此难以核算其工资与收益;因为它的投入(家庭全年的劳动力和资金投入)与产出(全年总收获)都是不可分割的整体,因此无法衡量其单位生产成本与收益。它对最优化的追求是在满足消费需要和劳动辛苦程度之间实现平衡,而不是在利润和成本之间。[①] 因而,恰亚诺夫坚持说"小农经济"形成了一个独特的体系,遵循着自身的逻辑和原则。(Chayanov,1986[1925],特别是第1—28、70—89页)

这样的经济按照一个个家庭的人口周期而分化,不按列宁想象的通往资本主义的模式分化。恰亚诺夫以俄国的小农经济为例证指出,社会的分化并非来自商品化所带来的农民分化成富农和农村无产者,而是来自家庭周期性的劳动者与消费者比例的变化。没有子女的年轻夫妇享有最有利的比例,直至他们不会工作、单纯消费的子女的出生。当孩子长大并参加生产,一个新的周期又开始了。(同上书,第1章)

恰亚诺夫认为,俄国小农经济改造应该采取的方式既不是斯大林主义的集体化,也不是资本主义的自由市场生产,而是由农民自愿地组成小型合作社。这既能克服农民小生产的弊病,又可以避免大规模集体化农业的官僚主义,以及资本主义的社会分化和垄断倾向。(Shanin,1986:7—9)

---

[①] 恰亚诺夫把家庭劳动力使用的终结强度称为"小农劳动力的自我剥削程度"(Chayanov,1986[1925]:72),这一有点贬义的用词引起很多误解:"剥削"一词使马克思主义者和非马克思主义者不约而同地联想到"榨取"劳动力的"剩余价值",这是经典马克思主义中关于"剥削"的含义。恰亚诺夫本人并无此意(同上:72—89)。无论如何,一个家庭榨取自身劳动力的剩余价值是说不通的。

恰亚诺夫的论点在斯大林主义的统治下被压制(Shanin,1986；Solomon,1977)，要不是小农经济在第三世界的许多地方至今仍持续着，他的理论也许会随着他的逝世而消失。恰亚诺夫理论传统的继承者首先主要是研究前工业化时期偏僻地区的人类学工作者。他们在人类学领域以"实体主义者"著称(Dalton,1969)，他们指出小农经济根本就不按现代市场经济规律运行。在美国，这一理论以卡尔·波兰尼(Polanyi et al.,1957)及稍近的特奥多·沙宁(Shanin,1972)和詹姆斯·斯科特(Scott,1976)的著作为代表。他们的主题在于论证小农经济与资本主义市场经济的不同。①

尽管亚当·斯密认为小农经济是前商品化的，但他的追随者总想把世界的一切社会现象纳入他的古典经济学，不限于发达的市场经济，也包括小农经济。20 世纪第三世界小农经济的广泛商品化助长了这种意图。同时，美国在商品化和农业机械化的过程中，一直保持着家庭农场的组织形式，从而形成了英国古典经验之外的另一个农业现代化模式。人们认为第三世界的小农经济也会伴随现代农业投入和市场交换扩大而出现"绿色革命"。

诺贝尔经济学奖获得者西奥多·舒尔茨为这种期望提供了系统的理论支持。他的论点相当简单：一个竞争市场运行于小农经济中，与资本主义经济并无不同。要素市场运行得如此成功，以至"在生产要素的分配上，极少有明显的低效率"(Schultz,1964:37)。例如在劳动力市场，"所有想要和能够胜任工作的劳动力都得到了

---

① 中国类似恰亚诺夫概念的观点见于"小农经济"理论。据徐新吾(1981a,b)，小农经济的关键是小农家庭中农业与手工业的结合，即"男耕女织"。这一结合被认为顽强地抵御了商品化和资本主义化。

就业"(同上:40)。进而,"作为一种规律,在传统农业使用的各种生产要素中,投资的收益率少有明显的不平衡"(同上:72)。

简而言之,这样的经济模式中的小农与资本主义企业主具有同样的"理性"。他们根据市场的刺激和机会来追求最大利润,积极地利用各种资源。因此,传统农业的停滞不是来自小农缺乏进取心和努力,或缺少自由的、竞争的市场经济,而是来自传统投资边际收入的递减。小农生产者只有在投资收益下降的情况下才停止投资。

舒尔茨认为,改造传统经济所需的是合理成本下的现代投入。一旦能在保证利润的价格水平上得到现代技术要素,小农生产者会毫不犹豫地接受,因为他们与资本主义企业家一样,是最大利润的追求者。于是,改造传统农业的方式不是像社会主义国家那样去削弱小农家庭的生产组织形式和自由市场体系,而是在现存组织和市场中确保合理成本下现代生产要素的供应(同上书,特别是第8章)。这样,舒尔茨保留了亚当·斯密关于市场质变推动力的最初设想的核心,同时又考虑到了小农农业生产的持续性。

舒尔茨学派关于小农经济的观点在中国20世纪80年代的改革中有相当的影响。领导集团中有部分人士把市场化的小农家庭农场看作经济发展的基础单位。政治理论从强调想象中的家庭农作的落后转为强调市场刺激下追求利润的小农的创造性成就。宣传机构围绕着农村改革地区的"万元户"大做文章。国务院农村发展中心的成员甚至提出,恢复市场化的家庭农场所带来的农村生产率的提高,是中国改革时期国民经济发展的引爆动力(发展研究所,1985:1—22;发展研究所综合课题组,1987;中国农村发展问题研究组,1985—1986)。西奥多·舒尔茨本人也成为中国最高层领导的上宾(《人民日报》1988 年 5 月 17 日)。这一理论处方在寄希望于小农农场而非资本主义农场上不同于亚当·斯密的理论,但它与经典模式一样,把市场刺激当作乡村质变性发展的主要动力。

## 四、对舒尔茨与恰亚诺夫学说的反思

当然,舒尔茨和恰亚诺夫两人均与一般理论家一样,把部分因素孤立化和简单化,以突出其间的逻辑联系。他们的贡献在于阐明了上述的各种关系。然而无论何人,如果试图把中国的实际情况等同于已有的任何一种理论模式,都会陷入严重的误识。例如1350—1950 年长江三角洲的雇工市场有一定的发展,大约三分之一的农户在某种程度上外出受雇,同时三分之一的农户雇用劳动力。我们不能把恰亚诺夫的小农家庭全靠自身劳动力来生产的抽象模式等同于明清时期的真实情况。同时,即使到 20 世纪,长江三角洲的劳动力市场很大程度上仍然局限于短工(日工)。那儿几乎没有长工市场,也没有女工和童工市场,尽管妇女和儿童早已大量地加入乡村生产。同样,把舒尔茨包罗所有劳动力的完美的要素市场等同于长江三角洲的实际情况也是错误的。舒尔茨及恰亚诺夫的盲目追随者把实际情况等同于导师们用以阐明某些理论关系的抽象模式,造成了两个"学派"间许多不必要的争论。事实上,长江三角洲的实际情况是两者的混合体,包含着两套逻辑。

但是,只讲长江三角洲的小农经济包含着两种模式的因素也是不够的,我们需要理解商品化本身历史过程的实况和原因。对此,舒尔茨与恰亚诺夫的理论均无济于事。舒尔茨把小农经济中有着充分竞争的要素市场作为他的前提,至于这个市场是如何形成的,他一字没提。同样,恰亚诺夫把小农经济和资本主义市场经济当作两个互不关联的实体,并没有考虑小农经济如何转化为商品经济的问题及其对小农生产所起的作用。

对此,最简单的答案是设想从恰亚诺夫的模式过渡到舒尔茨的模式:随着商品化过程的演进,满足家庭消费需要的小农农业生产为追求市场利润的经营式农业生产所取代。然而,这一说法又回到了经典模式,简单地认为小农经济被引向了资本主义市场经济。事实上,这一说法在本质上与马克思的"简单商品生产"的最初构想相同。这一构想在小农商品生产及交换上做了有用的论述,但是它误认为小农商品生产随着商品化的扩展必然为资本主义的商品生产所取代(Marx,1967[1867],Ⅰ:特别是第71—83页;Mandel,1970[1968],Ⅰ:65—68)。然而,历史记载表明,在明清时期的长江三角洲,简单的商品生产得以持续下来并变得日益复杂,并没有被资本主义经济取代,它甚至在经历了30年的集体化农业和对乡村商业的严格控制之后,于20世纪80年代又在中国卷土重来。

本书与以往一切研究的不同之处在于,认为长江三角洲农村经济的商品化不是按照舒尔茨的逻辑,而是按照恰亚诺夫的逻辑推动的,尽管恰亚诺夫本人认为他的分析主要适用于前商品化的家庭农场。恰亚诺夫曾指出在人口压力下家庭农场会如何产生不同于资本主义企业的行为。当边际报酬低于市场工资,即意味着负收益时,一个资本主义农场会停止投入劳动力;而与之相反,一个小农家庭农场只要家庭消费需要尚未满足,就会继续投入劳动力,尽管新投入劳动力的边际报酬已远低于通常的市场工资(Chayanov,1986[1925]:113—117)。我认为这一行为可以从不同角度来理解和描述。小农家庭在边际报酬十分低的情况下会继续投入劳动力,可能只是由于小农家庭没有与边际劳动投入相对应的边际报酬概念。因为在他们的心目之中,全年的劳动力投入和收成都是一个不可分割的整体。耕地不足带来的生存压力会导致这样的劳动投入达到非常高的水平,直至在逻辑上它的边际产品接近于零。或者,如果一个小农家庭拥有的劳动力比它的农场在最适宜条件下所需要的更多,而这些劳动力在一个劳动力已经过剩的市场上无法找到(或不想去找)其他的就业机会,那么这个家庭要求这一"剩余"家庭劳动力投入极低报酬的工作是完全"合理"的,因为这样的劳动力极少或几乎没有"机会成本"。最后,即使没有人口压力,仅出于为自家干活的刺激不同于为他人当雇工的缘故,小农家庭也会在报酬低于通常市场工资的情况下工作。例如当代美国有很多"夫妻老婆店"式的小生意,就靠使用低于雇工成本的家庭劳动力得以维持和兴盛。

如同我过去的著作(黄宗智,1986:特别是第6—7页)中提到的,华北的小农家庭通常比依靠雇佣劳动的经营式农场更能容忍较低的边际报酬。使用雇工的经营式农场能够把劳动力的投入调整到最佳水平,但是家庭农场无法任意雇用或解雇劳动力,必须在拥有过量劳动力的情况下运作。当这样的相对过剩劳动力①无法

---

① 区别于价值为零的绝对过剩劳动力,后者是舒尔茨极力批评的论点(Schultz,1964:第4章)。

或不愿找到农业外就业的出路时,常常在极低边际报酬的情况下工作,以满足家庭消费需要。在清代,这样的劳动力支撑了华北小农经济的商品化。本书将会说明,在长江三角洲,道理基本相似,小农家庭在土地压力面前,也会为低报酬而更充分地使用家庭辅助劳动力。

我们已知人口增长与商品化是明清长江三角洲农村的两大变化,但是斯密和马克思经典模式的影响却使我们的注意力从寻求两者间的相互联系上转移开来,尽管它们是同时发生的。我们把它们视作分隔的、独立的过程,只注意寻找我们以为必然与商品化相联系的质变性转化,以及与人口增长相联系的生存压力。我们没有想到通过人口增长去理解商品化,以及通过商品化去理解人口增长。我认为这两个过程事实上是紧密联系着的。人口增长在明清长江三角洲通过小农家庭农场的独特性质推动了商品化,同时它自身也因为商品化而成为可能。

## 五、没有发展的增长

在进一步考察长江三角洲商品化过程的动力之前,我们需要分辨三种农村经济变迁形式。首先,单纯的密集化,产出或产值以与劳动投入相同的速率扩展;其次,内卷化,总产出在以单位工作日边际报酬递减为代价的条件下扩展;最后,发展,即产出扩展快于劳动投入,带来单位工作日边际报酬的增加。换言之,劳动生产率在密集化状况下保持不变,在内卷化状况下边际递减,在发展状况下扩展。

农业密集化是由人口增长推动的(Boserup,1965),但在既有的技术水平下,人口压力迟早会导致边际报酬随着进一步劳动密集化而递减,也就是我按照克利福德·格尔茨(Geertz,1963)的定义而称作"内卷化"(involution)的现象。① 小农经济内卷化的程度往往取决于其人口与可得资源间的平衡关系。相对资源有限的人口密集的压力会造成过剩劳动力数量的增加以及高度的生存压力,导致极端内卷化的发生。与密集化和内卷化相比,发展通常不会仅随着人口压力而发生,而是伴随着有效的劳动分工,增加单位劳动力的资本投入或引进新技术。

欧美近代早期和近代的农村变迁通常同时伴随着绝对产出和单位劳动力产出的扩展。因此似乎区分仅是扩大产出的"增长"与提高劳动生产率的"发展"并不那么重要。然而对中国来讲,这一区分是关键的,并生动地表现在新中国成立后 30 年的经历中:农业总产出扩大了三倍,而劳动生产率和人均收入几乎全无提高。

本书将表明,新中国成立后的情况实际是之前 6 个世纪中同样状况的缩影,农业产出的扩展足以赶上人口的急剧增长,但这主

---

① "involution"这一概念在我 1986 年出版的《华北的小农经济与社会变迁》中译作"内卷"和"内卷化",但在我 1992 年出版的《长江三角洲小农家庭与乡村发展》中译作"过密""过密化""过密型",本书决定回到原用的"内卷"一词,理由见笔者为新版《华北》《长江》二书所写的《合序》。我使用的"内卷"概念在某些方面不同于格尔茨。格尔茨讲了内卷带来的边际报酬递减,但没有论及我分析的中心概念——"内卷型增长"和"内卷型商品化"。格尔茨仅把"农业内卷化"定义运用于水稻生产,我则不然。再者,我认为格尔茨错误地认为水稻产量会随着进一步劳动投入而无限增长。长江三角洲的水稻产量在宋代已达顶峰,直至引进现代投入;后来的内卷化主要采取转向更为劳动密集的经济作物的种植,而不是水稻的进一步内卷化。

要是通过密集化和内卷化来实现的。[1] 劳动生产率和单位劳动力收入不是密集化过程中的停滞，便是内卷化过程中的萎缩。

内卷化必须区别于现代经济发展，因为它不会把农村引向结构性质变。仅敷糊口水平上的小农生产持续着，甚至随着商品化、农作密集化和家庭工业的发展变得更为复杂。如此变迁的前景，远不是小农生产让位于大规模生产，而是通过其承受劳动力投入报酬低于市场工资的忍耐力阻碍了雇佣劳动生产的发展。小农生产远未被节省劳动力的资本化生产取代，而实际上是通过推动自己向低成本劳动密集化和内卷化的方向变化而阻碍了发展。

很明显，这里描述的内卷型变化是指能通过家庭劳动力更充分地得到利用而带来真正的、尽管是有限的家庭年收入的增长，这就是我所讲的内卷型增长的定义，是格尔茨的"农业内卷化"原始概念中未提及的。农业劳动力通常是季节性劳动力，以 8 小时工作制的全年性城市就业标准来衡量，它往往处于未充分就业的状态。在单位工作日边际报酬递减的情况下增加劳动力的使用，仍能提高家庭的年收入。这与集体化时期的没有发展的增长相似：尽管单位工作日的现金收入几乎无变化，但是由于妇女大量参加有报酬的农活及农业劳动者每年工作天数的增加，家庭的年收入提高了。

我认为没有发展的增长与有发展的增长之间的区别分析，对

---

① 珀金斯（Perkins，1969）的著作是关于明清农业密集化的权威性研究成果。

了解中国农村贫困和不发达的持续来讲是极其重要的。① 我们所知的发达国家的农业现代化主要内容是劳动生产率和单位工作日收入的提高,这使得极少的农业人口得以养活全体人口,这也使农业摆脱了仅够维持生存的生产地位。根据本书的定义,那样的变化乃是"乡村发展"的核心。

# 六、内卷型商品化

明清长江三角洲的内卷型增长并未采取仅在水稻栽培中进一步劳动密集化的形式。长江三角洲的水稻产量不像格尔茨的"农业内卷化"概念中提到的那样,可能无限制地提高。它们在南宋和明代早期已达到高产台阶。自那时起,即使 1950 年以后开始引进新的投入,但水稻产量仍极少或毫无增长。面对日益增加的(对土地的)人口压力,人们不得不寻求不同的出路。

那里所实行的是日益转向劳动更为密集的经济作物生产,尤其是棉花和蚕桑。我们过去未能很好地理解这一变化的性质。我将证明这些经济作物是通过使用更多的劳动力而得以生产的,它们带来了较高的单位土地面积的总产值,但这是以较低的单位工作日平均收入换得的。基于这些经济作物之上的商品性,家庭手工"副业"的增长也是这一过程的组成部分。副业生产通常带来比

---

① 这并不是说没有单位工作日报酬增长的发展例子可循,我会时而提到这样的一些例子。然而由于长江三角洲既有的、长期的人口对土地的压力,有发展的增长几乎总被内卷型增长取代,劳动生产率提高的大多成果为农业劳动力的持续扩张所吞没。

"主业"农作更低的单位工作日报酬。它们在某种程度上由成年男子在闲暇时间从事,但在更大程度上由妇女、儿童、老人承担。这些劳动力极少或根本没有市场出路。

由农村生产家庭化支撑的高水平内卷型商品化的结果之一,是家庭农作战胜了以雇佣劳动为基础的经营式农业,原因是经营式农场不得不主要依靠按照通常的市场工资付酬的成年男子。一个使用纯报酬远低于通常市场工资的家庭闲暇和辅助劳动力的家庭农场,能够承受远高于正常水平的劳动密集化,以及随之而来的农场较高的毛收入和较高的土地价格(或"地租")。这一状况,恰亚诺夫在分析家庭农场与资本主义农场的相互竞争中已有暗示(Chayanov,1986[1925]:115—117,235—237;亦见黄宗智,1986)。

同样的逻辑也适用于手工业。长江三角洲的手工业与近代英国和西欧那些成为后来工业化跳板的茅舍工业①的关键区别在于,它的劳动报酬令人难以置信地低,以致无法单独以此维持生存。手工业与家庭农业紧密结合,依靠家庭中闲暇的、没有市场出路的劳动力,成为辅助——而不是替代农业的一柄拐杖(黄宗智,1986:202—204)。

家庭生产与市场化部门的并存,连同它们不同而又相互渗透的逻辑,产生了一个不能简单地用舒尔茨的充分竞争的要素市场模式去理解的部分市场化的经济。这种双重性从劳动力市场一直延伸到商品市场、土地市场和信贷市场。

---

① 围绕着"原始工业化"问题有很多争论(Mendels,1972;Medick,1976;Levine,1977;Kreidte et al.,1981;Ogilvie,1985)。有各种形式被论证,包括茅舍工业是内卷型而非后来工业化先驱的例子。我这里指的是那些成为工业化先驱的茅舍工业类型。

# 七、帝国主义与农村内卷化

长江三角洲的内卷型商品化甚至在帝国主义的影响下继续。为供应新型的中外纺织厂而增产的棉花和蚕茧生产,以及因机纱而成为可能增产的手织棉布生产,同样像明清时期那样依赖未利用和未充分利用的小农家庭劳动力。当然,农村生产的进一步家庭化为小农家庭提供了更多的就业机会,但是仍与以前一样以单位工作日边际报酬的递减为代价。就像较早时候的商品化一样,伴随着国际资本主义而来的加速商品化没有带来质的变化,而只是小农经济的进一步内卷化。

并不是像一些"经济二元论"(例如 Hou,1963;Murphey,1977)所坚持的那样,农村经济没有受到帝国主义和中国城市发展的影响。相反,农村棉花经济由于棉花、纱、布三位一体的旧有家庭生产单位的分解而根本地被改造了。许多农民把自己的原棉卖给城市工厂,而买回机制纱来进行织布。这种变化发生于棉花经济那样的基础性生产领域,几乎触及了每一个小农家庭。很显然,农村经济经历了根本性的变化,但是即使经历了结构性的改造,它仍然沿循着家庭化和内卷化生产的道路而进一步演变。

这一事实部分由于对帝国主义的研究中牵连到的感情和政治的因素而被漠视。学者们要么强调国际资本主义的刺激作用来为帝国主义辩护,要么强调它的破坏作用来指责帝国主义。然而在更大程度上,这一事实也为基于英国古典经验的共识所漠视。本书将提出,中国的工业化和城市发展并不像经典模式所预言的那样与农村的质变同步。事实上，近代城乡间不断扩大的差距成为革命的号召之一。要分析帝国主义影响下的中国经济变化的实际状况，我们应从城市发展与农村内卷化矛盾地同时进行的角度来思考。

# 八、集体制下的内卷化

内卷化甚至在集体化与农业的部分现代化之下持续。由于新中国成立后国家政权对商业实行严格控制，农业密集化和内卷化不再采用商品化的形式，但变化的实质内容仍然是内卷化。集体化组织与家庭生产一样具有容纳过剩劳动力的组织特征：它不会也不能像使用雇佣劳动的资本主义企业那样"解雇"剩余劳动力。这个问题又因国家政权僵硬地限制农业外就业而加剧。无论如何，国家政权是得利于内卷化的，因为内卷化使单位土地面积的产量极大化，从而使国家能征收的数量极大化。单位工作日边际报酬的严重递减并不直接影响国家利益。

现代投入的引进没有改变这一根本的状况，生产率的提高为来自劳动力极端扩张的边际劳动生产率递减所抵消，先是由于大量动员妇女参加生产，继而由于生育高峰时期出生的新一代长大成人，参加劳动。到 30 年集体化和农业现代化的后期，中国的大多数农民继续在仅敷糊口的生存线边缘生活，丝毫未接近于与现代发展相应的生活标准。

由于先验的经典模式，集体制下内卷化的事实再次被漠视。新的中国革命领导人像斯大林一样，设想大规模的"社会主义"农业会导致质变性的发展,同时避免资本主义社会的不平等。毛泽东与马克思、列宁一样,设想自由市场的资本主义发展会不可避免地带来社会分化,而小规模家庭生产只能是落后的和前资本主义的,唯一的道路是农村的"社会主义改造"。这一政治理论的力量是如此之强大,而集体化重组是如此之迅猛,以致使我们的注意力从仅敷糊口的农业生产这个基本状况的延续上转移开去。

## 九、改革时期

我将指出,在中国 20 世纪 80 年代的改革中,具有长期的、最大意义的农村变化是随着农村经济多样化而来的农业生产的反内卷化,而不是广泛设想的市场化农业生产。关于市场化的设想并非仅是那些认为社会主义一无是处的人所独有的。事实上,对集体化农业的失望使改革派退回到经典模式的市场道路。他们争辩说,集体化农业削弱了农民的创造性和创业心。他们认为,市场刺激下的家庭生产会通过质的变化而释放出这些创造的能量,最好的代表就是"万元户"。

这个官方论调激起了美国舆论界和学术界的回响。市场化的家庭农业立即使人回想起美国在农业现代化中的经验。对他们的想法更具不可抗拒的吸引力的一点是,经过 30 年的激进革命,中国共产党人终于看到市场经济优越于计划经济。一些仍在经典模式影响之下的学者开始去寻找市场化带来的资本主义性质的富农与农村无产者之间分化的证据。许多人把这一问题简单地归于资本主义与社会主义的善恶斗争。

长江三角洲改革的实际状况展示了一幅十分不同的图景：20世纪80年代家庭联产承包责任制引进之后，农业产量并没有持续增长，只有极少数的农民像经典模式和官方宣传所预言的那样实现了脱贫致富。直率地讲，80年代中期以后的市场化农业在作物生产上并不比1350—1950年的600年间或集体化农业的30年间干得更好。

我将指明，长江三角洲的关键性发展不是来自大肆渲染的个体农业生产和小商业，而是来自乡村社区的工业和新副业。正是新的乡村工业化和副业发展才终于减少了堆积在农业生产上的劳动力人数，并扭转了长达数百年的内卷化。长江三角洲乡村真正重要的问题过去不在于，现在也不在于市场化家庭农业或计划下的集体农业，不在于是资本主义或社会主义，而在于是内卷还是发展。

纵观1350年以来的全部历史过程，我希望说明长江三角洲的经历与我们的许多设想相反。一些人设想商品化能够改造小农经济，但历史记载表明商品化的质变潜力会被内卷化覆盖。另一些人设想小规模的小农生产会被大规模的农场取代，但是历史记载表明这一动力也会被内卷化的小家庭农场淹没。一些人认为集体化农业是改造小农经济的有效方式，但是历史记载表明内卷化的糊口农业会在集体制下持续。最后，一些人寄希望于随着市场扩展而来的农村资产阶级的上升，但是历史记载表明真正的质变性发展是通过大多为集体所有的乡村工业和副业的发展而实现的农业反内卷化。事实表明，无论是斯密和马克思经典观点中的资本主义或社会主义的论点，还是恰亚诺夫或舒尔茨稍后的看法，均未击中要害。长江三角洲乡村需要,并且正在形成一条不同于任何预言的发展道路。要掌握长江三角洲历史上的乡村停滞与近年来乡村发展的根源,我们应该抛弃我们以往的许多认识。

## 参考文献

国务院农村发展研究中心发展研究所(1985):《国民经济新成长阶段和农村发展》,无出版处。

国务院农村发展研究中心发展研究所综合课题组(1987):《农民、市场和制度创新——包产到户八年后农村发展面临的深层改革》,载《经济研究》第 1 期,第 3—16 页。

黄宗智(1986):《华北的小农经济与社会变迁》,北京:中华书局。

李伯重(1984):《明清时期江南水稻生产集约程度的提高》,载《中国农史》第 1 期,第 24—37 页。

李伯重(1985a):《"桑稻争田"与明清江南农业生产集约程度的提高》,载《中国农史》第 1 期,第 1—12 页。

李伯重(1985b):《明清江南农业资源的合理利用》,载《农业考古》第 2 期,第 150—163 页。

李文治等(1983):《明清时代的农业资本主义萌芽问题》,北京:中国社会科学出版社。

毛泽东(1977a[1955]):《关于农业合作化问题》,载《毛泽东选集》第五卷,第 168—191 页,北京:人民出版社。

毛泽东(1977b[1955]):《农业合作化的一场辩论和当前的阶级斗争》,载《毛泽东选集》第五卷,第 195—217 页,北京:人民出版社。

南京大学历史系明清史研究室编(1980):《明清资本主义萌芽研究论文集》,上海:上海人民出版社。

吴承明(1985):《中国资主义的萌芽》,载《中国资本主义发展史》第一卷,北京:新华书店。

徐新吾(1981):《鸦片战争前中国棉纺织手工业的商品生产与资本主义萌芽问题》,南京:江苏人民出版社。

徐新吾(1981):《中国和日本棉纺织业:资本主义萌芽的比较研究》,载《历史研究》第 6 期,第 69—80 页。

中国农村发展问题研究组:《农业,经济,社会》第 1—4 辑,北京。

中国人民大学中国历史教研室编(1957):《中国资本主义萌芽问题讨论集》二卷,北京:生活·读书·新知三联书店。

Boserup, Ester (1965). *The Conditions of Agricultural Growth: The Economics of Agrarian Change Under Population Pressure*. Chicago: Aldine.

Brenner, Robert (1982). "The Agrarian Roots of European Capitalism," *Past and Present*, 97(Nov): 16–113.

Chayanov, A. V. (1986[1925]). *The Theory of Peasant Economy*. Madison: University of Wisconsin Press.

Dalton, George (1969). "Theoretical Issues in Economic Anthropology," *Current Anthropology*, 10.1: 63–102.

Faure, David (1989). *Export and the Chinese Farmer: The Rural Economy of Jiangsu and Guangdong, 1870 to 1911*. Hong Kong: Oxford University Press.

Geertz, Clifford (1963). *Agricultural Involution: The Process of Ecological Change in Indonesia*. Berkeley: University of California Press.

Hou, Chi-ming (1963). "Economic Dualism: The Case of China, 1840–1937," *Journal of Economic History*, 23.3: 277–297.

Kriedte, Peter, et al. (1981). *Industrialization Before Industrialization*.

Cambridge, Mass. : Harvard University Press.

Lenin, V. I. ( 1956[ 1907 ] ). *The Development of Capitalism in Russia*. Moscow: Foreign Languages Press.

Levine, David et al. ( 1977 ). *Family Formation in an Age of Nascent Capitalism*. New York: Academic Press.

Mandel, Ernest ( 1970[ 1968 ] ). *Marxist Economic Theory*. 2vols. New York: Monthly Review Press.

Marx, Karl ( 1967 [ 1867 ] ). *Capital*. 3vols. New York: International Publishers.

Medick, Hans ( 1976 ). "The Proto-Industrial Family Economy: The Structural Function of Household and Family During the Transition from Peasant Society to Industrial Capitalism," *Social History*, 1.3: 291–315.

Mendels, Franklin F. ( 1972 ). "Proto-Industrialization: The First Phase of the Industrialization Process," *Journal of Economic History*, 32.1: 241–261.

Murphey, Rhoads ( 1977 ). *The Outsiders: The Western Experience in India and China*. Ann Arbor, Mich. : University of Michigan Press.

Ogilvie, Sheilagh C. ( 1985 ). "Corporatism and Regulation in Rural Industry: Woolen Weaving in Wurttemberg, 1590–1740," Ph. D. dissertation, Cambridge University.

Perkins, Dwight H. ( 1969 ). *Agricultural Development in China, 1368–1968*. Chicago: Aldine.

Polanyi, Karl, et al. ( eds. ) ( 1957 ). *Trade and Market in the Early Empires: Economies in History and Theory*. Glencoe, Ill. : Free Press.

Rawski, Thomas G. ( 1989 ). *Economic Growth in Prewar China*. Berkeley: University of California Press.

Rowe, William T. (1984). *Hankow: Commerce and Society in a Chinese City, 1796-1889*. Stanford, Calif. : Stanford University Press.

Schultz, Theodore W. (1964). *Transforming Traditional Agriculture*. New Haven, Conn. : Yale University Press.

Scott, James C. (1976). *The Moral Economy of the Peasant: Rebellion and Subsistence in Southeast Asia*. New Haven, Conn, : Yale University Press.

Shanin, Teodor (1986). "Introduction" to A. V. Chayanov, *The Theory of Peasant Economy*. Madison: University of Wisconsin Press.

Shanin, Teodor (1972). *The Awkward Class: Political Sociology of Peasantry in a Developing Society: Russia, 1910 - 1925*. London: Oxford University Press.

Smith, Adam (1976[1775 - 1776]). *An Inquiry into the Nature and Causes of the Wealth of Nations*. 4th ed. 3vols. London: n. p.

Solomon, Susan Cross (1977). *The Soviet Agrarian Debate: A Controversy in Social Science, 1923-1929*. Boulder, CO. : Westview Press.

第3章

# 《长江三角洲小农家庭与乡村发展》几点思考

在本书(《长江》)结束之际,我想就正文中已提出、但未充分展开讨论的三大问题,简短地提出一些推测性的看法。这三大问题如下:产生中国高人口密度的根源,中国独特的政治经济和社会制度的结构,以及中国历史上先进都市的"发展"与落后农村的内卷化相伴随这个似乎矛盾的巧合。这些讨论是我在关于华北的论著中提出的一些看法(黄宗智,1986:特别见第257—258页)的延伸。

## 一、中国的人口密度

就现有资料而言,我们无法确知中国是怎样,以及为什么会有这么高的人口密度的。可是高密度人口对中国历史影响深远,又是本书分析中的一个中心点,因此哪怕只是纯推测性的,我们也必须试图对这一现象做若干合理的估计。

我相信平原的中心地带很早就人口众多了。从战国时期(前475—前221)兴起的中央集权的国家体制事实上是以高度密集的小农经济为基础的。当时各诸侯国都意识到一国的权势有赖于庞大的军队,而庞大的军队则有赖于众多的人口。齐国在桓公时期(前685—前643)颁有男子20岁必婚、女子15岁必嫁的法令。越国的勾践时期(前496—前465)也颁布过类似的政令,如家有30岁未娶的男子、17岁未嫁的女子,父母将被判有罪,多子女家庭则得奖励(吴申元,1986:24)。孔子(前551—前479)曾经赞扬卫国人口众多,后来孟子(前372—前289)明确地指出儒学的"仁政"对国家"广土众民"的作用。对此,《管子》(由战国后期到西汉的多位作者写成)讲得最为明了:"地大国富,人众兵强,此霸王之本也。"(引自吴申元,1986:43)

在商鞅的策划下,秦国采用了一套相互联系、精心规划的政策来达到上述目的。为了发展小私有者的农业经济,商鞅积极实行给田宅、免兵役的"徕民政策",鼓励人们向渭河流域移民。他又确立鼓励一家兄弟分家析产的政策,"民有二男以上不分异者,倍其赋"(滝川龟太郎,1960,68:8)。

这些政策的内在逻辑首先是小土地所有者是征募士兵的最佳来源。我们还可以注意到,小土地所有者对中央集权的国家政权的威胁比大庄园要小得多。其次,商鞅似乎有意识地将小农经济、多子继承制和高度密集的人口联系起来。虽然他并未将此逻辑逐字说明,但他要使秦国变为人口密集的国度的目标十分明显。他对渭河流域的关中平原上土地和劳动力的最佳配合提出了这样一个模式:"地方百里者,山陵处什一,薮泽处什一,溪谷流水处什一,都邑蹊道处什一,恶田处什二,良田处什四,以此食作夫五万。"(吴申元,1986:31)这等于每个农夫耕种良田 20.7 亩(市亩)、贫瘠田 10.4 亩。[①] 其密度已接近于人们估计的汉代每个农夫耕种 15 亩田[吴慧,1985:128;Hsu Cho-yun(许倬云),1980;宁可,1980a],也接近于 18 世纪人口云集的河北和山东西北部平原每户(一般不超过一两名农业劳动力)平均耕作 25 亩的状况(黄宗智,1986:66—67,193—194)。

让我在此说明一下这些现象的内在联系。在一子继承制下,继承者只有在父亲死后继承了田产,才能获得经济上的独立。这就可能造成晚婚。欧洲在原始工业化带来农业外经济独立的可能之前,情况就是如此(Levine,1977;Tilly,1978:"前言")。此外,继承子以外的其他弟兄都必须另谋生路,这就有可能像原始工业化之前的欧洲那样导致结婚率低下(Weir,1984;Goldstone,1986)。与此相反,多子继承制使所有的弟兄在经济上都能独立,虽然他们的生活水平较低,结婚率却较高;如在父亲在世时就分家,更会促使早婚。早婚和高结婚率当然导致较高的生育率。

商鞅理想中的小规模农场之所以能够维持一家人的生计,部分原因是"铁器时代"新技术的传播。当时的资料显示了一个技术先进、高度密集化的农耕制度:铁犁、牛耕、深翻、灌溉、施肥、轮作等方式均已采用(Hsu,1980:特别是"前言")。欧洲要到 18 世纪才有汉代铁犁那样的抛物线形翻泥板(Bray,1984:576—587,186—

[①] 100 平方里等于 900 万小汉亩,即 259.2 万市亩(1 小汉亩＝0.288 市亩;吴慧,1985:18;关于大汉亩,参阅梁方仲,1980:547)。

193)。技术的进步与国家政权鼓励下的早婚、普遍结婚一起促成了人口高度密集的小农经济。

秦国的胜利使这种中央集权制和高密度小农经济的结合在中国确立了牢固的地位。秦以后的各个朝代很大程度上都执行了相同的政策。每个朝代在建立初期都试图遏制大土地所有制,并扶持小农经济。唐代推行了小耕作者的"均田"制度。明朝政府曾下令回到战乱时抛荒土地的人民不得占有比本人所能胜任耕作面积更多的土地。清政府的政策与明代类同,对明末小户依附大户以逃避赋税的投献进行严格的限制(黄宗智,1986:86,257—258)。同样,商鞅的多子继承政策到唐代已成为大部分人接受的习俗。被后世奉为楷模的《唐律》包含了各种情况下弟兄分家的详细条文(仁井田陞,1964[1933]:234,245—246)。

我推测,以多子继承制的小农经济为基础的中央集权制的确立,使早婚和普遍结婚的习俗长期延续,由此促成了较高的生育率。在和平时期"正常"的死亡率下,这种社会现实足以使人口的年增长率达1%或更高。中国并不像近代早期的英国那样,需要等待原始工业化去打破晚婚习俗才达到类似程度的人口增长率。

我们必须记住1%的年增长率意味着人口在72年间增长一倍,144年间翻两番。在中国历史上几段相当长的安定时期中,人口翻几番是不足为奇的。从这个观点来看,1700年至1850年中国人口增长3倍(常被人误称为"人口爆炸")实际上只是中国历史上几段和平时期人口增长的长期趋势中最近的一段。每次增长都因改朝换代期间的战祸、饥荒而停顿,甚至被逆转。如此,秦汉时期全国人口可能达到6000万,但其后几个世纪中因分裂和战乱,出现

了人口严重减少的现象。到唐宋时期再次增长,可能达到 11 000
万(Hartwell,1982;并参阅宁可,1980b)。此后人口再次剧降,至明
代重又膨胀。1700 年至 1850 年的增长与以往的不同之处在于起
始时的基数——15 000 万,而不在其增长率。150 年间几乎增长 3
倍(至 43 000 万;Ho,1959;并参阅 Perkins,1969),只需不到 0.7% 的
年增长率。① 即使与近代以前的标准相比,这也是缓慢的增长率。
与新中国成立后(Coale,1984)及当代第三世界许多其他国家 2%
以上的增长率相比,就显得更低了。(当代第三世界各国的人口死
亡率因现代医疗技术的进步而大大降低,但人口生育率尚未像发
达国家那样因现代化的社会经济变迁而下降,所以造成如此高的
增长率。)

　　如果上述的推测是合理的,那么我们可以说中国的人口变化
是由死亡率的升降推动的,而不像近代早期欧洲那样由生育率的
升降推动。早婚和普遍结婚使人口在和平时期不需百年即可加
倍,直到死亡率的急剧上升遏制了增长,或使整个人口数下降。与
此相反,在近代早期的欧洲,晚婚和结婚率低下导致低生育率和人
口增长的迟缓,直到原始工业化时期婚龄的提早和结婚率的上升
才提高了生育率;而后,随着进一步的发展,生育率呈现现代式的
下降,人们决定较少地生儿育女,人口重又恢复平衡。简言之,近
代早期和近代欧洲人口的变化主要决定于生育率,而中国的人口
变化则决定于死亡率。

---

① 根据这样的增长率,103 年内人口增长 1 倍,206 年内增长 4 倍(72 除以增长率得
　人口增长 1 倍所需的年数)。

## 二、中国的社会制度和政治经济

上面描述的政治经济结构与中国的历史学家们所称的"封建地主制"的社会形态是整体相连的。根据胡如雷(1979)的说法,这种社会形态的一个特点是土地私有和买卖相对自由,不同于中世纪欧洲的"封建领主制"。我认为胡如雷的说法是正确的,而这种特点正是基于秦国积极推行的小农经济,在秦以后又因各个朝代对小农经济的扶持而得到延续。胡如雷又指出,"地主制"的第二个特点是土地所有权从其他权力——军事、行政和司法权力中分离出来。这也与欧洲的领主制不同,因为欧洲的领主对他们的领地同时享有经济和其他各种权力。在中国的"地主制"下,国家垄断了其他权力,因此能克服欧洲领主制下的那种"割据政权"。我认为这个特点也源自秦国推行的小农经济和中央集权制。

这里要进一步指出,中国的多子继承制与"地主制"是紧密相连的。一方面,为了保证地产不致在几代内被分割,领主制必须靠一子继承制来维持。另一方面,多子继承制不可避免地导致土地的零碎分割。但是,人口一旦达到一定的密度,多子继承制下的小农经济就需要有一个土地市场以求再生:一个小农如果继承了不敷家用的土地,就必须买田或租田以求生存。

这个社会制度和中央集权以及高密度的小农经济的结合所产生的皇权体制,创建了通过科举募集官僚的制度,催生了一个特殊的统治阶层——作为一个身份集团,他们通过考试而享有法定特权,区别于普通平民;而作为一个阶级,他们一般出身地主家庭,因为只有地主才有可能脱离农作而晋身科举。

西方学术界所使用的"士绅社会"（gentry society）这一概念（Eberhard,1965），对我来说与中国的"地主制"概念是可以并用的，两者只有强调重点的不同。中国的历史学家强调士绅占有土地和收租（"剥削"）的一面，而西方的历史学家则侧重士绅的服务功能（Chang,1955,1962），但是两者在分析中国社会时都主要着眼于士绅及其特点。

在我所研究的两个地区中，"士绅社会"或"地主制"看来更适于描述长江三角洲，因为这种说法突出了这个地区的社会上层在拥有和出租土地方面的重要性；而当前西方学术界流行的"帝制中国"（imperial China）的说法则更适于华北，因为那里的租佃制较少发展，而国家机器显得比地主或士绅更为重要。根据同样的道理，对华北来说，马克思主义范畴中的另一个传统强调中央集权的官僚国家的"亚细亚生产方式"，比正统的"五种生产方式"公式的"封建地主制"更合适。但是我们必须懂得，无论强调士绅—地主还是强调国家机器的作用，无论是对长江三角洲还是对华北，如果只谈一点不及其余，是无法恰当地了解其中任何一个地区的。如果不考虑国家机器的作用，就无法理解长江三角洲的"士绅社会"或"地主制"。确实，所谓有功名的士绅是依赖于官僚国家及其科举制度的。在华北，虽然国家政权的作用要比士绅的作用大得多，但如果不注意为国家政权充当官僚的士绅的特点，对那里的社会也就无法充分了解。这两个地区的差别在于它们各自突出一个不同的组合；这两个地区的相同点在于对它们的理解都必须基于士绅社会—地主制和中央集权国家的结合。

然而，即使我们将两者结合起来，对这两个地区生态系统整体的基要部分也还是难以把握。无论是对长江三角洲还是对华北，我们还必须注意第三个要素：作为士绅—地主制和中央集权国家基础的小农经济。高密度的小农经济是"地主制"的另一面，而依附高密度小农经济的地主制使集权的国家机器成为可能。以内卷的小农经济为基础的官僚地主制是华北和长江三角洲的共同之处，而这一共同之处把这两个本来差异颇大的地区连接到一起，使其成为一个统一的中国和统一的国家机器的两大根据地。

这种制度能够长期延续是有诸多原因的。它能够为前工业化时期提供异常强大的武装力量，到汉代已形成数以十万计的军队。即使来自不同社会制度和不同军事组织的满族，也采用同样的方式来维持自己的政权。这种制度一旦确立，就能享有高度的中央集权，不像中世纪欧洲的王室那样要在"割据政权"下行使王权。由这种制度而产生的科举制度是一种有特效的巩固整个结构的制度。不管事实上多么有限，科举制原则上将社会上层的位置向有才能的人开放，而不问其出身如何；国家机构也由此能将社会上有才能、有抱负的人们吸引到仕途上来。整个体制的结构由此得到更新，不断有新鲜血液向其中注入。

最关键的因素或许是整个制度赖以生存的高密度的小农经济，它具有内卷化增长的特点，不仅通过农业生产的密集化，而且通过商品化获得增长的能力。本书已提及，即使在"传统"的耕作方法下，水稻的单位面积产量已达巅峰，长江三角洲还能转向需要更多劳动力的经济作物，尤其是棉花和桑蚕。这样，内卷化了的小农经济仍然能够维持住顽强的地主制——一种有能力扼杀资本主义农业经营方式的地主制。内卷化了的小租佃农场能通过低成本的、业余的和辅助的家庭劳动力战胜以雇佣劳动为基础的经营式农场。基于同样的理由,即使在国际资本主义的冲击下,这种小农经济也能在商业性的农作物生产中坚持占据主导地位。

## 三、中国历史上的城乡关系

内卷化下的耕作者所生产的剩余虽然一定递减,但他们却能支持庞大而复杂的城市,并供养高度发展的社会上层和城市文化。这种矛盾的现象多未被人理解。人们往往将大城市和先进的城市文化与乡村的繁荣连在一起。这里要指出,在中国历史上实际情况正相反。

在前工业化的农业中,维持生计之上的剩余,充其量只占农民家庭生产的一小部分。中国的大城市显然只能由大量的农业人口所产生的剩余来维持。假设取 10% 的产出去支持城市,则 10 万城市人口要有 100 万农民才能维持,一个 100 万人口的大城市则需要 1000 万农业人口的支持。(参阅 Boserup,1981:第六章)

但是,由于劳动力的边际报酬递减,当人口密度超过一定程度后,农民家庭的总产出中维持生计之上的剩余会减少。让我们设想人口密度增加 10 倍,剩余量会从 30% 降到 10%。显然,即使每个家庭的剩余非常少,高密度的小农经济仍能提供较大的绝对剩余来支持较多的非农业人口,如 1000 万的 10% 即 100 万(如唐代的长安),仍然比 100 万的 30% 即 30 万(如中世纪的伦敦)大得多。我认为这就是"中世纪"的中国能够比中世纪欧洲供养更大和更复杂的城市的关键所在。

形成这些城市的动力之一当然是皇权政体下的官僚行政机器，这一点马克斯·韦伯已做过充分的说明。然而就像本书所显示的那样，明清时期小农经济内卷化进程中的农民之间的交换，尤其是粮食和棉制品的交换，形成了一种复杂的系统。以单独的小农家庭而言，这种交换是微小的，但是聚沙成塔，这种交换也促成了商业性的市镇和城市。中国城市化中的商业成分往往被忽视，但是它无疑与行政因素有着同等重要的意义，尤其在明清时期。

大城市的产生伴随着农村的人均低收入，都市的"发展"伴随着农村的内卷化，正是中国历史上上层社会文化和农民文化之间具有显著差别的导因。巨大而复杂的城市使都市的上层文化得到高水平的发展，但是这种发展是建立在农村内卷化的贫困之上的。

同时，正因为国家政权和农村人口都依赖农民微少的剩余，才加剧了两者之间的紧张关系；当人口密度增加，随之出现边际报酬递减时，这种紧张关系就更甚。当天灾人祸威胁农民生活时，国家政权的攫取和小农生存之间的微妙平衡也受到威胁，剩余的任何一点减少都会同时威胁到国家机器及农业人口的生存。人口密度越高就越是如此，因为人口密度较低时，生存以上的剩余比较大。这或许就是中国历史上国家政权和农民之间产生频繁和剧烈冲突的原因之一。

中国近代以前的城乡差距，因帝国主义入侵以及其后自上而下的工业化而进一步扩大。沿海城市和大都市首先开始了"发展"，在外国资本或中国政府的投资下，出现了近代的工业、运输和交通；而农村则继续内卷化。小农经济的内卷化及其提供的大量廉价劳动力,恰恰是那些富有生气的工业得以繁荣发展的原因。新型纺纱厂依赖低报酬的小农劳动力来生产原料和加工织布,新型缫丝厂依赖同样的劳动力来植桑养蚕,诸如此类者甚多。城市的发展与乡村的继续内卷化,两者的互相联结使原已存在于城乡之间的鸿沟更加扩大,由此形成了现代中国知识分子最关心的一个问题。

　　城乡差距对了解中国"近代"都市史也极其重要。马克思主义的经典理论认为工业无产者是社会最底层的被剥削者。然而,与生活在城乡之间的大量"半无产者",如临时工、小贩、流动手艺人相比,近代中国的工厂工人已属特权集团。出生在广大贫困农村的"半无产者"比正式的工厂工人收入更低,他们不是马克思主义概念中的"流氓无产者"或失业游民,而是更次于无产阶级的劳动人民。这是一些生活在城乡之间的人们,既干农活,也到城市工作,为城乡生产一些小商品。这些人大量并持续地存在,或许是近代中国城市(以及人口密集的第三世界城市)和近代欧洲城市的显著差别之一。对于这些人的影响,在近代中国都市史领域内尚未有人做系统的研究。①

　　当前中国政府对农村政策的抉择,须从城市向农村索取、城市发展建筑在农村内卷化这个由来已久的历史传统去考察。其奥秘在于通过扩大人口去扩大剩余的绝对总量,而无视单位工作日边际报酬的持续递减。现在这项长期的政策已开始得到扭转,由于乡村工业化和农业的反内卷化,农村人民的剩余开始有了提高。问题是国家政权和城市部门是否会让乡村部门将剩余留作自身的

---

① 正在加利福尼亚大学洛杉矶校区(UCLA)撰写博士论文的卢汉超将论证产业工人如何组成上海新的"小市民"中的相对特权阶层。

投资和发展之用。

## 参考文献

胡如雷(1979):《中国封建社会形态研究》,北京:生活·读书·新知三联书店。

黄宗智(1986):《华北的小农经济与社会变迁》,北京:中华书局。

梁方仲(1980):《中国历代户口、田地、田赋统计》,上海:上海人民出版社。

宁可(1980a):《有关汉代农业生产的几个数字》,载《北京师院学报(社会科学版)》第3期,第76—89页。

宁可(1980b):《试论中国封建社会的人口问题》,载《中国史研究》第1期,第3—19页。

吴慧(1985):《中国历代粮食亩产研究》,北京:农业出版社。

吴申元(1986):《中国人口思想史稿》,北京:中国社会科学出版社。

[日]仁井田陞(1964[1933]):《唐令拾遗》,东京:东京大学出版会。

[日]滝川龟太郎(1960):《史記会注考證》,东京:东京大学东洋文化研究所。

Boserup, Ester (1981). *Population and Technological Change: A Study of Long-Term Trends*. Chicago: University of Chicago Press.

Bray, Francesca (1984). *Agriculture. vol. 6*, PartII, of Joseph Needham (ed.), *Science and Civilization in China*. Cambridge, Eng. : Cambridge University Press.

Chang, Chung-li (1962). *The Income of the Chinese Gentry*. Seattle: University of Washington Press.

Chang, Chung-li (1955). *The Chinese Gentry: Studies on Their Role in*

*Nineteenth-Century Chinese Society.* Seattle: University of Washington Press.

Coale, Ansley (1984). "Rapid Population Change in China, 1952 – 1982," (National Academy of Science) *Committee on Population and Demography Report* 27.

Eberhard, Wolfram (1965). *Conquerors and Rulers: Social Forces in Medieval China.* 2nd rev. ed. Leiden: E. J. Brill.

Goldstone, Jack (1986). "The Demographic Revolution in England: A Reexamination," *Population Studies*, 49: 5-33.

Hartwell, Robert M. (1982). "Demographic, Political, and Social Transformations of China, 750-1550," *Harvard Journal of Asiatic Studies*, 42. 2: 365-442.

Ho, Ping-ti (1959). *Studies in the Population of China, 1368 – 1953.* Cambridge, Mass. : Harvard University Press.

Hsu, Cho-yun (1980). *Han Agriculture: The Formation of Early Chinese Agrarian Economy(206B. C.-A. D. 220).* Seattle: University of Washington Press.

Levine, David (1977). *Family Formation in an Age of Nascent Capitalism.* New York: Academic Press.

Perkins, Dwight H. (1969). *Agricultural Development in China, 1368-1968.* Chicago: Aldine.

Tilly, Charles(ed. ) (1978). *Historical Studies of Changing Fertility.* Princeton, N. J. : Princeton University Press.

Weir, David (1984). "Rather Never Than Late: Celibacy and Age at Marriage in English Cohort Fertility, 1541-1871," *Journal of Family History*, 9.4: 340-354.

第4章

# 中国研究的规范认识危机

## ——社会经济史中的悖论现象 *

　　中国社会经济史的研究正处于一场规范认识的危机之中。这里指的不仅是以往学术界的各种模式。所谓规范认识指的是那些为各种模式和理论,包括对立的模式和理论所共同承认的、已被认为不言自明的信念。这种规范信念对我们研究的影响远大于那些明确标榜的模式和理论。它们才是 1970 年托马斯·库恩(Thomas Kuhn)《科学认识革命的结构》中"规范认识"(paradigm)一词的真正含义。近数十年累积的实证研究动摇了这些信念,导致了当前的规范认识危机。这一危机的发生使大家感到现有理论体系的不

---

＊ 本章原载《近代中国》英文版(*Modern China*)第 17 卷第 3 期,1991 年 7 月。是我在完成《华北》和《长江》后的进一步思考,后来引起国内的一些讨论(连载于《史学理论研究》1993 年第 1、2、3、4 期,以及 1994 年第 1、2 期)。

足,并非通过对立理论间的争论就能解决。大家有一种需要新的不同的东西的感觉,但尚未明确地说出需要什么样的新东西。

我们应该系统地估量这一危机,并试图探求新的认识。我们不需要倒退到纯粹的考据,或次要问题的探讨,或"纯科学"的技术手段,或极少数人所热衷的政治争论。相反,我们应该把当前的危机看作反思既有信念和探索新观点的极好机会。

本章先粗略地回顾中国和西方几代人的学术研究,说明近40年来学术研究中的一些主要的模式和理论体系。尽管不同辈分以及大洋两岸存在着种种差异,但各方应用的主要理论体系实际上具有一系列共同的基本信念。这些信念一般被认为是不言自明的,无须讨论也不受人注意。学术界的争鸣一般都围绕着各理论体系间的不同点,而不去顾及共同点。然而,数十年累积的实证研究实际上已揭示出一系列与这些信念相悖的现象,规范信念认为不可并存的现象屡屡同时出现。实证研究所发现的悖论现象实际上已经对以往的规范信念提出全面的挑战。本章将列举一些悖论现象,进而分析这些现象所否定的"不言自明"的规范信念,并探讨研究由此产生的新问题的方法。本章无意对以往所有的研究做一综合评述,相反,讨论将限于若干最有代表性的论著,目的在于说明我个人的看法。

# 一、规范认识的危机

## (一)中国的学术研究

当代中国的史学研究在 20 世纪 50 年代开始时认为历代王朝

统治下的中国社会是基本上没有变化的,主导的模式是"封建主义",即与进步的近代资本主义相对立的停滞的旧中国。这一模式的基础是斯大林"五种生产方式"的公式,即历史的发展必将经过原始社会、奴隶制、封建制、资本主义和社会主义生产方式这五个阶段。

在"封建主义"的模式下,研究中国近代王朝史的学者主要研究封建阶级关系,即封建统治阶级通过地租、税收和高利贷形式榨取农民生产者的"剩余价值"。他们的研究成果见于编集了大量记载这些剥削关系相关数据的资料集(李文治,1957;章有义,1957;严中平等,1955)。一些学者亦将封建经济等同于前商品化的自给自足的"自然经济"。他们认为中国这一生产方式的特点是家庭农业与小手工业的结合,即"男耕女织"。他们认为这是一种结合得异常紧密的生产方式,它阻碍了手工业从家庭中分离出去而形成集镇作坊,并最终阻碍了资本主义发展。他们收集了种种证据,试图证明"自然经济"在明清时期占优势,并一直延续到 20 世纪 30 年代。①

早在 20 世纪 50 年代,上述模式已受到研究"资本主义萌芽"的学者的非难。这些学者认为,明清时期绝非停滞的,而是充满了资本主义先兆的种种变迁,与西方国家的经历类似。一些研究者致力于收集明清商业扩展的资料,对当时的商品经济做出系统估计,以证明国内市场的形成,认为这标志着封建主义向资本主义的过渡。另外的研究侧重于封建生产关系(尤其是土地租佃关系)的

---

① 参见黎澍 1956 年的论文。这方面最出色的研究有徐新吾 1981 年及 1990 年的研究。徐的研究始于 20 世纪 50 年代,但在 80 年代之前相关论文一直未发表。

松弛和衰落与资本主义生产关系（尤其是雇佣劳动关系）的发展。①

　　"资本主义萌芽论"的最初提出者并未关注到经济发展，他们认为一旦阐明了商品化和资本主义生产关系，资本主义的经济发展就不言而喻了。然而随着 20 世纪 80 年代改革时的意识形态由重视"生产关系"转而重视"生产力"（包括技术、资源利用、劳动生产率等内容），新一代学者转向直接探讨经济发展。李伯重尤其强调长江三角洲的新作物品种和肥料的应用，具有一定的代表性（李伯重，1985a，1985b，1984）。

　　"资本主义萌芽论"虽然成功地冲击了"封建王朝因袭不变"的旧观点，但无论在老一代学者还是在 20 世纪 80 年代培养出来的新一代学者之中，它均未能广泛地为人们所接受。在西欧历史上，由于 19 世纪出现了工业资本主义的蓬勃发展，把这之前的三四个世纪称作资本主义萌芽或向资本主义过渡是有道理的。然而中国的 19 世纪并无资本主义发展，有什么道理把这之前的时期称作资本主义萌芽呢？再者，经济的相对落后使中国受害于帝国主义。鉴于这一事实，把明清时期等同于近代早期的英国到底有什么意义？

　　"资本主义萌芽论"学派试图以西方入侵打断了中国资本主义发展的进程为由来解释这个问题。于是，把 19 世纪中国经济的落后归罪于帝国主义，而不是自身的停滞趋势。这一说法虽很符合反帝情绪，却难以令人信服。西方的经济影响直到 19 世纪末仍是

---

① 关于明清商业发展的杰出研究见吴承明 1985 年的著作。关于生产关系变动的研究见李文治等 1983 年的著作。

很有限的,而中国经济自数百年前的所谓"萌芽"以来,却未显示出自己发展资本主义的动向。19世纪中国经济落后的事实,重新证明了先前的"封建主义论"与"自然经济论"至少部分是正确的。

"封建主义论"和"资本主义萌芽论"的相持不下使中国的青年学者对两者都抱有怀疑,甚至不屑于再引用前辈们的这些模式。有的全盘搬来西方的一个又一个时髦方法,进一步扩大了代沟,这一情况本身就反映了中国学术界的规范认识危机。

## (二)西方的学术研究

西方的学术研究虽然比较多样化,它的主要内容却出人意料地与中国的研究相似。20世纪50年代的美国学术界同样持有传统中国在本质上是无变化的这一观点。当然,这里不再是"封建主义"与"资本主义"的对立模式,而是源自近代化理论的"传统中国"与"近代中国"的对立模式。研究的重点不是"封建中国"的阶级关系,而是"传统制度"与意识形态。在社会、经济领域则强调人口对停滞经济的压力。① 然而,研究的基本概念是中国在与西方接触之前是停滞的,或仅在"传统范围"内变化,这与中国同行的见解基本一致。

如果清代在本质上没有变化,那么推动质变的力量则只能来自外部,因而简单地将其归结为"西方的冲击"与"中国的反应"[John K. Fairbank(费正清),1958;Fairbank et al.,1965]。在这个

---

① 这方面研究的杰出代表作有何炳棣的著作(Ho,1959)。此书通过对明清人口变化的估测,企图证明马尔萨斯式的人口压力;在1700年至1850年的"人口爆炸"时期,消费人口的增长超出了农业生产,从而形成了中国近代农村危机的背景。

"哈佛学派"倡导的"冲击—反应"模式之下,一些重要的著作阐述了西方在中国的出现以及中国的反应[芮玛丽(Mary Wright),1957;费维恺(Albert Feuerwerker),1958]。但是这一观点在 20 世纪 60 年代后期受到挑战:先是政治性的攻击,"西方的冲击"被认为是为帝国主义和美国干涉越南辩护①,继而在史实上受到论证明清之际发生重大变化的学者的批评。

后一倾向在近年来形成一个新概念:中国在受到西方影响前数百年的时期被称为"近代早期",如同在西欧发生的那样。与中国的"资本主义萌芽论"一样,这一观点的出发点是明清经济的大规模商品化。有的学者更是把这一观点延伸到社会、政治领域中[Rowe,1984,1989;Susan Naquin(韩书瑞)and Rawski,1987]。

就像"资本主义萌芽论"学者那样,"近代早期论"学者动摇了过去的"传统中国论"及其派生的"冲击—反应"模式。他们的实证性批评比激进学者对费正清的政治批评有效。然而,就像"资本主义萌芽论"一样,出于同样的原因,这个新的理论也难以被普遍接受。如果自 17、18 世纪至 19 世纪后半叶的中国那么像近代早期的西方,为什么在随后的世纪中国的变迁与西方有这么多不同? 我们如何看待帝国主义和 20 世纪的革命? 一个可能的论点是帝国主义促进了以前就已在内部产生的早期近代化。但是真是这样的话,又该如何看待共产主义革命的发生? 难道它只是对近代化的

---

① 见《关心政治的亚洲研究学者学报》,此学刊专门针对既有的理论模式,尤其见佩克(Peck,1969)以及费正清在同卷上的答复。柯文(Cohen,1984)对论战双方加以综述,尤其对费正清的"冲击—反应"以及"传统—近代化"模式进行了深刻的反思和批评。

一种偏离？另一个可能的论点是帝国主义使中国脱离了近代化的正常途径而导致了革命。目前，"近代早期论"的学者尚未提出一个在逻辑上与他们的论点一致的关于帝国主义与中国革命有说服力的观点。

学术界于是陷入了当前的理论困境："停滞的传统的中国"的旧观念及其派生的"冲击—反应"模式已不再具有影响力，而"近代早期中国"的新观念尚不足以成为支配性的模式。其间，尽管中国史研究领域采用了似乎中立的"中华帝国晚期"来称呼明清时期，但此词过分强调了皇权在中国历史整体中的作用。

## （三）两个理论

中国学术的主要模式源自马克思的古典理论。"封建主义"与"资本主义"的范畴均出自马克思对西欧尤其是对英国的分析。"资本主义萌芽论"则是中国的特殊模式。如果中国在帝国主义入侵之前是单纯的封建社会，那么就必须肯定西方帝国主义为中国带来了近代化，但这是任何爱国的中国人所不能接受的。资本主义萌芽模式解决了这一问题：在西方帝国主义到来之前，中国已开始了自身的资本主义发展进程；西方帝国主义打断了这一进程，使中国沦为"半殖民主义"。如此，"资本主义萌芽"模式协调了斯大林的"五种生产方式"的公式（以及列宁的帝国主义学说）和基于民族立场的反帝情绪。

在另一方面，尽管没有普遍的认可，也很少有明白的标示，西方学术界的主导模式主要得自两个理论：先是马尔萨斯（Thomas R. Malthus），后是亚当·斯密。一开始，停滞的"传统中国"被看作一个资源受到马尔萨斯式人口压力困扰的社会。这一看法是建立在传统中国是前商品化的社会的假设之上的。后来,明清普遍商品化的史实得到证明,马尔萨斯式的观点便受到亚当·斯密理论的诘难。

斯密的设想是由市场推动资本主义发展。自由贸易会促进分工、专业化、竞争、更新、高效率,以及随之而来的资本积累的发展。在城乡商品交换的推动下,城乡都会进入螺旋式的现代化发展(A. Smith,1976[1775—1776])。这一设想相当程度地在英国得到体现,从而被赋予了有力的史实依据。这一设想也得到了现代经济学界论说的支持:它们多从抽象、简单化了的斯密理论出发。

明清时期果真出现了斯密所想象的那种发展,便不会存在人口过剩的问题,劳动力会像其他生产要素一样根据自由竞争市场的逻辑而达到最合理的使用。这样,马尔萨斯理论便被斯密理论取代而形成了"近代早期"模式。

中国与西方学者争论的焦点首先是中国经济落后的原因是封建阶级关系还是人口压力。中国学者认为中国经济中的资本形成受到了封建统治阶级的阻碍,封建统治阶级盘剥直接生产劳动者的剩余价值,并用于自己的奢侈消费而不投资于生产。西方学者则认为资本的形成为人口压力所阻碍,人口压力减少了消费之余的剩余。[1] 争论也涉及了究竟要通过社会革命,还是通过人口控制(以及其他改革)来使中国摆脱落后,走向近代化。

然而,在"近代早期中国"模式向"传统中国"模式的挑战中,以

---

[1] 参见章有义编(1957)和利皮特(Lippit,1971);对照何炳棣(Ho,1959)及艾尔温(Elvin,1973)。拙作(Huang,1985:14—18)对这方面的争论做了概括性论述。

及"资本主义萌芽"模式对"封建主义"模式的批评中,争论的焦点转移了。在反对"传统中国"和封建"自然经济"模式时,"近代早期论"与"资本主义萌芽论"是站在同一边的。问题的焦点变为:明清经济到底是已经呈现出近代早期发展(或资本主义萌芽)的高度整合的市场经济,还是仍然处于前商品化时期的、本质上停滞的、处于人口压力重负下的经济?

至于帝国主义问题,中国的"封建主义论"与"资本主义萌芽论"两个模式当然都强调帝国主义的破坏性作用。"封建主义论"学派强调帝国主义如何使封建剥削关系进一步恶化,而"资本主义萌芽论"学派则突出了帝国主义如何阻碍了中国资本主义的充分发展。

在西方,首先是用"冲击—反应"模式来反驳上述观点的。例如有的学者争辩说,中国"近代化失败"的原因不在于西方的破坏性冲击,而在于中国传统的顽固存在(Wright,1957;Feuerwerker,1958)。随后,有的学者转用斯密的模式:随着西方影响而来的国际贸易和外国投资的扩展是有利于中国经济的。如果中国经济的近代化失败,其原因不是西方的影响太强,而是太弱,是因为这种影响仅限于沿海通商口岸(Demberger,1975;Murphey,1977)。

这一观点最后归结为新近的观点,直截了当地以"市场"代替了旧有的"西方冲击"。不像"帝国主义"概念带有种种政治现实和含义,"市场"可以被视作纯粹良好的客观现象:只要市场得以运行,就会赋予中国像西方那样的发展。这个"真理"体现于种种"事实"中,如国际市场刺激了中国的工农业发展,直至20世纪30年代。市场的冲击不像以往研究所讲的那样,仅限于沿海通商口岸,而是实际上深入中国的农村和内地,带来了广泛的发展(Rawski, 1989;Brandt,1989)。[①] 照这一观点来讲,中国的不幸在于市场推动的发展被战争、灾荒等畸变打断。

## (四)一个规范认识

　　尽管中国的学术研究与西方的有着种种不同,但两者明显有许多共同点。认为中国历史基本上无变化的一代学者均受到强调中国传统本身有着明显变化的一代学者的挑战。中国经济是前商品化的、本质上停滞的经济的主张,受到了认为中国经济是高度商品化的、蓬勃发展的经济的主张的挑战。两个学术派别均把停滞与前商品化经济相联系,把近代化等同于商品化。中国的"封建主义论"学派认为封建经济是停滞的,是因为把它等同于前商品化的自然经济。与"资本主义萌芽论"学派一样,他们也认为商品化必然会导致资本主义。与此类似,西方"传统中国论"学派认为明清经济基本上没有商品化。例如何炳棣 1959 年的人口著作基本上无视商品化,珀金斯 1969 年对明清农业的研究也把低水平商品化作为一贯前提。而罗威廉(William T. Rowe)1984 年、1989 年的著作以"近代早期"模式对过去的著作提出挑战,则从种种蓬勃商品化的证据出发。

　　商品化会导致近代化的构想是贯穿"封建主义论"与"资本主义萌芽论"模式、"传统中国论"与"近代早期中国论"模式的规范

---

[①] 周锡瑞对布兰特一书的评论,刊于《经济史学报》。马若孟(Myers,1970)、科大卫(Faure,1989)较为合理地认为积极作用仍限于出口农业地区。

信念的一个例证。它贯穿了大洋两岸学术界的两代人,也贯穿了斯密理论与马克思主义理论。

这样的信念一般不被学者讨论。学术界所注意的主要是不同理论、模式间的争论方面。于是我们争论的重点就在明清商品化的程度,或帝国主义和阶级革命的是非功过上。我们不去注意那些共同的认识,认为那是再明白不过了,乃至无须再加以讨论。

正是这样的信念,我称之为规范信念。当前学术界往往过分简单地把"规范认识"这一词等同于有影响的模式。这一用法其实抹杀了这个概念的分析力量。若用于存在着众多模式的社会科学领域,尤其如此。本章把规范认识的信念定义为不同的或对立的模式和理论所共同承认的、不言自明的信念。这样的信念比起任何明白表达的模式和理论来,有着更广泛、更微妙的影响。它们的影响不仅在于引导我们去想什么,更在于引导我们不想什么。

于是,我所指的规范认识的危机并非针对某一理论或模式,也并非针对学术界的这一代或那一代,亦非针对中国或西方的学术研究。把当前中国史研究中的危机解释为老一代研究的衰微,或认为只发生在中国并意味着斯密理论战胜了马克思主义理论,是误解了这个危机的真实含义。当两个理论体系长期地以对方来为自己下定义时,一方的危机便足以提醒我们去考虑是否为双方的共同危机。当前的规范认识危机要从两代人和两种表面对立的模式和理论体系的共同危机的角度来理解。

## (五)多重悖论现象

我认为在过去实证研究积累的基础上所证明的一系列悖论现

象,已经使我们领域的规范信念濒于分崩的边缘。悖论现象指的是那些被现有的规范信念认定为有此无彼的对立现象在事实上同时出现。悖论现象对那些信念的挑战首先在于相悖现象各方并存的确定性。例如,商品化和经济不发展这对相悖的现象确实并存。在更深的层次,悖论现象则对既有的因果观念提出怀疑:商品化是否必定会导致经济发展?明清时期蓬勃的、持久的商品化与糊口农业长期持续的事实,反悖于"资本主义萌芽"和"近代早期中国"模式的断言,也反悖于"自然经济"和"传统中国"模式的认定。这一对悖论现象向所有模式共同认可的"商品化必然导致现代化"的不言自明的规范信念发难。

但是,实证研究揭示出的悖论现象与它们否定的规范信念,一般没有在论著中被清晰地披露出来。学者们通常不会讨论未诉诸文字的潜意识信念,即使想讨论的人,也可能由于认为道理过于明显,而觉得不必加以讨论。于是这些实际上已为事实所否定的规范信念继续影响人们的思想,尽管许多人已久有怀疑之心。本章的一个主要意图,就是列举一系列实证研究已经披露的悖论现象,进而揭示被这些现象所否定的"不言自明"的信念。

# 二、没有发展的商品化

## (一)实证研究揭示的悖论现象

明清时期蓬勃的商品化已是不可怀疑的事实。在1350年至1850年的5个世纪中,几乎所有的中国农民都改穿棉布了。这反映了商品化的一个最大的组成部分——棉花经济的发展,伴随而来的是地区内部和地区之间的贸易。棉产品的交易也意味着粮食商品化的扩展,出现了棉作区与粮作区之间的商品交换和棉农与粮农剩余产品的交换。随着这样的发展,尤其是在长江三角洲出现了相当多的为棉、粮提供加工和交换服务的商业市镇。把明清时期说成前商品化时期显然是不对的(吴承明,1985)。

然而,我们也注意到尽管有 5 个世纪蓬勃的商品化,农民的生产仍停留在糊口水平。无论生产跟上人口增长水平(Perkins,1969),还是落后于人口增长水平(Ho,1959;Elvin,1973),农村中没有发生近代式的经济发展是毋庸置疑的。

同样,类似资本主义关系的雇佣劳动的出现也没有疑问。当时已出现了不少农村雇佣劳动,包括长工和短工。土地租佃关系也在松弛下来,分成租的旧方式让位于定额租,实物租让位于货币租。这些变化进一步确认了农村经济的商品化(李文治等,1983)。

然而,我们知道,在当时的农业中几乎没有大规模的资本主义式生产。许多长工、短工只是为一般农户所雇佣,以补充家庭劳动力的不足。在全国各地,包括商品化程度最高的地区,小农家庭农业仍占压倒性的地位。同时,少数使用雇佣劳动的大农场比起小农户来并未获得更高的亩产量(Huang,1985,1990)。

简言之,商品化蓬勃发展与小农生产停留于糊口水平这两个现象的同时发生是悖论现象。这就对马克思与斯密理论的共同认识——商品化与近代化有着必然联系,提出了疑问。马克思与斯密的理论主要基于英国的实际状况。在世界其余的多数地区,近代化发展来自其他因素(如政权的中坚领导作用)与商品化的结合,并迟于英国。纯粹由市场推动的经济发展的模式是基于英国的经验,它被后来建立的许多经济分析模式作为前提,但不应与世界其他地区的历史真实混同。

与"市场推动经济发展"理论相联系,人们认为在近代化的过程中,产量与劳动生产率会同步发展。在斯密和马克思所熟悉的英国确实如此,他们因此都没有将产量与劳动生产率加以区分,并未考虑没有(劳动生产率)发展的(产量)增长的可能。

以往的研究已揭示明清时期的情况正是如此。这一时期产量的增长一方面来自耕地面积的扩大——扩大了将近四倍;另一方面来自亩产量的增加,通过提高复种指数及对某些作物增加肥料与人工投入(Perkins,1969)。然而,尽管"资本主义萌芽论"者致力于论证经济发展,但到今日为止尚无人能够证实单位工作日劳动生产率的提高。提高的只是土地的生产率,主要由于劳动力投入的增加。单位工作日的收益仍是如此之低,小农生产仍处于糊口水平,而中国人口的大部分仍被束缚于粮食的生产。

区分增长与发展,对理解中国的农村社会经济史至关重要。尽管有着引人注目的产量增长,但缺乏劳动生产率的发展乃是中国大多数人直至20世纪80年代仍困于仅足糊口的食物生产的原因(Perkins and Yusuf,1984)。与之对比,美国的劳动生产率发展,以4%人口的劳作就能满足其他所有人的食品供应。劳动生产率的发展是近代化的核心含义,但它并未在明清时期出现。

斯密和马克思的另一个共同信念是,近代经济发展必然是一个工农业连同发展、城乡一起近代化的过程。这又是根据英国的经验而来。他们均没有考虑到没有乡村发展的城市工业化的可能。

然而,没有乡村发展的城市工业化正是 19 世纪后期以来中国的经历。当时中国工业的发展是没有疑问的。自 19 世纪 90 年代起,投资近代机器工矿业和交通运输业的资本以每年高于 10% 的速度增长。上海、天津、无锡、青岛、汉口和广州等城市的兴起便是这一进程的例证。小城镇也有了蓬勃发展,特别是长江三角洲,甚至城镇中的小手工作坊也有了增长。①

这些发展发生在商品化的加速过程中。此过程的首要内容是小农家庭植棉、纺纱、织布三位一体的崩溃。机制纱,也包括国产的机纱,大量取代了土纱。棉农出售棉花给纱厂,而小农织户则买回机纱织土布。这带来乡村贸易的大量扩增(吴承明,1984;徐新吾,1990;Huang,1990)。

不过,我们同时也知道中国经济中的新的资本主义部分从未达到国民经济总产出的 10%。当时也出现了传统手工业的衰败,尤其是手工纺纱,并因此导致长江三角洲不少市镇的衰亡,乃至完全淹废。最重要的是,即使在相对繁荣的 20 世纪 20 年代,农民的收入仍处于仅够糊口的水平,随着 30 年代的衰退,农民就更陷于困境了。中国乡村人口的大多数仍被束缚于土地,从事仅够糊口

---

① 迄今有关中国工业发展的最好研究是吴承明(1990)的著作。参照刘大中、叶孔嘉(Liu and Yeh,1965);罗友枝(Rawski,1989)。

的食物生产,经济发展主要是在城市,乡村仍然是不发展的。[①]

## (二)悖事实的争辩

　　我们如何解释这些悖论现象呢? 我们当然可以无视上述为史实证明的悖论现象,而继续坚持这样或那样的古典理论。过去的一个办法是用悖事实的争辩来抹去其间的矛盾。于是,主张“资本主义萌芽论”的中国学者就讲:如果西方帝国主义没有入侵中国,明清的资本主义萌芽会导致城乡质变性的资本主义化。这样,质变性的资本主义化事实上未曾发生就无关紧要了。这种悖事实争辩的要点在于申明它所认为的应有的历史现象,而无视历史真实。

　　新斯密学派的美国学者也以同样的方式明确地或含蓄地讲:如果没有战争和革命,20 世纪初叶中国乡村由市场推动的发展就会带来质变性的乡村近代化( Myers, 1970; Rawski, 1989; Brandt, 1989)。照此逻辑,中国乡村并未近代化的历史真实无关紧要。历

---

[①] 罗友枝(Rawski,1989)和布兰特(Brandt,1989)试图修正刘大中、叶孔嘉(Liu and Yeh,1965)和珀金斯(Perkins,1969)的广泛为人们所接受的估计,认为 20 世纪 30 年代前的几十年中乡村有显著的发展。我在其他书中(Huang,1990:137—143)详细讨论了罗友枝的论据,在此不再赘述。周锡瑞在他的评述中也讨论了布兰特的论据。目前没有理由否定刘大中、叶孔嘉和珀金斯原先的估计,即生产的增长仅勉强赶上人口的扩展。罗友枝声称在 1914/1918 年至 1931/1936 年的近 20 年中,人均产出每年增长0.5%—0.8%(Rawski,1989:281,329);即使如此,全期累计增长也不过 15%—16%,这样的增幅不足以改变小农生产仅处于糊口水平的整体状况。这样规模的变化也很容易用内卷化来解释。从乡村发展的观点来看,重要的年代是 20 世纪 80 年代(见后面的讨论),在只及罗友枝提及的一半时间中(10 年)却有了 15—16 倍于罗友枝所估计的增幅。这种幅度的变化正好说明了两种现象的不同:一是通过资本化(增加单位劳动力的投资)而来的劳动生产率的发展,二是通过劳动密集化而来的内卷型增长。

史真实成了理论的牺牲品。

类似的论点也被运用到对西方如何影响中国的评价中。于是西方影响的积极方面被中国学者抹去了:如果没有帝国主义,中国会发展得更快。① 同样,西方影响的消极方面被新斯密学派的西方学者抹去了:如果西方影响更强一点,乡村的贫困就不会再持续下去了;或者,如果没有西方的影响,那里会更贫困。(Hou,1965;Elvin,1973;Demberger,1975)

这样的悖事实争辩往往伴随着另外两种推理。一是封建制或旧传统必然会让位于市场推动的资本主义发展或近代化。即使事实上并未发生这样的情形,它也应该会发生,或是迟早必定会发生。另一推理是一种因素(如商品化)出现,其他有关因素(资本主义发展和近代化)也必然出现。如若不然,它迟早必定会发生。很明显,这样的论点不仅是违背事实的,而且是结论先行和简缩化的。一个坚持历史发展是沿着必然的、直线的方向,而另一个则把复杂的现象简缩为只含有单一成分的部分。

我们需要做的是从实际的悖论现象出发,寻求能够解释这些现象的概念,而不是凭借悖事实逻辑来否认历史现象。学术探讨应由史实到理论,而不是从理论出发,再把历史削足适履。时至今日,我们应当把两个古典理论与其共享的规范信念造成的认识桎梏放置一边了。

---

① 甚至吴承明(1990)也含蓄地保留了这一论点。

## (三)内卷型增长与内卷型商品化

这里我简短地回顾一下我自己的研究,以说明我想提倡的途径和方法。在我 1985 年的书中,我面对矛盾的历史现象,首先企图通过肯定两代学术观点和两个古典理论各有的部分道理,来寻求一个调和的途径。而只有在 1990 年的拙作中,我才清楚地看到了历史的悖论现象,并向以往两代学术和两种理论共享的不言自明的规范信念提出了挑战。这使我产生了这样的疑问:我们如何来解释诸如蓬勃的商品化与糊口农业长期并存的悖论现象,以及没有发展的增长的悖论现象,或是城市工业化与乡村不发展并存的悖论现象?

这使我最后去反思商品化过程本身的内容。我们习惯性地认为农业商品化是由经营式农场主的牟利活动推动的。这是来自斯密和马克思熟悉的英国经验。于是,斯密学派和马克思主义学派的研究均企图找出经营有方的富裕农民。我们认为中国也是一样。然而事实是,这类情况在清代仅占商品化过程的一小部分。更重要的情况是,商品化来自人口对土地的压力。田场面积的缩减使农民趋于内卷化,即以单位劳动日边际报酬递减为代价换取单位面积劳动力投入的增加。长江三角洲的内卷化主要通过扩大经济作物经营的形式进行,尤其是植棉与棉纺织手工业。棉花经济增加了劳动力的投入,比起单一粮食作物来,增加了单位土地面积的产值,然而单位工作日的收益却是下降的。这是一种应付人口压力下的维持生计问题的策略,而非为了追求最高利润的资本主义式的策略。它不会带来资本积累。这种主要由人口压力推动的内卷型的商品化,必须区别于推动近代发展的质变性的商品化。①

　　这里有必要指出,内卷型商品化可能通过充分地利用家庭劳动力而带来较高的家庭收入。它甚至可能通过每个劳动力每年工作更多天数而带来每个劳动力较高的年收入。但是这并不意味着单位工作日生产率和收益的发展,后者通常唯有通过劳动组织的改良、技术的进步,或更多的单位劳动力资本投入才可能实现。换句话说,内卷化解释了没有发展的增长这一悖论现象。

　　与发展不同,内卷化所可能带来的增长是有限的,局限于一年中劳动力能够承担附加劳动的天数;而通过资本化(增加单位劳动力的资本投入)来提高每个劳动力的生产率则不受这样的局限。更进一步,生产越是内卷化,就越是难以把劳动力抽出而走通过资本化提高劳动生产率的道路。被替代的劳动力必须寻求另外的就业机会。

　　应该明确,即使没有其他质变性的变化,内卷型商品化也可成为市场与城镇发展的基础,就像明清时期发生的那样。小农的棉花和桑蚕生产提供了这些商品贸易的基础,进而影响粮食经济。

―――――――――――

① 为把我的内卷化区别于过去的马尔萨斯的论点,我应指出我的分析很大程度上得益于博塞拉普(Boserup,1965)。博塞拉普把马尔萨斯的观点颠倒过来:马尔萨斯把食物生产看成独立因素,在人口压力下供不应求;而博塞拉普则把人口看作独立因素,推动食物生产。博塞拉普认为人口增长推动了种植业的密集化,尤其是通过提高种植频率,由25年一熟的林木火种制到5年一熟的灌木火种制,再到1年一熟和1年数熟制。我在博塞拉普的框架上增加了这样的概念:在固定的技术条件下,劳动密集化的过程是有极限的。长江三角洲的水稻生产在南宋时已接近其极限,在明清时期出现的主要是内卷化、劳动边际报酬的递减,而不是收入与劳动投入同步增长的单纯的密集化。我还补充了这样的概念:与家庭手工业相结合的商品化农业生产是内卷化的一种形式。

这样的贸易与附属的加工成了新城镇的支柱,并进而推动了文化领域出现新现象。然而尽管如此,农民的糊口经济依然持续。

换句话说,我们企图找到的解释历史上悖论现象的答案就隐藏于商品化过程自身的特性之中。这一特性并不臆想所有的商品化均会导致资本主义的发生。商品化有着不同的形式和动力,产生着不同的变化,我认为我们不应该坚持讲中国的经验必然或应该与英国的经验一样,而需要去认清中国的不同动力和逻辑,其结果是与那些基于英国经验的理论模式相悖的现象。

我采用了类似的方法来分析帝国主义。我不认为世界市场必然有利于中国经济,或帝国主义只是有害于中国。我试图去找出历史真实,并说明帝国主义所引起的积极与消极作用同时并存的悖论现象。西方的冲击导致了由外国企业和国内城市企业组成的近代经济部门与内卷化的乡村经济部门相联结。例如在国际化了的蚕丝经济中,相对资本密集的机器织绸由美国和法国的工厂承担,它们依靠资本不那么密集的中国缫丝工业提供生丝,而中国缫丝工业又靠内卷化的小农家庭生产提供蚕茧。整个体系基于低收益的男性农民的植桑和更低收益的农村妇女的养蚕。在棉花经济中也有类似的逻辑:外国工厂承担大多数相对资本密集的织布,中国纱厂承担相对节省资本的纺纱,而中国农民承担劳动密集的低收益的植棉。于是,帝国主义、中国工业和内卷化的小农连成了一个整合的体系。

## (四)微观的社会研究

从方法的角度来看,微观的社会研究特别有助于摆脱既有的规范信念，如果研究只是局限于宏观或量的分析，很难避免套用既有理论和信念。然而，紧密的微观层面的信息，尤其是从人类学方法研究得来的第一手资料和感性认识，使我们有可能得出不同于既有规范认识的想法，使我们有可能把平日的认识方法——从既有概念到实证，颠倒过来，认识悖论的事实。

基于同样的原因，地方史研究也是有用的方法。在对一种因素或一组因素的宏观研究中，我们很难对不同因素间的假定联系提出本质性的疑问。而地方史研究通常检阅了一个特定地区的"全部历史"，从而有可能对不同因素间的关系提出新鲜的问题，避免把某一历史过程中发生的一些联系套用到另一历史过程中去。在我自己的经历之中，源自第三世界的分析概念比基于西方经历的模式有用。我自己关于内卷化的概念就得益于恰亚诺夫和格尔茨的模式，它们都是基于对非西方社会的微观研究。

最后，我认为鉴定悖论现象是设计要研究的问题的好方法。既有理论体系之间的争论和共同信念，可以帮助我们去认识悖论现象。一旦认清了悖论现象及其所否定的规范信念，我们便可能对假定的因果关系提出怀疑。例如商品化的性质会不会不同于我们以往的估计？近代化的动力会不会只限于商品化？……这些问题引导我们去注意未发现的联系，也启发我们去思考可能解释这些悖论现象的新概念。

# 三、其他的悖论现象

下面我打算更广泛地考察一些为以往学术研究所揭示的基于

实证的悖论现象。我不准备对过去的学术加以全面的转述,而只打算讨论一些特别能说明问题的研究。我的讨论将主要集中于这里所要提倡的研究方向。这就不可避免地忽视了许多学者为突破旧模式和寻找新途径所做出的贡献。

## (一)分散的自然经济与整合的市场

大洋两岸的学者近年来在运用微观经济学方法探讨中国经济史上做了一些努力。过去的研究主要是宏观经济的研究,新的研究从总产出转向市场、价格和企业、家庭抉择等被忽略的方面。[①]

新的研究成功地证实了明清经济中市场的整合趋势。在稻米、棉花、茶叶等商品交换中无疑存在着"全国市场"。我们可以明确地看到各地区间商品流通的路线,并估计出大概的流通量。此外,可以证明不同的地区之间价格同步波动。在民国时期,上述趋势加速扩展,中国的市场进一步连接国际市场。

然而,我们还知道明清时期的棉纺织生产并不是在城镇作坊进行,而是在小农家庭中进行,与农耕相结合(徐新吾,1981;吴承明,1990:208—332)。不仅如此,小农生产的大部分仍直接满足家庭消费。最新的系统研究表明,直至20世纪20年代,为家庭消费的小农生产仍超过为市场的生产(吴承明,1990:18—19)。换句话说,乡村经济在相当程度上仍处于"自然经济"状态。

进而,要素市场的运行尚处于种种约束之下,离完全自由竞争

---

① 例如,吴承明(1985),陈春声(1984),王业键(1989),程洪(Cheng,1990)。更早的、开拓性的研究还有全汉昇和克劳斯(Chuan and Kraus,1975)。

市场的理想模式还很远。土地转移同时受到习俗和法律的约束，必须让邻近田块的亲友优先购买。同时，在广泛使用的典卖交易方式之中，卖主几乎拥有无限期的赎回权（杨国桢，1988）。雇佣交易中讲究私人关系和中间人，从而限制了劳动力市场的空间范围。村内亲友间的贷款（无论个人贷款还是合会），讲究感情和礼尚往来，而未形成脱离人际关系的信贷市场逻辑。小农借贷反映了糊口经济中的为生存而借款的逻辑，月利高达 2% 至 3%，远高于任何盈利企业所能承担的利率 [ Fei Hsiao-tung（费孝通），1939；Huang，1990 ]。

我们当然可以再一次陷入以往的论争。新斯密学派会坚持说，根据某些商品价格同步变化的事实，他们理想中的整体化市场经济的其他因素也肯定同时存在：在中国小农经济中，充分竞争的、教科书式的要素市场如同在先进的资本主义经济中一样存在，小农就像资本主义企业家一样，在市场上为寻求最大利润而做出经济抉择（Schultz，1964；Brandt，1989）。有些人更从这样的简缩性推理出发，进一步得出乡村质变性的近代化必然会由这样的市场发展而来的武断结论。按照他们有悖事实的逻辑，他们不在乎历史真实不是如此，同样可以坚持"要不是战争和革命打断这一进程，迟早会有这样的发展"这一观点。

与此对照，"自然经济论"学者会坚持说封建经济只可能是"自然经济"。在正常的历史进程中，资本主义和完全整合的市场会发展起来，但这种可能性被帝国主义排除了，帝国主义和中国封建势力的勾结阻碍了这一进程。要是西方没有入侵，情况就会不同了。这样，我们又回到了老一套基本是政治意识的争论。

"经济二元论"（Hou，1963；Murphey，1977）把纯竞争性的要素市场模式与自然经济模式合并为一个具有两个不同部门的经济体系模式。但这个模式贡献有限，因为我们可以看到两个部门实际上是紧密相连的，最明显的例子是影响到每家每户的棉花经济。把两种经济想象为分隔的部门是没有道理的。

这三种模式没有一种能勾画出近几个世纪来市场在中国经济中运行的实际情况。就像在中国社会经济史和其他论题上一样，我们在这个论题上面临着概念上的困境，这正反映了当前规范认识危机的一个部分。打破这一困境所需的第一步，是改变过去由理论到史实的做法，而立足于实证研究。面对分散的自然经济与整合市场并存的悖论现象，我们如何解释这两者的同时出现和长期并存呢？还有，我们如何解释欠缺近代发展的整合市场的形成过程呢？我认为作为第一步，我们可考虑商品化有不同的动力，从而产生不同的结果。这一设想也可以延伸到市场是否按照既定模式运行的问题。一个特别值得探讨的对象是商行，其处于传统的和近代的市场体系的交接点，可以启发我们认识这两种体系是如何运行的，以及它们如何相互渗透和不渗透。

## （二）没有公民权利发展的公众领域扩张

美国清史研究者的另一个新的重要研究是关于公众社会团体的扩张，尤其是在长江三角洲，诸如会馆、行会、书院、善堂、义仓之类的组织，均有了扩展。这样非官方公众团体的发起使人联想到哈贝马斯研究的关于近代早期欧洲的"公众领域"（public sphere）

的概念,并把这一概念运用到明末清初的研究之中。① 表面看来,两个历史过程似乎十分相似。

然而,借用哈贝马斯的词语和定义会带来无意的结论先行和简缩化。在西欧历史上,哈贝马斯研究的"公众领域"(以及随后的"结构转变")是对民主起源的探讨。他所涉及的不仅是公众领域和私人领域间的不同,而且更是两者在国家政权与"公民社会"(civil society)对立面中的地位。就他而言,公众领域与私人领域、国家政权与公民社会这两组概念是相互渗透的。事实上,正是这两组概念的交替使用,加强了他的"公众领域"概念的分析力。从民主起源的角度来看,人们生活中公众领域的扩展只属于次要,关键在于与其同步扩展的公民权利。我们必须在这一历史背景之下来理解哈贝马斯的"公民社会中的公众领域"(Habermas,1989[1962])。

近代城市社会生活中,公众领域持续扩张。但这一扩张并不一定与公民权利的发展相伴随。事实上,我们可以设想公众领域是一块近代国家政权与公民社会争夺的地盘。在民主国家的近代史上,公民社会成功地占领了公众领域,而在非民主国家中则正好相反。

由此,哈贝马斯的概念如果用于中国,它所突出的应不是类似西欧的公众领域与公民政权的同时发展,而是两者的分割。当然,在中国,随着城镇发展和城市生活中村社生活方式的解体,公众领域有了扩张(我们只要考虑一下城乡日常生活的不同:乡村居民与

---

① 这方面的许多研究仍在进行之中。其方向可见于罗威廉(Rowe,1989)关于汉口的研究,与卜正民的著作(Brook,1990)。当然这一概念也被运用到晚清与民国时期(参见 Esherick and Rankin,1990;Rowe,1990),其对后一时期也许比较适用。

家庭成员、亲戚、村邻都有较密切的联系,与外界较少联系;而城镇居民对亲友保持一定距离,但与近邻之外的外界有交往)。然而,中国不像中世纪晚期和近代早期的西欧,城镇并不处于政权的控制范围之外,城镇的发展并不意味着市民政治权利的发展。在1600—1700年与1840—1895年的中国,市民公众团体确实有了相当的扩张,但并没有相应的独立于国家政权的公民权利的发展。针对不带公民权利发展的公众领域扩张的悖论现象,提出了问题:推动明清与近代早期西方公众团体扩展的动力究竟有何异同?

## (三)没有自由主义的规范主义法制

当前美国研究中国的又一热门是法制史。老一代研究者指出,近现代以前中国的司法体制中没有司法独立和人权保障,司法当局只是行政当局的一部分,法律主要意味着惩罚,为了维护官方统治思想和社会秩序。因此,近现代中国在民法方面几乎毫无建树(Ch'ü,1961;Van Der Sprenkel,1977[1962];Bodde and Morris,1967)。与当时中国研究的总体情况一样,他们的研究注重中国历代王朝与近代西方的不同之处。

晚一辈的学者则强调中国传统法制的规范性和合理性。事实上,中国传统法制并非仅仅诉诸专横的惩罚和拷问,而是具有一定的作证程序,即使按今天的司法标准来看也是行之有效的。同时,这个制度系统地、合理地处理了民事纠纷。(Buxbaum,1967;Conner,1979;Alford,1984)。这批学者几乎与"近代早期论"学者是在同一时期纠正前辈的偏向的。

两代学者运用的不同分析框架呼应了马克斯·韦伯的实体主

义("卡迪"①司法)和形式主义的一对对立概念(Weber,1954)。对一个来讲,法律是政治的工具,法律服从于统治者的意志和愿望;对另一个来讲,法律是基于规范化的、形式化的成文的原则,并导向司法的专业化、标准化和独立化。后者被马克斯·韦伯认为是近代理性主义的表现。

两种不同的情景在比较法学家罗伯托·安格尔(Roberto M. Unger)1976年的著作与他的批评者安守廉1986年的著作中得到充分反映(Unger,1976;Alford,1986)。对安格尔来说,中国代表了不具备近代自由主义法律和保护个人人权的法制传统。而对安守廉来说,安格尔对中国法律的看法正反映了前一代学者西方本位主义态度的错误。

我认为两种观点均有一些道理。我们不能否认中国的王朝法律已经高度规范化,而且相对地系统化和独立化。但是,我们又无法否认中国的王朝法律仍受到行政干预,尤其是来自皇权的干预(Kuhn,1990)。直至民国时期和西方影响的到来,它也没有向保护人权的自由主义发展。规范主义和自由主义在近代早期和近代的西欧是得到结合的。中国的明清时期却并非如此。

争论的双方若只坚持自己一方更为精确、重要,结果将会像关于明清时期是"传统的"还是"近代早期的",是"封建的"还是"资本主义萌芽的"争论一样。我们研究的出发点应是已经证实了的悖论现象:没有自由主义的规范主义法制。

我们需要去探讨这个法制的实际执行情况,尤其是关于民事

① 卡迪(kadi)一词指的是伊斯兰教的地方官,韦伯书的英译者使用了不同的拼法,亦作 khadi。

纠纷的案件。① 当然,清代的刑法与民法之间并无明确分界。这表明民事司法缺乏明确的划分和独立的领域,因而与近代自由主义传统的法律不同。但是,清律明确载有相当多具体的、有关民事的正式条文(诸如关于继承、婚姻、离婚、土地买卖和债务的条文)。清代和民国时期的大量案件记录现在已经可以见到。这些记录所载有的微观信息,使我们可以详细地探讨一系列问题。例如,就一个地方行政官而言,民事案件的审理占多大比重?他在何种程度上根据法律条文来处理案件,或专断地根据个人意志来处理案件?从普通平民的角度来看,在何种程度上,以及出自何种目的而求诸诉讼?在解决民事纠纷的过程中,司法系统与当地社团的调解如何相互关联?……对这些问题的回答,可以给我们一个较坚实的基础来分析中国和西方法制传统的异同。

## (四)中国革命中的结构与抉择

过去对中国革命的研究在结构和抉择的关系问题上划分成不同的营垒。中国正统的马克思主义观点是直截了当的:长期的结构变化导致阶级矛盾尖锐化,尤其是地主与佃农之间的关系,中国共产党则是被剥削农民阶级的组织代表。结构变迁与人为抉择的因素在共产党领导的阶级革命中汇合成同一个运动(毛泽东,1972 [1927],1972[1939];李文治,1957;章有义,1957)。

这一观点与社会经济长期变迁的研究是相互呼应的。"封建

---

① 在路斯基金会(The Luce Foundation)的资助下,关于"中国历史上的民法"的讨论会于 1991 年 8 月在加利福尼亚大学洛杉矶分校(UCLA)举行。

主义论"学派强调封建生产关系下地主与佃农之间冲突的中心地位。帝国主义加剧了阶级矛盾，从而引起了反帝反封建的阶级革命。"资本主义萌芽论"学派尽管强调帝国主义阻碍了中国资本主义萌芽的充分发展，但对于革命的结构性基础得出的是同样的结论：封建自然经济的阶级关系仍占统治地位，从而确定了共产党领导的反帝反封建革命的性质。

保守的美国学者的观点则相反：结构性的变化与人为抉择在中国革命中是相悖的。在 20 世纪 50 年代"冷战"的高潮时期，最保守的学者甚至坚持中国革命仅仅是莫斯科控制和操纵的少数阴谋家的产物（Michael and Taylor, 1956）。其后，保守的主流观点演变成强调共产党组织是造成革命的主要动力，认为农民的阶级斗争只不过是革命宣传机构"虚构"出来的，真正重要的只是高度集中的中国共产党的组织工作。

这一观点也得到研究社会经济长期变迁的学者的支持。"停滞的传统中国论"强调人口压力是近代中国不幸的缘由，而新斯密派则强调市场促进发展的作用。无论哪种观点，均认为中国共产党领导的阶级革命是与结构性变化的趋势相悖的：人口压力要求控制生育或其他改革，市场推动的发展要求资本主义，两者均不要求革命。

两套观点显然各有可取之处。没有人会否认共产党比国民党获得更多人民的拥护，而人民的支持对内战的结局起了决定性的作用，在中国北方的战役中尤其如此。同时，我们也无法否认列宁主义型共产党组织有民主的一面之外，还有集中的一面。

在 20 世纪六七十年代美国的政治气氛下，学者们极难摆脱政治影响而说明上述事实。试图论证中国革命的群众基础的著作常带着一整套阶级革命的论说（Selden，1971）。而关于共产党组织重要性的讨论则牵带着一整套保守的观点（Roy Hofheinz，1977）。即使小心地避开政治争论的学者也无法避免受到政治攻击。于是，费正清被马若孟（Ramon Myers）和墨子刻（Thomas A. Metzger）攻击为传播"革命范例"，"他的政治观点迎合了北京的历史观点，阻碍了许多美国学者公正、清醒地分析两个中国政府"（Myers and Metzger，1980：88）。

研究这一领域的大多数学者其实并不相信上述两种观点的任何一种。头脑清醒的学者则冷静地从事于实证研究，以期建立有说服力的分析（如陈永发，1986）。然而，迄今尚未有人能够提出得到广泛承认的新的解释。

我认为要使这一领域的研究进一步发展，关键在于突破过去关于长期结构变迁与革命之间关系的规范认识。结构变迁不一定导向自由市场资本主义或共产主义革命，还有着其他的可能性。我本人已提出了内卷型商品化的看法。在这个过程中，阶级矛盾并没有尖锐化，农民并没有分化为资本主义农场主和雇农。商品化所起的作用主要是增强了小农家庭和村庄社团再生产的能力。

另一个关于长期结构变迁的不同看法的例子是，太平天国起义后的一百年中江南地区最突出的结构性变迁是地主势力的衰落，其原因是政府的压力、税收的提高和租额的徘徊不上。土地租佃制未必像正统的革命模式者估计的那样，必定要被佃农积极的阶级革命摧毁。它也可能只是在长期的结构性变迁下自然崩溃，而未必通过农民的革命行动才崩溃，至少在长江下游地区是如此

(白凯,2005)。

此外,我们需要把结构与抉择的关系看作既非完全相应又非完全相悖的。我们的选择不必限于美国保守派认为的没有人民支持的党或中国共产党的阶级革命浪潮这两种观点。真正的问题是,结构与抉择如何相互作用?

把结构和抉择看作既分开又相互作用是一个重要进步。这使我们把二者间的联系看作一个过程,而不是预定的结论。在裴宜理关于淮北地区革命运动的研究中(Perry,1980),长期的生态不稳定和共产党的组织活动这两个因素得到暂时的协调,这体现在共产党利用农村的自卫组织(联庄会)。在詹姆斯·斯科特的"道义经济"模式中(Scott,1976;Marks,1984),传统的村社一贯尊重其成员的道义性"生存权"(如歉收时地主应减租)。在革命过程中,党组织和农民在重建被商品经济和近代政权摧毁的道义经济上找到了共同点。再举一个例子,周锡瑞对义和团的研究(Esherick,1987)表明,对农民文化的研究可以帮助我们了解农民思想和行动上的倾向。

要想真正得出新的观点和分析,突破过去几十年在分析概念上的困惑,我们需要获得大量与以往不同的资料。中国研究革命史的学者主要局限于组织史(党史),部分原因是缺乏他种性质的资料,极少有关于革命运动真正接触到乡村社会时发生状况的资料。[1] 然而,我们现在有可能通过地方档案和当事人(他们的人数

---

[1] 关于结构与抉择关键的会合点,我们尚无现成的佐证。只有韩丁(Hinton,1966)和克鲁克(Crook,1959)做的人类学实地调查接近于提供了有关党与村庄社会接触时变化经过的情况。

正在迅速减少)的回忆获得能够解决问题的微观层面的资料。有的美国学者已在积极从事这样的研究。

# 四、当代史

对中国当代史的研究同样为上述两套理论所左右。革命源于阶级斗争的分析,延伸到当代便成为"社会主义"模式。根据这一观点,中国共产党是代表中国劳动人民的组织,社会主义革命是中国社会长期结构变迁的应有产物。革命后的政权与中国社会是相应的整体。

至于农村变迁,社会主义模式预言生产资料的集体所有制会克服小农生产的弱点而导向经济现代化,同时可以避免资本主义不平等的弊端。资本主义模式则预言集体所有制会因缺乏存在于私有制和自由市场经济内的刺激而受挫,集中计划会导致过分的官僚控制,社会主义经济会陷入效率低下的困境。

随着 20 世纪 80 年代中国放弃集体化农业,新斯密学派认为在改革中看到了对自己信念的认可。对他们而言,中国转向市场经济意味着社会主义的崩溃和资本主义的胜利;改革意味着中国经济在几十年失常的社会主义革命之后,最后回到了市场推动发展的正确途径。如果问题仍旧存在,那只是因为改革还不彻底,还没有实行彻底的私有制和价格放开,也就是资本主义。

我认为中国近几十年历史给我们的真正教训是两种理论共同的错误。就像对新中国成立之前的研究一样,对当代中国的研究也为两种理论、一个共同的规范认识所左右。学术界的争论主要集中于两种理论间的不同点,但它们共享的规范信念实际上具有更大的影响。

这里,规范信念仍指那些两种理论共同认可的地方,即双方均认为明确得无须加以讨论的地方。在这样的一些认识中,双方均认为城市工业化与乡村发展、产量增长与劳动生产率提高同步发生,形成同一的现代化发展过程(不管是资本主义的还是社会主义的)。

双方认可的另两个规范信念也影响到我们如何看待1949年后的中国。由于资本主义和社会主义的模式均来自西方及苏联的经验,它们都没有考虑到人口过剩问题。两种估计均认为随着现代经济发展,不管是社会主义的还是资本主义的,人口问题会被轻而易举地克服。双方均未考虑已经高度内卷化的农业,单位面积的产量已经如此之高,已无可能再大规模提高。两者均认为产量可能无限提高。两者都没有去注意在一个内卷化的乡村经济中,工副业生产对于小农的生存是何等重要。两者均认为乡村生产基本上仅限于种植业生产。

社会主义和资本主义两个模式通常都认为自己是对方之外的唯一选择。受这一规范信念影响的人很多,包括对两种模式本身都持怀疑态度的学者在内。在这个规范信念的影响下,乡村发展要么走资本主义道路,要么走社会主义道路,而不可能走两者的混合,或第三条、第四条道路。

## (一)集体化时期的城市发展与乡村内卷化

城市工业化与乡村内卷化并存的悖论现象在新中国成立后比

成立前更为明显。以往的研究清楚地论证了工业发展与农业变化间的巨大差距：在 1952 年至 1979 年间，工业产出以 11% 的年增长速度发展，共增长了 19 倍；而农业产出年增长速度仅 2.3%，略高于人口增长速度（Perkins and Yusuf, 1984）。这一工业发展与农业不发展的悖论现象直接与资本主义、社会主义模式关于城市与乡村同步发展的预言相冲突。

当然，乡村集体化赋予了中国农业以个体小农无法提供的基本建设的组织条件。通过这样的建设，本来可能提高劳动生产率。然而人口压力和政府政策迫使农民对单位土地面积投入越来越多的劳动，迫使其边际报酬递减。最后，乡村产出虽然提高了 3 倍，投入的劳动力却扩增了 3—4 倍——通过全面动员妇女参加农业劳动，增加每年的工作日以及乡村人口的近倍增加实现。这造成了单位工作日报酬的降低，亦即乡村生产没有（劳动生产率）发展的产出增长。

集体化农场与新中国成立前小农家庭农场一样具有某些基本的组织性特点。不同于使用雇佣劳动的资本主义农场，它们的劳动力来源是固定的，不能根据需要加以调节。也不同于资本主义农场，他们都是一个集消费和生产为一体的单位，而非单纯生产的单位。于是，他们有可能为消费需要而高度内卷化，而无视单位劳动的收益。此外，新中国成立后政府政策进一步强化了内卷化倾向。从投入的角度来看，增加劳动投入远比增加资本投入便宜。另外，政府的税收和征购与总产出挂钩，不涉及社员的单位工作日收入。其结局是我称之为集体制下的内卷化，是中国乡村几个世纪来内卷化趋势的继续。

## (二)20世纪80年代的乡村工副业

对照之下,20世纪80年代出现了大好的乡村发展。乡村总产值(可比价格)在1980年至1989年间猛增2.5倍,远远超过15%的人口增长率[《中国统计年鉴(1990)》:333,335,56—57,258,263]。随着这一跃进,出现了中国乡村几个世纪以来的第一次真正的发展,表现在劳动生产率和单位工作日收益的提高和糊口水准之上的相当的剩余上。

我们如何看待这一进步? 一些研究者忽视人口压力和认为乡村生产主要限于种植业,把注意力完全放在种植业产出上,指望市场和利润刺激会像资本主义模式预言的那样带来大幅度的增长(Nee and Su,1990)。种植业产出在1979年至1984年间确实曾以平均每年7%左右的速度增长[《中国统计年鉴(1990)》:335]。这一事实更促成直观的期望。事实上,中国改革的设计者们自己也把种植业生产看作乡村发展的标志,并自信地预言其可能以同样幅度继续提高(发展研究所,1985)。但实际上,从1985年开始,增长已经停止。但是新斯密学派成员仍继续坚持他们的看法,并以有悖事实的逻辑声称:只要中国领导人不半途而废(进而实行私有化和价格完全放开),种植业还会有更进一步的发展。

事后来看,种植业生产在最初的跃升后停滞并不令人奇怪。在中国这样高密度的和内卷化的农业经济中,单位面积产量早已达到了很高水平。除了后进地区因为中国化肥工业的成熟而得以更多地使用化肥,其他地区早已使用了易于应用的现代投入。在土地没有被这样密集使用的美国或苏联,大幅度的增长是可能的,但指望中国如此是没有道理的。

　　人们的注意力主要集中于种植业到底应该以资本主义还是以社会主义的方式进行的问题上,很少有人关注到乡村经济发展的真正动力:工业与副业(包括手工业、畜牧业、渔业、林业)。① 在生产资料分配的市场化和政府政策的鼓励下,乡村两级组织积极开创新的企业。工业的增长尤为惊人,1980—1989 年间增加了 5 倍,远远超过种植业的 0.3 倍;到 20 世纪 80 年代末,乡村工业已占农村社会总产值的一半以上,而副业占了另外的五分之一[《中国统计年鉴(1990)》:333,335]。②

　　这些部门对农村社会总产出增长 2.5 倍的贡献远远超过了种植业生产(比例约为 9∶1)。到 1988 年,9000 万乡村劳动力在非农业领域就业(同上:329,400)。这一变化使数百年来第一次有可能在中国的某些地区出现种植业生产中过分拥挤的劳动力转移,出现了反内卷化。通过减少参与分配的劳动力,反内卷化带来了作物生产中单位工作日收入的提高。连同来自新工业和副业的收入,中国农村的许多地区第一次实现了真正的发展和相对繁荣。

　　最后,把资本主义和社会主义当作仅有的可能选择的规范信念,使许多学者忽略了 20 世纪 80 年代发展的实质内容。其中占最重要比例的是市场化了的集体企业[《中国农业年鉴(1989)》:345—346]。它们是两种生产方式的混合体,是社会主义所有制和

---

① 乡级机构统计习惯使用"副业"指标。国家统计局则把畜牧业、林业和渔业区分于手工业和"副业",而把所有这些都与种植业一起归入"农业"。

② 这里的"工业"包括建筑业和运输业。如果把后两者分出去,乡村工业占农村社会总产值的 2/5,而非一半。

资本主义运行机制的混合产物,既非纯资本主义的亦非纯社会主义的。我们今日不应再固执于两个简单的旧模式中的任何一个。

## (三)没有"公民社会"的市场化

在城市中,20 世纪 80 年代中国经济的市场化,伴随着中国政治生活的开放和民间社团的相应兴起。这些发展使一些美国学者用"公民社会"的概念来形容改革时期的中国政治变化(Whyte,1990)。这个概念指出政权与社会间权力关系的问题,比起以往的极权主义模式来说是一种进步,因为后者简单地把政权对社会的全盘控制不加分析地作为前提。

然而,就像使用"公众领域"去描述明清时期一样,"公民社会"的引用也容易使我们混同西方与中国的经历。在近代早期的西欧历史上和最近的东欧历史上,民主政治的发展(尤其是从国家政权独立出来的民权和公民个人的人权)伴随着自由市场的发展。"公民社会"包含着各种关系的复合体:伴随着早期资本主义发展而兴起的市民团体,以及民主政治体制的开端。因此,使用这个名词而不去明确注意中国的不同之处,会形成相同的复合体也在中国出现的错觉。

"公民社会"这一提法对 20 世纪 80 年代的中国来讲,就像"公众领域"对清代一样不适当。它夸大了 20 世纪 80 年代市场交易和市民团体扩张的民主含义,也进而夸大了公民权利组织的基础。它重复了过去一些人的习惯,用简缩化和结论先行的推理,把西方的理想模式套用到中国头上:如果一个复合体的一两种因素出现了,那整个复合体必然会或马上会出现。

我们应当离开源自西方经验的模式,从没有民主发展的市场化和没有民主政治发展的市民团体兴起的悖论现象出发。20 世纪 80 年代中国的市场化非常不同于资本主义经济的历史经验,而市民团体的形成也同样出自不同于西方的动力。如果这些不同能得到分析,将有助于我们理解市场化带给中国的可能不同的社会、政治含义。

## (四)一条资本主义与社会主义之外的道路

当然有人会继续坚持单一资本主义或社会主义模式,并运用这样或那样旧有的简缩化、结论先行或有悖事实的逻辑。根据那样的推理,市场的出现预示着资本主义的其他部分,如私有制和民主接踵而来。要是其他部分没有出现,它们至少是应该出现的。至此,只差一小步就得到了有悖事实的结论:只要中国不顽固地拒绝放弃社会主义和转向资本主义,预想中的发展必然会到来。

中国反对改革的保守人士使用同样的逻辑而得出相反的结论。随着市场化,资本主义的其他不好因素必然会接踵而来:阶级分化、资本主义剥削、社会犯罪,以及诸如此类的现象。因此,必须坚决拥护彻底的社会主义,来反对资本主义萌芽。改革遇到一些挫折,并不意味着资本主义化还不够,而是过了头。要是计划经济、集体经济没有因改革而被削弱,情况会好得多。

时至今日,我们应把这些争论搁置一边了。中国农村在 20 世纪 50 年代之前经历了 6 个世纪的私有制和市场经济,但仍未得到发展,人口的绝大多数仍被束缚于糊口水平的种植业生产。中国农村如果退回到 20 世纪 50 年代以前的经济组织,会面临比以前更大的问题:人口增加了 2 倍,来自化肥、电泵和机耕等现代化投入的易实现的进步已经都有了,很难想象市场在这种情况下如何发挥它的魔力。

20 世纪 50 年代至 70 年代的集体化途径也应放弃了。在这一途径下,农作物产出确实增长很快,但劳动生产率和单位工作日报酬是停滞的,大多数农村人口停留在仅敷糊口的生活水准。坚持这一途径,与退回 20 世纪 50 年代前一样,也是不合理的。

那么,出路到底何在?学术研究的第一步应是解释为什么乡村经济在 20 世纪 80 年代得到蓬勃发展,而在拥有自由市场、私有财产的 1350 年至 1950 年以及实行计划经济、集体化的 20 世纪 50 至 70 年代都没有这种发展?为什么乡村集体所有制与市场化经济的悖论性混合体却推动了充满活力的乡村工业化?

中国革命史上的一个突出特点是乡村起了很大作用。乡村曾是共产党组织和革命根据地的所在地。通过 20 世纪 50 年代的集体化,村、乡变成土地和其他生产资料所有的基本单位。由于 20 世纪 50 年代后期以来极严格的户籍制度,村、乡下属的人员长期稳定。接着,村、乡又成了水利、公共卫生和教育等大规模运动的基本组织单位,在这些过程中扩大了它们的行政机器。这些变化给予这些组织在农村变迁中特殊的地位和作用,有别于一般发展中国家和社会主义国家。最后,在 20 世纪 80 年代扩大自主权和市场刺激的双重激励下,它们成为农村工业化的基础单位。它们在中国农村发展中所起的关键作用呈现出这样的问题:在中国出现的这一历史真实是否代表了一条新的农村现代化的道路——一条既不符合社会主义,也不符合资本主义单一模式的道路?

当前中国史研究中的规范认识危机是全世界历史理论危机的一个部分。这一世界性的历史理论危机是随着"冷战"的结束和资本主义与社会主义尖锐对立的终结而出现的。这一局面给了我们一个特殊的机会去突破过去的观念束缚,参加到寻求新理论体系的共同努力中。我们的中国史研究领域长期借用源自西方经验的模式,试图用这样或那样的方式把中国历史套入斯密和马克思的古典理论。我们现在的目标应立足于建立中国自己的理论体系,并非退回到旧汉学的排外和孤立状态,而是以创造性的方式把中国的经验与世界其他部分联系起来。

## 参考文献

白凯(2005):《长江下游地区的地租、赋税与农民的反抗斗争:1840—1950》,林枫译,上海:上海书店出版社。

陈春声(1984):《清代乾隆年间广东的米价和米粮贸易》,中山大学硕士学位论文。

发展研究所(国务院农村发展研究中心)(1985):《国民经济新成长阶段和农村发展》,无出版处。

黎澍(1956):《关于中国资本主义萌芽问题的考察》,载《历史研究》第 4 期,第 1—25 页。

李伯重(1984):《明清时期江南水稻生产集约程度的提高——明清江南农业经济发展特点探讨之一》,载《中国农史》第 1 期,第 24—37 页。

李伯重(1985a):《"桑争稻田"与明清江南农业生产集约程度的提高——明清江南农业经济发展特点探讨之二》,载《中国农史》第 1 期,第 1—11 页。

李伯重(1985b):《明清江南农业资源的合理利用——明清江南农业

经济发展特点探讨之三》,载《农业考古》第 2 期,第 150—163 页。

李文治编(1957):《中国近代农业史资料(1840—1911)》,上海:生活·读书·新知三联书店。

李文治、魏金玉、经君健(1983):《明清时期的农业资本主义萌芽问题》,北京:中国社会科学出版社。

毛泽东(1972[1927]):《湖南农民运动考察报告》,载《毛泽东集》第1 卷,东京:北望社,第 207—249 页。

毛泽东(1972[1939]):《中国革命和中国共产党》,载《毛泽东集》第3 卷,东京:北望社,第 97—136 页。

王业键(1989):《十八世纪长江三角洲的食品供应和粮价》,载《第二次中国经济史讨论会论文集》(台北)第 2 卷。

吴承明(1984):《我国半殖民地半封建国内市场》,载《历史研究》第2 期,第 110—121 页。

吴承明(1985):《中国资本主义的萌芽》,载《中国资本主义发展史》第 1 卷,北京:人民出版社。

吴承明编(1990):《旧民主主义革命时期的中国资本主义》,北京:人民出版社。

徐新吾(1981):《鸦片战争前中国棉纺织手工业的商品生产与资本主义萌芽问题》,南京:江苏人民出版社。

徐新吾(1990):《中国自然经济的分解》,载吴承明编《旧民主主义革命时期的中国资本主义》,第 258—332 页。

杨国桢(1988):《明清土地契约文书研究》,北京:人民出版社。

严中平等编(1955):《中国近代经济史统计资料选辑》,北京:科学出版社。

章有义编(1957):《中国近代农业史资料》第 2、3 辑:1912—1927,

1927—1937,上海:生活・读书・新知三联书店。

《中国农业年鉴(1989)》,北京:中国农业出版社。

《中国统计年鉴(1990)》,北京:中国统计出版社。

Alford, William (1984). "Of Arsenic and Old Laws: Looking Anew at Criminal Justice in Late Imperial China," *California Law Review*, 72. 6 (Dec.):1180-1256.

Alford, William (1986). "The Inscrutable Occidental: Implications of Roberto Unger's Uses and Abuses of the Chinese Past," *Texas Law Review*, 64:915-972.

Bernhardt, Kathryn (1992). *Rents, Taxes, and Peasant Resistance: The Lower Yangzi Region, 1840-1950.* Stanford, Calif. : Stanford University Press.

Bodde, Derk and Clarence Morris (1967). *Law in Imperial China: Exemplified by 190 Ch'ing Dynasty Cases.* Philadelphia: University of Pennsylvania Press.

Boserup, Ester (1965). *The Conditions of Agricultural Growth: The Economics of Agrarian Change under Population Pressure.* Chicago: Aldine.

Brandt, Loren(1989). *Commercialization and Agricultural Development: Central and Eastern China, 1870 - 1937.* New York: Cambridge University Press.

Brook, Timothy(1990). "Family Continuity and Cultural Hegemony: The Gentry of Ningbo, 1368-1911," in Esherick and Rankin (1990), pp. 27-50.

Buxbaum, D. (1967). "Some Aspects of Civil Procedure and Practice at the Trial Level in Tanshui and Hsinchu from 1789 to 1895," *Journal of Asian Studies*, 30.2( Feb.):255-279.

Chen, Yung-fa(1986). *Making Revolution: The Communist Movement in*

*Eastern and Central China, 1937–1945*. Berkeley: University of California Press.

Cheng, Hong (1990). "The Rural Commodities Market in the Yangzi Delta, 1920–1940: A Social and Economic Analysis," Ph. D. dissertation, University of California, Los Angeles.

Chuan, Han-sheng and Richard A. Kraus (1975). *Mid-Ch'ing Rice Markets and Trade: An Essay in Price History*. Cambridge, Mass.: East Asian Research Center, Harvard University Press.

Ch'ü, T'ung-tsu (1961). *Law and Society in Traditional China*. Paris: Mouton.

Cohen, Paul A. (1984). *Discovering History in China: American Historical Writing on the Recent Chinese Past*. New York: Columbia University Press.

Conner, Alison Wayne (1979). "The Law of Evidence during the Ch'ing Dynasty," Ph. D. dissertation, Cornell University.

Crook, David and Isabel Crook (1959). *Revolution in a Chinese Village: Ten Mile Inn*. London: Routledge & Kegan Paul.

Demberger, R. (1975). "The Role of the Foreigner in China's Economic Development, 1840 – 1949," in Dwight Perkins (ed.), *China's Modern Economy in Historical Perspective*, pp. 19 – 47. Stanford, Calif. : Stanford University Press.

Elvin, Mark (1973). *The Pattern of the Chinese Past*. Stanford, Calif: Stanford University Press.

Esherick, Joseph W. (1987). *The Origins of the Boxer Uprising*. Berkeley: University of California Press.

Fairbank, John K. (1983). *The Cambridge History of China*, vol. 12:

*Republican China*, *1912-1949*. Cambridge：Cambridge University Press.

Fairbank, John K. (1958). *The United States and China: Fourth Edition, Revised and Enlarged*. Cambridge, Mass.: Harvard University Press.

Fairbank, John K., Edwin O. Reischauer, and Albert M. Craig (1965). *East Asia: The Modern Transformation*. Boston: Houghton Mifflin.

Faure, David(1989). *The Rural Economy of Pre-Liberation China: Trade Expansion and Peasant Livelihood in Jiangsu and Guangdong*. Hong Kong: Oxford University Press.

Fei, Hsiao-tung(1939). *Peasant Life in China: A Field Study of Country Life in the Yangtze Valley*. New York: Dutton.

Feuerwerker, Albert (1958). *China's Early Industrialization: Sheng Hsuan-huai(1844-1916) and Mandarin Enterprise*. Cambridge, Mass.: Harvard University Press.

Habermas, Jürgen (1989[1962]). *The Structural Transformation of the Public Sphere: An Inquiry into a Category of Bourgeois Society*. Cambridge, Mass.: MIT Press.

Hinton, William (1966). *Fanshen: A Documentary of Revolution in a Chinese Village*. New York: Random House.

Ho, Ping-ti (1959). *Studies in the Population of China, 1368 - 1953*. Cambridge, Mass: Harvard University Press.

Hofheinz, Roy, Jr. (1977). *The Broken Wave: The Chinese Communist Peasant Movement, 1922-1928*. Cambridge, Mass.: Harvard University Press.

Hou, Chi-ming(1963). "Economic Dualism: The Case of China, 1840-1937," *Journal of Economic History*, 23.3:277-297.

Hou, Chi-Ming(1965). *Foreign Investment and Economic Development in*

*China , 1840–1937.* Cambridge , Mass. : Harvard University Press.

Huang , Philip C. C. ( 1985 ). *The Peasant Economy and Social Change in North China.* Stanford , Calif. : Stanford University Press.

Huang , Philip C. C. ( 1990 ). *The Peasant Family and Rural Development in the Yangzi Delta , 1350–1988.* Stanford , Calif. : Stanford University Press.

Jefferson , Gary and Thomas G. Rawski ( 1990 ). "Urban Employment , Underemployment and Employment Policy in Chinese Industry, " Paper Presented at the Conference on "Institutional Segmentation , Structural Change and Economic Reform in China" , UCLA , Nov. 17.

Kuhn , Philip A. ( 1990 ). *Soulstealers : The Chinese Sorcery Scare of 1768.* Cambridge , Mass. : Harvard University Press.

Lippit , Victor ( 1974 ). *Land Reform and Economic Development in China.* White Plains , N.Y. : International Arts and Sciences Press.

Lippit , Victor ( 1987 ). *The Economic Development of China.* Armonk , N. Y. : M. E. Sharpe.

Liu , Ta-chung and Kung-chia Yeh ( 1965 ). *The Economy of the Chinese Mainland : National Income and Economic Development , 1933–1959.* Princeton , N.J. : Princeton University Press.

Marks , Robert Brian ( 1984 ). *Rural Revolution in South China : Peasants and the Making of History in Haifeng County , 1570 – 1930.* Madison : University of Wisconsin Press.

Michael , Franz and George Taylor ( 1956 ). *The Far East in the Modern World.* New York : Holt Rinehart and Winston.

Murphey , Rhoads ( 1977 ). *The Outsiders : The Western Experience in India and China.* Ann Arbor , Mich. : University of Michigan Press.

Myers, Ramon ( 1970 ). *The Chinese Peasant Economy*： *Agricultural Development in Hopei and Shantung , 1890-1949*. Cambridge , Mass.： Harvard University Press.

Myers, R. and T. Metzger ( 1980 ). "Sinological Shadows： The State of Modern China Studies in the United States ," *The Washington Quarterly* , 3. 2： 87-114.

Naquin, Susan and Evelyn S. Rawski ( 1987 ). *Chinese Society in the Eighteenth Century*. New Haven , Conn.： Yale University Press.

Nee , V. and Su Suin ( 1990 ). "Institutional Change and Economic Growth in China： The View from the Villages ," *Journal of Asian Studies* , 49.1 ( Feb.)： 3-25.

Peck , J. ( 1969 ). "The Roots of Rhetoric： The Professional Ideology of America's China Watchers ," *Bulletin of Concerned Asian Scholars* , II. 1 ( October)：59-69.

Perkins , Dwight ( 1969 ). *Agricultural Development in China , 1368-1968*. Chicago： Aldine.

Perkins , Dwight and Shahid Yusuf ( 1984 ). *Rural Development in China*. Baltimore , MD： The Johns Hopkins University Press.

Perry , Elizabeth J. ( 1980 ). *Rebels and Revolutionaries in North China , 1845-1945*. Stanford , Calif. ： Stanford University Press.

Rawski Thomas G. ( 1989 ). *Economic Growth in Prewar China*. Berkeley： University of California Press.

Rowe , William T. ( 1984 ). *Hankow： Commerce and Society in a Chinese City , 1796-1889*. Stanford , Calif. ： Stanford University Press.

Rowe , William T. ( 1989 ). *Hankow： Conflict and Community in a Chinese City , 1796-1895*. Stanford , Calif. ： Stanford University Press.

Rowe, William T. ( 1990). "The Public Sphere in Modern China," *Modern China*, 16.3( July): 309-329.

Schultz, Theodore W.( 1964). *Transforming Traditional Agriculture*. New Haven, Conn: Yale University Press.

Scott, James C. ( 1976). *The Moral Economy of the Peasant: Rebellion and Subsistence in Southeast Asia*. New Haven, Conn.: Yale University Press.

Selden, Mark ( 1971 ). *The Yenan Way in Revolutionary China*. Cambridge, Mass.: Harvard University Press.

Shue, Vivienne( 1988). *The Reach of the State: Sketches of the Chinese Body Politic*. Stanford, Calif. : Stanford University Press.

Smith, Adam ( 1976[ 1775 – 1776] ). *An Inquiry into the Nature and Causes of the Wealth of Nations*. 4th ed. 3 vols. London: n. p.

Unger Roberto ( 1976). *Law in Modern Society: Toward a Criticism of Social Theory*. New York: Free Press.

Van Der Sprenkel, Sybille( 1977[ 1962] ). *Legal Institutions in Manchu China: A Sociological Analysis*. Reprint ed. London: Athlone Press, University of London.

Weber, Max( 1954). *Max Weber on Law in Economy and Society*. Max Rheinstein( ed. ) Cambridge, Mass.: Harvard University Press.

Whyte, Martin( 1990). "Urban China: A Civil Society in the Making," Paper for the conference on "State and Society in China: The Consequences of Reform 1978-1990", *Claremont Mckenna College*, ( Feb. ): 17-18.

Wright, Mary Clabaugh( 1957). *The Last Stand of Chinese Conservatism: The Tung-Chih Restoration, 1862 – 1874*. Stanford, Calif. : Stanford University Press.

第 5 章

# 《清代的法律、社会与文化：民法的表达与实践》导论<sup>*</sup>

　　本书的出发点是这样一个问题：在何种程度上，新近开放的法律案件可以印证清代国家对它自己法律制度的表达？譬如，清代法庭是不是真的很少审理民事纠纷？好人是不是不打官司，而法律诉讼的增多只是由于奸诈之徒和邪恶的衙门胥吏和衙役的无中生有，挑唆渔利？再譬如，县官是不是偏向道德训诫而非法律条文，在审理民事案件时他是否更像一个调停者，而不像一个法官？

　　这些清代对自己法律制度的表达，在很大程度上影响了我们对它的看法。西方学者、日本学者和中国学者都在不同程度上——

---

*　本文原载于《清代的法律、社会与文化：民法的表达与实践》，第一章，第 1—17 页（上海书店出版社，2001；第二版，2007）。英文原作见 Philip C. C. Huang, *Civil Justice in China*：*Representation and Practice in the Qing*. Stanford, Calif. : Stanford University Press, 1996。

至少是部分地接受了上述观点。过去由于缺少其他的资料，我们难免不受这种官方表达的摆布。本书试图用清代法律的实践来检验它的官方表达，其目的是理解清代法律制度的真正面目。

法律制度中处理土地、债务、婚姻和继承这四种最常见的民事纠纷和诉讼的部分是本书经验研究的主要对象。按照清代的表达，这类案件即使被法庭注意的话，与那些受到国家严重关注的重情要案相比，也只是无关紧要的"细事"。民国和当代的法律则注意到这类诉讼的广泛存在，并明确地区分出"民事"与"刑事"案件。在本章以下的讨论中，我将在民国和当代中国法律的意义上使用"民事"这一概念。

我之所以研究民事而非刑事案件，是同前面的问题相关联的。因为正是在民事领域里，法律的官方表达和具体实践之间的背离表现得最为明显。也正是在这一领域，我们可以发现什么人出于什么理由而上法庭。换句话说，这一领域是检验我们以往假设的很好的实验场。

此外，由于清代法律主要关心的是刑事和行政事务而不是民事，如果县官们真的倾向于法外调解而非拘泥于法律条文，那么他们在处理民事时就更是如此。用中国传统的政治话语来说，清代的民法比刑法更强调道德化的"人治"而非严苛的"法治"。在西方的理论话语中，按照马克斯·韦伯的说法，这种建立在县官个人意志之上的清代民法更接近于专断随意的"卡迪"法，而非"理性的"现代法律（Weber, 1968：976—978；亦见 812—814，844—848；并参阅 644—646）。反过来说，如果我们的流行看法对民事案件来说是不正确的话，那么，它们对刑事案件也必然是错的。

不仅如此,法律制度中的民事领域是国家机构与广大民众相接触的主要领域。除了缴粮纳税,广大民众只有在土地买卖、财产继承等日常事务中遇到纠纷需要官方介入时,才直接和国家政权组织打交道。因此,县官老爷们如何处理这些纠纷,可以揭示国家与社会关系的基本图像:如国家如何在社会面前表现自己,国家官员们如何行使他们的权力,一般民众如何看待国家,他们如何对待官方权威,等等。如果我们要修正我们对民法制度的通常看法,我们就必然要同时修正我们对清代国家性质及它同社会相互间关系的看法。

更进一步说,法律不同于国家制度和国家与社会关系的其他方面,因为它最为明显地包含了表达与实践这两个方面。司法行政总是带有刻意经营的意识形态的缘饰;研究法律制度因此必然要同时研究国家的统治思想。另一方面,法律文件不仅是国家和它的官员们对他们行为的解释,而且同时记录着他们的行为。法律资料因此与纯意识形态的宣告和记录各朝大事的实录不同。法律案件可以让我们看到法律从表达到实践的整个过程,让我们去探寻两者之间的重合与背离。在这里,我们需要考察的是国家会不会说一套做一套,而不应去预设国家言行必然一致。

当然,这并不意味着国家说的只是空头文字,而法律的真实性质只体现在其实际行动中。本书要澄清的是,对清代法律制度,应像对清代国家一样,只能通过其道德表达和具体实践的系统相关来理解。而表达和实践之间的既背离又统一才真正界定了这一制度的本质。

对县官和诉讼当事人的心态和行动也必须这样来理解。县官老爷们的道德辞令和具体做法乍看似相互抵牾，正像一些诉讼当事人表面上的懦弱温顺与实践上的无耻狡诈看上去难以共存一样。本书所要争辩的是，清代法律文化中这些似是而非的矛盾，只有放在一个同时考虑表达和实践这两个既矛盾又抱合的解释体系中才可能得到理解。

# 一、研究资料

从三个县收集来的 628 件民事案件构成了本章资料的主要部分。它们是 1760 年至 1850 年间四川巴县的档案、1810 年至 1900 年间河北宝坻县的档案，以及 1830 年至 1890 年间台湾淡水分府与新竹县的档案。① 虽然淡新档案已经开放多年，巴县与宝坻的资料直到 20 世纪 80 年代才向研究者开放。②

平均而言，一份简单完整的法庭案件的档案大约有 7 张纸，通常包括原告的状词，上面通常写有县官的意见和批示；然后，如果有的话，是被告的诉词，上面同样有县官的批示；接着是原被告双方的原始口供；再下面是衙役的报告；跟着是法庭的传票；再接下来是涉案者的法庭供词；然后是县官的简短判语；最后则是涉案者

---

① 在 1875 年，淡水分府析为淡水、新竹两县，但是新竹的案子仍然由淡水分府处理，直到 1878 年底新竹知县上任为止。本书中我把所有这里的案子简称为淡新档案，或淡水—新竹法庭案件。

② 大卫·巴克斯堡姆（Buxbaum，1971）和马克·艾力（Allee，1987，1994）都使用过淡新资料。关于巴县档案的早期报道，请参阅黄宗智（1982）。曾小萍（Zelin，1986）用巴县资料做过租佃关系的研究。我 1985 年关于华北的书用宝坻的资料来分析 19 世纪县以下半官方的乡保的角色。

接受判决的甘结。如果有来自涉案双方的多份状词和抗辩提交法庭，这个案件的档案就会十分冗长。而如果一个案件处理经过多次法庭审理，这个案件的档案甚至会有几百页之多。

为了比较，本书也用了一些民国时期的法律案件。民国时期的资料是河北顺义县 20 世纪 10 年代至 30 年代间的 128 件民事案件。这些案件系首次使用。它们通常包括原被告双方的状词和辩诉以及他们所提供的补充证据、法庭传票，以及从 20 世纪 20 年代后期开始使用的法庭速记记录和一份详细正规的法庭判决。这份判决先概述涉案者的陈情，然后是法官对案情的看法，以及他所做判决的法律依据。

我们将会看到，在民国时期，法律制度的变化主要在城市而不在农村，主要在其表达而不在其实践。比较民国和清代的案件记录，就可以看到民事裁判的实践在县城和村庄这一层次的基本延续。以当代法律的眼光来看，民国时期在法律表达方面所发生的变化是这一时期法制变化的一个极为重要的组成部分。我将在关于民国和当代民事调解与审判的后续研究中更充分地讨论这一变化。

最后，我运用关于村庄一级民事纠纷的实地调查资料来重建那些民事诉讼案件所由以发生的社会背景。村庄是当时中国最大多数人口居住的地方，清代和民国时期大多数民事诉讼案件都是从村庄的纠纷开始，只有当它们无法由社区和宗族调解时，才会上诉法庭，因此我们需要仔细考察这些诉讼案的原委。遗憾的是，就我所知，关于清代村庄纠纷的文字资料基本阙如。因此我只能用民国时期的资料来填补这个空缺。而我所能看到的最有价值的这类资料来自满铁 1940 年至 1942 年在三个华北村庄所做的实地调查。这三个村庄都在河北,它们是顺义县的沙井、栾城县的寺北柴和昌黎县的侯家营。[①] 这些调查包含了从 1920 年到 1942 年的 41件详细的纠纷,其中有 18 件最后演变成为诉讼案件。

这些实地调查资料明白地告诉我们,村庄社区和宗族调解的实践在民国时期变化甚少。当我们结合这一时期和清代的县法庭记录来考察时,我们也可以清楚地看到在村庄生活中正规法律的作用和内容大致不变,许多重要变化都发生在共产党革命之后。因此有关这些村庄的资料可以用来作为研究清代诉讼案件的社会背景。

## 二、"民事法律"和"民事调判"

在讨论本书的主要结论之前,我想先解释一下我对"民事法律(民法)"和"民事纠纷的民间调解和法庭审判(民事调判)"这两个概念的使用。我在使用"民法"这个词时,对它的定义与当代中国的民法概念相同,指的是与刑事相对、用以处理民事的成文法律条文。[②] 1929 年至 1930 年颁布的《中华民国民法》以"债编""物权编""亲属编"和"继承编"为其四编的标题,它恰当地反映了民法

---

[①] 关于满铁调查的详细讨论请参阅拙作(Huang, 1985:第二章)。在清代,河北是直隶的一部分。直隶还包括今属河南省的大名府。顺义县今属北京市。关于这些村庄的具体地理位置,请看该书 36 页上的地图。

[②] 按照一个早期的规范化说法,"凡因诉讼而审定罪之有无者属刑事案件",而"凡因诉讼而审定理之曲直者属民事案件"(各级审判庭试办章程,1907:第一条)。

的内容和范围。①

我们将会看到，我的资料所揭示的清代和民国时期常见的民事纠纷和诉讼恰好能用这四编的标题来归类。土地、债务、婚姻和继承恰恰是"物权编""债编""亲属编"和"继承编"所关心的主要对象。

这些标题也与清代法律所指"户、婚、田土细事"相吻合。按照清律的概念，这类事务应主要由社会自己来处理。不论从国家关切的程度或从可以施与的处罚来考虑，它们都是"细事"。清律主要是用"户律"中的律和例来处理这类事务的，并将其分为七章，其中包括"田宅""婚姻""钱债"；继承则归入"户役"之下。② 虽然按照官方的表达，"户律"一章大都谈的是细事，但它却占了1740年清律436条律文中的82条，占了1900年左右薛允升所编律的1907例中的300例。这些律和例构成了我称之为清代民法的主体。必须指出，民国民法典中"民法"的概念接近于近代西方法律中大陆法系的传统。该法典事实上是以1900年的《德国民法典》为蓝本的。它同样分为五编，除了少数例外，它使用的语言和概念也基本相同；它的1225个条款中的大多数都来自它的德国蓝本（*The German Civil Code*, 1907）。

不过，我的民法概念不同于西方两种通常的用法。特别是对当代的英语读者来说，"民事"（civil）这个词运用于法律场合时不

---

① 第一编（总则）、第二编和第三编颁布于1929年，第四编和第五编则颁布于1930年。
② "户"和"户律"同时具有家庭（family）和税收（revenue）的含义。我（的英文翻译）倾向用"household"这个词，因为它在某种程度上表达了清律中这些部分对税收和家庭的双重关心。"户律"的其他几章则是"市廛""仓库"和"课征"。

可避免地会让人联想到比财产、债务、婚姻和继承更多的东西；这个词有政治权利的含义，如用在"政治自由"（civil liberties）、"民权"（civil rights）这类概念中，其引申的含义则是个人的人权。民法也常常和"私法"（private law）通用，更使人联想到"个人的权利"。事实上，民事这个词还隐含以社会与个人（私）为一方，而以国家（公）为另一方，这两者之间的对立，如其用在"市民社会"（civil society）这一概念中时。

民事一词的众多含义和用法容易使人相信，民法必然包含人权。没有这一基本的要素，就没有民法。从这一观点出发，人们会得出结论说，清代和1949年以后至20世纪80年代改革之前的中国根本没有民法，而民国时期和改革以来的中国则可视为对民法的初步尝试时期。这样的观点反过来会引起主张中国和西方相同的人们的反驳。①

我觉得我们应该把这类价值观念的争论放在一边，而从一开始就承认中国向来就缺乏自由民主主义传统意义上的那种个人政治权利。② 我甚至认为，在中国的整个政治话语传统中都找不到国

---

① 威廉·琼斯（William Jones）对1949年以后中国的研究把上述第一个倾向或许推向了最极端。他认为，1949年以后至20世纪80年代市场经济改革以前，中国只有行政法而无民法。至于当代中国最重要的有关民事处理的婚姻法，他认为只是"以反复无常的方法来处理次要事务"的东西（W. Jones, 1987:318）。另一方面，大卫·巴克斯堡姆（Buxbaum, 1971）则根据淡新档案中清代地方法庭对大量民事案的处理来争论清代法律和现代西方法律一样是符合韦伯的"理性"概念的。

② 罗伯托·安格尔的比较理论研究对这一点做了有力论述（Unger, 1976:特别是第二章）。而安守廉（Alford, 1986）则指出，安格尔把源自西方的自由价值观念普遍化，从而把中国法律传统简单化了。请参阅我对这一辩论所做的分析（Huang, 1991:322—324）。

家权威和个人权利，或国家权威和市民社会这样一对对立的概念。我们知道，这样的一对对立概念是西方自由民主思想的出发点（Huang，1993）。中国的政治文化坚持认为，在国家与个人及社会之间存在着本质上的和谐。这种看法无疑在相当程度上是长期以来国家通过科举制度统治知识分子思想的产物。这一长期的传统在一定程度上仍然强有力地体现在 20 世纪中国的法律中。

但是，民事自由是否构成民法之必要条件？事实上并非如此。譬如，1900 年的德国民法典对政治权利就只字未提。坚持民法必须体现自由民主传统意义上的个人政治权利，会引导人们去争论自己头脑中的理想价值，而忽略了中国社会的实际。我们所应该做的是直面清代中国事实上存在的民事法律，并力图去理解它的逻辑和实践。

与我的用法不同的另一个用法是，将民法严格限定在西方大陆法传统的民事法典上面，譬如，1803 年的《法国民法典》和 1900 年的《德国民法典》。接受这样一个用法就等于接受一整套现代西方民法的规范，包括以权利而不是像清代法律那样以禁与罚来定义的民事概念，以及认定法律独立于行政权力，而不是像清代法律那样，把法律看作统治者绝对权力的产物。一些比较法的专家还会进一步据此区分大陆法传统和英美习惯法，后者显然缺乏成文的民法典（例如 Watson，1981）。

这样的民法观点会剥夺我们对清代法律中处理民事的那个部分进行思考的概念范畴，也会引导我们去争辩中国法是否符合一个预定的理想标准。因此我要再次建议把价值观念的争论放在一边，来思考清代法律的实际。诚如博迪和莫里斯（Bodde and

Morris，1967）所指出的，清代法律在民事方面确实强调禁与罚而非正面地肯定权利，这在官方表达的层面尤其如此。不过我们很快会看到，在实践中，清代法制在处理民事案件时几乎从不用刑，并且经常对产权和契约加以保护。这一基本实践基本延续到民国，虽然1929年至1930年以后的民法在语言和概念体系上有了很大的变化。清代和民国时期法律在表达和实践之间的背离所提出的问题，我在本章的后面还要做更充分的讨论。

重要的是，对民法这一概念的相对宽泛的运用，可以使我们从表达和实践这两个层面来观察中国法律如何处理民事纠纷。这样我们就不会因为清代法律的官方表达而忽视其民法存在的事实，也不会因为民国时期的民法以《德国民法典》为蓝本就将其等同于现代西方的民法。那样做只会使我们的研究降格为对法律表达的单方面考察。

我的民法概念也可以让我们去思考清代和民国时期民法的延续和间断。如同德国民法一样，民国的民法尽管大大地脱离了传统，但还是建立在长期以来形成的民事处理的传统之上的。只有比较清代，我们才能理解民国的民法；同样，只有比较民国，我们才能理解清代的民法。或许关于清代有民法存在的最有力的证据来自民国初年的立法者们本身。在民国初年，虽然他们采用了晚清新修的刑法，却没有采用其按德国民法新修的民法典。相反，他们宁愿保留原来《大清律例》中的民法部分，让其作为民国的民法继续运作了近20年。这样做是因为，他们相信这部旧法比新修的民法更接近中国的实际，而法律变革需要有一个过渡。新修法典在经过修改、变得更接近于中国社会生活的实际之后才最终得以颁行。[1] 我们不能无视民国立法者们的这些立法实践，而把清律只是看作一部刑法。

最后，我要简单解释一下本书中其他一些重要术语的含义。我把成文的官方法律制度称为"民法"（civil law），但事实上大多数纠纷并未演变成诉讼案件，而是由宗族和社区来调解的。我用"民事调判"（civil justice）这样一个涵盖性的术语来同时包括非官方的（unofficial）和非正式的（informal），也即民间的调解，与官方的（official）和正式的（formal）审判。[2] 其中也包括我所称的中间领域或"第三领域"，它指的是前两者之间交搭的空间，民间调解和法庭意见在这里相互作用。一个诉讼案件在未经堂审之前通过法庭外调解而获解决，一般是在县官初步批示意见的影响之下而进行的调解。

在我看来，如果不结合民间的调解制度来考虑，对官方的中国法制是无法理解的。也许传统中国和现代西方在司法制度上的最显著区别，就在于前者对民间调解制度的极大依赖。即使在今天的中国，成文的民法仍然是相对笼统的，大多数的民事纠纷仍然是在法庭外通过其发生地的社区来调解的。正因为如此，本书的研究不可能只局限在官方的法律制度之内。

---

[1] 我在另一本对民国民法典、社会习俗与法庭实践的研究著作中对这一课题做了详细探讨。

[2] 在本书中，"官方的"和"正式的"两词可相互通用，一如"非官方的"和"非正式的"。而"形式主义"和"实体主义"则只在讨论马克斯·韦伯的理论时才使用。

## 三、一些初步的思考和结论

一旦对我们自己的文化解释做了自觉的反省,我们就很容易走到文化相对主义的立场,主张中国的法律根本就应该用中国自身的范畴来研究。然而本书要强调的是,清代对自己的解释可以同样是误导的。我们的批评眼光不仅要对准我们自己,也要对准清代中国的解释范畴。我们不仅需要把我们的解释与中国的实践区分开来,而且应该把清代官方的解释同它的具体实践区分开来。

## (一)民法的官方表达和具体实践

按照清律成文法的解释,"细事"主要是指社会本身而非国家所关心的事。与那些必须立刻处理、及时详细上报以便审核的重情大案不同,民事纠纷如果闯进了官方体系,它们只能在指定的日、月收受,并规定由州县自己来处理。对清代这样一个主要关心行政和刑事事务的制度来说,民事诉讼被认定和解释为琐细的干扰,最理想的状态是这类诉讼根本不存在。

因此,上一代的学术研究把这个法律制度描绘成一个对民事纠纷不大关心的制度,就毫不奇怪了。由于没有接触实际的法律案件,我们的看法只能为这个制度的官方表达所左右;这一表达体现在成文律例、牧令须知、判案范例汇编之类的文献资料中。而我们头脑中的法律制度则大体上反映了国家及其官僚们对它的表达。①

然而档案资料显示,清代民事案件事实上占了州县法庭承办案件的三分之一。与不理民事的说法相反,清代地方法庭实际上花费了大量时间与精力在民事案件处理上。同样,与无关紧要的说法相反,民事案件在实践中是国家法律制度的一个重要组成部分。②

清代的官方表达也要我们相信,民事诉讼的增加是由于奸狡之徒与邪恶吏役挑起讼案以求不义之财的结果,善良百姓则总是远离法庭。以往的研究由于无法接触法庭记录,所以不能质疑这样一幅图像。③ 而本书的研究将向我们揭示,大多数涉讼者都是普通民众,他们求助于法庭是为了保护自己的合法权益和解决难以调解的争端。普通乡民进入法庭的数量足以使法律诉讼成为大多数村庄集体记忆的一个组成部分。

普通民众频繁求助于法庭的事实同时也提出了一个问题:我

---

① 比如,博迪和莫里斯(Bodde and Morris,1967)的著作是上一代中最出色的研究成果,他们翻译了190个案件,其中只有21个是民事案件。这一图像在我们这个学术领域中的影响可以从费正清所编教科书对帝制时代中国法律的概述中清楚看到(Fairbank,1983:117ff.,特别是122—123页)。中国大陆的学者则长期以来一直坚持帝制时期即已存在民法(最新的教科书是张晋藩1994年所编)。

② 巴克斯堡姆(Buxbaum,1971)根据淡新档案所做的关于这方面的研究并没有得到足够的重视。这可能是由于他对清代法律制度的过分夸张,也可能是那些来自台湾这个边疆省份的证据被看作是例外。由于有了来自其他县的新证据,对于这个论点已经无可怀疑了。请参阅白凯和黄宗智1994年的详细讨论(Bernhardt and Huang,1994a:3—6)。

③ 郑秦(1988)根据宝坻档案做过出色的研究,这一研究比中国所有其他同类工作要更重视具体的司法实践。不过即使是他,也未对这些官方的表达提出质疑(特别是234—235,243—244页)。

们应该如何看待清代官方关于衙门吏役都是贪婪无耻之辈的说法？他们的敲诈勒索如果是事实,应该会使大多数人对法庭望而却步。事实上,我从法律诉讼案件中发现的证据,要求我们对这种衙门吏役胡作非为的传统说法加以重新思考。

此外,我们通常认为县官更像一个调停人而非法官,这样的想法来自清代民事诉讼甚少而官方法律制度并不关心民事的假设。按照儒家的理论,国法只是广泛道德原则的一小部分的体现。[①] 既然国法对民事讨论甚少,这就明白地意味着这类事务应主要由社会的道德原则而非法律来解决。特别是对民事纠纷,县官的处理应该本着滋贺所说的"教谕的调停"(didactic conciliation)的原则。[②] 根据这幅图画,县官更像一位调停子女争吵的仁爱父母,而非执法严厉的裁判官(滋贺,1981)。

我们将要看到的案件记录显示,县官们在处理民事纠纷时事实上是严格按照清律的规定来做的。只要可能,他们确实乐于按照官方统治思想的要求,采用庭外的社区和宗族调解。但是,一旦诉讼案件无法在庭外和解而进入正式的法庭审理,他们总是毫不犹豫地按照《大清律例》来审断。换言之,他们以法官而非调停者的身份来行事。被以往研究大量使用过的《牧令书》和《幕学举要》之类的手册,事实上也指示县官们要仔细研究律例并严格遵行之。

---

① 用滋贺秀三的话来说,就像是大海与冰山一样(滋贺,1981,1984)。

② 这是滋贺从旦·费诺·亨德森(Henderson,1965)那里借用来的一个原来用于日本法律的说法。这样一幅关于县官是一个调停人和仲裁者而非法官的图像,影响了几乎所有现存关于清代民事裁判的著作。当代中国的研究大都把这样一个表达当作事实,并将其视为中国法律制度的一个显著特征(例如郑秦,1988:特别是241—246页)。

检视县官对民事案件的实际判决,会引导我们去注意清代法律中那些运用最频繁的"例",这些例文通常是被埋藏在那些令人误解的律文之下的。

## (二)社区调解

官方法律制度中表达与实践之间的背离也延伸到民间调解。按照儒家的观点,民间调解应当比官方审判更强调人情和天理(或情理),国法所起的作用则极微。但是具体的社区调解案例与它的官方表达不同。首先,"理"的意义在社区调解中更接近于通俗意义上一般人所理解的是非对错意识,即道理,而非儒家理论中的抽象天理。同样,"情"指的是人情或人际关系,它所强调的是在社区中维持过得去的人际关系,而非儒家理论中与"仁"这一概念接近的道德化的同情心。[1] 在实际操作中,情意味着通过妥协互让来解决争端。

国法、常识意义上的是非对错以及和解妥协是指导民间调解的互相鼎足的三原则,而妥协是其中最重要的一条。但这并不意味着国法在这里无关紧要。在官方表达中,国家力图否认或至少大大贬低民法,这事实上助长了我们认为民间调解受官方法律影响甚少的看法。然而事实告诉我们,国法在民间调解中绝非毫无作用,它为和解妥协提供了一个基本框架。与官方的表达相反,在

---

[1] 熟悉滋贺关于天理、人情和国法的解释的读者可能会觉得我的分析与他的相类似。但是滋贺把这些概念与正式的法律制度相联系,我则把它们应用于民间的制度。更为重要的是,滋贺并未明确区分这些概念的官方表达及其实践意义(滋贺,1984:263—304)。

村庄生活中,告诸法庭或以上法庭相威胁是常见的。卷入纠纷的各方几乎总是可以选择官方裁判而非社区或宗族调解。而且大家也都知道,如果社区调解失败了,案子就很可能告诸法庭。因此,国法始终是民间调解中的一个重要因素。之所以如此,是因为清代的法庭对于民事纠纷事实上相当开放,人们因此频繁地求助于它来解决争端。

这一研究也强调了官方审判和民间调解之间的中间领域。我们所看到的大多数民事案件的解决不是通过正式的法庭审判,而是由非正式的社区调解结合法庭的意见来完成的。一个案子一旦起诉而进入法庭审理,社区调解的努力也会加强。同时,县官对告状和诉词所做的批语,诉讼当事人通常都能看到,这些批语向他们预示了正式法庭判决的可能结果。民间的调解一般是在县官意见的这种影响之下实现的。

## (三)表达主义与客观主义的对立

在第一个分析的层面,本书运用新近开放的案件记录,辅之以村庄实地调查的资料,来分析清代的民法制度是如何具体运作的。由于官方表达与实践之间的背离,我们过去对清代民法存在着误解。我之所以选择民事调判作为本书的主题部分,原因正是想纠正这种误解。因为正是在民事领域,法律的官方表达和具体实际之间的背离最为明显。然而,由清代民事调判所提出的问题并不止于此。我的目的也不是仅仅用"客观主义"的观点来取代"表达主义",即争辩清代法律制度的性质取决于它如何做而不是它如何说。① 相反,我之所以强调实践和表达之间的背离,是想凸显由主观解释和客观实践之间微妙的关系所提出的复杂问题。表达和实践之间的背离会引导我们超越简单的客观主义观点而进一步追问:首先,关于表达,法律实践告诉了我们什么? 或者,我们应该如何从法律实践的角度来重新阅读成文法的条文?

在这一方面,民事审判的记录使我们注意到清律中法律条文的多重层面。中国法律一开始是以法家思想为主干的行政和刑事法典,但以后渐渐糅合了儒家社会等级和道德关系的理论。上一代的学者们已经对中国法律的这些方面做了充分的研究(Ch'ü,1961;Bodde and Morris,1967)。仍旧值得我们特别注意的是明清时期对"律"和"例"的区分。相对不变的律反映的是道德和行政——刑事原则,而不断增加和变化的例则反映了法律对变化着的社会与政治现实的调适。② 案件记录凸显出最为频繁应用的例,而这些例常常附在看上去并不相干的律文之下。对照案件来看,我们就会一目了然,清律事实上同时包含操作性的条例和道德化的包装。

但是我们不能到此为止。我们还应该用表达主义的眼光来思考客观主义的问题。纯客观主义的立场忽视了表达性的解释对实践的强有力影响。譬如,把行政权威定义为仁慈但绝对的,防止了法庭制度向司法独立或自由民主的公民权利的方向发展。再譬

---

① 我这里用"表达主义"这个词而非"主观主义",是因为"主观"和"主观性"这些词近年来已具有多重意义。当然,在这里我可以在其原来意义上使用"主观主义"一词,来与"客观主义"相对。

② 威廉·琼斯最近对清律的翻译(Jones,1994)没有包括一条例文。黄静嘉在1970年为薛允升1905年编纂的清律所写的导言则对律和例做了恰当的区分。

如，把民事案看作由地方官代表皇帝来自行处理的"细事"，阻碍了民法制度的充分细致化和标准化。所以，尽管事实上县官大都是依法办案，司法体制却始终可能受到行政权威的干预。这只是官方表达对实践施加影响的一个重要例证。

## （四）司法体制的矛盾结构

本书认为，如果我们能同时考虑清代法律制度的表达和实践、官方和民间的各个方面，我们就会强调这个制度的内在（既背离又抱合的）矛盾。把这一制度单方面地等同于其官方表达或其具体的运作和结果是同样不正确的。只有从其内在矛盾着眼，才可能理解这一制度。

关于产权的法学观点可以说明这一点。清律并不使用"所有权"之类的概念，而是就事论事地讨论对侵犯他人财产或破坏合法的土地买卖的行为的惩罚。在这个意义上，我们可以说，清代法律关心的只是社会秩序，它没有绝对权利意义上的、独立于统治者行政和刑罚权威之外的产权观念。然而事实上，许多诉讼当事人还是成功地通过法庭保护了自己的财产。在这个意义上，我们可以说，不管法律本身的意图是什么，它的实际结果是保护了产权。因此，人们或许可以得出结论，无论它的表达如何，清代法律中有保护产权的实质。

对于法庭审判的官方表达也一样。正如滋贺所指出的，按照清代国家的理想图景，县官们并不决定事实的真相；相反，他们的职责是让犯人自觉坦白以便于事实真相的揭露。与此相对照，当代西方法律的原则则认为，法官必须在法庭的可能范围内判定真相,虽然他只可能接近真相,而不可能掌握绝对真相本身。这一西方的观点导致对程序标准化的强调,以及区分法庭真相和实在真相;不管"真实"的真相如何,法庭真相必须是在确定的程序范围内建立起来的(Shiga,1974—1975,特别是 33:121—123;Weber,1968,Ⅱ:809—815)。因此,从表达主义的观点来看,在中国的司法制度中根本不存在西方意义上的法庭判决。

然而,事实是清代的县官们经常核断在他们看来是真实的东西。他们以各种手段,包括在刑事案件中使用酷刑,来迫使人们的"坦白"符合他们的核断。在向上司报告时,他们通行的做法是,按自己所建议之裁决的需要来安排关于事实的陈述(Zhou,1993)。由于这类呈报通常要求照录供词原文作为报告的一个组成部分,县官们为了达到期望的目的,有时甚至把一些话强加到犯人的口中(Karasawa,1994)。尽管按照清代国家理论上的表达,法官们的职责只是便于事实真相的揭露,事实上,他们经常按照自己的观点和意见来行事。换句话说,从客观主义的立场来看,他们经常都在做裁决性的判断。

这里我们可以再次看到,一个忽略了表达方面的客观主义观点是无法抓住清代法律制度的实质的。因为表达论所要求的县官们不得对事实真相做裁决,是有实际后果的。譬如,它导致了民事案件中这样一种做法,即要求诉讼当事人具结服从法庭裁判。这样的安排事实上构成了对县官权力的一种(虽然是微弱的)制衡。因为通过拒绝具结一项判决,诉讼当事人可以阻挠该案的正式结销,从而对抗县官的权力。我们因此应该把这一制度看作一个表达和实践相互影响的结构。

同样，县官的抉择和行动也只有在这样一个表达和实践互相背离的关系中才能得到理解。一方面，县官是皇帝的代理人和地方百姓的父母官。他像皇帝一样，在地方上行使着绝对和不可分割的权力。① 在处理民事纠纷时，他更明显地可以专断独行。另一方面，县官又处在一个严密组织起来的官僚系统的底层，这个官僚体系有着一整套行为则例及报告和审查制度。在司法领域里，他的行动还进一步受到成文法律的制约，这法律中既包括原则性的律文，又有实践性的条例。即使是民事案件，也都有可能上诉和复审，这也是对他的制衡。因此在实践中，县官只是个下级官僚，他必须在已确立的制度中循规蹈矩，以免危及自己的仕途。

在这种情况下，大多数县官都选择按律例来办案。考虑到考核县官政绩的审核制度，这种选择是不奇怪的。不过，我们也应同时注意到，那些县官们在撰写《牧令书》之类的笔记和编纂判案范例时，所坚持的却是儒家观念的表达。在民事案件的处理上，他们强调的是道德辨别而不是依法断案；张扬的是道德上的审慎明辨，而不是司法中的规行矩步。这种言行选择上的明显矛盾只有从他们所处的那个矛盾性结构里才能得到理解。

清代司法制度中的这种矛盾也表现在其官方审判和民间调解的结合上。滋贺秀三倾向于把这两者混合为一，这导致了认为县官们关心调解胜于判决的看法。然而，事实上清代的民事调判制度是建立在两者的结合之上的，即以判决为主的正式系统和以和解为主的非正式系统的结合。这套制度的运作取决于两者的相互

---

① 确实，我们很容易受这种官方表达的影响而把它与现实等同起来。

配合以及两者之间相互作用的空间。社区调解的运作减轻了法庭裁判的负担,也降低了民事纠纷演变为诉讼案件的比例。

几乎所有的诉讼当事人,即使对这套制度心存恐惧,也都会同时利用正式和非正式的调判系统。许多人投告官府只是为了对进行中的调解施加压力,而不一定是要坚持到法庭的最终审判。不少人为了在法庭意见和社区调解之间得到意想的折中,而在两者之间反复取舍。值得注意和记取的是,这两套系统的相辅相成给了人们操纵利用的空间。

因此,清代法律制度的特征——或者更广义地说——中国法律文化作为一个整体的特征,在于它同时具有官方的和民间的,以及道德的和实用的这两个层面。把这一整套制度等同于其中的任何一个层面都是错误的。

## (五)长时期的趋势

通过整体性的结构和诉讼当事人的抉择之间的相互作用,我们还可以看到这一制度长时期的变化趋势。诚然,这一制度灵活长存的关键是其内在的结构性矛盾。不过这也为那些有钱有势、善于权谋的诉讼者把持和滥用这个制度开了方便之门。这一制度在对付那些易于受到恐吓的村庄小民时最为有效,而在对付那些有老练的讼师为其出谋划策的人时,它就显得力不从心了。

我所掌握的县府档案显示了这个制度在运作中有两种截然不同的模式。一种是19世纪宝坻和18—19世纪中叶巴县的模式,它相对简单明了,其运作与其设计也大致吻合。大多数的案子只需一次开庭就能较迅速地结案。而高度商业化和社会分化的淡水—

新竹则向我们展示了另一种模式。在这里，有钱有势的诉讼者在职业讼师的帮助下，通过反复陈情告诉，把案情搞得扑朔迷离，从而阻挠法庭采取确切的行动。其结果是法庭不堪负荷，到了19世纪晚期，它已越来越无力应付其民事纠纷。反复庭讯和缠讼不决成为司空见惯的现象，在此情况下，若非当事人再三催呈，法庭很少采取主动。

这两种模式显示了清代法律制度同时态的变异和历时态的演化。同时态的变异与不同地区的商业化、社会分化程度及人口密度相关，而历时态的演化则与清代许多县市社会经济的长期发展趋势相关。把这两种模式放在一起来考察，我们可以看到清代法律制度在某些条件下确实能正常运作，而当这些条件发生变化时它就开始失控失灵了。

# （六）对县官手册的再认识

如果以上的观察基本正确的话，那么它们是否也能从那些长期以来左右了我们对清代法律制度认识的县官和刑名师爷的指导"手册"中得到证实呢？如果是的话，如何来证实？如果不是，又如何来理解其间的背离？我试图利用从新近开放的案件记录中发现的初步结果，对这些旧有的官箴书进行求证。

和本章所争论的整个法律制度的特征一样，这些手册同样显示了表达和实践的背离。诚然，这些手册是用道德说教包装起来的，而反复宣扬儒家道德理念根本就是清代法律话语的一个组成部分。但是，作为实用的手册，它们同时备有指导日常行动的具体指示。这些具体指示为《表达与实践》一书强调的论点提供了进一

步的支持。该书第八章从县官的视角来讨论民事裁判问题,同时
也为该书的主要论点做一回顾和总结。

## (七)一些理论问题

最后,清代法律制度的性质是什么? 在现代西方学术话语中该
如何来定义它? 韦伯关于以专断的卡迪法为一端,而以理性的现
代西方法律为另一端的两分法,在理论文献中至今仍然很有影响,
尽管近年来的实证研究已经超出了它的界限。[1] 在学术讨论中,为
了反对一种论点,我们很容易走到这一论点的理论架构的另一面。
譬如,用中国法律同样具有西方理性来反驳把其看作卡迪法的观
点,用中国有西方标准的民法来对抗中国没有民法的论点,等等。
这种倾向在中国史研究的其他领域里也可以看到。譬如,用中国
也有资本主义萌芽来对抗认为近代中国经济停滞的观点,或用中
国也有"公共领域"的发展来对抗认为中国缺乏民主、因而与西方
不同的观点等(Huang, 1991, 1993)。这是学术话语结构所造成的
一种陷阱。我们现在需要做的是超越这种简单的二元对立和寻求
新的理论概念。《表达与实践》一书最后一章重新检视韦伯的原始
论述。根据他关于"实体理性"(substantive rationality)的第三范畴
的提示,我试图提出一个新的概念来更好地概括清代法律制度的

---

[1] 安格尔的著作(Unger, 1976)是这种理论文献的一个很好的例证。近年来一些出
色的学术研究是罗瑟(Brockman, 1980);安守廉(Alford, 1984, 1986);宋格文
(Scogin, 1990);享德森和陶博(Henderson and Torbert, 1992);滋贺(1981, 1984);
夫马进(1993);郑秦(1988);张晋藩(1994)。关于目前的学术研究,请参阅白凯
和黄宗智所编著作的导论和各篇文章(Bernhardt and Huang, 1994b)。

真相。

　　以上所说已经超前了《表达与实践》一书将要讲述的经验故事。在我们能对中国法律制度的整体结构和运作特征及中国法律文化的独特性质做出新的假说之前,我们还有关于社区调解和官方审判的实际情况的大片空白有待填补。我将从概述中国的民事纠纷及民事调解制度如何处理这些纠纷开始来填补这一空白。

## 参考文献

　　薛允升(1970[1905]):《读例存疑重刊本》(五册),黄静嘉点校,台北:中文研究资料中心。

　　张晋藩编(1994):《清朝法制史》,北京:法律出版社。

　　郑秦(1988):《清代司法审判制度研究》,长沙:湖南教育出版社。

　　[日]夫马进(1993):《明清時代の訟師と訴訟制度》,载[日]梅原郁编《中国近世の法制と社会》,京都:京都大学人文科学研究所。

　　[日]滋贺秀三(1984):《清代中国の法と裁判》,东京:创文社。

　　[日]滋贺秀三(1981):《清代訴訟制度にぉける民事的法源の概述的檢討》,《東洋史研究》第40卷第1号,第74—102页。

　　Alford, William P. (1984). "Of Arsenic and Old Law: Looking Anew at Criminal Justice in Late Imperial China," *California Law Review*, 72. 6: 1180–1256.

　　Alford, William P. (1986). "The Inscrutable Occidental: Implications of Roberto Unger's Uses and Abuses of the Chinese Past," *Texas Law Review*, 64:915–972.

　　Allee, Mark Anton (1994). "Code, Culture, and Custom: Foundations of Civil Case Verdicts in a Nineteen-Century County Court," in Bernhardt and

Huang,1994b:122-141.

Allee,Mark Anton (1987). "Law and Society in Late Imperial China: Tan-shui Subprefecture and Hsin-chu County, Taiwan, 1840-1895," Ph. D. dissertation, University of Pennsylvania.

Bernhardt, Kathryn, and Philip C. C. Huang (1994a). "Civil Law in Qing and Republican China: The Issues,"in Bernhardt and Huang,1994b:1-12.

Bernhardt, Kathryn, and Philip C. C. Huang (eds.) (1994b). *Civil Law in Qing and Republican China*. Stanford, Calif. : Stanford University Press.

Bodde, Derk, and Clarence Morris (1967). *Law in Imperial China: Exemplified by 190 Ch'ing Dynasty Cases*. Cambridge, Mass,: Harvard University Press.

Brockman, Rosser H. (1980). "Commercial Contract Law in Late Nineteenth-Century Taiwan,"in Jerome A. Cohen, Randle Edwards, and Fu-mei Chang Chen (eds.), *Essays in China's Legal Tradition*. pp. 76-136. Princeton, N. J. : Princeton University Press.

Buxbaum, David (1971). "Some Aspects of Civil Procedure and Practice at the Trial Level in Tanshui and Hsinchu from 1789 to 1895," *Journal of Asian Studies*,30.2(Feb. ):255-279.

Ch'ü, T'ung-tsu (1961). *Law and Society in Traditional China*. Paris: Mouton.

Fairbank, John K. (1983). *The United States and China*, 4th ed. Cambridge, Mass,: Harvard University Press.

*The German Civil Code* (1907). Translated and annotated, with a Historical Introduction and Appendixes, by Chung-hui Wang. London: Stevens & Sons.

Henderson, Dan Fenno (1965). *Conciliation and Japanese Law:*

*Tokugawa and Modern.* 2vols. Seattle:University of Washington Press.

Henderson,Dan Fenno, and Preston M. Torbert (1992). "Traditional Contract Law in China and Japan," in *International Encyclopedia of Comparative Law*,7: *Contracts in General*,6-2 to 6-40.

Huang,Philip C. C. (1993). "'Public Sphere' / 'Civil Society' in China? The Third Realm Between State and Society,"*Modern China*, 19.2 (April):216-240.

Huang,Philip C. C. (1993). "'Public Sphere' / 'Civil Society' in China? Paradigmatic Issues in Chinese Studies, III," *Modern China*, 19.2 (April):107-140.

Huang, Philip C. C. (1991). "The Paradigmatic Crisis in Chinese Studies: Paradoxes in Social and Economic History," *Modern China*, 17.3 (July):299-341.

Huang,Philip C. C. (1985). *The Peasant Economy and Social Change in North China.* Stanford,Calif. : Stanford University Press.

Huang,Philip C. C. (1982). "County Archives and the Study of Local Social History: Report on a Year's Research in China," *Modern China*,8.1 (Jan. ):133-143.

Jones,William C. , tr. , with the assistance of Tianquan Cheng and Yongling Jiang (1994). *The Great Qing Code.* New York: Oxford University Press.

Jones,William C. (1987). "Some Questions Regarding the Significance of the General Provisions of Civil Law of the People's Republic of China," *Harvard International Law Journal*,28.2(Spring):309-331.

Karasawa,Yasuhiko (1994). "Between Speech and Writing: Textuality of the Written Record of Oral Testimony in Qing Legal Cases," Seminar paper, ULCA.

Scogin, Hugh T. Jr. (1990). "Between Heaven and Man: Contract and the State in Han Dynasty China," *Southern California Law Review*, 63.5:1325 -1404.

Shiga, Shuzo (1974 - 1975). "Criminal Procedure in the Ch'ing Dynasty, with Emphasis on Its Administrative Character and Some Allusion to Its Historical Antecedents," *Memoirs of the Research Department of the Toyo Bunko*(2 parts), 32:1-45, 33:115-138.

Unger, Roberto M. (1976). *Law in Modern Society: Toward a Criticism of Social Theory*. New York: Free Press.

Watson, Alan (1981). *The Making of the Civil Law*. Cambridge, Mass. : Harvard University Press.

Weber, Max (1968). *Economy and Society: An Outline of Interpretive Sociology*. 3 vols. New York: Bedminster Press.

Zelin, Madeleine (1986). "The Rights of Tenants in Mid-Qing Sichuan: A Study of Land-Related Lawsuits in the Baxian Archives," *Journal of Asian Studies*, 45.3(May):499-526.

Zhou, Guang-yuan (1993). "Narrative and Action: A Study of Qing Case Reports and Reviews," Paperpresented at the Conference on Code and Practice in Chinese Law, UCLA, (August):8-10.

第6章

# 介于民间调解与官方审判之间

## ——清代纠纷处理中的第三领域 *

　　为了揭示清代民事纠纷处理的实际过程,我们不仅要考察村社、族邻所作的非正式性调解,以及州县衙门的正式性审判,还要进一步了解介于这两者之间的第三领域。正是在此领域,民间调解与官方审判发生交接、互动。虽然有大批的争端随着呈递告状而进入官方审理过程,但在正式堂审之前都获得了解决。在此中间阶段,正式制度与非正式制度发生某种对话,并有其既定程式,

---

* 本章的英文原稿为 Philip C. C. Huang, "Between Informal Mediation and Formal Adjudication: The Third Realm of Qing Justice," *Modern China*, 19.3 (July 1993), pp. 251—298。后被纳入黄宗智《清代的法律、社会与文化:民法的表达与实践》,上海书店出版社 2001 年版,第 5 章,第 76—107 页。英文原版还可见于 Philip C. C. Huang, *Civil Justice in China: Representation and Practice in the Qing*, Stanford, Calif.: Stanford University Press, 1996。中译稿纳入本书时,由笔者做了修改和补充。

故而形成一个半官半民的纠纷处理地带。过去的研究未曾言及于此。本章将勾画此中间地带的概貌，并突出其主要特点。

事实上，此种半正式的纠纷处理制度，可被视作清代政治制度中一种范围更大的中间领域的最佳写照。在现代社会中，我们习惯于一个涵盖甚广、渗透很深的国家机器。而在清代，许多事务都留给了村社及亲邻，由他们加以非正式性管理。还有大量的政府工作则是通过政府跟民间首领的合作而进行的。对于绝大多数民众来说，他们跟国家机器的接触确实主要发生在此第三领域。

由此看来，在清代司法制度的三个组成部分中，每一部分都为整个政治制度的相应部分提供了具体写照：正式审判制度对应于官方政府；民间调解制度对应于民间的社会自我管理组织，半官方的纠纷处理制度对应于"半国家、半社会"的中间领域，正是在这里，国家与社会展开交接与互动。

这里和西方理论中习惯把国家和社会建构为非此即彼的二元对立体不同，并不在于拒绝国家和社会实体的存在，而在于强调两者的交搭。因此，它与非此即彼的二元对立建构十分不同。国家机构、官僚制度的存在是无可置疑的，一如自然村和行政村的存在。关键在于，在中国的历史中，两者的交搭也许比其分别存在更为重要。

# 一、清代诉讼的三个阶段

清代的民事诉讼是分三个不同阶段进行的。头一阶段是从告状开始，到县官做出初步反应为止。接着是正式堂审之前的一个阶段,在此期间,衙门与诉讼当事人以及可能的调解人之间,通常会发生不少的接触。最后阶段是正式堂讯,县官通常会在此阶段做出明确的裁决。① 这三个阶段各有其特征,先是官方的初步反应,接着是官方与民间的互动,最后是官方判决。中间阶段可长可短,短的只有数天,长的可达数月乃至数年,这在19世纪晚期积案成堆的台湾府淡水—新竹地区(以下简称淡新)尤为常见。

在拙作《清代的法律、社会与文化:民法的表达与实践》所研究的628件案件中,确知有126件是在初告一状之后,便在堂外由民间调解成功地处理的。此外,在264件记录不完整的案件中(其原因将在下文中论及),我们不妨设想,应有半数左右亦属未经堂审即得以调解的。果真如此的话,那么,对打上官司的农民来说,通过半正式途径解决争端的可能性要大于通过正式审判解决争端的可能性。在第三领域获得解决的案件兴许会多达258件,而正式受审的则为221件(见附录表)。

## (一)最初阶段

诉讼当事人告到衙门,先得按照有关告状的种种规则行事。状纸有既定格式,皆事先印好,并注明在何种条件下衙门(法庭)将会拒绝受理。有的规则各县皆同,例如所有地方在受理斗殴案时,都要求开明伤痕为证,盗窃案要开明失单。但有少数规则为某地

---

① 此为常例,但非通则。有些案子由于县官在堂讯后未做出明确的判决,会被拖延下去。还有些案子由于当事人新呈状词,而不得不再度开审,这便意味着这些案子要重复所有的审理阶段或其中的部分阶段。这两种现象在淡水—新竹都出现得特别频繁,其原因详见黄宗智(2001:131—161)。

所独有,体现当地衙门的某些特殊考虑,例如淡水—新竹地区的状纸上注明,胥役人等不得辄令抱告投呈。但这些规定都不成为通则。例如,巴县和宝坻的状纸上便规定,婚姻告状需写明媒妁日期,犯奸案须是"当场现获有据者",土地及债务案均要有适当的契据作为佐证。两县的状纸上还规定,绅衿妇女要有抱告者,已经告过的案件必须明确述明原先的批示,证人不得超过3名,被告不可超过规定人数(巴县为3人,宝坻为5人)。但在宝坻的状纸中,并没有像巴县和淡新的状纸上那样,印明代书若有增减情节、当事人若妄控诬告,定行严惩。三县衙门都还规定,状词必须写有呈状人的姓名,盖有代书人的印章,每个方格只能填写一字,每栏不得超过一行。

通常状词只能写在一张标准状纸之上,状纸上只有数百个方格:宝坻为288个(12行,每行24格);淡新为320个(16行,每行20格),另加一行标题(稍宽些,但无方格);巴县为325个(13行,每行25格)。由于篇幅受限,原告只许直截了当地如实陈述案情,毋须道明法律根据。

知县在收到状词之后,可能会拒绝受理。拒受的原因也许是原告未备妥有关文契,这种情况在债务及土地纠纷中尤为普遍。知县会在状纸上批明,最后加上"不准"两字[例见淡新23405,1876.9(债-4)]。另一个原因可能是知县发现原告所控不实。他同样会在状纸上注明,有时还会写明理由,再以"不准"两字收尾。如果知县不那么确定的话,则用"碍难准理"来打发[例见淡新22519,1887.7.1(土-99);22520,1887.10(土-100)]。拒绝受理的最后一个原因,可能是知县觉得这样的纠纷最好让族人、邻里或中人去处理。这种情况,在亲属之间因分家或债务所引起的纠纷中尤为常见。对于此类讼案,知县会干脆地拒绝受理[淡新 23417,1884.12(债 - 16);淡新 23312,1887.1(债 - 35);淡新 22522,1888.2.11(土 - 102);淡新 22524,1888.2.23(土 - 104);巴县 6:3:9761,1850.10(继 - 18)]。在我所掌握的 628 件案例中,有 10 件就是这样被驳回的。

还有些案子,知县可能觉得虽然值得考虑,但案情又太轻,不必亲自过问,因此发还给下属处理——或交乡保办理,或让衙役跟乡保一道处理(或让土地或债务纠纷中原来的中人处理)。[①] 在这种情况下,知县会饬令他们"查情",并"秉公处理"[例见宝坻 104,1862.2.10(土 - 3)]。他或许会表示一下此事应该如何处理,例如说:"查明控情,如果属实,即……"[宝坻 190,1861.6.25(债 - 37)]

但是,这种把此类事情交给下属处理的做法,实际上违背了《大清律例》中的相关规定。

乾隆三十年(1765)增补的一条例文规定,民间词讼细事,"州县官务即亲加剖断,不得批令乡地处理完结"(例 334 - 8)。这一例文的意图,可能旨在防止乡保、衙役滥用职权。起初,这条规定似乎成功地制止了此类不轨行为:在 18 世纪中叶至 19 世纪中叶的巴

---

① 在清代,乡保属于一种不领薪水的准官方人员,在宝坻常被称作"乡约",在巴县则称"地约",在淡水—新竹称"总理"(戴炎辉,1979:9—20;Allee,1987:415—417)。淡新档案中有时也把他们称作"总保"[如淡新 23408,1880.12(债 - 7)],这意味着当地也在发生着跟宝坻相同的变化,即乡保取代了原来分为两职的乡约和地保[淡新 22407,1870.12.21(土 - 44);Huang,1985:224]。我把三县的上述人员统称为"乡保",不仅是为了简便计,而且也是为了跟《大清律例》保持一致(律 334—338 条)。

县案例中,这样的行为一例也没有。但随着人口增长和商品化进程推进,讼案日渐增多,触犯此条例文的情况越来越严重。在 118 起案件中(多发生在 19 世纪后半期),我们发现有 6 起案件县官未亲自过问,而让衙役以及(或者)乡保自行调查、处理。而在 19 世纪后期词讼累牍的淡水—新竹,这样的案子多达 31 件。颇有意味的是,此类案件没有一件获得解决或至少在记录中没有下文。它们占记录不完整的案件总数的 36%(见附录表)。

州县官一旦决定亲自过问某案,他可能就会要求掌握更多的文契或案情,然后才饬令堂讯。对于土地交易所引起的纠纷,他会要求原告呈送地契以作查验。对于地界纠纷,他会叫衙役或乡保勘丈;有时还会令涉案各方呈交地界图。如果有殴伤情节,他便要确知状词是否贴有必备的"伤单"。伤单系由刑房在查验受害人伤情后填妥,注明具体的受伤部位、皮肤破损情况、肿伤颜色,如此等等。[1] 对于其他案情,他可能只会让衙役(有时跟乡保一道)"查复"告状(以及诉词)所称是否属实。知县极少依据告状中的一面之词便轻信呈状之人。在三个县的所有案例中,只有 1 件属知县仅据告状所述便信呈现之人的情况。[2]

知县对于已呈诉的案情,通常只作初步的反应。他会用"是否

---

[1] 总的来说,如果只是受轻伤,那么对县官的判决不会产生多大影响。因为斗殴的根本原因马上便能被找出来(诸如土地纠纷或欠债不还),并会抓住问题所在。但在正式结案之前,通常会对伤势有所提及,诸如"所受微伤痊愈"之类。当然,如果伤势较重,那么便构成斗殴情节,会被当作刑事案来处理。

[2] 这件罕见的案例系由雇工晋文德状告雇主杨福贵。知县虽然找不到任何支持晋文德的律例依据,但还是比较同情他。于是他饬令:"着值日壮头带回面谕杨福贵,如晋文德并无不安本分之处,仍当收留勿使滋讼。"次日,三名衙役回禀:晋文德行为端正,杨福贵已同意留用。[ 宝坻 188,1832.7.9( 债-2) ]

属实"之类的话来表达自己的疑问。如果疑问较重，便批下"危言耸听"、"其中显有别情"（或"显有隐匿别情"）、"情节支离"或"其中恐有纠葛"之类的词句。如果他怀疑其中有欺骗事情，便会申斥呈状人刁诈，"如虚定行重究"。

这些初步的批词，会成为公开记录的一部分，当事人双方在赴县候审前，通常都可以从这样或那样的渠道得知其内容。例如他们可能会从吏役那里或从张贴的榜示，看到县官的批示（Ch'ü，1962：47，98；滋贺秀三，1984：154）。他们也可能从传票上得知县官的反应，因为上面载有状词和知县批示的概要。衙役也许会在传讯时出示其票，或向当事人传达这些内容。

因此，如果以为知县的这些批词只是写给下属看的，那就错了。他的批谕有时确是专门针对原告而作的，其意图可能是要此人澄清某些疑窦，或提出质询，这时他会使用以上临下的"尔"字。相比之下，他给胥吏们的批示，总使用一种特定的、无人称的格式，最常见的是其中带有一个"饬"字，如"饬差传讯"。

发出传票标志着第一阶段的结束。状纸上会有这样的简单批示，"准。传讯（或者如18世纪巴县衙门所用的'唤讯'）"。州县官在作这样的批示时会字斟句酌。如果被告在辩词中对案情有不同说法，知县可能就会用"质讯"一词，要求双方同时到场，在庭上对质。① 如果除原告及被告外还有证人、村社或亲族首事、乡保到场协助衙门，知县就会用"集讯"一词。

如果案子含有刑事"重情"，县官的词句有时就会有微妙的变

---

① 如康雅信（Conner，1979）所说，把各执一词的原被两造带到公堂，当场对质，是清代衙门审讯中常用的一种方法。

化。"传讯"是最为中性的一个词。"讯"字可用来指不带恐吓的简单堂讯,也可以用来指一场可能科刑严重的审讯。由于"讯"字涵盖甚广,因此不如"究"字来得那么不祥。如果用上"传究"一词,那便显示案情可能比较严重,审判可能会导致刑罚。不过"讯"字与"究"字之别并非那么严格,有时会被混在一起使用。例如"传讯究"或"传案讯究",这时可能两种含义均有。州县官可能故意同时使用这两个字,尤其是对那些可罚可不罚的案子。在传票的批示中再添入一些形容词,是州县官对待这类"两可"案件的又一种手法。"严"字是最常见的字眼(如"严传"),表示案情比较严重,不只是简单的细事纠纷。在刑事案中,也常用"严"字来强调事态的严重性,如"严拘""严惩"。[①]

## (二)中间阶段

到了诉讼的中间阶段,比起头一阶段来,无论县官、衙役及乡保,还是诉讼当事人,在采取行动时都有了更大的选择范围。被告通常会呈词抗辩,对案情提出自己的一套说法。然后县官会传令双方到堂,让双方在堂上相互对质。一位比较啰唆的知县曾这样写道:"孰虚孰实,候集案讯夺。"[宝坻106,1882.2.18(土-221)]

如果州县官想了解更多的情况,他便会在批词中饬令衙役、乡保查复,有时也会叫涉讼人自己提供详情。譬如有这样一件案子,

---

[①] 这些措辞上的微妙差别,也反映在参与解决纠纷的不同人物角色身上。对村社或宗族首事或乡保、衙役的行为,所使用的是"处理"或"调处"一词,而对知县的审理行为则使用"夺"或"核夺"一词。分量最重的要数"断"或"讯断""查断""究断",这些词只用在知县身上。

县官在发觉双方所述案情不合后,即令双方再明白另呈,提供契据,并举出证人。原被两人当然予以照办。[宝坻 166,1837.7.30(婚-4)]

有时原被两造或其中某方会主动提供新的案情,或促使第三方呈词,替他们说话。如果情况有变,譬如在初次告状和抗辩之后,某方采取了强暴的手段(诸如闯入对方房屋争吵,抢走财物,打伤对方),当事人也许还会再呈一词。涉讼的一方或另一方可能还会不断呈词,为所述案情增添细节,或仅仅借此泄恨出气。诉讼当事人在这些接二连三的呈词开头部分,总是先把知县对上次词状的批语照述一遍。①

州县官通常会对涉讼人的每份呈词都加以批阅,如果发现新的证据,他会修正先前的批示。例如可能重新核夺已经交给衙役办理的事情,或传唤其他证人,或派衙役进一步查实案情。如果觉得新呈之词并不可信,抑或无关紧要,他可能会表示不耐烦,批上"已批示传讯"或"候堂讯";强烈一点的批词,则可能是"勿渎"或"勿庸耸渎"。

跟县官们一样,讼民们也可能会感到不耐烦。尤其是在 19 世纪晚期的淡水—新竹,由于衙役办事缓慢(相对《大清律例》中所规定的时限),当事人常常用"催呈"敦促衙门尽快处理。知县也会批以"催差传讯"或"催差查复"(或"催差查理")。但有时知县会觉得受到无端纠缠,于是批上"候审,勿渎"。

---

① 那些含有大量词状、辩状且经数次堂审的案件,其当事人通常都是些有钱有势的个人或家族。淡水—新竹在这方面尤为突出。相比之下,宝坻的绝大多数讼民皆为小农。关于这三个县衙门的不同情形的讨论,详见黄宗智(2001:131)。

在一些案例里,县官对衙役的作为表现出不满。如果衙役未能办妥某一差事,知县会在禀文上作批,饬令"再前往设法处理"。他也可能会公开申斥,甚至严惩办事不力的衙役,虽然这样的情况不多[例见宝坻 190,1860.7.7(债-36);淡新 22430,1886.11.10(土-67)]。在个别情况下,他会换掉原来差使的衙役,饬令衙门"改差,仍饬……"[宝坻 105,1881.9.3(土-21);淡新 22526,1888.5.15(土-106)]。

虽然涉讼双方必须接受传唤,到堂候审,证人或第三方有时却可请求宽免。例如有一位证人在收到传票后,用书面形式呈述了有关情节,请求免于出庭,知县对其所述表示理解,允准了他的请求[宝坻 105,1902.3.7(土-23)]。这便是所谓"摘释"。我所掌握的讼案记录中,便有几个这样的例子。但这样的请求有时会遭到拒绝。知县有时(但不一定)会对此加以解释,例如会说需要此人到场,进行面对面的对质。

在三县的案例材料中,约有三分之二的案件在此中间阶段结束。其中有些案子系由当事人自行解决,不过更多的是由邻里或族人通过被诉讼激励的调解来解决。另一些案子则再无记录,我们只能对其结局作些推测。下面先来看看那些为数不多的由当事人自己解决的案子。

某起纠纷一旦打上官司,立刻就会加大双方可能的损失。这时,一方可能会做出让步:要么是被告付钱还债,要么是原告撤回告状,又或是双方都情愿和解,自行互让妥协。宝坻有 9 件案子、淡新有 3 件案子都是经由这种方式解决的[例见宝坻 187,1850.5.17(债-46);淡新 22709,1887.3(土-115);宝坻 169,1866.2(婚-

25);宝坻 168,1867.9(婚-26)]。在这种情况下,原告理应向衙门呈词,说明为什么愿意撤诉结案,而县官照例会允准,除非他觉得其中隐匿刑事罪行[例见宝坻 169,1866.2(婚-25)]。不过事实上,原告一旦解决了纠纷,就不一定会再费神去呈请官府结案。因此,我们有理由认为,有不少"记录不完整"的案件都属于这样的情况。

更为普遍的情况是,告上一状会促使邻里或亲族人员加紧调解,努力在公堂之外解决纠纷。衙门发的传票只会加剧压力,如果县官的批词较重,则更加如此。从县官的批谕中,原告或被告能揣知衙门堂审的结果将是如何的。其中一方可能因此更加情愿和解,在堂外了结。在三县的材料中,有 114 件案子是由民间调解了结的。

一旦案件在堂外解决,原则上当事人须告知法庭,恳请销案。担当此项任务的,常常不是原告,而是那些调解人——村社或宗族首事、当地乡保,或地方名流。他们通常会在呈词中说,涉讼双方已"彼此见面服礼"(或"赔礼"),或冒犯的一方已赔不是,或已悔改,双方"俱愿息讼"。如果讼案中有殴伤情节,呈词中还会提到"伤已痊愈"。

在有些情况下,知县可能会拒绝结案。例如,如果当事人中有人受伤比较严重,那么知县会坚持开堂审讯。曾有这样一起田租纠纷,调解人呈词要求销案,但宝坻知县这样批道:"事涉斗殴,验有死伤,自应听候讯究,不准息销"[宝坻 100,1839.5.18(土-12)]。不过知县通常欢迎这样的处理结果,会在呈状上批下"准销案"。如果已发了传票,还会加上"销票"或"免讯(免究)"字样。在这些批词之前,有时冠以"姑从宽"三字,以显示做父母官的威严;有时还会警告两句,"若再滋事,定行重究",或"若再妄为,定行拘惩"。

最后一个步骤,照例是由原告或涉讼双方向法庭"具甘结"。如系调解处理,甘结上则说明"经亲友(邻)说和",或举出调解人的名字。接着扼要叙述和解条件,内容无非是某方或双方作了道歉,有时也包括复杂的纠纷处理方案。甘结的最后部分是说具结人对这些处理结果"并无异说","情愿息讼",因此"恳恩免讯"。有时调解人也会具结确认这些处理方案,把它纳入村社或亲族的道义影响之下,加重其分量。讼案于是正式销结。

但是,涉讼人在和解后,有时同样也会不再费劲向官府呈请销案。由于在官方记录中没有这样的呈词,我们无法确知在264件"记录不完整"的案件中,有多少是这样结束的。我个人的看法是,那些非正式解决的讼案(无论是涉讼人自行和解,还是经调解处理),在154件以传票结束的案例中(巴县占109件,宝坻占6件,淡新占39件),应占有相当大的比例。双方一旦达成协议,便再无兴致劳神伤财,去跟官府打交道。但他们并不能正式拒绝接受衙役送来的传票,也不能要衙役回禀官府这场争执已获解决。作为衙门的代理人,衙役的职责仅限递送传票,他们无须禀报亲邻所作的非正式调解事宜,那是乡保或诉讼当事人的责任。如果乡保非常马虎,或当事人很精明,知道衙门并不那么在意细事争端要有个收场的话,到此一件案子就可能便会被搁置一边,衙门再也不去过问。

还有部分记录不完整的案件,可以归咎于衙役们的疏忽行为。案件记录中有不少例子显示衙役办事拖拉或玩忽职守,结果惹怒县官。这些问题的产生,可能只是因为衙门本身不讲究效率或讼案成堆。但几乎可以肯定的是,至少有一部分衙役收受诉讼当事人的好处而不去递送传票。如果衙役不禀报传唤结果，他们便可以借此阻挠县官查清案情（下面再讨论）。

有少数记录不完整的案件，在发送传票之外，还有衙役的禀报，称他们无法送达。所举原因各种各样，包括涉讼某方或双方躲藏、出逃、生病或不能动弹，等等。这样的情况，巴县有22例，宝坻有12例，淡新有4例。

最后，还有29件案子我们无法猜测其结局如何。其中一部分可以从有后期而无前期的记录看出是由于档案散失，这些属于残缺的案件记录。

## （三）最后阶段：堂审

如果堂外解决变得绝无可能，涉讼各方就得前赴县衙，接受知县堂审。知县通常会当场做出判决，而这一判决多是断定其中一方有理（这种情形在221件受审案件中占近四分之三）。县官偶尔也会考虑到亲邻们的日后相处，给另一方留点面子，比如断令一位胜诉的富户给他的穷亲戚或穷邻居做点象征性或慈善性的让步〔例见巴县6∶1∶720，1769.11（土-4）；6∶2∶1416，1797.6（土-16）；6∶4∶2552，1852.11.19（债-20）〕。不过令人吃惊的是，知县们极少做出这样的象征性判决——做出此类判决的案件在170件单方胜诉案例中只占6%。

"无人胜诉"的判决（只有33例）远少于单方胜诉的判决，这种结果当中可能有几种不同的考虑。有时衙门通过调查发现种种实情，从而消除了误解，告状也因此失去缘由。例如，在巴县和宝坻的数起案例中，衙门的调查证实，被告并没有像原告想象的那样违

背婚约[例见巴县 6：1：1760，1784.3.19（婚-9）；宝坻 168，1871.8
（婚-27）]。有时法庭发现双方的要求均属合法，因此做出相应的
判决。例如当几名合法继承人因分家发生龃龉时，县官简单断令
均分[例见淡新 22601，1845.6.19（继-1）]。有时法庭发现双方皆
有错，或双方要求均属不当。诸如此类的判决总计有 22 例。

只有在极少数案例中（仅占 11 例），知县会像仲裁人一样行
事。一个比较多见的情况是在洪水过后因原有地界发生移动而引
起的地界纠纷[见淡新 22506，1878.2（土-86）；巴县 6：1：733，
1773.3（土-7）]

当然也有一些案例，即使经过一次堂讯，也未获解决。知县可
能由于发现没有掌握足够的证据以做出判决，因此饬令进一步调
查，或断令再审。这样，明确的裁决可能要到下次堂审时才会做
出。有少数案例的记录结束于知县饬令查实。在这些案例中（巴
县计有 5 例，宝坻 1 例），争端可能业已通过民间调解获得解决，也
可能由于当事人或衙门置之不理，因此悬而未决。不过，绝大多数
经过堂讯的案件，都会由县官做出某种判决，即使头一次堂审未能
做出，也会在下一次做出。

即使做出了明确的判决，县官还会饬令诉讼双方，至少是无理
的一方，具结表示情愿销案。输家在甘结中会写上一两句说明自
愿接受判决的话，就像在如下这份有关土地纠纷的甘结中所说的
那样，"蒙恩讯明……以后不许身由地内行车，轧人庄稼，身情甘具
结是实"[宝坻 104，1869.8.10（土-4）]。在债务纠纷中，甘结上常
会写明应偿还多少以及何时支付[宝坻 191，1871.1（债-10）；宝坻
193，1876.11（债-11）]。

## 二、中间领域的纠纷处理

让我特别感兴趣的是那些为数最多、结束于诉讼中间阶段的案件。在这些案例中,官方的审判制度与民间的调解相互作用,从而解决争端。下面即要进一步考察这两种制度相互影响的种种情形,我将以具体案例来揭示第三领域的纠纷处理是如何运作的。

### (一)衙门作为催化剂,促成争端的解决

告状之举无可避免地会把正式制度带进非正式性调解过程。这时双方都得考虑自己是否处在可据理力争的地位,要考虑假如要正式堂审的话,县官会做出怎样的判决。他们还得权衡得失,因为提交辩诉和其他呈词都得交纳正规费用,传唤证人及每次升堂也要收费。我曾在其他地方详细讨论过这些费用(见黄宗智,2001:172—176)。这里仅引用戴炎辉所提供的晚清时期台湾地区的数字,让我们先对各种费用有个约略的了解。状纸每张 0.4 至 0.5 吊,告状费 0.4 至 0.5 银圆,代书费 0.4 至 0.7 元,传讯费 0.3 至 1元,堂审费 3 元或 4 元,多者超过 10 元(有时为 100 元以上)(戴炎辉,1979:706—708)。[①] 此外,还有招待或打发衙役、吏胥、乡保的费用;如果要到县衙候审的话,还要准备食宿盘缠。

---

[①] 晚清时期,银钱比率变动相当大。据臼井佐知子的研究(1981:77—79),从 19 世纪 10 年代至 60 年代,这一比率在每银圆兑换 800 到 2000 文钱之间。此后,从 19世纪 70 年代到 20 世纪的头十年,据白凯(Bernhardt,1992:248)的研究,银圆最贱时值 850 文钱,最贵时达 1252 文钱。

讼争双方可能只因畏怯堂审,而自行平息争吵。宝坻有 9 件案子、淡新有 3 件案子皆属此种情况。例如有这样一件案子,发生在 1850 年年初。王殿发从岳祥那里赊购了 11 张羊皮,价值 4.4 吊,他先还了 2 吊。后来岳祥索要余款,遭王殿发借口拒绝,于是抢走王殿发的衣物、镰刀、烟袋嘴。王殿发盛怒之下,便在五月十七告状打官司。3 天后,知县发来传票,要岳祥到庭。两人怒气已消,想到日后的堂审可能带来的种种麻烦,很快就决定和解了事。到五月二十二,王殿发即呈请结案,称他已将余款还给岳祥,而岳祥也归还了他的财物。[宝坻 187,1850.5.17(债-46)]

比较常见的情况是,打官司会促使亲友邻里加紧调解。刘振魁状告其丈人,讲出如下情由。其妻时常回娘家,久留不归。近日他们兄弟俩已分家,缺人照应年长双亲。因此,他不想让妻子再去娘家。但其丈人张七毫不相让。两人因此扭打起来,刘振魁被殴伤。因有殴伤情节,刘振魁随即由刑房作了查验,发现"囟门偏左皮破……长六分宽二分,余无伤"。知县受理了此案,传讯当事人候审。结果在 8 天之内,即有李国英、陈茂林及王君恒 3 位邻居做出调解,平息了争端。他们呈报官府,称已说和翁婿两人,双方"俱各追悔莫及,情甘息讼",他们(调解人)因此呈请销案。知县批道:"既据尔等处息,姑准免传销案,即着两造出具甘结,呈送备案。"[宝坻 170,1814.6.9(婚-16)]

调解努力有时要到诉讼的最后阶段才会见效。1771 年九月初九,李坤章到巴县衙门告状,称他把田产典于曾荣光,得钱 200 吊,但曾荣光拒不让他回赎。知县受理了此案,在状词上批了一个"准"字。曾荣光在呈词中辩称,李坤章在典让之后,又找他借了 7

吊铜钱，一直未还，还称李坤章不让他在这块地上种植冬季作物，并把他"凶殴至伤"。翌日，知县传唤涉讼双方及数名证人到庭对质。九月十一，衙役把当事人带回官府，但未把证人一同带来。双方均被验伤，结果创伤远不如所说的那么严重，"两造各报致命重伤，验系妄捏"。九月二十，知县传唤证人到庭。次日，李坤章再呈一状，称曾荣光派亲属到他家，"私伐其宅后柴树"。李坤章还敦促官府逮捕对方。知县在这份状词上批道："静候质讯，不必多事。"到九月二十六，有 5 人自称"乡约"，呈请结案。他们说和了双方，并弄清了原委：原告李坤章把田块当给曾荣光，当价 200 吊，后来又要求补加当价（可能因为这时田价上涨），曾荣光拒不答应。邻里调解的结果是，双方同意把当价加至 207 吊（实即原定当价加上李坤章后来的借项）。他们已销毁原有契据，另订新契。双方同意诺守新契，具结息讼。[巴县 6∶1∶728，1771.9.9（土−35）]

我们在此粗略可见，涉讼双方之所以能达成和解，是由于诸多因素在起作用。首先是考虑到滞留县城候审期间，盘缠会与日俱增；一旦衙门发出传票，免不了要交证人传唤费；接着还有堂审费。加上考虑到知县已对他们夸大伤情的做法表示不悦，因此便不难理解，他们为什么会甘心接受调解处理，尽管官司已打到如此的地步。

## （二）衙门意见所起的作用

如果州县官把他们的初步反应批在告状、诉词或呈文上面，便会对亲友邻里的调解努力产生很大的影响。知县在批词上所表现出来的任何不悦、疑惑或倾向，都预示着堂审会有怎样的结局，因而会影响到当事人在调解中所持的态度。例如在审理寡妇冯屠氏一案时,宝坻知县便毫不掩饰自己的态度。冯氏的丈夫及儿子均已亡故,仅留下一位童养媳。据其所控,同村被告李万来试图趁人之危,把这位童养媳嫁给邻村的一名唐姓男子,以从中渔利。知县在她的状词上批道:"李万来非亲非故,何敢将尔子媳擅聘唐姓。所呈若实,殊干法纪。候速传讯。"知县的这一反应,足以让李万来做出让步,接受调解:他同意付给冯氏 36 吊铜钱,作为聘钱,让其亡子的童养媳另嫁他人。[宝坻 171,1896.5(婚-22)]

对于一位道理不全在己方的原告来说,县官的意见会促使他做出让步,进而达成和解。张国起状告张六及其子张汉,声称他们在 7 个月前掳走其妻。县官批道:"事隔半年之久,始行呈控,其中显有别情。姑候传讯察夺。"对于张国起来说,这道批词明显意味着他所杜撰的情节不会被轻易放过。10 天之后,他便呈请息讼,并道出了实情。据其解释,他是穷得没法,不得已外出打工,顾不到家,因此把妻子嫁给张汉,还把孩子托给他们父子照应。但回来之后,他便得知妻儿受到虐待。为此,他跟张六互殴,张六叫他把家人带回去。由于没法养活家人,他便诬告张六父子。呈词中还说,现有亲友做出调解,张六、张汉也同意继续让他家人住下去,孩子等长大后再还给他。他因此呈请息讼。知县批道:"尔冒昧具控,本有不合,姑念自行呈恳,从宽免于深究。"[宝坻 164,1850.9.25(婚-19)]

如果县官的反应对原被两造都不利,那么双方均会觉得有必要平息讼争。韩延寿控告敬德和韩喜,称他们曾借走铜钱 40 吊,在敬德家开赌,然后拒不还钱。被告辩称,韩延寿一贯行凶作恶,欠他们的钱。县官在批文中指出,原被两造显系同赌,因牌场输赢而起争执,责令把他们带到县衙审讯。这一批示足以促使双方和解。传票送达后的第二天,即有调解人芮文清呈请销案。据称,涉讼双方本系亲族,因钱财交易发生争执。两造均未涉赌。他们现已理清账目,事情已得到解决。原告韩延寿已"自知悔悟,与敬德等见面服礼",双方重归于好。面对如此的表述,知县同意销票,但仍旧重申了自己的揣测,即两造系因赌债而起讼争。他警告双方及调解人如果再犯,必定惩处。[宝坻193,1898.2.18(债-31)]

再有一种情况是,知县对虚实的判断,也会影响到调解方案。许万发因在自家与杨宗魁的房屋之间扎上篱笆,导致两人发生争吵,于是控告对方。杨宗魁坚称许万发把篱笆扎到了他家的地上。由于许家的地是租来的,因此也把东家卷了进来。另有一位邻居因目睹他俩吵架,也被作为证人卷入。杨宗魁呈上辩词、地基绘图,并控称邻居证人其实在唆使许万发兴讼。许万发随后再呈,亦指控有数人与杨宗魁"勾串帮讼"。知县责令各方到堂集讯。状词中所提到的其他各方均呈请摘释免传,但知县予以拒绝。衙役把大多数人都传到衙门,但此次堂讯并未得出明确的结果。于是知县饬令衙役和到庭的一位证人,照原来的地契丈量双方地界。丈量的结果显然支持许万发的说法。此时杨宗魁又呈一词,坚持自己的说法。但县官认为事实业已澄清,遂传唤双方到庭复讯。他将如何裁决,这时已显得很清楚。杨宗魁终于做出让步。调解人划清了双方地界,说和讼争双方同意。杨、许二人各自呈请息讼,知县也同意该案就此作罢,毋须再次堂讯。[宝坻100,1845.10.7(土-14)]

## （三）乡保

从乡保身上，也许最能看出官方正式审判与民间非正式调解之间的互动过程。我曾在其他地方指出，19 世纪宝坻有关乡保任免的材料表明，尽管有些乡保确属当地有钱有势之辈，但他们中的绝大多数都是家境一般的自耕农。那些真正的实权人物把他们安排到这些位子上，当作自己与国家之间的缓冲。许多人把乡保一职当作吃力不讨好的负担，避之唯恐不及。宝坻档案中就有不少这样的例子，某人被提名为乡保后，为逃避任事而外逃。有人竟以提名做乡保来要挟他人。（不过也确有个别不轨之徒，把做乡保当作入吞税款以肥己的机会。见黄宗智，1985：225—231）

乡保作为经衙门认定、由村庄社区首事提名的人选，既是衙门的代理人，又是村社的代表。他与衙役共负责任，把衙门的意见、传票、逮捕状送达诉讼当事人以及村社成员。如前所述，遇有比较琐细的纠纷时，他还可能受知县委托代行处理。与此同时，他还有责任代表社区和宗族，把其意见和调解努力上报衙门（这一点使他区别于衙役）。

有时，乡保还会间接促成或直接卷入调解过程。在张玉生状告邻居边廷禄一案中，乡保仅仅受令查实一下，便足以促使当地亲邻着手调解。争执原委是张玉生贷出一笔款项，收下四亩地作抵押，并在上面种上麦子。但邻居边廷禄声称有半亩地位于蔡家的坟地内。作为坟地的看管人，他已和蔡家的三个人一起着手收割。张玉生在状词中称，他后来找苑奇等会首协助解决争端，但他们都不愿介入。知县从一开始就有所怀疑，他批道："尔无占种他人地亩,边廷禄等何至凭空割尔田禾,首事苑奇等又何至推诿不管。其中显有别情。姑候饬该乡保协同首事苑奇等查明复夺。"不管真相如何,这道批词还是促成了该案的调解。调解的结果是,9 天之后,便有乡保刘明旺,连同会首苑奇、王林、李义等人,呈请衙门销结此案。据称,他们在作了勘验之后,发现两方地界并不明确,故建议张玉生将有争议的半亩地从蔡家租来,租金为 1500 文。张、边二人接受调解,情愿息讼。知县堂谕:"据禀理处妥惬,准即销案。"[宝坻 101,1851.8.8(土−15)]

有时乡保会独自担当调解人。这种情况在宝坻的所有调解案件中占到 1/5 之多(36 件中计有 7 件)。其中一案为马忠状告债主张恩浦。马忠曾向张恩浦借钱 1830 文。据马忠称,他已先后两次还清了这笔债,其中一次还给张恩浦本人,另一次还给张恩浦之子。但张恩浦却继续向他索要。两人为此斗殴,他被张恩浦打伤。刑房在验伤之后写道:"额头偏左指甲抓伤二点皮破,左眼近下拳伤一处青肿,又嘴唇近上指甲抓伤一点皮破。余无伤。"知县堂谕,马忠呈状"情词支离",着令乡保查清实情。一周后,马忠的侄子马福刚呈上一词,称马忠伤情恶化,发烧不止,胃口全无。这次,知县的批谕是:"候差保查明……无庸砌词多渎。"

不难想象,知县的这种批示只会提升乡保的权势,本案中也确实如此。乡保高盛林在 9 天之后,即回禀知县:他已查问并解决了此事。原告马忠事实上并未还清债款,他(高盛林)已设法让马忠清偿。现在马忠伤势既已痊愈,原被两造均接受调解,因此他们情

愿息讼。知县批道："姑准从宽免究销案。"［宝坻192，1886.4.2（债-29）］①

我只发现一件案例系由衙役协同乡保解决纠纷［宝坻107，1882.2.18（土-18）］。但这种情形甚为罕见，衙役不仅在村庄社区中没有地位，在官差权力上也没有资格做调解人。

## 三、第三领域中的弊端及各种缘由

第三领域中纠纷处理的半官半民性质，既给它带来了优点，也给它带来了缺陷。在理想情况下，这套做法可兼顾官方法律与民间调解两头。但由于第三领域的纠纷处理比较随便，并无明确的原则和程序，故而比较容易呈现弊端。

## （一）乡保的权力及其滥用

作为官府与社会之间的关键性中介人物，乡保既可在衙门审判中逞其伎俩，也可在地方调解中逞其伎俩。作为衙门的耳目，乡保可能对县官的看法起关键作用，从而影响一起讼案的结果。同时，如果乡保对案件刻意拖延不办，或玩忽职守，谎报案情，知县即使决心再大，其查清真相、维护法纪的努力也可能落空。（当然，衙

---

① 从淡水—新竹的资料来看，乡保（当地通常叫"董事"）在该地似乎并未扮演显著的调解角色：在25件有记录的经调解处理的案例中，仅有1件案件乡保在其中起过作用［淡新23203，1877.10.28（土-25）］。产生这一差别的原因尚不清楚。巴县的情形则无从得知。在档案资料中，通常把这些调解人称作"约邻"，这一词包括乡保（乡约）和戚邻（或族邻）两重含义。

门也有办法节制这些不轨行为。衙役本身即是一个重要的消息来源。如果不跟衙役串通，乡保很难谎报案情，反之亦然。衙门在打发衙役前往调查或送达传票时，通常不只派出一人。这种做法亦有助于防范不轨行为的发生。)

在上面所介绍的宝坻县民马忠与张恩浦之间的债务纠纷中，乡保之所以颇具影响力，不仅是由于他扮演了调解角色，更重要的在于他陈报案情的方式。他帮被告张恩浦说话，报称马忠仍欠他的钱。不管乡保的话是否属实，他的这一举动直接促成了马忠接受庭外解决。倘若马坚持把官司打下去，那就会遇到一位听信了乡保报告的知县。

再举一起 18 世纪巴县的案例。当地常因这样一种问题而起纠纷，即土地被出卖之后，原主认为他在道义上仍有权使用地上的祖坟地。有时即使土地被售出很久，原主仍会借此进行敲诈。1791 年，杨文举便在其祖坟边扎草棚，并砍竹子归己用。而这块地早在 30 年前就已由他祖父卖给了别人。知县收到业主徐玉音的状词之后，着令当地乡保查复。杨文举的左邻右舍曾想劝和，但遭到他的拒绝。这时乡保回禀官府：徐玉音所控属实。知县于是下令传杨文举到庭。杨文举不得不做出让步，由当地乡民呈请销案。〔巴县 6：2；1418，1797.3（土-44）〕

如果知县决定把某件案子交给乡保处理，乡保的权力便会因此臻于极顶。前文已经提及，那些交给乡保或衙役办理的案子，似乎没有一件得到解决。这里我们只能推测一下其实际过程。也许乡保没有足够的权力来处理纠纷。如果当事人是那些有钱有势的门户（这在淡水—新竹屡见不鲜），就更是如此。

176

乡保权力中最难捉摸同时也是最重要和最为常见的一面,要数故意玩忽职守,拖延办案进度。从下面两件案子中,我们可对这种拖延手段略窥一斑。在宝坻的一件婚姻纠纷中,县官责令乡保传唤原告到庭。乡保回禀:被告已外出,无从查找。知县大为不悦,因此批示,他将另派衙役传唤此人,并直斥乡保"毋得再以外出搪饰"。但知县的愤懑显然没有什么收效,因为此案的记录到此为止。[宝坻 168,1868.10(婚-30)]在宝坻的另一件案子中,某位媚妇状告他人欠债不还。知县着令乡保带原被两造到庭对质。乡保却禀称此妇实非本县之人,其亲友亦皆以为所告不实。办事谨慎的知县怀疑乡保所报失实,堂谕将乡保此举记录在案。不过,他却未进一步采取行动。[宝坻 190,1860.7.7(债-36)]

## (二)衙役的权力及其滥用

　　跟完全居于第三领域、半官半民性质的乡保相比,衙役实属于官方系统之第一领域,或至少处在这两个领域之间。一方面,作为受雇于衙门的跑腿,他们不能在县官面前正式代表村庄社区或宗族,例如他们不得以调解人的身份呈请销案。另一方面,他们只拿少量薪水。据新竹知县在 1888 年给上级的一份报告中声称,他只付给衙役每日 0.08 元"工食",即相当于一年 29 元。而刑名幕友的"束脩"则高达 1000 元一年,钱谷幕友亦达 800 元一年(淡新11407:1—3)。[①] 绝大多数衙役可能要靠收礼或敲诈来弥补生计。

---

[①] 戴炎辉根据一份 1888 年新竹的资料(无出处)所提供的数字(1979:698,703—711),跟这里所引用的刑名、钱谷幕友薪额相同。我怀疑戴炎辉引用的是同一份资料,但他忽略了衙役的工食数额,而代之以法定的标准额,即衙役每年给银 6两。我曾在一篇已经发表的(构成本章基础的)英文论文中引用了戴炎辉提供的数字(Huang,1993:283)。

此外，不像知县及其随员，衙役通常都是本县人氏，因此还得屈从地方势力的种种索求。

在出于各种原因不再存有乡保的地方，衙役就成了县官查办案情的唯一消息来源。以吴氏与高氏之间的讼争为例，二妇皆只承认一点，即若干年前吴氏收高氏之女为童养媳。吴氏状告高氏拐走其业已长大成人的女儿，唆使她跟人通奸。知县在收到状词后，批道"如果所控属实，殊为不法"。故着令衙役查复，并带高氏到庭。此时，高氏亦呈词辩称，该幼女自长大之后，跟吴家儿子相处不睦，吴氏因此逼她把女儿赎走。她拿出 40 元赎走女儿，并嫁给杨瑞，而吴氏捏造状词，只是想再敲诈她一笔。衙役经调查之后，禀称被告高氏所言属实。在此案记录中，并无乡保的报告，甚至未提及乡保。衙役这样上报之后，吴氏就别无选择，只有屈让一条。当地调解人亦根据这些情节作了调停，并呈请销案。〔淡新 21207，1890.11.28（婚-7）〕这里，衙役对案情的判断，在本案的处理过程中显然起到了决定性作用。

不言而喻，在这些情形下，衙役们很可能会趁机进行敲诈。发生在新竹的如下这件案子，便多半含有贿赂情节。1888 年五月十五，萧春魁状告邻居林狡侵占他的土地。据称，在新近的一次洪水之后，林狡趁机填塞了自家土地上的一条沟，而在萧家的地上新挖一沟。知县先是叫萧春魁呈上地契，以供查验。在二十四日萧春魁呈催之后，知县派衙役前去调查。一周后，衙役王春、李芳回禀：所谓在萧家土地上新挖一沟，查无实据。到七月，萧春魁再呈一词，称林狡买通衙役，要求另派衙役前来调查。知县最初的反应是"毋庸改差"，但他还是着令进一步查实。4 个月后，王春含糊回复

(此时李芳已死):他看到一些迹象,水沟可能系新近挖成。两周后,萧春魁再呈声称,王春被林家买通。这次,知县同意另派两名衙役查办此案。4个半月后,新差回复说,即便旧沟被埋,但现在上面已种上庄稼,无从确定下面是否有旧沟。知县仍想弄个水落石出,饬令差役向当地居民打听。五月初九,亦即在离萧春魁头次告状差不多一年之后,衙役才回禀,他们再一次含糊地说,水沟似有可能被移混。到此,知县显然不如原先那么坚决,只是说,等原告催呈后再作处理。本案记录到此结束。萧春魁可能终于放弃了求助于衙门的意图。[淡新22526,1888.5.15(土-106)]被告林狡很可能确实买通了衙役,使得萧春魁以及知县的努力都无法收效。

另一件案子也可能含有贿赂情节。1882年二月十八,冯致和控告族亲冯福德屡次侵占他家的八亩土地。知县堂谕:"饬差查理处。"被告冯福德实际上是一位有钱有势之人,且有功名(六品军功)。他辩称,冯致和在他们两家场边断成深沟,妨碍出入。当月二十一,他又呈一词,称冯致和闯进他家,砸坏物品,使全家受惊。知县于是传唤双方到庭候讯。二月二十七,原告的父亲冯福和呈称,其子被冯福德殴伤,头晕不已,且称冯福德曾经鸡奸幼童,有案可查。这次,知县的反应仅是说,已派人前去调查。二月二十九,衙役跟乡保一同回禀道:已经"按照伊等分单,将两造场地拨清……双方俱愿息讼"。知县当即答应:"销票。"本案记录到此结束。[宝坻107,1882.2.18(土-18)]这里我们尽管无法断定该案真相如何,但被告冯福德很可能是买通了衙役、乡保,报称已作和解,得免受堂讯。

和乡保一样,衙役也可以通过拖延或不把传票送达,来影响讼案的结果。有这样一案,衙役呈报无法找出被告。原告于是控称,被告受讼棍唆使,已买通衙役。在另一案中,恼怒的知县对一位故意拖拉的衙役罚杖一百。但这两件案子都再无进展[淡新22420,1882.3.3(土-57);22430,1886.11.10(土-67)],两案的衙役都很可能成功地阻挠了办案进程。

这里我们只能推测,在大量记录不完整的案件中,有相当一部分牵涉到衙役的不轨行为。那些结束于衙役报称某方无法找到的案件记录,或者是发出传票后便无下文的案子,都可能如此。这两种记录的案子,在巴县152件不完整案件中占131件,在宝坻26件中占18件,在淡水—新竹86件中占43件。

## 四、正式性、非正式性以及第三领域的纠纷处理

可见,第三领域的纠纷处理,应跟更严格意义上的非正式调解区别开来。在后者那里,没有州县官的任何意见,完全由亲邻自行调解,虽然也考虑到律法条文,但总是以妥协互让的办法来息事宁人。

如同我在其他地方所述,分家可被视为非正式性纠纷处理最好的例证(黄宗智,2001:25—29)。长期以来所形成的惯行,非常有效地处理了兄弟之间在瓜分家产时所出现的紧张关系。首先,社区、亲族首事会跟这些继承人反复商议,把家产均分为若干份,然后抓阄分派。分家结果常由调解人做中,形成文契。

清代法律认为,近亲兴讼是不道德的行为,邻里族人有责任解决争端。正如一位知县在拒绝受理一位做弟弟的状告其兄长把持

家产、不肯分家时所说，"一本之亲，勿遽阋阅公庭"[淡新22524，1888.2.23(土-104)]。同样，某位知县在处理一起亲属间的债务纠纷时也批道："尔与原告情关至戚，乃因钱债细故，涉讼公庭，实属有伤亲谊。"[淡新23312，1887.1(债-35)]

这并不是说，非正式性纠纷的处理完全独立于正式法律之外自行运转。拿分家来说，诸子均分的惯例，早在唐代即有正式的法律规定。此后，社会习俗与法律条文的吻合，使诸子均分的原则几乎得到普遍的遵守，因分家所产生的纠纷和讼争被减至最低程度。如果法律原则与社会习俗发生分歧(这一现象随着土地典卖的普及而日益严重)，而法律条文又模糊不清，就会使得人们更多地依靠诉讼来解决纠纷。这一点我在其他地方有详细说明(参见Huang，1990：106—108)。

第三领域的纠纷处理，还应该跟更严格意义上的正式司法亦即法庭审判区别开来。县官对民事案件的审理，跟刑事案件一样，首先要受到成文法律的约束。然而，正如非正式制度受到正式制度的影响一样，在正式制度的运转过程中，非正式性纠纷处理也起到一定的作用。绝大多数判决无疑是以法律为依据的，但是仍有小部分案子是由县官以息事宁人的原则，断令维持民间调解所达成的结果[宝坻171，1885.5.18(婚-21)]，或者断令此事应交亲邻调解处理[淡新22513，1884.3(土-93)]。

只有在第三领域，正式的和非正式的纠纷处理才在几乎平等的关系下相互作用。知县基于法律的意见当然具有官方的威严，但官方的统治思想是民间调解优先，只要它没有越出法律所容许的范围。知县的意见是在那样的意识下进行表述的。因此，知县们通常优先接受邻里族人息事宁人的调解办法,公堂审断是在民间调解失败后才进行的。即使纠纷中牵涉到触犯法律的行为,调解人也有可能把它们掩饰过去,让衙门接受其妥协办法。例如,我们已在前面看到,在那件多半含有非法聚赌情节的案子(韩延寿控告敬德和韩喜)中,调解人声称当事人是因正当交易中账目不清而起争执,他们凭此而获得衙门许可销案。

正式审判与非正式调解的交相作用,有些是在制度性框架下进行的,有些则是对应于个别案件的特殊情况而进行的。调解人(也包括涉讼人)几乎无一例外地可以向县官呈词,县官的批谕也几乎都会传达给他们。这样的做法,一方面,确保了两者之间通畅的交流;但另一方面,这些交流又极为简略。呈状人每次告状,只能使用一张三百多格的状纸,而知县通常顶多也只批寥寥数句。加之他十分借助半官半民的乡保和衙役作为中介,因此为贪赃枉法行为提供了空间。

这种半官半民的纠纷处理过程,在最糟糕的情形下,会为衙役、乡保的不法行为或社区亲邻的不实表达所支配,或为县官私人的臆断所左右。不过,在理想的情形下,第三领域的司法活动却能兼顾息事宁人的需要和法律条规的制约,将两者结合起来,成功地解决纠纷。这一半官半民的制度,既具清代司法制度的积极面,也具它的消极面。

# 引用说明

本章所引《大清律例》条文,均据薛允升 1905 年注释、黄静嘉 1970 年重校版本(成文出版社出版)。头一组数字系指由黄静嘉所加的律文序号,后一组数字(若有)则指例文序号。

巴县档案在引用时标有全宗号、目录号、案卷号、阴历日期(若有),例如:巴县 6:1:1062,1789.2.23;宝坻档案则注明案卷号及阴历日期,例如宝坻 194,1839.2.23;淡新档案注有整理者所加的编号及阴历日期,例如:淡新 22615,1893.7.4。引用上述档案时所示日期,均为首份状词之日期。如果此日期不可考,则以首份标有日期的档案资料为依据。最后圆括号内的汉字及数字,则系我自己所加,分别指案件类别("土"指土地,"债"指债务,"婚"指婚姻,"继"指继承)和编号。

**参考文献**

宝坻县档案,北京:第一历史档案馆。(归顺天府;引用时注有案卷号和阴历日期。)

巴县档案,成都:四川省档案馆。(引用时注有全宗号、目录号、案卷号和阴历日期。)

戴炎辉(1979):《清代台湾之乡治》,台北:联经出版社。

淡新档案,加利福尼亚大学洛杉矶分校(UCLA)东亚图书馆藏缩微胶片,戴炎辉编目。

黄宗智(2001):《清代的法律、社会与文化:民法的表达与实践》,上海：上海书店出版社。

〔清〕薛允升（1970［1905］）：《读例存疑》，黄静嘉重校本，共 5 册，台北：成文出版社。

〔日〕臼井佐知子（1981）：《清代赋税关系数值の检讨》，载《中国近代史研究》第 1 号（七月），第 43—114 页。

〔日〕滋贺秀三（1984）：《清代中国の法と裁判》，东京：创文社。

Allee, Mark Anton（1987）. "Law and Society in Late Imperial China: Tan-shui Subprefecture and Hsin-chu County, Taiwan, 1840–1895," Ph. D. dissertation, University of Pennsylvania.

Bernhardt, Kathryn （1992）. *Rents, Taxes, and Peasant Resistance: The Lower Yangzi Region, 1840–1950.* Stanford, Calif.: Stanford University Press.（此书中文版为〔美〕白凯：《长江下游地区的地租、赋税与农民的反抗斗争：1840—1950》，林枫译，上海：上海书店出版社，2005 年。）

Ch'ü T'ung-tsu（1962）. *Local Government in China under the Ch'ing.* Cambridge, Mass.: Harvard University Press.（此书中译版为瞿同祖：《清代地方政府》，范忠信等译，北京：法律出版社，2011 年。）

Conner, Alison Wayne （1979）. "The Law of Evidence During the Qing," Ph. D. dissertation, Cornell University.

Huang, Philip C. C.（1993）. "Between Informal Mediation and Formal Adjudication: The Third Realm of Qing Justice," *Modern China*, 19.3（July）: 251–298.

Huang, Philip C. C.（1990）. *The Peasant Family and Rural Development in the Yangzi Delta, 1350–1988.* Stanford, Calif.: Stanford University Press.（此书中文版为黄宗智：《长江三角洲的小农家庭与乡村发展》，北京：中华书局，1992 年首版，2000、2006、2023 年再版。）

Huang, Philip C. C. (1985). *The Peasant Economy and Social Change in North China*. Stanford, Calif. : Stanford University Press. (此书中文版为黄宗智:《华北的小农经济与社会变迁》,北京:中华书局,1986 年首版, 2000、2004、2023 年再版。)

# 附录

### 巴县、宝坻和淡新案件的结局(按类别)

| 结局 | 土地 | 债务 | 婚姻 | 继承 | 总计 |
|---|---|---|---|---|---|
| 巴县,18 世纪 60 年代—19 世纪 50 年代 | | | | | |
| 民间解决 | 22 | 13 | 17 | 1 | 53 |
| 通过调解 | 22 | 13 | 17 | 1 | 53 |
| 通过原被告自己 | 0 | 0 | 0 | 0 | 0 |
| 衙门拒绝受理 | 0 | 0 | 0 | 1 | 1 |
| 法庭裁决[①] | 32 | 28 | 33 | 5 | 98 |
| 不完整案件 | 46 | 55 | 45 | 6 | 152 |
| 其他[②] | 0 | 0 | 4 | 0 | 4 |
| 小计 | 100 | 96 | 99 | 13 | 308 |
| 宝坻,19 世纪 10 年代—20 世纪初 | | | | | |
| 民间解决 | 10 | 19 | 13 | 3 | 45 |
| 通过调解 | 10 | 15 | 8 | 3 | 36 |
| 通过原被告自己 | 0 | 4 | 5 | 0 | 9 |
| 衙门拒绝受理 | 0 | 2 | 0 | 0 | 2 |

续表

| 结局 | 土地 | 债务 | 婚姻 | 继承 | 总计 |
|---|---|---|---|---|---|
| 法庭裁决① | 8 | 17 | 15 | 5 | 45 |
| 不完整案件 | 5 | 13 | 4 | 4 | 26 |
| 小计 | 23 | 51 | 32 | 12 | 118 |
| 淡新,19 世纪 30 年代—19 世纪 90 年代 | | | | | |
| 民间解决 | 14 | 12 | 1 | 1 | 28 |
| 通过调解 | 13 | 10 | 1 | 1 | 25 |
| 通过原被告自己 | 1 | 2 | 0 | 0 | 3 |
| 衙门拒绝受理 | 4 | 2 | 1 | 0 | 7 |
| 法庭裁决② | 55 | 12 | 0 | 11 | 78 |
| 不完整案件 | 50 | 24 | 7 | 5 | 86 |
| 其他② | 2 | 1 | 0 | 0 | 3 |
| 小计 | 125 | 51 | 9 | 18 | 203 |
| 总计 | 248 | 198 | 140 | 42 | 628 |

----

① 其中包括法庭(衙门)仲裁的案件。
② 例如,法庭(衙门)当作刑事案件(如斗殴和强奸)来处理的案子或法庭撤销的案子。

第7章

# 中国的"公共领域"与"市民社会"?

## ——国家与社会间的第三领域[*]

"资产者公共领域"(bourgeois public sphere)与"市民社会"等概念,就其被运用于分析中国时的用法而言,预设了一种国家与社会之间的二元对立。倘若坚持这一预设,我们就会冒这样一种风险,即将讨论的论题化约成为仅仅争论社会与国家何者对所讨论的现象影响较大。本章提出,哈贝马斯自己实际上已给出另一种较为复杂的概念构造,它可以发展为解决当下问题的一种办法。

[*] 本章原载邓正来与 J. 亚历山大编《国家与市民社会:一种社会理论的研究路径》,北京:中央编译出版社,1999 年,第 421—443 页。英文原作 Philip C. C. Huang,"Public Sphere/Civil Society in China? The Third Realm between State and Society," *Modern China*, 19.2(April 1993):216—240。中译文由程农译,邓正来校。感谢邓正来先生发给我原来的电子译稿。译稿在当代部分错误颇多,现经笔者重新校阅改正,并稍做补充、删节。

我认为，国家与社会的二元对立是从那种并不适合于中国的近现代西方经验里抽象出来的一种理想构造。我们需要转向采用一种三分的观念，即在国家与社会之间存在着一个第三空间，而国家与社会又都参与其中。再者，这一第三领域随着时间的变化而具有不同的特征与制度形式，对此需要做具体的分析和理解。我拟对这种第三领域在明清、民国与当代中国不同时期中的一些实例做一简要讨论，其间的一些观点与经验材料既采自我早些时候出版的有关华北乡村和长江三角洲的著作，也采自我目前正进行的有关民事审判和乡土社区（rural community）变迁的两个研究项目。

# 一、哈贝马斯论公共领域

## （一）两种含义

哈贝马斯对"公共领域"一词有两种不同的用法，一种含义非常特定，另一种含义较为宽泛。首先，他将此词用作"资产者公共领域"的简称，用以特指17世纪后期英国和18世纪法国开始出现的现象。他颇为精心地指出，那些现象是与市场经济、资本主义及资产阶级的兴起相伴而生的。正如他在《公共领域的结构性变化》一书前言中所说的：

> 我们把资产者公共领域视作某一时代特有的范畴。我们既不能将它从起源于欧洲中世纪晚期的那一"市民社会"的特定发展历史中抽象出来，也不能将其概括为理想类型，转用于

其他表现出形式上的类似特征的历史情势。举例来说，正如我们努力表明公共意见（public opinion）一词只有被用来指涉 17 世纪晚期的大不列颠和 18 世纪的法国才是用法精当的一样，我们大致亦将公共领域视为一个历史范畴。（Habermas，1989：ⅩⅦ—ⅩⅧ）

但是，哈贝马斯也在较宽泛的意义上使用这一词语，以指称某类现象，而资产者公共领域只是这类现象中的一个变数类型（one variant type）。因而，他会讨论资产者公共领域的"自由主义模式"同另一个与之相对的模式——"平民公共领域"（the plebeian public sphere）之间的差别。在他看来，这两个模式构成了"资产阶级社会里公共领域的两个变数"。这两个变数又"必须严格区别于"另一个变数，即"高度发达的工业社会中那种公民表决加万众欢呼式的，以专制为特征的被宰制的公共领域"（同上：ⅩⅧ）。通过哈贝马斯对"公共领域"一词用法的说明，可以看出他在指涉一种普遍现象，即现代社会里日益扩张的公共生活领域。它可以呈现为不同的形式并涉及国家与社会之间各种不同的权力关系。哈氏是在暗示一种关于公共领域的类型学，"资产者公共领域"只是其中的一个变数类型。

哈贝马斯的主要注意力就放在资产者公共领域上面。他详细阐述了与之相关的特定历史事实。资产者公共领域除了与资本主义相关联，在"（资产者）私人领域"里也有其渊源。在哈贝马斯看来，资产者公共领域首先就是从私人领域和公共领域的明确界分中生长起来的。这种界分在中世纪采邑制下并不存在，只是随着商品交换和资产阶级式家庭的兴起才呈现出来（同上：14—26）。正是这些"私人化的"（privatized）资产者个人聚集起来进行理性的、批判性的公共讨论，构成了"公共意见"的基础。这种"公共意见"，就其对专制权力构成制约而言，成了资产者公共领域的本质特征。从而：

> 资产者公共领域可以首先被理解为众多个人聚集成为公众的领域：他们随即宣称控制了那一自上而下调整的却与公共当局本身相对抗的公共领域，设法同它们就调整商品交换和社会劳动这一属于私人但又具某种公共性的领域里的各种关系的一般规则展开争论。（同上：27）

比起分析资产者公共领域的兴起，哈贝马斯对其自 19 世纪后期开始的衰落要更为关注，因此他的著作才定名为《公共领域的结构性变化：对资产阶级社会一个范畴的探究》。自由主义的资产者公共领域是在与国家的对立中形成的，它一直是私人领域的组成部分。然而，随着福利国家、大众社会与广告业的出现，这一公共领域却经历了一种结构性变化。国家与社会相互渗透，模糊了私人领域与公共领域之间的界线。从而：

> 资产者公共领域变成了国家与社会之间充满张力的区域。但这种变化并未妨碍公共领域本身仍属私人领域的组成部分。……与国家干预社会并行的是，公共职能转由私法人团体（private corporate bodies）承担；同样，社会权力取代国家

权威的相反进程却又与公共权威在私人领域的扩张相关联。正是这种共存并进的国家逐步"社会化"与社会日益"国家化"的辩证交融，逐渐损毁了资产者公共领域的基础——国家与社会的分立。可以说，在国家与社会之间及在两者之外，会浮现出一种重新政治化的社会领域，而有关"公共"与"私人"的区分对其无法有效施用。（同上：142）

换言之，公共领域已为齐头并进的"国家化"与"社会化"所腐蚀瓦解。

## （二）两种意图

哈贝马斯所论公共领域的两种含义体现了他的两种意图。首先，作为社会学家与历史学家的哈贝马斯努力想把实际历史经验归类为若干模式。显然是出于这一意图，他才会认为公共领域有许多种类型，而资产者公共领域不过是其中的一个变数。他对近代英国和法国进行了具体的讨论，并从中抽离出资产者公共领域的抽象模式，背后也有这一意图存在。

但是，哈贝马斯又是道德哲学家与政治哲学家，其主要旨趣在于批判当代政治。就此而言，他所提出的资产者公共领域便成了据以评判当代社会的一种抽象判准（abstract standard）。在他看来，他抽象出的近代英国理想形态所具有的那种理性与道德力量，当代民主已丧失了大半，广告操纵与利益集团的花招取代了此前时期的理性公共意见。在论述民主的"结构性变化"时，哈氏实际是在高擎理想以批判现实。

## (三)两种空间概念

从理论上讲,哈贝马斯的"公共领域"占据着两种不同的空间(spaces)。他在构建多种类型的公共领域的时候,将公共领域明确定位为"国家与社会之间充满张力的空间"。就是在这个居间性空间里,国家与社会相互作用,产生出各种不同类型的公共领域,其或为资产阶级社会的"自由主义"类型或"平民"类型,或为在"高度发达工业社会里专制"之下"被宰制的"类型。在将这一居间性区域的概念扩展并用来分析结构发生变化的公共领域时,他论述的便是这一空间如何为国家干预社会(国家化)与社会僭取国家威权(社会化)的双重过程所侵蚀瓦解。

然而,与此同时,哈氏的"资产者公共领域"却是一种在与国家对立中发展出来的区域。在这一概念的构建中,"众多个人……聚集成为公众",控制了"那一自上而下调整的却与公共当局本身相对抗的公共领域"。在这里,国家、社会与公共领域的三分观念又变成了社会与国家并立的二元观念。公共领域成了仅是(市民)社会在其反对专制国家的民主进程中的一种扩展。

## (四)两种动力

两种不同的区域概念又涉及两种不同的变迁动力。在论及资产者公共领域时,哈贝马斯主要关注的是整体社会的变迁(societal change),即众多个人聚集起来形成产生理性意见的"公众"。我们可以称这一过程为近代自由—民主式的全社会整合(societal integration）。至于国家方面可能会发生的种种变迁,哈氏几乎置之不论。

然而,在论及公共领域的"结构性变化"时,哈贝马斯既讨论整体社会的变迁,也讨论了国家的变化。一方面,进行理性讨论的个人聚合让位于"大众社会"的各种利益集团;另一方面,"自由主义的宪政国家"则让位于福利国家。前者屈从于"国家的'社会化'",后者屈从于"社会的'国家化'"。这种双重过程导致了"国家与社会二分"的瓦解,而这却曾是"资产者公共领域的基础"。

## 二、与会者的不同用法

在我看来,上述内容就是哈贝马斯复杂思想的基本内核。我们这些从事中国研究的人如何才能妥当地运用他的观点呢?

魏斐德(Frederic Wakeman)的文章,针对那种把哈贝马斯的资产者公共领域模式机械地套用于中国历史经验的做法提出了批评。他指出,这类做法无论是有意还是无意,都会导致某种目的论暗示,以及对含义两可的材料做片面的解释。罗威廉在其两部著作(Rowe,1984,1989)中展示过若干演化进程,并以此证明独立于国家的"近代公共领域"的浮现;而魏斐德却极其强调国家在这些演化进程中所具有的持续且重要的作用。就玛丽·兰金(Mary B. Rankin,1986)与戴维·斯特朗(David Strand,1989)未能仔细限定其解释而言,他们也同样犯有片面解释之过。

为对罗威廉公正起见,我们可以回溯一下他构造其论式时身处的情境。当时,曾支配 20 世纪五六十年代学术研究的有关独特、僵固的"传统"中国的设定，在中国研究领域依然影响巨大。正是囿于这种情境，罗氏才会把马克斯·韦伯选为论辩对手。他的论著在某种意义上使我们注意到了清代与近代西方相似的那些现象，从而有助于破除中国静止不变的早先设定。就此而论，他的贡献类同于那些提出"资本主义萌芽"的中国学者，他们通过阐述明清时期活跃的商业化而瓦解了先前中国学界有关"封建中国"固化不变的看法。我对这些学术走势已做过较详细的讨论，此处不再赘述（Huang，1991）。

在罗威廉的论文里，我们可以看出一种新的倾向在涌动。他不再是单纯地搜寻清代与近代西方的相似之处，而是也关心起两方的差异。此一取向已足够清楚：原先的指导模式现在却可能成为理论批判的靶子。

把哈贝马斯的资产者公共领域理论从向导变为论敌的一个好处是，不仅凸显了表面现象异同的问题，而且突出了哈氏分析的深层方面。正如罗威廉在其著作中不仅要对韦伯视中国城市为行政中心的描述性概括做论辩，而且要对韦伯有关中国城市缺乏引发市场经济与商人阶级之发展动力的分析性推断做论辩一样，我们也要辨明哈贝马斯有关立基于资本主义与资产阶级兴起之上的资产者公共领域的论断是否充分适用于清代的情况。

玛丽·兰金的论文也显示了相似的走向，即不再是颇为机械地搬用哈贝马斯的资产者公共领域模式，而是努力采用哈氏第二种较宽泛的用法（关注多种多样的公共领域）。她试图勾勒一种中国类型的公共领域。同时，我们还可以看到，兰金力图放弃那种对公共领域与国家做简单的二分对立的做法，转向采用哈贝马斯有关公共领域介于国家与社会之间的三分概念。这些也都是我自己在本章前面部分所主张的取向。

　　但是,这种取向的问题在于,哈贝马斯本人的概念不是太特定就是太宽泛,难以真正适合中国。资产者公共领域概念的历史特定性太强,无法用以指导对中国的分析。说实话,把它作为论辩对象要比将其作为指导模式更有助益。另一方面,多种公共领域类型的概念又过于宽泛,没有多少价值。如果我们用零碎的、主要是乡村的地方共同体来取代哈贝马斯整合的城市公共领域,一如兰金试图做的那样,那么"公共领域"这个概念究竟还剩下什么可以证明应当保留这一术语呢?

　　再者,哈贝马斯把大部分注意力都放在资产者公共领域方面,对介于国家与社会之间并随两者变化而变化的公共领域这一较为复杂的观念却少有关注。他的资产者公共领域的理论最终又退回到将国家与社会做简单的二元对立区分中。与此相同,兰金分析的最终归宿也是将公共领域描绘成在国家之外或与之对立的整个社会的发展。对于国家与社会如何在居间区域里一道起作用,或国家变迁与社会变迁可能以怎样的方式相互结合以影响公共领域的特质,兰金都未能给出详尽说明。

　　在提交论文的人里,唯有理查德·麦迪森(Richard Madsen)明确无疑地站在作为道德哲学家的哈贝马斯一边,致力于倡扬民主的应有形态,而不是像作为历史学家与社会学家的哈贝马斯那样关心对实际经验的分类。在麦迪森看来,哈贝马斯的道德—文化理想是一个当代西方与当代中国都未达到的普适标准。他倡导那种依据哈贝马斯的理想来评判当代中国发展状况的研究。

麦迪森的研究路径的长处,是它毫不隐讳其道德意图。他并未试图借助表面"价值中立"的理论来遮掩自己的道德主张。依循麦迪森的思路,读者会很清楚自己被导向何方。

但是,麦迪森式的进路也有问题,即它极容易用主观意愿取代对已然的和实然的事实的精准把握。诚然,研究者多少总要受其自身价值取向的影响,也正是有鉴于此,弄清楚我们自己的价值倾向比懵懵懂懂要强得多。但在我看来,这种自觉应当用以帮助防止对历史材料的曲解。无论以什么样的方式,我们都不应当用这种自觉来支配我们的研究。尽管我非常赞同麦迪森对道德的、理性的民主的信奉,却无法同意那就是放之四海而皆准的永久处方。至于要用这样一种道德视界来左右我们的研究进程,就更难让人苟同了。倘若抱有这样的宣传动机,若干重要的变迁与发展就仅仅因为它们似乎与既定旨趣无关而容易遭到漠视。一旦事态果真如此,那么即便是秉有最良好的意愿的道德视界,也会变成歪曲历史真实的意识形态枷锁。

最后,希斯·张伯伦(Heath Chamberlain)的文章虽然关注的不是公共领域概念而是市民社会概念,但我觉得其提出的问题与麦迪森并无二致。张伯伦所界定的"市民社会"已大致相当于某种可称为民主主义萌芽的东西。与麦迪森一样,张伯伦对自己的宣传意图并不遮掩,并集中关注于那些与理想的市民社会相契合的中国现象。

此外,张伯伦主张重新厘定市民社会所占据的区位。他拒斥"市民社会"一词当前的通行用法。这种用法依据东欧新近事态的发展而形成,指独立于国家的一切社会组织或社会活动。这种用法把市民社会与国家简单对立起来,并将市民社会与社会混为一谈。与此相反,张伯伦要求恢复这一概念在 18、19 世纪的用法,即将市民社会定位为国家与社会之间的区域,经由现代化变迁中国家与社会的交互作用而生成。这样理解下的市民社会就与哈贝马斯公共领域的第二种区域概念相近了。

## 三、国家与社会之间的第三领域概念

本章的目的,首先便是指出因公共领域这一术语而产生的极其复杂的一揽子问题:这一术语既具有社会学和历史学的意图也具有道德哲学的内涵,既指高度概括的结构又指极为具体的结构,既是设于国家与社会之间的三分观念又是将国家与社会相对抗的二分观念。哈贝马斯本人的不同界定及我们这些论文撰写者对哈贝马斯概念的不同诠释,凸显了这一概念的价值和含义的多样,因而此一概念的用法存有如此之多的困扰,也就不足为怪了。这个原因,或许会使我们拒绝继续运用这一概念来描述中国现象。

然而,这并不意味着我们就不能从哈贝马斯的观点里深受教益。哈贝马斯的复杂思想所欲辨明的核心问题——在国家与社会发生根本转向时两者之间变动着的关系,无疑是重要的。他认为应当同时依照国家变迁与社会变迁,而不是单独参照一方来理解这种关系变化(尽管他自己的资产者公共领域理论只关注社会方面的变迁),我认为这也是一个出色的观点。至于他有关这种关系的变化应当从介于国家与社会之间的区域来考察的立场,似乎更是一个可以进一步发挥的重要观念。

让我们回到魏斐德与罗威廉争论的例子上以说明这个问题。魏斐德指出 19 世纪汉口的新型商人组织与国家有密切关联,这一点肯定是正确的。但是,他们的自主自立并没有达到如罗威廉著作中所论断的那种程度。我们究竟要从这一事实中得出什么结论呢?如果那些历史现象不能单纯从整个社会的发展来理解,我们就得严格依照国家行动来理解它们吗?我们是否必须照国家与社会二元对立的预设所限定的那样,只可在两者之间选择一个呢?

我认为,比较妥当的做法是采取哈贝马斯的建议,依照在国家与社会之间存在一个两方都参与其间的区域的模式来进行思考。罗威廉讨论的那些商人组织显然既反映了商人的力量又体现了国家控制,单纯从社会组织或国家权能出发,都无法领会其内涵。

为了确切把握这一居间区域,避免在使用哈贝马斯的公共领域概念时出现误用与混淆,我建议使用"第三领域"一词。它是价值中立的范畴,可帮我们摆脱哈贝马斯资产者公共领域理论中那种充满价值意义的目的论。比起哈贝马斯的公共领域概念,它也可以更为清晰地界分出一种理论上区别于国家与社会的第三领域。

这样一个概念还可以阻止我们把第三领域化约到国家或社会范围的非此即彼倾向。我们将首先承认国家与社会两者在同时影响着第三领域。据此,我们可以讨论国家或者社会或者两者一起对第三领域的影响,但却不会造成这一区域会消融到国家或社会里或同时消融到国家与社会里的错觉。我们将把第三领域看作超出国家与社会影响的具有自身特性和自身逻辑的存在。

这里可以借用父母对幼儿的影响来做一类比。倘若只是从父母影响的角度讨论幼儿,我们就容易在双亲谁影响更大的简单化论断上纠缠。这时,我们已忽略了真正重要的问题:孩童自身的成长与变化。

用这样一种第三领域的架构来看魏斐德与罗威廉的争论,即便我们不接受罗氏有关一种自立于国家之外的社会公共领域在浮现的论断,也能够保留他观点中的真知灼见。可以肯定地说,罗威廉(以及兰金与斯特朗)正确地指出了某种新的长期趋向,尽管这种趋向不能等同于哈贝马斯的公共领域。运用第三领域的概念,我们就能依据这一领域的扩展与制度化来讨论那些变化趋向,而不会再陷入国家与社会的简单化对立。我们甚至能论说第三领域诸部分的国家化或社会化(采用哈贝马斯分析公共领域结构性变化时的启示),而不会把此领域消融到国家或社会里。

倘若扫视一下清代、民国与当代中国,就应明了在中国的社会政治生活中始终存在着一种"第三领域"。这一领域在清代比较具体和特殊,并且是半正式的,但在 20 世纪则日趋制度化,其公共职能的范围也在与日俱增并稳步扩展。下面我将转而讨论自清代至今这一第三领域及其变迁的一些实例。

## 四、中华帝国晚期的第三领域

## (一)司法体系

我是从自己目前有关中国法律的研究里得出"第三领域"的概念的。在进行此项研究的过程中,我竭力主张用三分的观念考察清代司法体系:带有成文法典和官家法庭的正式司法体制,由通过宗族/社区调解解决争端的根深蒂固的习惯性做法构成的非正式司法体系,以及在两者之间的第三领域。人们对前两块相对比较熟悉,第三块却基本上一直被忽视。

我在本书第6章指出过,在三个县(直隶的宝坻、四川的巴县与台湾的淡水—新竹)自18世纪60年代至清末的628件民事案件中,只有221宗一直闹到正式开庭,由地方县官裁决;剩下的几乎全都在提出诉讼后未等到正式开庭,在诉讼中途就了结了。其中大多数都是经由正式司法体制与非正式司法体制的交互作用而在中途获得了解决。

实现此种解决的机制是,在县官意见与社区/宗族调解之间存在一种半制度化的交流。诉讼一旦提出,一般都会促使社区/宗族加紧调解的工作。同时,县官们依常规会对当事人提出的每一诉讼、反诉与请求做出某种评断。这些评断意见被公示、传达,或由当事人通过其他渠道得知,从而影响到社区中正在进行的和解协商。反过来,县官们一般并不愿意让事态发展到开庭判案的阶段(因为清代法律制度的一贯态度是民间纠纷最好由社会本身解决,国家法律要到迫不得已的时候方才介入),故而对已达成的和解办法一般都会予以接受。

经此途径形成的和解办法,既不应等同于正式法庭的裁决,也不应等同于非正式的社区/宗族调解,因为它们将正式、非正式两种司法体制都涵盖到一种谈判协商的关系之中。县官们的审案意见一般是遵从成文法典中制定法的指导,而民间调解者则主要关心如何讲和与相互让步。这两方的相互作用甚至在清代就已实现了部分制度化,构成了司法体系中第三领域的重要部分。①

## (二) 县级以下的行政

　　县级以下的行政也存在同样的模式。清廷的正式行政管理只到县衙门为止,对于县级以下的公共行动,国家的典型做法是依靠不领俸禄的准官吏(semiofficials)。无论是乡镇一级的"乡保"还是村一级的"牌长",这些县级以下行政职位的任命,原则上都是由社区举荐,再由政府认可。理所当然,这些职位立足于国家与社会之间并受到两方面的影响。

　　正是依靠这些第三领域准官吏的帮助,正式国家机构才能扩展其控制范围,渗透进社会的基层。这些官吏的一般职能包括收税、司法执行及维护公共治安。在特定的情形中,他们还协调各种公益事业活动,如治水、赈灾和地方保卫等。他们帮助国家与社会联结在一起。

　　处身现代社会,我们已对具有强大基层渗透能力(infrastructural reach)的国家习以为常,与国家机构的俸禄官吏直接打交道,也已被视为正常之事。但清代的情况并非如此,当时国家的基层渗透能力还比较有限,对生活在基层的大多数人来说,与国家的接触主要发生在第三领域。

## (三) 士绅的公共功能

　　治水、赈灾或治安等地方公益事务典型地发生在第三领域,是

---

① 这些观点及佐证这些观点的证据,在我其他论文里有详尽阐述(Huang,1993)。

在国家与社会的共同参与下进行的。一方面，从国家这边看，它没有独自从事这类活动所必需的基层渗透能力，因而县衙门通常要向社区领导人求助；另一方面，从士绅方面讲，由于他们没有可以实施大规模公共活动的民间组织，国家的领导与介入是必不可少的。

在自然灾荒与社会动荡加剧的王朝衰败时期，对这类公共活动的需要随之增加。某些时候，国家极其衰弱，无力提供领导，士绅们便会完全接管有关事务。更为常见的是，国家权力衰败主要限于中央权力而非地方权力，此时地方政府与地方社会就会共同承担起日益繁多的公共活动。因而，不能依照公共领域与市民社会模式的导向，以为士绅公共功能的一切扩展都意味着某种独立于国家的社会自主性日增的长期趋向。

## （四）在国家与社会之间

为了使本章运用的区域概念更为清晰，可以把中华帝国晚期的社会—政治体系设想为一个由大小不同的三块构成的垛子。顶部小块是国家的正式机构，底部大块是社会，处在两者之间的是大小居中的第三块。这便是清代司法第三领域的运作之处，便是诸如乡镇的乡保与村里正、牌长等县级以下行政职位的立足之处，便是国家官吏与士绅领袖合作进行公益活动的地方。我们还需要进一步探究这一第三领域的其他各种面向，探究其间的种种权力关系、运作样式和组织形式。

# 五、第三领域及其新的变迁

上文勾勒的第三领域在晚清与民国时期经历了重大变化。罗威廉与兰金认为构成一种新的公共领域的若干现象实际上并不新奇。它们不过是第三领域公共职能在王朝衰败时期固有的周期性扩展的组成内容。只有与晚清及 20 世纪特有的新现象结为一体的那些变化才是真的新事物。

## （一）近代的社会整合、国家政权建设与第三领域

清代社会整合方面的新趋势是显而易见的。在商业最为活跃的地区，新的城镇开始涌现。与这些城镇一起涌现的还有各种新型社会群体，尤其是商人团体。城镇所达到的社会整合水平也可能比村落零散的乡村更高。在这样的环境里，商人团体常常与国家合作从事各种公共活动，诸如公用事业建设、维持救济组织、调解争端，等等。随着清末十年新型商会的兴起，这种趋势达到了巅峰。更有甚者，正如兰金所强调的：由于王朝衰败与列强环伺的刺激，晚清与民国时期的精英们开始动员起来，关心救亡和进行公共活动达到了前所未有的程度。伴随上述社会整合的诸种趋势，许多新制度如地方议会、自治社团等也纷纷出现。

时至清末，"近代国家政权建设"（modern state-making）这一长期走势亦已有了端倪。早先，国家只关心税收、治安与司法之类事务，正式的官僚机构至县衙门一级就到了头。在平定太平天国之

后的重建时期,政府开始设立常规官职以从事专属第三领域的诸种公共活动,如土地开垦、水利建设等(Bernhardt, 1992: 122—125)。随着清末十年"新政"的实施,政府进而开始承担一系列近代型活动,如建立新式警察制度,开办西式学校,设立近代法庭,乃至创办各种专事农业改良、商业兴办、新式交通和实业发展的机构。与此同时,正式(俸禄)官僚体制在民国时期也开始扩展到县级以下,伸展到区一级。

晚清与民国时期近代社会整合与近代国家政权建设的双重过程,虽然与西方相比可能尚属有限,但已导致国家与社会两方面的相互渗透加剧,并使第三领域的活动日渐增多。其中既有治水、修路、救济、办学堂、调解争端等传统的公共活动,也有由绅商精英尤其是有改革意向的成员所进行的新型活动。

随着这些变化,第三领域的制度化也在加强。从半正式的负责公共工程的"局"到"自治"组织,各种新兴制度都成了绅商精英从事活动的凭借。诚然,有些新制度体现了充分官僚化(或曰"国家化")的步骤,构成了近代国家政权建设过程的一部分。另一些制度则体现了彻底社会化(用罗威廉的话叫"私人化")的步骤,构成了近代社会整合过程的一部分。但是,大多数新制度显示的是国家与社会在两者之间的第三领域持续的共同作用。

新型商会是国家与社会同时卷入第三领域新制度里的范例。尽管这些组织由商人们组成,但它们是因国家政策的倡导(1904年)而成立的,并且按政府的方针进行运作。商会的出现,既反映了国家在如何看待商业问题方面经历了长期变化后对商业做出的正式肯定,也反映了商人群体在规模和实力上的增强,这种现象在大型商业城市表现得尤其明显。这些新型商会与地方政府机构密切合作,在范围广泛的行政、半行政和非行政事务方面确立了制度化的权威。这些事务包括维持城市公益事业、创立治安队伍、调解争端及有组织地代表商人利益。单纯参照国家或社会是无法把握商会意义的。[①]

## (二)地方化的第三领域

正如兰金所指出的,在清末民初的脉络里,所谓绅商公共活动的第三领域主要是在地方和乡村层面上,而不是在国家与城市层面上运作的。这就使中国的情况与主要属国家性与城市性现象的哈贝马斯的资产者公共领域迥然不同。所以,我们不应仍在公共领域的名目下将中国与欧洲混为一谈,而需要去努力说明两者之间的差异。

在我看来,近现代欧洲的民主是从高度的近现代社会整合与高度的近现代国家政权建设中产生的(尽管哈贝马斯在其资产者公共领域模式里实际只讨论了前者)。从社会公众整合为一种全国性公众(a national public)和国家经由现代科层机构而扩展的双重过程里,民主才浮现出来。在这种脉络里,国家权力与社会力量不仅在地方层面相互渗透,而且在国家层面亦相互渗透。为民主成长确立了根本背景的正是这两方之间的相对平衡,甚或是社会发展的实力超过国家政权建构。

---

[①] 有关天津和苏州商会的档案材料(天津市档案馆等,1989;章开沅等,1991)使我们对这些组织有了较为清晰的认识。

然而,在清末民初的中国,全国性的社会整合与现代国家政权建设却没有扩展到同样的程度。向现代城市工业社会的全面转型没有实现,有的只是一种农业经济和自然村社区的内卷化延续。社会整合的进展主要限于局部的县、乡与村,而不是在全国性层面上。中央政权在衰败,军阀武夫在崛起,近代西方式"开明专制"与民族国家却未见兴起。在此一脉络里,国家权力与社会力量的重叠与合作就主要限于地方与乡村层面。

但是,对于 20 世纪中国地方性和乡村性的第三领域来说,现代化程度已与先前的第三领域有了重大差别。在像长江三角洲这样的发达地区,扩展的现代型公共活动已成为风气。这种活动通常由官方与精英共同承担,并且常常依托新兴的制度化形式。由此,国家与社会在第三领域的合作既在扩展,又获得了制度化。

确实,诸如商会或自治社团这样的新制度形式,为塑造国家与社会间新的权力关系开拓了许多可能性。地方商会的商人群体或自治社团的士绅相对于国家的日益自主,当然是一种可能性,但国家控制的巨大强化也是一种可能性。就民国时期成为现实的一切而言,我觉得比起社会自主性的增长或官僚制控制的加强,社会与国家两方在第三领域里的持续合作更加引人注目。


# 六、当代中国的第三领域

如果就清代与民国而言,用社会自主与国家权力的理想型对立来描绘中国是一种误导,那么对于国家权力比先前任何时候都更具渗透性和覆盖性的当代中国,这就更会引人误入歧途了。从社会整合与国家政权建构两个过程的并行来衡量，革命导致国家政权建构的剧烈加速与推展，使得两方面的关系更不平衡。整个社会组织的范围急剧缩小，但正式国家机构的规模却成倍增大，其结果是传统第三领域大幅度地（借用哈贝马斯的话来说）"国家化"。

除了正式国家机构的控制范围在扩大，党与国家还把第三领域的剩余部分大片地制度化，以尽量扩大其影响力。党与国家不再拘从国家与社会在具体事宜上合作的做法，而是创立了这种合作必须在其中进行的若干制度框架。其目的是确保国家即使在它承认居于国家与社会之间的那些区域里也有影响力。

民事法律体系依然是一个很好的例子。在革命胜利后的时期里，正式法庭的职能范围大幅度扩展，它们不仅承担审理案件之责，而且负责纠纷调解。清代法庭很少诉诸调解，地方官吏在正式进行庭讯时，几乎总是依据法律进行有倾向性的裁决（Huang，1999）。清代的调解不是在正式司法体系里进行，而是在非正式体系和第三领域里进行的。但是，进入民国，法院除了负责司法审判的部门，还创设了调解部门，开始承担调解之责。在 1949 年后的法院，这种趋势更加增强，调解成了法院的常规工作。

此外，革命后的国家还竭力把社区/宗族调解制度化，以扩展自己的影响力。过去的调解者是在社区内因事而定，此时的政府却要求专设人员负责调解事务，并由社区干部组成半正式的调解委员会配合其工作。这种农村调解组织构成了中国司法体系中一种新型的第三领域。虽然这种第三领域已经制度化，但它既不完全属于正式政府，也不完全属于民间社会，依其结构，它同时包括了两方面的影响因素。

## （一）集体化时期

在农村行政与组织方面，也存在着国家进入第三领域并将该领域制度化的同样模式。国家正式科层机构的扩展已超过民国最基层的区，下到公社（镇、乡）一级，并且通过党组织进而达到大队（行政村）一级。与此同时，政府又创设出采取农村集体形式的一种新型第三领域。

从经济上看，这些集体当然与国家单位不同。它们在理论上属于集体所有，而非国家所有（称为"全民所有"）。其净产品在国家税收与征购之后即为集体成员共同拥有。这样，其成员的收入就直接取决于其所属的个别集体，而与国家工资水平无关，也与国有单位的工人情况不同。

在政治方面，这些集体被认为既非官僚国家的组成部分，亦非民间的组成部分，而是介于两者之间的事物。它们的行政管理与国家机关不同。在公社一级，它们通常由属上级任命的国家干部和自社区内部选拔出的集体干部共同实施管理。在大队一级，尽管存在党支部及其党支部书记的领导，但它们完全是由来自本社区的干部自己管理的。最后，在最基层的生产队一级，则往往由连党员也不是的社区干部负责管理。

当然，在这些社区的实际管理过程中，国家与社会的关系并不平等。一种极端情况是，集体干部只能照国家干部传达下来的指示行事；在另一极端，占据着公社中下级职位及大队和生产队全部职位的集体干部，能压服国家干部，使之屈从自己的固有利益和行事方式。但实际情形一般在这两种极端之间。

国家与村庄社区的实际关系绝不是极权主义模式的简单翻版，也不是"道德经济"（moral economy）模式①那种简单的村落与国家对立的体现。应当将其理解为发生在革命后的第三领域新制度内部的一种需要国家与村庄同时卷入的过程。

## （二）改革时期

如果说集体化时期发生的主要是第三领域的国家化，那么在 20 世纪 70 年代末发端的改革时期，这一领域经历的则是大幅度的"社会化"（再次借用哈贝马斯有益的术语）与"去国家化"（de-stateification）。现在，第三领域的那些制度形式事实上只延伸到生产大队一级，大队以下的制度已经所剩无几。与此同时，由于"指导性计划"取代了传统的"指令性计划"，镇（公社）与村（大队）管理的自主性远比先前要大。而就镇级管理本身而言，居中下层职位的社区干部也获得了对国家任命的上司更大的讨价还价余地。最重要的或许还是乡镇企业那些新型的颇有实力的经理，尽管他们大多依"责任制"方式行事，对村镇领导承诺达到某种产量与收入定额，但享有充分的管理权力。一般而言，较大的乡镇企业的经理们，在与村镇领导打交道中具有强劲的讨价还价实力。

---

① 这些集体单位已被 20 世纪的国家政权建构与社区整合彻底地改变了。不能以斯科特式"道德经济"模式的方法去勾画某种竭力抗拒消失的先已存在的"传统村落"。今日的村镇与革命前的村镇已没有多少相似之处。它们既涉及国家又涉及社区，既有农业又有工业，既有农民又有工人，并且还有高度精致与制度化的行政体制。（Scott，1976；Huang，1990）

当然,这些新现象并不意味着出现了什么"社区民主"(community democracy)。然而,应当明确的是,不能简单地把这些基层实体的行政领导视为国家行政管理体制的组成部分。在这些基层领域层面上,上级任命的外来国家干部与受强大乡里关系网约束的社区干部之间的交互作用是题中必有之义。最好是将其理解为既非纯粹国家的又非纯粹社会的,而是两方在居间的第三领域里生发出的结果。

村镇社区的经济情况正如其社会政治情况一样,不能简单地依照国家计划经济或非计划的市场经济格局来把握。它们体现的是两种因素的混合,其中既有国家指导性计划的影响,又有半自主地按市场导向谋求利润的作用。它们既不是国营经济,也不完全是或单纯是私营经济,而是有相当部分属于区别于上述两种经济的第三类经济。乡镇企业受到国家控制(如限制其经理层与工人之间的工资差异以及监督其对社区福利尽赞助义务)与市场激励的双重影响。

## (三)私人社会与第三领域

当然,改革时期还有私人社会与私人经济领域的巨大扩展。国家制度的完善给公民个人带来了较多的自由。经济的市场化促使从小型家族公司到较大企业的各种私有产业兴起。此外,宽松化与市场化还给解放思想创造了必要的空间。不难理解,这一系列现象合在一起,会让人联想起公共领域/市民社会模式所构造的那种结社团体——这些模式极大地影响了近年西方的中国研究。

然而,一旦我们不再忙于推测可能会发生什么,转而看看实际发生的一切,就会看到新的私人领域不能从简单的西方经验(更不能从其理念化的古典自由主义模式)来理解。首先,在改革初期,集体经济曾经起了关键作用。在经历了十年改革之后的 1989 年,私营企业仍然只占工业总产值的 4.80%①,集体经济则足足占了 35.7%。集体的乡镇企业其实是改革头十年经济发展的主要动力[《中国统计年鉴(1990)》:416;亦见 51,413,481]。其后,集体经济虽然逐步解体并为蓬勃发展的私企所取代,但后者并不能用简单的国家/社会二元对立模式来理解。

新型私人企业的很大部分同国家权力机构有着千丝万缕的联系,绝对不能看作完全独立于国家机器的领域,更不能看作与国家机器对立的领域。事实是,改革时期市场经济和私营企业的很大部分是在国家机器和官员扶持下兴起的,与其说它们完全是"体制"外的东西,不如说是体制和市场互动的产物,说到底更像我们这里所说的"第三领域"的现象。

在一个社会主义国家,指望那种真正独立于国家的社会组织如公共领域与市民社会模式所勾画的那样在短期内兴旺发达,是脱离实际的。或许未来变革的希望应当是在第三领域,而不是在私人领域。正是在第三领域这一地带,国家联合社会进行超出正式行政管理机构能力的公共活动,也是在这一地带,新型的国家与社会的关系在逐渐衍生。这里可能是更具协商性而非命令性的新型权力关系的发源地。

要想理解这些实体及其历史背景,我们需要破除将国家与社

---

① 如果算上中外合资、国家—私人共营和集体—私人共营等其他类型企业,则相当于 8.25%[《中国统计年鉴(1990)》:416]。

会做简单二元对立的旧思维方式。与公共领域/市民社会模式的图式相反,中国实际的社会政治变迁从未真正来自对针对国家的社会自主性的持久追求,而是来自国家与社会在第三领域中的关系的作用。此一领域的内容与逻辑并不是从西方经验中抽取的理想构造所能涵括的,它迫切要求我们予以创造性的关注与研究。

## 参考文献

天津市档案馆等编(1989):《天津商会档案汇编,1903—1911》,第一辑,天津:天津人民出版社。

章开沅等编(1991):《苏州商会档案丛编,1905—1911》,武汉:华中师范大学出版社。

《中国统计年鉴(1990)》,北京:中国统计出版社。

Allee, Mark Anton (1987). "Law and Society in Late Imperial China: Tan-shui Subprefecture and Hsin-chu County, Taiwan, 1840–1895," Ph. D. dissertation, University of Pennsylvania.

Bernhardt, Kathryn (1992). *Rents, Taxes, and Peasant Resistance: The Lower Yangzi Region, 1840–1950.* Stanford, Calif. : Stanford University Press.

Habermas, Jürgen (1989). *The Structural Transformation of the Public Sphere: An Inquiry into a Category of Bourgeois Society.* Trans. by Thomas Burger. Cambridge, Mass. : MIT Press.

Huang, Philip C. C. (1985). *The Peasant Economy and Social Change in North China.* Stanford, Calif. : Stanford University Press.

Huang, Philip C. C. (1990). *The Peasant Family and Rural Development in the Yangzi Delta, 1350–1988.* Stanford, Calif. : Stanford University Press.

Huang, Philip C. C. (1991). "The Paradigmatic Crisis in Chinese Studies: Paradoxes in Social and Economic History," *Modern China*, 17.3

( July ) :299-341.

Huang, Philip C. C. ( 1993 ). "Between Informal Mediation and Formal Adjudication: The Third Realm of Qing Justice," *Modern China*, 19. 3 ( July ) :251-298.

Huang, Philip C. C. ( 1999 ). "Codified Law and Magisterial Adjudication in the Qing," in Kathryn Bernhardt and Philip C. C. Huang ( eds.) , *Civil Law in Qing and Republican China*. Stanford, Calif. : Stanford University Press.

Rankin, Mary Backus( 1986). *Elite Activism and Political Transformation in China: Zhejiang Province, 1865-1911*. Stanford, Calif. : Stanford University Press.

Rowe, William T. ( 1984). *Hankow: Commerce and Society in a Chinese City, 1796-1889*. Stanford, Calif. : Stanford University Press.

Rowe, William T. ( 1989). *Hankow: Conflict and Community in a Chinese City, 1796-1895*. Stanford, Calif. : Stanford University Press.

Scott, James C. ( 1976). *The Moral Economy of the Peasant: Rebellion and Subsistence in Southeast Asia*. New Haven, Conn.: Yale University Press.

Strand, David( 1989). *Rickshaw Beijing: City People and Politics in the 1920s*. Berkeley: University of California Press.

第 8 章

# 学术理论与中国近现代史研究
## ——四个陷阱和一个问题[*]

　　理论读起来和用起来可以使人兴奋,但它也能使人堕落。它既可以使我们创造性地思考,也可以使我们机械地运用。它既可以为我们打开广阔的视野并提出重要的问题,也可以为我们提供唾手可得的现成答案并使我们将问题极其简单化。它既可以帮助我们连接信息和概念,也可以给我们加上一些站不住脚的命题。

*　本章中文版原载黄宗智编《中国研究的范式问题讨论》,北京:社会科学文献出版社,2003 年,第 102—133 页。英文原作 Philip C. C. Huang, "Theory and the Study of Modern Chinese History: Four Traps and a Question," *Modern China*, 24.2 (April 1998):183—208。由强世功从英文译成中文,笔者对译文进行了仔细的校订。笔者在此感谢佩里 · 安德森(Perry Anderson)、毕仰高(Lucien Bianco)和亚历山大 · 伍德赛德(Alexander Woodside),尤其是白凯对本章所做的评论,同时也要感谢参加"学术理论在中国近现代史研究中的运用"会议(1997 年 5 月 10 日在加利福尼亚大学洛杉矶分校举行)的同事。纳入本书时,做了一些修改。

它既可以使我们与中国研究圈子之外的同行进行对话,也可以使我们受到一些不易察觉但有巨大力量的意识形态的影响。它既可以使我们进行广泛的比较,也可以使我们的眼界局限于狭隘的西方中心或中国中心的观点。对理论的运用就像一次艰难的旅行,其中既充满了令人兴奋的可能性和发现,也同样布满了陷阱和危险。

让我先来讲一讲我能从自己的经历里回忆起的理论运用中最诱人的陷阱。为了表述的方便,我将它们分为四种主要的陷阱:不加批判地运用、意识形态的运用、西方中心主义和文化主义(包括中国中心主义)。

# 一、不加批判地运用

我自己在华盛顿大学就读时接受的研究生训练完全是强调经验研究的训练:强调在选定的题目中寻找新的信息,阅读文本和文件,使用文献检索手段,添加细致的脚注等等。在这样的训练中是不接触理论的。我相信这不是华盛顿大学在教学安排中有意设计的产物,毋宁说这是我的在校导师们的史学风格所带来的后果。

我依然能回忆起我"在田野中"(为准备毕业论文而在日本和中国台湾做研究)首次与那些其他学科背景的研究生(尤其是那些系统地接触过理论文献的社会科学背景的研究生)的接触。他们对我的评价是类似于"聪明有余而训练不足"这样的说法,而我出于自卫,则称他们为"脱离实际的空谈者"(facile lightweights)。此后的一些年我仍然抵制理论,自认为我所受到的训练是正确的并加以捍卫。

在完成第一本关于梁启超的著作（Huang, 1972）之后的一些年中，我开始阅读理论。这时我发现理论使我兴奋起来，与我所读到的经验史学的学术著作以及20世纪60年代中国学领域学术概念极其贫乏的状况相对照，社会科学理论看起来是繁纷复杂的、丰富多样的、变化多端的和强大有力的。它完全不同于那时中国学这个狭窄领域中的专著。

一旦接触到理论，我就如饥似渴地阅读几乎所有的东西。就像一个已经到风景胜地旅游过（而其他人只是听说而已）的游客，我迫切地想讲述甚至炫耀我新发现的那些"理论洞见"，想显示我是如何变得在理论上"具备了洞见"。这种诱惑是极其巨大的。正是这种诱惑促使我把一些已经成型的模式运用到我的研究中。

我尤其记得这样一些概念很有吸引力："无产化""阶级联合""近代国家政权建设"和"道德经济"。将这些概念全盘运用到研究中的诱惑是相当大的，因为这些概念确实有助于我理解所收集的关于中国乡村的大部分材料。读过我写的关于中国华北这部著作（Huang, 1985）的人们，很容易发现上述这些概念对我产生的影响。

事后来看，如果说我在使用那些概念时还保留了一些批判性辨识的话，那应当归功于我所使用的材料的丰富性。满铁调查的巨大力量在于这些材料中有丰富的细节。无论摩尔（Barrington Moore）、蒂利（Charles Tilly）和斯科特这样的人已经就这些问题做出了多么灵活和富有创造性的重新解释，但是要将其中所有的信息都强塞进马克思主义理论和"实质主义"理论的简洁模型中，确实很困难。比如说，我们可以用形式主义的证券组合管理（portfolio management）（涉及多种经营与长期和短期投资）概念来有效地理解小农农场,而不仅仅是使用家庭作为生产—消费单位的恰亚诺夫模式或被剥削的小农这幅马克思主义的图景。我在结束时描绘了小农的"三副面孔"。事实在于满铁材料捕获了大量乡村生活的真实片段,而且乡村生活极其复杂而多维,以至无法完全符合一个现成的模式。最后,我关于华北小农经济的书采取了一个折中的路径,汲取了许多理论传统中几乎所有有助于理解材料证据的那些看似零碎的东西。

## 二、意识形态的运用

除了学理上的诱惑,理论还具有不可避免的意识形态上的吸引力。在(美国)反越战运动如火如荼的日子里,我们中许多人开始对批评美国社会的前提假定推而广之,对我们中国学领域中占统治地位的范式,尤其是"现代化"范式和"西方冲击"范式,进行了前提性质疑。一股强大的力量把我们吸引到另一套理论概念上来,大多数人尤其被吸引到马克思主义的观点和理论上来,被吸引到社会革命和反对帝国主义的民族解放这些相反的范式上来。

但是,我们中几乎没有人"庸俗"到全盘采用被赤裸裸地官方化了的斯大林主义等意识形态。相反,我们被吸引到一些学术思想纷繁复杂的理论家这边来,诸如蒂利(Tilly,1975a,1975b,1979)和佩吉(Paige,1975),他们更加灵活、细致地使用阶级理论,教导我们把阶级看作过程而不是固定数量,把阶级行动看作处于不断变化中的"联合",并把阶级关系看作各种生产关系处于不断变化中的种种组合;把国家机器进一步看作一个半独立自存的机构,而不是仅仅看作"统治阶级"的机构,它既不归于任何单一的阶级,也不仅仅是几个阶级的联合[这种观点远远早于斯考切波(Skocpol,1979)表达的观点,它隐含在蒂利的著作中]。这些观点对马克思主义理论进行了创造性的重新解释和重新提炼,极大地增强了它们在知识上的吸引力。

也许更为重要的是那些"进步的""实质主义的"理论家们的贡献。他们发现了不同于资本主义小农经济的另一套逻辑,发现了不同于城市社会和市场伦理的村庄社区和道德的另一套逻辑。其中,有恰亚诺夫(Chayanov,1986[1925])关于小农家庭农场的洞见,有斯科特(Scott,1976)关于社区与经济的道德维度的洞见,还有汤普逊(Thompson,1966)关于阶级和共同体形成的过程及其非物质维度的洞见。这些洞见极大地丰富了我们的概念选择。

事后来看,可以公平地说,蒂利这些人对中国学领域的影响(始于密歇根大学的整整一代研究生)首先体现在他同时既使用马克思主义理论又使用实质主义的理论。他对当时流行的形式主义/资本主义/现代化理论的批评是相当有力的,因为这些批评扎根于两个不同的理论传统而不是一个。马克思主义的观点和实质主义的观点在蒂利著作中的这种结合肯定增加了其对我们的吸引力。

但是,如果我仅仅指出这些观点在知识上的吸引力,而对其在政治意识形态上的吸引力避而不谈的话,那么我就是不诚实的。无论在情感层面上还是在知识层面上,我们都对美国在越南明显地滥用武力感到惊恐不安;我们(十分美国式地)认同做出抵抗的战士,他们冒着极大的风险在为一个民族的解放而战。几乎是以此类推,我们开始质疑用于中国研究中的那些似乎不证自明的现代化理论的前提假定。我们开始相信,中国革命也是一个受害者反抗国内外压迫的斗争过程。所以,我们被马克思主义—实质主义的学术理论家吸引,部分是知识的原因,部分是政治意识形态的原因。

在此,我想再说一遍,我的两本关于小农的著作(Huang,1985,1990)在某种程度上努力避免了意识形态对学术的过分影响,可能首先应当归功于我所受的经验训练:只要仔细阅读满铁材料,就绝不会将中国的村庄描写为一幅简单的阶级斗争的图景。① 当然,我的书也受到了"文化大革命"期间"学术研究"中的那些负面例子的影响。最后同样重要的一点是,我的两本书受益于我的写作时间,它们主要完成于20世纪70年代后期和80年代,那时候的政治气氛比起60年代末期和70年代初期要平静得多。

但对我而言,从学术理论与意识形态之间的关联中依然可以吸取到很大的教训。我们当年的世界是一个充满意识形态的世界。意识形态的影响不仅仅渗透在当时两个超级大国的官方宣传中,而且渗透在它们的新闻媒体中,更为有力的是渗透在学术话语和日常话语所使用的语言本身中。毫无疑问,毛泽东时代的中国与当代美国之间存在着巨大的不同。在中国,学术的理论与官方的意识形态之间没有区分,因此一个肯定会渗透到另一个之中。学术理论不可能也没有宣称自己是一个自主的领域。在美国,学术理论享有相当大的不受官方统治思想影响的自由和自主性。我

---

① 有关这一点的讨论,参见我的论文(Huang,1995)。

们处在极其多元化的知识环境中。但是，这并不意味着学术理论真的能够完全区别于意识形态。实际上，有时恰恰是由于意识形态披上了学术的外衣，才使得意识形态产生了相当大的影响。就意识形态对学术的影响而言，中国与美国的区别主要是程度上的不同。在美国，学术理论与政治意识形态的联系更加微妙。尽管如此，可以肯定的是学术理论与政治意识形态的联系在美国依然存在。

我很快就知道，无论我的著作是多么重视经验，在提出理论问题的时候，它都会不可避免地激起意识形态的敏感性。大家只要浏览一下我关于中国华北和长江三角洲的著作所激起的种种争论和研讨，尤其是那些与马若孟在《亚洲研究》上的争论（Huang, 1991a），以及与其他人在中国台湾举办的研讨会上的讨论（Huang, 1992），就会明白这一点。一个人怎么能在马克思主义的理论中找到如此多的有效解释？一个人怎么胆敢挑战资本主义的基本原则？在中国大陆的学术界，我的著作有幸在两次会议和一系列研讨会上得到讨论，但是同样也受到了批评，尤其是对"资本主义萌芽"范式所具有的意识形态的批评。在中国台湾地区，我的著作在出版了"繁体中文版"之后，也遭遇了早些年出现在美国的意识形态批评，尽管这些批评来得迟了一点。①

就我个人的教训而言，运用理论不可避免地伴随着意识形态

---

① 《近代中国史研究通讯》第 20 期（1995 年 11 月）以概要的形式发表了就我的著作进行的一个貌似学术的讨论。我的《华北》和《长江》两本书的第一个中文版是在内地由中华书局出版的（黄宗智，1986，1992b），后来由香港的牛津大学出版社出版了繁体中文版。关于范式危机的论文最初由上海社会科学院出版社出版（黄宗智，1992a），后来又由香港的牛津大学出版社再版（黄宗智，1994a）。

的意涵。理论使我们思考一些更大、更为一般的问题。但是这样做也不可避免地使我们进入意识形态的问题领域，且不可避免由此激起批评。这正是我们运用理论的代价。

尽管如此，我们依然能够避免掉入受意识形态驱使来进行学术研究的陷阱。在此，我能使自己免入陷阱的最好保护，可能还是我所使用的满铁调查材料及我自己对经验材料的偏重。材料中显示的丰富现实和我对重视经验的学术这一理想的笃信，使我无法接受用意识形态的观察和推断来取代调查所发现的东西。举例来说，不同于马克思主义者的预言，我在材料中没有看到"经营式农场"的生产力有了根本性的提高，尽管它使用了雇佣劳动这种"资本主义的生产关系"（Huang, 1985：尤其第 8 章）。但是，无论我的研究是多么遵从经验，一涉及理论问题，依然不可避免地导致意识形态的论辩。

## 三、西方中心主义

当然，近代的意识形态和学术理论在很大程度上是由欧美世界支配的。无论是正统的概念还是反正统的概念都来源于这个世界。现代化理论源于将西方的历史经验理想化地抽象为一个普遍适用的模式；而作为这种理论主要批判者的马克思主义理论，仍然来自西方。20 世纪中国出现的反对西方帝国主义的革命所依赖的理论指导，也并不是来源于本土文化传统中的意识形态和理论，而是来源于异己的西方的意识形态和理论。

在西方大多数理论文献中，无论是维护现存体制的理论还是革命的理论，中国从来都不是主题，而仅仅是"他者"，它们研究中国与其说是为了中国，不如说是把中国当作一个陪衬。[①] 无论是在马克思那里、在韦伯那里，还是在新近的一些理论家那里，中国常常被用来作为一种理论阐述的策略，通过以中国的例子作为反面，对照得出对这些理论家来说至关重要的论题。因此，对于马克思而言，中国受"亚细亚生产方式"的支配，它处在西方世界从封建主义到资本主义转变的发展之外（Marx，1968）。对于韦伯而言，中国的城市是行政管理的中心而非商业—生产中心，中国的法律是实质性的和工具主义的而非形式主义的，中国法律的组织逻辑是非理性的而不是"理性的"，中国不同于近代的西方。

通过把中国作为一个"他者"的例子来使用，像马克思和韦伯这样的理论家对我们的影响是：要么遵从他们的思路，主张中国不同于西方；要么与此相反，坚持主张中国与西方一模一样。无论是同意还是反对，我们都会受到他们所建立的这种原创性非此即彼的话语结构的影响。我们几乎在不知不觉之中选择了其中的一种思路。这在中国研究领域中也不例外。

中国研究领域中的第一种反应是，有一代人的学术遵从西方思想家的思路，将中国看作"他者"。这一代人共同关心的问题就是将上述思路简单地转化为：中国为什么没有像西方那样实现现代化？这个问题将对立并置中国与西方看作天经地义的。它把这种对立当作是对已经给定的东西予以解释。而为这个问题提供的答案既有"中国文化中心论"，又有"儒教抵制现代化的要求"，还有

---

① 当然，这使我们想起萨义德（Edwaid W. Said）的经典之作《东方主义》（1978）。这里的分析与他有所不同——见以下的讨论。

"官督商办"等。①

　　另一代人的学术反过来又激起相反的主张,这种主张不过是在上述原创性的二元框架中从一个极端走向另一个极端。他们不同意将中国与西方区别开,相反,主张中国与西方一样。一个很好的例子就是对韦伯把中国城市概括为行政管理中心这种观点进行批评的方式,这种批评方式努力证明中国在与西方接触之前就已经如何形成了大的商业城市。这种努力的用意就是显示中国与西方没有什么差别,也有其自己的"近代早期"时期(Rowe,1984,1989)。最近,又有一种努力试图在中华帝国晚期找到"公共领域"或"市民社会",并将其等同于可以称之为"民主萌芽"的东西(Huang ed.,1993)。

　　这种善意的努力也许首先是受到主张中国与西方平等这样一种欲求的驱使。我本人无论是寻找无产化、资本主义萌芽,还是在前近代中国中寻找西方式的民法,也都是受到这种趋向强有力的吸引。一旦给定了支配理论话语的结构,抵制将中国贬斥为"他者"的唯一出路看起来就是坚持中国与西方一样。

　　对于中国大陆持民族主义的学者而言,寻求中国与西方的平等远远早于美国学者在这方面的反应。马克思的"亚细亚生产方式"很早就受到了"资本主义萌芽"模式的直接挑战:中国如同近代欧洲早期一样向着相同的方向发展,直到西方帝国主义入侵才使得中国偏离了正确的发展道路。这里的关键除了明显地反对帝国

---

① 当然,我指的是以下一些人的著作,费正清(如 Fairbank and Reischauer,1960;尤其第 290—294 页;Fairbank, Reischauer and Craig,1965),芮玛丽(Wright,1957)和费维恺(Feuerwerker,1958)。

主义，就是主张"我们自己也有"。①

　　无论是对于国外的中国学家而言，还是对于中国大陆的学者而言，追求中国与西方平等的情感驱动在许多方面比马克思主义这种反正统意识形态的影响更为有力。马克思主义的影响显而易见，因为我们从冷战中获得了高度的敏感性。但这种感情上让我们在研究主题上产生的骄傲和获得的认同并不那么明显，尤其是由于这些情感总是隐藏在表面上价值中立的学术术语之中而没有被公开地表述出来。

　　然而，无论是把中国放在与西方"相等同"的位置上，还是把它看作西方的"他者"，都是以西方为中心的，这一点应当是毋庸置疑的。两种说法理所当然地都把西方作为价值参照标准，理论的和意识形态的参照框架都是源于西方的，它们所宣称的主张也都是基于以西方为中心的假定。

　　当然，仅仅指出这些主张是以西方为中心的还不够。首先，这些主张可能是以西方为中心的，但同时也可能是真实的。抛开规范的意蕴，马克思在这一点上可能是完全正确的：中华帝国晚期很少显示出它有资本主义（马克思所发现的那种出现在近代早期的英格兰和欧洲的资本主义）发展的实质性动力。与此相似，韦伯在这一点上也可能是正确的：中国并没有遵循他对西方近代早期所辨识出的"理性化"模式。这也同样适用于那些试图将中国等同于西方的相反主张。

　　对我自己而言，马克思和韦伯的问题最终是一个经验实证问

---

① 我在中国研究的"范式危机"一文中对此有详细的讨论（见本书第 4 章）。

题。马克思认为,资本主义的生产力必定会伴随着资本主义的生产关系而出现,但在帝国晚期的中国乡村则根本没有发生这种情况。马克思(或者至少是意识形态化了的马克思)进一步认为,资本主义的发展伴随着各种各样的商业化而出现,但在中华帝国晚期情况与此完全不同。① 与此相似,韦伯认为法治将是形式主义理性的产物,否则就只能是专断的"卡迪司法";但是,中国具有发达的法治传统,却没有形式主义的理性化。②

对于那些通过坚持主张中国与西方完全相同来反驳马克思和韦伯的人,我的疑问也是一种源于经验实证的疑问。从西方的理论观点出发,我们看到在中华帝国晚期许多相互矛盾的经验现象结合在一起,这一事实意味着,把中国化约为"与西方相同"与把中国化约为西方的"他者"同样不符合史实。在中华帝国晚期,出现了资本主义的生产关系、商业化(市场化)和法治,这些与近代西方早期一样。但是,不同于西方,这些东西并没有带来中国生产力的突破、资本主义的发展和形式主义理性化。如同认为中国是西方的他者一样,坚持认为中国与西方一模一样也是错误的。

## 四、文化主义

另外一个陷阱是文化主义,既包括老一代汉学研究中的中国

---

① 这些正是我在华北农村和长江三角洲农村两本书中的两个主要论点(Huang, 1985,1990)。
② 这一点在我关于清代民事审判和民事调解的著作中有详尽的阐述(Huang,1996:尤其第9章)。

中心论，也包括激进的"文化主义研究"。目前，比起西方中心主义，这种倾向对中国研究的影响可能会更大一些。

## （一）中国中心论

我在华盛顿大学的老师们与其说是历史学家不如说是汉学家。他们穷几十年之功来掌握中国"大传统"的文本，他们彻底地认同一个古老的中国，以及她的世界和文明。他们沉迷于这样一些假定：中国有发达的文化，这些文化既是独特的也是优越的。他们不仅在智识上而且在情感上献身于他们所研究的主题。[①] 如果他们读西方人的著作的话，那一般也是经典之作，因为他们同样是用了解中国的方式来了解西方的。他们对当代理论化了的社会科学的反应，主要是将它们看作一些无关的东西而不予理会。在他们看来，根本就不需要理会那些不了解中国的理论家们所做的关于中西方的比较。

实际上，在台湾做毕业论文期间，对于那些更具有理论倾向的同行的批评，我正是诉诸这样的世界观来为自己做辩护的。我自己也过分满足于我跟随爱新觉罗·毓鋆[②]所读的儒家经典著作，满足于我对儒家精英在智识上的认同，满足于我所选择的知识分子思想史这一研究领域，满足于我偶尔读到的西方经典著作。我的

---

[①] 熟悉萨义德关于东方主义著作的读者将会注意到，我在强调萨义德所忽略的东方主义的另一面：许多汉学家（就像伊斯兰文化主义研究者）也许更多的是喜爱和认同他们所研究的主题，而不是诋毁他们所研究的主题。

[②] 爱新觉罗·毓鋆（他也常用汉姓"刘"）被他的一些学生赐封为"满族皇子"，他是康有为关门一辈的学生。

感觉和反应与我的老师们都是一样的:其他的那些学生汉语水平太低,更毋庸说古文;他们根本不尊重证据和文本;他们倾向于不费力气地提出概念。我正是在这种思维框架中写作关于梁启超的博士论文的。①

今天,我不赞成老一套汉学中关于知识分子思想史研究的理由,与我 25 年前脱离它而研究社会经济史的理由是一样的。在我看来,这种研究的问题在于完全将关注点限定在上层文化(high culture),而忽略了普通人民。这种研究很少或者根本就不关心物质生活。它反对社会史,现在仍和以前一样,通常都是由反对共产主义的意识形态所驱使的。最后,这种研究在强调中国独特论的同时,实际上反对所有的社会科学理论。这将使我们的研究领域限定在汉学的狭隘领域中。②

但事实在于,我们/美国的中国学家是在西方的语境中给那些带有西方理论前提的读者写作的,而且也是给那些带有西方理论前提的学生讲课的。为了使大家弄明白我们的主题,我们必须比较西方与中国。无论我们是有意识地还是无意识地这么做,仅就遣词造句而言,我们事实上也一直在比较中国与西方。在我看来,明确地对应于西方的理论文献是与我们的听众进行沟通的最好方式,因为这种文献有助于搞清楚那些在我们读者和学生的头脑中经常隐含着的理论前提。

---

① 后来出版的书名是《梁启超与近代中国的自由主义》(Huang,1972)。

② 我这里指的是一种狭隘的汉学思想史,并不包括汉学领域中伟大的汉学家,他们多有非常广阔的视野和见地。

## (二)文化主义研究

20世纪80年代开始,用"文化主义研究"(cultural studies)这个新的时髦术语所包装的后现代主义和解构主义开始影响中国研究领域,尽管比起其他领域,这种影响有点迟缓。这种影响的一个主要来源就是萨义德(Said,1978)对"东方主义"的反思批判(reflexive critiques)。萨义德表明,西方人关于东方的研究不可避免地与帝国主义的历史联系在一起。将东方建构为落后的他者,预示着帝国主义的殖民支配,并且将这种支配合理化了。现代社会理论,尤其是现代化理论,就是这种传统的继承者,它保留了努力服务于西方的以西方为中心的主导叙述(master narrative)。当代学术正如大众表象(popular representations)和20世纪前的学术一样,深深地受到与政治意识形态交织在一起的话语型构(discursive formation)的塑造。这些批评深深打动了我们,尤其是那些长期以来一直批评帝国主义的社会史学家。

此外,新的文化主义研究有力地批评了社会史研究中由于受马克思主义的影响而不经意地带有的唯物主义倾向。无疑,我们中的一些社会史学家受到了汤普逊和斯科特这些人所持的非唯物主义倾向的影响。但不可否认的是,在"反叛"现代化理论家们将"文化"作为一种理论构架(a construct)来解释中国"现代化的失败"时,我们中许多人实际上倾向唯物主义。与此相反,我们的文

化主义研究同行提倡重新强调非物质的主题。① 这种提倡使文化
主义研究的同行们在研究汉学的思想史学家中找到了现成的听
众,因为他们长期以来一直感到被社会史排挤在外。

进一步讲,当诉诸"批判理论",将所有西方社会科学作为有文
化边界的构造物从根本上加以抵制时,我们那些研究文化的同行
又在其他的方面打动了研究汉学的史学家。他们的这种批评为汉
学家们长期相信并实践的那一套提供了理论上的正当性。文化主
义研究者主张,本土的文化应当用它们自己固有的价值概念而不
是西方的价值概念来研究,这自然吸引着那些一直坚持中国独特
性的汉学家。

但与此同时,这些激进的文化主义研究的同行们也激起了我
们这些循规蹈矩的史学家们的强烈反对。尽管文化主义理论在强
调事实随着建构的表象而显现这一点上是正确的,但他们由此得
出事实只不过是表象这种结论,我相信这肯定是错误的。尽管我
可以同意这样的观点——我们需要对强加在事实之上的种种不同
的"杜撰"保持敏感并加以批判,但这并不意味着我会主张不可能
有无法化约为表象的事实。而这正是萨义德受到福柯理论的启发
而得出的结论:

> 真正的问题在于是否真的能有对某物的真实再现( a true
> representation ),或者是否所有的表象仅仅因为它们是表象而

---

① 在我们的领域中,这种批评最好的例子可能就是白露( Barlow, 1993 )。她确实提
出了一个有价值的观点:批评帝国主义的前几代人主要是把帝国主义看作一种社
会—经济现象,而不是文化现象。

首先体现在语言中,并因此而体现在表现者(representer)所处的文化、制度和政治氛围中。如果后者是正确的(正如我坚信的那样),那么我们必须准备接受这样一个事实:除了"真理"(真理本身就是一种表象),表象还暗含、体现于其他许多东西之中,并与这些东西纠缠、交织在一起。这在方法论上必然导致认为表象(或者与其仅仅有程度之别的假象)栖息在一个共同的游戏场域中,这一场域并不是由某种内在的共同内容所单独决定的,而是由某些共同的话语历史、话语传统和话语世界所决定的。(Said,1978:272—273)

依照这种逻辑,也就真的无所谓是否仔细地搜集证据,是否准确地解读文本,因为除了它所体现的话语,就没有什么客观的东西了。最后,真实的证据和编造的证据没有什么差别,差别仅仅在于二者假象(misrepresentation)的程度不同,二者反映的仅仅是史学家的文化趋向,二者最终不过是话语体系的一部分。

推而广之,社会科学理论几乎要遭到彻底摒弃。因为几乎所有的社会科学都源于西方,几乎所有的西方理论都必然具有文化上的边界,并且必然与更大的与帝国主义纠缠在一起的话语型构结合在一起。因此,除了"批判性"的摒弃,任何汲取都会受到怀疑。所以,不可能严肃地讨论与我们的课题密切相关的现代化问题、发展问题和民主问题。任何这样的讨论都有可能成为与帝国主义支配计划的合谋。最终,萨义德完全拒绝了所有19世纪和20世纪的西方学术,所有这些东西都被他作为"东方主义"话语的一部分而加以斥责。

无疑,萨义德的著作提出了许多有效且有说服力的观点。尤其是该书第一部分,讨论了 19 世纪末和 20 世纪初帝国主义如日中天时所做的一些拙劣的一般化假定。但该书第二部分和第三部分说服力就没有那么强了,所做的种种联系也越来越没有那么明确了。而事实在于,当西方学术在 19 世纪之后成熟起来时,它变得更加严格了,变得更具有经验基础了,变得更加多元化了,因此很难如此简单地将其化约为“东方主义”。无疑,如萨义德所做的那样,人们依然能够发现帝国主义的、西方中心的或现代中心的意识形态和理论的影响。但是,人们也可以发现一大把与此相反的例证:严格的学术、可供选择的概念,甚至对研究主题在情感和知识上的极度认同。在中国研究领域,大多数汉学家都是中国文化爱好者,有时他们对中国文化的迷恋甚至超过了对他们自己的文化,他们无论如何不能简单地等同于萨义德所说的“东方主义者”,不能成为对他们的研究主题的诋毁者。

在此,我们有必要指出与萨义德这种片面主张相对立的另一面。以前的(还有现在的)比较优秀的西方“东方主义者”中的“(外国)区域研究专家”大多十分热心于他们所研究的主题。这种努力,包括花很长的时间进行语言学习,使得其中许多人深深地浸淫于他们所研究的文化中。尽管这种浸淫并不一定能使他们彻底摆脱对他们自己文化的自我中心意识,但比起其他人,他们肯定更有可能摆脱这种种族自我中心的文化主义。萨义德自己的双重文化背景使得他能够以一个巴勒斯坦人的眼光来看问题,从而使他具有了一个他所需要的批判西方学术的视角。他的《东方主义》没有考虑到许多和他一样的“东方主义者”所同时具备的这种双重文化性(biculturality)是如何成为超越他如此强烈批评的那种单一文化视角的基础的。"东方主义"的另一面就是双重文化性,它使我们能够从两方面来看待问题,并为我们提供了可供选择的视角和概念。

　　萨义德的《东方主义》最终只不过为我们提供了对西方学术的反思批判,但格尔茨关于"阐释性人类学"(interpretive anthropdogy)和"地方性知识"(local knowledge)的著作却进一步提出了具体的替代方案。对于格尔茨来说,真正的人类学研究就是要摒弃掉所有的社会科学架构和假定客观的事实。他的目的在于通过"深度描述"(thick description,简称"深描")来为我们"翻译"本土的概念结构,"深描"旨在探寻这种结构的特征("深描"是相对于"浅描",后者仅仅努力重述"事实")。"深描"和"浅描"的不同涉及的是"解释"路径或"符号学"路径与实证主义路径的不同,而不是这两个词在表面上所暗示的那种对事实进行繁复描述或简单描述。由此我们可以引申出这样的结论:唯一有价值的知识就是将这种本土概念结构翻译和解释给本土之外的读者的"地方性知识"。类似于"深","地方"在此也不是指我们社会史和地方史学家们对这个术语的理解,而是指对本土话语的符号学研究(Geertz, 1973a, 1973b[1972], 1978)。

　　如同萨义德那样,对格尔茨而言,并不存在独立于表象的事实。其实,格尔茨认为坚持事实与(解释性的)法律的分离应当被看作现代西方法中某种类似于怪癖(quirk)的东西。按照他的观点,在伊斯兰文化、印度文化和马来西亚文化中就没有坚持这样的区分。相反,这些文化认为,事实与表象的不可分离是天经地义的。对格尔茨而言,如果我们正确地理解"事实"的话,它最终仅仅是倡导者的表达(representation),就像在对抗制的法律制度中双方律师所展现的"证据"一样。在这一情境中,组织"事实"并给"事实"赋予意义的话语和概念结构,成为唯一值得研究的主题(Geertz,1978)。

尽管格尔茨用法庭做类比强有力地支持了他的观点,但在我看来并不能由此得出结论,说所有的事实只不过是表象。无疑,一般说来,法庭上的律师仅仅是"枪手",他们与其说关注真相不如说关心如何打赢官司。我们这些学者大多数肯定不会完全不受这种驱动的影响。但是,我们要记住,(美国的)法庭中不仅仅有两种对立的表达,而且也有法官和陪审团,他们具有查明真相的理想。在我看来,查明真相的理想(truth-ideal)无论多么不可能完美地得到实现,但它对于司法制度的运作来说绝对是最根本性的。放弃这种理想意味着放弃实现公正的任何可能性。

同样,放弃在经验证据的基础上来寻求真理的理想,也就意味着放弃做真学问的任何可能性。这涉及在历史研究中,我们的证据究竟是经过仔细、精确地收集还是粗心、错误地收集或者完全地加以虚构。这涉及我们是否已经研究了档案和记载,是否以某种纪律和诚实来进行我们的研究。这涉及在人类学调查中我们是否花时间学习当地的语言并细心地从事田野工作,而不是像旅游者一样浮光掠影地走一圈。仔细地收集档案和田野证据(尽管这些东西大半是建构的),依然是接近我们研究主题的真实性(reality)的最佳途径。如果抛弃掉这些证据材料,就意味着抛弃掉了我们研究的主题本身,其结果要么会像萨义德的"东方主义"那样,仅仅用反思批判来取代历史;要么会像格尔茨的"解释人类学"和"地方性知识"所主张的那样,仅仅来研究"地方性的"话语和表象。

格尔茨认为唯物主义的化约论使我们丧失了对符号意义和深层意义的洞察力,这一点无疑是正确的。但是,他所提出的替代性方案只不过是一种唯心主义的化约论,这种化约论将使我们在企图仲裁不同表达之争时,完全不考虑经验证据。如果我们这么做的话,我们的法庭很快就会变成仅仅是"枪手"之间相互争夺的场地,我们的学问也会变成仅仅是倡导性的表达。如果是这样的话,我们可能不如干脆抛弃掉法庭的所有证据规则,在学术中抛弃掉证实证据的所有常规,并抛弃掉所有追求真理的借口。这样,人们完全没有必要对法律或学术花如此大的精力。我们可能仅仅剩下表达的政治,或者仅仅剩下了"政治挂帅"。

我对文化主义研究的另外一个质疑就是其极端的相对主义。[1] 格尔茨的"地方性知识"——不管其字面上的含义——是一种非常独特的知识:一种对本土概念结构的符号学解释。但是,我从自己的研究中得出的看法是,正如外来的建构一样,本土所建构的也可能同样与实际上所实践的完全相反。清代中国的官方记载可能坚持认为它的法律并不关心民事方面的事务,但是档案证据表明,官方的衙门经常依照正式的律令来解决民事纠纷。换句话说,清代的表象与现代主义的表象一样,可以给予人们对事实的错

---

[1] 有人攻击格尔茨为相对主义者,格尔茨对此的批评和反击,参见其《反击反相对主义》(Geertz,1989)和《差异性的运用》(Geertz,1986)。关于这一点的批评性评论,参见罗蒂(Rorty,1986)。我在这里的讨论更多地涉及中国研究中的实际问题,而不是这种争论中涉及的哲学问题。

误印象。也就是说,清代的法律实践本身也带有一些虚假的表象。但我们并不能因此就将实践仅仅化约为建构出来的表象。我们可以把二者分开。如同西方的"主导叙述"一样,本土的建构同样要服从于经验证据的检验。表象与实践之间的背离(disjunction)和相互独立,能够为我们揭示出法律制度的关键性特征(Huang,1996)。

　　进一步讲,我们决不能否定中国自己的现代性,极端的文化相对论就有这样的趋势。我们的世界是一个逐渐融合的世界,与此相伴随的是工业化、现代通讯和国际贸易(有人会说"世界资本主义")的共同性。尽管这个世界上的人们根据各自不同的传统被划分为不同的民族/文化,但我们决不能认为现代性仅仅是一个西方的建构而与中国毫不相干。中国自身一直在迫切地努力使自己在这些意义上变得现代起来:提高婴儿的成活率,延长寿命,提高每个劳动者的生产率,摆脱生存压力等。

　　对于我们这些近现代史学家而言,格尔茨的"地方性知识"无法容纳我们所要做的。前现代本土的概念体系(conceptualizations)充其量只不过构成了问题的开端。我们还需要进一步追问,官方建构和民间建构的不同是如何形成的,以及二者是如何与实践相互联系的(例如,清代法的官方和民间表达与清代法的实践)。然后,我们的研究需要转向在与西方世界的接触中中国法律的建构是如何做出反应并发生改变的(例如,在起草近代法典时,既模仿西方的模式又对其加以修改以适应中国的习惯),以及法律实践是如何改变和不变的。我们必须关注中国如何寻找一个具有中国特色的现代性(例如,体现在民国和新中国的法典中所阐明的理想)。这种对自己特色的寻求本身已经构成了我们必须理解的地方性知识的一部分。格尔茨狭隘的后现代主义的地方性知识根本不能涵盖我们所必须面对的复杂问题。

## (三)"新文化史"

(旧)汉学传统的一些思想史家和一些新的激进的文化主义研究同行已经联合起来,他们试图确立一种"新文化史"。二者的结盟是相当令人惊奇的,因为搞文化主义研究的这些同行通常自认为是激进"左"派分子;而长期以来,对我们这些社会史学家中的许多人来说,旧汉学传统的思想家一般都是一些保守分子,甚至是"反动分子"。二者结盟的一个首要基础就是:他们认为自己面对的是共同的敌人——西方中心主义的理论和唯物主义倾向的社会史。这种结盟还基于二者的研究问题中有一些共同的重点:用本土的价值标准来说明本土传统。二者坚信他们研究的主题是独一无二的,至少不能化约为以西方为基础的理论。但是,这种独特性对于前者是基于中国中心主义的,对于后者则是基于后现代的文化相对主义的。目前,这个分歧似乎无关紧要。此外,前者几乎完全关注上层精英,后者的同情则集中在下层的沉默上。至少就目前而言,这些不同由于二者联合起来主张一种"新文化史"而被掩盖起来了。

在此,我想从不那么令人满意的激进文化主义论(包括中国中心论)倾向中离析出一些我认为新文化史中有价值的方面。新文化史对旧社会史中隐含的唯物主义的批评是恰当的。它创造性地使用了话语分析和文本分析这些重要的工具。同时,最优秀的新文化史研究的主要内容不仅考虑到精英文化而且考虑到民间文化,不仅考虑到文化的非物质方面而且考虑到文化的物质维度。它并不反对经验调查,而是强调档案工作的重要性。在理论方面,新文化史汲取了"批判理论"的洞见,但又没有走向极端的反经验主义和极端的文化相对论。它并不像萨义德或格尔茨所坚持的那样,认为话语是唯一的现实因而是唯一值得研究的主题。事实上,如果我们将亨特(Lynn Hunt)作为新文化史的一个具有代表性的发言人,我们就会发现她批评的靶子已从社会史研究中的唯物主义转向激进的文化主义研究中的极端反经验主义(Appleby, Hunt and Jacob,1994:尤其第六章;参见 Hunt,1989)。

我相信新文化史已经对我自己产生了很深的影响。一些从事社会史和经济史研究的朋友可能看到了我的关于法律的著作(Huang,1996),这本书与其说属于老式的社会经济史研究,不如说更类似于"新文化史"。这部著作对表象和实践给予了同样的关注。我关注二者的背离是基于假定二者是相对自主的。这直接针对粗糙简单的唯物主义,正如我在书中所指出的那样,中国的司法制度首先应当被看作道德性的表达与实用性的行动的一种矛盾结合。从任何一个单一维度进入都不足以把握清代的司法制度。对于我们理解清代的司法制度而言,意识形态和话语与实践和物质文化具有同等重要性。

法律史对我有如此特殊的吸引力,正是由于它促使我们不仅要面对行动还要面对表达,不仅要面对实然还要面对应然。比起其他的材料,法律文件更能阐明习惯性实践和官方意识形态二者各自的逻辑,以及二者之间关系的逻辑,尤其便于寻找一些隐含的原则和遵循的逻辑。最终,我反对的并不是新文化史,而是激进文化主义的某些倾向。法律档案记录向我显示了表达的重要性,但是它也提醒我注意真实的证据和虚假的证据、真相和虚构之间的关键性差异,这些正是激进的文化主义所要努力消弭的差异。

## 五、几对矛盾与新概念

近些年来,我自己的思路集中在几对矛盾上。① 经验证据表明,中国的现实与大多数西方理论的预期是相矛盾的。比如,马克思假定在某种生产关系和某种生产力发展水平之间有一种必然的联系。但矛盾的是,我的经验研究告诉我,中国华北的经营式农场从生产关系的角度看是资本主义的,但从生产力的角度看是前资本主义的。马克思和亚当·斯密至少在其意识形态化了的理论中,都假定商业化与经济发展之间存在着必然的联系。但矛盾的是,我所做的经验研究使我看到长江三角洲的乡村具有生机勃勃的商业化和(总产出的)增长,却没有(单位劳动时间中劳动产出的)发展。最后,韦伯假定法治与形式主义的合理性联系在一起。但是,我的经验研究表明,中国的司法制度中只能见到法治却没有形式主义的理性化。

我相信,我能够指出上述这些矛盾,是因为既利用了对理论文献的研究,又没有掉入对理论机械模仿的陷阱或者无视经验证据、不加批判地运用理论的陷阱。我在研究中试图与马克思和韦伯的

---

① 我在 1991 年(Huang,1991b;亦见本书第 4 章)第一次明确地表达并详细阐述了这一观点。

理论形成对话,而不是陷入("西方"与"他者")两个极端之间非此即彼的选择。同时,我也寻求既在经验层面又在概念层面上对理论进行评析。经验表明,矛盾的是中国既类似于这些理论所建构的西方又不同于这种西方。中国的现实能够帮助我们提出这些理论的隐含前提中所存在的问题。

如果从西方的观点来看,中国的现实确实充满了矛盾,所以我们必须建构出更符合中国现实的新概念。我发现,以现有理论作为刺激,有利于在经验证据的基础上提出我们自己的概念。例如,我提出的"内卷型商业化"就是这样一种尝试。经验证据向我们显示出,明清时期长江三角洲家庭农场的商业化程度相当高,但是每个劳动日的产出是停滞不前的甚至还有所减少。正是在这个地方,涉及了恰亚诺夫(Chayanov,1986[1925])关于家庭农场独特性的分析,尽管他自己没有进一步分析家庭农场组织和商业化之间的关系。家庭农场不仅仅是一个生产单位,也是一个消费单位,它是按照生存的要求来行事的。而且劳动力是给定的,不像资本主义企业那样是雇佣的。面对土地不足的压力,家庭农场经营将更密集的家庭劳动投入农业和(或)手工业中,即便此时劳动的边际回报低于雇佣劳动力的边际成本(在这一点上雇佣劳动力的资本主义农场将停止增加劳动,因为再投入劳动力将意味着负回报)。我发现,长江三角洲农产品和手工产品的商业化正是对这一境况的反应,由此导致了"内卷型商业化"。长江三角洲家庭农场的这一典型模式正是用机会成本很低的家庭劳动(如妇女、儿童和老人的劳动)容纳了劳动的低回报。这就是我所说的"生产的家庭化",它是"没有发展的商业化"的基础(Huang,1990)。

同样的方法也适用于我所提出的清代县官"实用的道德主义"。经验证据表明,清代的县官(以及清代一般的官方话语)把自己描述为一个通过言传身教进行统治、通过教谕调解(didactic conciliation)平息纠纷的高度道德主义的地方官,但他们在实践中实际上更像严格使用制定法并遵循常规化程序来行事的官僚。在我看来,清代的法律制度是韦伯的两种理想型——与世袭家长制联系在一起的绝对权威的实质主义的统治,与官僚化政府联系在一起的法律的常规化统治——混合在了一起。这两种相互矛盾的维度之间的紧张与相互依赖恰恰构成了清代法律制度的独特结构。(Huang,1996:第九章)

我上面对"矛盾"/"悖论"(paradox)一词的使用,主要是指一个经验现象与和我们通常的理论预期相反的另一个经验现象的并存(因此看起来是冲突的或矛盾的)。比如,"没有资本主义发展的资本主义生产关系""没有发展的商业化""没有发展的增长"和"没有形式理性化的法治"。

在著作中,我用"悖论"来指示与唯物主义和唯心主义所期待的相反的现象,我称之为表达与实践之间的"背离"(Huang,1996)。唯物主义理论坚持实践对表达的决定作用,唯心主义理论则与此相反。通常二者都假定表达与实践之间基本上是一致的。我的研究目的是指出二者的背离[或"离异点"(disjunctures),我用这个词是指分离出现的具体地方],从而强调二者的相对独立性。

我的目的是在目前学术界流行的二分法中,即在社会科学中理性选择理论的唯物主义趋向与人文科学中后现代主义的唯心主义趋向之间,寻找中间地带。清代法律的表达和法律在实际中的实践之间的背离,使我们看到仅仅关注其中任何一个维度都是不够的。反过来,它强调"实用的道德主义"和"实质合理性"的法律系统,乃是同时包含两个既矛盾又相互依赖的系统。①

对这些概念及其他一些我所提出的概念,我目前只是做了一些零散的尝试性阐述。其实,我还远远没有能够就晚清帝国和近现代中国的组织模式和历史变迁逻辑,勾画出一幅内部连贯一致的图画。在这一点上,我不敢肯定自己将来所做的进一步的经验研究和概念建构将是什么样子。

但是,就本章的目的而言,我希望已经讲清楚我自己对待理论问题时所侧重的路径。历史探究要求在经验和概念之间不断地循环往复。在这个过程中,理论的用处就在于帮助一个人在证据和观点之间形成他自己的联系。理论也许可以是我们的动力、陪衬或指南,但它从来都不应当成为现成的答案。

## 六、一个萦怀于心的问题

不过,对我来说依然有一个问题萦怀于心。大多数理论都带有一个关于未来的理想图景,比如亚当·斯密的资本主义的无限发展,马克思的无阶级社会,韦伯的理性统治的社会。他们的理论甚至可能从属于他们对未来图景的设想,并且是对这些未来图景的理性化的阐述。无论如何,他们的理论与他们对未来的设想是

---

① 韦伯本人在阐述"实质合理性"时就暗示了这一点(有关讨论参见 Huang,1996:第九章)。

不可分割的。换一种针对中国的理论就要求我们换一种对中国未来图景的设想。

换句话说，当我们在为中国寻求理论的自主性时，我们所面临的问题的一部分是寻求中国未来的另一种图景。如果中国过去的变化模式和推动力确实不同于西方的过去，这种过去又将如何可能转译（translate）到现在和未来的现实中？如果没有发展的商业化最后只不过是让位于简单资本主义市场的发展，没有形式主义合理性的法治最后只不过是让位于简单地全盘移植现代西方法律，那么我们就不如简单地使用标准的西方理论范畴，诸如资本主义和"理性化"这样的范畴，或者"资本主义萌芽"甚至"民主萌芽"这样的范畴。如果事情的结局最终与西方没有什么不同，我们就没有必要花如此大的精力为不同模式进行经验证明和理论的概念化。

如果中国本身已经为我们提供了其未来图景的可能迹象，那么关于中国的另一种图景将不会遇到这样的问题。但事实上，中国今天仍然在努力寻找一种中国特色的现代性。近现代中国占支配地位的意识形态根本就没有为此提供答案。清王朝在其改革还没有充分发挥效果的时候就已经崩溃了。国民党败于中国共产党。毛泽东以一种独特的、崭新的文化构想了社会主义中国的图景。今天，尽管距中国被迫与西方发生接触已经有一个半世纪了，但是依然有一个没有解决的大问题：在现代性中，"中国"对我们意味着什么？在现代世界中，中国文明的内容将是什么？

我们这些历史学家大多数都逃避了这个问题，但我想一种凭据历史的方式能够有助于通向这一问题。我们有可能找到一幅关

于中国历史变迁的动力和形式的内容连贯一致的图画,这幅图画
既是经验的又是理论的,同时又没有陷入上面所勾画出的种种陷
阱。我们可以提出这样的问题:在这些历史演变模式中,哪一种可
能与中国未来的另一种图景相关联? 我们也可以转向中国的思想
家们来寻找指南。在 20 世纪的中国,并不缺少关于中国未来的各
种不同的图景。在这些不同的图景中,哪一种图景符合可验证的
历史模型? 我们的目标可能就是要回答下列的问题:一个从历史
的眼光来看既现代而又独特的,从西方的角度看来是悖论的中国,
它将会是什么样子呢? 对于西方的后现代主义者,这样的问题看
起来似乎是一个现代主义式的老掉牙的问题,但对于中国而言,它
一直是一个根本性的重要问题。

## 参考文献

黄宗智(1986):《华北的小农经济与社会变迁》,北京:中华书局。

黄宗智(1992a):《中国农村的过密化与现代化:规范认识危机及出
路》,上海:上海社会科学院出版社。

黄宗智(1992b):《长江三角洲的小农家庭与乡村发展》,北京:中华
书局。

黄宗智(1994a):《中国研究的规范认识危机》,香港:牛津大学出
版社。

黄宗智(1994b):《长江三角洲的小农家庭与乡村发展》,香港:牛津
大学出版社。

黄宗智(1994c):《华北的小农经济与社会变迁》,香港:牛津大学出
版社。

Appleby, Joyce, Lynn Hunt, and Margaret Jacob(1994). *Telling the Truth about History*. New York: W. W. Norton.

Barlow, T. (1993). "Colonialism's Career in Postwar China Studies," *Positions*, 1.1 (Spring): 224–267.

Chayanov, A. V. (1986[1925]). *The Theory of Peasant Economy*. Madison: University of Wisconsin Press.

Fairbank, John K. and Edwin O. Reischauer(1960). *East Asia: The Great Tradition*. Boston: Houghton Mifflin.

Fairbank, John K. and Albert M. Craig(1965). *East Asia: The Modern Transformation*. Boston: Houghton Mifflin.

Feuerwerker, Albert (1958). *China's Early Industrialization: Sheng Hsuan-huai (1844 – 1916) and Mandarin Enterprise*. Cambridge, Mass.: Harvard University Press.

Geertz, Clifford (1973a). "Thick Description: Toward an Interpretive Theory of Culture," in Clifford Geertz, *The Interpretation of Cultures: Selected Essays*, pp. 3–30. New York: Basic Books.

Geertz, Clifford(1973b [1972]). "Deep Play: Notes on the Balinese Cockfight," in Clifford Geertz, *The Interpretation of Cultures: Selected Essays*, pp. 412–453. New York: Basic Books.

Geertz, Clifford(1978). "Local Knowledge: Fact and Law in Comparative Perspective," in Clifford Geertz, *Local Knowledge: Further Essays in Interpretive Anthropology*, pp. 167–234. New York: Basic Books.

Geertz, Clifford (1986). "The Uses of Diversity," *Michigan Quarterly Review*, 25.1(Winter): 105–123.

Geertz, Clifford (1989). "Anti Anti-relativism," in Michael Krausz

( ed. ) ,*Relativism*：*Interpretation and Confrontation* ,pp. 12–34. Notre Dame， IN：Notre Dame Press.

Huang,Philip C. C. ( 1972 ). *Liang Ch'i-ch'ao and Modern Chinese Liberalism*. Seattle：University of Washington Press.

Huang,Philip C. C. ( 1985 ). *The Peasant Economy and Social Change in North China*. Stanford,Calif. ：Stanford University Press.

Huang,Philip C. C. ( 1990 ). *The Peasant Family and Rural Development in the Yangzi Delta* ,*1350–1988*. Stanford,Calif. ：Stanford University Press.

Huang,Philip C. C. ( 1991a ). "A Reply to Ramon Myers," *Journal of Asian Studies* ,50.3 ( Aug. ) ;629–633.

Huang,Philip C. C. ( 1991b ). "The Paradigmatic Crisis in Chinese Studies：Paradoxes in Social and Economic History," *Modern China* , 17. 3 ( July ) ;299–341.

Huang,Philip C. C. ( 1992 ). "The Study of Rural China's Economic History," *Republican China* ,18.1 ( Nov. ) ;164–176.

Huang,Philip C. C. ( 1995 ). "Rural Class Struggle in the Chinese Revolution：Representational and Objective Realities from the Land Reform to the Cultural Revolution," in Symposium on " Rethinking the Chinese Revolution：Paradigmatic Issues in Chinese Studies, Ⅳ ", *Modern China* ,21.1 ( Jan. ) ;105–143.

Huang,Philip C. C. ( 1996 ). *Civil Justice in China*：*Representation and Practice in the Qing*. Stanford,Calif. ：Stanford University Press.

Huang,Philip C. C. ( ed. ) ( 1993 ). Symposium on "' Public Sphere '/ ' Civil Society ' in China? Paradigmatic Issues in Chinese Studies, III," *Modern China* ,19.2 ( Apr. ) ;107–140.

Hunt, Lynn( 1989). "Introduction: History, Culture, and Text, "in Lynn Hunt ( ed.), *The New Cultural History*, pp. 1 – 25. Berkeley: University of California Press.

Marx, Karl ( 1968 ). " Preface to A Contribution to the Critique of Political Economy, "in Karl Marx and Friedrich Engels, *Selected Works*. New York: International Publishers.

Paige, Jeffery M. ( 1975 ). *Agrarian Revolution: Social Movements and Export Agriculture in the Underdeveloped World*. New York: Free Press.

Rorty, Richard ( 1986 ). " On Ethnocentrism: A Reply to Clifford Geertz, "*Michigan Quarterly Review*, 25.3 ( Summer ):525–534.

Rowe, William T. ( 1984). *Hankow: Commerce and Society in a Chinese City, 1796–1889*. Stanford, Calif. : Stanford University Press.

Rowe, William T. ( 1989 ). *Hankow: Conflict and Community in a Chinese City, 1796–1895*. Stanford, Calif. : Stanford University Press.

Said, Edward W. ( 1978). *Orientalism*. New York: Pantheon Books.

Scott, James C. ( 1976). *The Moral Economy of the Peasant: Rebellion and Subsistence in Southeast Asia*. New Haven, Conn.: Yale University Press.

Skocpol, Theda ( 1979 ). *State and Social Revolutions: A Comparative Analysis of France, Russia, and China*. Cambridge, Eng. : Cambridge University Press.

Thompson, E. P. ( 1966). *The Making of the English Working Class*. New York: Vintage.

Tilly, Charles ( 1975a ), "Revolutions and Collective Violence, "in Fred I. Greenstein and Nelson W. Polsby ( eds.), *Handbook of Political Science*, vol. 3, pp. 483–555. Reading, Mass.: Addison-Wesley.

Tilly, Charles (1975b). "Western State-making and Theories of Political Transformation," in Charles Tilly (ed.), *The Formation of National States in Western Europe*, pp. 380-455. Princeton, N.J.: Princeton University Press.

Tilly, Charles (1979). "Proletarianization: Theory and Research," Working Paper no. 202, Center for Research on Social Organization, University of Michigan.

Wright, Mary Clabaugh (1957). *The Last Stand of Chinese Conservatism: The T'ung-Chih Restoration, 1862-1874.* Stanford, Calif.: Stanford University Press.

第9章
# 近现代中国和中国研究中的文化双重性<sup>*</sup>


　　"近现代"是西方文化向全球稳步扩张的时代。我们该如何理解在非西方世界中随之而来的变化和进程?

　　政治史研究者习惯使用民族国家的范畴进行思考,这就预设了帝国主义—殖民主义与民族独立的对立、支配—从属与民族自决的对立。而选择似乎是泾渭分明、非此即彼的:要么是帝国主义,要么是民族解放。

─────────────

\* 本章原载《开放时代》2005 年第 4 期。英文原作 Philip C. C. Huang, "Biculturality in Modern China and in Chinese Studies," *Modern China*, 26.1 ( January 2000) : 3-31。此文由我的博士生杨柳从英文原稿译成中文,谨此致谢。译稿经我自己三次校阅,基本准确。感谢阿里夫・德里克( Arif Dirlik )和一位匿名审稿人 1998 年春对此文初稿的评议,这些意见促使我做出相当的修改。此文也受益于与佩里・安德森的单独讨论。还要感谢 1999 年 5 月 8 日在加利福尼亚大学洛杉矶分校召开的 " In search of Alternative Theories and Concepts for Chinese History" ( "为中国历史寻找不同的理论和范畴") 研讨会上与会者们对本文的评论意见。一如既往,本文的数次修改都经白凯阅读并提出意见。

　　然而,这种思路可以运用到与政治相对的文化领域中吗? 西方文化的扩张是否必然就是一个"文化帝国主义"的问题? 是否和政治领域一样,只不过是西方支配在文化领域中的一个进程? 如果说在民族国家问题上面临着一些非此即彼的选择,那么在文化互动的问题上是否也必须做出同样的选择? 是否可以将"文化"与"国家"等同起来,或者加以类推? 我们该怎样理解双重文化的影响?

　　本章集中讨论"文化双重性"与双重文化人这一相对狭窄的主题,以便在一个易于处理的范围内阐明这些问题。首先,我将界定文化双重性的含义;其次,简要回顾主要的双重文化人群体,并分析学术和理论领域一般怎样对待中国近现代史上的文化双重性;最后,我会提出一些方法上的、理论上的和实际应用上的意见。


# 一、什么是文化双重性?

　　可以将文化视为特定时代特定民族的观念、习俗、技艺、艺术等内容,语言则是文化的一种具体表现。本章所说的文化双重性指一个人对两种不同文化的共时性参与,语言双重性指一个人对两种语言的使用。(尽管这里的讨论集中于文化双重性,但显然也适用于文化三重性或更多重性。)语言双重性是文化双重性的一个有力的、具体的例证。一个既使用英语又使用汉语的人不可避免地要运用这两种语言各自所蕴含的观念和思维过程。因此一个双语者几乎也是一个双重文化人。诚然,在双语的使用中,两种语言互相对译而不产生或很少产生歧义的情形是存在的,譬如指称具体的物体(例如猪、狗)或简单的概念(例如冷、热)。然而不可避免的是,也有一些语词在两种语言中表面上是对等的,但在使用过程中会涉及非常不同的文化内涵。这时,语言双重性便变成了文化双重性。

譬如说,"私人的/private"这个词在英语和汉语中会引起截然不同的联想。在英语中,"private"的意思是"个人的",与"public/公共的"相对应。从这里派生出一系列的概念:"private property/私有财产"指属于个人的财产,对应属于团体或国家的"public property/公共财产";保障个人的秘密免受公众注视的"the notion of privacy/隐私观念"和"the rights to privacy/隐私权";以及处理个人之间私人关系的"private law/私法"和处理个人与国家之间关系的"public law/公法"。推而广之,private还用在"private room/私人房间""private entrance/私人通道"之类的表达中,表示为某一个人所专用。所有这些用法中,"private"引起的主要是褒义的联想,这种联想是由强调个人的独立性和绝对价值的古典自由主义传统支持着的。

相比之下,汉语中最接近"private"的对应词"私"的内涵却大异其趣。诚然,它也是与"公"相对应的,后者大致相当于英语中的"public";现代汉语中,也有一些诸如"私事""私有财产"等从英语概念转译过来的表达方式。但是,语义上的对等很快就截止了。汉语中的"私"立刻让人联想到的是"自私"或"自私自利"之类的表达。不仅如此,"私"还很快让人联想到不合法的事情,比如私心(自私自利的动机)、隐私(不体面的秘密)、私通(通奸或与敌人秘密勾结)。事实上,"私"常常和耻辱联系在一起,与意味着无私、公平和正义的"公"相比,它是不可取的。"大公无私"这种表达方式可能最充分地体现了"公"与"私"之间的对立。事实上,与"私"有关的意义几乎不可避免地都是贬义的,这是在一个久远的传统中将"公"作为一种道德理想来强调的结果。

再举一个例子,英语中"freedom/自由"一词首先表达出来的观念是免受或者脱离专断权力的支配。其先决条件是承认个体与国家之间的对立(广而言之,还有"市民社会"与国家之间的对立)。这也是源于古典自由主义关于个体的绝对价值和独立性之假定。

"自由"在现代汉语中(经由日语转译过来)并没有传达脱离于专断权力的含义,相比之下,更多的是这两个字的字面意义——按某人自己的意愿行事。这个复合词的构造类似于"自私"(字面意义为"只顾及自己的意愿或利益")。事实上,尽管自由一词已见诸20世纪中国历届政府的多部宪法,然而时至今日它仍未摆脱与自私联系在一起的否定意味。

在我看来,英语和汉语的双语用法总的来说为文化双重性提供了很好的例证。一个双语者当然有可能做到将两种语言清晰地区分开,充分注意到语词在不同语言中的细微差别,从而按照它们的"本土"含义地道地加以运用。这样的人完全可以在讲美式英语和汉语时分别像一个美国人和一个中国人那样思考。对他们而言,两种语言和文化体系是分离的,并不或甚少交叉重叠。概括地说,语言双重性(以及文化双重性)大体上可以看作在两套系统的叠加关系中如何共存的问题。在这里,两种语言和文化并不会融合而形成化合物,也就是说,每一个组成部分都不会失去本来的属性,不会形成全新的、作为化合物所独有的属性。相反,它们都会各自作为一种封闭的、单立的系统而保持相互的区别。

另一种可能是两种语言或两种文化的同时出现会导致些许混杂。一个现成的例子是，双语者经常会在一种语言中夹杂使用另一种语言。他们可能在说一个句子时回到另一种语言，这可能是因为某个词汇或表达方式更加迅速地出现在大脑中，也可能是因为它更能精确地表达想到的物体、意象、概念或细微差别。例如，香港有许多人习惯性地在一个句子中交替使用汉语和英语。在这类用法中，语言双重性（以及文化双重性）是一种混合，当然仍然是物理意义上的，而不是化学意义上的复合。

双语者有别于单语者的最大特点可能在于他／她有一种潜在的能力，可以对两种语言进行比较，并且可以从一种语言的角度思考另一种语言，从而与两者均保持某种距离。单语者可能倾向于认为只有一种方式理解"私"和"自由"，而双语者（双重文化人）则至少有可能意识到不同的文化系统中这些对等词或近似对等词有不同的用法或不同的思想内容。

这种自觉意识当然会导致由于相互冲突的观念和不同的归属感而产生的紧张关系，但同样也会导致创造的冲动，比如说，从两种要素中创造出一种新的复合体。一个双语者有可能完全意识到两种语言的不同含义和细微差别，并有可能从两者中造出新的概念和复合词。一个现存的例子是，20世纪20年代，双重文化背景的国民党立法者试图将西方法律和中国传统法律——他们视前者本质上为个人主义的而后者基本上是家族主义的——结合起来，从而形成一部他们认为是"社会"本位的中国近现代新法律。这就是一种有意识的创造[《中华民国民法典》(*The Civil Code of the*

*Republic of China*,1930—1931）：xx］。

这些不同的模式——共存、物理意义上的混合以及化学意义上的复合，很明显地呈现在翻译过程之中。诚然，翻译活动有时候只需将一种语言中具体的物体和简单的概念转换为另一种语言的对等词。但当涉及一种文化中独特的观念时，也常常需要在另一种语言中发掘新的词语或方法加以表达（例如，汉语中用来表达"private entrance/私人通道"这个概念的词）。有时候甚至还需要创造出新的概念来把握和涵盖两种语言中的异同（典型的例子是"民主"一词在汉语和英语中的异同）。

双语者和双重文化人有别于单一语言和单一文化背景的人之处在于：他们有一种潜在的能力进入两种不同的语言和文化系统，在两者之间进行解释，甚至进而成为两者的超然的观察者，在两者的交融中创造出新的复合词。

下面对主要的汉—英双语者群体做一个概览，包括美国的中国研究学者、20 世纪 20 年代至 40 年代中华民国时期的杰出人物、移居美国的中国华人学者和中国留学生。这些群体之间的差别固然很大，但共同之处是他们都具备文化双重性。事实上，这些不同群体之间的差异和共性正好有助于凸显民族国家性和文化性之间存在的各种紧张关系。

## 二、美国的中国研究学者与近现代中国的双重文化人

美国的中国研究学者几乎注定都是双重文化人。他们中的绝

大多数人多年浸淫于汉语和中国文化研究。他们的职业就是从事双向文化解释。因此毫不奇怪,美国的中国研究学者不仅包括受过中国语言和文化训练的美国国民,也吸纳了具有双重文化背景的中国人——中国国民或原中国国民。撇开民族国家角度不谈,仅从文化的角度来看,美国的中国研究已经成为更大的文化双重性问题中的一个组成部分,而美国的中国研究学者则是更大的双重文化群体中的一部分。

20 世纪 50 年代,美国所有主要的中国研究中心都吸收了从中国移居来的学者,他们当中许多人是以前在美国受过高等教育的留学生,例如萧公权、杨联陞、何炳棣。很多从事中国研究的美国学者都是由这批移居的具有双重文化背景的中国人培养出来的。

1949 年以前,留学美国(或其他西方国家)的风潮至少可以追溯到 1911 年,当时的中国政府开始有计划地派出学生(利用庚子赔款)到西方国家学习。最多的时候一年派出将近 1000 人,大约四分之一去美国,其余的去欧洲。(对于中国来说,日本是西方的主要"阐释者",因此留学日本开始的时间更早,人数更多。在两个高峰年,1905 年和 1935 年,分别达到 8000 人和 6000 人之多。)①当然,这些留学生绝大部分攻读的是理工方面的专业,只有极小部分从事中国研究。但总的说来,他们都属于一个具有文化双重性的群体。一般情况下,这些留学生运用英语(或其他欧洲语言)和汉语一样自如或近乎自如,而且受西方文化的影响并不弱于中国

---

① 精确的统计数据很难取得。1929 年至 1934 年平均每年约 1000 人,其间总共有 3174 名留欧学生和 1089 名留美学生(教育部统计室,1936:284)。留日学生的人数则来自实藤惠秀的研究(Huang,1972:37,41)。

文化。

　　对这些留学生,应该与许多设在中国的教会学校一起来理解。这类教会学校最初出现在 19 世纪,到了 20 世纪 20 年代,有超过 50 万的学生在以双语课程或英语为主的学校注册上学。[①] 教会学校的毕业生与西方文化的关联程度较之于中国文化甚至有过之而无不及。很多留学生都出自这个行列。教会学校的毕业生数量大大超过留学生,即使声望可能有所不及。

　　在美国从事中国研究的人当中,继 50 年代那批留学生之后又出现了年轻一代的中国华人学者,他们大都来自中国台湾和香港地区。其中许多人是以前的留学生的后代或其他双重文化人的后代。可以将他们看作民国时期的趋势的延续,在新中国成立之后迁移到中国国土之外。到了六七十年代,在美国的 400 多位中国研究学者中,华裔(无论是否加入了美国国籍)可能占三分之一(Lindbeck,1971:55)。

　　八九十年代期间,又有几批双重文化背景的中国人加入美国的中国研究。首先是来自中国大陆的学生,他们在美国的中国研究项目中攻读学位并就业,人数在 90 年代不断增加。这些八九十年代的新留学生是中国和美国(及其他西方国家)关系缓和以及中国改革开放之后开始的第二波也是更大的一波留学浪潮的一部分。1991 年和 1992 年,仅赴美留学的中国学生总数就有 3.96 万人,人数大大超过了以前的那一波。到了 1997 年,估计有 27 万名中国大陆学生留学海外,可能有一半或一半以上在美国。总体而

---

① 1924 年,分别有 30 万名和 26 万名学生在基督教会学校和天主教会学校注册就读(熊明安,1983:402)。

言,可能有三分之一的留学生回到了中国,其余都留在海外。① 和以前一样,他们的专业领域主要是自然科学,只有极少一部分在美国从事中国研究。但是普遍而言,他们都具有文化双重性。

除了来自中国大陆的新留学生,还有一个群体可称为"太平洋周边地区的孩子"。这是美国与中国台湾、香港等地(某种程度上还包括新加坡和马来西亚等国家)以及后来与中国大陆(内地)的商务和其他联系扩展的结果。这些年轻人当中有许多人的成长过程中在太平洋两岸居住的时间几乎相等。他们同时受到中文武侠小说和英语警匪电视剧的潜移默化影响。他们先就读于大学学习关于中国的课程,有的继而进入有关中国研究的研究院就读。之后他们之中会有相当数量的人在美国从事中国研究。当然,这批人只是正在不断扩大的双语者社会—文化群体中极小的一部分。

最后,还有一个主要由第三代或第四代移民组成的华裔群体加入中国研究的领域,以及它所要求的进一步的语言学习。他们是近年来在本科教育中"文化多元主义课程"(multiculturalism)(以下还要论及这一点)的影响下冒出来的研究生。

这些华裔美国人当然也是广大"华侨"②移民浪潮的一部分。这个浪潮始于19世纪,当时恰逢导致19世纪中期民众运动(太平天国)的人口压力和国家动荡。到了20世纪90年代,估计有3000

---

① 这个总数来自《神州月报》(1997:6/19)。1991年和1992年滞留在海外的留学生占留学生总数的59%(孔凡军等,1994:174)。

② 我在英语写作中更倾向使用"overseas Chinese"这一术语以对应于"华侨",而不用"diasporic Chinese",因后者的构词法不适当地对应于有着长期被迫害历史的犹太民族。

万华裔(人种意义上的)生活在海外。其中,在美国的人数超过 150
万。① 一般说来,第一代乃至第二代海外华人都有很强的双重文化
背景,到了第三、四代则弱得多。不过近些年来教育上的文化多元
主义使越来越多的第三、四代美籍华人选修有关中国的课程,他们
当中的一小部分参加了有关中国研究的研究院课程以及长期的汉
语学习;更多人则通过到中国旅行以及从事与中国有关的工作等
渠道,不同程度地成为双重文化人。

## 三、文化双重性与国籍属性

上述群体之间的差异和共性体现了国籍和文化属性之间的紧
张关系。如果我们主要以民族国家范畴来思考,通常不会将从事
中国研究的美国公民与中国留学生归入同一群体。国家主义使我
们将国籍视为个人的一种根本属性,并且通常只考虑单一国籍,而
不理会双重国籍的情形。事实上,对入了美国籍的人本身也作这
样的要求:一个美籍华人首先是一个美国国民,其次才是一个"人
种"意义上的华人。在观念和法律上,他们不希望被视作一个中国
国民——部分原因是为了争取完全的公民权利和保护。因此,从
国家主义角度来看,美国的中国研究学者和中国留学生所共有的
文化双重性至多只具有一种次级的重要性。

事实上,国籍充其量不过是一个法律范畴,一种人为的构造。
国籍的"本质化"造成的问题在于会遮蔽其他一些重要的共性。如

---

① 刘汉标、张兴汉得出的数据是 164.5 万人(1994:405)。

果我们只关注国籍——实际上，"冷战"时期我们经历过这种以"国家安全"为借口的压力——那么，从事中国研究的美国国民和非美国国民之间的差异与其他中美两国国民之间的差异就没有什么两样。然而这样的思维习惯忽视了一个基本现实：基于共同的文化双重性以及解读中国社会的学术目标，分属于两个国籍群体的个人是在同一个具有内聚力的职业共同体之中紧密协作的。他们在日常生活中的共性可以说比国籍意义上的法律差别更重要。尽管美国的中国研究就其起因而言是出于"国家安全"方面的考虑，但很大程度上它从一开始就是一项超越国界的事业。

## 四、中国近现代史上的双重文化人与文化双重性

我们可以用同样的思路来解读中国近现代史上的双重文化人。他们的命运和我们对他们的看法都深为民族主义和反帝国主义这样的历史潮流所左右。中国革命是在反帝国主义的旗号下进行的，不仅反对西方国家和日本在政治—军事上的支配，而且反对它们的文化支配。在那样的历史背景下，双重文化人就像那些为外国的商业利益效劳的"买办"，意味着耻辱或者被遗忘，被革命历史的大浪潮抛弃。在大多数历史学家看来（中西皆如此），近现代中国的主旋律或主要社会力量是普通群众，尤其是农民——最少接触西方文化的人；和他们相比，近现代中国的双重文化人似乎无足轻重。

在帝国主义和反帝国主义的民族国家主义二元对立的世界里，中国文化与西方文化的联系受制于这样的立场：拒绝两种文化

共存和互动的现实,而主张一种文化必然战胜另一种文化。反帝国主义的冲动引导人们将目光集中在帝国主义扩张的罪恶上,呼唤对近现代西方的拒斥,从而最终将文化问题置于民族国家性问题之下。近现代西方文明自以为是的立场激起了近现代中国抗拒的冲动,同时又被后者反击。他们一方面认为中国应该向西方看齐,另一方面则强调中国必须摆脱近代西方帝国主义的枷锁。一方面西方的理论家们认为真正的现代化最终必须遵循西方模式,从而将近现代中国的反西方冲动斥为偏激;另一方面中国的社会主义革命在长达将近30年的时间里一次又一次地发起了对西方文化影响的攻击。

帝国主义与反帝国主义—民族主义在意识形态上的对立,使毛泽东时代的人们很难冷静地讨论双重文化人和文化双重性在近现代中国所起的作用。双重文化影响下的中国总体上被视为"半殖民地"——不仅是政治上的,而且是文化上的,与此同时,双重文化人也被贴上"买办"(其含义离卖国者不远)或者(西式的)"布尔乔亚"知识分子的标签而受到打击和排斥。①

然而历史的真相是,双重文化人在中国近现代史上扮演着极其重要的角色。那些明显的事实毋庸赘述:1949年以前近现代中国理工科领域的带头人大多数都来自从西方归国的留学生这一双重文化人群体,而到了八九十年代,这样的情形再一次出现。这是可以预料的,因为西方到底在技术上比较先进。但是实际上其他一些重要领域也是如此,虽然不那么显著。

---

① 杜赞奇(Prasenjit Duara)已经批判式地反思了现代民族国家如何塑造历史学家和历史(论文参见 Duara,1998)。

　　孙中山可能是近现代中国最著名的双重文化人。他少年时期去了夏威夷(13 岁至 16 岁),进入当地的一所教会学校念书,随后就读于香港的皇仁学院(Queen's College),此后又在香港雅丽氏医院附属学校西医书院获得医学博士学位。他运用英语和汉语同样自如,差不多是一个完全意义上的双语者(Boorman,1967—1979:3/170—171)。

　　不管是好事还是坏事,在以孙中山以及后来的蒋介石为核心的国民党高层领导小集团中,双重文化人占相当比例。众所周知,孙中山本人娶了宋庆龄为妻,后者毕业于卫斯理安女子学院(Wesleyan College),辛亥革命之后曾经担任过孙的英文秘书。宋庆龄的大姐宋霭龄嫁给了在欧柏林学院(Oberlin College)和耶鲁大学受过教育的孔祥熙,孔祥熙后来出任国民政府的财政部部长。毕业于韦尔斯利学院(Wellesley College)的妹妹宋美龄则嫁给了蒋介石。她们的兄弟宋子文毕业于哈佛大学,他因英语比汉语更加流利而著称,据说他即使在中国也不改日常用英语交谈的习惯,阅读中国书籍也大多通过英译本(Boorman,1967—1979:3/142—144;《アジア歴史事典》,1959—1962:5/350a)。

　　国民政府的高层领导中还有许多其他双重文化人。不难想到,他们在外交机构中表现杰出:陈友仁是一个最典型的例子,他出生于特立尼达,在英国获得律师资格,是中国 20 世纪 20 年代最重要的外交官,并在收复权利运动中起着重要的作用(同上:6/375a)。另一个杰出人物是陈友仁的继任者、活跃于 20 世纪三四十年代的顾维钧,他先后在中国的教会学校圣约翰大学和美国的哥伦比亚大学受教育(同上:3/184b)。

尽管不像外交界那么引人注目,法律界名人中同样也多见双重文化人。西方法律在民国时期成为中国法的范本,因此该领域也需要谙熟英语和其他欧洲语言的人才。譬如伍廷芳,他出生于新加坡,曾在香港圣保罗书院(St. Paul's College)受教育,在伦敦林肯律师公会(Lincoln's Inn)接受法律训练(Cheng,1976:81—85),晚清时期作为清政府的钦差大臣和沈家本一起改革法律。另一个例子是20世纪20年代公认的"中国首席法学家"及《中华民国民法典(1929—1930)》的主要起草人王宠惠,他出生于香港并在当地接受双语教育,后来入读耶鲁法学院。[①] 民国民法典的另一个主要起草人——三四十年代的杰出法学家傅秉常也是在香港长大的,他先后入读圣史蒂文斯学校(St. Stevens School)和香港大学(工程学专业)(徐友春,1991:1158)。

在近现代经济领域的名人当中也不乏双重文化人。例如,曾经在圣约翰大学就读的"火柴大王"刘鸿生;出身于麻省理工学院的纺织业"巨龙"唐星海;还有同样毕业于圣约翰大学的荣毅仁,他在20世纪30年代后期继承了"面粉大王"荣德生的产业,90年代再度崛起(《アジア歴史事典》,1959—1962:9/267b;海啸,1994;《中国人名大辞典》,1994:519—520)。这一批人在中国的资本主义和工业化的发展中起了先锋作用。

最后,双重文化人也多见于高等教育以及整个智识活动领域。蔡元培两度留学德国(此前他已在旧科举制度下获得进士功名,时

---

① 王宠惠历任国民政府最高法院法官、司法部部长和司法院院长(Boorman,1967—1979:3/376b—378b)。他通晓数门外语,曾将1900年《德国民法典》译为英文。该译本出版于1907年,被奉为《德国民法典》的标准英译本。

年 23 岁），1916 年至 1922 年间担任教育部部长兼北京大学校长（《アジア歴史事典》，1959—1962：4/6b—7a）。在他的努力下，众多留学生会集北大：留学过日本的陈独秀担任教务长；在哥伦比亚大学获得博士学位的胡适任哲学教授；图书馆馆长李大钊留学日本早稻田大学（徐友春，1991：253—254）；当然还有鲁迅，也是从日本回来的留学生。这些人是"五四"时期新文化运动的先驱。

当然，在近现代中国，文化双重性不仅体现在一些杰出的个人身上，而且体现在一个长期的根本的变化过程之中。在思想领域，"五四"运动力倡大规模移植西方文化，深刻地塑造了当时的整整一代人及其后继者们。在法律领域，支配着法庭诉讼的现代法典起初完全翻版于德国（经由日本），在逐步适应中国现实的过程中，最终形成了一个十足的双重文化版本。① 在教育领域，制度设计的蓝图几乎完全是西式的（其中有很多也是经由日本介绍到中国的），当它融入中国的社会背景之后，所形成的学校和大学体制，说到底也是具有双重文化性的。

1949 年以后，一度处于中国历史中心舞台的双重文化人和文

---

① 我估计，迄 20 世纪 30 年代，每年每 200 户家庭中至少有 1 人涉及新式法庭诉讼。那么，在 20 年中——大约相当于村庄调查所反映出的有效记忆期，每 10 户家庭就有 1 人涉及，足以使现代法庭体系进入每个人的生活和意识。这不仅包括城市人口，乡村亦是如此（Huang，1996：178—181）。在 20 世纪 50 年代后期至 70 年代后期的高度意识形态化时期，诉讼率下降。然而，20 世纪 80 年代后期和 90 年代，现代式法庭（其模式可以直接上溯到民国时期）的诉讼率超过了 30 年代。例如，20 世纪 90 年代，每年每 50 户家庭中就有 1 人涉及新式法庭诉讼（Huang，1996：180）（这个数据是按照 200 万件诉讼案件或 400 万个诉讼当事人，及 12 亿人口或 2 亿户家庭推算出的）。西方式法律和法庭再次成为几乎影响每一个中国人生活的重要因素。

化双重性自然被排挤于历史主流之外,直到 1978 年改革开放。"资产阶级知识分子",尤其是那些在国外受过大学教育和在受西方影响最深的研究领域(诸如英语、英语文学和法学等学科)工作的人,在 1957 年的"反右运动"和 1966 年至 1976 年的"文化大革命"中受到了严重打击。但是,对学校和司法机关(以及医疗卫生、艺术和其他领域)中的"资产阶级的流毒"的猛烈抨击恰恰证明了西方文化在中国有着巨大的影响。

随着改革开放,双重文化人和文化双重性又迅速回到了历史舞台的中心。许多受过西式教育、在"文化大革命"中受到迫害的知识分子和中国共产党的领导人,又重新获得了权力和地位。

此时在中国的经济生活中,双重文化人的作用也比以往任何时候都更加重要。首先是海外的华人企业家,他们大都完全或者部分从香港介入内地的经济,有一些人的先辈是居留在海外的具有双重文化背景的资本家。这些富有的双重文化人被一些学者称为"流亡资本家"(diasporic capitalists,这个称呼容易造成误解,并不恰当),但他们在最近的 20 年里为中国特色的经济发展起到了推动作用。《福布斯》杂志 1994 年评出的 35 位海外华人亿万富翁(全球共 350 位亿万富翁)中的大多数近些年都在中国进行过大量投资。[①] 一方面他们的家族企业传承了技术和市场秘诀,另一方面中国为他们提供了廉价且易于管理的劳动力,以及原材料和优惠的投资条件。

---

① 包括香港的李嘉诚和胡应湘(Gordon Wu),新加坡和马来西亚的郭鹤年(Kuok)兄弟,印度尼西亚的瑞亚迪家族(Riadys),以及泰国的谢氏兄弟[Chearavanonts(Lever-Tracy,Ip,and Tracy,1996)]。

除了那些顶级大企业家，到中国投资的海外双重文化人更多的是中小型的企业家，他们的投资规模较小，但同样将外国的资本—技术和中国的劳动力—原材料结合起来加以充分的利用。他们和那些更引人注目的企业大亨一起构成了充满活力的外资和合资企业的核心部分，在过去的 20 年里，这部分企业连同乡镇企业使中国经济走上了十分醒目的发展道路。

以西方模式为基础的民国时期的立法传统再度重现，法院制度复兴，新近颁布的法典不少取法西方。在教育方面，西方教学模式重新获得主导地位，英语再度成为重要的外语。在智识领域，"五四"运动提倡的全盘西化也再次成为一种主要的思潮。

## 五、近现代世界中双重文化的影响

在上文中，为了讨论的方便，我把"文化双重性"这个概念主要限定为英语和汉语文化在个人身上的充分共存，举出的最典型例子是体现在双语者或准双语者身上的语言双重性。但是，如果我们不拘泥于语言双重性所要求的两种语言表达之间对等和聚合的程度，而只关注双重文化影响的共存，那么我们正在讨论的显然是一个比我所限定的要大得多、广泛得多的现象。

对非西方世界"现代性"问题的思考尽管有着多种路径，但西方的入侵无疑是一个基本的考虑因素，也是历史研究中界定"近现代时期"最常用的标志（因此通常认为中国的"近代"始于鸦片战争）。本土文化与西方文化的共存最初是因为帝国主义在政治—军事上的扩张。随着帝国主义的终结，这种共存则成了资本主义全球化和西方文化借助各种新的媒介持续剧烈扩张的结果。

　　事实上,对于整体意义上的非西方世界而言,西方文化不断增强的在场以及由此而来的现代西方文化与"本土传统"的共同在场,可以说是"近现代"时期所面临的基本现实之一,也构成了大多数近现代非西方民族的基本生存现实。西方资本主义五个世纪的扩张几乎将西方文化带到了世界的每一个角落。西方文化与本土文化的共存不仅已经发生了,而且使文化多元成为近现代史上真正巨大的趋势之一。

　　当然,在近现代中国,受双重文化影响的人数远不止上面讨论过的各种双重文化人群体。在留学生、教会学校毕业生和海外华人这些双重文化人之外,还有更多的中国人经历过双重文化的影响。到了20世纪30年代,居住在中国的外国人超过30万人,[①]主要分布在根据不平等条约开放的大约90个通商口岸的租界里,和他们联系密切的中国人在不同程度上处于西方文化的影响之下。80年代和90年代的改革开放带来了新的变化,西方文化不仅在中国复苏,而且得到飞速发展和传播。每个月都有数以千计的人因雇佣、参与和协作等关系被吸引到外资企业和中外合办企业。精通英语和英语文化的人数呈几何级增长。像1949年以前的一些城市那样,中国的主要城市再度全面受到外国文化的影响。

　　我并不认为,双重文化的影响最终必然导致双语形态的文化双重性,中国不会所有的地方都像香港那样,出现两种语言和文化传统以几乎平分秋色的方式共存的局面。我想表明的是,我们需

---

① 确切的数字难以取得。这里是根据费正清的估算(Fairbank, Reischauer and Craig, 1965:342)得出的数字。

要采取一种能够描述文化双重性的总体特征的视角,来思考西方文化和非西方文化在近现代非西方世界里的共存现象。当反帝国主义和民族主义诸意识形态命令我们只能以非此即彼的二分法进行思考的时候,我们还应该看到,文化本身并不接受这样的命令,因为其生命力存在于各个民族的生活经验之中。[1] 正如大多数双重文化人和双语者在大多数时间里对两种文化和语言的共存能够应对自如,受到不同程度的双重文化影响的民族大多数也能在日常生活中迅速地适应两种文化。诸如"半殖民地"或"(西方)资产阶级势力"之类的概念在文化领域里预设了一种"中国"与"西方"相互排斥的敌对立场,这种属于民族主义意识形态的说法在日常生活层面上其实没有多大意义。

# 六、文化双重性与萨义德和格尔茨

学术理论的近期发展诸趋势虽然在某种程度上有助于我们克服西方中心式的现代主义自以为是的狭隘立场,但具有讽刺意味的是,它们仅仅强化了西方与非西方的非此即彼二元对立。爱德华·萨义德的分析有助于克服欧洲中心主义立场——他认为帝国主义是一种文化现象,而"东方主义"话语是这种现象的核心。他令人信服地指出,"东方主义"的理论建构把中东的国家和社会视为"他者"(the other)(这种建构同样适用于中国),因而预设了帝

---

[1] 卢汉超指出:透过"小市民"的日常生活,就会发现不能简单地以"西化的"和"传统的"这种旧的二元对立的方式来看待 20 世纪的上海(Lu,1999)。

国主义的扩张并起到把其合理化的作用。萨义德与别的学者的不同之处在于,他将关注的中心从政治—军事帝国主义转向了"文化帝国主义"(Said,1978)。

与此同时,克利福德·格尔茨所提倡的"地方性知识"和"深度描述"则动摇了欧洲中心式的实证主义立场。格尔茨认为,现代世界过分相信理想化的现代科学。而对其他社会的研究,尤其是人类学方面的研究,则使我们有机会看到与之相对的文化建构和知识是怎样一幅图景。格尔茨主张,我们必须致力于"厚/深度描述"。这并不意味着对事实的密集叙述,而是指一种"阐释性的人类学",它能够告诉我们什么是本土解释,它们自身的概念结构以及与我们的解释的差异。同样,对格尔茨所说的"地方性知识"也不能望文生义,它不是单纯地指关于某一地方的一般知识,而是指人类学家为了让我们摆脱自身的西方现代主义前见,而对本土含义所作的解释性澄清(Geertz,1973,1978;Anderson,1995)。

在萨义德和格尔茨这类理论家的影响下,中国研究的部分领域已经开始对现代主义前见进行批判性的"反思",并成为对以往带有西方中心主义色彩的研究的激进批判运动的组成部分。新的研究不再假定中国为西方的从属,转而采取相对主义的姿态:中国和西方同样重要。这些研究不再试图将各种具有前见色彩的普遍原则强加于中国——因为它们毕竟只是西方的建构——而是解释性地将中国本土的含义忠实地转译给我们。这不仅有助于我们理解中国文化,而且使美国的中国研究学者获得了一种批判性的视角来看待自身的文化。[①]

　　然而,这些新的理论趋向还未能超越过去的研究中基本的非此即彼的二元话语结构。诚然,新的文化主义研究不再奉西方为典范,也不再视非西方为从属性的"他者",而是强调平等主义和文化相对主义,但是,这种强调本身即暗含着一种西方与非西方的二元对立。它也造成了一种倒置,转而偏重非西方。萨义德(Said,1978)认为,我们必须对西方中心式的东方主义研究和西方的文化帝国主义话语进行反思性批判,用一种站在受害社会立场的话语来取代之。格尔茨(Geertz,1973,1978)则主张用本土"意义之网"的"深度描述"和"地方性知识"来取代西方/现代主义中心论(以及西方文化帝国主义)和基于西方现代主义前见的社会科学话语。对他们二位来说,选择仍然是在非此即彼的二元对立中做出的。

　　格尔茨式的研究尤其对近现代史缺乏关注。既然它的目的是通过探索不同的文化建构来为现代西方自以为是的理论假定提供一面批评性的镜子,那么它的研究重点自然就选择了与西方接触前的而不是接触后的非西方。它的假定是,在现代西方文化帝国主义的影响下,非西方最终只可能完全受其支配。非西方社会甚至可能完全采纳现代主义的假定和现代西方话语。一旦如此,本土文化就不可能再为现代主义者眼里的西方文化提供一种清晰的、批判性的观照。因此,格尔茨本人几乎闭口不谈本土文化在西方的影响下到底经历了什么样的变化和不变。他只是简单地假定它们必然的从属性。

---

[①] 这些目标至少是何伟亚著作(James Hevia,1995)中声称要达到的。参看周锡瑞(Joseph Esherick,1998)对这本书的证据基础的批评。

正如他们所批评的前辈现代主义(包括马克思和韦伯理论中所显示的现代主义)学者,萨义德和格尔茨最终把我们置于一个现代/本土、(文化)帝国主义/反帝国主义相对峙的非此即彼的二元世界之中。面对现代西方文明及其文化帝国主义倾向,反帝国主义者别无选择地必须抗拒。在帝国主义的世界之中,只可能存在一方的支配与另一方的从属,不可能有文化双重性或文化二元性所体现的平等共存。

## 七、对中国研究的含义

在过去的近现代中国研究中,学术理论和意识形态中非此即彼的二元话语结构的影响力是如此强大,以至于连那些自觉地反对东方主义建构的学者都经常不经意地采用了它。因此,美国一代学者的解释为什么近代中国未能走向现代化(也就是未能更像西方一些)的研究导致了另一代学者反过来强调中国其实很像西方:中国的城市不仅是行政中心,并且像西方的城市那样从事商品化生产;中国也有"近现代萌芽"时期;中西的差异不在于性质而在于时间——中国充其量只是滞后了一个世纪。①

与此同时,对帝国主义的激进批判也强化了这种二元话语结构。20 世纪六七十年代,美国的社会历史学家领导了当时对西方

---

① 在美国学者中,这种观点的主要代言人是罗威廉(Rowe,1984,1989,1990)。它的影响在许多其他地域的学者中也不罕见。

帝国主义和带有帝国主义色彩的现代化范式的批判运动。① 他们的智识源泉主要是马克思主义,其中一些人在评价前现代时期农民社会时也吸收了"实体主义"。20 世纪八九十年代,美国激进的文化史学家将对帝国主义的批判从物质领域转向了文化领域。他们的智识源泉是萨义德的"东方主义"、格尔茨的"地方性知识",对某些人来说,还包括"后殖民主义"(postcolonialism;subalternism)作品。② 自始至终,西方和中国之间的对立依然鲜明。

中国学者受这种二元话语结构的影响程度并不亚于美国和欧洲的学者。为了反驳马克思的亚细亚生产方式的概念,毛泽东提出了"资本主义萌芽"的观点:中国的发展本来并不迟滞,而是像西方那样朝着资本主义迈进,是西方帝国主义改变了中国固有的历史进程。中国学者从此投入大量的精力来论证明清时期的"资本主义萌芽",尤其是商品化和资本主义雇佣劳动关系的兴起。③

关于中国的近现代时期,这些学者强调帝国主义和"半殖民主义"下的现代西方对中国的压迫。因此,中国的革命不仅要摆脱封建主义的枷锁,而且要摆脱帝国主义及其在中国形成的半殖民主义的枷锁。只有这样,中国才能回到应有的资本主义—社会主义的历史道路,也才能维护自身独特的民族性格和文化。

这些建构都不允许把双重文化影响视作互动性的、结局未定

---

① 周锡瑞(Esherick,1972)对此有代表性的讨论,与黎安友(Andrew Nathan,1972)的对立论点同时发表。
② 白露(Barlow,1993)是这种新的激进的文化研究阵营的代表人物。
③ 阿里夫·德里克(Arif Dirlik,1996)有力地指出,"东方主义"不只是"西方式的"东方主义者的创造,受东方主义建构影响的本土知识分子也可能采取这一立场。

的、还存在着多种可能性的过程。文化双重性更加没有容身之地：在帝国主义的背景下，它只能意味着压迫，不可能平等共存；近现代中国要么是一个土生土长的中国，要么是西方奴役下的中国，不可能存在同时容纳中西文化的第三种选择。

萨义德和格尔茨的后现代主义观念在拒斥现代主义的西方及其"文化帝国主义"的同时，不经意地强化了过去的研究中非此即彼的二元话语结构。诚然，这种拒斥源自一种值得赞赏的对帝国主义及其西方中心论以及自以为是的现代主义的批判态度，但是它仍然是基于西方与非西方二元对立的立场。它既然完全拒斥了现代主义的西方，也就将非西方世界置于除了前现代时期本土文化之外没有其他选择的境地。

结果导致了这些研究与现代非西方世界的许多知识分子的疏离。后者大都急迫地要求自己的社会步入现代化进程，能够得到在他们看来属于现代文明普遍馈赠的东西，比如更高的劳动生产率、从生存压力和繁重的体力劳动中解脱出来的自由、更好的医疗服务、更高的婴儿存活率、更长的人均寿命，或者只是为了不再遭受帝国主义的欺凌而要求的强大的军备。在他们看来，拒斥现代主义而又心安理得地享受现代文明馈赠的格尔茨，其实只不过是沉迷于对土著传统中离奇古怪事物的细枝末节式的津津乐道之中。①

双重文化人和文化双重性的历史例证表明了一种不同的方式，可以用来理解现代西方与非西方世界之间的文化交接。在个

---

① 见伍德赛德(Woodside, 1998)的析述。

体生活经验的层面上，而不是在国家和理论家的意识形态建构的层面上，双重文化的影响通常能够非常容易地像两种语言那样共存，不存在必然的支配—从属的关系。各种意识形态可能会要求在传统与现代性、中国的与西方的、自治与支配或者本土化与西化之间做出非此即彼的选择，但是在生活经验中人们对此并不一定理会。

和背负着各种意识形态建构的国家不同，日常生活中的人们对自己的"中国性"相当自信：中国人认为适合融入他们生活的东西就是"中国的"东西。"中国文化"和中国的语言一样，不是某种一成不变的抽象事物，而是中国人在一定时期享有和使用的东西。① 在这一层面上，"西方"和中国并不存在必然的冲突。一个人可以既是现代人又是中国人。

文化双重性这个概念促使我们承认并正视现代非西方社会中双重文化的影响的事实。如此看待西方文化向非西方世界的扩张，使我们可以抛开意识形态化的观点，而把它视为一种结果未定的历史进程来理解。在当今的后帝国主义时代，文化的影响力并不一定与政治—军事支配联系在一起，也不会被后者转化为政治问题，因此更加需要强调的是文化双重性共存的一面而不是冲突的一面。

对于文化互动中的支配—从属关系，在这里，让我们来更细致地审视一下如下假定：西方文化和本土文化之间的互动最终只能导致一方对另一方的支配。这种假定有两个根源。一个源自各个

---

① 何炳棣的文章（Ho, 1998）有力地证明，正是多种族性和文化多重性构成了"汉化"和中华文明的精髓。

国家的政治史视角:现代西方民族国家的扩张的确历史性地导致
了对非西方社会的政治支配(帝国主义和殖民主义);另一个源自
格尔茨这类研究小型土著社会的人类学理论家的视角:西方和现
代民族国家的入侵,伴随着工业化和城市化,的确历史性地导致了
"前现代"社会及其文化的解体(至少是局部的解体)。

　　然而这些视角是否适用于中国文化呢? 我们首先需要考虑的
一个事实是,帝国主义对近现代中国的政治支配是局部的,而不是
整体的。即使在毛泽东时代的建构中,西方的入侵也只是把中国
变成了"半殖民地",而不是殖民地。中国近现代时期的国家史不
同于一个殖民地国家的历史。

　　更重要的是,需要分别考虑中国文化与作为政治性实体的中
国国家。就晚清国家虚弱的海防以及它与现代西方军事力量的差
距来谈支配—从属关系,是讲得通的;但是在文化和思想领域也存
在类似的关系吗?

　　国家和民主这类现代西方概念的确影响了中国文化,而且随
着帝制政权的瓦解,"传统的"中国思想体系,比如儒家思想,作为
一种统治性的意识形态已经分崩离析,但是这些因素会导致中国
文化处于从属的地位乃至全然崩溃吗?

　　语言再次为我们提供了一个有效的途径来考虑这个问题,因
为它是一种文化体系中最具体的表现形式。我们清楚地知道,汉
语和中文的生命力要比帝制政权及其儒家意识形态顽强得多。中
国的儿童继续在这种语言环境中成长,中国的成年人继续本能地、
习惯性地使用它,连同它全部的意义之网。现代汉语比起古典汉
语的确有了很大的变化,但是如果据此就大谈汉语对英语的"从属

性"，岂不是很荒谬？

事实上，在近现代时期，外国语言对汉语的影响是极其有限的。汉语的生命力部分体现于它对音素外来词的抵抗力。譬如，"民主"和"科学"这两个词在"五四"时期曾经短暂地以音素外来词的形式出现，即"德谟克拉西"和"赛因思"。但很快它们就为汉语中既有的词语和意义所取代（尽管是经由现代日语）。正如前文谈到的那样，新的术语和概念，即使是对外国术语和概念力求工整的翻译，都不可避免地会打上中国文化的印记，比如"自由"之于"freedom"。

谈到双重语言和双重文化背景的个人或社会的时候，我们应该很明确，有关支配和从属关系的概念仅在极其有限的范围内才是有用的。前文提到过，在英汉双语者那里，两种语言的关系更像是一种叠加，一种物理意义上的混合，或者一种化学意义上的复合，而不是支配与从属的关系。汉语本身的内涵和思维方式并没有在英语这种当今世界最具"霸权"的语言面前失去自我。

可能会有读者反驳说，汉语在这方面可能是独一无二的。但是，我们可以再以日本为例。尽管它心甘情愿地接受外来的术语和概念，包括音素外来词，尽管"二战"后受到美国的占领，并接受一套外来的全新的政治体制；但毫无疑问的是，日本的语言和文化依然继续保持着独特性和完整性。甚至在印度和中国香港这样受到殖民统治的社会，英语不仅是殖民者的语言，也成为本土精英社会的正式语言，但本土的语言和文化并没有瓦解，依然保留了绝大部分本来的思维方式和内涵。印度的例子还进一步表明了英语这样的殖民者语言如何被转化为印度独特的民族性格和文化的媒介

（Chatterjee，1993）。

实际来说，历史上的各种语言和文化体系并不是像政府和国家那样运作的。它们不会随着海防的溃败和京城的陷落而瓦解。事实上，它们在一个民族日常的使用和生活经验中继续存活着并且不断地再生。只要父母们继续用本土的语言教养自己的孩子，只要一个社会中的成员继续用这种语言进行交流，它们就还有生命力。甚至当一门外来语言对本土文化的"渗透"达到了语言—文化双重性的程度，也不会导致一种非此即彼的二元对立，或者某种支配关系，而是结局未定，充满各种创造性的可能。

## 八、当今美国的"外国区域研究"面临的危机

上述关于文化双重性和双重文化影响的观点可能可以提供一条途径，构成某种概念，帮助美国的中国研究摆脱过去的负担。这些负担，包括西方中心式的现代主义及其派生的"国家安全"考虑，也包括后现代主义及其对西方近期历史的虚无主义式的拒斥。它甚至可能帮助我们从当今困扰着美国的中国研究的危机中找到一条合理的出路。

战后美国的中国研究最初产生于国家安全的考虑。政府通过《国防教育法案》的投资以及民间通过福特基金会的资助来支持对外国的区域研究，主要是出于"冷战"和"了解自己的敌人"的动机，学术上的成果则是副产品，并非本来的目的。时至今日，进入了后"冷战"时期，以往的驱动力已经失去了其最初的紧迫性。

同时，学术理论中的新时尚也威胁到了外国区域研究。在社

会科学领域，各门学科在模仿自然科学的过程中，不停地"硬化"，"理性选择"理论大行其道。随着社会科学各学科普遍强调"假设—驱动"和"假设—验证"的研究模式，对问题的研究逐渐变成一种从理论化的假设出发的公式推演。现代西方的各种"理性"建构（例如"经济行为理性"）在世界范围内成为学术研究的普遍指导原则。有关不同社会文化特征的定性知识甚少受到尊重。经济学、社会学和政治学等学科越来越不愿意雇用区域专家，认为他们缺乏学术方法和理论功底；不会再像过去那样培养中国经济学、中国社会学和中国政治学方面的学者。

主要活跃于史学在内的人文科学领域的后现代主义者的"文化研究"，本可以对这种科学主义和形式主义倾向起到一种有益的纠正作用。这也的确是格尔茨等人本来的意图——他强调我们要重视文化的相对性，以及科学研究的客观外表下的文化建构性。这种批评本来可以以"地方性知识"的名义为区域学术研究提供强大的支持。

然而，文化主义的过度激进却在社会科学和人文科学之间造成了极端的对立，某种程度上也在各个学科内部造成了对立。在反"文化帝国主义"的政治姿态和反"纯"经验研究的认识论姿态下，以及所使用的排他主义式的行话中，激进的文化主义创造出一个唯我独尊的世界，没有能力（甚至没有愿望）与其他类型的理论进行建设性的交流。格尔茨（Geertz, 1973, 1978）的"地方性知识"和"深度描述"听起来像是在提倡一种深入的外国研究，实际上它们最终却被赋予一种狭窄得多也特殊得多的含义，仅仅是要研究前现代时期本土社会的"概念结构"。这就几乎不可能与采取普遍主义路径的社会科学进行建设性的交流。

其后果就是在学科之间和学科内部造成分裂,这种分裂在许多方面都使我们联想起以前的现代化理论与将这种理论斥为"东方主义"的后现代理论之间的鸿沟。"理性选择"方法和现代化的范式一样,把西方当作一种放之四海而皆准的标准并将社会科学研究当作实证主义式的操练。激进的文化主义方法则斥责这些理论前见源自西方中心论和科学主义假定,并呼吁人文科学将目光转向本土意义之网。在这种两极化的世界里,很难同时从两者身上获得智识滋养。从双重文化角度出发的研究冒着被斥为不科学的危险,而从人类普遍关怀的意向出发,比如克服生存危机和提高医疗水准,则会担上一个现代主义者或"东方主义者"的嫌疑,也就是帝国主义者的嫌疑。

在这个绝对主义流行的两极化世界里,人数很少的理论家(和自命的理论家)占据了学术争论的中心舞台。而那些"只"从事实际研究的大部分学者则沦落为默默无闻的"沉默的大多数",或者在相互对立的阵营之间被推来搡去。

甚至文化多元主义这种本来有价值的、反映当代美国社会构成的世界主义教育理想也被卷入大学里科学主义与后现代主义之间的两极分化中。在回应社会科学领域实证主义普适论的过程中,人文科学领域中的文化多元主义越来越倾向文化相对主义。既然西方过去对其他文化的研究过多地受到了现代主义、"东方主义"或帝国主义视角的影响,那么我们现在对西方以外的文化的研究必须求助于"它们自己的说法"。但是在大学教育中,其含义却演变成中国史课程大多由具有中国血统的学生选修,日本史课程大多由具有日本血统的学生选修，德国史课程则由具有德国血统的学生选修。美国文化多元主义的运作结果体现出来的并不是世界主义的"国际化"教育的初衷，而是狭隘的民族中心主义。

在美国学术界中，"硬"社会科学的实证主义普适论与"软"人文科学的民族中心主义文化论之间的对立，使外国区域研究领域几乎难以达成什么共识。与此同时，外部资助的紧缩和不确定性正在使各个外国研究中心丧失它们迄今最重要的生命线。各大学的最高层甚至开始考虑中止对各个外国区域研究中心的资助。

文化双重性也许会对当今的危机起到某种作用。用学术化的话来说，它不同于各种"理性选择论"的方法，因为它并不主张现代西方所建构的理性是人类唯一的理性。它倡导要彻底地了解至少一种不同的文化，从而获得一种比较和批判的视角。同时，它也不同于文化相对主义，因为它的出发点不是割据式的民族中心主义和相对主义立场，而是双重文化在现代世界的庞大现实。在普通人的生活中，两种文化的共同在场并不会像帝国主义的政治史那样导致支配—从属的关系，而是会形成一种平等得多的、结局未定的、存在着各种创造性可能的持续互动的关系。

在美国的大学教育中，文化双重性的价值在于它可以消除民族中心主义割据的局面。它承认我们的课堂上越来越多的学生是双重文化人这一事实，并强调这是有价值的。一种双重文化的教育不会像民族中心主义式的教育那样误用文化多元主义。相反，它会让学生在学习西方文化的同时也学习一种（或更多的）非西方文化。对于双重文化教育来说，不能用激进的文化主义引导学生排斥他们身处的西方文化，他们需要更深地融入西方文明；也要鼓励他们对自己的其他文化背景的自豪感并培育这种背景。最重要的是,文化双重性本身即是美国自由主义教育传统中值得追求的目标:正是文化双重性使人们能够超越自身的狭隘观念,并培养出比较和批判的视角;也正是因为文化双重性,人们才可能真正做出跨文化、跨国界的选择。这样的双重文化教育不仅仅有益于人数越来越多的具有双重文化背景的学生,同样也有益于仅具单一文化背景的学生。

这里对文化双重性的讨论,目的不是以一种新的"主义"取代别的什么主义。这里所说的文化双重性,是指那些将两种文化和两种语言结合起来的个人和群体的具体现实。他们的经验告诉我们,两种文化和语言能够融洽地共存。其意义和经验教训针对的是一段特定的历史,不是另一种意识形态化的"主义"。

最后,我希望强调的是,文化双重性的历史表明,两种文化的共同在场不会像民族国家的历史以及西方中心的现代主义或后现代的相对主义建构那样,必然地导致帝国主义与民族国家主义或者支配与从属之间非此即彼的选择。相反,在人们的日常生活经验层面上,文化交流会迅速地形成调和——没有侵犯和支配,也没有欺骗和压迫。在近现代中国,在美国的中国研究中,文化双重性和语言双重性以一种集中的方式向我们展示了两种文化是怎样共存、混合乃至融合成为某种新事物的。人们可以从中得到不同文化间的相互理解和超国界视野的启示。

**参考文献**

海啸(笔名)(1994):《东南纺织巨龙唐星海》,载赵云生编《中国大资本家传》卷 10,长春:时代文艺出版社。

教育部统计室编(1936):《(民国)二十三年度全国高等教育统计》,上海:商务印书馆。

孔凡军、刘素平、李长印等编(1994):《走出中国》,北京:中国藏学出版社。

刘汉标、张兴汉编(1994):《世界华侨华人概况》,广州:暨南大学出版社。

徐友春主编(1991):《民国人物大辞典》,石家庄:河北人民出版社。

《神州学人》(1997),北京。

熊明安(1983):《中国高等教育史》,重庆:重庆出版社。

《中国人名大辞典:现任党政军领导人物传》(1994),北京:外文出版社。

《アジア歴史事典》10 卷(1959—1962),东京:平凡社。

Anderson, Benedict(1995). "Dojo on the Corner" (Review of Clifford Geertz, *After the Fact: Two Countries, Four Decades, One Anthropologist.* Cambridge, Mass.: Harvard University Press, 1995). *London Review of Books*, 17.16 (Aug. 24):19–20.

Barlow, Tani (1993). "Colonialism's Career in Postwar China Studies," *Positions*, 1.1:224–267.

Boorman, Howard ( ed.) (1967 – 1979). *Biographical Dictionary of Republican China.* 3 vols. New York: Columbia University Press.

Chatterjee, Partha (1993). *The Nation and Its Fragmentst Colonial and Postcolonial Histories.* Princeton, N.J.: Princeton University Press.

Cheng, Joseph Kai Huan (1976). "Chinese Law in Transition: The Late Ch'ing Law Reform, 1901–1911." Ph. D. dissertation, Brown University.

*The Civil Code of the Republic of China* (1930–1931). Shanghai: Kelly & Walsh.

Dirlik, Arif (1996). "Chinese History and the Question of Orientalism." *History and Theory*, 35.4:96–118.

Duara, Prasenjit (1998). "Why is History Anti-theoretical?" *Modern China*, 24.2:105–120.

Esherick, Joseph W. (1972). "Harvard on China: The Apologetics of Imperialism," *Bulletin of Concerned Asian Scholars*, 4.4:9–16.

Esherick, Joseph W. (1998). "Cherishing Sources from Afar," *Modern China*, 24.2:135–161.

Fairbank, John K., Edwin O. Reischauer, and Albert M. Craig (1965). *East Asia: The Modern Transformation*. Boston: Houghton Mifflin.

Geertz, Clifford (1973). "Thick Description: Toward an Interpretive Theory of Culture," in Clifford Geertz (ed.), *The Interpretation of Cultures: Selected Essays*, pp. 3–30. New York: Basic Books.

Geertz, Clifford (1978). "Local Knowledge: Fact and Law in Comparative Perspective," in Clifford Geertz (ed.), *Local Knowledge: Further Essays in Interpretive Anthropology*, pp. 167–234. New York: Basic Books.

Hevia, James L. (1995). *Cherishing Men from Afar: Qing Guest Ritual and the Macartney Embassy of 1793*. Durham, NC: Duke University Press.

Ho, Ping-ti (1998). "In Defense of Sinicization: A Rebuttal of Evelyn Rawski's 'Reenvisioning the Qing'," *Journal of Asian Studies*, 57.1:123–155.

Huang, Philip C. C. (1972). *Liang Ch'i-ch'ao and Modern Chinese Liberalism*. Seattle: University of Washington Press.

Huang, Philip C. C. (1996). *Civil Justice in China: Representation and*

*Practice in the Qing.* Stanford, Calif.：Stanford University Press.

Lever-Tracy, Constance, David Ip, and Noel Tracy (1996). *The Chinese Diaspora and Mainland China：An Emerging Economic Synergy.* New York：St. Martin's.

Lindbeck, John M. H. (1971). *Understanding China：An Assessment of American Scholarly Resources.* New York：Praeger.

Lu, Han-chao (1999). *Beyond the Neon Lights：Everyday Shanghai in the Early Twentieth-Century.* Berkeley：University of California Press.

Nathan, Andrew J. (1972). "Imperialism's Effects on China,"*Bulletin of Concerned Asian Scholars*, 4.4：3-8.

Rowe, William T. (1984). *Hankou：Commerce and Society in a Chinese City, 1796-1889.* Standford, Calif.：Stanford University Press.

Rowe, William T. (1989). *Hankou：Conflict and Community in a Chinese City, 1196-1895.* Stanford, Calif.：Stanford University Press.

Rowe, William T. (1990). "The Public Sphere in Modern China," *Modern China*, 16.3：309-329.

Said, Edward W. (1978). *Orientalism.* New York：Pantheon.

Woodside, Alexander (1998). "Reconciling the Chinese and Western Theory Worlds in an Era of Western Development Fatigue (a Comment)," *Modern China*, 24.2：121-134.

第 10 章

# 发展还是内卷？18 世纪英国与中国

## ——评彭慕兰《大分岔：中国、欧洲与近代世界经济的形成》*

彭慕兰（Kenneth Pomeranz）认为，欧洲的发展与中国内卷之间的"大分岔"（the great divergence）是在 1800 年以后才出现的。在此之前，中国在人口史、农业、手工业、收入及消费等方面都与欧洲了无差异。易言之，与过去 20 年来的学术研究让我们相信的情况

* 本文原载于《历史研究》，2002 年第 4 期，第 149—176 页。英文原作见 Philip C. C. Huang, "Development or Involution？18th Century Britain and China，" *Journal of Asian Studies*，61.2（May 2002）：501-538。在此谨向下列同人致以谢意：佩里·安德森、郝瑞（Stevan Harrell）、艾仁民（Chris Isett）、李放春，马克·塞尔登（Mark Selden）、苏成捷（Matthew Sommer）、张家炎以及《亚洲研究期刊》（*Journal of Asian Studies*）的三位审稿人（罗威廉和两位匿名评论人），特别是白凯、布伦纳（Robert Brenner）、周锡瑞和夏明方。他们在本文写作过程中为我提供了重要的建议和评论。此文由我的博士生李放春翻译，谨此向他致以衷心的感谢。译稿由我自己校阅五次，基本准确。但因是翻译稿，文字去英文原稿水准尚远，请读者见谅。

相比，1800 年以前欧洲的发展要远为低下，同期的中国也更少内卷化。彭慕兰选择的例证是英国和长江三角洲，前者是欧洲最发达的部分，后者是中国最先进的地区。在他看来，这两个地方之所以到 19 世纪才开始分道扬镳，主要是因为英国非常偶然而幸运地获得了易开发的煤炭以及来自新大陆的其他原材料。

彭的观点令人惊讶，而且与以往的认识迥然有别，但他的讨论颇有吸引力。它似乎基于这样一个很合理的问题：不仅要质疑为什么中国没能像欧洲那样发展这种欧洲中心论的观点，也要追问为什么欧洲没有追随中国那样的过密化/内卷的趋向。对许多人来说，它蕴含了"去（欧洲）中心化"（de-center）这一很有吸引力的诉求，这种诉求不仅针对欧洲的"启蒙现代性"，也针对我们或可称之为"启蒙经济"的东西。对中国专家来说，它还附加了将前近代中国置于与欧洲同等地位这样一种有相当吸引力的论点。在一些中国的学者中，它甚至可能引起某种民族主义的情感共鸣：近代发展过程中欧洲的胜利与中国的失败在相当程度上可以归咎于欧洲的扩张（帝国主义?），而非欧洲内在的某种特性。此外，诸如对欧洲如何以及为何得以发展之类问题的探讨，在揭示偶变性——而非现代化理论主张的单线必然性——方面，似乎也彰显出其方法论上的力度。

然而，我们不能只是出于某种意识形态或情感的原因，就简单地接纳这样的观点。我们必须追问：有关证据是否足以证明这一观点起码可能是正确的？

彭著的证据基础很难评估。该书并非基于第一手研究，而主要是依赖二手的学术文献写成。要对这本书做系统的评估尤其困难，因为它跨度极大：不仅讨论中国，而且涉及印度、日本以至东南亚；不仅利用了有关英国（或者西北欧）的研究，而且论及法国、德国乃至东欧。此外，该书还囊括了覆盖面很广的许多论题。

乍看起来，彭慕兰展示的证据似乎颇值得赞赏。他跨越了两大不同学术体的边界。对中国专家而言，该书显示了作者对欧洲研究令人敬畏的熟悉。那些认为彭有关中国的观点有误的中国研究学者，对他使用的欧洲文献可能会感到不知所措；而认为彭有关欧洲的论述不确的欧洲专家们，则可能原谅该书在有关欧洲方面证据的薄弱，因为该书毕竟不是出自欧洲专家而是出自一位中国研究学者之手，而这位学者似乎充分掌握了中国研究这个仍然相当孤立的领域十分难得的语言和材料。如此一来，这本书很可能既得不到欧洲专家的严格评估，也得不到中国研究学者的严格评估。本文不准备对该书进行面面俱到的评论，而是集中探讨它的核心经验论证，即它涉及英国和长江三角洲地区的论证。① 这是彭这本书立足的基石所在。

# 一、英国的农业革命

彭慕兰认为 1800 年时英国和长江三角洲的农业水平大致相当，无论哪一方都不比对方发达或内卷。他的主要经验基础涉及

---

① 埃里克·琼斯（E. Jones, 1981: 66—86）、罗伯特·艾伦（Allen, 1994: 96—122）以及安东尼·瑞格里（Wrigley, 1985: 683—728）均已指出，有关 18 世纪威尔士、苏格兰和爱尔兰的数据非常少。大多数关于英国的研究主要基于取自英格兰的数据。这里我也按照他们的做法而不试图对英国与英格兰做过分明确的区分。

农业资本投入和人口转变动力。我们将会讨论这两方面的论题。但是首先,我们必须扼要地回顾一下 18 世纪英国农业革命的有关研究和证据,这些正是彭所完全忽视的。

正如安东尼·瑞格里的研究所示,英格兰在 17—18 世纪的 200 年间总人口增长至 210%(从 411 万增至 866 万),而农业人口所占比例却缩减了一半,从 70% 减少到 36.25%。换言之,到 1800 年时占总数 1/3 的人口有能力为另外 2/3 的人口提供粮食。考虑到当时食物进口相对较少①,这就意味着在 18 世纪"每单位农业劳动力产出"至少增长了 3/4。(Wrigley,1985:688,700—701,723)

罗伯特·艾伦在更为直接的证据基础之上得出基本一致的结论。基于庄园调查以及当时诸如阿瑟·杨(Arthur Young)——他于 18 世纪 60 年代游历英格兰,记录了几百个农场的详细资料——等人的观察,艾伦提出:18 世纪期间英国农业劳动人数保持稳定,而农业产出(包括谷物与家畜)却提高了不止一倍(Allen,1994:102,107)。这场 18 世纪的"农业革命"是在单位土地上的劳动投入没有增加的情况下完成的。② 艾伦甚至估计单位土地上的劳动投入由于较多的牲畜使用以及规模效益而降低了 5%(Allen,1994:104,107)。

瑞格里鲜明地区分开总产出的增长与单位劳动产出的增长:"我考虑的是那些在实质上提高了劳动生产率——无论按小时还是年度来衡量——的变化……"(Wrigley,1985:728,注 38)。瑞格

---

① 据琼斯估计,大约仅占食品消费总量的 10%(E. Jones,1981:68)。
② 当然,艾伦在他的著作(Allen,1992)中讨论了英国的两次农业革命:17 世纪的"自耕农革命"和 18 世纪的"地主革命"。

里这里所讲的正是我在拙著中称作的"发展"（指劳动生产率的提高），以区别于长江三角洲地区的"内卷"（指单位劳动的边际报酬递减）以及"密集化"（指单位土地上劳动投入的增加）（Huang，1990：11；黄宗智，2000a：11）。瑞格里以如此的问题作为结束，即英国农业"在一个久已充分定居的地区上"何以能够摆脱"李嘉图定律"，即单位劳动与资本投入的边际报酬递减规律（Wrigley，1985：726）。

埃里克·琼斯、艾伦和马克·欧维顿（Mark Overton）关于 18 世纪英国农业的论述给这一问题提供了可能的解答，同时也显示出与长江三角洲地区鲜明的对照。在圈地运动之前，种植业与畜牧业是分开的。前者在私人土地上运作，后者则在共有土地上展开。17—18 世纪圈地的拓展，使生产者们得以把种植与畜牧业在他们自己的土地上系统地结合起来。在典型诺福克（Norfolk）式小麦—芜菁—大麦—三叶草轮作体制（该制度在阿瑟·杨 18 世纪 60 年代从事调查报告时已成为英国农业的普遍模式）中，粮食作物（小麦、大麦）与牲畜饲料作物（芜菁、三叶草）交替种植（Allen，1992：111；Overton，1996：3）。这一制度首先提高了牲畜产量。据艾伦估计，18 世纪牲畜（除耕马以外）增长了 73%（Allen，1994：109，113—114）。另据琼斯计算，从 1760 年到 1800 年，耕畜以及其他牲畜均有增长，其中耕马增长了 69%，其他牲畜则增长了 35%（E. Jones，1981：73）。此类增长也意味着农场劳动生产率的提高，这主要是因为畜肥、畜力使用的增加以及饲料作物的固氮作用对土壤肥力的提高。① 最后,诺福克制度下的耕地可以和牧场轮流交替,形成"转换型牲畜饲养"(convertible husbandry),从而恢复或提高地力(Overton,1996:116—117)。当然,劳动生产率的提高还有其他原因,包括种子改良,新牲畜品种、宰牲方法的改进,规模效益,等等。但与长江三角洲相比,其所凸显出来的变化乃是或可称为单位农场劳动的"资本化",亦即畜力、畜肥使用的增加。

## 二、长江三角洲的农业

长江三角洲的中心区域——大约占总面积的一半,在 1816 年时人口多达 1200 万,而耕地面积只有 1500 万亩,即 250 万英亩(6 亩＝1 英亩)。这与英国不同,后者在 1800 年时总人口为 866 万,"农业用地"则为 3560 万英亩,其中除了"耕地",还包括在长江三角洲相对来说并不重要的牧场、草地和公共用地。② 而且,相对英格兰种植业、畜牧业混合的农业体制而言,长江三角洲几乎是单一的种植业经济,单位劳动的资本化程度也相应较低。对比愈发鲜明的是,当 18 世纪英格兰的农业资本化不断增长之时,长江三角

---

① 此外,芜菁也有抑制、清除杂草的作用(Overton,1996:3)。欧维顿还提供了诺福克体系整体效果的定量表述(Overton,1996:118)。

② 这些数字所指包括当时的松江府、苏州府、太仓州及无锡县与江阴县,但不包括其北的通州、其南的嘉兴与湖州府,以及常州府的其余部分。这中间的一半是我 1990 年的那本著作论述的中心。这里给出的数据采自黄宗智(Huang,1990:附录部分,表 B1,第 341—242 页;2000a:339—340)。英国人口数字采自瑞格里(Wrigley,1985:700)。"农业用地"数据指的是英格兰与威尔士,采自艾伦(Allen,1994:104)。

洲却往更高的劳动密集化这一相反的方向演变。结果无疑是劳动
边际报酬的递减，亦即我所说的内卷。下面我们就来逐一检视这
些趋势。

## （一）单一种植业农业

英国农业体系中耕地与牧场轮替，其中耕地又轮流种植饲料
作物与粮食；而长江三角洲地区则几乎完全种植粮食。典型的长
江三角洲农田种植春水稻，然后是冬小麦（Li，1998：39—40、50，参
较第 6、15 页）。没有种植粮食作物的地方，农田里一般种植棉花
或者桑树（下面还有讨论）。只有数量不多的紫云英（红花草）作为
冬作物来种植，而且主要是用作绿肥，有时候也会用作家畜饲料
（姜皋，1963［1834］：7；陈恒力、王达，1983：15）。（20 世纪 30 年代
比较精确的数据表明，在三角洲地区紫云英的种植面积占总播种
面积的 0.9%。[①]）农户饲养的家畜主要是食泔水的猪，而不像英格
兰那样主要是食草的马、羊或者牛。

农业史家都熟知一个基本事实，即在既定技术水平下，单位土
地上种植农作物较之牧畜（提供肉、奶以及乳酪）能供养更多的人
口。卜凯在其就中国农场经济的鸿篇大著中提出，这一比率为
6：1 或 7：1（Buck，1937a：12）。这意味着在土地数量既定的前提
下，如果缺乏重大的技术变迁，高人口密度最终将排除畜牧业而使
土地利用走向单一型的种植业格局。在英国（及欧洲），其农业产

---

[①] 0.9% 的数据来自卜凯（Buck，1937b：178）。需要注意的是，紫云英比苜蓿更为
常用。

出中庄稼和牲畜部分通常情况下大致相等;而长江三角洲地区的农业,至少从 17 世纪起就已经基本上只生产粮食(陈恒力、王达,1983;姜皋,1963[1834])了。1952 年精确的数据显示,当年牲畜(包括渔业)仅占中国农业总产出的 11.8%[《中国统计年鉴(1983)》:150]。

18 世纪英国的种植业—畜牧业的混合型农业与中国的以种植业为主的单一型农业的基本差异,也解释了两地人民在饮食方面的基本不同。在英国人的典型膳食中,粮食(面包)和乳酪、黄油、奶、肉所占比例相当(Drummond,1958[1939]:206—210)。中国人的食谱则主要由粮食(大米、面粉、玉米、小米、高粱)——现代中国人称之为"主食"——组成,再辅以比重较小的"菜"(或者"副食")——对农民们而言仅包括蔬菜,特殊场合下也有肉(主要是猪肉,间或有禽、蛋)。

饮食之外我们还可以进一步比较衣着。依靠畜产品供养人口的逻辑同样贯穿于衣着方面。例如,为既定数量的人口供应羊毛所占用的土地远较供应棉花的多。而且,种植棉花要比养羊以出产羊毛要求更多的劳动投入。18 世纪的英国人主要依靠羊毛裁制冬装,而同时期的中国农民则几乎完全靠棉衣过冬(虽然上层阶级的确消费不少丝绸)。这也展示出这两种农业体系中畜牧业所占比例的不同。

在其他条件相等的前提下,种植业与畜牧业相结合的农业显然形成了更为"资本密集"的农业体系,亦即单位劳动更多地使用畜肥和畜力,以及增强土壤肥力的饲料作物。而在单一型的种植业农业经济体系中,土地上的人口压力排挤掉了畜牧业以达到单位土地产出的最大化,但这不可避免地是通过单位劳动较少的资本投入以及较低的单位劳动生产率来实现的。

日本满铁学者 20 世纪 30 年代的田野调查给我们留下的资料,清晰地展示出这一逻辑。在 20 世纪 30 年代的华北平原,一个男雇工的工资实际上限制在和驴价相等的水平,仅相当于马或者骡子(可以提供两倍于驴的畜力)价格的一半。这样,一个带驴佣工的人就能得到相当于两个人的工资。这一等值基于如下事实:农忙时节饲养驴的耗费和人相当,而饲养骡子或马的耗费则是人的两倍。在这种情况下,农事中牲畜的使用逐渐降低到尽可能低的水平,即仅仅用于生产周期中那些单靠人力难以完成的环节(主要是犁地)。食用型牲畜(除了猪这种可以喂泔水的家畜以外)饲养也基本被排除。随之,畜肥(除猪粪以外的)使用减少,进而必然意味着低劳动生产率。(Huang,1985:第 8 章,特别是第 148 页;黄宗智,2000b:153)

琼斯在其有关英国农业的研究中强调了英国混合型农业体系的重要性。彭慕兰讨论了琼斯的著作及其分析,但却声称英国(欧洲)与中国农业在资本投入方面并无差异。他认为英国与旱作的华北平原每英亩的肥料使用"大致相当"(Pomeranz,2000:31—34,以及附录 B:302—306)。这里他似乎已经完全忘记了自己的论证逻辑。内卷的要旨在于单位土地上劳动投入的高度密集和单位劳动的边际报酬减少。给定单位面积不同的劳动密集度,再来说单位面积肥料投入在两个地区大致相当,实际上是为中国单位劳动非常低的资本投入事实提供了强有力的证据。彭慕兰在这里及其著作中的其他地方,都没有把握住土地生产率和劳动生产率之间以及单位土地上劳动密集度和单位劳动资本化程度之间的重要区别。

实际上,中国的单一种植业经济采用的肥料本身就与英格兰的混合型经济很不一样。土地的稀缺排除了那些土地需求大的施肥方法,如英格兰的转换型畜牧业所采用的通过退耕还牧来提高地力的方法。即使是绿肥,也由于会占用土地而被压缩到最低限度。因此,紫云英等作物在总播种面积中只占很小的比例。此外,像诺福克体系中的芜菁与三叶草这类可以肥田的家畜饲料作物也甚少得到采用。无论长江三角洲还是华北地区,主要肥料都是由家家户户各自储积的猪(和人)粪(尿)。虽然施这种肥料尤为耗费人力(特别在运送到田间以及一点点施洒的过程中),但其土地要求却最少(因为猪可以靠家庭的残羹剩饭饲养)。

18 世纪时长江三角洲地区的豆饼使用增加——海禁撤销之后从东北沿岸经海运而来——应该在这一大背景之下来理解。豆饼是大豆榨油后由豆渣制成的副产品,它在三角洲地区逐渐成为猪粪"基肥"施加之后辅助性的"追肥"(有时候则是紫云英或河泥,然后是猪粪,而后是豆饼的第三通肥料)(参见姜皋,1963[1834]:7)。彭慕兰在这一点上错误地提出三角洲农民是为了节省劳动而用豆饼取代猪粪(Pomeranz,2000:98)。[1] 李伯重曾基于颇具启发性的数据提出,增加投入使用此类肥料未能促成产量的提高。他指出,三角洲地区的水稻产量历经明清两代,增长微乎其微或根本没有提高,即使在增加肥料投入之后也始终徘徊在 1—3 石(1 石容

---

① 感谢艾仁民提醒我注意到彭慕兰的这一错误。

量等于 100 公升，重量上则大致等于 160 斤或 176 磅）之间。李认为这是肥料的效度递减（或土地的肥力递减）所致：1 石稻米产出在明代后期需要 53 斤（1 斤 = 1.1 磅）肥料，清代则要 115 斤，而到 20 世纪 50 年代则已增至 200 斤（李伯重，1984：34—35）。无论如何，明确的是输入的豆饼肥料很快就服从于这一劳动力丰富型经济的逻辑：其价格涨到较穷的农民无力购买或者只能付出高利从商人手中赊购而得的地步（20 世纪 30 年代和 40 年代春耕至秋收间的利率为 100%）。（李伯重，1984：36—37；另参 Huang，1990：130—132；黄宗智，2000a，133—134）①因此，劳动回报很快被压低到该单一种植业经济中流行的一般水准。

---

① 为了论证长江三角洲地区较早的发展以及"肥料革命"，李伯重通过一个数字游戏颠覆了他自己以前的分析。他引用包世臣观察到的每年有"千余万石""豆麦"从东北运往上海，并主张这一数字采用的是东北的计量单位（关东）石，等于通用（江南）的 2.5 市石（Li，1998：第 114 页，第 209 页注 35，引自吴承明，1985：655，657）。因此，他提出 18 世纪二三十年代每年运至上海的"豆麦"实际应为 2500 万石。在此基础上，他进一步估计很可能有 2000 万石左右的大豆留在江南使用。最后他得出结论：如果输入的大豆的豆饼全部投入水稻生产中的话，每年 2000 万石的豆饼将可以使水稻总产增加 4000 万石，亦即每亩产出增加 1 石。此处有一系列很成问题的跳跃性分析。首先，包世臣"千余万石"不是关东石，李伯重所借助的是吴承明本人在同一观察基础上计量国内长途贸易时就视之为通用的市石（吴承明，1985：273）[正如薛涌的近作所证明，包世臣在其原文中说明他讲的是"官斛"，亦即当时的市石，而不是李伯重所说的关东石，见 Xue Yong, "A 'Fertilizer Revolution'? A Critical Response to Pomeranz's Theory of 'Geographic Luck'," *Modern China*, 33.2（April, 2007）：198——作者新注]。其次，该数据并非只指大豆，而且包括"豆麦"，而其中的大豆有相当部分用于制造豆腐和酱油，而非豆油与豆饼肥料。最后即使权且接受李的主张，即所有大豆都被用作榨油而出产豆饼，我们也不能认为所有或者大部分豆饼被用作肥料。正如李自己所说：豆饼大部分是用作猪饲料（从而只是间接成为猪粪肥料），而没有直接用作肥料（Li，1998：114）。因此，他的每亩产量增加 1 石的结论性估计纯粹是反事实的凭空猜想。李伯重在这个新论中完全没有讨论他本人以前提供的关于肥料回报递减的证据。

## (二)劳动密集化

在前现代的牲畜饲养方面，我们可以设想三个不同层次的劳动密集度。密集度最低的是使用草场，其次为芜菁和三叶草等饲料作物，而劳动密集度最高的则为粮食。18世纪英国农业一般结合使用草场和饲料作物，而长江三角洲地区几乎没有草场，饲料作物也比较少。耕畜一般在农闲时节靠农田"副产"如粮食作物的秸秆和叶子来喂养(亦即"粗饲料")，在农忙时分则辅以粮食这样的"精饲料"。(陈恒力、王达，1983：86，88；Huang，1985：148；黄宗智，2000b：153)这意味着耕畜和人在土地生产的有限生存资料上处于直接的竞争状态，亦即今日所谓的"人畜同粮"。这是劳动密集型单一种植业经济的一个基本特点。

英格兰与长江三角洲除了畜牧业本身，以及英国畜牧业的发达与中国畜牧业相对缺乏之间的差异，它们在耕作本身的劳动密集程度上当然也存在着巨大差异。我们可以利用艾伦从托马斯·贝奇勒(Thomas Batchelor)的详细估算中选出的数据，对英国种植业的劳动投入进行初步的估计。这些数据显示，一英亩小麦要求相当于成年男子25.6天的劳动投入，按中国的度量来说是每亩4.27天。这与长江三角洲每亩7天左右的投入相比较，比率为1：1.6。①

在英国农业中，小麦是诺福克小麦—芜菁—大麦—三叶草轮作体系中劳动最为密集的一种作物。根据艾伦对贝奇勒数据的计

---

① 这里的英国劳动投入数字系通过艾伦的总劳动耗费除以他的日平均工资数字而得出(Allen，1992：158，162；参较 Batchelor，1813：582)。

算,这四种作物所需劳动的比率约为 4∶3∶3∶1(Allen,1992:表
8-3,第 158 页)。而且如我们所见,在诺福克体系下,耕地常在"转
换型牲畜饲养"中更换成劳动密集度更低的草场。也就是说,英格
兰单位农业土地的平均劳动投入,要比小麦种植劳动投入低一半
还不止。

　　与此相对,冬小麦在长江三角洲是所有庄稼中劳动密集度最
低的作物。在这里,水稻所需劳动是小麦的 1.5 倍(10 天/7 天),或
为英国小麦所需劳动的 2.4 倍(Huang,1990:84,125;黄宗智,
2000a:83,127;Buck,1937b:314)。然而,18 世纪典型的长江三角
洲农户不能单靠种植水稻或者水稻加小麦维持生存。三角洲的水
稻单产(所有粮食中单产最高)在每亩 1.5 石到 3.0 石之间。这一
水平在苏州府的高产地区早在 11 世纪就已经达到了(Huang,
1990:89;黄宗智,2000a:89)。如果我们取 2.25 石作为(不同等级
土地的)平均亩产量,一户平均拥有 7.5 亩土地的五口之家可收获
16.9 石。由于每人(成人与小孩合计)年均粮食消费至少 2 石,因
此如果这户人家只种水稻的话,在交付地租之后(通常是收成的
40%到 50%),仅仅能够维持其粮食消费的需要,即使我们不计算
其他的生产费用。冬小麦略可补助——每亩总收入增加 1 石,但
稻米辅以小麦仍与充分供应家庭总消费相距尚远。[①] 这就是长江
三角洲农民转向棉花与蚕桑这类高劳动密集度、高产出作物的缘
由所在。

　　在长江三角洲东部地势较高的松江府,18 世纪时大概有一半

[①] 关于长江三角洲 18 世纪时的小麦产出,见姜皋(1963[1834]:10);参较李伯重
(Li,1998:124)。感谢艾仁民提醒我进一步说明总产与净产的不同。

耕地逐渐种植了棉花(有时继以冬小麦或豆类)。三角洲其他地区的植棉区则占耕地的 1/5 到 2/5。① 这一状况系棉布长期广泛的传播所致:在 1350 年至 1850 年间它几乎成为农民唯一的衣料。在这一过程中,长江三角洲逐渐成为其他地区主要的棉布供应地。从水稻转向棉花——即使就中国而言,乃是密集化加剧的一大步。单位土地上种植棉花所需劳动一般两倍于种植水稻,即上面提过的每亩 20 个劳动日与 10 个劳动日之比。这又在小麦与稻米的差异之上加了 1∶2 的差额。

但这仅仅只是拉开了一个序幕。对于一般的长江三角洲农户来说,棉花的种植不过是他们投入棉布生产劳动的一小部分而已。这里的农户一般自己植棉、纺纱、织布,此即众所周知的花—纱—布三位一体的生产体系。一亩棉花一般可出产 30 斤皮棉,需要共160 个左右的劳动日,用来纺纱(91 天)、织布(23 天)以及弹棉、上浆等(46 天),最后生成 23 匹布(1 匹 = 3.63 平方码,见附录)(Huang,1990:46,84;黄宗智 2000a:46,84—85;吴承明,1985:390;徐新吾,1992:53)。换言之,如果一家农户将水稻改种为棉花,就需要多投入 18 倍的劳动。② 这与一茬小麦的劳动投入差异达到 27∶1。

植桑同样如此。众所周知,桑树在三角洲南部低湿稻田的坪

---

① 见李伯重引叶梦珠 17 世纪末语(Li,1998:52)。关于稻麦两熟制,见李伯重(Li,1998:52—53)。1930 年代的系统数据表明,松江府超过 60% 的耕地种植了棉花,太仓为 40%—60%,而嘉兴为 20%—40%(Huang,1990:图 4,第 26 页;黄宗智,2000a:25)。

② 如果我们把伴随水稻耕种的副业生产(主要是用稻秆搓制草绳)所需劳动——每亩需要 8 天——也考虑进来,对这一数字加以修正,比率将仍然达 10∶1(Huang,1990:84;黄宗智,2000a:84)。

堤上广泛种植(部分是为了巩固田坪)，形成别具一格的稻桑配合格局。此外，晚明以来，长江三角洲养蚕业大幅度发展，以至于出现所谓"桑争稻田"的情形。蚕丝生产的劳动需求包括：每亩桑耕作劳动 48 天，养蚕 30 天，缫丝 15 天。这一系列工作一般在农户家庭内部完成，类似于植棉—纺纱—织布(虽然丝织由于其织机昂贵的资本要求而通常在城镇里进行)。如此一来，每亩总共需要 93 天劳动，而水稻只需要 10 天。换言之，对将稻田改作以蚕丝生产为目的的桑田的农户来说，劳动投入增加至大约 9 倍(Li,1998：90—95,148；Huang,1990：79；黄宗智,2000a：79)。[①] 这与一茬小麦的差异是 13.5：1。

　　综合这些劳动密集度上的差异，我们就能理解 18 世纪英国和长江三角洲的农场平均规模的差别：英国南部为 150 英亩，北部为 100 英亩(Allen,1994：99)，而长江三角洲平均起来仅为 0.92 到 1.58 英亩(5.5 亩到 9.5 亩)(Huang,1990：附录的表 B.2，第 342 页；黄宗智,2000a：340)。如果我们取简单的平均数，则差异为 125 英亩与 1.25 英亩，即 100：1(如果我们不是拿长江三角洲，而是拿旱作的华北平原与英国比较的话，差异仍达 125 英亩比 3 英亩，即 42：1)(Huang,1985：附录的表 B.1，第 322 页和表 C.1，第 327 页；黄宗智,2000b：330—331,337)。

　　另一种考虑英国与长江三角洲地区农业差异的方法是比较农业人口的人均农业土地。19 世纪初英国为 11.3 英亩，而长江三角

---

① 或 5：1，如果我们将草绳制作算入的话。

洲为 0.25 英亩,也就是 45∶1 的差别。①

上述劳动密集度、农场规模以及人均农业土地等方面的差异,不仅对农业,而且对农村手工业以及收入和消费各方面的内卷与发展,都起着至为关键的作用。而这些基本的情况,在彭著中是完全没有讨论的。

## (三)内卷

彭慕兰断言长江三角洲地区在 1800 年并没有经历比英国更为严重的人口/资源困境。但是,在前现代农业的技术条件下,上述密集化程度的差异真的不会带来劳动边际报酬的递减,亦即我所谓的"内卷"吗? 显然,作为一个有机体,土地的产出是不会随着劳动投入增加而无限增长的。埃斯特·博塞拉普虽然也强调农业总产如何伴随人口的增长而提高,但她仍然认为,增加了的土地产出通常是以劳动时间的不相称增加为代价而获得的( Boserup,1965;第 4、5 章)。

由于施行两熟制,长江三角洲耕地面积(区别于播种面积)的单位产出自然高于英国。在长江三角洲,每英亩水稻加冬麦的产量为 13.5 石米(每亩 2.25 石)及 6 石小麦(每亩 1 石),亦即 19.5 石的总产出。与之相较,英国每英亩小麦产量为 21.5 蒲式耳,即大约

---

① 英国的数字基于瑞格里的 314 万"农业人口"的数字和艾伦的 356 万英亩"总农业用地"的数字(Wrigley,1985:700;Allen,1994:104)。长江三角洲的数字系由 1.25 英亩的平均农场规模除以 5 口人的平均家庭人数得出。或者,如果我们估计 1200 万总人口中 1000 万人为农业人口,而使用的耕地总面积为 250 万英亩的话,可以得到同样的数字。

7.6 石（1 石 = 2.84 蒲式耳）。用磅来度量，长江三角洲每英亩的产量约为 3432 磅，而英国则约为 1290 磅。① 这样，长江三角洲与英国单位土地粮食产量的差距约为 2.7∶1。

但我们已经知道，这个产出差距是靠更大的劳动差异获得的。如果比较劳动生产率而非土地生产率的话，这个比例是会倒过来的。如前所述，英国的小麦是以较少的劳动力（4 天，相对于长江三角洲的 7 天）来获得较高的产量（每亩 1.27 石，相对于三角洲的 1.0 石）的，结果在劳动生产率方面的差异就是 2∶1。

在长江三角洲内部，冬麦的种植和一年一季的水稻相比，本身就意味着内卷。水稻 10 个工作日的产出是 2.25 石，亦即每日 0.225 石，而小麦 7 个工作日的产出是 1.0 石，即每日才 0.14 石。换言之，长江三角洲从一年一季水稻改为稻麦两熟，即已降低了农业单位劳动的报酬。

然而，长江三角洲的内卷主要还不是体现在小麦，而是体现在我们下面要讨论的丝、棉生产当中。我们知道，纺纱——18 世纪长江三角洲农户的花—纱—布综合生产体系中最为耗时的环节（160 天中的 91 天）——的收入，仅仅相当于耕作或者织布所得（这两者每劳动日所得大致相同）的 1/3 到 1/2（Huang，1990∶84—85；黄宗智，2000a∶85）。这意味着当一家农户从水稻改种劳动更密集的棉

---

① 英国的小麦产出采自艾伦（Allen，1994∶表 5.7，第 112 页）。这里的 18 世纪英国温彻斯特蒲式耳（35.238 公升，不是相当于 36.3678 公升的帝国蒲式耳）与中国的石（100 公升）——二者均为容量单位——之间的等量重量磅数当然只是大约数字。英国史学家一般采纳 1 蒲式耳小麦相当于 60 磅重量，亦即每石 170.4 磅，这与中国 1 石稻米的重量（160 斤或者 176 磅）相当接近。我感谢罗伯特·艾伦为我澄清了英国的度量单位。

花时,他是以少于水稻的每劳动日平均报酬来换取单位土地产出的增加的。这正是我在拙著中所说的"内卷"和"内卷型商品化"的部分内容。

同样的逻辑当然也适用于养蚕业,其生产过程中通常由妇女完成的养蚕和缫丝部分的报酬仅为农业劳动的一半。根据李伯重最近的计算,每亩桑田的净产值为稻田的 3.5 倍,而总劳动需求如我们所知则是稻田的 9 倍(Li,1998:95,148;另参见 Huang,1990:54;黄宗智,2000a:53)。①

显而易见,内卷及内卷型商品化并不意味着单位土地绝对产出的减少。情形正好相反。拥有一定土地的农户当然可以通过采用内卷的运作方式(棉、丝生产)来提高农场总产,因为这将意味着就家庭劳动而言更多的"就业"和收入,尽管平均每日劳动报酬减少了。此即我所谓没有"发展"(就劳动生产率而言)的"增长"(就总产而言)。就一个一定规模的农场来说,内卷可以通过使用迄今未得到就业或低度就业的家庭劳力(妇女老幼)从事低报酬劳动来提高家庭的年收入。这一过程,我称之为"生产的家庭化"。内卷甚至可能以超越劳动日报酬递减的比例而增加劳动日数来提高每个耕作者的年产出和收入。但诸如此类的提高具有明显的局限,应该与"发展"清晰地区分开来。"发展"意味着通过增加单位劳动的资本投入而提高劳动生产率,即如 18 世纪英国农业以及现代机械化农业所展示的情形。

正如我在 1990 年的著作中所澄清的,内卷化农业构成了灿烂

---

① 然而,尽管李伯重自己提供了证据,他却不承认存在内卷。

的中国传统文明与落后的近代中国经济这一矛盾事实的基础（Huang，1990：332—333；黄宗智，2000a：331—332）。在被有限的食物供给所控制的前工业化地域范围内，一个拥有（非内卷的）100万人口以及生存所需 30%以上剩余的地区，可以供给一座 30 万人口的城市（相当于中世纪伦敦的规模）；而拥有内卷化了的 1000 万人口以及只有 10%剩余的同样面积的地区，可以供给一座百万人口的城市（唐代长安鼎盛时的规模）。[①] 这或许就是中华帝国复杂的城市体系、发达的文化和成熟的国家机器的逻辑基础。然而，鉴于下面即将予以澄清的因素，正是这种内卷的经济，意味着对现代节约劳动的农业资本化的抵制和随之而来的低农业劳动生产率的维持，以及由此造成的农村低收入。这就是我的"没有发展的增长"观点的核心所在。

上面已经提到，由于没有对劳动生产率与土地生产率进行区分，彭慕兰误解了我的内卷概念的含义。他在书中别的地方把内卷等同于一个简单的描述性概念，即在生存界限之下的劳动报酬和简单的贫困化（Pomeranz，2000：附录 E，第 320 页）。然后，他进而又坚持用不切实际的纺纱与织布收入来批驳已被错误理解的内卷。他先是错误地幻想生产布匹的 7 天当中有 3 天用于报酬较高的织布（Pomeranz，2000：322），而事实上织布仅占 7 天中的 1 天时间，另外 4 天用于低报酬的纺纱（彭遗漏掉的是弹花及上浆等要花费 2 天的工作）。然后，通过幻想出一个高度发达的棉纱市场——事实上直至 20 世纪现代纺织厂出现才真正有了市场化了的商品

---

① 这一理论洞见源自博塞拉普（Boserup，1981：第 6 章）。

纱,他又把属于例外情况的只织布而不干其他的农民当作典型的农民生产者(Pomeranz,2000:102,322—323)。正如徐新吾所表明的,迟至 1860 年,中国所消费的棉纱还只有不到 1% 的份额是从市场上购买的(徐新吾,1990:第 264、320 页,表 B5;徐新吾,1992:53)。① 彭慕兰对长江三角洲基本生产状况的这些误解,导致他得出了对棉布生产收入的那些不切实际的估计(详见下文)。

# 三、内卷与工业发展

这里,一个重要的问题是:英国与长江三角洲农业体系的差异对于向现代工业经济的转型意味着什么? 长江三角洲的经济史凸显出内卷化农业的两大主要含义:家庭农场对节约劳动的资本化与农业规模效益的抵制,以及类似的家庭农场的手工业生产对"原始工业"和现代工业中节约劳动的资本化的抵制。

## (一)对节约劳动的资本化农业的抵制

我们知道,内卷体系的一个后果就是排挤掉畜牧业,从而消除了单位劳动上更多的畜力、畜肥形式资本的投入。内卷农业可以造成这样的境况,即人力的使用变得比耕畜更经济,以至于畜力使用的目的不是节省人力劳动,而只是在别无选择的情况下不得已而为之,无论是因为生产周期中的工作强度,还是时间紧迫所致。

---

① 自然,商品纱的短缺本身是内卷型生产体制——纺纱与织布在家庭生产单位中不可避免地结合到了一起——所促成的一个后果。

　　这样说,并不意味着长江三角洲农业只能一步步走上劳动密集化和内卷的道路,而不存在走向节约劳动的资本化道路的可能性,而只是说哪条道路更为可能,哪条道路更为艰难。在劳力如此便宜以至于可取代资本以减少成本的情况下,提高单位劳动资本化程度的激励何在?

　　近来的中国农业现代化历史极具启示性。20 世纪 50 至 80 年代,当现代机械化革命(主要是拖拉机的使用)以及化学革命带来的化肥使用降临到长江三角洲时,该地区的农业生产仍旧沿袭着劳动密集化和内卷的道路而没有出现相反的情形。60 年代中期拖拉机被引入长江三角洲,其主要作用是实现在第一茬"早稻"后再种第二茬"晚稻",发展更趋内卷的三熟制(水稻—水稻—小麦)。拖拉机之所以带来这一变化,是因为它使在收获早稻与栽插晚稻间的短短数天内完成犁地工作成为可能。正如农民们不假思索就指出的,二茬水稻的增加要求相当于头茬种植所需的劳动投入(以及肥料投入),但二茬作物的产出却有减少。结果,现代农业革命带来收成三倍的增长,伴随的却是劳动投入四倍的增加。后者系农业人口翻了一番以及对妇女从事农业劳动的充分动员——从占农活的 15% 增加到 35%—40%,加之年劳动日数量的增加所致——据德怀特·珀金斯就中国整体的估计,从 1957 年的 161 天增加到 1976—1979 年的 262 天。结果,即使在长江三角洲这个中国最"发达"的地区,农村单位劳动日收入也基本上处于停滞状态。[①] 时至今日,农业收入低仍然是中国发展的一个重大障碍。

---

[①] 关于劳动投入的增长,参见珀金斯(Perkins, 1984:58、66、210);并参较 Huang(1990:236—241)、黄宗智(2000a:238—342),Huang(1991:330)。

一个与此相关的问题是小家庭农场对大规模(资本主义)耕作的排斥。家庭是最能适应内卷经济的生产单位,事实上是其中枢所在。妇女、儿童和老人可以被吸纳到劳动力市场中男人所不愿从事的那些工作中。再以家庭布匹生产单位为例:纺纱的报酬仅为种田所得的1/3到一半,因而是成年男性工人不愿意从事的工作。家庭生产单位可以通过家庭成员机会成本很低的辅助劳动来吸纳此类"副业",这一事实实际上使得它比使用雇工的以工资劳动为基础的大"资本主义"农场——劳动成本较高——更具竞争力。由于运作成本较低,家庭农场事实上得以维持比资本主义农场更高的地租,亦即更高的地价,从而挤除了后者。结果自17世纪以后,明代早期曾经存在的使用雇佣劳动的经营式农场在长江三角洲消失殆尽。[1] (Huang,1990:58—69;黄宗智,2000a:58—69)

小家庭农场的盛行排除了引入诸如18世纪英国农业那样的规模效益的可能性。农作物生产以及农村手工业与小规模的家庭农场及个体农户维系在一起,而单位劳动的畜肥、畜力投入被降低到最低水平。这与英国拓展了的圈地农场以及农牧业的结合构成了非常鲜明的对照。彭慕兰却对此熟视无睹。

这并非说诸如长江三角洲这样的农业体系就没有劳动生产率

---

[1] 长江三角洲地区在这一方面与旱作的华北平原很不一样。华北的家庭生产单位没有像长江三角洲地区那么高度彻底地展现,这是因为农场经济(种植旱地作物而非水稻,棉花播种比例较低,而且几乎完全不种植蚕桑)的内卷程度较低。在华北,使用雇工的"经营式农场"相对家庭农场的竞争力较强,以致在18世纪及其以后"经营式农场主"与富农逐渐占据华北平原众多村庄中富户的大多数。(Huang,1985:90—95,72—79;黄宗智,2000b:90—96,68—78)不过在那种情况下,无论大小农场,农场劳动者的低报酬仍然构成对农业资本化——增加畜力投入——的强大抵制。这是华北的内卷模式。

发展的可能。这一点日本就是很好的例子。日本的前现代农业劳动密集度同样很高，但整个18世纪那里基本没有出现人口增长，这与中国增加不止一倍人口的情形大相径庭（T. Smith，1977）。而且，20世纪上半期那里的现代农业机械与化学革命是在农业劳动人数没有大幅度增加的情况下实现的（Geertz，1963：130—143）。结果，农场劳动生产率通过增进单位劳动的资本化而得到大幅度提高，农业收入水平随之也得到改善。

　　在目睹了现代农业革命的成果大都为人口增长所"吞噬"之后，今日中国必须探索一条不同的道路。中国农村走出的一条特色道路就是"农村工业化"，即以村庄和城镇为基础的现代工业（不同于传统手工业）的广泛发展，它最初始于一种废品旧货工业和对城市货物的劳动密集加工，但经过20年的发展，也有了推进劳动生产率的资本密集型工业。从1978到1997年的20年间，这场农村"集体"部门的工业化保持了19.3%的年平均增长率，最后其生产总值超越了强大的国有工业20%［《中国统计年鉴（1999）》：423，424］。在这一过程中，被"乡镇企业"吸收的劳动力总数达到1.29亿之多（同上：137）。① 无论以什么标准来衡量，这都是一个非常惊人的成就。

　　然而即使如此，仍然不能改变中国总的农业就业实质上的低水平，因为这一时期劳动力总数的增加超过了非农就业的人数。直至1991年，中国农业就业人数持续增长，从农村工业迅速扩展前夕1978年时的2.85亿，增加到最高峰的3.42亿。只是到1991年

---

① 除工业以外，这一数字还包括了建筑、运输以及其他非农企业［《中国统计年鉴（1999）》：第380页］。

以后才停止上升,1994 年以来浮动在 3.2 亿左右(同上:380)。

结果,尽管农村工业化在东南沿海等最发达地区导致了明显的去内卷化以及劳动生产率的提高,但大多数其他地区仍陷于近乎维持生存水平的耕作难以脱身。不过,摆脱内卷的途径已经非常清晰地展示出来。农村工业企业及其他企业的持续发展,与中国人口总数长期趋势的遏止与扭转相呼应,理应带来农村经济的去内卷化和劳动生产率的提高。[①]

## (二)对节约劳动的农场工业资本化的抵制

从农村手工业我们可以看到类似的逻辑,即内卷对资本化的抵制。在长江三角洲地区,徐新吾的有关研究深刻地揭示出这一含义。在多个研究小组和几十年研究积累的基础之上,他出版的资料集以及对江南土布业的系统分析被公认为是目前最为权威的。[②]徐表明,三个锭子的脚踏纺车 18 世纪时在长江三角洲就已出现。这种技术先进的纺车,其工作效率是单锭纺车的两倍。然而,它并未在长江三角洲真正流行开来。甚至直到 20 世纪初期,它也只是局限在长江三角洲最东端的几个县(清松江府东部棉花种植最集中的地区,而没有在该府的西部,或者苏州、常州、嘉兴、湖州府,也没有在太仓州)投入使用(徐新吾,1992:50—52;亦见吴

---

① 另一具有吸引力的可能是在中国人口比较稀少的西北、西部以及西南发展大规模的畜牧业,辅以现代的投入,从而形成就国民经济整体而言(即使不是就个别家庭农场而论)的农牧结合型体系(邓英陶等,1999)。

② 资料包括所有可用的文档与对农民和纺织工人的访谈,均收集在徐新吾 1992 年的著作中。徐的系统分析及定量估算,见徐新吾(1990:258—332)。

承明,1985:386—387)。① 道理仍然很简单:便宜的家庭辅助劳动投入此类副业,使得装置价格较高的多锭纺车不划算。三锭纺车必须基本由壮年人操作,而单锭纺车则可以由老人孩子来操作。这样一来,继续在两台单锭纺车上使用两人纺纱,要比购置一台三锭纺车并只能交由一个人操作更加经济。因此,三锭纺车只局限在长江三角洲部分地区使用。

然而,彭慕兰又一次完全无视徐新吾的研究所展示的这些基本事实。他设想,成年纺纱女工全都使用三锭纺车,只有那些无力操作脚踏轮的"非常幼小的女孩"才使用单锭纺车。以此为基础,他选取三锭纺车和单锭纺车产纱量的中间值而得出了他认为的平均日产出,一举把 18 世纪中国纺纱工的一般产出夸大了 50%(Pomeranz,2000:320—321),尽管徐新吾已经表明在长江三角洲三锭纺车的使用非常有限。这是彭慕兰在对布匹生产中相对于纺纱的织布所花费时间以及商品纱流通程度的误解之外犯的另一错误。由此他

---

① 在其关于江南地区"早期工业化"的新著当中,李伯重引用了徐新吾的研究小组在 1963 年做的一次关于 20 世纪三锭纺车使用情况的访谈,旨在提出三锭脚踏纺车在清代的普及程度远比徐新吾估计的要高。他的这一论断并无直接证据,而只是靠推论得出:现代技术应该对更为发达的传统技术比对欠发达的传统技术有更大的影响。这样,如果 20 世纪时三锭纺车在长江三角洲某些地区得到相当广泛使用的话,那么它在现代工厂到来之前的清代必定曾经得到更为广泛的使用(李伯重,2000a:48—50,引徐新吾,1992:46)。李忽视了徐新吾提供的证据,它表明三锭纺车的使用几乎完全局限于松江的东部地区(黄浦江以东的上海、川沙、南汇三县),而没有在松江西部或者长江三角洲地区的其他府县得到应用。例如,1917 年的《青浦县志》中提到只有松江府的东乡使用多锭纺车,1884 年的《松江府志》中也提到这一点(徐新吾,1992:50—51)。与此类似,道光年间(1821—1850)常熟县的郑光组写道:他在上海见到三锭纺车后,"觅一车以回(常熟),多年人莫能用";即使在清代最负盛名的"谢家车"也是单锭纺车(吴承明,1985:386—387)。

认为，长江三角洲妇女参加棉花生产的所得超过了男性农业雇工，按他的话讲："她的生存之外的剩余是男性农业雇工的 1.6 到 3 倍。"（Pomeranz，2000：102；另参第 320 页）尽管他知道并且也承认，纺纱这一棉花经济中所占比例最大的工作，仅仅能提供"一个成年妇女生存所需的一半"（Pomeranz，2000：102）。

彭采用拼凑数据的方法得出他的结论，在这里他采用的价格数据取自各种二手文献。那些数据实际上针对的是不同等级的棉与布，而且地区各不相同：或为长江三角洲最东部的几个县（《木棉谱》），或为整个长江三角洲（岸本），或华北（方行），或全国［王业键（Wang Yehchien）］（Pomeranz，2000：附录 E，第 316—323 页）。虽然这些材料有助于揭示价格变动的长期趋势，但在估计农民收入方面几乎毫无价值。因为这些材料缺乏内在一致性，而且它们大都是城镇里商人所得的零售价而非农民得到的价格。然而，彭慕兰却将这些散乱矛盾的数据拼凑组合起来，以得出他想要的貌似合理的结论，即妇女纺纱织布的年收入为 7.2 到 9.3 石稻米，因而远远高于维持一个成人基本生存的粮食需求（约 3 石），并且是男性雇农收入的"1.6 到 3 倍"（Pomeranz，2000：318—319）。相形之下，徐新吾的权威性研究没有采用可疑的价格数据，而是在了解基本生产状况的前提下估计每匹布（需要工作 7 天）的收益为 0.1 石，亦即 70 天工作的收益为 1.0 石；按彭慕兰估计的每年工作 210 天这一数字计算，则工人的年收入为 3.0 石（徐新吾，1992：第 88 页以后）。彭慕兰完全忽视了徐的估计。

另一个问题是长江三角洲家庭农场的家庭工业与英国"原始工业化"之间的区别。正如戴维·勒凡（David Lovine）所示，英国的原始工业，因其给英国农民提供了可以替代耕作的就业机会，从而真正改变了人口模式，促成早婚和高结婚率，结果使人口有了实质性增长。这一模式的典型例证就是塞普塞德社区（Shepshed）。勒凡的假设后来得到剑桥人口与社会结构史研究小组的证实，这项认证基于对 404 个教堂记录的严格而精确的使用（Levine，1994：61，87）。

　　然而，长江三角洲的家庭农场手工业却没有导致人口行为的任何剧烈变化。在徐新吾的资料中可以找到解释：对农民们而言，长江三角洲的农村手工业实际上从未成为一种耕作之外的替代性选择，而始终是作为耕作之补充的"副业"活动。原因不难找到：如上所示，纺纱是新的生产活动最大的部分，占去每匹布生产所需 7 天时间中的 4 天。此项工作的报酬非常之低，仅仅能提供成年妇女大约一半的生存所需。即使再加上报酬较高的织布，一个纺织工的年收入也只有 3 石稻米，刚够满足一个人的粮食需要而已。这样一来，要维持一个家庭，布匹生产本身并不能成为耕作的可行替代。长江三角洲农户的一般生产形式是把粮食生产、棉花种植与棉手工业结合起来。正如我在 1985 年的著作中阐述的，对于挣扎在生存边缘的农户而言，这一形式就好比一个人靠耕作和手工业两条拐杖支撑着谋生（Huang，1985：第 191 页以后；黄宗智，2000b：第 193 页以后）。农作的低收入意味着农民们必须靠手工业收入的补充才能维持生存，反之亦然。

　　大量证据表明，种地与手工业提供给农户的不是可以相互替代而是互补的生存资源（如参见徐新吾，1981：21—71）。我只征引两个特别有说明意义的当时的论述。第一个出自 18 世纪中期的无锡县，该地是长江三角洲最"发达"的地区之一：

> 乡民食于田者，惟冬三月。及还租已毕，则以所余米舂白而置于囷。归典库，以易质衣。春月则阖户纺织，以布易米而食，家无余粒也。及五月，田事迫，则又取冬衣易所质米归……及秋稍有雨泽，则机杼声又遍村落，抱布贸米以食矣。故吾邑虽遇凶年，苟他处棉花成熟，则乡民不致大困。[1]

缫丝情况也是一样。正如 17 世纪名儒顾炎武（1613—1682）就长江三角洲南部的嘉兴所言：

> 崇邑（嘉兴府崇德县）田地相埒，故田收仅足民间八个月之食。其余月类易米以供。公私仰给，惟蚕是赖……凡借贷契券，必期蚕毕相尝。即冬间官赋起征，类多不敢卖米以输，恐日后米价腾踊耳。大约以米从当铺中质银，候蚕毕加息取赎。[2]

由于农村家庭手工业并没有从农业中分离出来，所以毫不奇怪类似英国塞普塞德社区的演变逻辑难以在长江三角洲实现。在那里，原始工业逐渐提供了独立于耕作的就业机会，从而使子女得以在继承农场前结婚。据罗杰·斯科菲尔德（Roger Schofield）研究，18 世纪英国人口的增长，主要是平均婚龄沿着勒凡揭示的逻辑

---

[1] 《锡金识小录》，1752 年，1：6—7，引自 Huang（1990：87），黄宗智（2000a：88）。
[2] 顾炎武：《天下郡国利病书》，1662，引自 Huang（1990：88），黄宗智（2000a：88）。

从约 26 岁降低到 24 岁的结果（Schofield, 1994：74, 87）。相反, 在中国, 由于家庭工业作为农场收入的补充而与之紧密地维系在一起, 所以从来没有出现过真正的变化（详见下文）。

　　内卷的家庭手工业对于现代工业发展的意涵, 在以往研究中已经得到详细记录。手工织业在 20 世纪仍顽强地存在, 甚至直到 1936 年, 手工织品仍占有中国布匹消费总量的 38%（徐新吾, 1990：表 B-4, 第 319 页。参较 Huang, 1990：98；黄宗智, 2000a：100）。手工织业之所以能够抗衡劳动生产率 4 倍于己的机织, 全赖其低成本的家庭劳动。① 与此不同, 在纺纱业中, 手工纺纱与机纺的劳动生产率之间 1：40 的悬殊差距挤垮了手工纺纱。因为在这样一个比率上, 纱价已经降至与皮棉价格非常接近的水平, 即使依靠低成本的辅助家庭劳动力, 手工纺纱也难以存活（徐新吾, 1990：表 B-5, 第 320 页。参较 Huang, 1990：98；黄宗智, 2000a：100）。这些都是中国史研究者所熟知的事实, 我这里只是为我们的欧洲史同仁扼要介绍而已。

　　18 世纪长江三角洲农村家庭工业与 18 世纪英国原始工业之间的不同, 也延伸到两地不同的城市化历史中。那时候的长江三角洲兴起了一些加工和销售新的棉、丝的城镇（Huang, 1990：48—49；黄宗智, 2000a：47—48）, 但与瑞格里描述的英国城市化不可同日而语。据施坚雅估计, 1843 年"长江下游地区"的城市人口（有

---

① 而且也依赖新改进的"改良土布"——机巧地使用机纺纱（洋纱）做经纱, 而用"土纱"（或手工纱）来做纬纱——这一革新。比较粗糙的手工织布比精细的机织布耐用, 因而仍然为农民们所欢迎（Huang, 1990：137；黄宗智, 2000a：139—140）。

2000 以上居民生活的城镇) 只占 7.4% ( Skinner, 1977: 229) 。[①] 这与瑞格里的数据形成尖锐的对比,到 1801 年,英国已经有 27.5% 的人口生活在 5000 人以上的城镇中 ( Wrigley, 1985: 688, 700—701, 723)。

原因显而易见。长江三角洲没有像英国那样经历过农业革命,而正是英国农业革命使食品供应增加以满足大量非农人口的需求成为可能,进而原始工业化逐渐越来越以城镇为基础,而不再被束缚在家庭农场。农业革命与以城镇为基础的原始工业化乃是瑞格里所示城市化的基石。

据詹·德弗雷斯(Jan DeVries)的研究,这种"新型城市化"应与前近代的城市化模式,即古老的大型行政—商业城市(拥有 4 万以上的人口,包括巴黎和伦敦)的成长区分开来。新型城市化主要发生在较小的城镇和城市(规模在 5000 到 30 000 人之间)。在德弗雷斯看来,这是一个大约始自 1750 年、波及全欧洲的现象。从 1750 到 1800 年,生活在大都市的欧洲人口保持稳定(这一阶段仅增长 0.2%),而小城市和城镇的人口却突增了 4 倍( DeVries, 1981: 77—109; DeVries, 1984)。瑞格里提炼了德弗雷斯关于英国的数据和讨论,用以揭示这一"新型城市化"首先而且最主要的是英国现象,它可以溯源到 1670 年前后以来城镇的兴起与拓展( Wrigley,

---

[①] 曹树基在最近的著作中得出比施坚雅要高的估算,但仍然只有瑞格里对英国的估算的 1/2。而且,如果把 2000 人的城镇去掉,使曹的计算跟瑞格里的计算——只包括 5000 人以上的市镇——相对应的话,则还会低许多(曹树基, 2000: 第 17 章)。值得注意的是,施坚雅后来在其 1986 年对四川的数据研究中指出,他可能必须把 7.4% 这一数字上提到 9.5% ( Skinner, 1986: p. 75 n43)。

1985）。而中国则要到 20 世纪 80 年代现代工业在农村得到发展，才经历这种蓬勃的小城镇的兴起（Huang，1990：48—49，264；黄宗智，2000a：47—48，265—266）。①

## 四、"勤勉的革命"？

德弗雷斯在回顾过去 20 年来研究欧洲经济史的成果时，特别指出四个卓有成就的领域：首先，工业革命之前一个世纪里发生的农业革命；其次，上述勒凡、瑞格里以及斯科菲尔德等提出的那种人口转变；再次，"新型城市化"，它建立了"工业增长得以发生的区域经济发展框架（而不是该工业化进程的产物）"；最后，原始工业化，它提供了吸纳妇女儿童劳动力的亚就业机会并导致上述人口转变（DeVries，1994：251—252；参较 DeVries，1993：85—132）。这些聚起来的研究成果构成了德弗雷斯所说的"早期近代史研究者的反叛"；他们将工业革命的根源追溯到近代早期，从而拓宽了我们对工业革命的理解。

德弗雷斯进而提出了"勤勉的革命"（industrious revolution）这一假设，意在上列成果之上树立第五个新认识领域。首先，这一模型旨在解决由较低平均工资然而较高总消费有关的证据所提出的经验难题。德弗雷斯认为，妇女儿童以较低的平均工资参与生产，

---

① 这自然与李伯重将中国的"早期工业化"与英国及欧洲的"原始工业化"等同起来的意图相抵触。李没有考虑如下事实：英国原始工业演变是以城镇为基础并与耕作分离开来，从而促进了德弗雷斯所谓的"新型城市化"；而长江三角洲的棉纺织以及缫丝一直与农作维系在一起（李伯重，2000a）。

但增加了家庭总收入。由于妇女儿童以及男人们在农村和城镇从事非农工作，一方面 18 世纪"勤勉的"农户们向城市供应了更多的农产品，另一方面他们也对城市商品有了更大的消费需求。特别是消费方面的变化，为工业革命的到来做好了准备。换言之，这场"勤勉的革命"及其所引发的消费变化（"消费革命"?），与"早期近代史研究者的反叛"提出的其他变化一道为工业革命提供了动力。

德弗雷斯假设的意图和内容既然如此，那么，彭慕兰把长江三角洲的情况跟德弗雷斯"勤勉的革命"等同起来的企图就不能不让人莫名其妙了，因为 19 世纪的中国毕竟没有发生需要我们去解释的工业革命。然而彭却意欲为之，其思路与王国斌较早的简要论述如出一辙（Wong，1997：30—31）。在他们看来，基于妇女儿童的就业以及平均工资的降低，两个地区情况雷同是显而易见的事情。因此他们主张，我所提出的长江三角洲的"内卷"实际上应该理解为德弗雷斯的"勤勉的革命"。

然而，要想将两者等同起来，不需要做一系列相当复杂的论辩。首先，必须从 18 世纪的欧洲历史中去掉"革命"部分，否则就不能把它与中国等同起来。因此，彭慕兰抹掉了农业革命和新型城市化。尽管德弗雷斯在论述勤勉的革命的同一篇文章中着重提到这两大变迁，彭对它们却只字未提。其次，必须使欧洲原始工业化看起来纯粹是内卷的而非革命的，以使其看起来与长江三角洲更为类似。于是，彭慕兰将勒凡的重要著作缩减为对没有出路的内卷式变化的简单论述（Pomeranz，2000：93），而忽略了勒凡的主要贡献。根据勒凡揭示的逻辑，原始工业化创造了城镇就业机会，使早婚和更普遍的婚姻变得可能，进而改变了人口结构，并为工业资本主义铺平了道路。彭慕兰把勒凡的"初生资本主义"论题置换成只是内卷的论点。这样，他试图把"革命"从德弗雷斯的"勤勉的革命"中剔除掉。

通过对 12—17 世纪内陆的南部"低地国家"（"低地国家"乃是荷兰、比利时、卢森堡的总称）与沿海的北部"低地国家"的比较研究，罗伯特·布伦纳已经对内卷型和资本主义兴起型的原始工业做了非常清晰的区分。就前者而言，手工工业仍与小农生产联系在一起，主要是通过收入递减的内卷型生产而维持生存；就后者而言，它逐渐与耕作分离开来，完全趋向市场和利益，并预示了资本主义的到来（Brenner，2001：275—338）。彭慕兰完全忽视了荷兰及英国手工工业的革命的一面。

接着，为了自圆其说而且不至于太背离德弗雷斯的主题，彭意识到他必须提出长江三角洲纺织妇女拥有高收入，因此出现了我们在前面讨论过的数据拼凑。他以为有必要把长江三角洲塑造成一个比实际情况更为市场化的环境，因而想象出违背事实的高度发达的棉纱市场，以及长江三角洲纺纱者对三锭纺车的普遍使用——事实上绝大多数人仍在使用单锭纺车。最后，他在此基础上剪贴出了一个近乎荒谬的所谓典型的妇女纺织者肖像：她挣得的工资竟然几倍于男性农业雇工。

不出所料，彭避开了为什么长江三角洲没有出现类似欧洲的城市化这一问题，尽管我在拙作中特别强调了这一问题。因此，他忽视了英国原始工业化革命的（revolutionary）方面与内卷的（involutionary）中国小农家庭工业之间的重要差别：前者逐渐成为一个城镇现象；后者则基本只是家庭农场的副业；前者促成了"新型城市化",而后者则依然主要是农村的现象,即便在长江三角洲也是如此。

虽然极度扭曲了德弗雷斯的论题,但彭慕兰还是想效仿德弗雷斯同时关注消费,以把需求经济学整合进来,尽管他并不把这些变化看成革命性的。所以,他只是试图简单地论证在消费方面中国和英国并无实质区别(Pomeranz,2000:第三章)。与前面所讨论的其他论题一样,这里他想做的是尽量使18世纪英国及欧洲更趋向内卷而非革命,以使之能与中国等同。同时,为了使长江三角洲可以与英国及欧洲等同,他尽量使长江三角洲显得不像我主张的那样趋于内卷。

首先,他忽视了德弗雷斯和其他学者提供的证据,这些证据记录了17、18世纪不只是城镇人口而且包括农村人口在内的消费结构的巨大变迁。德弗雷斯本人根据遗嘱检验法庭的记录研究了荷兰共和国的弗里西亚群岛的农民。如其所言,这些农民"逐渐购置了各种'城市商品'——镜子、油画、书籍、钟表,并逐步提高了家具的质量"。遗嘱记录表明,"大橡木柜子取代了简单的木制储藏箱,陶器以及(荷兰)代尔伏特精陶取代了罐子及木制碗碟。窗帘在16世纪时似乎还无关紧要;到1700年则已经很普及了"。此外,"银器展品的收藏越来越多,包括粪勺、水瓶、《圣经》书钩以及男女个人的装饰品"。(DeVries,1993:100)

劳娜·韦泽利尔(Lorna Weatherill)1993年的著作表明英国存在着基本相同的消费结构。该书处理了3000件法庭检验遗嘱记录,范围包括8个地区的城镇乡村。她的"关键"物品清单和德弗雷斯的类似,包括书籍、钟表、镜子、台布以及银器。她证明,在

1675—1725 年间，这些东西在乡村人口中越来越普及。（Weatherill,1993；特别是表 10.2，第 219 页，及表 10.4，第 220 页）

正是在这些证据基础之上，德弗雷斯提出了"勤勉的革命"说：妇女儿童加入就业行列，扩大了农产品向城镇的供应，增加了家庭收入剩余，并提高了乡村对城市商品的消费。我们可以这样说：这（"勤勉的革命"）导致了亚当·斯密所论述的典型城乡交换，在斯密看来它将会引发二者的螺旋式经济发展（A. Smith,1976[1776]：401—406）。

所有这些，彭慕兰都置之不顾，相反，他要独自去论证英国和长江三角洲(以及欧洲和中国)在消费方面的等同。他花了大量篇幅讨论茶和糖的消费，而实际上与粮食、棉花、棉布、蔬菜、盐、肉及食用油(这里按它们在家庭账目中所占比例排列)比较起来，这些东西在农民家庭支出中只是很次要的。20 世纪的实地调查表明，茶与糖合起来只占长江三角洲农民全部购买商品的 5%（Pomeranz,2000：117—123；Huang,1990：96—97；黄宗智,2000a：97—99）。彭慕兰考虑的关键项目是棉布消费，这的确是非常重要的。但是他进行了一项极具有误导性的比较：他的主题是消费，但在对英国与长江三角洲做布匹比较时却置换成平均产量。这使他在英国和长江三角洲之间找到大略的对等：长江三角洲每人平均生产 14.5 磅棉花和 2.0 磅蚕丝，而在 1800 年英国每人大约生产 12.9磅(棉花、羊毛及亚麻)。他的论述给予读者的印象是平均产量接近于这个水平（Pomeranz,2000：138）。然后，彭试图对全国平均消费进行估计。他难以置信地认为，中国在 1750 年的棉花产出已经相当于 1870 年或 1900 年的水平。而 1750 年的人口较少，因此这一年的平均棉花消费必定是后来的一倍。在此基础上，他得出每个中国人年均消费棉花 6.2—8.0 磅的数字，而英国为 8.7 磅，法国为 6.9 磅（Pomeranz，2000：第 140—141 页及附录 F）。尽管他在前面提到了"每平方英尺亚麻和羊毛通常较棉花为轻，把这几种纺织品混同起来与中国进行比较会出现偏差"，但他还是得出结论，认为当时"中国人的纺织品消费总量大致相当于 18 世纪中后期的欧洲"（Pomeranz，2000：138，142）。

这里彭慕兰再一次无视普通常识。长江三角洲是中国棉花布匹的主要输出地，正所谓"衣被天下"。一个平均拥有 7.5 亩土地并用其中的 20%—50%（亦即 1.5—3.75 亩）种植棉花的农户，可以生产 40—112.5 斤皮棉（每亩 30 斤），这些皮棉足够生产 34—85 匹布（每匹布需皮棉 1.32 斤，见附录）。我们知道，长江三角洲棉花种植高度集中的原因，是严重的生存压力之下农民要尽可能保证单位土地的产出最大化，进而用棉花和布交换粮食来维持家庭生存。根据徐新吾的估算，在松江府棉花生产最为集中的地区，农民们出售掉 70%—90% 的棉花与布匹，主要向中国其他地区输出。因此，将他们的生产与消费混同起来完全是误导性的做法。按照彭慕兰的数字与看法，长江三角洲农民每年会消费超过 10 匹棉布以及 2 匹丝绸，这可是足够裁制十多件新棉衣以及两件丝绸衣服！

徐新吾的数据表明，帝国主义进入中国之前，全国的棉布消费平均约为每人 1.5 匹，即 2 斤皮棉（2.2 磅），再加上人均 0.6 斤（0.66 磅）棉絮。由于棉花总产增加、机纺棉纱的大量流通以及较之土布而言机织布的不耐穿（根据徐的资料，土布可穿 3 年而机织布只能穿 2 年），这一数字到 1936 年增加到人均 2 匹。在精确可靠的

1936 年数据基础上，徐提供了 1840 年、1860 年、1894 年、1913 年、1920 年以及 1936 年的详细估计（徐新吾，1990：314—315）。在我看来，他的描绘远比彭慕兰假设的 1750 年产出与 1870 和 1900 年相当来得可靠，因为彭根本没有任何一年的可靠数据。为什么人口增长在 1800 年后对布匹消费构成巨大的消极影响，而在此之前却产生扩展性的影响？急于提出自己观点的彭慕兰，竟连他所倚重的李伯重也加以批驳（Pomeranz，2000：332）。他批评李过多依赖徐新吾，并引吴承明编的书支持自己的观点，却没有意识到徐本人就是吴所编书中棉花一节的作者（徐新吾，1990：258—332）。当然，徐的数字表明，全国人均纺织品消费只有彭慕兰所提数字的1/3 到一半。

　　关于中国人消费的其他方面还少有系统的著述。彭慕兰参引的方行 1996 年的论文是首批严肃的尝试之一。方颇具创新意义地使用了三本来自 17 世纪和 19 世纪的农书。① 他的意图是论证长江三角洲生活水准从 17 世纪早期到 18 世纪有实质性的提高。他采用了每年人均消费 2 匹布的合理数字，在这期间没有变化。方有关生活水准提高的论证主要集中在"副食"（主要是肉、鱼和家禽）消费的增加。他认为，17 世纪食物花费占家庭总收入的 76%，而在 18 世纪占到 83%。这是由于副食消费增多，而粮食消费则基本保持稳定（前期为 55%，后来为 54%）。所增加的部分主要是农民在比较多的节庆期间消费肉、鱼以及家禽。而在过去，农民们只在诸如新年这样几个有限的节日里才有这类消费。到了 18 世纪，

---

① 这些农书是 1658 年的《补农书》，1834 年的《浦泖农咨》，1884 年的《租覈》。

长江三角洲农民每年以这种档次来庆祝的节日有 20 来天之多。即使如此,方承认有证据表明存在某种降低,即农民粮食消费从只食用大米这种价格较高的"细粮"变为混合消费大米(60%)和大麦及大豆等价格较低的"粗粮"。(方行,1996:91—98)方所论证的小额提高,我认为在长江三角洲内卷体制下是可能的,但它绝不是德弗雷斯所谓"勤勉的革命"中勾勒的那种变化。

在与欧洲的消费进行严肃的比较之前,我们还需要就中国的消费做许多的研究。参考中国人的分家单,再辅以地方志的仔细搜寻,也许可能提供类似于欧洲的遗嘱检验记录关于耐用品继承那样的信息。但更为重要的也许还是方行所强调的粮食、副食品以及衣服等日用品的消费。另一重要的消费品可能是燃料。对长江三角洲农民来说,根本就没有取暖的燃料可言,只有用于炊事的稻秆,用煤取暖是罕见的事情,木柴取暖也只是极少数人的奢侈享受。这与英国的差异之大应不亚于肉类消费。

# 五、人口史

现在我们来讨论中国人口史这一论题,以及相关的溺杀女婴问题,看看它们对发展与内卷能够说明什么。按照彭慕兰的观点,溺杀女婴是他想给长江三角洲勾勒的画面的一个关键部分:又一次与 18 世纪欧洲相同,因为溺杀女婴实际属于"预防性抑制"(preventive checks),其结果是生育率比欧洲还低,人口压力也不比英国更为严重。这与彭的总体看法相呼应,即较之英国,长江三角洲并没有经历更高程度的内卷。这一部分的论证,他主要依赖的是李中清(James Lee)的著作。

## (一)彭慕兰和李中清的论证及数据

首先,李中清(以及不少其他学者)论证了溺杀女婴在中国近代的广泛流行。在他分别与康文林(Cameron Campbell)、王丰合写的著作中,李的讨论以东北辽宁的道义社区 1774—1873 年间 12 000 个农民的有关记录中男、女婴的不同死亡率为基础。李推测大约 1/3 的新生男婴和 2/3 的新生女婴从未登记入册,如果我们假设未注册婴孩的死亡率和有记录的相同,那么多半有"1/5 到 1/4 的女性死于故意的溺杀"(Lee and Campbell,1997:58—70;Lee and Wang,1999:51)。李还使用了特别完整的皇族户籍册,借助一个 1700—1830 年间总计 33 000 人的样本,提出"1/10 的女婴多半在生命最初几天就被溺杀"(Lee and Campbell,1997:49)。彭慕兰引李中清为证,提出当时中国有 25% 的新生女婴被溺杀(Pomeranz,2000:38)。

这里我们姑且不论到底有多少女婴被杀的问题。李中清对道义的估计既得自人口数据也得自猜测。准确可靠的估计尚有待于将来的研究。实际溺杀率无疑因时间、地点不同而各异,并且可能比李的估计要低得多。这里我们只集中讨论他们如何使用自己拟定的数字。

李中清和彭慕兰告诉我们,溺杀女婴实际上是一种"产后堕胎"。与其说它来源于马尔萨斯的"现实性抑制"(positive checks)意义上的生存压力——即在人口/土地挤压下,因粮食生产难以跟上人口的增长,以致粮价上涨、实际工资下降,营养不良乃至饥饿和死亡——倒不如说它恰好表明了这一压力的不存在。它是类似于欧洲晚婚的"预防性抑制"（Pomeranz，2000：38；Lee and Campbell，1997：70；Lee and Wang，1999：61）。李、彭以及王国斌、李伯重（Wong，1997；22—27；李伯重，2000b）等人想要论证的是，中国的人口历史与欧洲相同，其人口模式一如欧洲，即主要是由"预防性抑制"形成的"生育驱动"（fertility driven），而非"马尔萨斯神话"曾经揭示的那样，是由"现实性抑制"构成的"死亡驱动"（mortality driven）。

问题的关键在于"产后堕胎"的概念。如果被溺杀的婴儿即使已经出生了还可以被看作"堕掉"的话，那他们就不应该被计算在死亡率中，从而也不应该出现在预期寿命的计算当中。[1] 因此，李中清在对辽宁道义与欧洲基于教会出生登记的数据进行比较时，只把道义的"6 个月大"而不是新生的婴儿计算在内（Lee and Wang，1999：第 55 页，表 4.2）。[2] 如此一来，道义的预期寿命为 29 岁。正是在此基础之上，李、彭得出结论认为，中国人的死亡率和预期寿命与欧洲人的大致相当。

但如果对李的 29 岁预期寿命这一数字，用他所估计的 25% 的溺杀女婴率来修正的话，则新生女婴的真实预期寿命还不到 22 岁。这将使预期寿命根本无法与 18 世纪英国 34—35 岁的数字相

---

[1] 曹树基、陈意新在 2001 年 4 月《马尔萨斯理论和清代以来的中国人口——评美国学者近年来的相关研究》的原稿中首先指出了这一点，虽然他们没有提出确切的例证。文章正式发表时（《历史研究》2002 年第 1 期）未提及此点。

[2] 彭慕兰误将李中清的数字引作"1 年"大的孩子，而李的数字实际上指的是 1 岁——这是中国式的计算方法，李、王将之约等于 6 个月（Pomeranz，2000：37；Lee and Wang，1999：55）。

比（Schofield，1994：67）。

　　除了把被溺杀的女婴排除在死亡率数据之外，将溺杀女婴视为"产后堕胎"也将那些婴儿从"总和已婚生育率"中排除了出来。再一次，如果被溺杀婴儿系被"堕掉"而不算出生的话，那么他们就不会出现在生育数据当中。因此我们看到，李中清在计算道义的总和已婚生育率时没有就溺杀女婴率做任何修正。他如实指出，他只是在对未登记男婴进行估计的基础上对未注册人口做了修正，而没有考虑更多的未登记女婴。①

　　于是，李中清（和彭慕兰）得出结论，认为中国已婚妇女所生孩子的数量出人意料地低（Pomeranz，2000：41），其"总和已婚生育率"为 6 个，从而中国人的生育率比 1550—1850 年间西欧的 7.5—9 个还要低得多（Lee and Wang，1999：8；Pomeranz，2000：41）。

　　斯蒂芬·哈勒尔（Stephen Harrel）早些时候在他为一部有关中国人口会议的文集所写的序言中指出，记录中的数字一般应该在考虑到溺杀女婴的前提下向上修正 25%。譬如，对刘翠溶基于"华南"地区五个族谱提出的数据应该加以修正，因为族谱主要关注儿子，而对夭折的或者被杀弃的女婴不做记载（Harrell，1995：15；Liu，1995：94—120）。与李中清不同，泰德·塔尔弗德（Ted Telford）依据 1520—1661 年间桐城县（在长江三角洲之邻的安徽省）的 39 个族谱共计 11 804 人的记录，通过预设 25% 的中等女婴死亡率对其数据进行修正，做出 8—10 个孩子的总和已婚生育率估计（Telford，1995：48—93）。此外，依据 1906—1945 年日本殖民统治期间中国

---

① 见李中清和康文林（Lee and Campbell，1997：第 90 页，注 10）；但在李中清和王丰（Lee and Wang，1999：85—86）处没有提及。

台湾海山地区非常可靠的数据、1980—1981 年对最初为卜凯所研究的中国七个地方 580 位妇女所做的回访以及 1931 年乔启明在长江三角洲的江阴县搜集的高质量数据,武雅士(Arthur P. Wolf)得出 7.5 个孩子的估计(Wolf, 1985:154—185)。

实际上,如果把他自己估计的 25% 的被溺杀女婴算入出生婴儿当中的话,李中清的数字就会跟武雅士以及塔尔弗德的相差无几。这样一来,李的数据就会非常不同,他也就得不出他的结论,即中国的数据显示了比西欧还低的生育率(Lee and Wang, 1999:第 6 章,特别是第 90 页;另参见 Lee and Campbell, 1997:92)。

总之,李中清(以及彭慕兰)把溺杀女婴解释为"产后堕胎"并因此而排除在生育率和死亡率之外,这一举措实际上是其两个基本论点的关键所在:即中国人的死亡率(或者预期寿命)与欧洲人相比并无太大差异,以及中国"预防性抑制"的施行甚至超过欧洲。如果对溺杀女婴做不同的解释,而且将其算在出生和死亡人数当中的话,采用他们自己的数据和估计就可以得出一幅与他们所论证的非常不同的画面。

不仅如此,武雅士在其对李中清著作的谨慎评论中还证明:即使接受李得出的那些数字,我们也可以找到比有计划的生育控制——即"晚开始,早停止,长间隔"加上"产后堕胎"——更为合理的其他解释。他指出,早婚和经期相对较晚可以解释为什么较晚开始生育。而且早婚(以致年龄不大婚龄却较高,房事频率亦相应较低)或者因健康问题或营养不良而导致的较早停经,则能够说明较早停止生育的现象。最后,生育的长间隔,也可以用营养不良以及穷人迫于生计而外出佣工等因素来解释。武提供了通过深入访谈得到的直接证据来支持他的观点。在他看来,中国人的低婚姻生育率本身就得用贫困及生存压力来解释,而不能当作没有生存压力的证据(Wolf,2001:133—154)。

## (二)一个不同的观点

　　回到溺杀女婴的问题。李中清认为,18 世纪中国溺杀女孩乃是在男孩偏好的文化下所做出的抉择,也由于"对于生命的某种特殊态度",即"中国人不把不满一岁的孩子看作完全的'人'"(Lee and Wang,1999:60—61)。可是,光是性别偏好就会促成一个人溺杀其女婴吗? 还是其他压力首先导致了杀婴,其后对男孩的文化偏好才促成溺杀女婴的选择? 而且,考虑到中国各地几乎都为婴儿庆祝满月这一事实,一岁以下的孩子果真还未被当作完全的人吗?

　　要充分探讨这一论题,我们需要有更多区别不同阶级和阶层的中国人口行为分析,尽管已经出现了一些颇具启示性的端倪。根据长江三角洲萧山县的三个族谱——1240—1904 年间的资料,哈勒尔指出地位较高(多指持有功名者,即可以认为是比较富裕者)的家庭比其他家庭有更多的孩子。这是由于富人比较早婚,而且可以纳小妾(Harrell,1985)。武雅士在珍贵的台湾资料基础上进一步强调并拓展了哈勒尔的看法,他展示了富裕农民家庭(不仅仅是持有功名的"士绅"家庭)具有更高的婚后生育率(Wolf,1985:182—183)。最后,周其仁重建了日本满铁研究者系统调查过的三个村庄的人口历史,指出富裕农民因为有抚养能力而有比较多的儿子,但贫农也有较多儿子,这是因为他们老年不得不靠儿子们的出雇收入来维持生活（Zhou，2000）。综合起来，这些成果提示：溺杀女婴可能主要是那些为生计所迫的贫农们力争有更多儿子的一项行为。

帝国晚期的一些观察者明确地将溺杀女婴主要归咎于贫困以及昂贵的嫁妆，而且政府官员敦促设立孤儿院来处理这一问题（Ho，1959：58—62；Waltner，1995：193—218）。1583—1610 年间生活并供职于明朝廷的意大利耶稣会教士利玛窦（Matteo Ricci）讲得特别明白：

> 这里更为严重的一宗罪恶就是某些省份的溺婴行为。其原因是，他们的父母没有能力供养他们并已彻底绝望了。有时候那些并不怎么穷的人家也会干这种事情，因为他们担心有一天无力供养这些孩子的日子会到来，到那时只好把孩子卖给陌生的或者残酷的奴隶主。（Waltner，1995：200）

只有少量土地的贫农和没有土地的雇农夫妇就是很明显的例子，拥有较多土地的农民可以依据农村习俗保留一份养老地借以养老，而前者却不能。他们只能寄希望于儿子们，法律和习俗都要求儿子出雇以赡养父母（黄宗智，2001：第 8 章）。女儿不能这样。而且，即使他们勉力把女儿抚养成人，到头来恐怕还是得把她卖出去。在那样的生存状况下，溺杀女婴的事情比较可以理解。

我这里并不是想争论只有穷人才会溺杀女婴，而是说他们多半构成了这类行为的主体部分。即使是李中清也承认："……过去的中国父母减少生育或者杀婴是对家庭经济状况的反映。"（Lee and Wang,1999:100）在他原来和康文林合写的著作中,李实际上把溺杀女婴置于马尔萨斯式"现实性抑制"的范围,而不是他后来主张的"预防性抑制"(Lee and Campbell,1997:第 4 章)。但那一认识,在其后来对"马尔萨斯神话"进行激烈批评以论证其"生育驱动"而非"死亡驱动"的中国人口体系时,已丧失殆尽。

李中清自己的数据实际上表明,贫困可能是非常重要的因素。上面已经提到,他的皇族数据表明溺杀女婴的比率为 10%。李运用这一数字争论说,既然溺杀女婴甚至出现在富裕家庭里,那么该行为就必定是全社会范围的而不仅仅是贫困所致。然而这些数据彰显出另一条不同的逻辑:即使他自己的数据也表明,那些大多已贫困化了的"低等贵族"比"上等贵族"更倾向于溺杀女婴(Lee and Wang,1999:58)。更为重要的是,即使假设所有 33 000 位皇族成员都还相当宽裕,我们仍然可以看到这一群体 10% 的溺女婴率与道义农民 25% 的比率之间的差别。道义至少 3/5 的被溺杀女婴是否可以用贫困来解释?

李中清(与彭慕兰)提出的解释,其动机似乎主要还是想在中国发现欧洲的对等现象。这把他引向另一个关于中国人口历史的可疑论述。正如曹树基和陈意新(2002)指出的,李决心依照欧洲"生育驱动"模式来重写中国人口史,这促使他把 19 世纪中期的巨大灾难从人口统计记录中抹掉。因此,他得出了一种 1700—1950 年期间直线型中国人口转变模式,以与其希望证实的"生育驱动体系"保持一致,而不是与死亡危机激发的体系相一致的具有陡然下降趋势的曲线模式(Lee and Wang,1999:28)。他从而抹掉了 19 世纪中期南方和长江三角洲地区太平天国运动、西北的回民起义以及华北大旱灾所造成的可怕的生命损失。曹树基的最新研究在详尽使用方志资料的基础上，重建了各府人口的总数和变化，结果认为，1851—1877 年间这些灾难所造成的死亡人数达到惊人的 1.18 亿之多(曹树基，2000：455—689)。其估算的准确性有待其他学者研究核实，但即使他估算的误差达到 100%，还是有 6000 万人的死亡损失，也就是当时总人口的 1/7。

当然，19 世纪中期并不是第一个大灾难发生的时期，伴随王朝更迭的灾难贯穿了中国历史的大部分。在我看来，历史记载表明了一部由死亡强有力地塑造的中国人口史，即使不是严格的和狭隘的马尔萨斯意义上的"现实性抑制"。这一体系不应该与马尔萨斯就早期近代和近代欧洲而构造的生育驱动的"预防性抑制"模式等同起来，更不能把溺杀女婴和没有生存压力等同起来。

## (三) 日益加剧的社会危机

在 19 世纪中叶的灾难时期达到巅峰的日趋严重的社会危机是否就是溺杀女婴的社会情境？最近的中国法律史研究表明，溺杀女婴背后的同一生存压力导致了广泛的买卖妻女。这类现象如此泛滥，以致《大清律例》增加了足足 16 条新例专门处治此类行为。这些新例大都颁布于乾隆年间(1736—1795)(薛允升，1970[1905]：例 275-3 到例 275-18)。对法庭案件档案的考察也显示妇女买卖非常普遍，此类"交易"引发的诉讼大约占到地方法庭处理的"民事"案件的 10%。我们知道，清法律系统虽然比过去所认为的要开放，但仍然被普通老百姓视为令人生畏之地，大多数人只有迫不得已才会对簿公堂。在这种情况下，做这样的考虑可能是合理的，即在所有妇女买卖中，只有很小一部分最后诉诸公堂。如果我们取 5% 这一数字的话，也就意味着每年至少有 165 000 宗这样的"交易"。如果取 1%，那就有 825 000 多宗。[①] 无论精确的数字到底是多少，赤贫人家买卖妻女的现象如此泛滥，以致清刑部起码在 1818 年已经决定对这样的人不予惩罚。其理由是，那些迫于生存压力而出卖自己妻女的穷人应该受到同情，而不应该被惩治（Huang，2001；157，168—169）。

另外一个相关的社会现象是未婚的单身"光棍"人口的形成，它是贫困（因为没有经济能力完婚而独身的男人）和溺杀女婴引发的性比例失衡共同造成的。最近的研究表明，这一社会危机日益加剧的症候导致了法律对处理"犯奸"行为（illicit sex）的一些重要的改变（Sommer，2000）。更能说明问题的也许是清代关于"光棍"以及相连的"棍徒"和"匪徒"的一系列立法，表明在当时政府的眼中，这已经是一个主要的社会问题。与处理买卖妻女问题一样，清政府颁布了足足 18 条新例来应对这一新的社会问题（薛允升，1970［1905］：例 273-7 到例 273-24）。

---

① 在我从四川巴县、河北宝坻县（顺天府）及台湾的淡水（分府）、新竹（县）收集的清代 1760—1909 年间 628 宗"土地、债务、婚姻及继承"案件中，总计有 68 宗案件，亦即超过 10% 的案件，处理的是妇女买卖（Huang，2001：157，225—226；Huang，1996：240，黄宗智，2003，表 9.1）。如果使用我的研究中提出的估计——"民事"案件占地方衙门处理案件总数的 1/3，地方衙门平均每个县每年处理 150 宗案件——的话，则每个县每年就有总计 5 宗这样的案件（Huang，1996：173—181；Huang，2001：163—172）。假定诉诸公堂的案件占此类交易总数的 5%，那么每县每年就有 100 宗此类交易，亦即就全国范围（清代有 1651 个县、厅、州）而言就有 165 100 宗。如果假定诉讼案件占此类交易的 1%，则总数就要高 5 倍，即 825 000 宗。当然这只是一个粗略猜测。要做出更为可靠的估计，（如果可行的话）我们需要一个案件数量和县的数量都比较大的样本才行。

上至乾隆帝,下至地方官员和文人们,18世纪的人们注意到了这些长期趋势的某些症候(严明,1993:188—189)。后者中最著名的当是洪亮吉(1746—1809),他由于其1793年所作"治平"和"生计"两篇名文而被一些人(不完全恰当地)誉为"中国的马尔萨斯"。出身贫寒的他对穷苦人的方方面面都至为敏感,而且他游历甚广,编纂了许多方志,对全国的社会经济情况相当了解。在洪亮吉看来,由于近百年的太平,人口大幅度增长,其速度远远超过了耕地和生存资料的扩增。物价陡升、工资剧跌、贫富分化拉大、失业人口激增,对社会秩序构成巨大的威胁。结果,穷人们成为饥寒、饥荒、洪水和瘟疫的首批受害者。除了这两篇论著,洪还留给后世较多的诗作。其中有不少基于他的实地观察,表达了他对饥荒受害者和贫寒人士的深切同情。他特别加以描述和评论的饥荒,是长江三角洲以北淮安地区(位于江苏省北部)1774年大旱以及随之在长江三角洲西部以句容县为中心的19个县发生的水灾。30年后,他于1804—1806年间又记述了长江三角洲以北扬州地区的特大洪灾,以及次年在三角洲内他的家乡常州地区发生的饥荒和干旱。这次他不仅为救灾捐赠了相当的经费,还亲自负责该地区的赈灾救济工作。①

为了避免人们认为洪亮吉的观察仅仅适用于18世纪末期,我还想简要地引述一下罗威廉关于18世纪杰出官员陈宏谋(1696—

---

① 何炳棣(Ho,1959:271)概述了洪亮吉两篇论述的内容,不过是以一种抽象的理论化口吻而非实际观察的语气(洪亮吉,1877[1793]:8—10;严明,1993:184—190)。这里我相应地稍作修正。关于洪亮吉的贫寒出身和对穷人的同情,参见陈金陵1995年的著作。关于其就饥荒受难者及有关穷人的许多诗篇,见陈金陵(1995:48—54,321—326)。关于他编纂的许多地方志,参见严明(1993:130—148)。

1771）的大部头研究。罗引述了陈在 1744 年前后写就的一封信，信中申明太平之世人口剧增所引起的问题。陈指出，虽然最近添加了不少由围垦沼泽和开发山地而得到的耕地，但他十分担心人口增长速度远超过耕地的扩增。陈认为这个问题是所有官员都必须注意的（Rowe，2001：156）。另外，在 1742 年呈交乾隆皇帝的奏折中，陈强调了（用罗威廉的话说）在"巨大的人口压力下"近年来百姓"生计"的下降。罗威廉基于这些以及大量其他证据，有力地指出："我认为，这（食物）……是清帝国最最重要的施政领域，起码在西方造成的前所未有的军事和文化威胁之前是如此。"而且，罗进而指出："在陈宏谋的时代里……可以肯定地说，几乎所有官员都首先关注这个问题（人口对资源的压力）。"（Rowe，2001：第 155—156 页，第 188 页注 13）

罗威廉的观察很大程度上跟我自己对清法律的研究相吻合。我提出，清代的民事法律展示了一种"生存伦理"，这与民国民事法律借自德国 1900 年民法典的契约和牟利伦理形成鲜明的对照。清法律保证那些为生存压力所迫而出卖土地的农民可以以十分有利的条件赎回他们的土地；它禁止放债人向那些被迫借钱维持生存的农民放高利贷；它维护那些离家开垦沼泽或山地农民的永佃权；它禁止牟利商贩买卖穷人妇女，而同时指示其法庭不要惩罚那些迫于生存压力出卖自己的穷人。1929—1930 年颁布的（经过三次草案修改的）新民法典结果在实践性条例中掺入了这些规定的很大部分，尽管在组织逻辑上仍然保存了原来的德国蓝图（Huang，2001；黄宗智，2003）。

上述那些趋势和观察有助于我们了解 18 世纪以来巨大的社

会危机。它先在 19 世纪中期的饥荒和民间起义中，然后在 20 世纪共产党领导的革命再分配中达到顶峰。这里我所谓"社会危机"并非指纯粹由人口压力造成的生存危机这一简单的马尔萨斯式观念。正如我在几年前所提出的，清代是一个人口压力与商品化两大趋势交合的时期。在华北地区，尽管商品化为一些人提供了致富的可能，然而却致使很多其他人——承担了市场风险而遭受损失的人——贫困化。在长江三角洲地区，棉花和蚕桑栽培所代表的内卷型商品化使农村经济能够吸纳更多的人口，但它实质上并没有改变此前存在的社会不平等状况。人口压力与社会不平等相结合而产生的结果就是一个庞大的（尽管不一定是占总人口更高比例的）"贫农阶级"的形成，包括佃农、兼打短工的贫农以及无地的雇农（Huang, 1985；黄宗智，2000b；亦见 Huang, 1990；黄宗智，2000a）。在贫农阶级的底端是那些没有经济能力结婚的单身汉，其中不少人变成由无业者和乞丐组成的"游民"的一部分。自 18 世纪以来，他们构成了中国社会一个持久的特征。①

　　我认为，溺杀女婴是这个庞大的社会危机的许多症候之一。它表明的是穷人生存压力的加剧，而不是李中清和彭慕兰所主张的没有如此压力。同样，买卖妇女表明了赤贫阶层经受的压力，而不是没有这种压力，也不是市场刺激下资源的理性配置。然而彭慕兰将溺杀女婴作为他把中国与欧洲等同起来的重要依据。他在借鉴了李中清有关中国人口史的研究和结论以后，很容易就得出了他的最终结论：1800 年前的中国在人口压力方面并不比英国/欧

---

① 孔飞力（Kuhn, 1990；第 2 章）有出色的讨论；亦见其他著作。

洲经济的处境更为恶劣。反之，英国的情况并没有更好一些。这两个地区同处于今后既可内卷也可发展的状态。因此，它们之间的大分岔直至 1800 年以后才出现。

## 六、是因为煤炭？

至于彭慕兰对 1800 年以后的历史的看法，我们最后要看他关于煤炭的讨论。他的论述主要基于瑞格里。瑞格里有力地论证了"有机经济"，即前工业的农业体系，与"以矿藏为基础的能源经济"，即主要基于煤炭（和蒸汽）的工业革命之间的区别。前者的能源很大程度上局限于人力畜力，最终基于非常有限的土地资源；后者的能源则主要依靠远为丰富的煤炭供应——一个男子每年可以开采大约 200 吨煤，这是他所消耗能量的许许多多倍。在瑞格里看来，正是这一差别使单个劳动者的实际工资得到大幅度提高，这也是区分工业经济与前工业经济的标志（Wrigley，1988：第 77 页及各处）。

按照这一分析思路，英国偶然地得益于煤炭的丰富资源及较早的发展。根据瑞格里的计算，1700 年代的英格兰每年大约生产 250 万—300 万吨煤，这大概是"世界上其他地区总产煤量的五倍"（Wrigley，1988：54，引自 Flinn，1984：26）。到了 1800 年代，英国年产 1500 万吨，"而全欧洲的总产量可能都不超过 300 万吨"（同上）。

瑞格里强调煤炭，意在论证英国工业化中的偶然因素，从而尖锐地驳斥了过于目的论的、"一体化"的"现代化"理论。但我们应该明白的是，突出英国工业化的偶然性并不意味着仅凭机遇就足以解释工业化，更不用说只用煤炭来解释。这两个论点之间的区别虽然不那么明显，但它们的差异却十分关键。在指出英国的农业革命及其推动的城市化以及其他"资本主义"因素以后，强调煤炭的重要性是对经济变迁的动力提出一个相当深奥的论点。正如瑞格里所言："一个国家不但需要走向通常意义的资本主义化……而且需要走向原材料日益依靠矿藏的资本主义……英国经济是在这两重含义上讲的资本主义经济，不过这两者的关联最初是偶然的而不是必定的因果关系。"（Wrigley, 1988: 115）这个论点完全不同于简单的机遇论，或煤炭单一因素论。实际上，瑞格里在这本书中论述"农业革命"（"发达的有机经济"）花费的大量篇幅，绝不亚于关于煤炭早期发展（"矿藏基础的能源经济"）的论述。在他看来，这两者都揭示了英国很早就出现的特点。

彭慕兰是这样来运用瑞格里的论断及资料的。他先是指出英国在煤炭资源上占了有利位置；与此相反，他断言，长江三角洲的经济由于西北地区煤矿所产难以运输而受到阻滞（Pomeranz, 2000: 57, 59, 64—65）。然而后来他仍坚持，尽管长江三角洲"生态问题日趋严重"，但还是要"到 19 世纪才变得比欧洲（包括英国）和日本的核心区域面临的问题更为严重"（Pomeranz, 2000: 229）。这一观察促成了他有关"生态缓解"的论断：他认为煤炭和殖民地为英国提供了"生态缓解"，而长江三角洲却无此幸运（Pomeranz, 2000: 274—278）。彭特别提到了新大陆提供的糖，不然英国就得耗费130 万英亩土地来生产糖以满足供给（Pomeranz, 2000: 275）；其次是棉花，否则在 1815 年就会占用 900 万英亩土地，到 1830 年则将达到 2300 万英亩；最后还有不可或缺的煤炭，要满足当时的供给，英国除非再奇迹般得到 1500 万英亩森林（Pomeranz, 2000 : 276, 引自 Wrigley, 1988 : 54—55）。他给读者造成的印象是：煤炭与新大陆供给英国的原料总量超过英国耕地所能出产的总和。因此，正是"煤炭和殖民地"（coal and colonies）的历史机遇，而且仅仅是这一点，就将英国与长江三角洲区别开来。

我们已经看到，瑞格里讨论的是 18 世纪而不是其后的英国的煤炭生产；而且瑞格里强调的是两种因素的巧合，即煤炭的偶然发展与英格兰非常发达的有机经济两者的结合，而不是单一的煤炭这一偶然发展因素。可是彭慕兰却把瑞格里对英国 1700—1800 年间的观察，转换成了 1800 年以后才发生的事情，并由此得出单单用机遇就足以解释英国工业化的结论。如此一来，瑞格里关于英国工业化过程带有机遇因素的相当微妙的论点，到彭手里变成了单一的"煤炭和殖民地"的解释。他对瑞格里论点的扭曲当然会使我们联想到他对德弗雷斯的"勤勉的革命"的使用。

彭慕兰关于长江三角洲煤炭供给的论断也不足置信。蒂姆·赖特（Tim Wright）关于中国煤炭工业的详尽研究表明，中国是世界上煤炭储藏最为丰富的国家之一（Wright, 1984 : 17）；而且在工业需求到来之时，中国的煤炭工业发展相当迅速，其年产量从 1896 年的不足 50 万吨增加到 1936 年的 400 万吨（Wright, 1984 : 第 10—12 页，表 1，表 2，表 3；第 195 页）。研究近代中国史的专家都会知道位于湘赣边界山区的平乡县煤矿，这里的煤经由湘江和长江供给张之洞在武汉设立的汉阳铁厂（Hornibrook, 2001 : 202—228）。显然，那些煤矿很容易就可以供给长江三角洲。换句话说，中国

(或长江三角洲)工业化的滞后不能以彭慕兰所强调的煤炭资源匮乏来解释;相反,工业需求的缺乏才能解释中国煤炭工业的滞后。彭慕兰的论述把本末倒置了。

最后,瑞格里本人可能给予人们一种夸大了矿产能源对于农业的意义的印象。1949 年以后中国的经历表明,当机械与化学革命降临到一个已经高度密集化、内卷化的农业体系之上时,其所带来的只是总产量的有限提高,即仅仅增长了三四倍而不是更多,远不如工业部门,而且(中国的情形)还是伴随着极端的劳动密集化才得来的。即使投入了现代能源,土地的生产力终归相当有限。从这个角度来看,英国 18 世纪农业革命所取得的成倍增长对于英国工业革命的意义,可能要比瑞格里本人认为的还要重要。

# 七、两种对照鲜明的经济

我这里要强调,彭慕兰做出了有用的贡献。他为自己设定了一个雄心勃勃而又颇为艰巨的目标,要与两大不同领域的学术研究对话,不把英国/欧洲或中国化约为一个理论抽象。他这样做有助于提出迄今为止仍被忽视的问题,而且也促使欧洲专家关注中国经验,中国研究学者关注欧洲经验。此外,中国研究学者绝不会否定他去欧洲中心化、去中国中心化的努力。我们都会认可这些很好的目标,也能体会到充分掌握两个领域的困难。他的书中的许多错误和弱点都可以因此得到谅解。至于将来的研究,也许我们应该更多地依赖跨领域的合作,同时要严谨地对待经验研究。

颇具讽刺意味的是,彭慕兰选择了 1806 年前的英国和长江三角洲地区进行比较，以求证实中国与欧洲此前并无经济差异的论断。然而我们看到，18 世纪的英格兰和长江三角洲实际上是贯穿欧洲与中国之间从发展到内卷这一连续体的两个极端。就英国的农业而言，其单位土地面积上的劳动投入要比长江三角洲低得多，其平均农场规模是后者的 100 倍，平均农业用地是 45 倍，其单位劳动生产率高出很多。在很大程度上，由于较多的畜力、畜肥投入，这一农业经济在 18 世纪经历了毋庸置疑的劳动生产率发展。进而，这种劳动生产率的发展使以城镇为基础的手工工业的发展成为可能。后者为许多人提供了独立于农业的替代性生活来源，足以支持人口扩张与迅速的城市化。此外，家庭收入有实质性提高，消费结构也有大的转变，这些都推动了城乡贸易的扩展。最后，煤炭生产较早得到发展。综合的结果就是，英国在 1800 年时比世界上其他任何地区都更具备现代农业和工业发展的条件。

　　长江三角洲地区则迥异于此。在这里，单位土地上的劳动密集化和内卷可以说已经达到全球极高程度。在前工业时代，水稻、棉花及蚕桑栽培显然是最为劳动密集的生产体系。它们彰显了我所谓的内卷式增长，即单位劳动以报酬递减为代价的绝对产出的增加。内卷式增长使长江三角洲成为中国最"发达"的地区，这体现在单位面积的产出及其支持复杂的城市网络、发达的国家机器和成熟的精英文化的能力。但这种发达的状况是靠单位面积上高度的劳动密集化以及单位劳动的低度资本化和单位工作日的较低报酬而实现的。农村家庭工业几乎仍然完全维系于旧式的家庭农场经济，二者都是生存的必要支撑，缺一不可。这样一种内卷式增长与发生在英国的那类转变是无法相提并论的。就英格兰的经济而言,我们可以列出五大变化(革命?),再加上矿业(煤)的早期发展;而长江三角洲呢? 其中一项都没有。

所有这些并不意味着人口或者农业(和家庭工业)可以单独解释现代工业的发展与未发展,在此它和其他因素相似,哪怕是市场交换(及劳动分工)或生产关系,或是资本积累、产权制度、技术、消费需求以及煤炭。诚然,中、英比较凸显出农业及家庭手工业中单位土地上劳动密集化以及内卷式报酬的差异,但是现代工业革命显然在很大程度上必须被理解为多因素巧合而非单一因素促成的事件。18世纪英国的经历揭示了那些至少在起因上是半独立的多重趋势相互巧合的重要性,尽管其中的一些显然也是彼此关联的,即农业革命、原始工业化、新型人口模式、新型城市化、新的消费结构以及大量的煤炭产出,但所有这些在18世纪的中国或长江三角洲都没有出现。这里所呈现的,不是19世纪工业革命的源头,而是19世纪巨大的社会危机的根源。

## 参考文献

曹树基(2001):《中国人口史第五卷:清时期》,上海:复旦大学出版社。

曹树基、陈意新(2002):《马尔萨斯理论和清代以来的中国人口——评美国学者近年来的相关研究》,载《历史研究》第1期,第41—54页。

〔清〕张履祥辑补(1959):《沈氏农书》,陈恒力校点,北京:农业出版社。

〔清〕张履祥(1983):《补〈农书校释〉(1658)》,陈恒力校释,王达参校,北京:农业出版社。

陈金陵(1995)：《洪亮吉评传》，北京：中国人民大学出版社。

邓英陶、王小强、崔鹤鸣等(1999)：《再造中国》，北京：文汇出版社。

方行(1996)：《清代江南农民的消费》，载《中国经济史研究》第 3 期，第 93—100 页。

洪亮吉(1877[1793])：《治平篇》《生计篇》，载《洪北江先生全集》，第 1 卷第 1 部，无出版处。

黄宗智(2003)：《法典、习俗与司法实践：清代与民国的比较》，上海：上海书店出版社。

黄宗智(2001)：《清代的法律、社会与文化：民法的表达与实践》，上海：上海书店出版社。

黄宗智(2000a)：《长江三角洲小农家庭与乡村发展》(第二版)，北京：中华书局。

黄宗智(2000b)：《华北的小农经济与社会变迁》(第二版)，北京：中华书局。

姜皋(1963[1834])：《浦泖农咨》，上海：上海出版社。

李伯重(1984)，《明清时期江南水稻生产集约程度的提高》，载《中国农史》第 1 期，第 24—37 页。

李伯重(2000a)：《江南的早期工业化(1550—1850 年)》，北京：社会科学文献出版社。

李伯重(2000b)：《堕胎、避孕与绝育：宋元明清时期江浙地区的节育方法及其运用与传播》，载《中国学术》第 1 期，第 71—99 页。

吴承明编(1985)：《中国资本主义的萌芽》，北京：人民出版社。

徐新吾(1992)：《江南土布史》，上海：上海社会科学院出版社。

徐新吾(1990)：《中国自然经济的分解》，载许涤新、吴承明编《旧民主主义革命时期的中国资本主义》，北京：人民出版社。

徐新吾(1981)：《鸦片战争前中国棉纺织手工业的商品生产与资本主义萌芽问题》，南京：江苏人民出版社。

薛允升(1970[1905])：《读例存疑重刊本》(五册)，黄静嘉点校，台北：中文研究资料中心。

严明(1993)：《洪亮吉评传》，台北：文津出版社。

《中国统计年鉴(1999)》，北京：中国统计出版社。

《中国统计年鉴(1983)》，北京：中国统计出版社。

Allen, Robert C. (1994). "Agriculture During the Industrial Revolution, in Roderick Floud and Donald McCloskey eds," *The Economic History of Britain Since 1700, Volume1: 1700–1860*, Second Edition. Cambridge, Eng.: Cambridge University Press.

Allen, Robert C. (1992). *Enclosure and the Yeoman: The Agricultural Development of the South Midlands, 1450–1850*. Oxford: Oxford University Press.

Batchelor, Thomas (1813). *General View of the Agriculture of the County of Bedford*. London: Sherwood, Neely, and Jones.

Boserup, Ester (1965). *The Conditions of Agricultural Growth: The Economics of Agrarian Change Under Population Pressure*. Chicago: Aldine.

Boserup, Ester (1981). *Population and Technological Change: A Study of Long-Term Trends*. Chicago: University of Chicago Press.

Brenner, Robert (2001). "The Low Countries in the Transition to Capitalism," in Peter Hoppenbrouwers and Jan Luiten van Zanden (eds.), *Peasants into Farmers? The Transformation of Rural Economy and Sociey in the Low Countries (Middle Ages – 19th Century)*, pp. 275–338. Turnhout, Belgium: Brepols.

Buck, John Lossing（1937a）. *Land Utilization in China*. Shanghai:
University of Nanking.

Buck, John Lossing（1937b）. *Land Utilization in China-Statistics*.
Shanghai: University of Nanking.

DeVries, Jan（1994）. "The Industrial Revolution and the Industrious
Revolution," *The Journal of Economic History*, 54.2( June):249-270.

DeVries, Jan（1993）. "Between Purchasing Power and the World of
Goods: Understanding the Household Economy in Early Modern Europe," in
John Brewer and Roy Porter（eds.）, *Consumption and the World of Goods*, pp.
85-132. London and New York: Routledge.

DeVries, Jan（1984）. *European Urbanization, 1500-1800*. Cambridge,
Mass. : Harvard University Press.

DeVries, Jan（1981）. "Patterns of Urbanization in Pre-Industrial
Europe, 1500-1800," in H. Schmal（ed.）, *Patterns of European Urbanization
Since 1500*, pp. 77-109. London: Croom Helm.

Drummond, J. C. and Anne Wilbraham（1958[ 1939]）. *The Englishman's
Food: A History of Five Centuries of English Diet*. London: Jonathan Cape.

Flinn, Michael W.（1984）. *The History of the British Coal Industry*, vol.
2, *1700-1830*. Oxford, England: The Clarendon Press.

Geertz, Clifford（1963）. *Agricultural Involution: The Process of
Ecological Change in Indonesia*. Berkeley: University of California Press.

Harrell, Stevan（1985）. "The Rich Get Children: Segmentation,
Stratification, and Population in Three Chekiang Lineages, 1550-1850," in
Arthur P. Wolf and Susan B. Hanley（eds.）, *Family and Population in East
Asian History*, pp. 81-109. Stanford, Calif. : Stanford University Press.

Harrell, Stevan (1995). "Introduction: Microdemography and the Modeling of Population Process in Late Imperial China," in Stevan Harrell (ed.), *Chinese Historical Microdemography*, pp. 1-20. Berkeley: University of California Press.

Ho, Ping-ti (1959). *Studies on the Population of China, 1368-1953*. Cambridge, Mass. : Harvard University Press.

Hornibrook, Jeff (2001). "Local Elites and Mechanized Mining in China: The Case of the Wen Lineage in Pingxiang County, Jiangxi," *Modern China*, 27.2( April):202-228.

Huang, Philip C. C. (2001). *Code, Custom, and Legal Practice in China: The Qing and the Republic Compared*. Stanford, Calif. : Stanford University Press.

Huang, Philip C. C. (1996). *Civil Justice in China: Representation and Practice in the Qing*. Stanford, Calif. : Stanford University Press.

Huang, Philip C. C. (1991). "The Paradigmatic Crisis in Chinese Studies: Paradoxes in Social and Economic History," *Modern China*, 17.3 (July):299-341.

Huang, Philip C. C. (1990). *The Peasant Family and Rural Development in the Yangzi Delta, 1350-1988*. Stanford, Calif. : Stanford University Press.

Huang, Philip C. C. (1985). *The Peasant Economy and Social Change in North China*. Stanford, Calif. : Stanford University Press.

Jones, Eric L. (1981). "Agriculture 1700-1780," in Roderick Floud and Donald McCloskey (eds.), *The Economic History of Britain Since 1700, Volume1:1700-1860*, pp. 66-86. Cambridge, Eng. : Cambridge University Press.

Kuhn, Philip A. (1990). *Soulstealers: The Chinese Sorcery Scare of 1768*. Cambridge, Mass. : Harvard University Press.

Lee, James Z. and Wang Feng (1999). *One Quarter of Humanity: Malthusian Mythology and Chinese Realities, 1700–2000*. Cambridge, Mass. : Harvard University Press.

Lee, James Z. and Cameron Campbell (1997). *Fate and Fortune in Rural China: Social Organization and Population Behavior in Liaoning, 1774–1873*. Cambridge, Eng. : Cambridge University Press.

Levine, David (1977). *Family Formation in an Age of Nascent Capitalism*. New York: Academic Press.

Li, Bo-zhong (1998). *Agricultural Development in Jiangnan, 1620–1850*. New York: St. Martin's Press.

Liu Ts'ui-jung (1995). "A Comparison of Lineage Populations in South China, ca. 1300–1900," in Stevan Harrell (ed.), *Chinese Historical Microdemography*, pp. 94–120. Berkeley: University of Califernia Press.

Overton, Mark (1996). *Agricultural Revolution in England: The Transformation of the Agrarian Economy, 1500–1850*. Cambridge, Eng. : Cambridge University Press.

Perkins, Dwight and Shahid Yusuf (1984). *Rural Development in China*. Baltimore, MD: The Johns Hopkins University Press.

Pomeranz, Kenneth (2000). *The Great Divergence: China, Europe, and the Making of the Modern World Economy*. Princeton N. J. : Princeton University Press.

Rowe, William T. (2001). *Saving the World: Chen Hongmou and Elite Consciousness in Eighteenth-Century China*. Stanford, Calif. : Stanford

University Press.

Schofield, Roger (1994). "British Population Change, 1700–1871," in Roderick Floud and Donald McCloskey ( eds.), *The Economic History of Britain Since 1700, Volume1: 1700 – 1860*, Second Edition, pp. 60 – 95. Cambridge, Eng. : Cambridge University Press.

Skinner, G. William (1986). "Sichuan's Population in the Nineteenth Century: Lessons from Disaggregated Data," *Late Imperial China*, 7.2:1–79.

Skinner, G. William ( ed.) (1977). *The City in Late Imperial China*. Stanford, Calif. : Stanford University Press.

Smith, Adam ( 1976 [ 1776 ] ). *The Wealth of Nations*. Chicago: University of Chicago Press.

Smith, Thomas C. (1977). *Nakahara: Family Farming and Population in a Japanese Village, 1717 – 1830*. Stanford, Calif. : Stanford University Press.

Sommer, Matthew H. ( 2000). *Sex, Law, and Society in Late Imperial China*. Stanford, Calif. : Stanford University Press.

Telford, Ted A. ( 1995 ). "Fertility and Population Growth in the Lineages of Tongcheng County, 1520–1661," in Stevan Harrell ( ed.), *Chinese Historical Microdemography*, pp. 48 – 93. Berkeley: University of California Press.

Waltner, Ann (1995). "Infanticide and Dowry in Ming and Early Qing China," in Anne Behnke Kinney ( ed.), *Chinese Views of Childhood*, pp. 193 –218. Honolulu: University of Hawaii Press.

Weatherill, Lorna (1993). "The Meaning of Consumer Behaviour in Late Seventeenth-and Early Eighteenth-Century England," in John Brewer and Roy

Porter ( eds. ) , *Consumption and the World of Goods*, pp. 206-227. New York and London: Routledge.

Wolf, Arthur P. ( 1985 ). "Fertility in Pre-revolutionary Rural China," in Arthur P. Wolf and Susan B. Hanley ( eds. ) , *Family and Population in East Asian History*, pp. 154-185. Stanford, Calif. : Stanford University Press.

Wolf, Arthur P. ( 2001 ). "Is There Evidence of Birth Control in Late Imperial China?" *Population and Development Review*, 27. 1 ( March ): 133 -154.

Wong, R. Bin ( 1997 ). *China Transformed: Historical Change and the Limits of European Experience*. New York: Cornell University Press.

Wright, Tim ( 1984 ). *Coal Mining in China's Economy and Society, 1895 -1937*. Cambridge, Eng. : Cambridge University Press.

Wrigley, E. Anthony ( 1985 ). "Urban Growth and Agricultural Change: England and the Continent in the Early Modern Period," *Journal of Interdisciplinary History*, xv.4( Spring ) :683-728.

Wrigley, E. Anthony ( 1988 ). *Continuity, Chance and Change: The Character of the Industrial Revolution in England*. Cambridge, Eng. : Cambridge University Press.

Zhou, Qi-ren ( 2000 ). "Population Pressure on Land in China: The Origins at the Village and Household Level, 1900-1950." Ph. D. dissertation, UCLA.

# 附录

## 度量衡

中国度量衡按地区和时代多有不同。此文所用"斤"全指"市斤"，等于 1.1 磅。"石"是容量，1 石米重约 160 斤，即 176 磅。

此文水稻产量全指米，与稻谷比例约 7：10。

棉花产量全指皮棉。布"匹"所指是标准土布，重 1.0914 关斤，相当于 1.32 市斤，3.6337 方码，32.7 方尺。皮棉成布过程中，弹花损失约 4%，上浆加重约 5%。因此，布匹重量与所用皮棉大致相当。

第 11 章

# 离婚法实践

## ——当代中国法庭调解制度的起源、虚构和现实*

中国法的讨论很容易陷入西方现代主义与中国传统的非此即彼二元对立立场之中。① 这两种立场都基本不考虑中国的"近现代传统"——近两个世纪里中国与西方不断的接触过程中形成的"传统"。在"转型"来临的时代,革命的传统更完全被人们忽视。然

---

\* 本文中文版原载《中国乡村研究》第四辑,第 1—53 页,北京:社会科学文献出版社,2006。英文原作见 Philip C. C. Huang, "Divorce Law Practices and the Origins, Myths, and Realities of Judicial Mediation in China," *Modern China*, 31.2 ( April 2005 ):151-203。本文由我的博士生杨柳从英文原稿译成中文,谨此致谢。译稿由我自己三次校阅,基本准确。白凯及 *Modern China* 的两位审稿人(卢汉超和罗威廉,他们同意公开身份)在本文的修改过程中提出了有益的建议和评论,在此致谢。

① 在中国国内主张西方式现代化抑或偏重"本土资源"的双方也许最清楚地体现了这种二元对立的倾向。张文显(2001)是现代主义立场的一个例子,梁治平(1996)和苏力(1996)代表了"后现代主义—本土主义"的观点。田成有(1996)对中国法学界所特有的焦虑做了比较贴切的剖析。

而，毛泽东思想传统实际上至今仍在强有力地塑造着中国的法律制度。

本文认为离婚法实践构成了可称之为"毛泽东思想影响下的法律制度"的核心，是当代中国整个民事法律制度最具特色的部分。[①] 从中可以看到有关当代中国法庭调解的起源、虚构和现实。这种调解既与英语"mediation"（调解）一词的通常所指迥异，也与传统中国的调解大不相同；它也不同于中国官方对其所做的表达。我们最终只能将它理解为在中国革命过程的特殊条件下所形成的实践和法律。

本文立足于我收集到的 336 个民事案件，其中有 216 个结婚和离婚案件。它们来自两个县，我分别称之为 A 县（上海市附近）和 B 县（河北省东北部）。收集这些案例时，我有意识地在几个年份里随机取样：A 县，从 1953、1965、1977、1988 和 1989 年各抽取 40 个案例；B 县，从上述年份各抽取 20 个案例，再加上 40 个 1995 年的案例，用来初步了解离婚条件有所放松的 20 世纪 90 年代的情况。在总共 336 个案例中（搜集的 340 个案件中有 4 件因残缺而不用），200 个是完整的影印件，包括对当事人公开的"正卷"和不对外公开的"副卷"。"正卷"中纳入当事人及其亲属和邻居的询问笔录，以及法庭调查记录和法庭主持的会谈记录；"副卷"则包含一些内部材料，比如法庭与当事人工作单位领导的会谈记录，以及由主

---

[①] 当代中国的法律有时候将"家庭法"从"民法"中分离出来，这一相对狭义的民法概念可见于 1986 年《民法通则》。另一方面，在实践之中民事法庭一般同时处理结婚、离婚和其他家庭案件。本文中"民法"一词采取的是广义的用法，也是以 1900 年《德国民法典》为蓝本的国民党民法典的用法。

审法官审查完所有案件材料后撰写的仅在法庭内部传阅的"结案报告"。其余的 136 个案例是在档案馆手抄的记录和摘要。本文也使用了对法官和立法官员的访谈,用来补充案件档案。

　　本研究与以往英语学界的学术研究最大的分别在于它利用了相当数量的实际案件的档案,这类相对晚近的材料因受到正常限制而一般不易取得。这里采取的研究进路强调的是法律实践,而不是法律公开宣示的目标或司法制度,无论是官方化的还是大众化的表达。此外,我还关注所谓的"实践的逻辑",包括法律没有明确说明但体现在实践中的各种原则,而不只是叙述其实践行为。① 我们会看到,当代中国的婚姻法律制度已经形成了它独特的运作逻辑。

　　这里的方法和视角首先是历史学的:本文对当代民事法律制度的研究不仅是共时性的,而且同时历时性地集中关注民事法律制度形成和变迁的过程。因此,我的研究方法强调同时将实践和实践史视为一个未定的过程,而不能将之归结为某种诸如传统、现代性或革命之类的单一建构。

　　最后,本文将以往的研究中很大程度上被孤立对待的两个问题领域糅合起来。一方面,有不少研究涉及 1949 年以后中国民事法律制度的特征,尤其是极力强调调解的特征(Cohen, 1967;

---

① 熟悉布迪厄著作的读者知道本文这里使用的术语"实践"和"实践的逻辑"的出处。布迪厄使用这类概念旨在摆脱客观主义和主观主义、结构主义和意志主义之间的二元对立,但他未能成功地将自己的观点运用到他对卡比利亚(Kabylia)农民的研究中(Bourdieu,1977;114—58),其进路主要是结构性和共时性的,而不是将实践视为历时性的过程。我本人则倾向于将实践当作历史过程来研究——无须讳言,这种倾向部分地出自一个历史学家的偏向。

Palmer,1987,1989;Clarke,1991);另一方面,也有不少著作对婚姻法律制度及其所起作用做过详细讨论(Meijer,1971;Johnson,1983;Palmer,1996;Diamant,2000)。然而,这两者之间的相互关联却很少得到关注。本文将揭示后者是如何决定性地塑造了前者的。

# 一、毛泽东思想中的民事法律制度

以往的研究已经正确地指出调解是当代中国民事法律制度的核心特征。然而,"调解"一词可能引起对中国法院真实性质的重大误解。[①] 首先我将概述有关的官方表达并做一个历史回顾,然后详细阐明在毛泽东思想影响下法庭对离婚案的实际运作,最后描述出中国法庭调解实践的特征并分析之。

## (一)调解的核心地位

中国官方关于其法律制度的表述中,特别强调法庭调解,以之为民事法律制度的基石。据此,直至 1989 年,即审判制度发生显著变化的 90 年代的前夕,全国法院处理的民事案件的 80% 均为调解结案,而判决结案率仅为 20%[《中国法律年鉴(1990)》:993]。甚至在 2000 年,官方数据仍显示调解的案件数量与判决的案件数量大致相等,而此时距民事审判制度开始从毛泽东时代法律制度转轨已有二十多年[《中国法律年鉴(2001)》:1257;又见 Lubman,

---

① 郭丹青(Clarke,1991)和拉伯曼(Lubman,1999:第 8—9 章)指出了"调解"一词的复杂含义。

1999:270—271]。时任全国人大法律工作委员会主任的王汉斌如是说:"用调解的办法解决民间纠纷和民事案件,是我国司法工作的优良传统。"(上海市律师协会,1991:56)无论过去还是现在,调解都被奉为中国民事法律制度与众不同的特色。

在有争议的单方请求离婚案件中,调解明显最为关键。一方面,1950 年的婚姻法规定有争议的离婚请求必须先经调解才能提交法院处理。根据该法第十七条,"男女双方自愿离婚的准予离婚。男女一方坚决要求离婚的,经区人民政府和司法机关调解无效时,亦准予离婚"。而在此之前,村或工作单位通常已进行了非正式的调解。另外,"县或市人民法院对离婚案件,也应首先进行调解;如调解无效时,即行判决"(1950 年婚姻法,见湖北财经学院,1983:17—18)。[1] 换言之,有争议的离婚请求即使已经过法庭外调解,法院也必须首先进行调解才能考虑是否准予离婚。

"双方自愿"的离婚案件则无需经过以挽回婚姻为目的的调解程序。上述婚姻法只是简单地规定:"男女双方自愿离婚的准予离婚。"在我接触到的双方共同请求离婚的案件中,尽管有一部分被法院驳回[2],但大多数获得了许可。在这种双方自愿的案件中,法院的作用主要限于协助拟定离婚的具体条件。一旦双方当事人一致同意法院拟出的方案,该案即归入"调解离婚"一类;如果双方不能达成协议,法院必须解决争议而将该案归入"判决离婚"范畴。这类调解的运作方式与"调解和好"有显著的差别。本文主要关注

---

[1] 有关婚姻法的出版物很多,我这里采用湖北财经学院的资料选编。

[2] 例如,在 1977 年来自 A 县的一件离婚案中,一方当事人是党员,党组织认为这对夫妇应当起到良好的表率作用而不应离婚,如是结案(A,1997-20)。

后者,对前者则将另行讨论。

## (二)历史回顾

单方请求的离婚案件所必经的法庭调解程序,既可能执行得颇为宽松,也可能十分严格。20 世纪 50 年代初期经历了破除旧式"封建"婚姻的运动,包括重婚、婢女、童养媳、买卖婚姻和包办婚姻,当时的法庭调解执行得相当宽松。离婚请求人如果能使法院确信他/她的婚姻属于上述官方禁止的范畴中的一类,就无需经过法庭的强制调解而获得离婚许可。然而,到了 50 年代末,这些旧式的"封建"婚姻被认为已大体废除,离婚请求人也就不能再诉诸该途径了(INT95-JP-1)。在六七十年代,调解成为非常严格的程序要件,对于有争议的离婚请求,法庭一般全都驳回,而着力于"调解和好"。

1980 年的婚姻法一定程度上放松了调解的程序要件。它保障离婚请求人选择直接向法院提起诉讼的权利,而不必先行经过地方政府和区司法服务部门的调解:"男女一方要求离婚的,可由有关部门进行调解或直接向人民法院提出离婚诉讼。"然而,这部婚姻法仍要求法院在准予离婚之前进行调解,"人民法院审理离婚案件应当进行调解;如感情确已破裂,调解无效,应准予离婚"(1982年婚姻法第 25 条,见湖北财经学院,1983:41)。

最高人民法院于 1989 年 11 月 21 日颁布的"十四条"(《最高人民法院关于人民法院审理离婚案件如何认定夫妻感情确已破裂的若干具体意见》),导致对离婚的限制在 20 世纪 90 年代进一步松弛。它们带来的变化之一是,当一方当事人再次提出离婚请求时法院应当许可,即使该当事人是有婚外性关系的"过错方"(第 8 条,见最高人民法院研究室,1994:1086)。这样,最高法院指示各级法院终止长期以来驳回通奸方单方提起而配偶反对的离婚请求的习惯做法。该实践,据两位松江县的法官的解释,是为了惩罚婚姻中有过错的一方(INT93-9)。不过,全国人民代表大会常委会于 2001 年 4 月 28 日通过了一个新的修正案,再次加强了在 20 世纪 90 年代一度放松的对单方请求离婚的限制。[1]

回顾中华人民共和国半个世纪以来关于离婚的立法和实践,我们可以看到,六七十年代是一个更为严格的时期,体现了我们可简明地称之为"毛泽东思想影响下的法律制度"的情况;而在改革时期,那些严格要件则逐渐松弛。[2] 事实上这种区分也是从事实践工作的中国法官们概括性的看法(INT93-9)。因此,我们的第一步工作是要详细阐明中华人民共和国离婚法实践的毛泽东时代法律制度基线。

## (三)调解的程序与方法例示

如上所述,毛泽东时代的法庭在处理离婚案件时应积极进行

---

[1] 这个修正案集中于如何认定夫妻感情确已破裂的问题,其标准颇为保守。例如,可认定为感情确已破裂的一种情形是"分居满两年"("关于修订《中华人民共和国婚姻法》的决定",全国人民代表大会常务委员会 2001 年 4 月 28 日通过;该修正案的中文文本于 2004 年 8 月从 http://www.people.com.cn 获得)。至于国务院于 2003 年 10 月 1 日颁布的有关(结婚和)离婚登记的《婚姻登记条例》,确实向离婚登记自由化迈进了一步,不再要求申请登记的人提供村或工作单位的介绍信,但这仅针对双方自愿而不存在争议的离婚请求。

[2] 当然,这种分期并不适用于"文化大革命"的高峰期,在松江县是指 1968 到 1974 年间,当时法院基本上停止了运作。

调解,而非简单判决。然而,这种调解不同于英语中"mediation"一词的含义。后者指争执的双方在没有任何强制的情况下自愿地与无利害关系的第三方合作,从而设法达成协议的过程。毛泽东时代的法庭调解则运用了一系列独特的方法施加一定的压力,乃至物质刺激手段等等一系列会使美国人感到十分惊奇的方法。

中国在 1952 年发动了一场彻底废除"孤立办案"和"坐堂办案"的运动,它们被等同于国民党的庭审方式(INT93-8,9)。此后,毛泽东思想影响下的审判程序成为全国推行的办案标准。按照毛泽东思想办案方式,法官在与原、被告单独谈话之后,应亲自"调查"案件的事实,而非仅仅在法庭内做出判决。为此他们通常需要到双方当事人的居住和工作地点,与双方的"领导"谈话。对农村当事人而言,领导包括党支部书记和生产队队长;对城市当事人则是相关单位的负责人,如党委书记、厂长、校长等。法官还应与"群众"交谈,包括当事人的亲属、邻居和同事,力图查明相关的事实和背景,尤其是这对夫妇婚姻关系的性质和矛盾。通常,他们也会询问当事人的人品与工作和政治上的"表现",这些因素都是法院在形成对案件的总体态度时所要考虑的。接下来,法院会约谈相关的各方,最初通常是个别谈话,以寻求达成协议所必需的共同点和让步。该过程所涉对象除了夫妻双方,还有他们的父母,其他重要的亲属,及当地的领导。最后,当"和好"的条件大致形成,法官会召开一个正式的"和好会",当地领导和亲属一般都会参加。作为"调解和好"的组成部分,双方当事人要在逐字记录的会谈笔录上签名,或签署一份更正式的"调解协议"。

一个内容详尽的标本可以告诉我们有关调解的实际运作详

情。1977 年 9 月，B 县一位 25 岁的农村妇女向县法院提交正式离婚诉状，她来自贫农家庭，四年前结婚（B，1977-16）。起诉书由她本人撰写，其用语和笔迹显示出作者仅受过小学教育。[1] 据称，她的丈夫也是农民，两人婚后与鳏居的公公同住。公公开始待她很好。半年后，媳妇生了一场病，公公自称是"半个医生"，借照顾为名在她身上乱摸，并许诺如果媳妇顺从就给她买东西。遭到拒绝后，公公对她的态度变得凶狠而暴躁，处处刁难，有一次甚至还殴打了她。这位妇女还称，丈夫站在他父亲的一边，每当她向丈夫诉及公公的不是，就会招来愤怒和殴打。

在过去的三年里，这对夫妇经常吵闹。大队和生产队的干部们连同他们的亲戚已在村里调解过他们的婚姻问题。一次在众人在场的场合，媳妇向他们诉说了公公的所作所为。起诉书称，公公先是抵赖，但经过调解人主持的两天两夜的讨论，最终承认了自己的行为。尽管如此，调解人还是力劝她给公公一次改过的机会，其中一位调解人甚至还找她母亲来帮助他们和好。然而，此后的事情只是变得更坏了，公公继续刁难她。她的丈夫惧怕父亲。一次，父子两人因不见了一点儿肉汤起争执，父亲打了儿子，儿子竟然服毒自杀，在医院里待了两个月。1977 年 4 月，女方回娘家住了三个月。现在，她要求离婚。

根据正常的程序，女方本人去了法院向一位法官口头重申了她的诉讼请求（这是两周半之后，即 9 月 23 日的事）。一份"接待笔录"逐字记录了这次面谈的内容，并附有这位妇女的指印。

---

[1] 在我收集的案例中，有一部分起诉书是由法院书记员或法官代写的，而非由当事人自书（例如，B，1965-2）。

两天后,即 9 月 25 日,作为被告人的丈夫也来法院面谈,陈诉事件的另一面(这也符合通常的程序)。他确认了妻子所讲的部分事实,主要是他父亲对媳妇行为不检,承认其父确实有错。他还承认自己的确很怕老头,当因为肉汤而挨打时试图自杀。但丈夫也指出妻子喜好漂亮衣服的缺点,当他父亲不让媳妇花钱购买这些奢侈品时,媳妇便赌气。此外,他因最近的唐山大地震伤了后腰而不能干活,家里的经济状况恶化,加剧了夫妇间的摩擦。据丈夫讲,妻子抱怨他无能,不肯起床为他做早饭。然而,他反对离婚,希望与妻子另建一所他们自己的房子而完全从父亲家中搬出去。他认为那样一来夫妻间的大多数问题都会随之消失。这次面谈同样记录在"谈话笔录"之中。

至此,法官们开始着手撮合这对夫妇。10 月 15 日,仅仅在这位妻子来访法院的 3 周后,法院的审判员和人民陪审员"下到"这对夫妇所在的村进行调查。[①] 他们首先会见了大队党支部书记,后者对女方很反感。据他说,这个女人的邻居都知道她有点懒,有时还自己偷偷"做小锅饭吃"(而不是正当地与全家人一起吃"大灶")。她还粗鲁地抱怨丈夫"不行",有一次甚至伙同她的妹妹打了丈夫,事后反赖丈夫打了她们。这位党支书还谈到,做公公的相当吝啬并说话下流,他很可能对媳妇有过不规矩的举动。他的确也曾因为弄丢了一点儿肉汤这样的小事,打了儿子,使得后者服毒。但是,党支书认为,夫妇俩的问题归根结底源自窘迫的经济状

---

① 除最简单的民事案件由 1 名法官独任审理外,法院在审理民事案件时组成 3 人的"合议庭",可由 1 到 2 名人民陪审员(非法律职业人士)和 1 到 2 名审判员(职业法官)组成。

况,不知道如何持家。除此之外,两人的关系中并没有大的不可克服的矛盾。这次谈话逐字记录为一份"访问笔录"。

当天上午,法官和陪审员接着访问了当地"治保主任"和丈夫所属生产队的代理队长(作为最基层的干部,比大队支书更接近当事人的家庭)。两人谈到,他们已数次参与调解这对夫妇。而令人惊讶的是,他们指出大队党支部内部存在不同的意见。他们对事情的看法与党支书有差异,更倾向于批评公公,而不是媳妇。尽管公公曾经否认调戏媳妇,这两位干部却知道他曾有过类似的行为:他做裁缝时,对前来做衣服的妇女手脚不规矩,以致后来再也没有顾客上门。媳妇的问题是有点懒,不爱干活,和她一起劳动的人都知道。但他们认为,总的说来,其实夫妻两人感情不坏。

按照标准的程序,法官和陪审员也走访了"群众"——在本案中是男方 29 岁的叔叔,和当事夫妇住同一个院子。他参与了公公与小夫妻间的分家。当时,媳妇想要缝纫机,大家同意缝纫机归她,但条件是公公也可以使用。除此之外,这位叔叔确认了其他人所说的很多关于公公和媳妇的事。法官要他分析矛盾的根源,他回答说是经济状况,尽管小夫妻俩已和老头分了家单过,他们却没有能力养活自己。

走访了村里上述领导和群众后,法官和陪审员会见了原告 49 岁的公公。"谈话笔录"清楚地显示,法官此时已根据先前的访谈形成了对他的初步结论。在会谈中,公公起初不承认他曾调戏媳妇。但法官立即反驳他,毫不含糊地说自己和同行的陪审员已经调查了解到他对媳妇行为"不正派";并强调这不仅仅是媳妇的一面之词,而是从"社会"(一个甚至比"群众"更广泛和更高层次的范畴)中调查了解来的。公公仍试图抵赖,说自己只是爱开玩笑,对媳妇并无性企图。然而,法官断然宣布他今后必须就这个问题多反省,去掉"资产阶级政治思想"。法官还颇带威胁意味地加了一句,称这种改过"今后对你有好处"。

法官接着批评公公在家庭关系上的"封建思想",宣称"在你的家庭,毛泽东思想是不占地位的……你的儿子对你根本不敢反抗,没有一点自由……完全是封建思想那一套,违背新社会的法律……你儿媳闹离婚与你有直接责任。如果你处理不好,就可能离婚,将来的苦恼是你们的"。在这番严厉的道德—意识形态的训诫之后,法官继续说道:"原则上你虽然承认有责任,但具体问题上你没有总结,你先考虑一下,下午再谈。"

在下午的会谈中,公公谈到,前一年分家的时候他分给小夫妻俩300多斤粮食,只给自己留了40斤,还替儿子付了医药费(在迫得这个年轻人服毒后)。当法官催问他愿意为这对小夫妻盖新房子提供什么帮助时,他说女方的舅舅要给他们一条长凳,他本人则准备了一棵树和其他"东西"。法官最后说:"把你们叫一块,能不能把你的错误承担下来,互相谈谈?"

10月15日当天,合议庭另一位年纪较轻的法官到女方婚前所在的村庄调查。他询问了这位妇女的工作、人品和"政治表现"。访问笔录很简短,没有注明被调查人的身份(显然,这位法官不及另两位严谨)。据称,女方人是不坏的,其家人表现都很好,没有和别人闹过纠纷,劳动也不错。法官接着走访了女方的父亲,另做了访问笔录。父亲所讲的和女儿一致,并表示支持女儿离婚。法官于是问道:"如果我们把你的姑爷教育好,叫你闺女回去,行吗?"不等对方回答,法官就指示:"你劝劝你闺女。"当对方回答"怕是他们(男方及其父亲)改不了",法官再次带有官气地教训道:"从你思想,并无信心。你是不想你闺女过得好吧?"女方父亲问:"如果没几天,又打我闺女,怎么办?"法官回答:"如果教育后不改,我们解决离婚问题。"结束谈话时,他命令说:"你劝劝吧。"

四天后,10 月 19 日,年长的法官和陪审员来到原告的村庄同她谈话。她又抱怨了一番,还是坚持离婚。听任她发完牢骚,法官转而强调分家时小夫妻俩分得了大半粮食,而老头只留下 40 斤,"你说(你公公)这么办对不对?"她承认在这件事上,公公并没有亏待自己。法官接着问:"你也不想和你公公一块过,你公公也不要,这算啥问题?"她回答:"分家以后,我公公和我们吃了好几个月。"这番问答之后,法官批评了她:"按你这么讲,你公公做对了也不好。你就是缺乏正确思想,把不是都推给别人,一点实事求是的思想都没有,一点尊老爱幼的思想也没有,资产阶级思想严重。"当她回之以抱怨时,法官则试图一边抚慰一边施以道德—意识形态的压力,"我们……有调查。……你对象住院花的钱,你公公就负责了。当然,分家以后,从经济上对你们照顾得少了一点,但是也应看到你公公有困难"。

法官还向女方摆明他们对事情的看法和行动的计划,"我们调查真相,打骂还是不严重的。经济问题是主要的。从政府(这是法官对当事人谈话时的自我指称)角度讲,和公社和大队对你们都进行了联系,都准备作适当的安排。同时对你公公我们也进行了教育。现在你公公准备拿出一些砖和部分木料,你舅又帮助一部分木料,大队准备给你们安排块地,让你们盖房子。从各个方面都要求你们合（和）好。今后你们俩要树立自力更生精神，好好过日子。你先考虑一下吧。"如此，法官将道德—意识形态的劝诫与官方压力和物质刺激结合起来了（这显然是法官在公社和大队领导协同下的安排，尽管这些非正式活动没有记录在正式的案卷中）。

同日，年长法官还和原告的父亲见了面，村代理治保主任也在场。像往常一样，他让对方先发言。当这位父亲絮絮叨叨地抱怨他的姻亲们不可信，说一套做一套时，法官叫他讲得具体一些。后者于是举了许多具体的例子，并重复他女儿"要求政府给我断开"的主张。法官则说："我们把调查的情况和你们讲一下……你们的婚姻基础是不错的。开始闹离婚主要是因为她公公作风不正派。"他接着说："通过对……的公公进行批评教育，现在也有了新的认识，答应……他们盖房子把砖、木料给他们，并且尽所能……进行经济帮助。同时大队也为他们生活问题进行考虑，将来做适当的安排。"

三天后，10 月 22 日，老少法官和陪审员来到女方娘家，在当地的治保主任陪同下与女方及其母亲见面。法官们一开始就表示已经批评了公公，丈夫也动手盖新房子了，然后问："你有啥看法？"在物质刺激和道德—意识形态压力的双重攻势下（这种攻势不仅是由法官发动的，也是在村干部及女方亲戚们协作下施加的，尽管后者的努力并不见于正式的会谈记录），女方的态度已明显地大为缓和。她说："政府要是把他们教育好，我们感激不尽。"法官们继续向她施压："他们已表示悔改……所以我们……动员你回去……如果他们不改，你们再离。"又问："你们还有啥要求？"女方回答："我可以回去，但是缝纫机得给我。"法官表示可以，但要允许公公使用,因为他瘸了一条腿,要靠这台机器谋生,而这样也可以减轻小夫妻俩的负担。原告又提出要一份保证书,担保她能得到缝纫机,法官同意了她的条件。

10 月 27 日,主审法官回到这对夫妇所在村庄,先后与原告公公和丈夫谈话,同时在场的还有村治保主任。公公答应他今后不会再试图控制这对年轻夫妇,并说儿子向他借 40 元钱盖新房子,他为了“团结”的目的也给了。丈夫告诉法官,新房子已经盖好①,他父亲也确实给予了帮助。丈夫本人去了妻子娘家两次,她答应回来,岳母也没有反对。法官询问是否还有其他问题,丈夫表示妻子担心他不能调到大队的种子场干活(较好和相对轻松的工作),但他认为只要和父亲分开住,夫妻间的矛盾就会减少。

10 天后,即 11 月 6 日,案件最终在这对夫妇的新房子里了结,此时距原告递交起诉书仅两个月。到场的包括两位法官和陪审员、当事人夫妇、公公、大队党支书、生产队队长及治保主任。法官们开门见山地表示,把全家人聚在一起的目的是开一个“家庭和好会”,并宣布通过在两个大队做了工作,他们已促使这对夫妇和好。他们先对公公说:“你要克服封建思想,去掉老一套,放手让他们两口子过日子,不要事事都包办代替。搞好家庭关系。”接着,党支书和队长轮流劝诫三个家庭成员多做自我批评、今后改正缺点。公公做了大家所预期的表态:“领导上为我们的事操碎心,都是因为我过去的旧思想所致。以前那些封建思想我一定改,不犯老毛病。”女方也说:“今后谁说对听谁的。我说话直,以后别忌讳我。

---

① 当时,华北乡村的房子还相当简易,在其他村民的帮助下,盖房子通常只需几天时间(黄宗智,2000:230)。

我盖房子借了很多钱，机器得给我。"公公接着说："他们盖房子借的钱我负责，机器得我使用。"丈夫则简单地说："领导讲的我听，今后一定改正缺点，搞好关系。"法官们做了总结发言："今天你们都交换了意见。我们认为很好，希望你们今后搞好团结，共同抓革命、促生产。"丈夫、妻子和公公都在调解笔录上签了名并附上指印，这份文件替代了在其他很多案件中使用的正式调解协议。①

　　在习惯了昂贵的诉讼费和按小时收取律师费的美国人看来，这种程序似乎不可思议。首先，两位法官不是待在法庭内，而是到争议发生的地点开庭。在办案过程中，他们单独或共同到当事夫妇所在村庄去了四次，女方婚前所在村庄两次。在最后的和好结案会准备就绪之前，他们总共进行了五次有正式记录的调查访谈，以查明这对夫妇婚姻不和的根源以及和好的可能性。这个数字还

---

① 毋庸说，并非所有的调解努力都能带来符合毛泽东时代法院愿望的结局。有时，尽管法院运用了意识形态和道德的劝诫、官方压力和物质刺激，当事人仍坚持离婚。在这种情况下，法官有时会求助于更高压的手段。1989年来自A县的一起案件就是一个例子（A，1989-14）。当地学校的一位教师提出离婚，理由是他的妻子经常谩骂他和他的父母，不愿意过夫妻生活，以及他们的感情已完全破裂。妻子则清楚地表示反对离婚。法官去双方的单位做了调查，确定双方的关系还不错，主要的问题是性生活。她的性冷淡源于一次难产手术导致的后遗症，而法官们认为这个问题是可以克服的。他们于是对原告进行了道德说教——作为一位教师，他应该为他人树立榜样。他们还试图通过党组织施加政治压力，因为原告已申请入党。他们也提供了物质刺激：学校校长答应给女方在校内安排工作，这样夫妇俩就会有更多的时间在一起。但丈夫不为所动，法官于是告知他，"根据夫妻实际情况，离婚理由不足。如你坚持离婚，本院将判决不准离婚。"面对这样的声明，大概是考虑到自己无论如何不能改变法院的决定，丈夫在法院召开的第二次调解会上做出让步，撤回了离婚请求。然而，我在松江县访问的法官们称，这种策略只是不得已而为之。一般说来，法官们会引用、解释法律条文，让当事人明白法院会怎样判决，但不会做出本案中那样赤裸裸的威胁（INT93-B-4）。

不包括他们与大队和生产队的干部为设计出具体的物质刺激方案而进行的许多次非正式讨论。

这种调解也混合了法庭的强制和当事人自愿的服从。法官运用道德—意识形态的劝诫及物质刺激,不仅仅以法官的身份施加压力,还借助了社区和家庭的力量,使当事人及其亲属达成他们预期的结果。他们还充分汲取了党政国家独特的意识形态权威和当地村庄领导的权力,以促成和解。

## (四)其他类型的结局

在进一步分析毛泽东时代法庭处理离婚的特征和方法之前,有必要将"调解和好"类型的案件置于全部离婚案件的更宽泛的背景中(见表 11-1)。"调解和好"又称"调解不离婚",此外,以不离婚为结局的类型还有"判决不离婚";准许离婚的则包括"调解离婚"和"判决离婚"两类。根据现有的统计数据,以上四种是离婚案件的主要结局类型。[①]

表 11-1　离婚案件的结果

| 不离 | | 离婚 | |
|---|---|---|---|
| 通过调解 | 通过判决 | 通过调解 | 通过判决 |
| 调解和好 | 判决不离(婚) | 调解离婚 | 判决离婚 |
| (调解不离婚) | | | |

---

① 在诉讼过程中,案件的类型有时会发生变化。最初强烈反对离婚的当事人可能会让步同意离婚。随着这种变化,法院也可能不再热衷于调解,转而认可不能和好。例如,1977 年 B 县的一个案件就清楚地反映出这两种过程(B,1977-11)。

**判决不离婚**。尽管法院施加了强大的压力,有时诉讼人仍会坚持离婚。如此,法院会迫不得已而直接判决不准离婚。全国的统计数据(后文将进一步讨论)显示,这种情况相对调解和好要少。这类案例的大多数牵涉到一方与第三者的外遇。例如,1965 年 B县的一个案件,申诉人是一位 30 岁的男子,农民出身而后来成为唐山附近一家工厂的工人,是党员。他在十年前结婚,即 1956 年,据他说是由父母包办的,并且婚后夫妻关系一直不好。他妻子对他的父母不好,让婆婆受了很多气——他声称这是导致自己母亲早逝的部分原因;最近妻子还迫得公公从家中搬出去。因此他提出与这个思想又落后脾气又坏的女人离婚。他的申诉书显示他是一个有文化的人,其措辞的风格就像是一个优秀的党员同志写信给另一位好党员同志。然而,妻子却坚决反对离婚。据她的陈述,婚后夫妻感情实际上很好;她对他的父母也不错;她怀疑丈夫在唐山有了外遇。

依照通常的程序,法院进行了调查,与男方的厂领导、女方村里的领导以及有关的"群众"(尤其是男方的亲戚和邻居)谈话。在调查过程中,法官们了解到女方讲的是真话:事实上,这对夫妻是自由结婚,感情一直很好。只是最近,从 1964 年起,丈夫开始虐待妻子。这种转变完全是因为他和一个寡妇有了外遇。这才是他坚持离婚的真正理由。法院做出判决:丈夫犯有"喜新厌旧"的严重错误,因此直接判决不准离婚。

松江县的两位法官告诉我,法官们普遍认为不能"给予"有"第三者"的过错方离婚许可,否则无异于"奖励"通奸。申诉方为了另寻配偶,虽然通常坚决要求离婚,但法院视通奸一方为过错方,另一方为受害方。这是法院在处理这类案件时的指导思想,这种意识直到 1989 年最高法院发布"十四条"后方受到质疑。在上述案件中,法院判决不准离婚的理由是"为保护妇女与子女利益"。

**调解离婚。**绝大多数准许离婚的案件都牵涉到双方自愿,对方一般都爽快地同意离婚,或至少不强烈反对。在这类情形中,法院通常仅仅协助拟定一份双方都接受的离婚条件方案。这类案件被归入"调解离婚"类。仅以 A 县 1965 年的一个案件为例(A,1965-14):丈夫是一名军人,曾经多年离家在外,而妻子有了外遇。于是丈夫提起离婚诉讼,妻子最初表示反对。但当得知丈夫的意愿十分坚决时,她说她并不是真的反对,只是不愿回娘家,因此希望留住夫家,直到找到新的丈夫;她还要求获得对 8 岁孩子的抚养权。法院于是进行了调解,使双方达成如下协议:1)妻子可以在目前的家中(夫家的一个房间)居住一年;2)在这期间由妻子抚养孩子,而由丈夫承担抚养费;3)妻子可以使用现有房间中的物品,直到离开。双方都同意这些条款,并签署了一份正式的"民事调解协议"。因此这个案件的结局在案卷中记为"调解离婚"(又见 B,1988-12)。

**判决离婚。**除了调解离婚,另一类以离婚为结局的案件是罕见得多的判决离婚。这种类型的结局发生的情形通常是一方当事人并不是真想和好而是出于法律不认可的动机而提出反对——常常是为了迫使对方多作让步或仅仅是为了泄愤。以 B 县 1965 年的一个案件为例,妻子从 1964 年 2 月起一直住在娘家,并于 1964 年底向法院请求离婚。她的理由是丈夫不诚实、脾气暴躁、愚蠢。通过和大队干部及她的亲戚邻里谈话,法庭了解到这位妇女勤于劳动,在村里受人尊敬,婚姻关系的主要问题是她认为丈夫愚蠢。大队和公社的干部调解了几次都没有成功。丈夫表示反对离婚,但并非出于和好的愿望,而是意欲讨回婚前给她娘家的 250 元钱以及得到全部的夫妻共同财产。

法庭与双方面谈了几次,试图设计一个他们都能接受的财产分割方案,未果。法庭认为丈夫要求退回全部的彩礼钱和得到全部的共同财产是不合理的,提出让女方给他 30 元,后者不同意。法庭于是按照自己认为合理的财产分割方案判决离婚。该案经过正式判决,因此归入"判决离婚"类。

## (五)全国的图景

从许多方面来看,1989 年是毛泽东思想原则和方法完全支配离婚法实践的最后一年。前文已经提到,最高法院在这一年 11 月颁布了后来为人们所熟知的"十四条",放宽了离婚的条件。1990 年及之后对这些条款的全面贯彻相当程度地改变了离婚制度。但在 1989 年,法院调解和好的离婚案件数量仍高达 12.5 万件,直接判决不准离婚的仅 3.4 万件,这些数字几乎涵盖了所有首次提出的单方离婚请求;同年度准予离婚的案件数据则可能造成误导:37.7 万件调解离婚,8.8 万件判决离婚[《中国法律年鉴(1990)》:993]。[1] 这些数字表面上看来很高,但正如抽样案例所显示的,绝大多数准予离婚的案件都是因为双方自愿,法庭主要帮助他们拟定具体条件。

---

[1] 其余的大多数案件(约12.2 万件)或是当事人撤诉,或是因某种理由而中止——比如庭外调解成功。这里使用的是以万为单位的近似数字。

当双方都愿意离婚而不能在具体条件上达成协议时,法院才进行判决。另外,它们也批准了一定数量单方再次提出的离婚请求,预示了 90 年代将要发生的变化。然而,法院对具有严重争议的离婚请求几乎全部驳回,要么调解和好,要么直接判决不准离婚。

与 1989 年形成对照的是 2000 年,它处于可以称为离婚"自由"的十年之末期(在修改婚姻法、加强对离婚的限制之前)。尽管 2000 年的离婚案件总量为 130 万件,大于 1988 年的 74.7 万件,调解和好的案件却仅为 8.9 万件,而判决不准离婚的案件则增加了两倍多,达 10.8 万件[《中国法律年鉴(2001)》:1257]。① 数字的变化显示出调解的地位明显下降。

松江县的两位法官解释了判决不准离婚案件数量增加的原因。正如我们所见,毛泽东时代的模式要求法官下乡调查,并且交相运用社会的、家庭的乃至官方的压力促使当事人和好,这种程序耗时极巨。在上文讨论的第一个案件中,法官六次下到那对夫妇所在的两个村庄进行调查和调解。由于其他民事诉讼(如财产、债务、继承和老人赡养等)从 20 世纪 80 年代开始显著回升,积案成为大问题,上述耗时的方法变得日渐不切实际。这种背景下,20 世纪 90 年代的审判制度允许法官根据诉讼人当庭提供的证据当庭做出裁决。这种审判方式被称为"庭审调查",在 20 世纪 50 年代的运动中曾被等同于国民党的法制(INT93-9)。

然而,不应夸大 20 世纪 90 年代的变化。我访谈的法官们因此

---

① 与 1989 年不同,2000 年的统计数据没有将离婚诉讼从"其他婚姻和家庭"案件中单列出来。1989 年离婚和其他婚姻案件的比例约为 6∶1,这里使用的 2000 年的离婚案件总数是按照这个比例推算出来的。

倾向于描绘出一个戏剧性的转型——从要求实地调查法制风格到庭审调查的新实践。这样的描绘可能造成一种印象:法院处理离婚的方式突然之间完全改变,对单方提出的离婚请求从几乎置之不理到轻易地许可。然而,全国的统计数据讲述了一个截然不同的故事。即使在"自由的"20世纪90年代,像过去那样驳回单方请求离婚的情形依然大量持续存在;调解和好的案件虽然的确减少了,但仍然数量很大,而判决不准离婚的案件数量2000年(8.9万)和1989年(10.8万)相差无几。此外,因放宽对离婚的法律限制而带来的那些变化,尽管在易于离婚的美国人看来不过是相当温和的趋势,但也激起了反对的呼声和更严格管制的要求。在21世纪的中国,单方请求的离婚仍然难以获准,而调解和好作为毛泽东时代的遗产仍然是中国民事法律制度的一个重要特征。

## (六)毛泽东时代离婚法实践的特点

从意识形态上和观念上来看,毛泽东时代调解和好实践的与众不同之处在于,它假定国家应当介入夫妻的"感情"。这种假定容易使我们联想由国家控制那些当今西方社会通常认为超然于公共或政治领域之外的"私人领域"的事务,尽管西方历史上宗教权威(尤其是罗马天主教会)一贯介入这些事务。这种假定也符合"人民内部的(非对抗性)矛盾"观念,即一旦与阶级敌人的"敌我矛盾"消除之后,社会将会处于社会主义和谐之中(毛泽东,1957;韩延龙,1982;杨永华、方克勤,1987),而共产党应当扮演一个积极的角色,促进这种和谐的关系,包括夫妻间的和睦。

党政——国家干预婚姻关系的一些有特色的方式并非那么显而

易见。我们从上文讨论的案件中已经看到大量的强调道德—意识形态的"批评"和"教育"。这种控制的关键之一是将日常生活的细节"提高"到更大的政治原则层面：于是，亲戚邻里被贴上了"群众"甚至"社会"的标签；家长式的态度和行为被贴上"封建"的标签；懒惰和喜好漂亮衣服则对应着"资产阶级"；工作和生活方式，则是由党来进行政治评价的"表现"，等等。此外，道德劝诫和意识形态教育还伴随着实际的物质刺激，如上文讨论过的，帮助困难中的夫妇盖一所新房子（乃至为丈夫安排一份新工作）。

当这种制度的代理人以某些微妙的方式行使他们的权力时，情况可能不是那么一目了然：法官们习惯性地自我指称为"政府"，或至少放任他人这样看待自己——他们不仅是法院的官员，而且与党政国家的整个权威机制融为一体；因此当地干部总在调解中扮演一个不可缺少的角色。而调解过程中对亲戚邻里参与的强调，也通过更大范围的社区和社会加大了对要求离婚的夫妇的压力。

此外，政治权力的行使也经过了精心包装，从而避免以专断的面目出现。因此，询问群众称为"访问"；询问当事人称作"谈话"。在上文讨论过的案件中，老法官与另一位合议庭法官的不同之处在于，他总是首先让对方倾诉委屈和问题，然后才表明自己的观点。而他本人所表达的不仅仅是一个意见，而且是通过彻底调查得来的客观事实。后者本身即是毛泽东时代社会治理和权力行使的特色，毛泽东本人就清楚地体现了这一点，例如，他的经典之作《湖南农民运动考察报告》和他对兴国县、长冈乡和才溪乡的调查报告（毛泽东，1927，1941a）。"调查研究"绝对不只是学者们做的事,而且是法官们(和干部们)用以行使权力的语言中不可或缺的部分,并且实际上也是毛泽东思想中"群众路线"的领导风格/治理术(下文讨论)中的有机组成部分。毛泽东的警句"没有调查就没有发言权"(毛泽东,1941b)成为毛泽东时代的法官、干部和官员们援用频率最高的格言之一。反过来说,一旦按照适当的方法(访问可信的党组织领导和群众)进行了调查研究,调查者意见的分量就大大加强了。这样,法官就能称他的裁决具有社会的和政府的权威。

有关婚姻和离婚的一整套语言本身即传达了党的立场和对那些要求离婚的人们的压力。我们在前面已经看到,"和(合)好"一词就是"和('和谐'或'团结')"加"好"。如上文看到的那样,和好被赋予了"团结(他人)"的政治意义。和好的正面价值是无可置疑的。相反,离婚是关系"破裂"的结果,而"妨碍"婚姻的"第三者"和通奸者都是过错方,另一方则是受害者——尽管婚姻法没有明确地为其贴上这个标签。至关重要的是,调解代表着某种极有价值的中国特色,乃是地方法院应努力将之发扬光大的。

与调解过程相连的还有一套特殊的仪式。作为毛泽东时代社会治理中"群众路线"的一部分,法官们总是亲自"下乡调查",而非传唤证人到庭坐堂办案,后者是当时司法重点批评的审判模式。我们已经看到,访问和谈话是引导当事人和他们的亲戚邻里自愿参与并如实地表达他们观点的适当方式,而不是居高临下的纠问。最有效和重要的一点或许是,调解不应满足于达成一纸签名附指纹的协议书,还应当召开一个调解会,让相关当事人在既有领导也有群众在内的社区公众面前——表明他/她计划在今后如何改进。

这样的实践乃是微妙地运用官方和社会的压力促使夫妻和好的具体体现。

　　就其目的、方法、语言和风格而言，显然不能将毛泽东时代的调解简单地等同于"传统的"调解。我在另一著作中已经谈到，法庭调解在帝制时期的中国几乎不存在；县官们既没有时间也没有意图按照毛泽东时代法官的方式来处理案件（黄宗智，2001）。诚然，那种有可能由乡村里的社区或家族领袖实施的法庭外调解与毛泽东时代的司法制度有着某些共通之处：比如，对道德话语的运用、邀请公众（其他社区成员）参与的仪式，等等。然而，旧式的社区或家族调解首先建立在自愿妥协的基础上，由一位第三方中间人居间说和。中间人诚然是那些在社区中受尊敬的人，但他们通常没有官职（黄宗智，2001：第三章）。这种调解既不求助于官方强制，也与强加政策的做法大相径庭。

　　毛泽东时代共产党本身便将自己的调解实践同旧式调解人的活动做了区分，认为后者不过是"和事佬"，只关心促成妥协，却缺乏判断是非的（由意识形态或政策决定的）清晰立场。这种方式被称为无原则的"和稀泥"（韩延龙、常兆儒，1981—1984，Ⅲ：426—427，669）。至少在证实调解不可能之前，毛泽东时代法庭对离婚的态度是一贯否定的。调解过程中的自主性也与传统的乡村调解不同。离婚请求人可以撤回或放弃请求，但不能自主地寻求其他人士或机构的服务。要获得离婚许可，请求人必须克服法庭反对离婚的态度，经历必需的法庭调查和调解程序，并服从法庭的权力。简言之，将毛泽东时代的调解等同于传统的民间调解会使两者都变得含混不清。

也不应将调解和好的实践与美国人关于调解的惯常观念相混淆。更确切地讲,所谓的调解和好实际上是国家通过司法系统实施的强制性的消除婚姻矛盾的"服务",在传统中国和现代西方都找不到它的对应物。毛泽东时代国家努力介入陷入危机的夫妻关系,积极地寻求改善他们感情联结的途径,是比较独特的。这种前所未有的事业只能通过其产生的历史条件和过程来理解。

## 二、历史起源

毛泽东时代的法律制度主要由两个历史进程所塑造。其一是早期中国共产党试图在对离婚的激进允诺和农民强烈反对的现实之间找出一条中间道路,从而形成法律实践的演变。其二是农村工作方式的形成,呈现于民国时期国民党统治下得到发展的现代法律制度触及不到的地方。

### (一)激进的允诺和农村的现实

对离婚的激进允诺可以回溯到 1931 年在江西通过的《中华苏维埃共和国婚姻条例》。当时正是婚姻观念发生巨大变革的时期,甚至连当政的国民党也在 1930 年的民法典中承认了男女平等的原则并制订了相对自由的离婚标准(黄宗智,2003:第 10 章)。在当时的进步思潮中,男女平等原则至少在理论上无可置疑。更直接、更密切相关的影响源可能是 1926 年苏联《婚姻与离婚、家庭与监护权法》第 18 条的规定:"婚姻的解除基于婚姻中双方当事人的同意,也可由其中一方单方面提出。"(*The Soviet Law on Marriage*,1932[1926]:13;参见 Meijer,1971:51)

《中华苏维埃共和国婚姻条例》照搬了上述规定——第九条宣布:"确定离婚自由。凡男女双方同意离婚的,即行离婚。男女一方坚决要求离婚的,亦即行离婚。"(转引自 Meijer,1971:281;中文参见湖北财经学院,1983:1—4)这种态度较当时的西方国家远为激进,后者从 20 世纪 60 年代才开始实行"无过错离婚"(no fault divorce)(Phillips,1988:561—572)。表面上看来,这条激进的法规会让千百万中国男女摆脱他们不愉快的婚姻,而不论他们的配偶意向如何。

然而中国共产党几乎立即就从这种激进的立场撤退,原因非常实际:党希望保护红军中的农民战士对妻子的主张权。于是,正式颁布于 1934 年 4 月 8 日的《中华苏维埃共和国婚姻法》尽管重复了先前立场激进的规定(现为第十条),又紧接着补充,"红军战士之妻要求离婚,须得其夫同意"(韩延龙、常兆儒,1981—1984,Ⅳ:793)。实际上,中共中央委员会赣北特委在 1931 年起草的"妇女工作计划"中就已经充分表明有必要做出该修正。"我们必须避免对婚姻自由加以限制,因为这有悖于布尔什维克的原则,但我们也必须坚决反对婚姻绝对自由的观念,因为它会导致社会的混乱并引起农民和红军的不满。"(转引自 Meijer,1971:39;着重号为本文作者所加)正如约翰逊(Kay Johnson)指出的那样,对农民战士利益的威胁会危及共产党的权力基础(Johnson,1983:59—60)。

对农民而言,在这里所要考虑的因素是显而易见的。结婚在农村是一件非常昂贵的事情——按照结婚的通常花费和大多数农民的收入水平,一生只负担得起一次。允许一个对婚姻不满的妇女任意与丈夫离婚,无论对军人还是他们的家庭都是很严重的打击。对美国读者来说,要理解离婚对男方父母的经济内涵,不妨设想一对(美国的)年轻夫妇在父母为他们的新婚买了房子给他们后即因婚姻琐事争吵离婚。这样的经济考虑可能比丈夫感情上受到的伤害重要得多。

另外,部分妇女也和男性一同反对单方请求的离婚。在革命运动内部,男性党员要求与他们的(农民)妻子离婚的情况并不鲜见。他们的借口是妻子"政治落后",实际上是想和其他(来自城市的)女同志结婚。丁玲在 1942 年"三八"妇女节发表了一篇著名文章,批评党内的"男性沙文主义",也影射了这一点(丁玲,1942)。这个问题甚至直到 20 世纪 80 年代还存在争议(见下文讨论)。

因此毫不奇怪,在单方离婚请求问题上从支持到回撤的趋势蔓延得很快。在紧接着的抗日战争期间,这种对大众不满的让步在共产党的根据地体现得最为明显。其立法完全脱离了江西苏维埃时期根据地的表达,而与国民党的民法典相似,规定了准予离婚的条件,包括重婚、通奸、虐待、遗弃、不能人道和不能治愈的疾病。(与此同时,边区开始以夫妻的感情关系为基础来构造离婚法的标准,这种对婚姻和离婚的新的概念化方法在革命后的年代取得了支配地位。)苏维埃时期基于任意一方的请求即准予离婚的规定被完全废除。①

　　在根据地以及 1949 年后中华人民共和国有关离婚的立法中，保护军人利益的特别规定十分普遍。1943 年的《晋察冀边区婚姻条例》和 1942 年的《晋冀鲁豫边区婚姻暂行条例》均规定，仅当一名军人在抗日战争中"生死不明逾四年后"，其配偶才能提出离婚请求（韩延龙、常兆儒，1981—1984，Ⅳ：828，840）。陕甘宁边区 1939 年的条例没有涉及军婚问题，但在 1944 年的修正条例中规定"至少……五年以上不得其夫音讯者"才能提出离婚（韩延龙、常兆儒，1981—1984，Ⅳ：810）。下面我们将会看到，20 世纪 50 年代初期对军人的保护进一步得到加强。

　　然而，当中国共产党从一经请求即准予离婚的立场撤退时，并没有完全背离自己公开宣布的目的，即废除"封建婚姻"。在 20 世纪 50 年代初期，共产党重点打击的目标包括重婚或一夫多妻、婢女、童养媳、父母包办和买卖婚姻。1953 年的案件抽样显示，许多婚姻因为属于上述范畴之一而获准离婚或宣告无效。B 县的一个案件涉及童养媳，法院认为，"封建婚姻制度……不合理，又不道德……此种婚姻关系如再继续下去，只有痛苦加深"，因此判决离婚（B，1953-19）。在另一个案件中，一对夫妇年纪很小时就由父母包办结婚，法院裁定，"彼时因双方年纪尚小……因此达不到互敬互爱和睦家庭"（B，1953-7）。还有一个类似的案件，法院准予离

---

① 见 1939 年《陕甘宁边区婚姻条例》，1943 年《晋察冀边区婚姻条例》，1942 年《晋冀鲁豫边区婚姻暂行条例》[Meijer，1971：285—287，288—294（附录 3，4，6）]；中文见韩延龙、常兆儒（1981—1984，Ⅳ：804—807，826—829，838—841）；与国民党立法的比较，见黄宗智（2001：第 10 章）。

婚的理由是"婚姻系早年经父母包办的,结婚后以至感情破裂"
(B,1953-15)。松江和奉贤两县的数据显示(见下文),直到 20 世
纪 60 年代初期,每年都有相对大量的离婚案。此后的离婚案件数
量减少,20 世纪 80 年代才又返回到 20 世纪 50 年代的数量。

　　显而易见,新中国成立初期比后来要更容易获准离婚。婚姻
法有关调解的程序要件在后期执行得较初期严格得多。反封建婚
姻的运动实际上创造了一种离婚自由的风气;一些申请人的婚姻
虽然不明确地属于那些重点打击的范畴,也能获准离婚。这种比
较自由的倾向仅仅在共产党认为封建婚姻已大体上被破除之后才
终止。在抽样的案件之中,一位党员干部请求离婚,称他的妻子满
脑子"封建落后思想",导致他们的感情破裂,他因此获得了批准
(B,1953-1;又见 B,1953-5)。另一位干部提出离婚的理由是他妻
子是"家庭妇女,没有文化,不能工作"。法院批准了他的请求,"因
双方社会职业不同,感情逐渐破裂"(B,1953-7)。一位女干部基
于同样的理由离了婚:她的丈夫"思想落后,开会都不叫去"(B,
1953-20)。另一位妇女不顾她的军人丈夫的反对,在几次调解离
婚失败之后,最终获得了成功。法院解释这样判决是"为了今后使
双方解除苦恼,有利生产及不出意外"(B,1953-4)。

　　当然,上述最后那位妇女的案件是个例外。最高法院在当时
发布的司法解释和指示中都反复强调了一种情况:如果涉及军人,
即使妻子是童养媳也不应准予离婚(买卖或包办婚姻中的妻子更
不容易获准,尽管这种婚姻违背了女方的意愿)。最高人民法院总
是引用第十九条:"现役革命军人与家庭有通讯关系的,其配偶提
出离婚,须得革命军人的同意。"这个条件甚至适用于解除婚约,而

在其他情况下婚约是不具约束效力的（最高人民法院，1994：
1099）。正如最高人民法院在给西北分院的回复中解释的那样，即
使解除童养媳婚姻也须取得军人的同意，这"是基于最大多数人民
的最大利益"的原则（最高人民法院，1994：1090），是与允许结婚自
由和离婚自由同等重要的基本观点。①

　　然而，必须将这种倒退的过程和与之平行的反封建婚姻的运
动过程联系起来观察。毫无疑问，1950—1953 年的婚姻法运动有
力地打击了封建婚姻，使离婚法实践在那些年极大地自由化。最
好的证据是因农村抵抗该运动而导致的冲突的范围和强度。约翰
逊指出，根据中国司法部提供的报告，1950—1953 年间，每年有 7
万至 8 万人（多为妇女）"因婚姻不自由而自杀、被杀"（Johnson，
1983：132；《贯彻婚姻法运动的重要文件》，1953：23—24）。

　　如果把 1950 年的婚姻法仅仅看作从（一经请求即予离婚的）
激进允诺的倒退，就会忽视它在打击旧式婚姻方面所起的重大作
用。事实上我们已经看到，这些成果在中国乡村社会的背景下是
革命性的。同时，当时法律对乡村造成的影响要比对现代化了的
城市来得大，原因是旧式婚姻在前者那里更为普遍。然而，共产党
从江西苏维埃时期的规定到为保护军人和农民利益而做的"撤退"
也是当时历史现实的一面。这两个过程——党针对种种落后的旧
式婚姻的运动，以及从激进承诺（一经请求即予离婚）的倒退——

---

① 根据地的经验已经预示了司法制度此时的运作。正如上文所述，陕甘宁边区 1939
　年的立法没有涉及军人离婚的问题，并特别禁止童养媳、买卖和父母包办婚姻；
　1944 年的修正立法却增加了关于军人同意的规定，去掉了禁止童养媳、买卖婚姻
　和父母包办婚姻的内容，仅仅保留对重婚的禁止（韩延龙、常兆儒，1981—1984，
　Ⅳ：804—807，808—811）。显然，军人在此前十年就享有离婚的豁免权。

需要放在一起来考察。①

　　通过规定有争执的离婚必须先行调解，共产党在两条原则的张力之间寻找其艰难穿行的道路。双方同意的离婚并不难办，因为两方均无异议。对于有争议的离婚，可行的办法显然是既不全部拒绝也不一概准许：前者意味着背离共产党对结婚和离婚自由的承诺，后者又肯定会遭到乡村社会的强烈反对。这种情况下，调解是有效的折中。当共产党希望重点打击旧式婚姻时，例如 20 世纪 50 年代，对调解的执行就相对宽松；而当党想就离婚采取更保守的姿态时，如 20 世纪 60 年代及其后，则可以严格地执行调解。最重要的是，这种程序有助于冲突的最小化。它提供了一个制度的渠道，使对立的意见都能与闻，也使共产党能最大限度地为案件设计出令双方至少在名义上能同意的解决方案。这样，党既可以维持自己终结封建婚姻的目标，同时也将农民的反对降至最低。在我看来，这就是离婚法的立法和实践的真正起源和意义。

## （二）乡村传统与共产党实践的融合

　　上述分析尽管解释了调解在离婚中的普遍适用，却没有讨论那些实践中所采用的具体方法、风格和形式。要理解后者，我们必

---

① 尼尔·戴蒙德（Neil Diamant, 2000）正确地强调了 1950 年婚姻法的影响，尤其对乡村的影响；同时，凯·安·约翰逊（Kay Ann Johnson, 1983）所讲的情况也很重要，突出了共产党从江西苏维埃时期的立场的倒退。然而，戴蒙德过度执着于婚姻法对乡村的影响比对城市更大的观点，特别强调这与现代化理论预测的结果相抵触。其实他忽视了一个显而易见的解释，即新的法律所针对的旧式婚姻在乡村远比在城市普遍。

须转向调解的乡村传统以及毛泽东时代政党如何改变了这些传统。换言之,调解的实践既不单单是传统的也不单单是共产党独有的,而是两者互动的产物。

农村根据地是最初的历史背景。1927 年 4 月 12 日之后的白色恐怖迫使共产党撤离城市转入地下,党必须在"第一次统一战线"崩溃之后彻底重建。后果之一是共产党几乎完全与民国政府 1926 年前在全国大约四分之一县份建立起来的现代法院体系阻隔开来。此后的六年里新的国民政府将之拓展到中国近一半的县份(黄宗智,2003:2,38—45)。这些现代化或半现代化的城市大多处于共产党控制之外,因此江西苏维埃以及后来的边区共产党政府缺乏现代法院的模式和司法人员。同时,共产党又在原则上强烈反对国民党的制度,一如反对清代的旧制度,根据地因此就不得不重新开始建构自己的司法机构。

其后是一个兼容传统乡村惯习和新的共产党实践制度的逐步形成。前者着重调解和妥协,有一套邀请当地有声望的人士劝说当事人以彼此都能接受的办法解决纠纷的独特方法。这些方法包括:与双方交谈并同情地倾听他们的诉说;运用道德劝诫,试图让双方理解对方的处境;当亲戚邻里可能帮助达成妥协时,也邀请他们加入;举行公共仪式,如聚餐或召集众人公开宣布协议以增加其效力分量。

共产党将这些内容纳入了自己的实践。事实上直到现在,充当调解人的干部还常常用儒家的"中庸之道"来劝说纠纷的各方:"如果别人这样对你,你会怎么想?"(亦即"己所不欲,勿施于人"的道理)(INT93-12;黄宗智,2001:第三章)尽管调解会取代了传统的聚餐会,仍然强调由双方公开陈诉自己所作的让步(虽然后来是以毛泽东时代的"自我批评"形式)。

另一方面,共产党的特殊作风也重塑了这一过程。因此,判定是非的最终标准是党的原则和政策,而非儒家或传统的公共道德规范(这一点下文还要进一步讨论)。与众不同的毛泽东时代群众路线也影响着调解程序,它教导城里来的知识分子如何对待农民:平等地与他们交谈并听取意见;重说服教育而不下专断的命令;学会和农民一起生活,做到"三同"(同住、同吃、同劳)(毛泽东,1943)。

这些指示实际上是一种新的认识论的产物:首先从实践中学习,再上升到抽象的理论知识,最后又回到实践中去检验知识的正确与否(毛泽东,1937a,1937b)。与此相关联的还有一种学习方法,即通过访问"群众"而进行的系统调查(毛泽东,1941a,1941b)。这些因素共同构成了一种既是革命性的也是现代性的特殊的认识方法(黄宗智,2005)。[1]

这种认识论上的立场反过来又为党员们设立了一套思想和行为准则。过分依赖理论而忽视具体条件的做法被贴上多种批判性的标签,包括"教条主义""主观主义""党八股""命令主义""瞎指挥",甚至"山头主义"。相反,对只关心事实而忽视理论的批评则主要只有一种:"经验主义"。显然,毛泽东时代之把实践排序高于理论的精神更明显地体现于"群众路线",它要求干部们取得民众

---

[1] 李放春(待刊)启发性地提出一种独特的"革命的现代性"(revolutionary modernity)。我们可以用这个范畴覆盖这种与儒家和西方启蒙现代主义的认识论均不同的认识方法,包括它同时包含的自下而上的历史观在内。

自愿的赞同和服从(参见毛泽东,1942)。这种认识方法实际上附带着一套治理的理论。

调解的乡村传统与毛泽东时代实践的融合,形成了独特的"调解和好"制度。其独特的方法和风格是从共产党与村庄在根据地的互动中形成的。换言之,离婚法实践的真相,尤其是那些涉及调解和好的实践,存在于那些变化的过程当中,而非任何非此即彼的二元对立所能理解,比如传统/现代性、村庄/共产党、农民/现代国家。

从这种互动中产生了所谓的"马锡五模式"。马锡五(1898—1962)是陕甘宁边区的一位高级法官,毛泽东在 1943 年特地赞扬了他的工作风格。后来"马锡五审判方式"成为毛泽东时代法律制度一切特点的一种简称,不仅在婚姻纠纷中如此,在其他类型的民事案件中也如此。法官们要到现场调查案件的事实真相,尤其要依赖群众,因为"群众眼睛最亮";一旦掌握了事实,法官就会着手消除"矛盾";提出双方都能接受的调解方案是解决冲突并防止其再度发生的最佳方式。整个过程可概括为三个公式:"依靠群众","调查研究",以及"调解为主"。其程序、风格和仪式已清楚呈现在上文详细的案例之中。正如我们所见,1952 年及其之后,共产党在全国大力宣传马锡五审判方式,以取代他们认为不能接受的国民党的法制。1954 年,马锡五当上了最高人民法院副院长(INT93-B-3;INT93-8,9;参见杨永华、方克勤,1987:131-145)。

## (三)观念基础

以上描绘出的毛泽东时代离婚法律实践与一个观念紧密相

连，即夫妻感情是结婚和离婚的决定性基础和标准。当法院驳回离婚时，理由是感情尚好还能修复；准予离婚的理由则是感情破裂不能修复。这一构造从20世纪40年代起就在实践中广为运用，尽管直到1980年才见诸法律。它为离婚法实践既提供了正当化理由也提供了观念的空间。毫无疑问，要理解有关调解和好的毛泽东时代实践，必须澄清伴同着这个制度的观念。

最初的1931年《中华苏维埃共和国婚姻条例》没有提到感情。如前所述，它基本照搬苏联1926年的法典，赋予婚姻关系中的任何一方单方离婚的权利。该规定基于的观念是：婚姻是平等的双方自由缔结的联合，任意一方的意愿都足以解除之。我们已经看到，在抗日战争时期之前，根据地就已经放弃了最初的表达而采用与1929—1930年国民党民法典近似的表达，后者以1900年《德国民法典》为蓝本。该法典视婚姻为民事契约，离婚则是对违背婚姻契约的回应。违背婚姻契约的行为可以称为"婚姻过失"，包括通奸、故意遗弃、虐待等。这种看待婚姻的方式基于西方世俗婚姻法的传统，是已经脱离了罗马天主教会婚姻的神圣性和不可解除性原则的传统（Phillips，1988）。中国共产党或许是无意之间在某种程度上继承了该传统。

然而，根据地的共产党在效仿国民党实践的同时，也形成了一种以感情观念为基础的构造，而这是国民党法律所没有的。因为按照这种观念，夫妻感情是婚姻最基本的要素，只有当这种基础根本不存在或被破坏而导致夫妻"感情根本不合"时才应当离婚。与此相似，当时的苏联法律也认为，当婚姻中的关系使婚姻不可能存续而必须离婚时，离婚才是正当的（Sverdlov，1956：37ff）。这种离婚的途径与 20 世纪六七十年代在西方占主导地位的无过错原则有着某种亲和性。按照无过错原则,"婚姻崩溃"(不归责于任何一方)足以构成离婚的标准,从而取代了以前立法中的"婚姻过失"标准(Phillips,1988:561—572)。

但是感情观念的构造有它自身的特点。它的出现源于取代清代和国民党婚姻观的愿望。按照清代的婚姻观念,婚姻意味着丈夫的家庭获得一个妻子——丈夫而不是妻子才有权离婚。更精确地说,丈夫有权因为妻子的过失而"休"掉她,为此法律列举了七种情形:无子、淫佚、不事舅姑、多言、盗窃、妒忌、恶疾(黄宗智,2001:164)。(当然,尽管法律理论上如此,在实践中也有对休妻的社会—文化制约。)而新的婚姻观念则立足于爱情和双方的自由选择而非父母的意愿,是共产党革命对新的社会秩序的构想的基本组成部分。这种观念自然而然地会强调感情是婚姻的必备要素。

同时,共产党(在与之短暂"亲昵"之后)也拒斥了国民党对婚姻的"资本主义"或"资产阶级"观念——将婚姻视为一种民事契约,一种国家权力之外的私人事务,违背契约婚姻即可解除。正如权威性的《中华人民共和国法律释义大全》中所说:"在我国,婚姻不是一种民事契约,而是为法律确定的夫妻关系,它包括财产关系和人身关系,而最主要的是人身关系。"(肖金全,1992:510)它也拒斥西方"无过错离婚"的公式,其终止婚姻的理由——因"无法协调的分歧"或彼此不再"相爱"而导致的婚姻关系崩溃——在中国共产党看来只不过是资产阶级在婚姻和离婚问题上轻佻态度的合理化表述。在社会主义国家那里,感情观念既强调了结婚和离婚自由,也强调了长久的婚姻义务。

诚然，1950 年的婚姻法没有提及感情，尽管感情观念的雏形已可见于几乎所有边区的战时婚姻立法。这部婚姻法也略去了先前的法律中列举的种种可导致离婚的过错。相反，它几乎完全着眼于程序，这种关注的重心与《苏俄婚姻、家庭和监护法典》的规定（1926 年颁布，1936、1944 及 1945 年修订）相一致（Sverdlov，1956）。它也符合共产党当时重实际考虑而轻原则的倾向。

然而，有大量证据表明，当时几乎所有的法学家和法官在适用和解释婚姻法的时候都将感情范畴纳入考虑之中。于是，1949 年华北人民政府司法部总结边区政府的经验时，明确地将夫妻"感情根本不和"作为决定准予离婚的最终标准（韩延龙、常兆儒，1981—1984，Ⅳ：875）。最高人民法院在 20 世纪 50 年代初期发布多个司法解释和指示，反复指出该原则是解释和适用婚姻法的决定性因素（例如，最高人民法院，1994：1056，1064）。最有说服力的或许是我们从 1953 年抽样的离婚案件，其中显示，那些术语已经成为离婚诉状和法院裁决的常规措辞。如上文所显示的，感情因素正是当时的法庭允许解除重婚、婢女、童养媳、买卖婚姻和父母包办等类婚姻所使用的理由。

离婚的条件在反封建婚姻运动结束之后才开始收紧，调解作为程序要件被执行得十分严格。一套与感情公式相关联的比较标准的程序和范畴很快形成，这些也已经见于前文对抽样案件的概述。法官们在处理案件时总是首先试图弄清楚夫妻关系的基础和历史，并对他们的感情评定一个等级："很好""好""不错""一般"或"不好"。一对因父母包办、违背本人意愿而结婚的夫妇通常会被视为感情基础不好。如果他们在婚后的生活中经常吵架，其历史也会被视为不好。这些评估会帮助法院认定感情是否已经破裂,也即是说,离婚是否正当。另一方面,如果发现感情的基础和历史"好",就会为法院主张调解和好或直接判决不准离婚提供正当的理由。

直到 1980 年,婚姻法才将感情观念正式纳入法律文本,它被认为是有中国特色的、植根于实践经验的东西。正如武新宇(全国人民代表大会常务委员会法制委员会——中华人民共和国正式的法律起草机构——的副主任)当时所解释的:"草案在原来的'调解无效,应准予离婚'条文上加了'如感情确已破裂'这个条件。"在改革的大气候下,修订婚姻法的部分目的是增加自由度。武新宇告诫说:"我们反对那种对婚姻关系采取轻率态度和喜新厌旧的资产阶级思想。但是,我们也不能用法律来强行维护已经破裂的婚姻关系,使当事人长期痛苦,甚至矛盾激化,造成人命案件。"他个人认为:"多年来,法院在处理婚姻案件时掌握偏严。"(湖北财经学院,1983:46)

武新宇意见的根据可以见于许多案例。显然,有许多无可救药的婚姻由于法院系统过度热衷于达成调解和好而长期拖延。事实上,改善夫妻感情常常是一件超越法院权力所能做到的事情,无论它多么强大、温和抑或专横,出于好意抑或只是严格奉行政策。

然而武新宇只是讲述了事情的一面,妇联则强调了另一面:"这些年来,喜新厌旧、草率离婚的情况有所增加,有些人在提干、进城或考入大学后,抛开旧配偶……以'感情破裂'为理由……把道德观念视为封建残余,崇拜资产阶级的婚姻自由。对这些人要进行批评教育……现实生活中离婚往往给妇女和孩子带来痛苦和不幸,因此新婚姻法关于保护妇女、儿童的利益规定,应认真贯彻执行。"(同上:65—66)。这种担忧回应了丁玲四十年前的呼吁。

不管怎样,借助感情观念,法院既能对那些关系已无望修复的夫妻放宽离婚的条件,也能对那些出于一时的愤怒或希望更换配偶的人从严限制;同时,由于关于夫妻感情质量的任何判断都是不精确的,法院方能借以做出个别的决定以便最好地适应具体案件的情况和当时的政策重心。换句话说,感情建构允许实际的考虑优先于理论原则。正如武新宇所说:"这样规定,既坚持了婚姻自由的原则,又给了法院一定的灵活性,比较符合我国目前的实际情况。"(同上:46)

其结果是一个主导性的观念框架,一方面它的起源是革命性的,甚至在某种程度上预见了当代西方的无过错离婚,但另一方面它又产生于并纠缠于所处时代的现实之中。作为一种正当化的工具,它先是既要为终结婚姻的各种封建形式鸣锣开道,又要致力于将农民之中的对抗因素化为最小;而在后来的改革背景下,则既要符合放宽对离婚的限制的趋势,又要满足保护婚姻的愿望。这个双刃的观念及其灵活适用或许是以调解和好为特色的毛泽东时代法律制度的真正的"实践逻辑"。它也可以被视为所谓"革命的现代性"的一种体现,塑造了当代的中国。

由于必须从不同的、并且时常是相互冲突的各种目的和需要中做出诊断,"感情破裂"标准必然是难以定义和含混不清的。可想而知,1980年之后的许多年里,感情破裂的确切判定标准这个问题成为关于婚姻和离婚的一切立法争论的核心。未来的婚姻和离婚法的变化仍将围绕这个问题,在我看来,这个关注也是中华人民共和国离婚法律实践的历史中独特逻辑的一部分。

## 三、离婚法实践与整体的民事法律制度

本文的最后一个问题是:对离婚法律实践的这种分析会为我们理解整个当代中国民事法律制度带来什么启示? 要回答这个问题,我们首先需要对中华人民共和国的民事诉讼做一概览。

或许并不令人诧异,离婚案件在中国通常占全部民事案件的压倒性多数。表 11-2 是松江县法院 1950—1990 年的统计数据,它显示离婚案件在 50 年代早期占全部民事案件的五分之二;其后集体化和社会主义建设在很大程度上消除了土地和债务纠纷,离婚案件迅速超过了其他所有类型案件的数量总和;在毛泽东时代的巅峰期,离婚案件占全部案件的 90%—100%;要到改革开放的 20 世纪 80 年代,其他类型的民事案件数量回升,才返回到类似于 20 世纪 50 年代的大致情况;即便如此,到 1990 年离婚案件仍占全部案件的三分之二[在当时的全国范围内,离婚案件的比例降至五分之二,见《中国法律年鉴(1990)》:993]。

表 11-2　1950—1990 年松江县民事案件分类
及离婚案件所占全部民事案件百分比

| 年份 | 土地[a] | 债务 | 离婚 | 其他婚姻 | 继承 | 老人赡养 | 儿童抚养 | 房屋 | 赔偿 | 其他 | 合计 | 离婚案所占百分比 |
|---|---|---|---|---|---|---|---|---|---|---|---|---|
| 1950 | 33 | 135 | 150 | 138 | 9 | 0 | 0 | 32 | 19 | 111 | 627 | 23.9 |
| 1951 | 6 | 64 | 145 | 101 | 5 | 0 | 0 | 12 | 6 | 35 | 374 | 38.8 |
| 1952 | 16 | 55 | 211 | 66 | 2 | 0 | 0 | 12 | 1 | 41 | 404 | 52.2 |
| 1953 | 30 | 94 | 287 | 121 | 21 | 0 | 0 | 21 | 0 | 51 | 625 | 45.9 |
| 1954 | 4 | 12 | 232 | 5 | 2 | 0 | 2 | 3 | 0 | 12 | 272 | 85.3 |
| 1955 | 0 | 3 | 113 | 12 | 0 | 0 | 0 | 1 | 0 | 5 | 134 | 84.3 |
| 1956 | 0 | 19 | 257 | 5 | 2 | 0 | 5 | 2 | 3 | 38 | 331 | 77.6 |
| 1957 | 2 | 21 | 169 | 23 | 1 | 0 | 0 | 19 | 5 | 22 | 262 | 64.5 |
| 1958 | 3 | 19 | 172 | 16 | 1 | 0 | 0 | 13 | 1 | 12 | 237 | 72.6 |
| 1959 | 0 | 7 | 203 | 0 | 0 | 0 | 0 | 1 | 0 | 11 | 222 | 91.4 |
| 1960 | 0 | 0 | 179 | 2 | 0 | 0 | 0 | 1 | 0 | 1 | 183 | 97.8 |
| 1961 | 0 | 0 | 251 | 5 | 1 | 0 | 0 | 5 | 0 | 0 | 262 | 95.8 |
| 1962 | 1 | 2 | 317 | 11 | 2 | 0 | 0 | 10 | 0 | 0 | 343 | 92.4 |
| 1963 | 1 | 2 | 267 | 35 | 1 | 0 | 0 | 15 | 0 | 3 | 324 | 82.4 |
| 1964 | 0 | 0 | 182 | 21 | 3 | 0 | 1 | 4 | 2 | 0 | 213 | 85.4 |
| 1965 | 0 | 2 | 191 | 4 | 1 | 0 | 1 | 5 | 0 | 0 | 204 | 93.6 |
| 1966 | 1 | 0 | 76 | 1 | 0 | 0 | 1 | 3 | 1 | 0 | 83 | 91.6 |
| 1967—1969 | | | | | 缺 | | | | | | | |

续表

| 年份 | 土地ª | 债务 | 离婚 | 其他婚姻 | 继承 | 老人赡养 | 儿童抚养 | 房屋 | 赔偿 | 其他 | 合计 | 离婚案所占百分比 |
|---|---|---|---|---|---|---|---|---|---|---|---|---|
| 1970 | 0 | 0 | 20 | 0 | 0 | 0 | 0 | 0 | 0 | 0 | 20 | 100.0 |
| 1971 | 0 | 0 | 29 | 0 | 0 | 0 | 0 | 0 | 0 | 0 | 29 | 100.0 |
| 1972 | 0 | 0 | 22 | 0 | 0 | 0 | 0 | 0 | 0 | 0 | 22 | 100.0 |
| 1973 | 0 | 0 | 18 | 0 | 0 | 0 | 1 | 7 | 4 | 1 | 31 | 58.1 |
| 1974 | 0 | 0 | 36 | 0 | 1 | 0 | 4 | 16 | 17 | 38 | 112 | 32.1 |
| 1975 | 0 | 0 | 24 | 0 | 0 | 0 | 2 | 3 | 3 | 0 | 32 | 75.0 |
| 1976 | 0 | 0 | 41 | 0 | 1 | 0 | 2 | 0 | 0 | 0 | 44 | 93.2 |
| 1977 | 0 | 0 | 39 | 0 | 0 | 0 | 0 | 1 | 1 | 0 | 35 | 94.3 |
| 1978 | 0 | 0 | 61 | 0 | 0 | 1 | 0 | 6 | 1 | 0 | 69 | 88.4 |
| 1979 | 0 | 0 | 65 | 0 | 2 | 1 | 0 | 9 | 4 | 1 | 82 | 79.3 |
| 1980 | 0 | 1 | 103 | 0 | 13 | 3 | 1 | 17 | 6 | 6 | 150 | 68.7 |
| 1981 | 0 | 1 | 182 | 0 | 12 | 19 | 1 | 33 | 9 | 18 | 275 | 66.2 |
| 1982 | 0 | 3 | 199 | 0 | 12 | 29 | 8 | 29 | 25 | 20 | 325 | 61.2 |
| 1983 | 1 | 5 | 207 | 0 | 15 | 27 | 14 | 36 | 19 | 48 | 372 | 55.6 |
| 1984 | 0 | 8 | 246 | 0 | 13 | 43 | 13 | 39 | 30 | 20 | 412 | 59.7 |
| 1985 | 0 | 6 | 180 | 0 | 6 | 25 | 10 | 31 | 24 | 36 | 318 | 56.6 |
| 1986 | 2 | 18 | 230 | 14 | 28 | 8 | 9 | 45 | 40 | 8 | 402 | 57.2 |
| 1987 | 0 | 37 | 329 | 9 | 9 | 26 | 15 | 38 | 48 | 3 | 514 | 64.0 |
| 1988 | 1 | 66 | 453 | 14 | 9 | 33 | 35 | 25 | 67 | 12 | 715 | 63.4 |

| 年份 | 土地[a] | 债务 | 离婚 | 其他婚姻 | 继承 | 老人赡养 | 儿童抚养 | 房屋 | 赔偿 | 其他 | 合计 | 离婚案所占百分比 |
|------|------|------|------|------|------|------|------|------|------|------|------|------|
| 1989 | 3 | 123 | 557 | 6 | 4 | 28 | 33 | 22 | 70 | 11 | 857 | 65.0 |
| 1990 | 0 | 112 | 623 | 19 | 1 | 38 | 34 | 32 | 76 | 9 | 944 | 66.0 |
| 合计 | 104 | 815 | 7060 | 628 | 177 | 281 | 192 | 548 | 482 | 573 | 10 860 | |
| % | 1.0 | 7.5 | 65.0 | 5.8 | 1.6 | 2.6 | 1.8 | 5.0 | 4.4 | 5.3 | 100.0 | |

资料来源:数据由松江县法院提供。

注:数据反映给定年份的收案数而非结案数。

a. 80 年代的案件中本项作"宅基地"。

邻近的奉贤县的情况也很相似。该县的详细统计数据(尽管离婚案件没有和其他婚姻案件分列,这些数据仍可与松江县的数据做一粗略的比较,因为从 20 世纪 50 年代中期以降离婚就占全部婚姻案件的绝大多数)显示,婚姻案件在 20 世纪 50 年代占全部案件的四分之三,在改革开放的 80 年代仅占五分之二(见表 11—3)。在其他方面,该县的模式与松江非常相似,两县的婚姻案件所占比例在毛主义时代的巅峰都远远高于其他案件。事实上,说毛泽东时代的民事法律制度主要是离婚法并非言过其实。

表 11-3　1950—1985 年奉贤县民事案件分类表
以及婚姻案件所占民事案件总数百分比

| 年份 | 土地[a] | 债务 | 婚姻 | 继承 | 老人赡养 | 儿童抚养 | 房屋 | 赔偿 | 其他 | 合计 | 婚姻案所占百分比 |
|------|------|------|------|------|---------|---------|------|------|------|------|------------------|
| 1950 | 11 | 49 | 439 | 0 | 7 | 10 | 4 | 1 | 15 | 536 | 81.9 |
| 1951 | 7 | 34 | 298 | 6 | 0 | 0 | 3 | 1 | 16 | 365 | 81.6 |
| 1952 | 10 | 43 | 846 | 23 | 4 | 7 | 2 | 0 | 16 | 951 | 89.0 |
| 1953 | 56 | 83 | 532 | 11 | 0 | 0 | 11 | 0 | 37 | 730 | 72.9 |
| 1954 | 48 | 51 | 458 | 17 | 0 | 6 | 11 | 0 | 56 | 647 | 70.8 |
| 1955 | 2 | 15 | 371 | 1 | 0 | 5 | 4 | 0 | 51 | 449 | 82.6 |
| 1956 | 0 | 8 | 358 | 0 | 0 | 3 | 1 | 0 | 0 | 370 | 96.8 |
| 1957 | 0 | 6 | 381 | 2 | 3 | 6 | 1 | 2 | 0 | 401 | 95.0 |
| 1958 | 0 | 12 | 326 | 4 | 0 | 4 | 0 | 8 | 84 | 438 | 74.4 |
| 1959 | 0 | 3 | 472 | 0 | 0 | 3 | 3 | 2 | 2 | 485 | 97.3 |
| 1960 | 0 | 0 | 385 | 1 | 1 | 1 | 2 | 0 | 0 | 390 | 98.7 |
| 1961 | 0 | 0 | 558 | 2 | 0 | 2 | 3 | 1 | 0 | 566 | 98.6 |
| 1962 | 0 | 1 | 385 | 1 | 0 | 3 | 19 | 2 | 1 | 412 | 93.4 |
| 1963 | 0 | 3 | 296 | 7 | 0 | 8 | 30 | 5 | 10 | 359 | 82.5 |
| 1964 | 0 | 9 | 241 | 13 | 4 | 9 | 30 | 1 | 2 | 309 | 78.0 |
| 1965 | 0 | 5 | 194 | 4 | 5 | 7 | 0 | 2 | 5 | 222 | 87.4 |
| 1966—1976 | | | | | 缺 | | | | | | |
| 1977 | 0 | 0 | 51 | 2 | 4 | 2 | 14 | 5 | 15 | 93 | 54.8 |
| 1978 | 0 | 0 | 56 | 0 | 6 | 2 | 30 | 6 | 22 | 122 | 45.9 |

续表

| 年份 | 土地ᵃ | 债务 | 婚姻 | 继承 | 老人赡养 | 儿童抚养 | 房屋 | 赔偿 | 其他 | 合计 | 婚姻案所占百分比 |
|---|---|---|---|---|---|---|---|---|---|---|---|
| 1979 | 0 | 0 | 96 | 3 | 8 | 0 | 47 | 22 | 38 | 214 | 44.9 |
| 1980 | 0 | 0 | 72 | 3 | 7 | 0 | 36 | 28 | 22 | 168 | 42.9 |
| 1981 | 0 | 0 | 137 | 16 | 17 | 7 | 73 | 37 | 30 | 317 | 43.2 |
| 1982 | 0 | 0 | 179 | 8 | 38 | 14 | 62 | 92 | 64 | 457 | 39.2 |
| 1983 | 9 | 19 | 181 | 8 | 43 | 10 | 54 | 82 | 64 | 470 | 38.5 |
| 1984 | 8 | 5 | 227 | 12 | 39 | 11 | 26 | 50 | 42 | 420 | 54.0 |
| 1985 | 7 | 8 | 173 | 9 | 49 | 16 | 14 | 61 | 75 | 412 | 42.0 |
| 合计 | 158 | 354 | 7712 | 153 | 235 | 136 | 480 | 408 | 667 | 10 303 | |
| % | 1.5 | 3.4 | 74.9 | 1.5 | 2.3 | 1.3 | 4.7 | 4.0 | 6.5 | 100.0 | |

资料来源:《奉贤县法院志》,1986:94—95。

注:数据反映给定年份的结案数而非收案数。

a. 80 年代的案件中本项作"宅基地"。

　　正如我们所见,毛泽东时代法律制度的一个核心主张是让调解构成整个制度的基石。松江县于抽样案件所在的年份(1953,1965,1977,1988,1989),判决的民事案件仅占 16%,其余的大多数案件是通过调解(69%)。[①] 在奉贤县,从 1977 到 1985 年,调解的民事案件共计 2109 起,而判决的为 215 件,接近 10:1 的比例(《奉贤县法院志》,1986:97)。换言之,如果说毛泽东时代的法制主要

---

① 另外 16% 的民事案件是通过撤诉、中止或别的方式结案的(数据来自松江县法院)。

是离婚法制,离婚法制则主要是调解法制。

这并不是说所有的调解都等于离婚法律实践中的调解和好。上文已显示,相当一部分经过调解的离婚案件是以离婚而非和好告终,但它们涉及一种不同的"调解"。另外,以离婚为结局的案件大都属于双方同意的离婚,法庭的任务仅仅是帮助拟定具体条件,让双方做出必要的让步。就这点而言,它与传统的调解很相似。① 相反,调解和好需要积极的干预:法庭不仅诉诸道德劝诫,还求助于物质刺激以及来自司法机构、家庭、社区乃至社会的压力。

实际上,在当代中国的民事法律制度中,法庭调解涵盖了一系列法院行为,从没有实质性内容的形式到真正的调解,到积极的干预,再到简单的宣判,都被归入这个宽泛的(也是误导性的)范畴。在一个极端,"调解"仅仅意味着诉讼人没有积极地反对案件的结果。这与帝制时代要求诉讼人在形式上对法庭的判决"具甘结"并没有多大区别。当代的新手法是声称案件的结果是"调解"达到的。在另一个极端,法庭不仅积极地介入离婚案件,也介入非离婚的民事案件(另有专文讨论)。后一类法庭"调解"是中国革命过程的特殊产物。

如果我们想要把握当代中国法庭调解的真正性质,并区分虚构和现实,离婚法实践中的毛泽东思想调解和好或许是最具特色

① 当然,在调解离婚中,法庭也可能强制性地介入以达成一个照法律标准看来是公平的财产分割协议。在上文引用的一个案件中,丈夫要求返还结婚全部的花费及全部共同财产,而法院认为这是不合理的。当丈夫坚持不让步,法庭就做了判决。中华人民共和国的法庭与当代美国的离婚法庭的一个不同之处在于,后者按照一套普遍的原则和经验法则来决定离婚的财产分割,前者则强调要让双方(至少表面上)自愿地接受法庭的决定。

和启迪作用的。不能按照传统的调解概念来理解它,前者主要以社区为中心并以妥协为基础(而法庭调解,我们应该记得,在传统调解中是很罕见的)。它也与西方的调解不同,后者完全脱离法庭的判决和强制。相反,调解和好所运用的毛泽东时代调解诞生于一段独特的离婚法实践的历史中,那些实践融合了多种要素,包括传统的和现代的,农民的和共产党的。它涵盖了一系列的实践和观念:它运用道德劝诫、物质刺激以及国家和法院的强制压力来抑制单方请求的离婚,从而尽量减少激烈的对抗;其构造性的观念是感情,即视夫妻感情为婚姻的至关重要的基础;它的实践逻辑是既要结束没有良好感情基础的旧式婚姻,又要最大限度地保护有良好感情基础的新式婚姻。这些构成了毛泽东时代离婚法实践的核心,因而也是整个毛泽东时代民事法律制度的核心。直到今天,它们仍是中国司法制度最具特色的一面。

## 参考文献

### 访谈

1993 年 9 月 6 日至 10 日,每天上午 9 至 12 时,下午 2 至 5 时,我对松江县法院的法官、华阳镇司法助理、华阳镇上及村里的调解人,以及村干部和当事人进行了 9 次访谈。1995 年 1 月 30 日至 2 月 8 日,访谈江平(1986 年《民法通则》的主要规划者之一及《行政诉讼法》的主要规划者)6 次。1999 年 3 月 15 日,就《民法通则》的起草,访谈肖峋(全国人民代表大会常务委员会法律工作委员会民法司前司长)1 次。1999 年 3 月 16 日,访谈巫昌祯(2001 年 4 月 28 日通过的对 1980 年婚姻法的修正案的起草人之一)1 次。引用这些访谈时,我均用"INT"注明,接下去是年份,以及每一个访谈的序列号(每一年的访谈均以连续的数字排序),后两项之间用"-"隔开。1995 年和 1999 年的访谈还注明了被访谈者的姓名缩写(如用 JP 指代江平:INT95-JP-1)。有两处引用了白凯 1993 年对松江县法官和司法人员的访谈,以"-B"注明,其余同上,如 INT93-B-3。

案卷

所引 A 县的案卷注明 A、年份(1953、1965、1977、1988 和 1989)、我自己的编号。排 1 到 20 的是我所获得的当年的第一批案卷,排 01 到 020 的则是第二批案卷(如 A,1953:20;A,1965:015)。A 县法院本身用年份和结案日期的数序为案卷编号。由于这些案卷尚未公开,我避免使用法院自己的编号和诉讼人的姓名。

所引 B 县的案卷同样注明 B、年份、我自己的编号。1953、1965、1977、1988 和 1989 年每年的案件排 1 到 20,1995 年的案件则排 1 到 40。

著作和论文

丁玲(1942):《三八节有感》,载《解放日报》3 月 9 日。

《奉贤县法院志》(1986),无出版处。

《贯彻婚姻法运动的重要文件》(1953),北京:人民出版社。

韩延龙(1982):《我国人民调解制度的历史发展》,北京:中国社会科学出版社。

韩延龙、常兆儒编(1981—1984):《中国新民主主义时期根据地法制文献选编》四卷,北京:中国社会科学出版社。

湖北财经学院编(1983):《中华人民共和国婚姻法资料选编》,无出版处。

黄宗智(2000):《华北的小农经济与社会变迁》,北京:中华书局。

黄宗智(2001):《清代的法律、社会与文化:民法的表达与实践》,上海:上海书店出版社。

黄宗智(2003):《法典、习俗与司法实践:清代与民国的比较》,上海:上海书店出版社。

黄宗智(2005):《认识中国——走向从实践出发的社会科学》,载《中国社会科学》第1期,第83—93页。

李放春(2005):《北方土改中的"翻身"与"生产"——中国革命现代性的一个话语—历史矛盾溯考》,载《中国乡村研究》第三辑,第231—292页,北京:社会科学文献出版社。

梁治平(1996):《清代习惯法:社会与国家》,北京:中国政法大学出版社。

郭翔等编(1986):《人民调解在中国》,武汉:华中师范大学出版社。

毛泽东(1967、1977):《毛泽东选集》,第一至第四卷、第五卷,北京:人民出版社。

毛泽东(1927):《湖南农民运动考察报告》。

毛泽东(1937a):《矛盾论》。

毛泽东(1937b):《实践论》。

毛泽东(1941a):《〈农村调查〉的序言和跋》。

毛泽东(1941b):《改造我们的学习》。

毛泽东(1942):《反对党八股》。

毛泽东(1943):《关于领导方法的若干问题》。

毛泽东(1957):《关于正确处理人民内部矛盾的问题》。

上海市律师协会编(1991):律师业务资料,无出版处。

苏力(1996):《法治及其本土资源》,北京:中国政法大学出版社。

田成有(1996):《立法:转型期的挑战》,载《社会科学研究参考资料》第18期,第20—23页。

杨永华、方克勤(1987):《陕甘宁边区法制史稿(诉讼狱改篇)》,北京：法律出版社。

张文显（2001）：《改革开放新时期的中国法理学》，载《法商研究》第
1 期，第 30—42 页；亦见中国人民大学复印报刊资料《法学、法史学》2001
（6）：1—14。

《中国法律年鉴（1990）》，成都：中国法律年鉴出版社。

《中国法律年鉴（2001）》，成都：中国法律年鉴出版社。

肖金全编（1992）：《中华人民共和国法律释义大全》，北京：中国政
法大学出版社。

最高人民法院研究室编（1994）：《中华人民共和国最高人民法院司
法解释全集》，北京：人民法院出版社。

Bourdieu, Pierre（1977）. *Outline of a Theory of Practice*. Trans. by
Richard Nice. Cambridge, Eng. ：Cambridge University Press.

Clake, Donald C.（1991）. "Dispute Resolution in China," *Columbia
Journal of Chinese Law*, 5.2（Fall）：245-296.

Cohen, Jerome A.（1967）. "Chinese Mediation on the Eve of
Modernization," *Journal Asian and African Studies*, 2.1（April）：54-76.

Diamant, Neil J.（2000）. *Revolutionizing the Family*：*Politics*, *Love*, *and
Divorce in Urban and Rural China*, *1949 – 1968*. Berkeley：University of
California Press.

Ha, Jin（1999）. *Waiting*. New York：Pantheon.

Johnson, Kay Ann（1983）. *Women*, *the Family and Peasant Revolution
in China*. Chicago：University of Chicago Press.

Lubman, Stanley B.（1967）. "Mao and Mediation：Politics and Dispute
Resolution in Communist China," *California Law Review*, 55：1284-1359.

Lubman, Stanley B.（1999）. *Bird in a Cage*：*Legal Reform in China* after Mao. Stanford, Calif. : Stanford University Press.

 *The Marriage Law of the People's Republic of China* ( 1959[ 1950] ). Beijing: Foreign Languages Press.

 *The Marriage Law of the People's Republic of China* ( 1982[ 1980] ). Beijing: Foreign Languages Press.

 Meijer, Marinus J. ( 1971 ). *Marriage Law and Policy in the Chinese People's Republic*. Hong Kong: Hong Kong University Press.

 Palmer, Michael ( 1987 ). "The Revival of Mediation in the People's Republic of China: ( 1 ) Extra-Judicial Mediation," in *Yearbook on Socialist Legal Systems*, pp.219−277.

 Palmer, Michael ( 1989 ). "The Revival of Mediation in the People's Republic of China: ( 2 ) Judicial Mediation," in *Yearbook on Socialist Legal Systems*, pp.145−171.

 Palmer, Michael ( 1996 ). "The Re-emergence of Family Law in Post-Mao China: Marriage, Divorce, and Reproduction," in Stanley, L. ( ed. ), *China Legal Reforms*, pp. 110 – 134. Stanford, Calif. : Stanford University Press.

 Phillips, Roderick ( 1988 ). *Putting Asunder: A History of Divorce in Western Society*. Cambridge, Eng. : Cambridge University Press.

 *The Soviet Law on Marriage* ( 1932 [ 1926 ] ). Moscow: Co-operative Publishing Society of Foreign Workers in the U. S. S. R.

 Sverdlov, Gregory ( 1956 ). *Marriage and the Family in the U. S. S. R*, Moscow: Foreign Languages Publishing House.

# 第12章
## 中国民事判决的过去和现在 *

　　在儒家和中国共产党的表达以及现代主义的一些理论预设的影响之下,中国过去(清代)和现在的民事法律实践中的判决实际长期显得面目模糊。按照儒家道德理想,普通人之间的"民事"纠纷应当通过民间调解而非法庭判决来解决;与此类似,中国共产党

* 本文中文版原载《清华法学》第十辑,2007,第 1—36 页。英文原作见 Philip C. C. Huang,"Civil Adjudication in China, Past and Present," *Modern China*, 32. 2 ( April 2006) :135-180。本文由我的博士生杨柳从英文原稿译成中文,谨此向她致以衷心的感谢。译稿经我自己几次校阅,基本准确。本文集中讨论民事法庭判决,其姊妹篇(《中国法庭调解的过去和现在》)集中于民事法庭调解。这两篇关于古今法庭判决和法庭调解的姊妹作的主导问题是怎样既批评西方中心主义而又不陷入简单的本土主义,既批评现代主义(并采用后现代主义的许多洞见)而又不陷入简单的(后现代主义的)认识虚无主义。也可以说,怎样超越西方/中国和现代/传统的非此即彼的二元话语框架来寻找中国自己的现代性。两篇完成之后,又写了《中国法律的现代性?》一文。三篇同载《清华法学》第十辑,2007。白凯、白德瑞(Bradly Reed)、苏成捷、陶博(Preston Torbert)和杨柳在本文修改过程中提出了有益的批评意见,在此致谢。

有关调解的意识形态强调法庭应当以调解为主，并宣称这种制度优越于西方的对抗制；最后，从西方大陆法传统下的现代主义——形式主义立场来看，中国的民事法庭一向不是根据普遍的法律原则来裁决案件的，因此也没有真正意义上的民事判决。

有必要先解释一下"调解"和"判决"这两个词在本文中的用法。"调解"在英语和毛泽东时代以前的汉语中，主要含义是通过第三方的促成或介入而达成自愿的和解。① 但是，在毛泽东时代的民事法律制度中，"调解"逐渐涵盖了"调处"的含义。在此之前，解放区的一些地区曾经将两者区分得很清楚，后者主要由行政机构施行。② 与调解不同的是，调处更具高压，更可能违背争议者的意愿。而 1949 年之后，两者之间的这种区别不再存在。

至于"判决"，人们当然可能对这个词③有不同的理解，本文主要作为法庭调解的对立面来使用，区分妥协性的调解和根据法律的判决及裁定。前者不产生"是"与"非"，也没有"胜诉"与"败诉"之分，后者明确分出"是/非"或"胜/败"。

下文将要谈到，1949 年后中国的法庭实践同时包括了调解和

---

① 19 世纪的案件档案中，"调解"可与"调处""说合"等词互换使用，比如，"经亲友调解/调处/说合"。此前的用语包括"调停""说合"和"和解"（参见诸桥辙次，1955—1960，第十卷：504，485；第八卷：971）。

② 例如，晋察冀边区 1944 年的一份指示非常明确地区别了"村调解"与"区政府调处"（参见韩延龙和常兆儒，1983：640—643）。其中的分别正是本文此处对"调解"与"调处"的区分。对照之下，中央陕甘宁边区则在"民间调解"之外使用了"行政调解"和"司法调解"这两个术语，预示"调解"的用法扩张之来临（参见韩延龙和常兆儒，1983：630—633）。

③ 古汉语用的是"断""断案""断定"，以及"判""判案""判决"等；现代汉语中则主要用"判决"（参看诸桥辙次，1955—1960，第五卷：648；第二卷：233）。

判决以及介于这两个范畴之间的活动。因此本文及本文的姊妹篇
采用了两个附加范畴:"调解式判决"和"判决性调解"。前者对应
于那些虽然具有调解的形式但实质是判决的案件,后者对应的则
是那些带有判决成分但主要性质是调解的案件。这些用法在具体
的案例讨论中会更加清楚。不用说,使用这类标签时常常会遇到
困难,因为实际案件的相关特征并不是一目了然,而是在"灰度的
渐变"中呈现出来的。但是从概念上讲,区分判决案与调解案的
"试纸"是看争议的解决是否违背一方当事人的意愿而强加的。本
文集中于中国民事司法制度的判决领域,调解则另外讨论(Huang,
2006;中文见黄宗智,2007)。

　　在以往的学术著述中,调解比判决得到更多的关注,本文的姊妹
篇吸取并讨论了这些成果(如 Cohen,1967:54—76;Lubman,1967:
1284—1359;Lubman,1999:第三章;Hsiao,1979;Palmer,1989:145—
171;Clarke,1991:245—296)。这里从问题的另一端切入,致力于
描绘清代以来民事法律制度中更具判决特征的那些成分。以往对
判决的研究成果在下文相关之处讨论。

　　案件档案向我们显示了中国法庭实践的情况,本文的研究表
明,这些实践与儒家和中国共产党的表达以及形式主义的预设有
显著的差异。有关清代的情况,我参考了收集到的 628 个案例,它
们来自三个县保存下来的档案,即四川的巴县档案、台湾的淡水—
新竹县档案和首都顺天府的宝坻县档案;有关 1949 年以后的情况,
我使用的抽样案件是来自北方 A 县和南方 B 县的共 336 个民事案
例,并补充了对松江县法官和该县华阳桥村(自 20 世纪 80 年代后
期称"甘露村")的当事人及干部的访谈材料——我曾经在这个村

做过长期的田野调查，当时是为了写作那本出版于 1990 年的关于长江三角洲小农经济的书。当代的案件档案因为直到最近才可能得到，对它们的讨论将相对详细。

本文首先回顾法庭的各种判决性质的"实践"（相对于表达的行动、相对于理论的实践以及相对于制度结构的实际运作），以区别于儒家和中国共产党的表达以及形式主义的理论预设。目标之一是对现在和过去的中国民事法律制度中的判决领域，包括那些旨在指导法庭活动的成文规则（有别于那些旨在表达道德理想的抽象原则），做一个概述。此外，本文也试图阐明呈现于法庭实践中但尚未被言说出来的某些逻辑。无论是清代还是当代的中国法，强调调解的官方表达与采用判决的法庭实践始终结合在一起，这是个值得特别关注的问题。在我看来，这种矛盾的共容展示了贯穿于从清代到毛泽东时代乃至改革时期的所有变迁之中中国法的特殊思维方式。这里之所以特别指出这一点，是因为这种特性很容易淹没在各种显眼的变化之中。

## 一、大陆形式主义与清代司法

马克斯·韦伯清楚地指出，现代西方大陆法形式理性主义传统之基石在于法律完全是从抽象的、普遍的权利原则得出的（Weber, 1978[1968]: 844—848, 656, 976）。1900 年的《德国民法典》是一部典范性的从个人的各种权利（有关债权和物权、结婚与离婚以及遗产继承的权利及义务）出发的民事法律（*The German Civil Code*, 1907）。后来，德国的这部法典成为 1929—1930 年民国民法典的范本,并由此在一定程度上影响了当代中国的民法。

韦伯进一步廓清了形式理性主义法律之中这类普遍原则与个案推理之间的关系。"每个具体的司法判决"都应当是"一个抽象的法律前提向一个具体的'事实情形'的适用"。而且,"借助于法律的逻辑体系,任何具体案件的判决都必定可以从抽象的法律前提推导出来"。(Weber,1978〔1968〕:657)

在韦伯看来,形式主义的法律推理,是理性的现代法律有别于其他类型法律的最关键因素,尤其是有别于工具主义和实质主义的法律:工具主义法律服务于(世袭)统治者的意志,实质主义则"依靠伦理的、情理的或政治的原则而不是普遍性的规范来裁量"案件事实。实际上,即使是英美普通法的(韦伯称之为)"经验主义司法"也不同于大陆形式主义的理性化法律推理。在韦伯看来,普通法传统下,司法判决"不是依据理性化概念下的前提,而是通过利用'类推'并依据对具体'先例'的阐释"而做出的。(Weber,1978〔1968〕:844—848,656,976)这种判决方式(连同对陪审团制度的依赖)赋予了普通法强烈的非形式主义和非理性化的特征〔Weber,1978(1968):891〕。

韦伯对形式主义大陆法的特征描述,尽管用的是一种理想型(ideal-type)的方式,但的确有助于厘清这种法律传统的概念基础,进而提供了一面镜子或参照系,帮助我们澄清其他法律类型与之非常不同的概念方法。与此同时,韦伯的比较类型学隐含的现代主义式的和欧洲中心主义式的思维偏向也是值得注意的问题。从这些类型出发,人们易于得出结论,认为清代法律中只有具体的、个别的规范,而没有形式主义法律必备的抽象的普遍性规范;人们也会仓促地误认为清代很少有民法,比如卜德和莫里斯等(Derk Bodde and Clarence Morris,1967)就未能摆脱这种成见,尽管他们这部著述(《中华帝国的法律》,*Law in Imperial China*)本身质量很高;人们还会轻易地按表面的含义和主张来理解儒家的表达,比如滋贺秀三(1981:74—102)坚持认为,清代法庭没有通过适用法律条款而做出的真正意义上的裁判;沿着同样的思路,威廉·琼斯(W. Jones,1987:309—331)认为,1949年后的中国根本就没有民法,而只有行政措施,直到进入80年代,随着市场开放和资本主义改革以及对西式法律的采纳,才开始具有真正的民法。

其实,清代法律尽管不像西方大陆形式主义法律那样,以抽象的普遍性权利原则为出发点,但它实际上包含了大量的指导司法判决的法律规则——只不过是出于与现代法律形式主义立场很不一样的思维方式。清代法律不是从独立于且高于事实情形的抽象原则出发,而是基于事实情形本身来制定法律条款;抽象原则被有意识地具体表达在示范性的事实情形之中,而几乎从来没有从中抽离出来单独表达;抽象原则不以明文规范的形式出现,而通常是通过列举具体的事实情形默示出来,这类具体的事实情形通常是用违反默示原则的行为来说明的;随着时间的推移,相关律条下新出现的其他事实情形则会以详尽的"例"的形式补充进来,"例"的创制经常发起于相关负责官员就实际案件提交的奏折题本(颇像英美普通法的"先例")。

清代法律与大陆形式主义民法之间的差异,并不在于前者缺乏用以指导判决的法律条款,而在于其坚持将概念体系扎根于以解决实际问题为本的各种事实情形规定之中。清律从未试图抽象出普遍有效的法律原则,相反,它似乎假定只有与实际的司法实践相结合,抽象原则才可能得到阐明,才具有真正的意义和适用性。

　　因此,清律从来没有以抽象的形式,像 1900 年《德国民法典》或以之为蓝本的 1929—1930 年国民党民法典那样,提出财产权神圣不可侵犯的原则。① 相反,它是通过具体的情形、以示范的方式阐明财产"权利"原则的,且几乎都是对各种违反该原则的行为的惩罚性规定。因而,欺诈性地将他人土地或房屋当作自己的财产出售受到的惩罚是"笞五十","每田五亩、屋三间,加一等,罪止杖八十,徒二年"(律 93:"盗卖田宅");②同一律条下,"侵占他人田宅"以及"虚(写价)钱"也会受到惩罚。然后,又增加了许多"例"将这一默示财产原则扩充适用于其他相关的事实情形,例如"僧道盗卖寺观田地"(律 93:条例一),"子孙盗卖祖遗祀产"(律 93:条例四),"家奴盗卖伊主田产房屋"(律 93:条例五),等等。

　　有关财产继承的律条起首就规定了对"父母在,子孙别立户籍分异财产"行为的惩罚。由此看来,几代同堂的家庭与已婚兄弟们同居的复合家庭是法律坚持主张的道德理想。然而又在"例"中规定:"其父母许令分析者,听。"(律 87:条例一)这一实用性的条款旨在适应父母在世而分家普遍存在的社会实践(已婚兄弟姐娌之间的现实矛盾无疑是这种实践的主要起因之一)。然而,最初的道德理想仍然保存,仍然被置于这条主律的起首,而例在向现实让步的同时再次重申了这个理念。

---

① 如《中华民国民法典》第 765 条:"所有人于法令限制范围内得自由使用收益处分其所有物并排除他人之干涉。"
② 所引清律均引自薛允升(1970[1905]。律的编号亦从该书。

有关儿子对父亲的土地继承的律,首先规定了对不顾及父母意愿擅自使用家庭财产的儿子的惩罚,接着规定"尊长应分家财不均平者"也应受到惩罚(律88:"卑幼私擅用财")。同样,"子孙不能养赡父母"(律338)也是通过惩罚性规定表达了子孙对年老父母的赡养义务。总之,无论是子孙的继承权还是他们对年老父母的赡养义务,都不是通过抽象原则提出来的。

清律对债务的处理也采取了同样的方式,将其放在有关高利贷管制的条目下(律149:"违禁取利")。该律首先明确指出对收取高于国家规定的最高3%月利率的放贷者予以惩罚:"每月取利,不得过三分……罪止杖一百。"合法借贷的偿还乃是其后的关注:"负欠私债违约不还者,五两以上……罪止笞四十;五十两以上……罪止笞五十;百两以上……罪止杖六十。"合法债务必须偿还的原则仍然默示于具体行为及其惩罚措施之中。

婚姻方面同样如此,婚姻的缔结基于双方家庭的诚信婚约,这是一个默示原则,法典没有将其抽象化,而是通过对将已有婚约的女子"再许他人""有残疾者,妄作无疾"(律101"男女婚姻")等欺诈行为规定惩罚措施而表达这一原则。尊重婚约也是一个默示原则,通过对"期约未至而强娶""期约已至而故违期"等行为规定惩罚措施而表达出来。

不仅民事领域,刑事领域的法律原则同样是通过示范性的事实情形表达出来的。例如,胡宗绮(Jennifer M. Neighbors,2004)指出,清代的杀人罪共分六等,全凭动机这个很难琢磨也十分抽象的范畴来区分:最严重的是"谋杀",例如用毒杀人;其次是"故杀",譬如在极其愤怒的时刻有意杀人;再次是"斗殴杀",与人斗殴之中杀了人(并视所使用武器的不同性质而区别);再次之是"戏杀",譬如在拳击比赛之中无意杀了人;更次之是"误杀",譬如在玩火或者玩射箭的时候杀了人;最低的是"过失杀",是出于无意的,譬如在山坡上拉车失去控制而因此无意杀了人(薛允升,1970[1905],第五册,第四卷:第849—857页)。法典中没有对动机做任何抽象化表述,但通过事实情形的列举明确了动机的不同故意程度,并严格地据此规定相应的刑罚等级。

相比之下,以现代西方大陆形式主义法律为范本的民国法律只规定了故意杀人和过失杀人("故杀"和"过失杀")这两个抽象化类别,而没有对动机做详细的等级划分。[①] 胡宗绮(2004)进而指出,在实践中处理杀人案时,民国时期的法官们实际上常常援用清代的区分,来弥补从德国法移植过来的"故杀"和"过失杀"两分法的不足。

而且,清代的法律还依靠类推方法来涵盖法典中没有列入的事实情形。薛允升编撰的晚清律典中列出了30条比引律。比如,"义子骂义父母,比依子孙骂祖父母"(比引律27,即律329的类推适用)。同样根据类推原则,对"发卖猪羊肉灌水"或"米麦插和沙土货卖"的惩罚,"比依客商将官盐插和沙土货卖律"(比引律3,比依于律141:"盐法"第十款)。这种类比的方式使默示于具体事例中的原则得以扩张适用。自始至终,问题的关键都不在于没有原则或规定,而在于清代法律坚持主张,抽象原则不能完全独立于具体事例而孤立存在。换言之,清律表明了一种认识论上的坚持,即

---

① 当代西方法律对杀人罪主要在有预谋的谋杀罪、有动机的杀人罪和无动机的杀人罪之间做出区分(在美国,通常分别称之为一级谋杀、二级谋杀和三级谋杀)。

抽象概念与实践的不可分离性,尽管它同时承认,后者的无限可变性导致不可能在法典中穷尽列举之——也正因为如此,才求助于类推方法,而类推方法本身又是通过30个具体的比依适用情形来阐明的。这类以事实为出发点指导司法判决的法律条款,数量相当庞大。

应当看到,清代法律的认识论态度固然不同于现代形式主义,但也不同于后现代主义,例如近年来在中国法律学者中很有影响的格尔茨(Geertz,1983:167—234)的理论。格尔茨在《地方性知识:事实与法律的比较透视》中比较了现代西方法律和一些其他地方的前现代传统法律,用来说明分割事实与法律乃是现代西方法律的一个特征(在他看来,几乎是一种怪僻)。一般传统法律不会像西方形式主义那样把抽象原则看得非常崇高以至于脱离事实,而会坚持维护抽象原则与事实的联系。在这一点上,我完全同意格尔茨的分析。现代西方法律受主流形式主义影响很深,即使是经验主义倾向很明显的英美普通法,也基本接受了形式主义的思维方式,援用了形式主义的权利原则,并将之置于远远高于事实的地位。

但是,格尔茨质疑现代主义时所采取的认识论立场和清代的立场是完全不同的。格尔茨的观点立足于一种后现代主义认识论:怀疑一切"所谓事实",认为一切所谓事实最终只不过是人们的一种构造。格尔茨因此把所有认识比喻为美国法庭上敌对的律师,双方各执一词,各为聘雇自己的顾客说话,根本就无所谓真实不真实,就好比受雇的"枪手"(hired gun),可以为出钱的雇主杀人。这个比喻很好地说明了格尔茨本人和后现代主义对待事实的基本态度。但清代法律的认识论和格尔茨的立场正好相反,前者的出发点是事实的真实性:正是因为相信事实的真实性,才将法律原则寓于其中。清律不会认为欠五十两债违期不还只不过是一个不可验证的构造,它要求法官明辨真伪,明判是非;也绝对不会认为法庭只不过是一个双方律师相互争辩而无可验证真实的场所。① 格尔茨的立场其实是一种认识论上的虚无主义。清代法律家,凭他们的思维方式,会认为格尔茨的观点不符合实际,甚至无聊;如果以清代的法律思维方式来批评现代主义,它反对的只是脱离于事实的抽象原则和抽象逻辑,以及对它们的过分依赖,而不会像格尔茨式的后现代主义那样怀疑事实本身的真实性。

这并不是说,中国帝制时期的立法仅仅回顾性地纯粹着眼于以往的事实经验或者只考虑解决实际问题,它同时也包含了强烈的前瞻性因素。显而易见,儒家说教主要是对社会的应然所说而不是对实然所说。譬如,帝制法律对于民事案件("细事",意即"小事")的观念,首先强调的是这些案件按道理根本不该发生,因为有品行的人不会自降身份卷入这类纠纷或诉讼;如果纠纷确实发生了,也应该由社区或宗族中的有德长者调解处理;而在实践中,如果这类纠纷最终成了官司,县一级地方衙门就会全权处理,不会麻烦上级官府。甚至可以说,儒家道德观念在帝制时期中国法律中

① 即使是西方的法庭,其实也是从这种确认事实的观点出发的;两造的律师确实是完全为雇主说话的"枪手",但这并不表示法庭之中没有真实性可言,法官和陪审员们的职责正是要鉴别真伪。要是法庭真的只不过是格尔茨比喻中的那种状态,那可真的是全无公正可言了。要是一切知识真的像格尔茨说的那样,我们做历史的也就不必要参考什么原始文献,上什么档案馆了,做社会科学的也完全没有必要做什么实地调查了。

扮演的角色，某些方面类似于形式主义权利原则对基于先例的英美普通法所起的作用。两者均在某种程度上结合了理想和实际考虑。当然，差别在于，中国法中的这种结合——我称之为"实用的道德主义"（参见黄宗智，2001：第八章）——并不强求以法律推理的方式将所有的司法判决都归入其道德前提之下，而这种法律推理方式是韦伯式的法律形式主义所坚持的。

## 二、儒家的表达与清代的法律实践

儒家道德君子应当以"让"和"忍"来应对纠纷，这种观念处于法律的儒家建构的核心位置。如上文指出的，按照这种逻辑，卷入一场纠纷或诉讼本身就是道德修养未到理想境界的一种体现。普通人之间的民事纠纷在官方看来是"细事"。在一个由道德君子组成的社会里，这些纠纷根本就不应该发生。即使最终诉诸正式的司法程序，法庭在整个审理过程中仍然会把社区或宗族的调解当作优于法庭诉讼的解决办法。最后，即使纠纷无法通过调解解决，法庭也仍然要合乎理想地进行道德上的教育和说服，好让诉讼当事人自愿地接受裁决。要求做到当事人自愿接受裁决的设想体现为仪式化的程序——当事人必须出具"甘结"（表示自愿服从裁决、结束诉讼）。（参见黄宗智，2001）

正是基于这些儒家的表达，滋贺秀三提出了颇有影响力的学术观点，认为传统中国法庭从事的仅仅是一种"教谕的调停"而不是依法裁判。在滋贺看来，中国法在概念上立足于"情""理""法"的三合原则——"情"即基于儒家慈悲之心的怜悯和同情，亦即

"仁";"理"即同时支配着自然和社会的道德原则,亦即"天理";"法"即国家制定法。他认为这三者是协同运作的,并构成了法律条文的真正来源(用滋贺本人的术语即"法源")。法庭的主要指南是儒家的"仁"和社会的各种道德原则,相对而言,制定法律条文本身只扮演微小的角色(滋贺将法律条文比作飘浮在大海里的一座冰山)。调解,或曰"教谕的调停",是这种法律和治理立场的具体表现。(滋贺秀三,1981:74—102)

虽然滋贺的分析阐明了官方意识形态的逻辑基础,但他过分依赖儒家的道德主义表达,因而忽视了中国民事法律制度的另一关键性维度,即以解决实际问题为目的的成文法律规定以及按照这类规定而做出的判决和裁定。清律固然包含儒家道德说教,但也并不回避"细事"诉讼的现实:它具有数量可观的指导司法裁决、供地方衙门做法律上的是非判断之用的成文法规。

再者,清代的司法活动中显然也有许多其他的实际考虑。地方官要处理的积案太多,"教谕的调停"所必需的说服和道德教育工作因费时甚巨而实际上难以实行。而且,那些固执地要求以正式程序开庭处理纠纷的当事人往往都是些极为顽固的人,他们经受住了民事法律制度中固有的反对诉讼的道德—意识形态压力,并且拒绝了具状呈控几乎必定会触发的进一步的民间调解。儒家的假定是,争议的双方往往都至少有某种程度的过错,与此相反,这些不愿妥协的诉讼当事人时常是真诚地认为自己单方面遭到了不法侵害或者确信对方违反了法律。因此,在这种情况下,地方官一般按照成文法直接判决,诉讼当事人此时出具的甘结一般只不过是仪式化了的形式。

我在 1996 年的书中使用了来自清代三个县总共 628 个司法案件,来证明清代的法庭几乎从来没有以滋贺描述的那种方式进行调解。在进入了正式听审程序的 221 个案件中①,绝大多数都是根据法律当庭裁决的:170 个案件(占 77%)是直接做出判决;另有 22 个案件(10%)是裁定双方均无明显的违法行为;还有 10 个案件(5%)是下令进一步调查。221 个案件中仅有 11 起是命令当事人接受法庭以仲裁方式得出的妥协方案。滋贺对"教谕的调停"的分析以及诉讼当事人出具"甘结"表示接受裁定这种仪式化的要件,可能会诱导我们设想清代的法庭是以道德教育的方式来说服当事人"自愿"接受裁判的,但上述案件没有一宗是这种情况(黄宗智,2001:第 226—227 页,表 A. 3;参看第 77 页)。在后来的一本书中,通过清代与民国的比较,我对有关的法律条文做了更加详细的研究和说明(参见黄宗智,2003)。

简言之,案件档案显示出来的情况是,当"细事"闹到庭审时,一般说来县官实际上是直接根据法律裁决的。清代著名法学家汪辉祖明确地说明调解乃社区和宗族所为,而法庭所为则是判决,是根据法律对是与非做出不容含糊的判断(因此会造成诉讼当事人之间持久的仇恨,不如民间和解可取)(汪辉祖,1939:16;参见黄宗

---

① 其他案件大多数都是具状呈控之后通过民间调解解决的。剩下的 407 宗案件中,31%的案件(126 宗)因当事人申请撤诉而终止,因为社区/宗族调解(126 宗中的 114 宗)或者当事人本身之间的和解(126 宗中的 12 宗)已经成功地解决了纠纷。(参见黄宗智,2001:226—227,表 A. 3)另外 65%的案件(407 宗中的 264 宗)在档案中没有任何结果而中止,原因是诉讼当事人既没有申请撤诉也没有禀求正式开庭。我们可以推测,很多是因为民间调解成功或当事人彼此达成和解后,没有人不厌其烦地回衙门销案。(参见黄宗智,2001:116—117)

智,2001:194—195)。其他法学家,包括刘衡、陈庆门和方大湜,同样强调了明辨是非的判决的重要性:一来是为了遏制讼棍们的唆讼行为,二来确保法律的权威得到维护(黄宗智,2001:195—196)。

按照大陆法的形式主义逻辑,儒家理想与清代实际司法行为似乎是相互矛盾的;然而对于中国的法学家们来说,这里并不存在逻辑上的洽合问题。儒家说教阐明的是法律制度的理想,实际运作则容忍实用规则和判决,即使它们有可能与儒家理想相悖。在中国的法律推理中,儒家理想表达的显然是一种应然世界的图景,而法典中的实用条款和法官的判决行动,则回应的是这些理想难以鞭及的现实生活情境。实际的现实决定着某些行动,恰如儒家说教持续指向一个理想世界的图景。一个韦伯式的形式主义者的确可能会将清代的司法行动与英美普通法的"经验主义司法"的某些方面等同起来看,认为前者比较强调经验主义和实用主义。

## 三、大陆形式主义与民国民法的中国式原则及实践

西方帝国主义扩张的同时也带来了西方的法律制度,尤其是欧洲大陆形式主义法律的影响,使中国帝制时期的法律制度及其思维方式受到了挑战。和工业化一样,现代西方法律似乎也是一种不可能被抵制甚至不可能被质疑的现代性的一个主要组成部分。从 1898 年戊戌变法以来,中国的政治家和知识分子普遍深切感到,中国不仅仅军事力量落后于西方,而且法律制度也落后于西方。他们以为,西方民族国家变得强大首先是因为它们的法律体

系;而日本明治时期对西方法律和制度的引进,则从另一个侧面解释了为什么日本能够在甲午战争中击败中国。

不仅如此,帝国主义本身也促成了这种态度。帝国主义严重伤害了中国主权,而它所主张的"治外法权"的部分理由就是假定中国法律制度落后。要重新获得国际上的完全主权地位,中国不得不引进西方法律来证明自己走现代化道路的决心。这种动机充分地显示在民国时期的立法之中。

在普通法和大陆法这两种现代西方法律模式之中,民国时期的立法者们选择了后者。国民党立法首脑人物胡汉民的观点可能最简洁地解释了这种选择的原因。他认为在大陆法那里,法典对于习惯有至上的权威;普通法则立足于习惯的形式化,这种制度下,先例甚至优先于成文法。中国则正因其习俗之落后(这一点是立法者们在帝国主义面前痛苦地感觉到的),当然必须选择前一种模式。胡汉民以及民国时期大多数其他法律家实际上毫不迟疑地选择了大陆法。在胡汉民看来,德国法是西方所能提供的最新也是最好的范本。(胡汉民,1978:847—848;参见黄宗智,2003:62—64)

因此,民国时期的中国民法非常类似于大陆民法。1929—1930年的国民党民法典和它的主要原型——1900年的《德国民法典》(其权威英译本出自王宠惠之手,而王宠惠是国民党中央政治会议指导民法典起草小组的首要法律专家)一样,从各种抽象化的权利出发并将它们确立为普遍性的原则。事实上,国民党民法典无论在法律原则、结构还是语言方面都对《德国民法典》亦步亦趋(参见黄宗智,2003:第四章)。事后回顾,我们可以看到,民国时期(实际上还有清代在其最后十年里的法律改革时期)立法者们之所以安

心于引进西方形式主义民事判决模式,部分原因应可归结为清代
法律实践所造就的中国自身的判决传统。与此同时,旧制度中也
有许多东西得以保留。例如,1929—1930 年的国民党民法典再度
引入了帝制时期的法律范畴(同时也是民间流行的惯习)"典",即
以回赎权为限制条件的土地销售。虽然法典草案起初从德国法那
里引进了财产权的独占性和排他性原则,以及其自由买卖权利,但
是,农村的现实导致不得不再度引入对出典人十分有利的回赎原
则,即在很长期限内对已经典出的土地拥有回赎权。①"典"的习
惯成为清代的一条制定法,是出于照顾那些迫于生计而不得不出
卖土地的弱者和穷人的道德观念;同时也基于一个符合实际的预
设,即土地市场化的程度低以及土地价格的基本稳定。最终,国民
党民法典重新纳入"典"的原则,尽管它与从德国法引进的守护财
产权的法律和理论原则是背道而驰的(参见黄宗智,2003:第五
章)。这样,传统的法律规定与外来的形式主义原则被同时容纳。

　　类似的保留旧习俗的做法在国民党的继承法实践中也可见
到:尽管法典引进了男女平等的形式主义原则,但事实上,一般是
小农家庭的儿子而不是女儿才有资格继承家庭的土地,并有义务
赡养年老的双亲。在清代,儿子不赡养年老双亲会受到惩罚;而在
民国的法律中,则不问性别,均有抚养"直系血亲"之义务(第
1114—1116 条)。不过,国民党在实践中承续了小农社会的旧习
惯,因为大多数农村女孩都会嫁到村外并落户到夫家的村里,而儿
子则留在自家田地里并因此承担了赡养老人的义务。这种义务根

① 最初是无限期的回赎权,1753 年之后回赎期限为 30 年(参看黄宗智,2003:68—
　70)。

植于小农经济以家庭土地为主要生活来源的现实,在这种经济现实下,双亲抚养年幼的子女,儿子最终奉养年老的双亲作为报答——费孝通将之命名为"反馈模式";相反,现代西方的"接力模式"则不要求这样的义务(费孝通,1983:6—15;参看黄宗智,2003:127)。财产继承上男女平等的新原则,事实上只实行于小农经济不再流行的城镇地区(参见黄宗智,2003:第八章)。

从下文中将可看到,中国共产党沿袭了同样的做法,尽管也确立了继承权的男女平等原则。最终,新中国的法律务实地将继承与养老的现实关联予以明确化,赋予在家的儿子而非出嫁的女儿拥有继承权这种农村中长期存在的习惯法律上的正当性。

## 四、法律形式主义与当代中国的法庭实践

外来原则与经久不衰的中国式原则和实践的共容在中华人民共和国的法律制度中甚至更为明显。最为显著的例子是,1986 年的《中华人民共和国民法通则》遵循的样式与国民党民法典非常相像(因此也非常接近于德国的形式主义模式),以抽象的方式规定了权利和义务。但是,官方表达又同时拥护调解的意识形态,并据此主张中国法律制度的独特性(及优越性)。

按照毛泽东时代的用语,在社会主义社会"人民内部的非对抗性矛盾"问题上,调解比判决更值得依赖(Mao Tse-tung,1971[1957]:432—479;中文参见毛泽东,1977:363—402)。调解仍被突出地视为中国民事法律制度最重要的特色。晚至 1990 年,中国全部民事案

件大约有 80% 号称是调解结案的[《中国法律年鉴（1990）》：993]。①

尽管判决与调解就外部特征而言共同处于一个"灰度的渐变"体之中，但仍然有必要在概念上将它们区分开，特别是在中国的法庭本身采用了这些范畴的情况下。如前文指出的，站在当事人的立场来考虑是一种可行的方法：如果最终的和解协议是违背其意愿强加给一方当事人的，即一方"败"而另一方"胜"，那么这个案件显然不是真正意义上的调解案。

因此，判决在法庭行动中事实上所占的比例要比我们从官方表达那里得出的印象大得多。除了那些正式列入判决类的案件，有很多案件被记录为"调解"结案，只不过是因为当事人名义上接受了法庭的判决——其方式与过去仪式化的"甘结"几乎没有什么两样；还有许多案件，法庭对其在法律上的是与非做出了一清二楚的判决，但因为当事人没有强烈坚持反对，或者没有表示反对的意图，也被称为调解结案。这类调解其实徒具形式而已，或许应该称之为"伪调解"，具体的例子在下文个案讨论中可以看到。

另一个主要类型，我称为"调解式判决"，案件记录中将这类案件叫作"调解"，只不过是对"调解"这个词做了相当程度的曲解。最典型的例子是我在有关离婚法的文章中详细讨论过的，以法庭强加的"调解和好"来驳回有争议的离婚请求。这些案件先是判决性地驳回离婚请求，然后采用高压手段来确保和解的达成，常常违背了诉讼请求人的意志（参见 Huang，2005；中文见黄宗智，2006；亦

---

① 甚至直到新世纪开始，经历改革二十多年后，仍然有一半的案件被称作是调解结案[参见《中国法律年鉴（2001）》：1257]。

参见 Huang，2006；中文见黄宗智，2007）。这类案件也在下文案例讨论中可以见到。

有许多案件尽管包含一些判决性的因素，但仍然属于调解范畴，因此我称之为"判决性调解"。比如，法庭可能会在某种判决性质的干预下帮助双方当事人达成妥协。如下文的案例讨论所显示的，法庭可能会在着手调解之前判决性地认定离婚中的一方当事人为过错方（例如有通奸行为的一方），然后协助达成有利于对方但是双方均愿意接受的调解方案。

当然，还有一些接近于调解原来的核心含义的案件，在本文有关调解的姐妹篇文章中将予以详细讨论。该文旨在阐明这类调解的逻辑基础，以及区别相对成功与不成功的调解（参见 Huang，2006；中文见黄宗智，2007）。

在指导法庭判决的具体法律条款方面，中华人民共和国的法律接受了西方形式主义的权利原则，同时又改变了这些原则的普适性主张和目标，代之以适合中国现实的实用性规定。它背后的法律思维方式其实和清律一样，是一种实用的道德主义。本文以下部分运用案件档案对主要民事领域的法规和判决做一个概括的描绘。首先讨论侵权法和民事损害赔偿案例，因为它们同时为引进的形式主义侵权法原则和旧的立足于解决实际问题的法律路径这两者提供了很好的例证。

## （一）侵权法与民事损害赔偿责任原则

在形式主义的大陆法中——包括成为 1929—1930 年国民党民法典蓝本的 1900 年《德国民法典》，民事侵权法的出发点是这样一个抽象的原则,即如果一方侵犯了另一方的权利,那么过错方会因这个"过错行为"而被追索金钱赔偿。这个公式的关键在于过错(侵犯他人权利)概念,它与法律在于保护个人权利这种更具普遍性的观念是完全一致的。因此,国民党民法典"侵权行为"部分起首就规定:"因不法或过失侵害他人之权利者,负损害赔偿责任。"(第 184 条)1986 年《中华人民共和国民法通则》采纳了上述公式:"公民、法人由于过错侵害国家的、集体的财产,侵害他人财产、人身的,应当承担民事责任。"(第 106 条)至少在表面上和理论上,中华人民共和国的法律在民事侵权问题上与现代西方形式主义法律似乎是一致的。

然而第 106 条继续规定:"没有过错,但法律规定应当承担民事责任的,应当承担民事责任。"其内涵在第 132 条中得到清楚的说明:"当事人对造成损害都没有过错的,可以根据实际情况,由当事人分担民事责任。"一个法律形式主义者在这里当然会注意到逻辑上的不连贯。法律怎么可以先规定因过错造成他人损失必须承担赔偿义务,然后又继续说即使没有过错也有可能承担赔偿义务呢? 没有过错,怎么会有民事责任呢?《德国民法典》和国民党民法典中都没有这样的规定。

首先,抽样案件表明,1949 年后的法庭一贯应用了过错责任原则。① 比如 1977 年 A 县的一个案件,被告是一名未成年学生,拿石块扔两名小朋友后,因被追赶而猛跑,将原告——一位 62 岁的妇女撞倒,后者受伤住院治疗。医疗费和病假工资由原告的工作单

---

① 在我的抽样案件中,1978 年以前的损害赔偿案仅有 4 宗,均明确地判定一方有过错(A,1977-015;B,1977-4,6,14)。

位支付,原告起诉要求补足正式工资和病假工资的差额部分,另加三个月的营养费和护理费。法庭先以判决性的立场认定被告确有过错,然后"说服"被告的父亲同意支付工资差额 41.70 元以及康复费共 51 元(三个月营养费 15 元和两个月护理费 36 元)。最后以"调解协议"结案,协议规定,到 1978 年 3 月全部金额必须付清。(A,1977-015)再如,1995 年 B 县的一个案件,原告骑自行车时,被告骑摩托车从后面将其撞倒致伤。依据县交通警察根据现场勘验和人证物证调查提交的报告,法庭认定交通事故的过错责任在于被告,因而判决被告支付原告赔偿金 3826 元及诉讼费用 400 元。(B,1995-3)

与本文主旨关联更大的是那些被告并无过错的案件。按照严格的形式主义过错责任原则,那些案件之中不存在赔偿责任。但是中国的法庭,至少在改革时期,在这种情形下一贯地运用了"无过错民事责任"原则。例如 1989 年 A 县的一个案件,一名七岁的男童从村办幼儿园奔跑回家途中与一名老妇人相撞,老妇人手中开水瓶落下,瓶中沸水烫伤男孩胸、背、四肢、颜面等部位。医疗费总计(包括往返交通费)2009.70 元,区政府支付了其中的 573.70 元,男孩父亲起诉要求这名妇女支付余款。(A,1989-9)

如果损害赔偿责任只能归责于过错行为,那么男童的父亲就不能够"赢"得任何赔偿,因为不可能认定这名妇女的过错。那么,由于没有购买人身保险,或者(如本案)由于区政府提供的帮助并不足以弥补损失,受害者恐怕只能自认倒霉。但是,中国的法庭在这种情况下的做法是,把损害赔偿当作一个因涉案当事人的共同作用而引起的社会问题来处理,因此双方当事人都承担一定程度的责任。

在 A 县的这个案件中,法官详细调查之后,以判决性的立场明确地引用了上文讨论过的《民法通则》第 106 条和 132 条所确立的无过错民事责任原则,认定被告虽然没有过错,但仍然要分担损害赔偿。接着法庭开始着手达成双方均可接受的"调解协议",要求老妇人帮忙承担 250 元的医疗费用(A,1989-9)。

还有很多其他案例是以这种无过错赔偿责任的方式处理纠纷的。例如 1988 年 B 县的一宗"交通事故损害赔偿"案,一名妇女骑自行车时因天下雨路滑摔倒,被后面驶来的小拖车轧伤,导致左肩锁骨骨折。她被送到医院接骨,休养了五天。被告,即小拖车司机自愿承担了全部费用。然而此后,因为断骨没有接好出现并发症,这位妇女不得不到另一家医院治疗,于是要求拖车司机追加医疗费。① 区政府曾经试图调解,建议被告承担全部医疗费中的 300 元,但原告要求更多,因而起诉。法庭再次采取了无过错责任原则,判决性地认定被告有义务帮助解决问题。由此达成调解协议,被告人支付医疗费 350 元。(B,1988-3)

再举一个最后的例子,1989 年 B 县的一起我们权称为"自行车损害赔偿"的案件。原告正在步行回家的路上,被告在后面骑自行车慢行。原告突然转弯,被告来不及反应,撞上原告。原告倒地不幸脑震荡。因必须做 CT 扫描,医疗费用不菲,原告起诉要求赔偿

---

① 可能会有读者觉得奇怪,既然并发症是某种"医疗事故"造成的,那么她为什么不起诉医院? 在当时的中国,状告一个作为国有机构的医院显然不是可行的选择,因此原告只好起诉一个个人。1990 年开始实施的《行政诉讼法》在多大程度上改变了这种状况,尚有待进一步观察。

损失,包括医疗费和误工费总共将近 3000 元。法庭询问两名证人
(一人在法庭,另一人在自己的工作单位接受询问),确认案件事实
无误之后,以判决性的立场认定双方均无过错,但双方当事人仍然
都应承担责任。随后达成调解协议。(B,1989-16)

上述几个案件表明,法庭在民事损害赔偿实践中,针对案件的
不同情节,既运用了形式主义的过错原则,也运用了无过错民事责
任原则。正如上文提到过的,《民法通则》之所以能够制定出无过
错责任条款,而无须顾及这种条款与形式主义的过错责任原则之
间的逻辑矛盾,是因为中国法律的思维模式是一种实用的道德主
义——尽管法典中并未明确说明。这种实用道德主义的基本态度
是优先考虑解决实际问题,而不是贯彻抽象原则,因此法律很自然
地承认实际现实中过错和无过错损害两种情形都是存在的,并不
因为形式主义的侵权法构造而忽略后一种情形。既然无过错损害
事故是法律上既定的事实情形,是一种不能仅靠归责于一方的过
错来解决的民事问题,那么,在这样的情况之下,"无过错也应当承
担民事责任"的原则就是实际的解决方案。对于立法者们来说,这
个答案本来就是一种常识,无须多加解释。

形式主义原则比常识性的法律方法拥有更高的声望,所以《民
法通则》将过错原则置于优先的位置,而将过去以解决实际问题为
出发点的方法和原则降格到从属的位置,这并不值得惊奇。这样
的立法安排是有先导的——毕竟中国在此前近一个世纪里都在模
仿和借鉴现代西方大陆法,而后者曾经(现在也仍然)与更具优势
的武力和影响力、更先进的经济发展水平等是连在一起的。只不
过,对《民法通则》的起草者们而言,正因为他们在思维方式上倾向

于以实际现实为法律的概念化的出发点,所以他们认为过错情形和无过错情形两者都明显是法律必须处理的现实生活中的真实情况。换句话说,两个从原则上看来矛盾的问题,只有从法律形式主义的观点出发才会凸显出来;有过错行为才能构成侵权责任,这是法律形式主义的抽象法律前提;法律结果必须与法律前提保持逻辑上的一致,也只是法律形式主义的要求。而中国法的认识论态度是以事实情形为前提的,由此来看,基于不同事实情形的两个原则的同时存在显然并不矛盾,反倒是符合现实的,因此也就无须多加解释了。

中国立法者们自身也并不允许无过错原则在法典中优先于引进自西方大陆法的形式主义原则,而只是把它当作补充性规定,正像他们对待以事实为前提的思维方式一样。尽管如此,无过错民事责任原则仍然表明,旧的法律思维方式至今还在起作用。中国当代民法实际上已经将外来的侵权责任原则从一种形式主义的普遍性准则改造成一种类似于清律道德理想的行动指南,它不强求将全部的事实情形都归入法律的逻辑体系之下,而是认为在实践中可以做出调整。

中国法的无过错损害赔偿观念可能会让人联想到近年来在美国开始流行的汽车损害赔偿的无过错处理办法。美国现在有 12 个州采用了"无过错汽车保险"( no fault insurance,2004),就是说,被保险人直接从自己的保险公司获得损害赔偿,哪一方当事人有过错则变成一个不相关的问题。① 汽车损害赔偿的这种方式在某些方面也会让人联想到西方社会在 1960 至 1980 年之间对"无过错离婚原则"的采用(Phillips,1988),我对这个问题另有专门讨论(参见 Huang,2005:151—203;中文见黄宗智,2006)。

但是,美国的无过错保险与中国的无过错责任之间有一个重大的差异。前者的出发点是一个普遍化的原则,适用于所有的汽车损害赔偿,而不论事实情节涉及过错与否,因此它与形式主义认识论态度在逻辑上是一致的。而且,无过错保险的基本观念仍然是"无过错,则无赔偿责任",因此在这个意义上又与"侵权行为"概念最初的构造在逻辑上是一致的。相反,中国的无过错责任原则的确立是因为法律以事实为出发点,将有过错和无过错情形两者都当作法律必须处理的现实生活中实际存在的事实情形,并以不同的原则分别处理之。它的思维方式是从事实到概念而不是从概念到事实,和形式主义方式相反。②

---

① 美国侵权法中还有一种"严格赔偿责任"(strict liability)原则,按照这个原则,危险产品的生产者,或者从事具有危险性行为的人,可能会对其产品或行为造成的损害承担赔偿责任,即使原告不能证明被告的过失。原告"仅需证明侵权损害发生了且被告负有责任","无需证明被告的过失,但原告必须证明被告的产品是有缺陷的"。这个原则的实际意图是"促使可能的被告人对每一项可能潜在的危险采取预防措施"("Strict Liability","What is'Strict Liability'?"发表日期不明)。因此可以将严格责任视为过错责任的扩展(当涉及危险的产品或行为时,所要求的证据标准较低),这个原则与中国"无过错也应承担民事赔偿责任"的原则很不一样。
② 参看黄宗智(Huang,2006;中文见黄宗智,2007)。文中对无过错离婚原则与中国法律处理无过错离婚的原则有类似的比较分析。

## (二)继承权与养老义务

中华人民共和国的法律与之前的国民党法律,同样倚重于外来的财产权原则:"财产所有权是指所有人依法对自己的财产享有占有、使用、收益和处分的权利。"(《中华人民共和国民法通则(1986)》,1987:第71条;参见"General Principles of the Civil Law of the People's Republic of China",1987[1986])①但我们将会看到,法律同时也吸收了过去从实践出发的原则,这个原则考虑到小农经济的现实,以家庭的要求和义务限制了个人的财产权。同样,法律将新引进的继承权男女平等原则(《中华人民共和国继承法》,1986[1985]:第9、10、13条;参见"Law of Succession of the People's Republic of China"②,1987[1985])与仅男子享有继承权这种旧的实践和原则混合起来。

在中国帝制时期的小农社会,土地和房屋的财产权一般都受到法律和习俗的双重制约。比如,小农家长一般不可能剥夺儿子的继承权,也不可能将土地房屋优先于自己的儿子传给家庭之外

---

① 在当代西方的公司法实践中,所有权实际上已经分解为一种多方共享的"权利束",权利所有人不仅包括股东和经营者,还包括债券持有者、董事会,乃至工会、税务当局、作为调控者的政府,以及大供应商和大客户,等等。更详细的讨论,见格雷(Grey,1980:69—85);参见崔之元(Cui,1996:141—152)、黄宗智(2003:101—102)。

② 《中华人民共和国继承法》的官方英译本将"继承法"译为"Law of Succession",但"Law of Inheritance"可能是更好的译法,因为"Succession"对应的是宗祧继承,在清代是一种主要的继承模式,但到了中华人民共和国时期则不再如此(见Bernhardt,1999;参见白凯,2005)。不过这里(英文原作)仍然采用官方译法,本文其他地方对中华人民共和国法律的引用同样如此,除非另有说明。

的人。事实上，土地和房屋的所有权很大程度上是世代共有或家庭共有，而不是个人所有。父亲更像一个替子孙掌管财产的监护人(但比监护人拥有更大的自主权)，而不太像一个按照自己的意志对财产拥有绝对处分权的所有人。与此同时，儿子对家庭土地和房屋的继承权也联结着对双亲的养老义务，即使他本人已经正式成为一家之主，这些义务也不会终止。这些原则和实践源自小农经济。与现代城市社会的大多数家庭不同，小农家庭不单是消费单位，也是共同拥有生活资料(土地)的生产单位。生产和消费交织在一起，难解难分，这一点恰亚诺夫在 1925 年就已经中肯地指出过(Chayanov,1986[1966]；参看黄宗智,2000[1985]:2—7；黄宗智,2000[1990]:5—11)。因此我们可以补充说，这样的财产权与家庭的经济循环是相适应的：在既作为消费单位又作为生产单位的小农家庭之中，有生产能力者负担整个单位的消费，因此，父母抚养尚未具备生产能力的后代，后者则为父母养老作为回报。

这些财产权原则和实践延续到了 1949 年之后。诚然，集体化结束了土地私人所有权，土地的市场交易和家庭内的土地分割也随之停止了。但是，集体化并没有终结农民的住宅私人所有权。尽管房屋交易在集体化时期少之又少，但房屋的分割和继承仍然和革命前的情况一样。集体化也没有终结家庭作为基本消费单位的功能。虽然参加生产的农民以个人名义按工分计酬，但劳动报酬是通过家长付给每个家庭的。有生产能力的家庭成员养活无生产能力的家庭成员这种旧的模式继续在起作用。20 世纪 80 年代，随着农业集体化的解散，旧的小农经济模式又复苏了，家庭再一次既是基本的生产单位也是基本的消费单位。由于农村没有任何切实可行的社会养老计划,旧的原则和实践仍然是养老问题唯一现实的答案。

因此,和革命以前的情况一样,财产继承权继续与养老义务同时存在。清律对于这个问题是以反面的惩罚方式规定的:"奉养有缺者,杖一百"(律 338:"子孙违犯教令");上文提到过,1929—1930 年的国民党民法典是以正面的方式规定直系血亲之间有相互扶养的义务;至于 1949 年后有关财产继承的法律,一直到 1985 年《继承法》正式颁布,才明确了继承权与养老义务之间的关联:"对被继承人尽了主要抚养义务或者与被继承人共同生活的继承人,分配遗产时,可以多分;有抚养能力和有抚养条件的继承人,不尽抚养义务的,分配遗产时,应当不分或者少分。"(第 13 条)

在农村,这个原则主要适用于家庭住宅的继承,而不涉及土地继承,因为后者仍然是集体所有。A 县和 B 县的抽样案件中,共有 15 宗家庭房屋继承案,其中有 4 宗涉及养老问题。

这些案例表明:首先,法庭一致承认儿子之间的平等继承权。比如两宗异父/异母兄弟争夺继承权的案件便是典型的例证。①1965 年,一位年轻人起诉同父异母哥哥,要求分享他们的生父留下的房屋。异母哥哥十年前出售了四间房屋中的一间,卖房所得款项用于(台风后)房屋的修理以及将余下的三间翻造成两间。法庭经过反复"调解"(说服诉讼当事人自愿接受法庭的意见)之后,裁定双方对遗产有平等的继承权,就是说,改建后的房子由双方各继承一间。(A,1965-02)1988 年又有一宗类似的案件,原告起诉他

---

① 没有见到起诉亲兄弟的案例,可能是因为在这种情况下,人们对平等继承原则普遍没有争议。

的两位同母异父哥哥,认为家里的老房子也应该有自己的一份。两被告此前没有与原告协商,自行拆除中堂建了一间新房。法庭认为,根据法律,老房子应为三兄弟共有财产,但既然房已拆除,两位哥哥应该补偿弟弟的那一份。在法庭的判决性立场影响下,当事人达成了"调解协议",两被告付给原告 250 元作为他那份房子的补偿。(A,1988-9)

当问题涉及女儿时,法庭对继承权男女平等原则的适用是有选择性的,主要适用于城镇地区,农村地区则不然。例如1989年A县某镇的一宗案件,姐姐起诉弟弟,要求分得已故父亲留下的房屋,后者占用了总共 8.5 间中的 7 间。法庭判决遵照了法律的字面意思,认为姐弟应该均分房屋(A,1988-11)。然而,在乡村社会,过去子继女不继的继承权原则依然普遍盛行。因为,妇女基本上还是外嫁到丈夫的村里,在留居本村的儿子和移居他村的女儿之间分割父亲的房屋,会成为一件异常复杂的事情。① 卖掉房屋再分割现金收益固然是一个解决方案,但在毛泽东时代却不是一个现实的选择,因为当时尚未出现房地产的市场化交易。在华阳桥村和华阳乡,20 世纪 80 年代以前的整个时期,没有一宗外嫁姐妹起诉自己的兄弟要求分得家庭住宅的案例(INT90-6)。外嫁的女儿放弃对娘家住宅的主张权是农村社会通行的惯例(INT91-6)。

1949 年之后,不管是毛泽东时代还是改革开放时期,法庭实际上是一贯地将继承权与养老义务结合在一起的。为此,最高人民

---

① 当然,没有儿子的家庭常常会招赘上门。这种习俗在 1949 年之前的华阳桥村曾经相当普遍,之后也仍在继续。这种情况下,留居本村的女儿通常像儿子那样继承父亲的财产。

法院从 1950 年开始发出了若干指导意见（最高人民法院，1994：
1279，1286，1292—1293）供下级法院遵照执行。例如 1953 年的一
宗案件，孙媳妇起诉丈夫的继母，要求得到丈夫的祖父母遗留的房
屋。双方同为死者仅有的在世的法定继承人，但和被告不同，原告
在老夫妇去世之前没有承担过养老责任。法庭明确地根据"原告
没尽赡养老人的义务"的事实，判决原告只能得到 10 间房中的 2.5
间，其余归被告。[1]（B，1953-12）

　　当然，子女对年老父母的赡养义务不只是关联于家庭住宅的
继承权，也直接关系到生存问题。比如，1989 年，一位 81 岁的老太
太为养老起诉自己的继子：她自被告 7 岁时开始抚养他，1949 年被
告的父亲死亡后，单独继续抚养直至其成年。从 1962 年（当时原
告 54 岁）起，继子一直供给她粮食和燃料，因而尽到了赡养义务。
然而，1979 年因分割家庭住宅而引起原告、原告女儿和被告之间的
冲突。原告最后和女儿一起生活，从此被告停止了任何资助。法
庭调解不成。判决中引用了 1980 年《婚姻法》的两款规定："子女
不履行赡养义务时，无劳动能力的或生活困难的父母，有要求子女
付给赡养费的权利"（第 15 条第三款），以及"继父或继母和受其抚
养教育的继子女间的权利和义务，适用本法对父母子女关系的有

---

[1] 1976 年的一宗案件中，一名已故男子的弟媳、侄媳、侄孙和甥孙向法庭要求继承他
的房子。这名男子鳏居无后，在镇卫生系统工作至 1966 年，此后靠每月 10 元的退
休金（从镇卫生院领取）生活，直至 1975 年死亡。原告们在他生病的时候曾提供
照料，此外并无赡养帮助。法庭裁定，原告们既不是法定继承人（法定继承人限于
死者的配偶、后代、父母，然后是兄弟姐妹、祖父母和外祖父母），也与死者没有赡
养关系，因此，原告们要求继承权没有法律依据。死者作为绝户处理，其财产归国
家所有。

关规定"(第 21 条第二款)。判决要求被告每月供应继母 20 元现金和 7.5 公斤大米,以及承担一半的医疗费;诉讼费 50 元也由被告缴纳。(A,1989-020)

1985 年的《继承法》正式将继承权与赡养义务结合起来,从而即使在引进现代西方形式主义法律原则之后,仍然混合了过去面对社会现实的原则和实践。留居在村的儿子而非外嫁的女儿拥有家庭住宅的继承权是一种长期存在的(法律视为正当的)习惯,因此可以说,《继承法》中的相关规定是这种习惯的正式法典化。而且,尽管传统的继承方式与个人财产权的排他性和继承权男女平等这些新的抽象原则之间存在着明显的矛盾,但立法者们认为没有必要对此加以解释,个中缘由与确立无过错赔偿责任时的情况是一样的。那些原则在西方大陆形式主义法律那里是带有普遍性和逻辑一致性的强制要求,在这里则再一次被并入不同思维方式下的法律,这种思维方式将理想化的原则与实际的适用之间的分叉视为理所当然。于是,尽管普遍化的原则得以在成文法中处于首要的位置,但也离不开调整性的补充规定以适应农村的现实。

## (三)债与利息

在要求偿还合法债务这一点上,不管是帝制时期的法律,还是近现代的中国法,都与现代西方法律没有多大差别,主要的区别在于对待利息的态度。中国在这方面正在逐步适应向市场经济转型的现实,尽管毛泽东时代否定利息的合法性。

大体上,清律对利息的处理体现了一种生存经济的逻辑,主要目的是控制在生存压力下发生的高利借贷。因此清律规定了 3%

的最高月利率,即年利率不超过 36%。它一定程度上允许货币资本获利,但同时设定了上限,利息总计起来不能超过本金,"年月虽多,不过一本一利"(律 149)。当然,这种利息原则很大程度上反映了清代物价稳定的现实。

国民党民法典(和《德国民法典》一样规定了偿还债务的义务之后)继续保持了对高利贷的限制,将最高合法年利率限定为 20%——"约定利率超过百分之二十者,债权人对于超过部分之利息无请求权"。同时它也更为充分地接纳了市场经济的逻辑,规定"应付利息之债务,其利率未经约定,亦无法律可据者,周年利率为百分之五"(《中华民国民法(1929—1930)》,1932:第 205 条,第 203 条;参见 *The Civil Code of the Republic of China*,*1930—1931*)(参见黄宗智,2003:第七章)。

1949 年之后,债务必须偿还的原则不变,但利息问题不存在了,这在逻辑上与国家对社会主义经济的构想是一致的——既然物价稳定且没有私人资本,也就没有利息问题。1986 年的《民法通则》只是简单地规定"合法的借贷关系受法律保护",以及"债务应当清偿。暂时无力偿还的,经债权人同意或者人民法院裁决,可以由债务人分期偿还。有能力偿还拒不偿还的,由人民法院判决强制偿还"(第 90、108 条)。然而,改革开放时期市场经济的发展同时带来了物价变化和通货膨胀,这个现实促使中国的法庭在实践中逐步修正毛泽东时代的构想而承认利息的合法性。

两个县的抽样案件中有 15 个债务案例。在来自 1953 年 A 县的全部 5 个案件中,法庭的立场都是债务必须偿还;其中 4 个案件的被告同意在指定的期限内偿还（A，1953-21，012，018，019）。①

50年代初之后，债务纠纷变得非常罕见，但是在发生的案件之中，法庭都按照同样的原则来处理。比如A县1965年法庭判定债务必须偿还的两宗案件中，一宗涉及一笔1150元的买牛欠款，原告同意作一个象征性的妥协，向被告让价50元，因为后者认为已经谈好的价格过高（A，1965-016）；另一宗涉及两家国营供销社，债务人只需偿还全部本金（A，1965-16）。这些案例中都没有出现利息问题，因为当时的物价非常稳定。

在市场化的80年代，债务诉讼的数量大增，几乎达到50年代初的频率。在1989年和1990年的松江县，债务案件占全部民事案件数量的10%（参见Huang，2005：190；中文见黄宗智，2006）。抽样案件中A县1988年和1989年的债务案例有5件，其中4件只要求

---

① 余下的那个案件中，双方都是农民——土改中均被划为"贫农"，曾经在1947年一起加入一个（借贷）合会。通过这个合会，原告借给被告1.9石（1石相当于160市斤）糙米，约定在1953年3月之前偿还本利共3.5石。被告偿还2.0石后，认为既然合会已经解散，自己没有义务承担更多的利息。法庭在判决中先引用了政务院颁布的《耕区农村债务纠纷处理办法》中的一条规定，过去的借贷协议"应认为继续有效"。但考虑到"双方所合之会已经解散"，且被告已经偿还2.0石，根据案件的具体情况，法庭指令被告分两部分偿还余下的债务：1953年12月1日之前偿还0.5石，1954年12月1日之前再偿还0.3石，"此后双方债务关系作为中止"。换言之，被告要另外偿还0.8石，即原告要求的全部1.6石利息的一半。（A，1953-06）B县1953年的一宗债务案件表明了土改期间阶级革命高峰期的一些特殊情况和因素。原告被"错划为地主（中农错斗户）"，此前曾向被告借得7.5石粮食，只还了1.8石。由于背上了"阶级敌人"这个包袱，他竟然哀求被告让他偿还余额。但被告（被划为"中农"）担心如果自己接受偿还，有可能被当作放高利贷者，因此居然拒绝接受。然而，到了1953年事情平息下来后，被告又要求偿还。但这时已经被（正确地）重划为中农的原告认为，根据政府的政策，土改期间发生的债务应当蠲免。法庭做出了有利于原告的判决。（B，1953-9）

归还本金,没有牵涉到利息(A,1988-01;1989-12,03,019)。例如1989 年的一个案例,原告一年前(1988 年 9 月)借给被告 2000 元作为家庭开支,被告用这笔钱买了 20 000 块砖。法庭认为债务必须偿还,被告同意偿还。案件记录中称,"经过法庭的调解",当事人达成协议,被告 1989 年 7 月之前一次性偿还 1000 元,此后每月归还 150 元直到还清为止。诉讼费 50 元也由被告承担。(A,1989-12)调解协议没有提到利息,尽管到 1990 年 2 月,即原告按规定的期限全部付清借款的日子,2000 元的购买力已和 15 个月前最初借款的时候相差甚远。

不过,第五个案例表明了官方对利息的态度已经开始转变。这个案件中,原告同意让被告拆掉自己住宅的堂屋,拆卸下来的材料用于后者建新房。双方将材料作价 150 元,但被告只付了 50 元。原告起诉要求偿还余额,外加利息和"催款损失费"。法庭成功地说服被告同意立即偿还 100 元的余额,另加 50 元利息,以及缴纳30 元诉讼费。(A,1988-011)

根据对松江县法官们的访谈,他们在毛泽东时代一般认为"偿还本金就够了"。到了 90 年代,商品化和通货膨胀促发了对利息合法性的反思。最高人民法院在 1991 年做出规定,民间借贷利率上限不得超过官方银行利率的四倍(最高人民法院,1994:1194;参见 Huang,2005:190;中文见黄宗智,2006)。法官们谈到,在实践中,如果借贷协议本身指定了利息,只要利率不超过官方银行利率的两倍,都是可以接受的(INT93-8)。

B 县的案例表明,到了 1995 年,债务中包含利息责任已经成为相当普遍的情况。比如有一个案例,被告是一名副镇长,向一家小汽车公司约定以 33 000 元的价格购买一辆小汽车,已首付 3000 元;但此后拒绝支付余款,公司因此提起诉讼。被告声称,原告没有按时交货,而且"车体缸体有毛病",发动机需要更换,又"托了人才把(车辆登记)手续办好"。总而言之,他声称自己已经"前后花了六七千元"。法庭采取的姿态是判定他必须支付所欠款项,外加利息。最终,被告同意(结案报告称通过法庭的"调解")支付30 000元余额,外加 5 000 元利息,五个月内分两次付清。(B,1995:1)在新的指导原则形成过程中,运作中的法律再一次表现出重视实际现实的立场。将来法典也许会加上有关利息的正式条款。

## (四)离婚

最后看看离婚法的情况,这个领域值得详细讨论,因为直到最近几年之前离婚都在所有民事案件中占据最大的比例。① 另外,中华人民共和国的官方表达坚持这个领域比其他民事领域更应强调调解,几乎不判决结案。和其他民事案件不一样,无论是 1950 年还是 1980 年的《婚姻法》,程序上都要求(不仅仅是鼓励)所有有争议的离婚诉讼必须先经过调解,否则不考虑判决(《中华人民共和国婚姻法(1950)》,1983:第 17 条;参见 *The Marriage Law of the People's Republic of China*,1959[1950])。

和民法的其他领域一样,离婚法当中引进的原则与实际的规

---

① "经济"案件(主要是合同纠纷)最终成为民事案件的主要类别。1989 年有 745 267 件离婚案和 634 941 件合同案[参见《中国法律年鉴(1990)》:994];到了 2003 年,"婚姻、家庭和继承案"合共有 1 264 037 件,合同纠纷案大大超过这个数字,达到了 2 266 476 件[参见《中国法律年鉴(2004)》:1055]。

定和做法之间有很大的差异。中华人民共和国有关婚姻和离婚的法律发源于 1931 年的《中华苏维埃共和国婚姻条例》，这部法律规定了男女平等原则（从苏联引进）和单方提出离婚便准予离婚原则。这些规定招致社会大多数人的强烈反对，尤其是农民的反对——因为对于他们来说结婚是一辈子只负担得起一次的一笔巨大开支。农村阻力的规模在 1950—1953 年针对旧式婚姻——一夫多妻、婢女、童养媳、买卖婚姻和父母包办婚姻——的婚姻法运动中充分显示了出来。根据司法部自己的数字，在这次运动中，每年"因婚姻不自由而被杀或自杀"的人数多达 7 万到 8 万人，主要是农村妇女。

作为回应，国家没有放弃男女平等原则和单方请求离婚即予离婚的许诺，而是通过法庭的实践寻求实用的解决方案。为了应付来自农村的阻力，1950 年的《婚姻法》规定了一个程序要件——所有有争议的离婚案都必须先经过调解。这个程序要件成为国家处理离婚纠纷的主要手段。到最后，毛泽东时代法庭对离婚抱的是一种强烈的判决性立场，既可能径直判决不准离婚，也可能调解式地判决不准离婚。既然法庭试图"调解"婚姻关系时采取的是一种积极主动的乃至违背当事人意愿的强制干预手段，从而，男女平等和离婚自由等外来的基本原则在实际的运作中被修正了。（参见 Huang，2005：175—180；中文见黄宗智，2006。参看 Johoson，1983；Diamant，2000）

**不准予离婚的判决。** 离婚相对自由的 50 年代初期之后，法律对离婚的严格限制可以见于以下案例。1977 年，一位妻子起诉要求离婚，之前丈夫因强奸她的未成年堂妹并导致其怀孕而被判处 5

年徒刑，然而男方不愿意离婚。A县法庭认为，根据国家政策，必须对罪行相对"轻微"的罪犯进行改造，因此为了有利于改造罪犯，女方应当撤诉。案件记录中称："法院及女方单位领导做了女方工作，为了有利于男方改造，有利于子女，希望女方放弃离婚要求。女方表示相信组织，听组织的话，如男方表现不好，今后还是要离的。"（A，1977-18）法庭的立场与1949年后刑法的宗旨是一致的：对待罪犯应该坚持教育改造与处罚相结合的原则。① 这足以使法庭做出驳回离婚请求的判断。在这个案件中，女方是被说服"自愿"撤诉的。

这个原则甚至延续到了离婚自由化的80年代后期。例如，1989年一位妇女起诉离婚，因为她的丈夫是一个游手好闲的人，不仅喜欢赌博，而且1982年还与婚外异性通奸，1985年更因盗窃罪被判5年徒刑。A县法庭进一步了解到，被告入狱后还"一再要求买这买那，要求寄钱，原告自己一人收入不够自己与女儿开支"。但是法庭也发现"原告主要是怕被告服刑对女儿今后前途不利"。法官因此认定女方不应该提出离婚，"被告明年二月就要刑满，希望她为了子女也为了被告改造起见尽量和好"。原告同意撤诉，同时说明如果丈夫出狱后不能够重新做人，她将再次提出离婚诉讼。此案因此"调解"结案。（A，1989-017）

根据对松江县法官们的访谈，还有一种一贯的但从未正式法

---

① 例如，《中华人民共和国劳动改造条例》(1954)，《公安部监狱、劳改队管教工作细则》(1982)第33、34条；此外，对不构成犯罪但违反治安管理的人，不用说也坚持教育与处罚相结合的原则。参见《中华人民共和国治安管理处罚条例》(1986)第4条，载于《中华人民共和国法规汇编(1986)》(1987)。

典化的判决性立场:如果离婚请求由过错方提出,而作为受害方的配偶反对,那么法官一般都会驳回请求(INT93-9)。这种情形最常发生于一方与第三者通奸,为了第三者而意图离开配偶。抽样案件中有两个这样的例子。

第一个案件中,丈夫在 1988 年提出离婚,表面上的理由是"双方性格爱好不同",他还指责"女方与岳母、姐姐围攻殴打自己"。法庭经过调查了解到,"婚后夫妻关系融洽,只是男方与同厂女工关系不正常,见异思迁"。法庭和男方工作单位都认为"只要原告与第三者割断联络,双方能和好"。但男方坚持离婚,最终法庭判决不准离婚。(A,1988-13)

第二个案件同样发生于 1988 年,女方提出离婚,起因是"与工厂男同事关系密切",而丈夫对她与第三者亲密关系的粗暴反应更使事态恶化。法庭认为丈夫错在"处理粗暴",不应殴打并用刀威胁女方,但同时认为"女方同异性不适当的交往应引起注意"。法庭以女方的过错为理由判决不准离婚。(A,1988-14)

这些案例表明法庭对离婚持有一种限制非常严格的判决性立场。从下文中会看到,到了 90 年代,离婚自由化成为普遍趋势,尤其在涉及第三者的案件中最为明显。

**不准予离婚的调解式判决。**对于婚姻法在农村遇到的阻力,中国共产党的主要回应是创造了很有特色的毛泽东时代的"调解和好"的方法和原则来处理争议严重的离婚案。法官必须积极主动地下到村里,调查夫妻的感情基础和经历,访问其亲属、邻居和村干部。除非能够确认夫妻感情已经完全破裂不可能挽回,否则法官几乎必然会驳回离婚请求,更会很积极地干预以达到和解的结果。法官的手段既有道德和意识形态上的说服教育,也有强制措施。比如,向当事人解释法庭不赞成离婚,有时甚至直截了当宣称,如果必要,法庭会判决不准离婚;法官还会通过亲属、村干部和党组织来施加压力;有时候更会进一步以物资刺激打消离婚请求——比如帮助夫妇建房、为丈夫或妻子安排一份更好的工作等等(参见 Huang,2005:156—166,171—174;中文见黄宗智,2006)。

这些做法归根结底是判决性质的,常常强加给离婚请求人使之违心地接受,因此不能简单地按英语或汉语的习惯用法来理解这种“调解”,称之为“调解式判决”无疑更为恰当。

实际上,调解和好是法庭对所有存在严重争议的离婚请求的普遍做法。尽管全国的统计数据显示有大量经调解或判决准予离婚的案件,但在那些案件中,大部分是男女双方均希望离婚,法庭的实际作用只是帮助他们解决离婚协议的具体细节(参见 Huang,2005:167—169;中文见黄宗智,2006)。对于有争议的离婚请求,法庭的反应几乎是强制性地调解和好,如果调解不成功,则直接判决不准离婚。1989 年,法院系统宣称全部单方申请离婚的案件中约有 80%(125 000 件)是通过调解和好而成功解决的,相应地,判决不准离婚的只占 20%(34 000 件);到了 2000 年,调解和好的比重下降,但仍可观地达到“不离”总数的 45%,即 89 000 件,与之相对的,判决不准离婚的有 108 000 件(参见 Huang,2005:169—170;中文见黄宗智,2006)。

正如那些数据显示的,毛泽东时代的调解和好作为处理离婚纠纷的一种手段,其重要性直到 90 年代才开始显著下降(无论是绝对数还是比例数),同时法庭过去所持的严格的判决性立场也出现某种程度的放松。显而易见,整个毛泽东时代的法律制度对于有争议的离婚是极其不准许的。

**准予离婚的判决。**在范围很窄的某些事实情形中,1949 年后的法庭的确也会不顾一方当事人反对而判决准许离婚。① 这类案件有助于我们更全面地描绘出中华人民共和国离婚法实践中的判决领域。

1953 年的抽样案件比较特殊,因为它们发生在 1950 年《婚姻法》刚通过之后紧接着的反旧式婚姻运动期间。比如 B 县的一个案件,男方是唐山市工会组织的一名干部,以妻子"落后自私"为理由提出离婚诉讼。已证实,女方在年仅 10 岁时以童养媳身份嫁到男方家中(在男方 22 岁时两人正式结婚)。由于时代的影响,对于法庭来说,后一个事实才是判决准予离婚的最关键的决定性因素:"封建婚姻制度极不合理又不道德,此种婚姻关系如再继续下去,只有痛苦加深。"(B,1953-19)

A 县 1953 年也有一个类似的案件,原告意图通过诉讼利用法庭对不忠的妻子施加压力。两年前区政府曾经支持过男方,处罚了和他人有通奸关系的女方。当时,区政府对女方予以"教育"并命令她与婚外情人断绝关系。但是此后夫妻感情并无改善,女方最近再次离开男方。这一次男方提出了诉讼。女方反驳说,男方"与恶势力为把兄弟",在后者的强迫下,当时 17 岁的女方被迫与 33 岁的男方结婚;双方年龄差距过大(相差 16 岁);男方经常殴打女方,大男子主义令人难以忍受。在时代的大气候下,法庭基本上

① 抽样案件中直接判决离婚的案例 A 县有 18 件,B 县有 28 件。

站在女方的一边：虽然法庭首先谴责了女方的通奸行为，"女未办离婚与人通奸，予以批评教育"，但还是判决准予离婚，因为新婚姻法运动反对旧社会的强迫婚姻和婚内虐待行为①。（A,1953-01）

另一种准予离婚的判决涉及因严重犯罪而被判处长期监禁的罪犯，这种情况下要求其配偶与之保持婚姻关系显然不切实际。譬如，1953 年的一宗离婚案涉及丈夫因贩卖鸦片被判处 12 年徒刑，另一宗涉及男方因勾结日本人获刑 5 年(A,1953-11,20)。同类其他离婚案件中，两宗涉及丈夫因"反革命"活动被判处 10 年徒刑(A,1965-012,11)；两宗涉及因惯盗入狱(A,1977-2,20)；一宗涉及丈夫诈骗累犯(A,1988-17)；一宗涉及丈夫因强奸罪被判处 6 年徒刑(A,1989-10)。

还有一种情况法庭也会判决准予离婚：如果法庭断定双方都希望离婚，但一方因离婚协议未满足其提出的不合理要求而坚持不同意离婚。在法庭看来，这种情况下当事人反对离婚并非出于真诚希望和好的意愿。例如 1953 年的一个案例，一对年轻的农民夫妻婚前互不相识，婚后也完全无法相处。他们显然并未同过床。

---

① 一种相关的现象是，中国共产党的极少数领导干部利用新婚姻法运动与农村的妻子离婚，通常是为了与婚后爱上的女同志建立新的婚姻关系。丁玲早在 1942 年国际妇女节发表的一篇批评党内男子沙文主义的文章中就提出过这个问题(参见丁玲，1942)。例如，B 县一位党的"区专员"上法庭请求离婚，理由是女方"落后的封建思想"导致夫妻感情破裂。法庭已证实这对夫妻育有四个孩子，女方怀上第五个孩子已四个月。但是法庭仍然准许离婚，男方则答应将所有家庭财产及对孩子们的监护权给女方(B,1953-1)。另有三个案件，地方领导干部以类似的理由离成了婚(B,1953-5,7,8)。还有一个类似的案件，一位担任妇女委员会主任的"革命"女同志试图以丈夫"思想落后"以及"开会都不叫去"为由提出离婚诉讼。法庭准许离婚，采纳的理由是"女方思想进步；被告思想落后，限制原告参加革命工作"(B,1953-20)。

失望的公婆指责儿媳外面有相好,因此不许她回娘家。他们给她
下了最后通牒:如果五天之内她还不改变心意就要"斗"她。女方
于是逃回娘家并起诉要求离婚。法庭查知:"被告自认夫妻感情确
实不和……但要求离婚一定要收回订婚时之聘礼及结婚时所花费
之损失,否则拖延不离。"确信和解无望之后,法庭"为了双方的前
途",不顾男方的反对,判决准予离婚。(A,1953-5;类似的案例见
A,1953-16)又如,一对夫妻长期分居,双方都要求离婚,但是男方
坚持要求对方归还一半的彩礼和结婚费用(A,1977-20)。还有一
个案例,男女双方均希望离婚,但无法达成财产分割协议,于是法
庭以判决定出离婚具体条款(A,1989-01)。

　判决准予离婚最后要讨论的一种类型是"感情确已破裂"。在
毛泽东时代的法庭里取得这种判决无疑难度很大。例如1953年的
一个案例,夫妻感情很久以前就已经恶化。男方是一名农民,但非
常懒惰,大部分家庭收入靠女方在上海帮佣。女方提出离婚诉讼
前一年停止给家里寄钱;到1953年,双方分居已经四年,女方和另
一名男子一起抚养两个小孩。但男方仍然不同意离婚。法庭才认
定"夫妻感情已破裂到不可挽救的地步"并判决离婚。(A,1953-
04)

　又如更晚近的一个案例,男女双方均为乡村教师,两人在"文
革"期间感情变得疏远。结婚时,女方显然向男方隐瞒了自己父亲
的"反革命"政治背景。后来男方"在文革中写了一封给全公社革
命教师的公开信,从政治上批判女父是历史反革命,及母、弟等的
阶级本质"。到1977年女方起诉要求离婚时,双方已经分居四年。
双方的工作单位多次试图调解和好,但于事无补。法庭认定双方

感情无法挽回，按照结案报告中的说法："女方不可能原谅男方曾经做过的事情。"因而法庭在男方的反对下判决准予离婚。（A，1977-13）正如松江县的两位法官指出的，法官们普遍认为"文革"期间夫妻一方在政治上攻击另一方是一种不可谅解的行为，不可能调解和好（INT93-9）。

值得注意的是，上述两个案例中的夫妻分居已经长达四年。一般说来，毛泽东时代以及改革初期法庭对有争议的离婚限制非常严格，往往不准予离婚而坚持设法调解和好。

**离婚法的过渡时期**。实质性变化到了90年代才出现。在离婚领域，法律变迁的模式与其他民事法律领域能观察到的情况类似：由于事实情境的变化，需要以新的法律规定来适应。最初由最高人民法院以试行规定的形式发布指示和意见来指导法庭判决，只有在实践中完全验证之后，这些规定才正式被列为制定法。

随着财产和债务案件数量自50年代初期之后以未曾有过的趋势回升，加上合同纠纷案件的大量出现，法院系统承受严重压力。因此出现了放弃法官现场调查这种制度化的毛泽东时代程序要件，而代之以依据诉讼当事人当庭提供的证据进行判决的"庭审调查"方法（参见Huang，2005：157，170；中文见黄宗智，2006）。同样，为了调解和好而进入社区积极干涉家庭关系的毛泽东时代做法，也在新的形势下变得不完全符合时宜。正如松江县两位法官在访谈中指出的，"庭审调查"方法最大的意义在于节省时间和提高解决积案的效率（INT93-9）。其结果是强调积极干预的毛泽东时代调解的逐渐式微，从而离婚请求更容易获得准许。

此外，松江县的法官们还指出，毛泽东时代法庭高度限制离婚的立场导致的实际后果也引起了反思。据他们的观察,被驳回的离婚案件中,约有一半最终还是离婚了,尽管法庭力图让他们达成和解(INT93-9)。[1] 法庭的强烈干涉通常只能迫使离婚请求人暂时放弃,但还会一次又一次再来——这正是哈金的小说主人公孔林的经历。

当然,这些形势的变迁和观念的改变,是一些更大的转变的反映。在过去的 20 年里,党政的控制在收缩的同时,法院系统的作用在扩展;在法律制度自身内部,尽管法律对社会生活的(横向)覆盖面有了很大的扩张,但其对私人生活的(垂直)干涉范围在缩小。

伴随着时代的变迁和反思,离婚法领域出现了自由化的新规定,其中最引人注目的是 1989 年 11 月最高人民法院发布的"判决准予离婚的标准"(以下简称"十四条")。1980 年的《婚姻法》宽泛地规定了将夫妻感情是否破裂作为决定准许离婚与否的关键标准,"十四条"对这个标准做了详细的解释以指导下级法院。[2] 正如一位接受调查的人士指出的,夫妻感情像一双旧鞋子,真正的感觉只有穿着的人才知道。某种程度上,新指导方针的宗旨就是针对这个难题而提出的。

主要的变化体现在法庭对夫妻不忠的一方提出的离婚请求的态度上。1982 年,时任全国人大法律委员会主任委员的法学家武

---

[1] 1988 年,《中国法制报》发表了一篇来自上海市崇明县法院的文章,指出 1985—1986 年被法庭驳回离婚请求的夫妻中,仅有 3% 的人事后真诚希望和解(转引自 Palmer,1989:169)。

[2] 这个指导方针的标题全文为"最高人民法院关于人民法院审理离婚案件如何认定夫妻感情确已破裂的若干具体意见"(全文参见最高人民法院,1994:1086—1087)。

新宇在提交给全国人大的一份报告中,特别指出了以往驳回过错方离婚请求的做法实际上是对婚内过错行为的一种惩罚措施。他认为这种做法应当废止,此后应该通过其他形式对婚内过错行为予以惩罚(比如在财产分割方案中)。他建议,如果夫妻感情确已破裂,法官应当根据 1980 年《婚姻法》的新规定判决准予离婚(INT93-9)。1989 年的"十四条"规定得更为明确,"过错方起诉离婚,对方不同意离婚,经批评教育、处分,或在人民法院判决不准离婚后,过错方又起诉离婚,确无和好可能的",应当准予离婚(第 8 条)。进而,"经人民法院判决不准离婚后又分居满 1 年,互不履行夫妻义务的",应当准予离婚(第 7 条)。根据松江县两位法官的总结,这些指导原则在司法实践中的应用情况是,如果是第一次请求离婚,法庭会判决驳回,再次请求时则会准许(INT93-9)。法律的这种适用方式,尽管与离婚极端自由的当今美国相比,仍然是高度限制离婚的,但无疑也说明限制条件已经有了实质性的放松,同时表明了对一种现实的承认——即国家对夫妻婚姻关系能够施加的影响其实是非常有限的。

因此,B 县 1995 年的抽样案件中就出现了下述案例。女方起诉要求结束已经持续了 10 年的婚姻,理由是夫妻双方缺乏"共同语言",而且男方"心胸狭隘",无端怀疑自己乱搞男女关系,并借酒殴打自己。男方并不否认女方的指控,但反驳说女方"与别的男人有不正当关系,两次被我撞见",因此女方是过错方。这个案件如果发生在毛泽东时代,法庭很可能会积极介入:法官将实地调查男方的指控,如果属实,就会迫使女方改变生活作风,当然也会驳回其离婚请求,最主要的原因就是她是过错方。然而,1995 年 B 县法

庭准许离婚(尽管在离婚协议中做了有利于作为受害方的丈夫的安排)。(B,1995-10)①

"十四条"中的其他规定也有利于放宽对离婚的限制。第 7 条和第 10 条开始承认"无法共同生活"在某些条件下可以成为离婚的理由。比如,第 7 条"因感情不和分居已满三年,确无和好可能的",可以准予离婚。又如,第 2 条允许草率结婚情况下的离婚,"婚前缺乏了解,草率结婚,婚后未建立起夫妻感情,难以共同生活的"。有一些离婚条件过去只可能被最低限度接受,但在 1989 年的规定中得到正式认可,比如第 10 条"一方好逸恶劳,有赌博等恶习,不履行家庭义务的,屡教不改,夫妻难以共同生活的";第 11 条"一方被依法判处长期徒刑,或其违法、犯罪行为严重伤害夫妻感情的";以及第 14 条"因其他原因导致夫妻感情确已破裂的"。

例如 B 县 1995 年的另一个案件:女方因丈夫虐待她和她的(前一次婚姻带来的)孩子起诉要求离婚。诉称男方将她"捆绑起来,嘴里塞上棉花,酷打不止"。男方反驳说女方嫁给自己是为了钱("因父亲交通事故被撞死得了 1 万多元钱"),而且常常外出——他怀疑女方是去见前夫,因此才殴打她。在毛泽东时代,法官处理这类案件时会下到村里强制丈夫做出改变并以调解和好结案。然而,到了 1995 年,法庭简单认定"原被告婚前了解不够,草率结婚,婚后又没有建立起感情",准予了离婚请求。由于双方都愿意,因此以"调解离婚"结案。(B,1995-5;类似的案例见 B,1995-6,8,20)

---

① 丈夫得到了对女儿的监护权和有三间屋的房子,夫妻共有的大件物品如电视机、冰箱、家具和摩托车也归丈夫。

最后，再看一个单纯因通奸引起离婚的例子，女方起诉要求离婚，诉称两人结婚后感情很好，但后来丈夫乱搞男女关系，不履行丈夫义务。男方以两个孩子为由不同意离婚。法庭证实男方与村里一名年轻妇女有婚外性关系。在同样的情况下，毛泽东时代的法庭会通过亲属和村邻尽可能地向犯错的丈夫施加压力迫使其做出改变，并促成双方和解。然而 B 县法庭认定"原被告因双方性格不投及生活琐事生气吵架，夫妻感情已经彻底破裂"，因此不考虑被告的反对，判决准予离婚。（B，1995-19）

**毛泽东时代实践的延续**。上述案例并不是说人们因此可以随意离婚。90 年代是中国司法制度的一个过渡期，共同作业的法官们来自不同的时代，拥有不同的视野。我们访谈过的松江县法官的情况的确就是这样的：年长的一位法官只有小学文化水平，在毛泽东时代（1969 年"文革"高峰期）从军队转业为干部；另一位法官则是刚从政法院校（华东政法学院，今华东政法大学）毕业的年轻人，完全属于改革开放时期（INT93-8）。在离婚问题上，类似于这位年轻法官的人可能会倾向于直接遵循新的"十四条"，而老法官这一类人则更有可能继续坚持毛泽东时代的立场——尽管法官的职责已经不再要求他们积极干预以达到调解和好的结果。

比如 B 县 1995 年的一个案例，女方起诉要求离婚，因为丈夫染上了赌博恶习，输钱导致家里负债；女方劝阻，反而遭其殴打。男方辩称自己只在病得很重的时候才赌博，且已经戒赌一年多；况且以他目前的健康状况不能单独生活，仍然需要女方的帮助。法庭查明，"原被告婚后感情较好"，而且"又生育两子，应共同抚养好子女"，再者"被告现又有病，需要原告扶助"。因此认定原告的离

婚请求"理据不足",于是判决不准离婚。(B,1995-16)

　　再如另一个案例,女方提出离婚的理由是丈夫"对性生活要求迫切",为此夫妻经常吵架,男方一生气就砸东西,有一次甚至"持菜刀砍坏饭桌"。丈夫否认女方的指控,称婚后夫妻感情一直不错,但最近妻子经常回娘家;有三次吵架时其实是女方动手打伤了他。法庭调查发现,这对夫妻婚前已经同居,婚后感情也一直很好,只是"因过性生活生气,引起夫妻矛盾"。因此法庭认为妻子"应珍惜与被告以往的夫妻感情,与被告共同抚养好子女"。和前面的案例一样,法庭直接判决不准予离婚,这显然不是毛泽东时代的做法。(B,1995;17)[1]

　　此外,90 年代的离婚自由化运动在世纪之交也引发了某种后座反应,后果就是全国人民代表大会常务委员会在 2001 年 4 月的婚姻法修正案中收紧了准予离婚的条件。[2] 修正案增加了"因感情不和分居满二年"可以确定夫妻"感情确已破裂"的规定,但实际上这是一个保守标准。之后仍然有新的措施可归结为自由化的影响,比如 2003 年 10 月 1 日实施的《结婚登记条例》不再要求村委会/居委会或工作单位出具离婚介绍信,但是这种改变仅适用于双方同意的离婚,因此不应估计过高。

────────────

[1] 另一个案例中,妻子从丈夫的一封信中发现后者"和别的女人有感情",因此起诉要求离婚,诉状中称丈夫经常很晚才回家。丈夫在答辩状中称妻子曾在一名男教练指导下练太极剑,有一次直到凌晨两点钟才回家。法庭认为这对夫妻实际上感情"较好":男方有悔改表现,曾经请求过女方的原谅和理解,而且一直将工资全数交给女方保管。基于这些事实,法庭判决"夫妻感情尚未破裂,驳回女方离婚请求"。(B,1995-9;类似的案例见 B,1995-14)

[2] 即《关于修改〈中华人民共和国婚姻法〉的决定》,全国人民代表大会常务委员会,2001 年 4 月 28 日。

随着市场化的加速和党政控制弱化，也随着中国共产党强烈反对离婚的立场的历史背景和考虑因素正在逐渐消退，有关离婚的法律规定很可能会更多地出现自由化，因此离婚也将变得更容易。毛泽东时代和改革开放初期独具特色的强制性调解的重要性在逐渐降低，这也是现实变化的反映。

# 五、法律变革和中国当代立法

正如上文讨论所显示的，从毛泽东时代到改革时期，法律既有变化也有连续性。在我看来，连续性不如变化那么显而易见，因此我在讨论中对其有所侧重。连续性的一面特别明显地体现在民法的各个"旧"领域之中，即有关小农家庭财产与继承的权利和义务、债务、婚姻，以及不那么明显的侵权损害赔偿等领域。当然，极端政治化的"土改"和"文革"时期除外。改革时期新设的法律主要体现于为适应市场化、私有企业的高速发展以及中国经济的国际化等等带来的社会经济变化而构筑的部门法，包括《中华人民共和国合同法》(1999 年)、《中华人民共和国商标法》(1982 年)、《中华人民共和国保险法》(1995 年)、《中华人民共和国个人所得税法》(1980 年；1993 和 1999 年修订)、《中华人民共和国企业破产法》(1986 年)和《中华人民共和国对外贸易法》(1994 年)等等。这些新法律在毛泽东时代几乎没有先例。

撇开极端政治化的年代不谈，以上纵览表明，实际的现实始终在立法和法律的变化中得到优先的考虑。一般说来，新法律条文的制定一般不会在变化之初出现，而是先由最高人民法院以指示和意见的形式发布临时性的试行规定指导法庭的行动,只有在实践中经过一段相当长时间的试验,效果得到全面充分的验证之后,才会正式写入法典。

如我们的抽样案件所显示的,将夫妻感情是否破裂作为决定准予离婚与否的标准,在 50 年代初期就已经普遍实行(参见 Huang,2005:151—203;中文见黄宗智,2006)。最高人民法院 1950 年 2 月 28 日以意见的形式发布了这个标准,这正是它对审理离婚案件最初的指导,然而 1950 年的《婚姻法》完全没有提及感情破裂标准(第 17 条)。适用了三十多年后,直到 1980 年的《婚姻法》才正式将之纳入法典(第 25 条)。类似地,90 年代有关离婚在立法上的变化也是通过最高人民法院的"十四条"首先出现在法庭实践而不是法典中。感情原则贯穿了这两个时代,始终是离婚法的概念基石。

对借贷利息的处理显示了同样的模式。我们已经看到,在毛泽东时代,借款人必须偿还的只是本金而不包括利息,这被视为理所当然。随着市场化的发展,利息才逐渐合法化,最后由最高人民法院在 1991 年专门提出了一个指导意见:"各地人民法院可根据本地区的实际情况具体掌握,但最高不得超过银行同类贷款利率的四倍。"(最高人民法院,1994:1194)

有关小农家庭权利义务的法律原则的立法过程,同样经历了一段长期的司法实践。我们的案件档案和华阳桥村的实地调查表明,社会习惯始终是将继承权与养老的义务联结在一起。在农村,由留家的儿子而非嫁出的女儿继承家庭住宅,这是人们普遍认为理所当然的事情。然而,三十多年后继承权与养老义务之间的关联才被写进法律。这中间的年代里，最高人民法院尽管始终在指示中强调继承和养老的结合，但没有发布特定的关于农村女儿继承权的意见，宁愿将问题留给当地社会和法庭酌情处理（最高人民法院，1994：1276-1301）。我们已经看到，直到1985年《继承法》颁布，这个原则才被明确地写入法典。

最后，我们的损害赔偿案例表明，法律采取了一种立足于解决实际问题的常识性立场：有过错的损害和无过错的损害都是实际现实中既定的事实情形。前者可适用于有过错要承担赔偿责任的原则，要求对损害做出等额赔偿；后者适用的原则是，一方受到损害引起的是一个社会问题，因此对方尽管没有过错，但也要承担部分"民事责任"。

从以上讨论可以清楚地看出，优先考虑解决实际问题绝不意味着法庭进行民事判决时缺乏指导原则。这类司法指导数量其实很可观，其形式包括制定法、最高人民法院的指示和意见以及法官之间的默契。同样清楚的是，无论是当代的还是帝制时期的民事法律制度，长期以来都乐于诉诸依法判决的途径，尽管官方表达强调的是调解的优越性。

问题在于如何理解这个事实。如果采取一种严格的韦伯式的形式主义立场，就会强烈主张只能将"判决"理解成普遍的权利原则向所有的具体事实情形的法律适用。按照这种狭义解释，清代的法庭就没有民事判决，而当代中国法庭仅在适用外来形式主义原则时才有判决。但是这种理解的立场忽视了清代和1949年后中国大量存在的用以指导法庭判决的法律规定，尽管基于的逻辑体系非常不同于法律形式主义。而事实上，无论清代还是当代，无论过去还是现在,中国法庭在处理民事纠纷时都不只是进行"教谕式的调停"。

中国法的逻辑体系支撑的法律推理模式,无论在清代还是当代,都是基于强调调解的官方表达与有规律地采用判决的法庭实践两者的结合。这使得中国的立法者能够将理想化的道德主张或权利原则,和与之有分歧的务实的规范同时整合到成文法中来,而无须解释其中似乎相悖的矛盾。本文认为,这种思维方式持续贯穿于最近一百多年来中国经历的所有巨变之中。中国法的思维模式从一开始就与西方大陆法影响很大的形式主义模式不同,因为它坚持主张法律的原则和条文源自具体的事实情形并与之密不可分,所以不将它们提升到完全普遍化的地位来涵盖所有的事实情形。它反映出一个基本的假定,即抽象原则不足以解决过于复杂多变的实际现实中的问题。在中华人民共和国的民事法律制度下,又加上了付诸实践的观念,要求法律原则和条文在写进法典之前要以试行规定的形式在实践中经过长期验证。

韦伯式的法律形式主义要求普遍性原则和法庭实践之间保持逻辑上的一致,而中国式的实用道德主义却容许两者之间存在分歧——而且附加的实用性条文即使与那些普遍原则相抵触,只要它符合人们可以看到的实际现实,便无须多加解释。这同样可以解释,强调调解的道德主义表达与法庭的判决实践为什么能够共容。事实上,外来的最初具有普遍适用性的形式主义权利原则,在当代中国的法律体制下已经被改造成了可在实践中因势制宜的道德理想。

从法律形式主义的立场来看,无论过去还是现在,典型的中国法思维模式都似乎是朦胧不清和逻辑上相矛盾的——它是工具主义的、实质主义的、非理性的或韦伯所称的"经验主义的"。损害权利的行为有可能,而且事实上常常以实际考虑为借口而被容忍,与以形式主义方式处理合法权利的法律制度相比较,这种情况在中国的法律制度中更容易发生。尽管如此,从事实到概念到实践的中国法律思维方式,因倾向于将道德性和实用性结合起来,也有某些明显的优点。它为享有非常漫长寿命的帝制中国法律体制奠定了基础;也为注重调解的法律制度打下了概念基础,从而遏制了争讼好斗行为的泛滥。在最近的年代里,实用的道德主义也是中国的法律制度能够持续变革、试图适应世界的剧烈转变的一个重要原因;它还使当代的中国法律能够在同一个正在演变的制度中同时容纳西方法的形式主义和传统中国法的实用道德主义。相反,严格的形式主义立场,只能恪守逻辑一致性,做出非此即彼的单一选择。形式主义的和中国式的法律可能正面临着同样的挑战,即在不可侵犯的原则和现实的必要性之间探索一种适当的平衡。

## 参考文献

### 访谈材料

访谈地点:松江县华阳镇和华阳桥(甘露)村。

访谈时间:1990 年 9 月 17—26 日、1991 年 9 月 13—27 日和 1993 年 9 月 6—10 日,上午 9—12 时和下午 2—5 时。

访谈材料在本文中引作 INT(指代"访谈")、年份和编号(比如 INT90-6,指 1990 年第六号访谈材料)。

### 案件档案

引用 A 县案件档案时注明 A、年份及我本人安排的编号。1953、

1965、1977、1988 和 1989 年每年各有 40 个案例,分两批获得,第一批 20 个案例分别编为 1—20 号,第二批编为 01—020 号(比如,A,1953-20-;A,1965-015)。A 县档案有法院自己的按年份和结案日期排序的编号,但我避免使用法院自己的编号,同时略去了当事人的姓名,因为最近的档案还需保密。

引用 B 县案件档案时注明 B、年份及我本人安排的编号。1953、1965、1977、1988 和 1989 年每年各 20 个案例,分别编为 1—20 号,1995 年有 40 个案例,编为 1—40 号。

## 著作和论文

白凯(2007):《中国的妇女与财产:960—1949》,上海:上海书店出版社。

丁玲(1942):《三八节有感》,载《解放日报》3 月 9 日。

费孝通(1983):《家庭结构变动中的老年赡养问题——再论中国家庭结构的变动》,载《北京大学学报(哲学社会科学版)》第 3 期,第 6—15 页。

韩延龙、常兆儒(1983):《中国新民主主义时期根据地法制文献选编》,第三卷,北京:中国社会科学出版社。

胡汉民(1978):《胡汉民先生文集》,台北:中国国民党中央委员会党史委员会。

黄宗智(2007):《中国法庭调解的过去和现在》,载许章润编《清华法学》第十辑,第 37—66 页,北京:清华大学出版社。

黄宗智(2006):《离婚法实践——当代中国法庭调解制度的起源、虚构和现实》,载《中国乡村研究》第四辑,第 1—52 页,北京:社会科学文献出版社。

黄宗智(2003):《法典、习俗与司法实践:清代与民国的比较》,上海:上海书店出版社。

黄宗智(2001):《清代的法律、社会与文化:民法的表达与实践》,上海:上海书店出版社。

黄宗智(2000[1990]):《长江三角洲小农家庭与乡村发展》,北京:中华书局。

黄宗智(2000[1985]):《华北的小农经济与社会变迁》,北京:中华书局。

毛泽东(1977):《关于正确处理人民内部矛盾的问题》,载《毛泽东选集》第五卷,北京:人民出版社。

汪辉祖(1939):《学治臆说》,载王云五编《丛书集成》,上海:商务印书馆。

薛允升(1970[1905]):《读例存疑重刊本》(五册),黄静嘉点校,台北:中文研究资料中心。

《中国法律年鉴(1990)》,成都:中国法律年鉴出版社。

《中国法律年鉴(2001)》,成都:中国法律年鉴出版社。

《中国法律年鉴(2004)》,成都:中国法律年鉴出版社。

《中华民国民法(1929—1930)》(1932),收于《六法全书》,上海:上海法学编译社。

《中华人民共和国民法通则(1986)》(1987),载《中华人民共和国法规汇编(1986)》,北京:法律出版社。

《中华人民共和国继承法(1985)》(1986),载《中华人民共和国法规汇编(1985)》,北京:法律出版社。

《中华人民共和国婚姻法(1980)》(1985),载《中华人民共和国法律汇编(1979—1984)》,北京:法律出版社。

《中华人民共和国婚姻法(1950)》(1983),载湖北财经学院编《中华人民共和国婚姻法资料选编》。

最高人民法院研究室编(1994):《中华人民共和国最高人民法院司法解释全集》,北京:人民法院出版社。

[日]诸桥辙次(1955—1960):《大漢和辞典》,东京:大修馆书店。

[日]滋贺秀三(1981):《清代訴訟制度にぉける民事的法源の概述的檢讨》,载《東洋史研究》第 40 卷第 1 号,第 74—102 页。

Bernhardt,Kathryn ( 1999). *Women and Property in China , 960 - 1949.* Stanford,Calif. : Stanford University Press.

Bodde, Derk and Clarence Morris ( 1967 ). *Law in Imperial China : Exemplified by 190 Ch' ing Dynasty Cases.* Cambridge, Mass.: Harvard University Press.

Chayanov,A. V. (1986[ 1966] ). *The Theory of Peasant Economy.* Ed. by Daniel Thorner, Basile Kerblay, R. E. F. Smith. Madison: University of Wisconsin Press.

*The Civil Code of the Republic of China* ( 1930 - 1931 ). Shanghai: Kelly & Walsh.

Clarke,Donald C. ( 1991). "Dispute Resolution in China," *Columbia Journal of Chinese Law ,* 5.2( Fall) :245-296.

Cohen, Jerome A. ( 1967 ). " Chinese Mediation on the Eve of Modernization," *Journal of Asian and African Studies ,* 2.1( April) :54-76.

Cui,Zhiyuan ( 1996). "*Particular, Universal and Infinite :* Transcending Western Centrism and Cultural Relativism in the Third World," in Leo Marx and Bruce Mazlish ( eds. ), *Progress : Fact or Illusion?* , pp. 141 - 152. Ann Arbor,Mich.: University of Michigan Press.

Diamant,Neil J. (2000). *Revolutionizing the Family : Politics , Love , and*

*Divorce in Urban and Rural China, 1949 – 1968.* Berkeley: University of California Press.

Geertz, Clifford ( 1983 ). "Local Knowledge: Fact and Law in Comparative Perspective," in *Local Knowledge: Further Essays in Interpretive Anthropology*, pp. 167–234. New York: Basic Books.

"General Principles of the Civil Law of the People's Republic of China" (1987[ 1986] ). In *Laws of the People's Republic of China, 1983 – 1986.* Compiled by the Legislative Affairs Commission of the Standing Committee of the National People's Congress of the People's Republic of China. Beijing: Foreign Languages Press.

*The German Civil Code* ( 1907). Trans, and Annotated, with a historical introduction and appendixes, by Chung-hui Wang. London: Stevens & Sons.

Grey, Thomas C. ( 1980). "The Disintegration of Property," *Nomos*, 22: 69–85.

Ha, Jin ( 1999). *Waiting.* New York: Pantheon.

Huang, Philip C. C. ( 2005). "Divorce Law Practices and the Origins, Myths, and Realities of Judicial 'Mediation' in China," *Modern China*, 31.2 ( April): 151–203.

Huang, Philip C. C. ( 2006). "Court Mediation in China, Past and Present," *Modern China*, 32.3( July): 275–314.

Hsiao, Kung-ch'üan ( 1979). *Compromise in Imperial China.* Seattle: School of International Studies, University of Washington.

Johnson, Kay Ann ( 1983). *Women, the Family and Peasant Revolution in China.* Chicago: University of Chicago Press.

Jones, William C. (1987). "Some Questions Regarding the Significance of the General Provisions of Civil Law of the People's Republic of China, " *Harvard International Law Journal*, 28.2(Spring):309-331.

"Law of Succession of the People's Republic of China" (1987[1985]). In *Laws of the People's Republic of China, 1983 - 1986*. Compiled by the Legislative Affairs Commission of the Standing Committee of the National People's Congress of the People's Republic of China. Beijing: Foreign Languages Press.

Lubman, Stanley B (1967). "Mao and Mediation: Politics and Dispute Resolution in Communist China, " *California Law Review*, 55:1284-1359.

Lubman, Stanley B. (1999). *Bird in a Cage: Legal Reform in China after Mao*. Stanford, Calif. : Stanford University Press.

Mao Tse-tung (1971[1957]). "On the Correct Handling of Contradictions among the People, " *Selected Readings from the Works of Mao Tse-tung*, pp. 432 -479. Beijing: Foreign Languages Press.

*The Marriage Law of the People Republic of China* (1959[1950]). Beijing: Foreign Languages Press.

"Marriage Law of the People's Republic of China" (1987[1980]). In *Laws of the People's Republic of China, 1979 - 1982*. Compiled by the Legislative Affairs Commission of the Standing Committee of the National People's Congress of the People's Republic of China. Beijing: Foreign Languages Press.

Neighbors, Jennifer Michelle (2004). "Criminal Intent and Homicide Law in Qing and Republican China." Ph. D. dissertation, University of California, Los Angeles.

"No Fault Insurance Explained: Understanding No Fault Auto Insurance

Laws"（2004）. At Auto InsuranceIn-Depth<www.autoinsuranceindepth.com/ no-fault-insurance,html>（accessed 17 July 2005）.

Palmer,Michael （1989）. "The Revival of Mediation in the People's Republic of China:（2）Judicial Mediation," in *Yearbook on Socialist Legal Systems*,pp. 145-171.

Phillips,Roderick （1988）. *Putting Asunder: A History of Divorce in Western Society*. Cambridge,Eng. : Cambridge University Press.

"Strict Liability"（n. d. ). At Answers. com, Wikipedia<http://www. answers,com/topic/strict~liability>（accessed 18 July 2005）.

Weber, Max （1978［1968］）. *Economy and Society: An Outline of Interpretive Sociology*. Ed. by Guenther Roth and Claus Wittich, trans. by Ephraim Fischoff et al. 2vols. Berkeley: University of California Press.

"What is 'Strict Liability'?"（n. d. ）At Free Advice <http://injurylaw. freeadvice.com/strict_liabilty.htm>（accessed 18 July 2005）.

# 第 13 章
# 中国法庭调解的过去和现在

　　如果只看毛泽东时代的意识形态,我们会认为中国民事法庭
从事的几乎全部是调解活动。然而这样的视角遮蔽了法庭实践的
真实情况,同时也严重扩大了所使用的术语的内涵。"调解"这个
词的中文含义在毛泽东时代以前与英文的"mediation"实际上没有
大的差别,都是通过第三方的斡旋或干预达成争议双方均愿意接
受的解决分歧的方案,且主要是指民间调解。不过,到了毛泽东时

本文中文版原载《清华法学》第十辑,2007,第 37—66 页。英文原作见 Philip C. C.
Huang,"Court Mediation in China, Past and Present,"*Modern China*, 32.3(July 2006):
275-314。本文是关于古今法庭判决和调解"姊妹作"中的第二篇。第一篇是《中
国民事判决的过去和现在》(Huang,2006;黄宗智,2007)。这两篇文章自然是紧密
相关的。本文由我的博士生杨柳从英文原稿译成中文,谨此向她致以衷心的感
谢。译稿经我自己多次校阅,基本准确,但因是翻译稿,文字去原稿甚远,尚请读
者见谅。白凯、郭丹青、白德瑞、苏成捷、陶博、伍绮剑(Margaret Woo)和杨柳对本
文提出过有益意见,在此致谢。

代，随着党政控制的扩张，民间调解在急剧收缩的同时，法庭调解和行政调解变得非常普遍；"调解"最终涵盖了"调处"的意思。在此之前，解放区的一些地区曾经将"调解"和"调处"区分得很清楚，后者主要由行政机构实施；经调处做出的决定有可能是违背当事人意愿而强加的。毛泽东时代的调解最后实际上包含了判决和强制性质的做法，尽管在表达和形式上仍然使用了原来的"调解"一词。

对于真正的法庭调解与以调解为名的判决活动之间的区别，本文采用的标准是看争议的解决结果是否属于违背了当事人的意愿而强加的。关于"调解"在本文中的用法：它首先包括其本来的核心含义所指，即通过第三方促成的自愿和解；还包括我谓之"判决性调解"的一类活动，即那些带有判决的成分但并不违背任何一方当事人意志的调解。此外，"调解"与"判决"的区别在于后者导致的是一种法律上明确分出"是/非"或"胜诉/败诉"的裁决；还有一类活动尽管带有"调解"的名义或特征，但违背了当事人的意愿，因此我称之为"调解式判决"，这类活动也不属于本文的"调解"范畴。这些不同的范畴在实践中自然并不是泾渭分明而是相互渐变的；尽管如此，我们仍然不能忽视调解和判决之间的根本区分标准，事实上无论是儒家的还是毛泽东时代的法律话语本身都对调解和判决做出了区分。

本文再次主要立足于我从南方 A 县和北方 B 县收集到的一批共 336 个民事抽样案件。案件取样按固定的间距进行：A 县，分别从 1953、1965、1977、1988 和 1989 年各抽取 40 个案例；B 县，分别从上述年份各抽取 20 个，另有 40 个 1995 年的案例，用于了解 90 年代的大致情况。这 340 个案例中,有 4 个因残缺不全而放弃,因此实际用到的抽样案件共 336 个。[①] 这类案件对于研究者来说一般难以取得,因此本文对它们的讨论相当详细。

　　研究案件档案首先是为了更精确地梳理调解在哪些案件和情况下运作,在哪些案件和情况下又不运作;此外我还试图阐明调解的实际运作逻辑,区别于其意识形态建构。我希望由此揭示,调解实践中隐含的逻辑体系是不能单独从官方意识形态看到的逻辑。

　　关于中国调解制度的著述已然不少:早期有科恩(Jerome Cohen)和拉伯曼(Stanley Lubman)指出了当代中国法中"调解"这一术语的某些复杂性和含糊性(Cohen,1967;Lubman,1967)。后来的帕尔默(Michael Palmer)着重指出了当代中国调解中的高压手段,而郭丹青(Donald Clarke)侧重于揭示不同性质的机构(例如,地方的司法服务办公室或政府机关、法庭、人民调解委员会或当事人所属的工作单位)施行的调解呈现的不同特征(Palmer,1989;Clarke,1991)。此外,萧公权集中关注的是中国传统调解的折中妥协活动;滋贺秀三则对清代法庭上他所谓的"教谕的调停"的观念基础做了深度分析(Hsiao,1979;滋贺秀三,1981)。本文在这些以往的研究基础上,突出历史的视角,并试图在官方表达和实践之间、所说过的和所做过的之间做出更加清晰的区分。

　　本文还将探讨中国的法庭调解在什么条件下有效,什么条件下无效。判决和调解之间的根本差别(前者涉及法律上的"是/非"

---

[①] 因为最近的司法档案还需保密,这里隐去两个县的县名。对这批案件更全面的描述,见 Huang(2005:152—153)[黄宗智,2006];参看 Huang(2006)[黄宗智,2007]。

判断,后者关心的是通过折中妥协解决纠纷)在很大程度上决定了它们各自在什么情况下行得通(或行不通)。此外,调解中的运作逻辑不仅仅说出了中国法庭调解的性质,而且也可以告诉我们中国式法律推理的特征,尽管从清代到当代,中国的法律与社会经历了剧烈的变化,但这种特征始终是持续存在的。

# 一、清代的调解观念

西方现代法律大陆形式主义传统的出发点是有关权利和权利保护的普遍原则。在马克斯·韦伯的描述中,这种形式主义法律要求所有的法庭判决都必须通过"法律的逻辑"从权利原则推导出来。[1] 在韦伯看来,中国清代的民事法律是实质主义或工具主义的,它优先考虑的是统治者对社会秩序的关注,而不是保障个人的权利(Weber,1978[1968]:844—848);它不像形式主义法律那样要求法庭的活动逻辑上必须合乎抽象的权利原则,因此易于受到专断意志的影响。在韦伯的眼中,虽然英美普通法也是"经验主义的司法",但它立足于先例原则,并通过陪审团制度采用了常人的裁决,而不是基于使用形式主义法律推理的专家的判决(Weber,1978[1968]:976)。韦伯这种对形式主义和实质主义、理性和非理性所做的区分,尽管用的是理想型的方式,且有过度描述之嫌,也易于

---

[1] 用马克斯·韦伯的话来说就是,"每个具体的司法判决都(必须)是一个抽象的法律前提向一个具体的'事实情形'的适用"。而且,"借助于法律的逻辑体系,任何具体案件的判决都必定可以从抽象的法律前提推导出来"。(Weber,1978[1968]:657)

陷入欧洲中心论和现代主义的窠臼,但的确有助于明晰中国法与现代西方大陆形式主义传统法律之间的某些关键性差异。

对照之下,清代对于"民事"纠纷的观念最关心的不是权利的保护,而是纠纷的化解。概言之,理想的道德社会的特征是和谐共处,互不冲突,因此不应该有纠纷,更不用说诉讼。一个儒家道德君子不应该自降身份卷入纠纷,而应该以"让"和"忍"的态度超然其上。真正有修养的君子不会让自己卷入纠纷或诉讼之中,否则就是道德修养未到理想境界的一种体现。因此可以说,这种关于纠纷和诉讼的立场并不关心谁是谁非的问题,而是强调通过折中妥协化解冲突于无形。

即使纠纷发生了,也应该由社会本身比如社区或家族来解决,而不是法庭。具体的方式就是由有德长者居间调停,说服教育争议双方自愿达成妥协。只有在这种方式无效,且争议者顽固坚持的情况下,才会闹到法庭。即便如此,法庭在具状立案之后,仍然应当优先听从进一步的民间调解(一般呈控后即会发动)。

在这次调解仍然无效之后,且只有在此之后,法庭才会真正介入。而一旦介入,县官会对当事人进行道德上的教育和说服,以促成自愿的服从,从而符合德治和仁政的理想。这种理想最明显地体现在规定当事人出具"甘结"(自愿结案)这种通常的程序上,即由当事人签署一份文书,表明自己愿意接受法庭的裁决[黄宗智,(2001):第七章;参看 Huang,2006(黄宗智,2007)]。

在这种观念的引导下,民事案件被概念化为"细事",亦即小事,当地衙门有权"自理",不用麻烦上级官府;在这类建构之下,兴讼最终被视为道德低劣者("小人")的行为。如果出现了滥讼,其起源会被看作是"讼棍"和"讼师"，或者"衙蠹"——即煽动良民构讼的衙门胥吏，而诉讼当事人自身则自然就是"小人"或"刁民"（黄宗智，2001［1996］：144—153，176—180）。

这种极度道德化建构的另一面，就是县官必须实施仁政和德治。在他的有效治理之下，讼棍、讼师和衙蠹应该受到约束或抑制，因为他们是小人和刁民的唆使者。一个有儒家信仰的地方官，同时也是一个道德高超的君子，应该作为"父母官"治理孩子般的"良民"；在其治下，社会和睦安宁，很少发生纠纷，只有少量诉讼乃至无讼。

基于这些道德化的表达，滋贺秀三（1981）认为清代的法庭并不进行裁决，而仅从事"教谕的调停"——其观念的根基就是支配着中国法的"情、理、法"三合原则："情"即基于儒家慈悲之心的怜悯和同情（"仁"或"人情"）；"理"即同时支配着自然和社会的道德原则（"天理"）；"法"即国家制定法（"国法"）。在滋贺的分析中，制定法律条文在这三者中地位相对次要，他将之比作飘浮在大海里的一座冰山；相反，儒家的仁和社会的道德原则才是法庭的主要指南；法庭的任务是教谕的调停，而不是依法裁决（滋贺，1981）。

在这里，我们应该指出，即使在儒家本身的表达中，理想的纠纷解决模式也是民间调解而非法庭调解；而当纠纷最终由法庭解决时，无论是清代的法律还是地方官其实都承认并认可司法实践中采用的判决手段（"断""断案"或"判"，而非"调解/调停"）。关于这一点，我在其他文章中已经做过详尽讨论和论证，这里不再赘言［黄宗智，2001（1996）：第八章；参看 Huang，2006（黄宗智，2007）］。事实上，法庭调解很大程度上是现代—当代中国司法制度的创新，而不是清代的遗产。

　　排除滋贺对清代法庭实践的错误解释,上述对儒家表达的概括对于理解清代司法的真实性质其实同时具有开导和误导的一面。开导的一面在于这些概括清楚地阐明了清代的调解意识形态,也揭示了意识形态的逻辑性要点。然而也可以看到误导的一面,因为民间调解作为理想模式,会妨碍我们观察有关"民事"的成文法规定和法庭裁决实践的现实;这些概括也很难告诉我们实际运作中的调解的隐含逻辑。

# 二、清代的法庭实践

　　通过分析 628 个清代的法庭案例——这些案例取自西南四川省的巴县、首都顺天府的宝坻和台湾的淡水—新竹的司法档案,我在 1996 年出版的书(黄宗智,2001[1996])中证明,清代法庭并没有从事滋贺所说的那种"教谕式的调停"。这批案件中最终进入了正式庭审程序的共有 221 宗(剩下的 407 宗案件,大多数都是通过具状立案后发动的民间调解解决的。详见 P412 脚注),绝大多数都是由法庭根据法律裁决结案:直接判决的有 170 宗(占 77%);另有 22 宗(10%)是裁定双方均无明显的违法行为;还有 1 宗(5%)是下令进一步调查。221 个案件中仅有 11 宗是直接命令当事人接受法庭的仲裁方案。没有一宗是按照滋贺所说的法庭通过说服和教谕让当事人自愿接受调停这种方式结案的(黄宗智,2001[1996]:226—227,表 A.3;参看第 77 页)。

　　在此后的一本书[Huang,2001(黄宗智,2003)]中,我通过清律与民国时期国民党法律的比较，详细研究了几个主要民事领域的具体法律规范。清律中有大量的律条用以指导民事判决。这些律条涉及财产（主要是土地和房屋）、债、遗产继承与养老以及婚姻和离婚等领域，律条的表述全部采取了用事实情形举例说明的方式。它们有的以道德理想（比如，"祖父母、父母在者，子孙不许分财异居"）为前置，并以违反—惩罚的模式表达出来，因此很容易将它们与有关刑事犯罪的律条混为一谈。清代"民事"法律规范其实是丰富而具体的，还有许多规范是随着时间的推移以"例"的形式补充到相关律条之下的，"例"常常发起于地方官就实际案件提交的奏折，这一点颇像英美普通法"先例"的创制。比如，财产"权利"是通过对"盗卖田宅"或者"擅食田园瓜果"这类行为的惩罚性规定而阐明的；债的义务根据债务数量和拖欠时间的长度规定不同程度的惩罚措施而阐明；有关财产继承的权利和义务，通过"尊长应分家财不均""私擅别籍异财"以及"不能养赡父母"等情形来阐明；有关婚姻契约的权利，通过将已有婚约的女子"再许他人""有残疾者，妄作无疾"，以及"期约未至而强娶""期约已至而故违期"等情形来阐明，等等。律典没有覆盖到的事实情形，则比引既定律条中的事实情形类推适用。[1]

　　毫无疑问，清代的地方衙门不会像后来毛泽东时代的法庭那样处理民事纠纷，这既有法律制度方面的原因，也因为数量庞大的积案不允许县官们花大量的时间说服当事人自愿接受调停。还有部分原因在于，那些一路顶住重重压力固执要求正式堂审的当事

---

[1] 有关诉讼发生率最高的一些特定领域，见黄宗智（2003[2001]）。更详细的总结见 Huang(2006)[黄宗智,2007]。

人,往往都是些既顽固又好斗的人,很难说服他们和解妥协。基于这些原因,县官们是乐于判决结案的。

法庭的判决实践与民间调解的意识形态之所以能够共存,是因为清代法律推理的独特模式是从事实情形到抽象原则,而不是相反,这一点我在本文的姊妹篇中有详细讨论。同时,其重点不仅在于道德理想也在于实用性,我称之为"实用道德主义"[Huang,2006(黄宗智,2007);参看黄宗智,2001(1996);第八章]。律典一方面坚持强调道德理想,将其置于律条的首要位置,另一方面也承认司法实践中这些理想与现实的背离。因此,律典在用道德包装自己的同时,也纳入了与道德理想相背离甚至矛盾的条款以指导司法实践。清律是道德说教与实际行动的结合,然而,清律注重实践和适应实际的一面从来没有取代其最初的应然的道德蓝图。尽管现实中的法庭活动基本上是判决性质的,但清代始终固守以民间调解解决民事纠纷的理想。①

虽然民间调解的实际终究未能如儒家理想要求的那样解决所有的民事纠纷,但它在许多重要层面上的确符合官方意识形态。这个问题我在2001[1996]年的书中讨论过,将来还会有更详尽的研究。这里仅扼要概述:我们所能得到的最好的证据表明,绝大多数村庄都有一至数位受尊敬的人物在必要的时候应社区之邀出面调解纠纷。这些人物一般固属于本社区,且与官方没有正式的联系。他们在调解纠纷时诉诸的道德规范类似于官方的意识形态,但他们的说理平易朴素,容易为常人所理解。采用的方法主要是

---

① 对清代民事判决的观念基础的分析,见本文的姊妹篇 Huang(2006)[黄宗智,2007]。

说服，先是与争议双方分别谈话，然后找到他们的共同立场，通常最后彼此都需做一些妥协。这种制度在争议双方身份权势大致相当的情况下最有效。在那样的情况下，一方只要拥有必要的资源，就可以按自己的意愿决定向法庭起诉，退出调解过程。（黄宗智，2001［1996］：第三章）

这种制度符合一些非常实际的需要。在乡村社会，人们年复一年、代代相传地生存于同一个空间，因此的确有必要尽可能地以和平方式解决争端，避免人们之间产生持久的仇怨。有关调解的官方意识形态事实上既表达了也塑造了乡村社会解决纠纷的模式和程序。

也只有在这样的既与外界相对隔绝而其内部成员之间又关联甚密的社区，一些受尊敬的个人才会被视为"年高有德"或者特别"有信用"的人物。那些卓有成效的调停人甚至还成为公认的"一乡善士"，其声誉甚至可能传到外村，因为这类调停人有能力"大事化小，小事化了"（黄宗智，2001［1996］：57—59）。

不过，本文这里关注的主要是与法庭有关的情况。我们已经看到，法庭是在一个坚持民间调解理想的制度之内主要依靠判决而运作的。判决和调解结合的基础在于法律的取向：在坚持强调道德理想的前提性地位的同时，优先考虑的却是解决实际问题。这种结合显示了清代的法律制度乃至整个清代治理术与众不同的实用道德主义［Huang，2006（黄宗智，2007）；参看黄宗智，2001（1996）：第八章］。

## 三、民国时期的调解

　　民国时期,中国在法律制度方面的尝试几乎是全盘西化的。1929—1931 年颁布的民法典仿照了 1900 年的《德国民法典》,后者(根据韦伯的尺度)是所有西方法律模式中形式主义化的典范之一。民国法典以各种抽象的权利原则为起始,整部法典的建构都围绕着这些权利,比如有关人身、财产、债、结婚与离婚、继承等方面的权利(*The Civil Code of the Republic of China*,1930—1931;*The German Civil Code*,1907)。立法者们本身主要从西方(包括日本)接受训练,例如法典起草指导小组的主要成员王宠惠,此前已经出版了《德国民法典》的权威英译本。根据这部法典的构想,法庭应当按照西方的形式主义模式,以保护权利为目的裁决是非(黄宗智,2003[2001]:第四章)。

　　同时,为了减轻法庭的负担,国民党政府曾经试图实施法庭调解制度。1930 年 1 月 27 日《民事调解法》正式颁布,要求所有的初审法院增设“民事调解处”,所有民事案件都要经过这里过滤。公布的目的是“杜息争端,减少诉讼”[《奉贤县法院志》,1986:187—188;参看《中华民国法制资料汇编(1927—1937)》,1960:43,44]。根据 1934 年、1935 年和 1936 年三个年份的统计报告,经历了调解的案件数目与所有“终结”于常规法庭的民事案件数量两者相差无几。这些数据本身表明,法院收到的民事案件几乎全都例行先经过"调解处",然后再交给常规法庭继续裁决。①

　　"调解"程序的高发率表明调解极有可能只是走走过场。顺义县的调解案件记录可以说明这一点,这个县在调解法正式颁布之前就已经建立了"调解处":从这些案件来判断,法庭调解的机构设置和程序规定都只允许法庭在时间和精力上做最低限度的投入。调解中的听证可以说相当简略和简短。法官仅询问简单的事实问题,然后看争议双方是否愿意和解或妥协。如果他们明确表示愿意,法官就会在简短的听证会结束之际宣布和解方案,然后双方当事人在会谈的速记笔录上签名,整个过程就这样结束了。绝大多数情况下,当事人都不愿和解,那样案件就会移交到常规法庭按正式程序处理。法官一般很少或完全不做工作帮助双方达成妥协。

　　例如,1931 年 5 月刘起祥诉张济宗的案件,张两年前通过中间人向刘赊买价值 34 元的鸡和鸡蛋拿去贩卖,刘屡次催还欠款未果,有欠条为证。5 月 21 日举行调解听证,根据速记笔录:法官首先询问刘的代理人徐某为什么刘本人没有到场,确认了刘因病委托徐某全权代理;然后又要求解释刘提起诉讼的原因,徐简单地回答了三句话。法官接着转问张为什么不还钱;张承认欠款,但解释自己无钱,必须等到下次收获庄稼之后才能偿还。法官再次转向徐,要求他同意宽限还款时间,徐回答如果张在法官面前保证在第六个月的第十五天之前还清,他就同意宽限。张同意到期偿还,于是法官让书记员大声念出笔录,让双方当事人正式确认,接着宣布

---

① 1934 年,有 113 757 宗案件经过了调解,75 149 宗结案于常规法庭;1935 年是 82 174宗对 105 286 宗;1936 年是 84 137 宗对 83 121 宗(《司法统计·第二卷民事》,1936:16,98)。

案件调解成功。整个调解问答笔录仅 17 行文字。[顺义 3：483，1931.5.31（债-19）]

1924—1931 年顺义县调解处处理的民事案件中我收集到了 15 个，调解成功的例子仅有 3 个，这个比例与 1936 年全国范围的统计报告中的情况大致相同。① 这 3 个例子和上述案例一样，需要处理的只是有书面证据、不存在争议的债务。在法庭上，被告们只不过承认欠债，而法庭只需简单地让双方就偿还期限达成协议。3 个案件都是按照完全相同的方式解决的[顺义 2：261，1924.2.2（债-11）；2：601，1928.8.31（债-15）]。

其余 12 个案件调解失败，是因为当事人本身不愿达成协议，没有一个案件显示法官为了帮助双方达成妥协方案做了认真的工作。如，王硕卿诉单永祥拒付 24 亩耕地租金案。提起诉讼两周后，即 1931 年 5 月 19 日的调解会上，王硕卿声称：单永祥的伯父单福曾经是王家的雇工，两家通过婚姻成为表亲之后（王的一位姑妈嫁入单家），单福得以耕种王家（位于临河村）的田地而不用交租。单福死后，王家允许其后代继续耕种这块地，租金为 5 吊钱，但没有签订租约。王硕卿拥有一张地契证明这块土地属于王家。因为最近开始征收公粮，所征实际上超过了他得到的租金，所以他不得不对这块地增租。所有这些事实都通过王硕卿对八个简短问题的扼要回答陈述出来。接着，单永祥告诉主审法官，这块地实际上是自己的高祖父于 1844 年购得，也有地契为证。他的情况是在两个简短问答中叙述的。双方的主张显然是南辕北辙。

---

① 1936 年，报告显示调解成功的有 12 409 宗，占调解收案总数的 15%，相对地有 68 016 宗调解不成功（《司法统计·第二卷民事》，1936：98）。

这个案件如果由后来的"毛主义"法庭来处理,法庭很可能会义不容辞地下到村里调查双方主张的事实,然后致力于推动达成双方均能接受的和解方案。但国民党的调解处仅仅宣布调解无效,案件移交常规法庭审理。整个调解听证笔录仅仅三页,每页13行的篇幅[顺义3:478,1931.5.6(土地-22)]。

社会自身的调解在民国时期则运作得比较有效,在那里,它继续发挥着和在清代非常相似的作用。一般说来,国民党政府对乡村社会已经发育成型的制度很少做出改变。在华北农村,曾经短暂出现过"调解委员会"或"息讼委员会"之类的机构,然而并没有认真建设。这类机构名称时髦,但未能扎根,到了20世纪30年代后期,日本满铁人员开始进行村庄调查时,除了一些村庄领袖对它们还有记忆,差不多完全销声匿迹了(《惯调》:3.30—31)。

从农村文献和顺义县保存下来的128个民事案件档案来看,民间调解在整体意义上的司法制度中仍然扮演着重要角色。顺义的这批案件中有许多结案方式与清代的情况很相似:呈状立案之后,如果民间调解成功,案件就会撤销或终止;法庭的事情主要是依法裁决;调解发生在法庭之外,由社区或宗族实施。这方面与清代相比变化不大(黄宗智,2001[1996]:第三章;黄宗智,2003[2001]:表A.3及各处)。

这样看来,民国时期的法庭调解所起的作用很有限,尤其是与其后的毛泽东时代调解制度相比。在社区和宗族调解继续运行于民间社会的同时,国民党基本上采用了德国模式的庭审制度。顺义的案例和全国的司法统计表明法庭调解的实际影响很小,然而这并不奇怪。国民党的立法者们事实上是以德国法的形式主义模式为标榜的,法庭调解的尝试是比较马虎草率的。

## 四、1949 年后中国的调解意识形态

毛泽东时代的意识形态极其重视调解式的司法,在很多方面甚至比清代有过之而无不及。当然,所用的术语是不同的。毛泽东在"社会主义"的范畴下创造出了一些新型的表达,代替了儒家的"情、理、法"(尽管法官和司法官员在实际运作中仍然经常使用这些儒家范畴)。纠纷被概括为或至少被称为"矛盾",矛盾则分为"对抗性的"("敌人与人民之间的")和"非对抗性的"("人民内部的")。前一种矛盾被认为必须经过斗争(以及惩罚)才能解决;后一种则应和平解决,尤其要依靠调解的方式达至和解,在这一点上和儒家意识形态有一定的相似处(毛泽东,1937,1957;就同一观点有代表性的学术论述,见韩延龙,1982;参看杨永华、方克勤,1987)。

当然,这种重调解的观念有其非常实际的现实考虑:中国共产党的边区由于断绝了与中心城市的联系——后者在国民党的统治下已经建立了西式的司法体制,中国共产党在 1949 年之前需要沿用农村的习惯以及使用非法律专家充当司法人员。因此农村社区的调解传统成为整个毛泽东时代司法制度的一个重要源泉。事实上,中央陕甘宁边区的民事司法制度最终被概括成一种三个层次的系统:最基础的是"民间调解",其上是地方行政干部主持的"行政调解"以及由地方法院主持的"司法调解"。这是一种建立在既

存的乡村传统和习惯之上的制度。① 1943 年《陕甘宁边区民刑事调解条例》的颁布意味着这种制度规划的正式化（韩延龙、常兆儒，1981—1984，Ⅲ:630—633）。

毛泽东时代调解还从群众路线的意识形态中得到表述，即法官不是坐堂办案，而是必须下到村里在群众的帮助下调查真相，然后才能解决或"调解"一个案件。法官必须依靠群众，因为他们眼睛"最亮"，还因为司法制度和整个治理方法一致，必须遵照"从群众中来，到群众中去"的方针。这种方法被认为最有利于减少上级和下级之间、法庭和群众之间的矛盾。按照这种意识形态，法官应通过群众来判断一个婚姻是否可以和好，如果是，就要邀请群众帮助解决问题。对于其他纠纷，法官也应按同样的方式处理，从群众那里调查真相，然后与他们一起解决纠纷。整个步骤被总结为"马锡五审判方式"[毛泽东，1943；参看 Huang，2005:173，182—183（黄宗智，2006）]。

这种调解意识形态被进一步强化，认为以和解为宗旨的中国民事司法优于对抗式的西方司法。调解制度反射出来的是中国从过去到社会主义当代最美好的司法理想[Huang，2005:153—154（黄宗智，2006）]。即使在毛泽东时代之后的改革时期，这个主旋律仍然在发出回响；而且近些年在一些西方分析家那里也引起了相当的共鸣，他们相信，那些正在寻求以仲裁或调解的方式解决纠纷、以克服诉讼泛滥和对抗性冲突问题的人们，能够从中国式的调

---

① "行政调解"和"司法调解"清楚地预示了"调解"内涵的扩大，从而涵盖了更具高压手段的"调处"。

解制度中获益良多(见下文的讨论)。[1]

调解的意识形态表现得最为坚持不懈也最为活跃的领域莫过于双方有争议的离婚案件:法庭的目标在于通过强烈干涉式的"调解和好",尽可能降低离婚的发生率[关于这一点,我另有详细讨论,见 Huang,2005(黄宗智,2006);参看下文],所宣称的基本原理是:在"社会主义中国",不应像西方资本主义社会那样轻率地对待婚姻。因此离婚应当也必须更加难以获准,尽管法律制度仍然强调结婚和离婚自由以及男女平等的原则。随着时间的推移,司法系统最终以感情标准,或曰夫妻(情感)关系的质量标准,作为决定是否准予离婚的依据。[2] 如果夫妇感情基础好且尚未"破裂",法庭就必须尝试调解和好而不准予离婚。这样,婚姻法在维持了其社会主义和谐以及男女平等—离婚自由的理想的同时,面对农民的反对的现实,做出了非常务实的让步。法庭在司法实践中对于有争议的离婚请求,绝大多数情况下都不仅予以驳回,而且还以一些方式调解和好。

毛泽东时代的调解在离婚问题上体现出来的主动干涉式的意识形态,塑造了当代中国整体意义上的民事法律制度。法庭在离婚调解中采取了明显具判决性质的立场,同时也运用了党组织和社会的压力,甚至使用了物质刺激,这一系列方法也被用于其他民事

---

① 为冲突的解决寻找替代模式成为日渐重要的问题,这可能是过去西方学者将中国司法制度的研究重点放在调解上的另一个重要原因,如本文之初引用的那些著述。在中国人的著述中,范愉(2000)是这种思路的代表。

② 夫妻感情质量例行地被区分为很好、好、还好、不坏、不好等诸多等级[Huang,2005(黄宗智,2006)]。

领域，尽管没有在离婚领域那么普遍［Huang，2005（黄宗智，2006）］。因此，"调解"这个词已经远远超出了原有的含义，更广泛地具备了判决性质的、积极主动的、干涉主义的内涵，不再仅仅是通过第三方居间斡旋达成争议双方均自愿接受的和解方案那种原来的调解理想。

当代的调解意识形态也不忽视庭外调解。村级"调解委员会"被设想为整个司法体制的"第一道防线"。因为是在纠纷发生之初以温和的方式解决问题，村级调解被认为有利于减轻法庭讼累以及防止事态恶化。比如，据1989年官方的解释和数据，基层调解处理的大约730万起民事纠纷中，有效地"防止了因民间纠纷可能引起的非正常死亡事件"超过8万起，涉及大约13.7万人［《中国法律年鉴（1990）》：62；比较上海市律师协会，1991：264］。优秀的地方干部（村和乡镇领导）被设想为能够通过基层调解及早解决纠纷，从而将纠纷和诉讼数量控制在一定指标之内。①

本文集中于法庭调解，村级调解将另文讨论。应当说明，调解的毛泽东时代意识形态尽管与以前的儒家意识形态有非常相似的地方，但差别也是明摆着的：毛泽东时代的意识形态大大增强了调解的功能以服务于新的国家政权；它在指导民间调解和创建法庭调解制度方面的作用也是儒家意识形态难以比拟的；它还扩大了调解的内涵，将一系列干预性质乃至不顾当事人意愿的判决性质

---

① 1991年全国人大常委会正式颁布了《关于加强社会治安综合治理的决定》，在这种公共安全的蓝图或总体规划下，村、乡镇和镇区与它们的上级机关签订纠纷和诉讼的配额"合同"（INT91-KB:2）。例如，华阳桥区的指标是每千居民三起纠纷（由区级调解组织处理）（INT91:4）。

的活动也纳入了自身的范畴。

## 五、1949 年后中国的法庭调解实践

法庭在处理有争议的离婚案件时应当以"调解和好"为目标，我已经指出，这种实践源起于一种非常实际的考虑：通过一个一个案件的处理来尽可能地减少新婚姻法（指 1950 年婚姻法）给社会带来的冲突，尤其是农民的反对[Huang，2005（黄宗智，2006）]。实质上，"调解和好"的做法隐含的乃是一定程度上不主张离婚的判决性立场。随着法庭实践的演进，许多措施或多或少逐步成为常规，比如，所有的有争议的离婚案件都必须先经过调解，这是由法律明文规定的；法官要到现场访谈当事人的工作单位、亲友和邻居，以确定当事人夫妻感情的状况和夫妻"矛盾"的根源；然后积极地介入，帮助双方和好；采用的手段包括道德政治教育、政治上施压（当地的党政领导也会参与施加这种压力）以及制造舆论压力（亲友邻居也会参与），甚至还有实际的物质刺激，等等。

这样的行动和方式与其说是调解，还不如说是"调解式判决"，因为法庭行动的主要动力源自一种不主张离婚的判决性立场，尽管法庭为了双方和好做了很认真的调解性质的工作。有大量的案件在当代中国的法庭看来是"调解"，但实际上可归入"调解式判决"范畴。然而自愿的调解在当代中国的司法制度中的确是存在的。下文我将首先描述这一调解领域，以便清楚地显示其运作逻辑，然后再回头讨论不自愿的"调解"。

## (一)双方同意的不涉及过错的离婚案件

在双方同意的离婚案件中,一般都不牵涉是否准予离婚或哪一方有过错的问题。法庭几乎只需要考虑一个问题,就是如何通过斡旋得出一个双方均会同意的离婚协议方案。这类案件的调解最贴近于"调解"这个词本来的核心意义。①

1950 年和 1980 年的婚姻法在离婚财产分割问题上的基本原则是由双方协议解决。1950 年的婚姻法将女方婚前财产从离婚财产协议中排除出去,规定"女方婚前财产归女方所有"(第 23 条);其他家庭财产的处理则遵循双方协议解决的原则。1980 年的婚姻法再次肯定了这个协议原则,只是简单地规定"夫妻的共同财产由双方协议处理"(第 31 条),这个规定暗示双方婚前的个人财产归各自所有。除此之外,两部法律都补充规定"如一方生活困难,另一方应给予适当的经济帮助"(显然,主要是考虑到不能养活自己的妇女)。关于财产协议,"协议不成时,由人民法院根据财产的具体情况,照顾女方和子女权益的原则判决"。关于子女的抚养(和监护),两部法律都没有明确规定哪一方应该负责,仅指出"离婚

---

① 在"调解离婚"这种案件结果类别中,并非所有案件都需要法庭来调解出一个协议。有时候,涉案当事人本身之间已经事先达成协议方案,此后来到法庭只是为了正式确认离婚和离婚协议,这时法庭的作用仅仅是形式上的(如案例:B,1977-19,20;B,1988-11)。但这些案件也归入了"调解离婚"类,从而满足了司法系统主张尽可能提高"调解"结案的比例的倾向。而在其他情况下,法庭的作用主要是判决性质的,比如,当一方为了获取更有利于自己的条款而拒绝现有的方案,而法庭认为其所提出的条款不合理时,就会以判决的立场驳回。这种案件同样也被归入"调解"类,只要法庭能够让双方接受协议方案,即使这个方案很大程度上是法庭强加的(如案例:A,1988-4)。

后,哺乳期内的子女,以随哺乳的母亲抚养为原则"(1950 年婚姻法第 20 条;1980 年第 29 条)。因此,法典设置的是一个宽泛的可协商的框架,为法庭的调解活动预留了相当大的空间和灵活度。

抽样案件中的很多例子表明,法庭的主要作用是帮助双方设计出离婚协议的具体细节。A 县的抽样案件中共有 56 个双方同意离婚的案例,其中有 33 个案例因不存在过错问题,法庭没有采取判决性姿态。在这些案例中,法庭一旦确认双方均愿意离婚,就会采取一种低强度的居间斡旋方式帮助达成财产分割协议。

先看看 1988 年 B 县的一个案例。婚姻一开始就出现问题。男方要求离婚,诉称妻子虐待老人(男方的父母),而且婚后仅 38 天就要求与他们分家。女方在答辩中称男方殴打她,但并不反对离婚。法官和书记员下到村里,先在村长办公室和男方会谈,村领导在场(村长和一名无法确定身份的村民——可能是村党支书);男方重述了他在离婚诉状中所写的内容。法官接着在附近的派出法庭(新军屯镇法庭)内会谈了女方,后者也大致复述了她的抗辩。此后法官开始按照我谓之"毛泽东时代法律制度"的标准程序,依次访谈了男方的父母、这对夫妇东边以及对面的邻居,以便了解这对夫妻真实的感情状况。通过这些访谈,可能还包括没有记录在案的与村干部的交谈,法官断定这是一个双方自愿的离婚案例,不存在谁是谁非、谁对谁错的判决性问题。剩下来的事情是拟订一个双方同意的离婚协议。

法官继续运用标准的调解手法,先与原被告双方分别单独谈话,得知女方希望搬出去时能带走家中的两样物品——一辆由她本人一直使用的自行车和一只行李箱;男方不同意这个要求,但语气之中有商量的余地。接着法官与双方在同一时间见面,先是简单地复述了双方各自对彼此的不满,摆明了这些事实之后,法官提出了一个折中方案:男方付给女方 200 元钱,以代替女方想带走的自行车和行李箱。会谈结束前男方表示可以考虑这个方案。到了下一次会谈时,法庭终于按照既定的思路达成了双方都同意的离婚协议。法庭制作了《调解书》,双方签名表示同意"协议离婚"以及协议方案(男方付给女方 200 元现金,作为对争议财产自行车和行李箱的补偿)。诉讼费 30 元由原告即男方承担。(B,1988-20)

法庭的这一类调解工作在我们的抽样案件中例子很多。1977 年,A 县的一名妇女起诉要求离婚,诉称丈夫"性欲太强,动作粗鲁……月经期亦坚持同房"。男方不反对离婚。法庭调查得知这对夫妻"婚前缺了解",婚后因为性格不合经常吵架。一次男方因在自己负责的档案工作中出现失误而受到处罚,之后双方的紧张关系进一步恶化,发展到了男方不时对女方进行口头和生理虐待的地步。因此法庭认定夫妻感情实际上已经破裂,剩下的事情就是如何解决财产分割和九岁小孩的抚养问题。法庭没花多大力气就让双方达成了协议:双方婚前财产归各自所有;至于共同财产,缝纫机归女方,大衣柜归男方;小孩由女方抚养。(A,1977-012)

再多举一个例子,1989 年 A 县的一名男子起诉要求离婚。法庭调查得知双方婚姻基础薄弱:女方是为了摆脱继母而草率结婚,男方则因为订婚时女方要了太多的钱而心存不满。夫妻婚后从未好好相处过,经常为了生活小事和小孩而打架。事实上他们六年前即 1983 年就已经分居。双方都希望离婚。法庭认定"双方感情实际上已经破裂"。和上述两个案例一样,唯一要处理的问题就是离婚协议的具体细节。法庭帮助达成如下协议:(1)小孩和父亲共同生活;(2)双方已经租用的房子由女方继续租用;(3)床、五斗柜、大衣柜、方桌、一对床头柜和两张木椅归女方所有,其余财产归男方。最后拟订了一份调解协议书,将这些具体方案清楚列出。(A,1988-02)

法庭处理这类案件的方式,某种程度上类似于西方的无过错离婚原则。这个原则形成于 20 世纪 60 至 70 年代的转型时期,最终成了离婚诉讼的主导原则。此前的西方社会,主要因为天主教的传统和影响,坚定地主张婚姻的神圣性,只有在证明有过错的情况下,才有可能离婚。结果导致离婚诉讼也采取了类似于民事侵权诉讼的对抗制框架。但是,后来西方的离婚法逐步放弃了过错归责的模式,转而更强调纠纷的解决(Phillips,1988),从而在很大程度上把过错问题排除于外。①

这种新模式基于的理由与中国式调解有某些相似之处。不过有一个关键性的差异。韦伯所说的法律形式主义,如我们已经看到的,要求法律从普遍原则出发,通过“法律的逻辑”使普遍原则适用于具体的事实情形。西方最近的无过错离婚模式,尽管明显背离了过去的过错离婚原则,但其形式主义的思维方式还是一样的。就是说,无过错模式是以无过错原则为前提的,而这个前提被认为适用于所有的离婚诉讼。相反,中国的模式是以事实情形为出发点的。法庭首先要判断离婚是否双方自愿,如果是,才会准予离婚;法庭也会调查认定是否涉及过错,如果否,那么剩下来的工作

---

① 不过,即使在双方同意的离婚诉讼中,相关的过错仍然可能会被归责,详见下文的讨论。

仅限于设计出双方均愿意接受的离婚协议方案。

中国模式实际上是形式主义方法的倒置。比如，在离婚诉讼中，它并不以适用于所有事实情形的普遍化原则为出发点，而是从承认无过错和有过错情形同时存在于真实生活之中出发。以此为前提，法庭首先要判断自己正在处理的案件属于哪一种情形，然后才采取相应的行动。

## (二)无过错民事损害赔偿案件

中国的法庭调解对不涉及过错的民事赔偿案件的处理采取了类似于无过错离婚案的方式。尽管1986年的《民法通则》在民事赔偿问题上一方面采纳了西方的"侵权行为"理论框架(根据这种理论，在确定金钱赔偿之前必须先确认过错——侵害他人权利——行为的存在)，同时又继续承认了无过错"民事赔偿"情形的存在。因此，它首先在第106条规定："公民、法人由于过错侵害国家的、集体的财产，侵害他人财产、人身的，应当承担民事责任。"但继续规定"没有过错，但法律规定应当承担民事责任的，应当承担民事责任"，并在第132条对后一项规定做了进一步的明确说明，"当事人对造成损害都没有过错的，可以根据实际情况，由当事人分担民事责任"。

这里的关键在于认可某些不涉及过错的事实情形下的损害赔偿。这意味着被告即使没有过错也有可能承担民事责任，就这一点来说，相关案件的处理所遵循的原则其实就是调解的意识形态：为了解决纠纷，法庭关心的不是确定法律上谁对谁错，而是尽可能地将冲突降至最低，并设计出双方均能接受的妥协方案。

然而,这里再次出现了关键性的概念上的差异。美国的无过错汽车保险的出发点是一种适用于所有事实情形的抽象原则,而不论实际的情形如何,基本的前提仍然是"无过错,则无责任",并且不需要用到调解。相反,在中国的无过错模式中,法庭以事实情形为出发点,一旦确定具体的案件属于无过错情形,调解就开始发挥作用。

## (三)双方均有过错的民事损害赔偿案件

如果法庭认定争议双方一定程度上均有过错,一般就会按照双方同意的离婚案件和无过错损害赔偿案件中同样的逻辑和方法进行调解。

例如 A 县 1989 年的一个案件:同一栋楼房中比邻而居的两对夫妇为了走廊里的积水互相扭打。起初是原告妻子与被告丈夫发生斗殴,然后各自的配偶也加入战团。所有人都受了一定程度的伤,并花费了医疗费。原告丈夫右小指末节骨折(花费208.95元),其妻胸骨体挫伤(花费 126.57 元);被告丈夫左食指裂伤(花费 186.60元),其妻腹部挫伤(花费 25.25 元)。乡政府和村委会调解不成。原告夫妇起诉要求赔偿 500 元损失,被告夫妇反诉,要求原告赔偿800 元。法庭调查认为这种情况下双方均有过错。因为不存在"侵权行为",法庭并不关心谁是谁非的问题。最后,法庭成功地让双方达成协议:公平起见,由被告赔偿原告 120 元(受伤较轻的一方夫妇承担较多的医疗费),诉讼费 100 元由双方均摊。(A,1989-16)

1988 年 B 县有一个相似的案件,两个邻居为了宅基地边界问题发生斗殴，以前已经为此发生过两次纠纷。这一次起因于被告在归属有争议的地方栽了两棵树（"在我家门口栽了两棵树"）。原告要求被告将树移走，遭拒绝后自己动手拔出，于是这两名妇女发生斗殴，导致原告脑震荡。村领导试图调解，安排被告带着礼物看望原告，建议被告赔偿200元息事宁人。然而，原告住院两周之后持续头痛，声称自己无法做家务，也无法耕种她的五亩责任田，因此不同意这个调解方案，并提起了诉讼。

法官（和书记员）下到村里调查，与村干部和目击者谈话。查明首先是被告动手抓住原告头发，接着原告用手中的棍棒擦伤了被告的脸，但最后是原告受到更重的伤。法官的调查结论是"双方都是有责任的，都应受批评"，于是开始着手设计一个双方都能接受的协议方案。

法官首先与被告谈话，总结了自己的调查结果：尽管双方都有责任，但原告的伤导致她不能下地劳动，也不能做家务，而被告的伤非常轻微，没有持续后果。法官指出，原告仅医疗费就用了300元，根据法律，被告应负民事责任——即使没有过错也有民事责任。法官在谈话中运用的权威不仅来自法庭的职权，也基于他通过彻底调查收集到的信息。被告及其丈夫起初抗拒，但最终表示听从法庭的意见。法官初步争取到让他们同意不超过700元的赔偿方案。法官随后与原告谈话，后者由丈夫代理。法官劝说原告做一些让步，原告坚持赔偿额不少于600元。最后按照600元的赔偿额达成了协议。（B，1988-15；相似的案件：B，1977-12）

在这里，法庭再一次遵循了类似于双方同意的离婚案件和无过错损害赔偿案件中的逻辑。法庭一旦认定双方均有过错，而不是单方面的过错,接下来的任务就是通过调解折中,达成一个双方都能接受的分担"民事损害赔偿责任"的协议。

## (四)双方均有合法主张或同等义务的案件

不涉及过错或双方均有过错的案件中的运作逻辑,也适用于双方均有合法主张或同等义务的案件。这时法庭的主要工作依然不是做出法律上谁是谁非的判决,而是斡旋其间得出一个双方都能接受的折中方案解决纠纷。

例如1988年B县的一个案例:一名寡妇就丈夫的死亡保险金和财产分配问题起诉自己的公婆。丈夫去世前,这对年轻夫妇没有和父母分家,尽管从1986年开始即已经分开吃饭。主要争议事项是如何分配丈夫的5000元死亡保险金(死于山坡上村办企业的工伤事故),但有一些其他因素:寡妇要求拿回嫁妆和得到婚姻存续期间夫妇购置的全部财产,而公婆则要求得到九岁孙子的监护权和小夫妻的部分财产。在法律上谁是谁非的问题上,法庭直接采取了判决性质的姿态:根据法律,嫁妆无疑是原告的婚前个人财产,应归原告;母亲对于子女的监护权优先于祖父母,因此"按法律办,孩子应该由母亲抚养"。剩下来的问题只是如何处理夫妻共同财产和保险赔偿金。对此,双方(母子为一方,公婆为另一方)有同等的主张权,因为根据1985年继承法的第10条,四人都是死者遗产的第一顺序继承人。

法庭首先访谈有关的各方(包括保险公司和村委会)确认了案件事实,然后来到年轻夫妇的家中列出财产清单,并形成了一个双方都可能接受的解决方案:按照双方的意愿对夫妇的共同财产进行分割，并从均分的保险金中抽出 100 元现金来调整无法公平分割的部分。随后双方都同意了这个方案。（B，1988-17；相似的案例见 B，1988-16；B，1977-7）

在这里，我们看到法庭同时扮演着判决者和调解人的角色。对于法律上谁是谁非一清二楚的事项（比如寡妇对自己的嫁妆和孩子的监护权的合法主张），法庭直接采取了判决性的立场；但对于双方有同等主张权的夫妻共同财产和死亡保险金，法庭扮演的是一个居间斡旋、帮助双方达成自愿协议的调解人角色。

在 1989 年同样发生于 B 县的另一个案件中，母亲为养老问题起诉自己三个在世的儿子，要求他们每人每月供养 50 元。当时，这名寡母与 16 岁的孙女共同生活，孙女的父亲即寡母的第三子已经去世，其母已经再婚。法庭首先明确在世的三兄弟都有义务赡养老人，这一点大家都承认。问题在于三个被告之间如何分担养老责任，因为他们经济状况不一样，同样的供养份额造成的负担程度是不同的。长子相对富裕一些，但声明仅愿意每月提供 10 来元的资助；次子表示别人出多少自己就出多少；四子是一名临时工，每月收入只有 70 元，经济状况在所有兄弟中是最差的，他表示愿意让母亲和他一起生活（这样会改善他的经济状况），否则每月只能出 8 元钱。原告还有一位生活条件较好的女儿，虽然她没有和兄弟们一起继承已故父亲的遗产（因此对母亲没有法定的养老义务），但自愿每月供给 30 元。

法庭的第一个方案是由四人（三兄弟和他们的妹妹）每人每月承担 25 元，但两个哥哥拒绝，显然这对低收入的弟弟来说也是不切实际的。母亲尽管是原告，但没有牵涉到这些争论之中。此后的协商在法庭和四兄妹之间进行,最终达成协议:长子、次子和女儿每月付给母亲20元,四子每月10元;另外,三兄弟每人每年供给母亲1000斤煤,并平摊其医疗费用。随后所有人都在调解协议上签名。(B,1989-10)

在这里,三兄弟对赡养母亲的义务是没有争议的,他们也愿意赡养,唯一的问题是如何确定具体的赡养方案。在这种情况下,法庭的作用就是帮助设计出每个人都愿意接受的条款。如果处理不当,就可能会在同胞兄弟姐妹之中造成相当严重的矛盾,但通过法庭进行协商和折中,问题化解了。

## 六、调解与判决之间

当代中国的法律制度,虽然具有自己的调解意识形态和从事实到概念的思维方式,但是到了改革开放时期开始大量吸收形式主义的大陆法,就像以前民国时期所做的那样。20世纪80年代的几部法律模仿了欧洲大陆民法典,表明中国有意识地正式移植或采用部分西方法律及其特征。1986年的《民法通则》与形式主义模式非常相似,以权利为出发点,所制定的条文也试图在逻辑上遵循那些抽象的权利原则。法庭也相应地根据这些法律做出谁是谁非的判断,确定谁胜诉谁败诉,从而像形式主义司法体制下所做的那样,判决了很多案件,这一点我在关于判决的本文姊妹篇中已经阐明[Huang,2006(黄宗智,2007)]。事实上,中国的司法体制同时包含了判决和调解两种不同的纠纷解决模式。

但是我们要记得,新法律,比如1986年的《民法通则》、1980年的《婚姻法》和 1985 年的《继承法》，并非西方范本的全新移植。相反，它们在许多问题上的正式化原则，形成之前就已经在中华人民共和国时期的司法层面上（主要以最高人民法院的指导和意见的形式）试行过几十年［Huang，2006（黄宗智 2007）］。诚然，这类原则的适用范围因正式法典化而扩大了，但其历史连续性仍然呈现于法律和法庭实践中，如上文讨论过的一些传统民事领域：离婚、财产所有权或家庭住宅及宅基地的继承权、债务、养老义务、侵权损害赔偿义务，等等。这些领域明显不同于改革开放时期因私人企业和对外贸易的迅速发展而新出现的法律，比如《个人所得税法》（1980；1993 和 1999 年修订）、《商标法》（1982）、《对外贸易法》（1994）、《保险法》（1995）和《合同法》（1999），这些法律在毛泽东时代没有什么先例［Huang，2005（黄宗智，2006；Huang，2006（黄宗智，2007）］。

当然，这并不是要否认传统民事领域从毛泽东时代到改革开放时期发生了重大变化。比如，在离婚法领域，1989 年颁布的"十四条"阐明了法庭应该如何认定夫妻感情确已破裂，其中的新标准带来的离婚自由化及其历史演变和现实影响，在我的另外两篇文章中有过详细讨论［最高人民法院，1989：1086—1087。见 Huang，2005（黄宗智，2006）；Huang，2006（黄宗智，2007）］。此外，由于积案上升以及法治观念发生变化，调解在整个司法体制中的作用一般说来也无疑会缩小。尽管如此，本文仍然将讨论重点放在当代中国法的某些持久的特征上，因为在我看来这些持久的东西不像法律变革那么显而易见。持久的特征包括，法律思维方式上的实用道德主义，调解和判决两种性质的活动在同一个司法体制内的结合,以及法庭的一些独特的判决和调解活动。当然,判决和调解之间有一个很大的中间区域,两者在其中不同程度地相互重叠着。不过如上文提到过的,可以将这个过渡区域划分为两个主要的范畴,即"调解式判决"和"判决性调解"。

我们已经看到,有争议的离婚案件中普遍适用的"调解和好",时常体现为一种根本反对离婚的判决性立场。我在相关的研究中运用了不少例证,这里仅借一例以便重述其中的要点:1977 年的 B县,一位农村妇女起诉要求离婚,理由是公公调戏她,而她的丈夫完全受制于自己的父亲,不能也不愿站起来替她说话。法官们下到村里调查,确定女方及其娘家的人都坚决要求离婚。尽管如此,法官们仍然驳回女方的请求并致力于"调解和好"。

法官们通过调查得知公公的确对女方有过不正当的行为,对于这个问题,解决的方式是尽最大的努力对公公进行批评教育和警告。调查结果还表明夫妻的矛盾根源在于他们恶劣的经济状况,对此,法官们在村领导的配合下设计了一个物质刺激方案:帮助这对年轻夫妇盖一栋新房,以及为男方在大队的种子场安排一份更好的工作。与此同时,法官们还给女方及其娘家人做了大量工作,通过村干部给他们施加压力,并明确表态法庭不赞成离婚。法官们还促使公公答应帮助小夫妻建新房并许诺不再干涉他们的生活。最终,涉案各方都同意和好。

在这整个过程中,合议庭(由一名老法官、一名年轻法官和一名人民陪审员组成)的三人小组或由两位法官分头行动或与陪审员一起,前后至三次下到丈夫村中、两次到女方娘家村中做工作,最后以法庭在这对夫妻新建的家中主持的"家庭和好会"为结局。

[B,1977-16；参看 Huang,2005:156-166(黄宗智,2006)]。这个案件可以说是一个很好的样本,全面展示了毛泽东时代的法庭在有争议的离婚案件中是如何进行调解和好的。

到了 20 世纪 90 年代,"调解和好"已经广受质疑,中国法律界承认,这种主动干涉式的"调解"常常并不能导致长久"和好"的结果。根据接受访谈的两位松江县法官的估算,那些经调解同意"和好"的夫妻可能有一半最终还是离婚了(INT93-9)。一份对崇明县 1985—1986 年离婚案的研究甚至声称,所有经法庭调解"和好"的夫妻中,事后真正试图和解的仅占 3%。① 在法庭对单方离婚请求几乎全部例行驳回的背景下,那些仍然选择上法庭的人们,至少可以说他们中大多数人的离婚愿望非常强烈。对这种请求例行驳回的做法,必然常常会违背请求人的意愿。现实是,调解和好并不能完全按照国家希望的那种方式修复夫妻感情。将这种法庭实践称为"调解",其实只不过是对调解这个词的正常含义的极大曲解。

但这并不是说,所有具有判决成分的案件必然地都违背了当事人的意愿。我们在前文中已经看到,即使在不涉及过错或双方均有过错的调解案件中,法庭也会行使判决性的权力,体现为对案件事实进行定性的最终权力;我们也看到,法庭会以判决性的姿态调解各种不同的案件。这些案件涉及无过错民事损害赔偿责任、第一顺序继承人对死者遗产的平等主张权、子女对老人的赡养义务,等等。就事实的定性以及所适用的判决性原则为被告们所接受这一点而言,这些调解是在当事人自愿的基础上进行的。如下

---

① 此文 1988 年发表于《中国法制报》(转引自 Palmer,1989:169)。

还有一些其他类型的案件也是通过这种判决性调解解决的。

如 1965 年 A 县的一个案件：一对农民夫妇于 1960 年结婚，次年因男方参军开始分居。此后女方和第三者发生性关系。男方根据保护军婚的有关规定，起诉要求制裁第三者。法庭查证指控属实，随后对第三者进行了一段时间的"关押处理"（未详细说明关押期限）。男方委托父亲起诉要求离婚，理由是夫妻感情已经不能挽回。女方与法官初次见面时不同意离婚，后来经过长谈，女方表示自己并不是真心反对离婚。由于最终确定离婚属双方自愿，准予离婚是没有疑义的。法庭要做的事情只是解决财产分割和年幼女儿的抚养问题。

按照通常的程序，法官首先分别与双方单独谈话。先是女方，她要求得到孩子的抚养权，以及继续住在男方家中直到"有了合适对象我再走"；但是男方的父亲要求她搬出去，同时主张获得孩子的抚养权以及夫妻的共同财产。随后法庭将双方召集到一起协商一个折中方案。基于女方为过错方的认识，双方最后达成以下协议条款：(1)女方可在男方家中继续居住一年，并可使用家中的家具设备，但使用权仅限于留居期间；(2)在此期间，女儿暂由女方抚养，抚养费由男方家庭支付，此后女儿的抚养权归男方及其家庭。双方均同意这个方案并在"调解协议"上签名。（A，1965-014；相似的案例见 A，1977-06）最终的协议显然有利于丈夫。

正如我对松江县法官的访谈结果显示的那样，法庭通常视通奸方为过错方，而对方为受害方。如果离婚诉讼由过错方提起，法庭一般会驳回；如果如本案由受害方提起，那么法庭就会在设计协议方案时做出对其有利的安排（INT93-9）。在这个案件中，丈夫在财产分割和子女抚养权方面都得到了有利的结果。

即使在本案这样的情形中,也可能存在着自愿的一面。诚然,最终的结果很大程度上受到了法庭判决性立场的影响。但是法庭的立场同样也代表了普遍的社会道德风俗。因此女方很可能也会感到,至少在某种程度上,自己作为过错方,不可能指望得到与因自己的过错而戴绿帽子的丈夫同等的待遇。这无疑是一个起作用的因素,促使她愿意接受法庭的安排,或者至少不会固执地坚持自己的主张,因为不然就会迫使法庭直接判决。如果她是真心地认同法庭把她当作过错方的立场,那么从这一点上看,她的让步可以说是自愿的。

在20世纪90年代,法庭在相当大的程度上淡化了反对离婚的态度,这在由"过错方"提出离婚的案件中尤其明显。大致说来,变化是两个因素造成的。其一是积案问题:随着市场经济的发展,财产和债务纠纷数量回升,此外出现了很多新型案件,尤其是合同纠纷。因此20世纪90年代的法庭不可能再像毛泽东时代那样致力于费时费力的"调解和好"。另一个因素是,越来越多的证据表明,那种强迫式的和好常常只能起到延缓作用,并不能最终避免离婚。除了这两个因素,调解和好作为处理有争议的离婚案件的标准方式,其最初的起因是考虑到农民对离婚自由的抗拒,而这个考虑因素在改革时期已经不再像以前那么重要。改革时期社会环境的变化当然也会伴随着法律观念的转变以及法律功能的调整[Huang,2006(黄宗智,2007)]。

如1995年B县的一个案件,女方在结婚10年之后提起离婚诉讼,诉称"双方缺乏共同语言",而且男方经常"无端怀疑我作风不好"。男方反驳,声称女方"与别的男人有不正当关系,两次被我撞见",对此,女方没有争辩。法庭根据最高人民法院在"十四条"中阐明的意见,准予了离婚请求,而没有试图强行调解和好。不过,法庭的确做出了对男方相当有利的财产分割方案:男方得到了女儿的监护权和三间屋的房子,夫妻共有的大件物品如电视机、冰箱,还有其他家具和摩托车也归男方。(B,1995-10)假设女方真是自愿接受这些不利条款的,这个案件可以归入判决性调解的范畴。

还有一类涉及生理虐待(无论轻度虐待还是严重虐待)的离婚案件,法庭将夫妻中的施虐方(一般情况下是丈夫)认定为过错方。A 县的抽样案件中有四个这样的案例。比如 1988 年的一个案例,一名妇女因受到丈夫的虐待起诉要求离婚。诉称"生次子后患重病,不能满足男方性欲,常被男方殴打",最近一次更"被男方打得肝腰破裂"。男方承认"自己粗暴造成后果,但为了两个儿子希望和好"。但女方坚决要求离婚,男方只好接受现实。在法庭的帮助下达成的具体协议方案显然对受害者女方比较有利:这对夫妻借给他人的共 950 元钱以及一张 300 元的存折归女方;女方放弃双方共有的家具,对此男方额外补偿大米 35 公斤和稻谷 150 公斤;两个小孩双方各抚养一个。(A,1988-09)①

---

① 还有第三种也是最后一种法庭将一方按"过错方"处理的离婚协议,这种情况是因为其配偶有某种伤残(性无能)。这类案件中,法庭的一般立场是,提起离婚的健康方应对其有缺陷的配偶承担一定的责任。A 县的抽样案件中有五个这样的例子。其中一个发生于 1953 年,一名男性要求解除与童养媳的婚约,后者从 12 岁起就住在他家。女方四年前因病接受治疗,医生诊断她没有生育能力。女方愿意解除婚约,但要求一定的经济照顾。经过法庭调解,男方同意给她一套棉衣,外加 6 万元钱(当时的通货)。(A,1953-14)

## 七、当代中国法庭调解的性质

当代中国的法庭主要在不涉及过错、双方均有过错以及双方有同等的权利或义务这几类案件中所实施的调解，最接近于"调解"这个词本来的核心含义，即通过第三方的居间工作达成自愿的妥协。法庭只要从事实调查中得出结论认定无法简单地将过错归给某一方，就仅需考虑如何设计出双方均能接受的解决方案。这一类调解的结果较之其他类型的法庭调解更有可能为当事人自愿接受。不过，即使在这类案件中，法庭在最初对案件的事实情节进行定性时体现出来的判决性质的作用和权威，也不应该被忽略。

有一些案件是在判决性的原则下处理的，但其中的具体解决方案（比如，无过错情况下承担的民事损害赔偿、对老人的赡养义务以及离婚协议中对受害方的优待，等等）是法庭通过调解达成的，如果被告确实是自愿接受或认可法庭的判决性姿态的，这些案件也可以被视为调解案件。我们已经看到法庭在这类案件中是如何运用传统民间调解的方法和程序的：首先与当事双方分别谈话，寻找彼此的共同点，然后帮助促成一个双方均能接受的妥协方案。[1]

如上文指出的，尽管中国法庭对无过错案件的调解模式会让人联想到当代西方的无过错离婚模式，以及更近期美国的无过错汽车保险模式，但两者是有根本的不同的。在西方的这两个模式

---

[1] 这并不是说法庭调解总是按照应有的方式来运作。由于积案上升，可以想象法庭会尽量用省时的方式解决纠纷，而调解是一种极其费时的方式。伍绮剑（Woo, 2003：101 nl61）引证了一名诉讼当事人对法庭草率结案的抱怨。

中,"无过错"原则适用于所有的(离婚和汽车损害赔偿)案件,而不管案件的具体情形是否涉及过错。相反,中国的法庭调解模式是以事实情形为出发点的,并由法庭对具体案件的事实情形进行定性。只有在法庭认定案件不涉及过错之后,无过错调解模式才能开始发挥作用。这两种不同模式各有其优点,一个与形式主义保持了逻辑上的一致,而另一个则更具灵活性。在西方的无过错模式中,以复杂的法律策略来证明对方的过错已经变得没有意义,因为受害人或过错方的相对方在解决方案中并不会受到优待;而在中国模式中,当事人仍然可以受益于法律策略的运用,而且随着财富的增长和新的社会精英阶层对高能力律师需求的增加,法律策略可能会变得越来越精密复杂。

　　中国的法庭调解模式还可以与美国的庭外解决(out-of-court settlement)相比较。承办庭外解决的法官在影响敌对双方的协议谈判方面扮演着一个重要角色,加兰特(Marc Galanter)将这种谈判命名为"司法调解"(judicial mediation),根据是一次对承办法官的问卷调查:返回的 2545 份答卷中,很大一部分(超过 75% 的)法官将自己在庭外解决中的作用归为"干预"类,而 22% 的法官认为自己完全没有干预。大多数接受调查的法官将自己的干预视为"微妙的",包括提建议以及双方律师谈判时保证自己在场;10% 的法官称自己的干预是"积极的",比如通过施加压力来影响谈判。(Galanter, 1985)

　　然而这样的干预实际上非常不同于中国的法庭调解。在中国,"法庭调解"这个名称本身就已经说明了问题。美国的庭外解决不仅发生于法庭之外的地方,也在法官的正式职能之外;但在中国,调解是法官的正式职能的一部分,因此法官进行干预时拥有更大的权威和更多的权力。此外,这两种模式下,调解的动力来源也非常不同:在美国,当事人一般是在计算诉讼将会花费多少时间和金钱之后,再决定是否选择庭外解决的方式;在中国,至少在本文讨论过的那些个人之间的纠纷(区别于近年来日益增加的公司法人之间的合同纠纷)中,上述成本考虑并不是一个重要因素。案件经历法庭调解更多是因为法庭主动发起而不是因为当事人的选择,而其中的首要因素在于法官们对于民事司法性质的理解。我们已经看到,中国事实上是将判决而不是调解视为更省钱、更快捷的纠纷解决模式——这也是导致毛泽东时代的"调解和好"走向式微的一个主要原因。最后,中国的法官们在调解中可以毫无障碍地运用自己的正式职权对案件的事实情形是否涉及过错做出判断,而美国的法官们在庭外解决中只能非正式地在法庭正式程序之外表达自己的意见。

因此,美国(以及大多数其他西方国家)的"调解",或曰"非诉讼纠纷解决模式"(alternative dispute resolution,即 ADR,或译为"替代性纠纷解决机制")很大程度上是由民间机构而不是由法官来主导的,它存在于司法体制之外,并不具备司法的性质(因此我无法苟同上述加兰特的命名)。这种纠纷解决模式与当代中国的调解有显著的差异,后者主要以法庭而不是民间机构为主导者。这个差异进而造成了程序上的差别:当调解在法庭之外且显著不同于法庭的地方进行时,其记录一般都会保密,各方都理解这些记录不能用于随后可能发生的法庭诉讼(部分原因是为了鼓励争议各方更加坦诚地合作);然而当调解同时也是一种法庭行动时,调解人和承审法官两种身份就合二为一了,调解和庭审两个阶段的事实发现也无从分开。因而在中国的模式中,法庭调解一旦失败,随后几乎总是由同一个法官来进行裁断或判决,这个特点使法官的意见格外有分量,也对纠纷当事人造成更大的压力。目前美国和欧洲的司法外调解显然不是这种情况。①

上述的不同调解模式各有其自身的优缺点。不过有一点似乎是没有争议的,即法庭调解——有人称之为"调和式仲裁"(the use of conciliation in arbitration)——作为纯诉讼模式的一种很可行的替代选择,近年来在一些国家和地区越来越呈现为一种明显的趋势。② 甚至在美国和欧洲,也有越来越多的人讨论"仲裁和调解的结合"的问题,并称之为"调裁(Med-Arb)"(Schneider,2003)。

## 八、清代、民国和 1949 年后的中国调解

尽管当代中国的调解和传统调解具有一定的联系,但两者的制度框架很不一样。清代的法庭几乎从不调解;当代法庭则大量运用调解,在毛泽东时代,按照官方司法统计数字,调解案所占全部民事案件的比重超过80%,而步入改革时期二十多年后,仍然约占一半[《中国法律年鉴(1990)》:993;《中国法律年鉴(2001)》:

---

① 来自荷兰的实例可以很好地说明调解的这些特征(有关荷兰近年来的调解的材料和数据比较精确)(De Roo and Jagtenberg,2002)。参看欧洲理事会部长委员会"欧洲家庭调解原则"(1998)。

② 据唐厚志(Tang Houzhi),开始使用法庭调解的国家及地区包括澳大利亚、加拿大、克罗地亚、中国香港、匈牙利、印度、日本和韩国(Tang,1996)。参看乔多希(Chodosh,1999);施耐德(Schneider,2003)。

1257]。清代的调解几乎全部是在非官方的民间权威主持下完成的;毛泽东时代的法律制度则用党政干部取代了民间权威,并且赋予法庭调解非常广泛的功能。在清代和民国时期,如果民间调解不成功,当事人可以决定是否上法庭;当代的法庭调解一旦失败,除非原告撤诉,法庭几乎总是会紧接着由同一个法官进行裁断或判决,而且这些过程都属于同一个法庭程序。

但是中华人民共和国的官方表达常常将历史上的和当代的调解相提并论。出于意识形态建设和时代的迫切需要,调解被宣称是中国所独有的,是伟大的中国法律传统的核心,使中国法律传统不仅区别于而且不言而喻地在很多方面优越于现代西方的法律传统。换言之,国家将调解制造成了一种官方意识形态[Huang,2005(黄宗智,2006)]。

诚然,清代—民国时期与当代中国的相似之处在于,调解在整体的民事司法制度中始终扮演着极为重要的角色。然而这个相似之处不应该掩盖的事实是,法庭调解几乎完全是现当代时期的发明。而事实上,当代中国调解的特征首先体现在法庭调解,它包含了法庭的各种权力,也模糊了调解和判决的界线。

当然,从毛泽东时代到改革时期也有一些重大变化。在毛泽东时代,巨大的意识形态压力迫使法庭把其几乎所有的行动表达为调解。相反,改革时期明显转向了西方式的法典和庭审制度。调解式司法占据的空间无论在表达还是实践中都已经大为收缩。在很多场合,判决最终被视为比调解更有效、更合理。这两者在整个民事司法制度中将怎样达到平衡,还有待进一步观察。但无可否认,法庭调解无论作为一种实践还是理想,都还会在当代中国的民事司法制度中继续发挥重要作用。

# 九、中国法庭调解的逻辑

当代中国的民事法律制度的实际运作表明,其出发点(虽然是未经明文表达的)是认为现实生活中的纠纷,既有牵涉到过错的事实情形,也有无过错的事实情形,以及介于两者之间的多种混合情形。对实际的这种认识塑造了司法制度的基本性质——既有根据外来的权利保护原则进行的判决性司法,也有以传统的调和折中方式运作的调解式司法。其中的假定是,根据具体案件的事实情形,相应地适用这两种司法模式中的一种或介于两者之间的某种混合模式。正是基于这种立场,法典中才会出现"即使没有过错也应承担民事责任"这一自相矛盾的表达。这种立场还指引法庭在对案件的事实情形定性之后选择一个适当的解决方式——要么调解,要么判决。

这种逻辑创造了一种与中国传统调解和当今西方的 ADR(非诉讼纠纷解决模式)迥然不同的纠纷解决模式。中国的法庭对于调解拥有极大的自由裁量权,它有权对事实定性,然后有权决定是否施行调解,还有权决定是否在调解中采用判决性质的做法。其调解的工作背后附带着这样的权威:如果调解失败便将由同一个法官在同一个程序之内对案件做出裁断或判决。这样的权力和自由度显然比中国传统的社区/亲族调解人或当今西方的 ADR 调解人(甚或美国庭外解决的承办法官)所掌握的要大得多,也比大多数西方法律家所能接受的限度大得多。

　　然而不能否认,中国的法庭在帮助当事人自愿(或至少某种程度的自愿)协议解决纠纷方面是相当有成效的。尤其在那些完全不涉及过错或法律上的是非问题的案件中成功的可能性更大,那些建立在当事人认可的合理的判决性立场基础之上的调解也是容易成功的一种类型。相反,全然不顾当事人的意愿而采用高压手段强行解决纠纷的法庭调解显然是不成功的。这类案件展现了法庭在滥用自己的自由裁量权方面拥有的相当宽阔的空间。无论如何,这样的一个初步结论可能并不过分:中国的调解式司法在一定程度上缓解了西方司法制度下对抗过度的问题,也就是非诉讼纠纷解决模式的倡议者们所诟病的问题。

　　同时也必须承认,中国的调解式司法也会将法律上谁是谁非一清二楚的案件转化成模糊的案件来协议解决。法庭有时候宁愿以协议的方式而不按照权利/义务的原则解决纠纷,这是因为中国的法律理论本身就没有清楚地区分哪些情况下应该调解或仲裁,哪些情况下不应该,也没有提出一种指导方针供法官们决断这类问题,因此容易将一个清晰的案件模糊化。因此,法律上明确的对错很容易会被牺牲于调解的意识形态和运作中。

　　将落后、模糊或极度专制主义等帽子扣在中国的法律制度头上固然是一件简单的事情,不过在此之前,我们也应该通过中国的法律制度(以及 ADR 的倡导者们)的眼睛看一看形式主义的法律。形式主义法律坚持以各种抽象的权利原则为前提,要求所有的法律决定都必须通过演绎逻辑归入这些原则范畴之中。因此在这种制度下,几乎可以将所有的纠纷都置入一种侵权或过错问题上的对抗式结构。即使是双方都无过错或双方都宁愿协议解决时,由于律师的推动和对抗性法律文化的影响,案件也会被推入某种对抗式模式中,从而不得不分出法律上的谁是谁非。由于这样的法律文化,甚至一些正在经历所谓非诉讼纠纷解决模式处理的案件,也会自然陷入对抗式的争议。① 与中国相比,西方无论是对调解的采用量还是需求量,都保持在一个相对较低的水平上,部分原因正是调解的较低的成效。② 即使在美国和英国也不例外,尽管这两者秉承的是更为经验主义和实用主义的普通法文化,而且率先在西方世界发展了非诉讼纠纷解决模式。③

我们已经看到,当代中国法庭调解的实践和逻辑很大程度上立足于一种事实优先于普适化原则的认识方法。调解的真正逻辑——自愿通过妥协解决分歧、无须确定法律上的是与非——在那些不涉及明确的是非问题和过错问题的事实情形的案件中运作

---

① 例如,加利福尼亚州的建筑纠纷通常是要按照非诉讼模式仲裁处理;因此人们可能会设想,解决的方式应该是协商性的,必定不同于常规法庭上的情况。然而实际上,争议双方通常都必须尽一切努力使自己在竞争中最终成为“优势方”(prevailing party)。所谓“优势方”,指的是经仲裁法官审查完所有的主张和反主张之后,比对方拥有更多合法主张的一方,哪怕仅多一元钱(双方因此会尽一切可能提出许许多多,哪怕是拟造的主张)。对方即“败方”,必须承担全部的法庭费用和律师费,总的费用可能会高达数万元,甚至大大超过争议标的本身。这种制度鼓励一种不胜即败的对抗精神(那些以这类纠纷为生的老练律师们也增强了其中的对抗性),即使有时候争议双方都希望达成妥协。在一种以对抗制为底蕴的法律文化中,那种强调通过妥协解决纠纷的“替代性”模式不可能取得很大的进展(以上引自对洛杉矶 Moss,Levitt & Mandell 律师事务所的建筑纠纷专家 Rodney Moss 律师的访谈,2004 年 6 月 28 日)。

② 例如,荷兰调解协会 2002 年共有 2000 多名合格的调解人登记在册;但从 1996 年到 2001 年,五年间仅有 1222 宗调解案发起于该协会(De Roo and Jagtenberg, 2002:130)。

③ 有关 ADR 在美国的发展概况,见苏本和伍绮剑(Subrin and Woo,2006: Chapter10);英国的相关情况,见卡尔·马其(Mackie,1996)。

得最有效，因为这些案件中的原告最有可能满足于折中的解决方案。案件档案表明，在当代中国，依靠法庭来判断哪些事实情形适合以调解的方式解决（如果调解失败，法庭会继续裁断或判决结案），哪些事实情形下调解于事无补，一定程度上是一个行之有效的办法。

且不说中国的法官兼调解人由于行使的权力过大会遭到诟病，中国法从事实情形而不是抽象的权利原则出发的认识方法，无疑也是追随马克斯·韦伯的形式理性主义者们要排斥的。然而，事实是中国帝制时期在这种思维方式下产生的法律制度享受了极其长久的寿命，并且，案件档案表明，当代中国的法庭调解及其客观效能也和这种法律思维方式密切相关。法庭是选择调解模式还是判决模式，或者介于两者之间的混合模式，取决于法庭本身对每个案件的事实的定性。当代中国的法律和司法实践中默认的这种逻辑，尽管在中国的立法中没有得到明文表述，但仍然可能会给中国法律本身以及西方形式主义法律在未来的变化和演进带来某种启示。

### 参考文献

#### 访谈

访谈由我和白凯分别进行。访谈地点为松江县、华阳镇和华阳桥村（甘露村）；日期为 1990 年 9 月 17—26 日，1991 年 9 月 13—17 日，1993 年 9 月 6—10 日；在上午 9—12 时和下午 2—5 时进行访谈。本文中访谈材料引作 INT、年份和编号（如：INT90-6）；Kathryn Bernhardt 的访谈材料在年号之后加上了她的姓名首字母（如：INT91-KB:2）。

案件档案

A县案件档案引作 A、年份及我本人安排的编号。1953、1965、1977、1988 和 1989 年每年各有 40 个案例,分两批获得,第一批 20 个案例分别编为 1—20 号,第二批编为 01—020 号(比如,A, 1953 - 20; A, 1965 - 015)。A县档案有法院自己的按年份和结案日期排序的编号。但我避免使用法院的编号,同时略去了当事人的姓名,因为最近的档案还需保密。

B县案件档案引作 B、年份及我本人安排的编号。1953、1965、1977、1988 和 1989 年每年各 20 个案例,分别编为 1—20 号,1995 年有 40 个案例,编为 1—40 号。

民国时期顺义县的案件档案引作档案馆的分类号、卷号、年月日号〔如:顺义 3:478,1931.5.6(土地 - 22)〕。圆括号内的项目是我本人的归档号,按案件类型编号。

著作和论文

范愉(2000):《非诉讼纠纷解决机制研究》,北京:中国人民大学出版社。

《奉贤县法院志》(1986),内部发行。

《关于加强社会治安综合治理的决定》(1991),全国人民代表大会常务委员会 3 月 2 日,2005 年 5 月 6 日访问 http://www.dglaw.gov.cn 获得。

韩延龙(1982):《我国人民调解制度的历史发展》,北京:中国社会科学出版社。

韩延龙、常兆儒编(1981—1984):《中国新民主主义时期根据地法制文献选编》四卷,北京:中国社会科学出版社。

湖北财经学院编(1983):《中华人民共和国婚姻法资料选编》,无出版社。

黄宗智(2001[1996]):《清代的法律、社会与文化:民法的表达与实践》,上海:上海书店出版社。

黄宗智(2003[2001]):《法典、习俗与司法实践:清代与民国的比较》,上海:上海书店出版社。

黄宗智(2006):《离婚法实践——当代中国法庭调解的起源、虚构和现实》,载《中国乡村研究》第四辑,第1—52页,北京:社会科学文献出版社。

黄宗智(2007):《中国法庭调解的过去与现在》,载《清华法学》第十辑,第37—66页,北京:清华大学出版社。

黄宗智(2007):《中国民事判决的过去和现在》,载《清华法学》第十辑,第1—36页,北京:清华大学出版社。

毛泽东(1937):《矛盾论》。

毛泽东(1943):《关于领导方法的若干问题》。

毛泽东(1957):《关于正确处理人民内部矛盾的问题》。

上海市律师协会编(1991):《律师业务资料》,无出版社。

《司法统计·第二卷民事》(1936),南京:第二历史档案馆,全宗七:卷7078。

薛允升(1970[1905]):《读例存疑重刊本》(五册),黄静嘉点校,台北:中文研究资料中心。

杨永华、方克勤(1987):《陕甘宁边区法制史稿(诉讼狱政篇)》,北京:法律出版社。

《中国法律年鉴(1990)》,成都:中国法律年鉴出版社。

《中国法律年鉴(2001)》,成都:中国法律年鉴出版社。

《中华民国法制资料汇编(1927—1937)》(1960),台北:司法行政部。

《中华人民共和国法规汇编(1986)》(1987),北京:法律出版社。

湖北财经学院编(1983):《中华人民共和国婚姻法(1950)》,无出版社。

《中华人民共和国婚姻法(1980)》(1985),载《中华人民共和国法律汇编(1979—1984)》,北京:法律出版社。

《中华人民共和国继承法(1985)》(1986),载《中华人民共和国法规汇编(1985)》,北京:法律出版社。

《中华人民共和国民法通则(1986)》(1987),载《中华人民共和国法规汇编(1986)》,北京:法律出版社。

《最高人民法院关于人民法院如何认定夫妻感情确已破裂的若干具体意见(1989 年 11 月 21 日)》,载最高人民法院研究室编《中华人民共和国最高人民法院司法解释全集》(1994),第 1086—1087 页,北京:人民法院出版社。

[日]仁井田陞编(1952—1958):《中國農村慣行調查》第六卷,东京:岩波书店,引作"《惯调》"。

[日]诸桥辙次(1955—1960):《大漢和辞典》(13 卷),东京:大修馆书店。

[日]滋贺秀三(1981):《清代訴訟制度にぉける民事的法源の概述的檢讨》,载《東洋史研究》第 40 卷第 1 号,第 74—102 页。

Chodosh, Hiram E. (1999). "Judicial Mediation and Legalculture," Electronic journal article 2520, distributed by the Office of International Information Programs, U. S. Department of State. < http://canberra. usembassy.Gov/hyper/WF991201/epf312.htm>(accessed 1 Aug. 2005).

*The Civil Code of the Republic of China* (1930-1931). Shanghai: Kelly & Walsh.

Clarke, Donald C. (1991). "Dispute Resolution in China," Columbia Journal of Chinese Law, 5.2(Fall):245-296.

Cohen, Jerome A. (1967). "Chinese Mediation on the Eve of Modernization," *Journal of Asian and African Studies*, 2.1(April):54-76.

Committee of Ministers of the Council of Europe (1998). "European Principles on Family Mediation." < http://www. mediate, com/articles/EuroFam.cfm>(accessed 29 July 2005).

De Roo, Annie and Rob Jagtenberg (2002). "Mediation in the Netherlands: Past-present-future," *Electronic Journal of Comparative Law*, 6.4 (Dec. )<http://www.ejcl.org/64/art64-8.html>(accessed 29 July 2005).

Galanter, Marc (1985). "'...A Settlement Judge, not a Trial Judge': Judicial Mediation in the United States," *Journal of Law and Society*, 12.1 (Spring):1-18.

"General Principles of the Civil Law of the People's Republic of China" (1986). In *Laws of the People's Republic of China*, 1983-1986.

*The German Civil Code* (1907). Trans, and annotated, with a historical introduction and appendixes, by Chung-hui Wang. London: Stevens & Sons.

Ha Jin (1999). *Waiting*. New York: Pantheon.

Hsiao Kung-Ch'uan (1979). *Compromise in Imperial China*. Seattle: School of International Studies, University of Washington Press.

Huang, Philip C. C. (1998). *Civil Justice in China: Representation and Practice in the Qing*. Stanford, Calif: Stanford University Press.

Huang, Philip C. C. (2001). *Code, Custom, and Legal Practice in China: The Qing and the Republic Compared*. Stanford, Calif. : Stanford University Press.

Huang, Philip C. C. (2005). "Divorce Law Practices and the Origins, Myths, and Realities of Judicial 'Mediation' in China," *Modern China*, 31.2 (April): 151-203.

Huang, Philip C. C. (2006). "Civil Adjudication in China, Past and Present," *Modern China*, 32.2 (April): 135-180.

"Law of Succession of the People's Republic of China" (1985). In *Laws of the People's Republic of China, 1983-1986*.

*Laws of the People's Republic of China, 1983-1986* (1987). Comp. by Legislative Affairs Commission of the Standing Committee of the National People's Congress of the People's Republic of China. Beijing: Foreign Languages Press.

Lubman, Stanley B. (1967). "Mao and Mediation: Politics and Dispute Resolution in Communist China." *California Law Review*, 55: 1284-1359.

Mackie, Karl (1996). "The Use of Commercial Mediation in Europe," Conference on Mediation, WIPO Arbitration and Mediation Center, 29 March, Geneva, Switzerland. < http://arbiter, wipo. Int/events/conferences/1996/tang.html> (accessed 29 July 2005).

Mao Tse-tung (1971[1957]). "On the Correct Handling of Contradictions among the People," In Mao, 1971: 432-479.

Mao Tse-tung (1971[1937]). "On Contradiction." In Mao, 1971: 85-133.

Mao Tse-tung (1971[1943]). "Some Questions Concerning Methods of Leadership." In Mao, 1971: 287-294.

Mao Tse-tung (1971). *Selected Readings from the Works of Mao Tse-tung*. Beijing: Foreign Languages Press.

*The Marriage Law of the People's Republic of China* (1959[1950]).

Beijing: Foreign Languages Press.

*The Marriage Law of the People's Republic of China* ( 1982[ 1980] ). Beijing: Foreign Languages Press.

"No Fault Insurance Explained: Understanding no Fault Autoinsurance Laws" ( 2004). *At Auto Insurance In-Depth* <www.autoinsuranceindepth.com/no-fault-insurance.html>( accessed 17 July 2005).

Palmert Michael ( 1989). "The Revival of Mediation in the People's Republic of China: ( 2) Judicial Mediation," in *Yearbook on Socialist Legal Systems*, pp. 145-171.

Phillips, Roderick ( 1988). *Putting Asunder: A History of Divorce in Western Society*. Cambridge, Eng. : Cambridge University Press.

Schneider, Michael E. ( 2003). "Combining Arbitration with Conciliation," *Oil, Gas, and Energy Law Intelligence*, 1. 2 < http://www. gasan – doil. com/ogel/samples/freearticles/article_55.htm>( accessed 3 Aug. 2005).

Subrin, Stephen N. and Margaret Y. K. Woo. ( 2006). *Litigating in America: Civil Procedure in Context*. New York: Aspen Publishing.

Tang, Hou-zhi ( 1996). "The Use of Conciliation in Arbitration," Conference on Mediation, WIPO Arbitration and Mediation Center, 29 March, Geneva, Switzerland<http://arbiter, wipo.int/events/conferences/1996/tang. html>( accessed 29 July 2005).

Weber, Max ( 1978 [ 1968 ] ). *Economy and Society: An Outline of Interpretive Sociology*. Ed. by Guenther Roth and Claus Wittich, trans. by Ephraim Fischoff et al. 2 vols. Berkeley: University of California Press.

Woo, Margaret ( 2003). "Shaping Citizenship: Chinese Family Law and Women," *Yale Journal of Law and Feminism*, 15: 100-133.

# 第 14 章
# 中国法律的现代性？<sup>*</sup>

人们多从理论角度来理解现代性。譬如，或求之于自由主义，或求之于马克思主义。本章强调，现代性的精髓不在于任何一种理论或意识形态，而在于历史的实际变迁过程。以思想史为例，现代性不在于西方启蒙以来的两大思想传统理性主义(rationalism)和经验主义(empiricism)中的任何一个，而在于两者自 18 世纪以来在历史上的共存、拉锯和相互渗透。以科学方法为例，其真正的现代性不单在于理性主义所强调的演绎逻辑，也不单在于经验主义所强调的归纳逻辑，而在于历史上的两者并用。更宽泛地说，西方各国政治经济的现代性不在于古典自由主义所设想的完全放任的资本主义市场经济，也不在于其后呈现的福利国家，而在于两者的拉锯和相互适应、相互作用。以美国或英国为例，其政治经济的

---

\* 本文原载《清华法学》第十辑，2007，第 67—88 页。纳入本书时做了一些修改。

现代性并不单在于亚当·斯密型自由市场的"看不见的手"所主宰的纯资本主义经济，而在于历史上资本主义制度面对多种下层社会群体的运动做出逐步妥协之后形成的结果——也因此在个人的政治和经济权利之外，另外形成了所谓的"社会权利"（social rights）。今日的资本主义国家，既是资本主义制度的国家也是社会保障制度的国家，而不简单地是其中任何一个。西方各国的现代政治实际上长时期处于分别代表这两个不同倾向、不同利益群体的党派之间的拉锯，而不在于其中任何一个的单一统治。

当然，我们需要区别"现代性"与现代历史。本章的理解是把"现代性"等同于追求现代理念的历史实际。现代的理念包括科学知识、工业发展、公民权利等，但是，这些理念不等于单一的理论或意识形态或历史途径，而在于追求这些理念的多样的历史实际变迁过程。

# 一、美国法律的现代性

在法律领域，现代法律的精髓同样地并不单在于倾向理性主义的大陆形式主义法律传统或倾向经验主义的英美普通法传统的任何一方，而在于两者的共存和相互渗透。譬如，美国的所谓"古典正统"（classical orthodoxy）法律思想，虽然脱胎于普通法传统，其实乃是高度形式化的结果。人们一般把此"正统"起源追溯到从1870 年开始执掌哈佛法学院院长职位的兰德尔（Christopher Columbus Langdell），他对美国现代法律形成的影响极其深远。它不同于德国从 18 世纪启蒙时代理念的个人权利前提出发而通过演绎逻辑拟成的形式主义法律；它从先例（case precedent）出发，试图对契约和赔偿的法理做出系统整理和概括，并通过演绎推理而建立逻辑上完全整合的法律体系。在精神上，它之强调普适性、绝对性、科学性是和德国的形式主义法律一致的。[1] 对兰德尔来说，法学应该和希腊传统的欧几里得几何学（Euclidean geometry）一样，从有限的几个公理（axioms）出发，凭推理得出真确的定理（theorems），尔后通过逻辑而应用于所有案件的事实情况。因此，也有人把兰德尔代表的"古典正统"称为美国的法律形式主义（legal formalism）传统[2]。（见 White，1976；参见 Grey，1983—1984）

虽然如此，我们并不能简单地把美国现代法律等同于其古典正统。它自始便受到法律实用主义（legal pragmatism）的批评和攻击，其主要代表人物乃是兰德尔在哈佛的同事，以"法律实用主义始祖"著称（后来当上最高法院大法官）的霍姆斯（Oliver Wendell Holmes）。霍姆斯特别强调法律的历史性，否认其具有永恒真理的普适性，认为法律必须应时而变，并且必须在实践中检验，通过社会实效来辨别优劣（Grey，1983—1984）。此后，法律实用主义更导致了 20 世纪 20 年代的法律现实主义（legal realism）运动的兴起［两位主要人物是庞德（Roscoe Pound）和卢埃林（Karl Llewellyn），虽然两人之间多有争论］，在认识论上排斥理性主义的演绎方法而坚持经验主义的归纳法；在精神上继承了实用主义之强调法律的

---

[1]　法律形式主义的经典著作首数韦伯关于这方面的论述（见 Weber，1978：第 6 章；中文版见韦伯，2005）。

[2]　维塞克（Wiecek，1998）则反对用"形式主义"称谓而提倡用"法律古典主义"（legal classicism）一词。

社会效应,在方法上更进一步纳入了新型的社会科学,尤其是社会学(Wiecek,1998:197;参见 Hull,1997)。在其同时,实用主义在整个知识界产生了更广泛的影响[其哲学界中鼻祖是詹姆士(William James)和与中国有较深渊源的杜威(John Dewey)]。到了 20 世纪七八十年代之后,更有新实用主义(neo-pragmatism)的兴起,重点在实用主义的认识方法,反对理性主义的绝对性(Grey,1983—1984;参见 Tamanaha,1996)。此外,更有具有相当影响、比较激进的批判法学潮流(Critical Legal Studies),例如哈佛法学院的巴西裔教授安格尔,试图在资本主义(自由主义)法制和(国家)社会主义法制之外寻找第三条途径。

美国法律的现代性的精髓并不在于这么多种传统之中的任何一种理论,而在于其在一个相对宽容的政治社会制度中,各家各派通过各种不同利益群体的代表而多元共存,相互影响、相互渗透。现代美国法律既有其形式主义的方方面面,也有诸如现实主义和实用主义的成分。以最高法院的组成为例,在九位大法官之中,古典正统派与其反对者长时期并存。20 世纪 30 年代之前的半个世纪中,古典正统派成员一直占优势,但其后相反,最近又再反复(Wiecek,1998:3)。在罗斯福总统任期中,因为法律现实主义大法官们占到多数,最高法院做出了一系列支持工人权利和少数民族权利("公民权利",civil rights)的历史性决定,例如 1937 年的工人组织工会、失业津贴、老年福利合乎宪法三项决定;再则是一连串关于黑人权利的决定,成为后来公民权利运动的先声。[①] 当然,现

---

[①] "Social Security Online," http://www.ssa.gov/history/a9r30.html;有关罗斯福总统任期的最高法院及其黑人权利的众多决定,见麦克马洪(McMahon,2000)。

代主义意识形态带有相当强烈偏向于单一理论极端的倾向。虽然如此,我们如果试图追求"现代性"于其中任何单一理论,便会失去其历史实际。

## 二、后现代主义与现代性问题

近年来西方的后现代主义,和西方许多其他理论一样,对现代性的理解同样地主要集中于现代主义的理论表述而不在于其历史实践。它对 18 世纪启蒙时代以来的现代主义的批评主要集中于其认识论,反对其在认识上唯我独尊的意识形态——即以为通过理性,通过科学方法,可以得出绝对的、普适的、永恒的、超历史的真理。以格尔茨为例,他强调一切认识的主观性,把认识比喻为法庭上各执一词的双方,各为其雇主说话,其实并无超然的绝对真理和真实可言,借此攻击启蒙现代主义在认识论上的绝对性。他自己则特别强调一切知识的地方性(local knowledge),或者说是特殊性或相对性。(Geertz,1983;第 8 章)

这股潮流在国内有一定的影响,其原因不难理解。首先是因为它对西方的启蒙现代主义意识形态提出的质疑,带有一定的非西方中心化的内涵。对许多中国学者来说,面对 20 世纪 80 年代以来的全盘西化潮流,这是具有一定吸引力的。后现代主义的贡献主要在于其对 19 世纪以来影响极大的实证主义(positivism)思想潮流的质疑,否定所谓的"客观"存在和认识,反对迷信所谓的科学归纳方法。它在知识界的攻击目标主要是社会科学领域流行的实证主义。此外,它也是对马克思主义唯物主义的反动,强调主观性。一些国内学者借此来否定简单的法律移植论，有的更借以强调中国自己的"本土资源"（苏力，2000），以及中国传统的所谓"习惯法"，并将之比喻于英美的普通法传统（梁治平，1996）。

但是，后现代主义所攻击的"现代性"其实主要只是现代主义的表达而不是西方现代的实践历史。我们仍可以以格尔茨为例。他强调一切认识只不过像是在法庭上纵横驰骋的律师，各执一词，而其实只不过相当于受雇的"枪手"，可以为其雇主杀人。他认为，无论是在法庭上还是在知识界，都没有所谓的客观事实、没有绝对的真实可言。因此，格尔茨全盘否定现代主义及其所谓的现代性，否定任何所谓的客观认识，强调一切认识的相对性，无论在知识界还是在法庭上都如此。但是，现代美国法庭在实践中并不简单依赖双方各执一词的律师的话语，而更关键地依赖法官和陪审团对真实的追求，尤其是陪审团。它认为，在双方的律师尽其所能各执一词之后，从普通人中选出的陪审团可以凭他们从日常生活中得出的常识做出对事情真相以及诉讼双方对错的可靠判断，凭此判决有罪与无罪、胜诉或败诉（当然，它承认人与人为的制度是不可能得出——唯有上帝才能知道的——绝对的真实的，只能在法律程序的范围之内得出接近于绝对真实的法庭真实）。我认为这才是美国法律的现代性的真正精髓。它不在于双方律师的说辞的任何一方，不在于任何单一的意识形态传统，而在于容纳不同说辞的制度以及法庭追求真实的判决和实践。现代美国的法庭以及法律制度的性质如果真的像格尔茨的分析那样，那真是完全没有公正可言，也绝对不可能长时期维持。实际上，美国现代的法律制度虽然缺点众多，去理想很远（别的不用说，它是人类有史以来诉讼最频繁的一个制度),但绝对不是像格尔茨描述的那样完全没有客观真实可言的制度。

更广泛地说,美国现代的政治制度也是如此。它的实践历史不仅仅在于"右派"的共和党的放任资本主义市场经济的表达,也不在于"左派"的民主党的政府干预的社会公正的表达,而在于两者长时期在它的政治制度下的拉锯和妥协。我们不能把这个政治制度的现代性简单等同于两党的表达和话语中的任何一个,那是脱离历史实践过程的理解。

格尔茨的后现代主义理论继承了西方现代以来在形式主义演绎逻辑传统影响下对一切理论所做的要求:要其抽象化,提高于实际之上,前后一贯,逻辑上统一。因此,导致了脱离实践的夸大其词,言过其实。这是西方启蒙时代以来许多理论的共性,从原来的理性主义和经验主义下来大多如此。但这种倾向并不能代表西方现代实践的历史。其实,接近于真正的历史"现代性"的乃是那些试图融合理性主义和经验主义两大传统的思想。美国的实用主义便是其中一个例子,它既否定任何认识的绝对性和永恒性,同时也强调对事实的严谨认识,以及对经验的系统整理和概念化(因此完全不同于后现代主义那种怀疑一切认识的态度)。现代的实践历史乃是这些诸多理论的共存和在现代政治经济制度之中相互作用所引起的后果,不在于任何单一理论或意识形态。我们可以这样理解,实践的历史没有理论那么简单、美好,但也没有理论那么片面、偏激。它充满矛盾和妥协,也因此更符合现代历史真实。这是我个人对于"现代性"的理解,其关键在于把"现代性"置于一定的历史情境之中通过其实践过程来认识。现代性的实质内涵寓于对现代理念的追求的多样化历史实践而不是单一的理论约定。

# 三、中国法律的现代性？

从理论表达——也可以说从话语——来看，中国近百年以来的法律改革多次反复，很难从其中探究可以称作现代性特征的内容。首先是清末和民国时期对传统法律的全盘否定，以及国民党政权对西方，尤其是德国的形式主义法律的全面移植。然后是新中国既对传统法律也对这种所谓"资产阶级法制"的全盘否定，及其以社会主义的苏联为模范的立法，之后是在中苏分道扬镳之后的主要依赖本土资源，尤其是农村的和革命运动的调解传统，最后是改革时期的再度大量引进西方法律，几乎是全盘西化，因此激发了相应的批评和"本土资源"的呼声。我们若仅从理论和话语的历史来回顾，近百年来中国法律所经历的道路真是万分曲折，多次反复，步步艰难。

在这样的历史语境中，有关中国法律现代性的讨论极易陷于意识形态的争论，或提倡西方某一种理论和法律传统，或坚持维护中国传统和中华民族的优点。譬如，2005—2006 年有关《物权法》草案的争论，便带有强烈的意识形态因素（晓宁，2006；朱景文，2006）。本章强调，我们要把脱离实际的意识形态争论置于一旁。

无论是从西方移植还是从本土继承，关键都在实际的运作。从移植的观点来看，当前的大问题是引进的理论和原则都不容易付诸实践。众所周知，从西方引进的以维护权利为主导思想的法律原则，很容易被吸纳到中国现存的官僚制度中去，权利的维护很容易变质成为权力和关系的运作，以及不同利益集团之间的"摆平"。因此，法学界"移植论"的部分人士认为，建立完整的制度和程序乃是当务之急。另一方面，"本土资源论"者希望提炼出中华民族特有的优点，要求挖掘中国法律的现代性于其传统或民间习惯，反对中国法律的全盘西化。

相较之下，本土论比较缺乏具体意见，尤其是立足于中国传统的历史实际的具体意见。本章因此偏向讨论中国法律历史中现代性的一方面。本章首先强调，我们如果能离开抽象的理论争论而从近百年的法律实践来看，可以看出现代中国法律已经初步成型，既有它自己的特点，同时也具有西方与中国传统的成分，既有相当明确的道德价值观念，也有相当明确的实用性认识方法。其组成因素既有清代遗留下来的成分，也有可以称作中国革命的传统，而在两者之外，更有从西方移植而来（并经过国民党政府修改）的成分。这个三大传统的混合体看起来似乎是个大杂烩，但其中其实已经形成了一些积极的特征，以及多元并存的原则和方法，足以称为具有中国特色的现代性。

这样突出中国法律传统中的现代性，用意并不是要排除从西方引进法律，更不是要回避其在中国运作中的诸多困难，以及毛泽东时代遗留下来的众多弊端。笔者认为，中国法律改革的将来不在于移植论和本土论的任何一方，而应该在于两者在追求现代理念的实践中的长时期并存和相互作用。[①] 这是笔者的总的设想。以下是笔者对之前的研究中已经讨论过的一些具体例子的再度梳理、论证和总结。

---

① 季卫东（2006）提出了富有建设性的"程序正义"观点，作为在多种理论和价值观念并存的现实下追求共识与合意的方法。

## (一)继承与赡养

1929—1930 年的《中华民国民法典》采用了 1900 年的《德国民法典》中继承权男女平等的法则(《六法全书》,1937:第 1138 条)。从法律条文的表面来看,农村女儿对家庭土地和住宅的继承权在法律上和兄弟们是平等的。但是,在实际运作之中,法律条文并没有起到其字面意图的作用。首先,正如白凯在《中国的妇女与财产:960—1949》一书中指出的,即使是在城市,新法律条文也只适用于死后的财产分割,而并不影响生前的财产分割(Bernhardt, 1999:152—160;中文版参见白凯,2007:140—148)。我们知道,当时农村家庭一般都在父母亲生前由兄弟们分家,而这并不违反新法律条文,因为根据新法律的基本精神,拥有所有权的个人是可以没有约束地在其生前处理其财产的。正因为农村人大部分于生前便分家,新法律条文关于死后的继承权规定对农村实际生活影响十分有限。至于当时农村社会中相当普遍使用的"养老地"习俗——即在生前分家时便分出部分土地用来支付父母亲生前养老以及死后殡葬的花费(农民之所谓"生养死葬")——也同样不受新法律的继承法原则影响(黄宗智,2007[2003]:132)。总的来说,民国时期中国农村在遗产继承方面仍旧是按照传统习俗进行的。这一点我已在《法典、习俗与司法实践:清代与民国的比较》一书中详细论证过(参见黄宗智,2007[2003]:第 8 章)。

这个事实背后的道理很明显:当时农村女子一般仍旧是出嫁到别村的,而家里老人的养赡长时期以来都由留村的儿子承担。在这样的客观社会现实之下,如果出嫁的女儿真能根据新法律条文而分到与兄弟们相等的份地,立刻便会威胁到父母亲赖以养老的土地,无论是家庭的农场还是特地拨出为养老用的"养老地"。在农村小农经济长时期延续的现实之下,耕地仍然主要是一家所有而不是个人所有,它是全家人的生活依赖,是父母亲倚以抚养孩子的生活源泉,也是父母亲赖以养老的主要资源。正因为女儿们大多是"出嫁"的,不大可能肩负起双亲的养赡责任,双亲老年最终还是要依赖留村的儿子生活。所以,一家土地的继承权一般必须给予儿子而不是女儿。当然,中国农村有一定比例的入赘女婿——这在我自己长时期调查的上海市郊区松江县华阳桥乡甘露村便相当普遍。

当时的民国法律并没有在法律条文上正式处理这个社会实践与新法律条文之间的矛盾,也没有针对现实创建不同于其倚以为模范的《德国民法典》的继承原则。它只在法律条文上采纳了德国民法的继承权男女平等原则的同时,在行动上不干涉农村男女分家不平等的社会实际。我们可以说它最终不过是睁一只眼闭一只眼地对待农村固有习俗。《中华民国民法典》虽然几乎全盘模仿了西方的继承法律,但在实际运作之中,它是新旧并用的,新法律主要限于城市,农村仍旧;新式条文与现实运作并行。

进入中华人民共和国时期,法律条文在 1985 年正式颁布的《中华人民共和国继承法》和民国民法同样,规定了男女平等权利原则(第 9、10、13 条);但是,和民国的法律不同,《继承法》同时创建了协调男女平等原则和社会实际的法律规则。它明确地把继承权利和赡养义务捆绑了起来:"对被继承人尽了主要抚养义务或者与被继承人共同生活的继承人,分配遗产时,可以多分;有抚养能力和有抚养条件的继承人,不尽抚养义务的,分配遗产时,应当不分或者少分。"[《中华人民共和国法规汇编(1985)》,1986:第13条]这样,儿子之所以优先于女儿继承家庭财产,是因为他们尽了赡养老人的义务,而不是因为他们是男子;女儿如果尽了这样的义务而儿子没有的话,女儿同样可以优先继承。在逻辑上,法律条文既保持了男女平等原则又照顾到了社会实际,尤其是农村惯习。这里的成文法可以说是在法理层面上正式解决了20世纪中国继承法中长时期存在的条文与实际间的矛盾。

当然,在当代中国的毛泽东时代,土地所有集体化,已无什么家庭土地可言,但是,当时中国传统农村养赡的基本逻辑仍然存在:父母亲老年时仍然需要依赖留村的儿子来抚养。当时虽然有由农村集体提供的所谓"五保"制度,实质上绝大部分农民老年依赖的仍然是儿子的赡养,只是表现为所得的工分而不是家庭土地的产物。此外,家庭住宅仍然是一个极其关键的私有财产——老人一般都得依赖其老家为住处,不能依靠出嫁女儿的住家。

上述《继承法》制定的条文不是一朝一夕间形成的,而是经历了长时期的实践经验,包括以最高法院的指示、意见的形式多年试行。我们可以从20世纪50年代以后的实际案例中和最高法院的指示中清楚看到这个原则在最终法典化之前的运用和形成情况(最高人民法院,1994:1279,1286,1292—1293)。

从民国时期和中华人民共和国时期法律条文的异同中,我们可以看到中国共产党和国民党在立法上的区别。民国法律是以移植当时被认为最先进完美的德国民法为出发点的,其后为适应社会实际做出了一些修改和让步,但核心精神自始至终是移植,即使对社会现实做出妥协,也不过把妥协看作暂时性的让步,没有积极明确地考虑创建中国自己独特的现代法律。这一点可以见于《中华民国民法典》没有把遵从农村养赡习俗提高到法理层面的事实。与民国立法者不同,中华人民共和国立法者在对这个问题的处理上,显示出了较为积极的法理上的独立性,创造了新鲜的、不同于西方法律的原则。虽然如此,在毛泽东时代之后的改革时期,主要的立法精神几乎回复到民国时期那样把西方与现代性等同起来,并没有系统地追寻中国自己独特的现代性。但是,对继承—赡养的处理的例子还是为我们展示了一种创建中国现代独特的法律原则的倾向。

与此同时,继承—赡养法律的形成体现了另外一种相当清晰的思维方式,虽然是至今尚未得到明确认可的思维方式。在这种认识精神中,实践优先于演绎推理,而法律条文——包括基本法理的形成,被认为应从实践经验出发,而不是像德国大陆法那样从绝对公理出发、通过逻辑演绎而推理成为法律原则的思维方式。这一点也可以见于下面要讨论的物权方面的司法实践。

## (二)典权

在其物权法中,《中华民国民法典》引进了西方个人财产权的原则,规定:"所有人于法令限制范围内得自由使用收益处分其所有物并排除他人之干涉。"(第765条)这种单元性和排他性的产权概念乃是资本主义经济的一个基本原则。而民国立法者像今日的制度经济学提倡者一样,认为明确产权乃是经济发展的一个基本条件(黄宗智,2007[2003]:54)。但是,在实际运作之中,国民党对社会现实做出了一定的妥协。当时,在农村的土地买卖之中,很少像西方那样"绝卖",一般都首先使用中国的"典"形式,只(以土地的约七成代价)出让使用权,但保留长时期的回赎权。这个习俗既是借贷的一种形式,也是土地转让的一种形式,在农村广泛使用。其基本精神是让为经济困难所迫而转让土地的人得以较长时期地保持比较有利的回赎条件,可以说体现了小农社会照顾弱者的道德观念。它也是为国家法律所认可的习俗,被正式列入《大清律例》条文。

面对社会现实,民国立法者决定把典习俗和法律范畴重新纳入正式法律条文。正如指导草拟新法典的中央政治会议决议说明的,典权是中国的习俗,不同于西方(如《德国民法典》)的从单元性产权概念得出的"抵押"和"质权"法律范畴。出典人不会像抵押或质权范畴那样因逾期不还债而失去其土地,他会保持它的回赎权。根据立法者的说辞,正因为如此,典权是比较仁慈的制度,因为出典人"多经济上之弱者",而他们出典土地之后所保留的回赎权体现了"我国道德上济弱观念之优点",比由"个人本位"主宰的西方法律更先进,更符合西方本身最近倾向"社会本位"和群体利益的新潮流。(潘维和,1982:107;参见黄宗智,2007[2003]:82)民国立法的头号人物胡汉民更明确地指向西方法律新近显示的社会公正意识,认为它在精神上比较接近中国原有的"圣王之道",不同于"霸王之道"(胡汉民,1978:857;参见黄宗智,2007[2003]:59)。因此,国民党中央政治会议决议保存了《大清律例》认可此习俗的法律范畴,为其在民法典中另列了一章。这样,在从德国移植的法律之上,附加了中国的典权。这也是面对小农经济在现代中国长期延续的现实的妥协。

　　进入中华人民共和国时期,在 50 年代的集体化之后,土地转让基本绝迹,典地习俗也同样。改革时期,国家法律所确立的是由西方引进的单元性物权原则:1986 年的《民法通则》和《中华民国民法典》一样,规定"财产所有权是指所有人依法对自己的财产享有占有、使用、收益和处分的权利"[见《中华人民共和国法规汇编(1986)》,1987:第 71 条]。但是,实际上改革时期农村的土地产权或多或少地延续了新中国成立前的习俗。首先是承包地中土地"使用权"和所有权分离的制度,既可以追溯到德国民法,也可以追溯到革命前的"田面权"与典权习俗。今天在农村中已经出现了革命前的那种土地租佃(承包地的"转包"在实质上可以说相当于新中国成立前的田面租佃)以及典卖(相当于田面典卖)。2007 年 10 月 1 日起施行的新《中华人民共和国物权法》,虽然没有援用清代—民国的典权范畴,但已正式认可了农村承包地以多种形式流转的自由(第 128 条)。那样,既在城市引用西方的比较单元性、排他性产权原则,也在农村援用中国农村传统中更为复杂多元的产权规则。其中的关键因素正是小农经济在现代中国长期延续的现实。(黄宗智,2006b)


## (三)赔偿

　　这种对现实的妥协也可以见于赔偿法。中国现代的赔偿法主要源于西方大陆法,《大清律例》没有关于赔偿的规定。新赔偿法的出发点是"侵权行为"(wrongful acts)原则。《中华民国民法典》便模仿 1900 年德国的民法典规定:"因不法或过失侵害他人之权利者,负损害赔偿责任。"(《六法全书》,1937:第 184 条)它体现了西方大陆的形式主义法律精神——法律的目的是维护权利，由此出发，用逻辑推论出侵权、过错和赔偿的规定，其关键是过错原则——有过错才有赔偿责任，无过错便谈不上赔偿。1986年颁布的《中华人民共和国民法通则》采纳了这个原则，规定："公民，法人由于过错侵害国家的、集体的财产，侵害他人财产、人身的，应当承担民事责任。"[《中华人民共和国法规汇编（1986）》，1987：第106条]在这一点上，当代中国法律在原则上与西方和民国法律是一致的。

但是，我们从案例之中可以看到，在人民的实际生活之中，造成损害的事件并不一定牵涉到一方的过错，而常常是出于纯粹意外的事实情况，不涉及单方的过错（fault）或过失（negligence）。我们可以用我抽样的众多案件中的一个例子来说明。案件来自A县：1989年，一名七岁的男童从村办幼儿园奔跑回家途中，与一位老妇人相撞，老妇人手中开水瓶落下，瓶中开水烫伤了男孩胸、背、四肢、颜面等部位。区政府支付了2009.70元医药费中的573.70元，男孩父亲起诉要求这名妇女赔偿余额。抽样案件显示，这样的无过错损害事件相当普遍。问题是：法律该怎样对待这样的无过错损失？

根据"侵权行为"的逻辑，没有过错便没有赔偿责任，男童一方只能怪自己的运气不好。但是，中国法律所采取的态度不同。首先，它从实际出发，承认无过错损害纠纷的事实。面对这个现实，法律做出的抉择是在上引条文之后加了这样的规定："没有过错，但法律规定应当承担民事责任的，应当承担民事责任。"（第106条）《民法通则》更进一步说明："当事人对造成损害都没有过错的，可以根据实际情况,由当事人负担民事责任。"(第 132 条)这样,在上述实际案例(以及许多其他相似案件)中,法官引用了这两条法律,说明老年妇女虽然没有过错,但应负担一定的民事责任。最后说服双方妥协,以老妇人赔偿 250 元的医疗费用调解结案。(黄宗智,2007a)

从西方"侵权行为"原则来看,这样的法律条文以及法庭行为是违反逻辑的。法律既然已经规定了过错赔偿,怎么能够同时规定即使无过错也有赔偿责任呢?从形式主义思维方式来看,这是一个不可解释的矛盾。但是,从中国长期以来所体现的法律思维方式来看,此中并没有非此即彼的冲突。实际是,日常生活中既有过错损害的纠纷也有无过错损害的纠纷,法律只是根据不同的事实情况做出了不同的法律规定。现实本身非常明显,因此法律条文也没有必要对两条规定所显示的演绎逻辑上的矛盾另做解释。正如笔者在另文中已经详细论证过的,中国民法学界对西方现代民法的"严格责任"范畴也做了同样的重新理解。在西方,"严格责任"的基本概念不是无过错事实情况下的赔偿责任,而是在涉及危险产品的时候,降低了对过错取证的要求,而中国的民法学家则把这个原则理解为在无过错的事实情况下也应负的赔偿责任。[1] (黄宗智,2007a)这种思维方式可以更清楚地见于下面要讨论的婚姻法律。

---

[1] 至于"公平责任"范畴,正因为它涉及无过错事实情况下的赔偿责任的概念,被认为是不符合法律侵权逻辑的,最终被德国立法者拒绝纳入《德国民法典》(Andre Tunc ed. ,1986:145)。

## (四)婚姻与离婚法

当代中国离婚法的出发点是 1931 年的《中华苏维埃共和国婚姻条例》。当时模仿苏联 1926 年的十分激进的《婚姻与离婚、家庭与监护权法》,规定:"确定离婚自由。凡男女双方同意离婚的,即行离婚。男女一方坚决要求离婚的,亦即行离婚。"(第 9 条;亦见黄宗智,2006a)西方世界要到 20 世纪 60 年代和 70 年代的 20 年间建立起所谓"无过错离婚"原则,方才采纳了由单方提出便即离婚的法律(Phillips,1988)。在 20 世纪 30 年代的中国,那样的规定可以说十分"先进",甚或偏激,在城市如此,在农村更加如此。

难怪条例颁布之后即引起社会上相当普遍的激烈反应。对农民来说,婚事乃是一辈子一次性的大花费,不能像今日西方世界那样,有时候小夫妇一闹意见,动不动便可离婚。从农民的视角来说,因单方要求便准予离婚的规定是不符合农村生活实际的,也是违反大多数人的意愿的。而从中国共产党的视角来看,农村人民对党的支持至为关键,在大革命失败之后,党的存亡可以说完全取决于为红军提供战士的农村人民。因此,共产党很快就从政策上在此关键环节做出调整。首先是在 1934 年的《中华苏维埃共和国婚姻法》中上一条的规定之后,立刻加上这样一条:"红军战士之妻要求离婚,须得其夫同意。"(第 10 条)在抗日战争时期,晋察冀和晋冀鲁豫边区规定一名军人的配偶在其配偶"生死不明逾四年后"才能提出离婚请求,陕甘宁边区则规定要"至少五年以上不得其夫音信者"。这些边区的条例甚至放弃了江西苏维埃时期的表达,模仿民国民法,规定了准予离婚的几种条件,包括重婚、通奸、虐待、遗弃、不能人道和不能治愈的疾病等,完全放弃了苏维埃时期基于双方任何一方的请求便即准予离婚的规定。(黄宗智,2006a:27—30)

1949 年新中国成立之后,放弃了民国的构造,但延续了原来边区的保护农民战士对妻子的主张权。即使是在 20 世纪 50 年代初期打击五种"封建婚姻"(指一夫多妻、婢女、童养媳、父母包办和买卖婚姻)的婚姻法运动中,仍然维护了这种主张权,即使妻子是童养媳、归父母包办或出于买卖婚姻也如此。(黄宗智,2006a:30—32)

除红军战士之外,法律在这个问题上的"让步"主要体现于单一项条文,即 1950 年《中华人民共和国婚姻法》规定的"男女一方坚决要求离婚的,经区人民政府和司法机关调解无效时,亦准予离婚"(第 17 条)。这样,政府机关调解以及法院调解被规定为任何有争执的离婚请求的必经程序。在 20 世纪 50 年代初期新婚姻法运动高潮之后,几乎任何单方提出的离婚要求都必定首先经过高压性的"调解和好"程序才有可能获得批准。这条规定背后的思路十分明显:在农村人民广泛反对草率离婚的现实之下,党的决策是尽一切可能减少党的婚姻法律与农民大众之间的矛盾,选择的手段是一起一起案件地来处理所有有争执的离婚请求。

正是在那样的历史情境之下形成了当代中国比较独特的法庭调解制度。我已经详细论证,帝国时期中国法庭是绝少调解的。正如清代著名幕僚汪辉祖明确指出的,调解乃是民间社区所为,而法庭则是要求明确断案的。正因为如此,从儒家"和"的理念来看,法庭断案不如民间调解,因为社区的调解可以不伤感情。(汪辉

527

祖,1939:16;参见黄宗智,2007〔2001〕:194)显然,由法庭(而不是由亲友)来调解基本是现代中国共产党在特定历史情境中所创建的制度。我们将在下面一节详细讨论此制度的现代性。

毛泽东时代的法庭为了调解带有争执的单方提出的离婚请求,逐步形成了一整套的方法、程序以及作风:要求法官们深入村庄社区,通过访问"群众"(亲邻以及当地党组织)、调查研究,了解当事人婚姻的背景以及现状,解剖其婚姻矛盾起源,然后积极掺入,使用各种手段——包括政治教育、组织压力、物质刺激等——尽一切可能,试图挽回当事双方的婚姻,要求做到"调解和好"绝大多数由单方提出离婚要求的婚姻。(黄宗智,2006a)进入 21 世纪,伴随社会经济状况的变迁以及立法观点的改变,这套比较强制性的制度已经日趋式微。但是,由之衍生的许多其他类型的法庭调解,仍然具有一定的生命力,在不涉及过错(或双方有同等过错和义务等)的纠纷中尤其如此。

在法理上,从 20 世纪四五十年代便初步形成了以夫妻感情作为审核一切离婚案件的标准的想法。正因为婚姻的基础在于两人的感情,新法律不接受不讲感情的"封建"婚姻的多妻、婢女、童养媳、父母包办和买卖婚姻。在破除旧式不顾两人感情的各种婚姻之后,新中国的婚姻要求双方具有良好的感情基础,不要草率结婚。正因为如此,除非夫妻婚后"感情确已破裂",否则要求双方尽一切可能"和好",由社区领导以及政府和法院负责调解。这样,既破除旧式的封建婚姻,又避免"资产阶级"那种草率的结婚和离婚。(黄宗智,2006a)

这套逻辑在 20 世纪四五十年代初步形成,但是最初并没有纳入正式的法律条文,只是试行于法庭的实际运作中,并以最高人民法院的指示和意见等形式初步确定了此概念和其连带的话语。我从北方和南方两个县抽样的 336 件案例表明,法庭在 50 年代初期已经相当普遍地使用夫妻感情标准及其话语。虽然如此,1950 年的《婚姻法》还是完全没有提及"感情破裂"的概念。一直到 30 年后,1980 年颁布经过修改的新婚姻法时,方才把"感情破裂"作为正式法律条文纳入成文法中:在原先的"调解无效,应准予离婚"条文上加了"如感情确已破裂"这个条件[《中华人民共和国法律汇编(1979—1984)》,1985:第 25 条]。

这样通过长时期司法实践而形成的(虽然是未经成文的)逻辑,有其特定的历史情境。把"感情"看作一切婚姻的基础,既可以用来打击"封建"婚姻,也可以用来反对所谓"资产阶级"的"轻率态度"和"喜新厌旧"思想(后者也是丁玲在《三八节有感》一文中所批评的那种党内所见的现象)。同时,"感情"是个跨度很广、不容易精确定义的概念,这样便给予法院很大的灵活度,可以按照需要、政策来处理每一起婚姻案件,适当对应不同情况来尽量减少婚姻法和人民之间的可能冲突。正如人大常委会法制委员会原副主任武新宇解释的:"这样规定既坚持了婚姻自由的原则,又给了法院一定的灵活性,比较符合我国目前的实际情况。"(湖北财经学院,1983:46,引自黄宗智,2006a:41)当然,在实际运作之中,这个制度容易偏向过分"保守"、过分强制,形成不顾当事人意愿的无论如何不允许离婚的做法。这也是当时武新宇提出(以及后来 20 世纪

90 年代实行的最高法院颁布的"十四条"①)的主要批评。事实是,"感情"范畴的灵活性既允许严格(以及过分严格)的执行,也允许松弛的执行。

　　这样的离婚法观念基础足可以称作一种离婚法实践中体现的"实践逻辑",也可以视作现代中国婚姻法所包含的、脱胎于实践的"现代性"。它是当代中国几十年来行之有效的婚姻法的结晶;它是既具有现代理念又试图适应中国实际的法律原则;它既含有从外"引进"的成分,也具有中国自己的古代传统以及现代(包括革命)传统的成分;它是在一定历史条件之下所呈现的原则。此外,它也体现了下一节中要集中讨论的比较独特的现代中国法庭调解制度。

## (五)法庭调解的制度创新

　　美国法制自 20 世纪 70 年代以来,本着法律现实主义的精神,针对诉讼极端频繁的弊病,兴起了所谓的"非诉讼纠纷解决模式"(ADR)运动,试图跨出现存法庭制度范围,寻找其他实用的解决纠纷办法。此运动被认为是开始于 1976 年召开纪念法律现实主义创始人庞德的会议,继承了庞德的现实主义精神,其后广泛传播,今日已经形成一个颇具影响和规模的法制改革运动(Subrin and Woo,2006;第 10 章)。此运动在美国和英国率先起步,今日影响遍及西欧各国(虽然在实践层面上所起作用仍然十分有限)。部分出

---

① 即《最高人民法院关于人民法院审理离婚案件如何认定夫妻感情确已破裂的若干具体意见》,1989 年 11 月 21 日(见最高人民法院,1994)。

于这股潮流的影响,美国和英国研究中国法律的专家,多集中探讨中国传统中的纠纷调解,认为它是中国法律制度最突出的特点,有的希望能够从中有所借鉴(例如 Cohen, 1967；Lubman, 1967；Palmer, 1987, 1989；Clarke, 1991)。

与中国现代的法庭调解制度不同,这个源于当代西方的运动坚持调解必须是完全自愿的,并且必须在法庭程序之外进行。欧盟的部长委员会甚至拟出了一个关于调解原则的协议,说明其程序必得和法庭程序明确分开,主持调解的人员决不可在调解不成后担当该案审判的法官职责,调解过程中所形成的记录绝对不可用于后来的诉讼,借此来维持调解的完全自愿性,使其完全独立于强制性的法庭诉讼。(*Committee of Ministers of the Council of Europe*, 1998)

欧盟那样的程序显然既有利也有弊。一方面,它不会形成中国法庭那种过分强制的、不顾当事人的真正意愿的调解,尤其是离婚请求中的"调解和好",强制地驳回单方当事人的离婚请求——因此形成哈金在《等待》小说中描述的那种题材,故事主角多次试图离婚,足足"等待"了 18 年才达到他离婚的愿望(Ha, 1999)。另一方面,正因为这种调解是完全自愿的,当事人随时可以撤出调解程序,选择法庭诉讼来解决纠纷,因此也限制了此制度的成效。

除此之外,有学者把仲裁(arbitration)也归类于"替代性的"(alternative)纠纷解决模式,认为仲裁也体现了调解性质的非诉讼纠纷解决办法(Subrin and Woo, 2006)。但是,仲裁的部分原意虽然可能是要在诉讼制度之外寻找非诉讼的替代性纠纷解决办法,但在实际运作之中一般极其容易变成只不过是简化了的诉讼,同样依赖法官,同样适用明判是非胜负、非此即彼的诉讼框架来处理纠纷。结果最终只不过是通过一些廉价和简化的做法——譬如由退休法官主持,使用简化程序和场所——较之正规法庭诉讼程序降低了费用。其实质仍然是诉讼,甚至可以说不过是一种打了折扣的诉讼,基本精神和原则并没有能够脱离总体法律制度的必争胜负的框架,并无自愿性的妥协可言。

这种强烈的必分胜负倾向和西方形式主义传统的权利观念密切相关。别的不论,"权利"(rights)字眼本身便和"是"(right)与"非"(wrong)中的"是"字相同,其胜负是非观念可谓根深蒂固,不可或离。无论如何,毋庸置疑的是西方法律文化受这种观念主宰的事实。

此外,美国提倡非诉讼纠纷解决模式的人士中有人把美国诉讼制度中相当普遍运用的所谓"庭外协定"(out of court settlement)也纳入非诉讼纠纷解决模式的范围之中(Subrin and Woo,2006)。表面看来,这个"制度"确实与中国的法庭调解有相似之处,法官们常常在其中起一定的作用。根据一篇比较可靠的研究,在2545位被调查的法官之中,很大一部分(75%以上)认为自己在这种庭外协定中做了"干预"(intervention),促成了其事(Galanter,1995)。此外,庭外协定占诉讼案件的很大比例:据估计,所有案件之中只有2%进入正式的庭审(trial)。

但是,这个"制度"和中国的法庭调解实际上有很大的不同。美国"庭外协定"的动力不是来自中国式的通过第三者的调停而达到妥协,而主要是出于当事人双方(主要是他们的律师)为了避免法庭审判程序所需的花费和时间,参照胜负概率,在审判之前做出退出诉讼的抉择。这种庭外协定并不存在中国式通过开导和妥协的"息事宁人"的和解作用。法官在此程序上所扮演的角色也和在中国制度中的很不一样:法官的作用发挥于法庭正式程序之外;他在这个"程序"中的权力要远逊于中国的法官,只能起协调的作用,决定性的权力主要在当事双方及其律师手中。与此不同,中国法庭调解过程中决定性的权力主要掌握于法官之手,由他/她决定是否要调解,并借用审判性的权力拟出解决方案。而其所考虑的主要是自己心目之中的法律和公正性,不是诉讼费用。其实,在中国制度中的费用考虑和美国的正好相反;需要更多时间和费用的是调解不是判决;后者要比前者省事、干脆,在积案众多的改革时期得到更多的运用。从这个角度考虑,美国的庭外协定制度和中国的调解制度十分不同,它主要是一个诉讼进程中的中止办法,与中国的调解很不一样(两个制度的不同也可见于中国对美国制度的误解,一般把它等同于"庭外调解",赋予中国式的调解的内涵)。

我们也可以这样理解:中国的法庭调解的出发点是解决纠纷,不是判决对错。它的性质,所用程序以及结局都可以归属于调解。而美国的庭外协定的出发点则是判决对错的诉讼,只在当事人决定中止时才适用。从这个角度来理解,"庭外协定"应看作诉讼程序中的一种可能结局,而非调解。它之所以产生,不是出于和解理念,而主要是出于美国诉讼制度下积案过多、花费太高的现实。这个制度的整体出发点仍然是权利概念主宰下的判决对错,而不是中国那样的和解妥协。我们不能简单地把诉讼制度之下的仲裁程序和所谓"庭外协定"等同于中国的调解制度。

至于美国和西方今日的调解制度本身,它所起的实际功效比较有限。而且正由于它是一种非正式的途径,所以可靠的数据十分有限,难以获得。尤其是在美国,几乎不可能进行有关的统计。(Subrin and Woo, 2006)至于其他西方各国,荷兰的统计数据相对比较完整,我们可以从其中窥见西方调解制度的实效之一斑。2002年荷兰全国共有2000多个在册调解人员,但是在其前的1996到2001年的5年之中,在册调解人员总共才受理了1222件调解案(其中婚姻纠纷占最高比例)(De Roo and Jagtenberg, 2002)。很明显,自愿选择调解的纠纷当事人相当有限,他们所造成的需求也明显远远少于其供应,低于其理想。

与中国相比,差别更大。毋庸置疑,中国的调解数字带有很大"水分"。毛泽东时代要求整个民事法律制度都以"调解为主"。因此,地方法院尽量把所有未明确做出硬性判决的案件全都划归调解范畴,称作调解结案,将其所占比例尽量推高,越高越好,"引以为荣",以致当时官方数据竟然声称所有案件之中有80%是调解结案的。对于这样一种无稽的"事实",笔者已于另文详细论析。此外,进入20世纪90年代,强制性的"调解和好"已经日益缩减(黄宗智,2006a),进入新世纪,那样的调解更日趋式微。虽然如此,具有实质性调解成分(也就是说,并未完全不顾和违反当事人的意愿)的案件,仍然占有相当比例。根据我的初步研究和分析,在没有明确过错的纠纷案件中调解的成效比较高,包括那样的离婚和赔偿案件;其次是争执双方具有同样权利或义务的案件,包括继承和赡养纠纷。在事实情况不涉及明确对错的纠纷中,法官有更大的可能得到当事人双方的(起码是部分)自愿的妥协,由此比较接近调解制度原来的设想而解决纠纷。

其中另一个关键因素是法官具有一定的强制性权力。一位当事人如果不同意调解，法庭便将直接判决。这和西方的调解程序很不一样。西方的调解人员不具备任何强制权力，继续调解与否完全取决于当事人，因此很容易中止。在中国的制度之下，当事人虽然具有拒绝接受法庭调解结果的权利，但不能拒绝继之而来的判决程序；因此，会更有意识地、更积极地考虑接受法庭的调解。

另外，在中国法庭调解的程序之下，法官具有判定事实情况的权力，可以借此劝服当事人。在西方的制度之中，调解人员并没有权力像中国法官那样对事实做出决定性的判断，因此，调解要完全地、绝对地依赖当事人的意愿行事，不允许任何强制性压力。而中国的法庭可以先对事实情况做出判断，认定该纠纷并不涉及对错问题，只是双方同样在理的争执，然后从这一点出发，来劝说双方妥协，让双方都做出让步，借此达成调解。这也是中国调解制度成功率较高的一个关键因素。（黄宗智，2006a；黄宗智，2007b）在中国革命过程中所形成的法庭调解制度是具有中国特色的，也是具有现代性的，它既不完全是中国传统的产物，也不完全是现代的产物，而是同时具有传统性与现代性、中国与西方法律制度成分的产物。

这里要再次加以说明，国内对西方的非诉讼纠纷解决模式误解颇多，把西方的"庭外协定"和仲裁制度想象为类似于中国调解的制度，而它们其实既不同于中国的社区调解也不同于中国的法庭调解。有学者甚至把西方的调解想象为成效高于中国的制度，认为中国必须向之看齐（例见彭勃、陶丹萍，2007）。事实是，中国的调解制度，包括其延续至今的民间社区调解传统和法庭（以及行政)调解传统,乃是比较独特而又成效相对较高的制度。它们受到民众比较广泛的认可,远远超越西方的调解制度。为此,人们遇到纠纷,首先考虑的是依赖调解来解决——过去如此,今天仍然如此。西方则不然,时至今日,人们遇到纠纷,考虑的基本仍然只是诉讼。这是中国和西方过去与现在的法律文化上的一个基本差别。

## (六)中国现代法律的实用道德主义思维方式

从上文已经看到,近百年来的中国法制改革之中体现了一个前后一贯的思维方式。这个思维方式既可见于民国的法制,更可见于新中国的法制。同时,它也是中国传统法律思维方式的延续。它的现代性不仅显示于当前生活的适用,也显示于其和最近的美国法律思想的一些共识。

在民国的司法经历之中,即使是在全盘西化、全盘移植思想的主宰之下,仍然显示了现实性和实用性的一面。继承权男女平等原则在实际运作之中便体现了这样的倾向。司法实践并没有真正试图把新规则强加于与其不符的农村社会现实。典权问题的处理更是如此,立法人明确承认中国农村习俗与西方现代法律范畴建构的不同,而为典权在法典中单独列了一章。

而新中国的司法实践,正因为它原先否定了西方形式主义法律传统,更加体现了从中国实际出发的思维方式。我们看到,在继承方面,它根据中国农村实际创建了独特的、把继承权和赡养义务连同起来考虑的新法律原则,既维护了男女平等的原则,也照顾到儿子负责赡养老年双亲的现实。在赔偿法中,法律同样照顾到无过错损害纠纷的现实,并在"侵权行为"原则之外另列不同的原则。此外,在离婚法方面,它没有偏激地坚持从苏联引进的离婚条例(男女一方坚持便即允许离婚),而试图在男女平等的理想和农村现实之间寻找妥协,既照顾到推翻"封建"婚姻的意图,也照顾到对农村人民反对意愿的让步。它没有像形式主义法律那样从所谓普适的、理性的大规则出发,依赖演绎逻辑来得出法律的规则。相反,它通过多年的实践,逐步形成了以"感情"为夫妻结婚、离婚最后标准的法律原则,并在通过几十年的实际运用之后方才正式列入法律条文。离婚法立法的经过可以说很好地体现了这种中国现代的立法程序和思维方式。

这里应该指出,现代西方的离婚法虽然原来是从形式主义民法的权利观念出发的,把婚姻看作一种契约,把婚姻的破裂看作因一方违反契约、违反对方权利的过错行为造成的,但是在现代实践的历史过程之中,面对人们的生活实际,已经放弃了原来的观念,形成了"无过错离婚"的新制度,从 20 世纪 60 年代开始,到 80 年代已经普遍运用于西方所有国家(Phillips,1988)。所谓无过错离婚,实际上完全脱离了原来的民法权利构造的核心概念——即离婚必先判定违反权利的过错——而采取了法庭将不再考虑对错的做法(而不是认为夫妻关系中常常无过错可言),因为必争对错的制度长时期以来导致了持久的极其昂贵的离婚争执,因此不再适用于当前的西方社会。

今日中国有关离婚法的争论之中,有所谓"回归民法"的主张,认为中国婚姻法应从革命时代的分别独立的部门法"回归"到(民国时期采纳的)民法中去(马俊驹,2003)。这种"回归论"背后的一个主要意见是在婚姻法中建立以个人权利观念为主的自治性私法,认为这样才是真正现代性的法律(刘凯湘,2002;对此的批评意见,见巫若枝,2006)。很明显,这种意见忽略了西方婚姻法历史变迁的实际:即使在形式主义权利观念和认识方法占主导地位的西方现代法律中,婚姻法仍然相应社会现实而呈现了本质性的改变,最后完全脱离了由私法权利观念主宰的必分对错的离婚法而普遍采纳了不再考虑过错的原则。正因为如此,离婚纠纷是今日西方非诉讼纠纷解决中调解方法使用最多、成效较高的一个领域(De Roo and Jagtenberg,2002)。

返回到中国现代婚姻法的讨论,它所体现的认识方法和古代的法律是有一定延续性的。我们已经看到,《大清律例》清楚地体现了中国法律中的(我称之为)"实用道德主义"的思维方式。它一贯地把法律规则寓于实例,通过实际情况,而不是像形式主义思维方式那样以脱离实际情况的抽象概念,来说明法律的观点。无论是财产规则还是债的义务,都是通过实际情况各异的例子来表达的。全部律例采取的都是这样的认识方法和思维方式,与西方现代大陆法中的形式主义思维方式从几个抽象原则出发、通过演绎逻辑制成一系列的规则的方法截然不同。这是因为《大清律例》认为,任何抽象原则都不可能包含实际生活中千变万化的事实情况,任何抽象原则的具体含义都必须通过事实情况的例子来说明,而不能预期的事实情况则应通过比引逻辑来处理。(黄宗智,2007a)

但清代的法律绝对不是简单的经验主义的产物。它并不认为一切认识必须完全出于经验。相反,它认为法律必须由道德观念来指导。在这一点上,它和形式主义法律同样是前瞻性的(亦即要求法律作为追求社会理想的一种工具,而不是纯经验性、回顾性的规则)。其不同之处在于,它没有像形式主义法律那样要求把法律条文完全统一于法律逻辑,通过法律逻辑来应用于任何事实情况。它承认道德价值观念和现实的不完全一致,"应然"与"实然"有所不同,允许法律在运作时做出不一定符合道德理念的抉择,考虑到实用性和无限的不同事实情况。

进入现代和当代,尤其是改革时期,中国法律已经大量引进国外的法律观念和原则,尤其是关于个人权利的规定。但是,其与形式主义原来的精神又不同,中国法律对这些权利构造的理解不是像形式主义那样要求把其抽象于事实情况之上,而是几乎把它们等同于传统的道德理念,允许在运作过程中考虑到实用性的因素,可以灵活使用(当然,也因此常常会含糊使用,导致侵犯人们权利的法庭行为)。上面谈到的继承—赡养法则、赔偿法则、离婚法则便是例子。

在那个传统之上,当代中国的法律制度更附加了现代革命传统的"实践"概念,要求检验法律条文于实践。从上文已经看到,现代中国立法的基本方法是通过长时期的实践试验方才形成法律原则和正式的法律条文。赡养义务与继承权的连接乃是一个例子。过错赔偿与无过错赔偿以及离婚法中的"感情破裂"原则是另两个例子。

此外是法庭调解程序。按照西方形式主义法庭的程序,事实的判断是不可能独立于法律原则的判断的。后者被认为是一切认识的出发点;案件实情要受其主宰,不可能在确定原则之先判断出来。但中国的从实际、从事实出发的认识思维方式则不然,事实本身被认为是具有其独立的真实性的。我们已经看到,清代法律的抽象原则是从实例出发的,而法律条文在表达上要求寓一切原则于实例。类似的认识思维方式体现于近日的法庭。赔偿法同时规定两个截然不同的原则——有过错事实下的侵权赔偿和无过错事实下的赔偿义务。两种不同的事实情况,适用两种不同的法律原则。在法庭调解制度之中,这个认识思维方式更体现为法官先对事实情况进行判断,而后做出采用调解与否的决定。正是在无过错事实情况之下(以及同等权利或义务情况之下),法庭调解程序的成功可能性最高。

以上这些都是我称之为今日中国法律体现的从实际和实践出发的思维方式的例子,它们是中国当代历史情境之下的特殊产物,但它们并非中国现代法律思想所独有。今日世界上比较接近这种思维方式的应该说是美国现代的(以及新近再兴的)法律实用主义。后者是在它的特定历史情境之下形成的:即对兰德尔领导和代表的古典正统的反动。针对正统思想的形式主义认识论和法律理论,法律实用主义强调任何认识和法律的历史性、特殊性,否认其普适性和永恒性。它认为法律应该从现实出发,应现实而变。同时,法律原则应检验于其实际的社会效用,不应与社会现实独立开来。在这些基本论点上,美国的法律实用主义和中国法律的实用精神相当接近。而我们已经看到,美国现代法律的真正性质并不简单在于其古典正统(形式主义),而在于其和法律实用主义(以及法律现实主义)的长期并存、拉锯、相互渗透。

美国的法律实用主义和中国的实用道德主义传统之不同在于,后者有比较明确的价值观念。正如一些批评者所指出的,前者主要是一种认识方法,并不具有自己明确的立法议程;它主要是对形式主义"古典正统"的反应(Tamanaha, 1996)。与此不同,中国的实用道德主义具有丰富的实质性价值观念的传统,集中于儒家"和"的理念,打出无讼的社会、凭道德超越争端的君子以及凭道德感化子民的县官等的理想,因此认为依赖民间调解解决纠纷要优于法庭断案、息事宁人要优于严厉执法、和解要优于胜负。进入现代,首先是共产党对民间调解制度的采用,继之以法庭调解新制度的创立,用和解"人民内部"的"非对抗性矛盾"的理念来替代和延续传统的(今日称之为)"和谐社会"理念。

此外是传统"仁政"中的照顾弱者的法律理念,体现于"典权"那样的社会惯习和法律范畴。现代中国则更进一步,打出"社会主义"以及劳动人民当家作主的价值观。这也不同于美国当前的法律实用主义,虽然后者也明显比"古典正统"倾向于民主党的社会公正精神。中国的社会主义现代传统应该可以成为今后形成社会权利的一种资源。当然,这里我们已经离开了历史实际而进入了理念领域。

## 四、前瞻

中国法律的古代以及现代的传统正面临着改革时期引进形式主义法律的全面挑战。在两者并存的现实下,本章强调的是要通过历史实践过程,而不是任何单一理论或意识形态去理解"现代性"。我认为,中国法律的现在和将来既不在于传统调解也不在于西方法律的任何一方,甚至既不在于实用道德主义也不在于形式主义，而在于——并且应该在于——两者的长期并存、拉锯和相互渗透。传统的从解决纠纷出发、强调调解和好的民事法律传统明显是有现代价值和意义的，并且是应当在现代中国、现代世界适当援用的制度。法庭调解在当代中国已经具有半个多世纪的实践经验的积累，不应抛弃，应该维持和进一步梳理、明确。它比较适用于无过错的事实情况。同时，毋庸置疑，调解传统以及实用道德主义传统有显著的混淆是非的倾向，不能清楚区别违反法律、侵犯权利的纠纷和无过错的纠纷，很容易出现用后者的原则来处理前者的"和稀泥"弊病；在当事者权力不平等的情况下，更容易沦为权力和关系的滥用。今日引进的西方的、从权利原则出发的法律，是对这样的倾向的一种纠正，应该在有过错的事实情况下明确权利、维护权利，正如中国的调解传统可能在无过错的纠纷中成为纠正西方过分对抗性的、必定要区分对错、判出胜负的诉讼制度一样。此外，中国革命的社会主义传统——排除少部分的负面因素——应该可以成为现代性的社会权利法律的一种资源。

问题的关键其实在于，形成一种允许移植和本土两者并存的制度，由它们长时期拉锯和相互渗透，允许代表各种群体的利益的公开竞争、相互作用和妥协。正如本章一开始就强调的那样，"现代性"的精髓在于法律能够反映日益复杂的社会现实和不同群体的利益的变迁，而不在于永恒的所谓"传统"或不变的所谓西方，以及任何单一理论或意识形态，而在于现实与实践。后者肯定没有形式主义逻辑要求的一贯性，而是相对复杂和充满矛盾的，但正因为如此，它更符合中国的现实，更符合实践的需要，并更均衡地合并传统与现代、中国与西方。如果美国法律的现代性的精髓确实在于"古典正统"和实用主义的长时期并存,中国法律的现代性精髓也许同样寓于西方的形式主义与中国的实用道德主义的拉锯中。中国法律改革的去向不在于非此即彼的二元对立,而在于两者在长时期的实践中的分工并存以及相互影响。从中国法律的古代和现代实践历史中挖掘其现代性,正是探讨两者融合与分工的原则和方案的一个初步尝试。

## 参考文献

白凯(2007):《中国的妇女与财产:960—1949》,上海:上海书店出版社。

丁玲(1942):《三八节有感》,载《解放日报》3月9日。

胡汉民(1978):《胡汉民先生文集》,台北:中国国民党中央委员会党史委员会。

黄宗智(2001[2007]):《清代的法律、社会与文化:民法的表达与实践》,上海:上海书店出版社。

黄宗智(2003[2007]):《法典、习俗与司法实践:清代与民国的比较》,上海:上海书店出版社。

黄宗智(2006a):《离婚法实践:当代中国法庭调解制度的起源、虚构和现实》,载《中国乡村研究》第四辑,第1—52页,北京:社会科学文献出版社。

黄宗智(2006b):《制度化了的"半工半耕"过密型农业》,载《读书》第2期,第30—37页;第3期,第72—80页。

黄宗智(2007a):《中国民事判决的过去和现在》,载《清华法学》第十辑,第1—36页,北京:清华大学出版社。

黄宗智(2007b):《中国法庭调解的过去和现在》,载《清华法学》第十辑,第 37—66 页,北京:清华大学出版社。

季卫东(2006):《法律程序的形式性与实质性——以对程序理论的批判和批判理论的程序化为线索》,载《北京大学学报(哲学社会科学版)》第 1 期。

梁治平(1996):《清代习惯法:社会与国家》,北京:中国政法大学出版社。

《六法全书》(1937),上海:上海法学编译社。

刘凯湘(2002):《界定婚姻家庭关系的实质是修改和理解〈婚姻法〉的前提》,见中国民商法律网。

马俊驹(2003):《对我国民法典制定中几个焦点问题的粗浅看法》,第六节,见中国民商法律网。

潘维和(1982):《中国历次民律草案校释》,台北:翰林出版社。

彭勃、陶丹萍(2007):《替代性纠纷解决机制本土化问题初探》,载《政治与法律》第 4 期,第 71—75 页。

苏力(1996):《法治及其本土资源》,北京:中国政法大学出版社。

苏力(2000):《送法下乡:中国基层司法制度研究》,北京:中国政法大学出版社。

汪辉祖(1939):《学治臆说》,载王云五编《丛书集成》,上海:商务印书馆。

[美]韦伯(2005):《法律社会学》,康乐、简惠美译,桂林:广西师范大学出版社。

巫若枝(2006):《论中国婚姻法在法律体系中地位研究之误区——兼与婚姻法私法论商榷》,载《中华女子学院学报》第 5 期,第 1—5 页。

晓宁(2006):《物权法草案争议中的问题与主义》,见中国法院网,2006 年 3 月 2 日。

《中华人民共和国法律汇编(1979—1984)》(1985),北京:法律出版社。

《中华人民共和国法规汇编(1985)》(1986),北京:法律出版社。

《中华人民共和国法规汇编(1986)》(1987),北京:法律出版社。

《中华人民共和国婚姻法(1950)》(1983),载湖北财经学院编《中华人民共和国婚姻法资料选编》,无出版社。

《中华人民共和国婚姻法(1980)》(1985),载《中华人民共和国法律汇编(1979—1984)》,北京:法律出版社。

《中华人民共和国继承法(1985)》(1986),载《中华人民共和国法规汇编(1985)》,北京:法律出版社。

《中华人民共和国民法通则(1986)》(1987),载《中华人民共和国法规汇编(1986)》,北京:法律出版社。

《中华人民共和国物权法》,2007 年 10 月 1 日起施行,http://www.gov.cn/flfg/2007-03/19content_554452.htm。

《中华苏维埃共和国婚姻条例》(1931),载湖北财经学院编《中华人民共和国婚姻法资料选编》,无出版社。

朱景文(2006):《物权法争议源于社会深层矛盾》,见中国法院网,2006 年 2 月 28 日。

最高人民法院研究室编(1994):《中华人民共和国最高人民法院司法解释全集》,北京:人民法院出版社。

Bernhardt, Kathryn (1999). *Women and Property in China*, *960-1949*. Stanford, Calif. : Stanford University Press.

Clarke Donald C. (1991). " Dispute Resolution in China," *Columbia Journal of Chinese Law*, 5.2 (Fall) : 245-296.

Cohen Jerome (1967). " Chinese Mediation on the Eve of

Modernization,"*Journal of Asian and African Studies*,2.1(April):54-76.

Committee of Ministers of the Council of Europe (1998). "European Principles on Family Mediation." < http://www. mediate. com/articles/ EuroFam.cfm> (accessed July 29,2005).

De Roo, Annie and Rob Jagtenberg (2002). "Mediation in the Netherlands: Past-Present-Future,"*Electronic Journal of Comparative Law*,6. 4(Dec. ).

Galanter,Marc (1985). "'... A Settlement Judge,not a Trial Judge': Judicial Mediation in the United States,"*Journal of Law and Society*,12.1 (Spring):1-18.

Geertz,Clifford (1983). "Local Knowledge: Fact and Law in Comparative Perspective," in *Local Knowledge: Further Essays in Interpretive Anthropology*, 3rd(ed.):pp. 167-234. New York: Basic Books.

Grey,Thomas C. (1980). "The Disintegration of Property," in *Nomos XXII*,*Property*,pp. 69 -85.

Grey,Thomas C. (1983-1984). "Langdell's Orthodoxy,"*University of Pittsburgh Law Review*,45:1-53.

Ha,Jin (1999). *Waiting*. New York: Pantheon.

Lubman,Stanley B. (1967). "Mao and Mediation: Politics and Dispute Resolution in Communist China,"*California Law Review*,55:1284-1359.

Lubman,Stanley B. (1999). *Bird in a Cage: Legal Reform in China after Mao*. Stanford,Calif. : Stanford University Press.

McMahon,Kevin J. (2000). "Constitutional Vision and Supreme Court Decisions: Reconsidering Roosevelt on Race,"*Studies in American Political Development*,14(spring):20-50.

Palmer, Michael (1987). "The Revival of Mediation in the People's Republic of China: (1) Extra-judicial Mediation," in *Yearbook on Socialist Legal Systems*, pp. 219–277.

Palmer, Michael (1989). "The Revival of Mediation in the People's Republic of China: (2) Judicial Mediation," in *Yearbook on Socialist Legal Systems*, pp. 145–171.

Phillips, Roderick (1988). *Putting Asunder: A History of Divorce in Western Society*. Cambridge, Eng. : Cambridge University Press.

"Social Security Online," <http://www.ssa.gov/history/a9r30.html>.

Subrin, Stephen N. and Margaret K. Woo (2006). *Litigating in America: Civil Procedure in Context*. New York: Aspen Publishing.

Tamanaha, Brian Z. (1996). "Pragmatism in U. S. Legal Theory: Its Application to Normative Jurisprudence, Sociological Studies, and the Fact-Value Distinction," *American Journal of Jurisprudence*, 41.1:315–356.

Tunc, Andre (ed.) 1986. *International Encyclopedia of Comparative Law*, v. xi, *Torts*. Dordrecht, Germany: Martinus Nijhoff Publishers.

Weber, Max (1978 [1968]). *Economy and Society: An Outline of Interpretive Sociology*. Ed. by Guenther Roth and Claus Wittich, trans. by Ephraim Fischoff et al. 2 vols. Berkeley: University of California Press.

White, Morton (1976[1947]). *Social Thought in America: The Revolt Against Formalism*. London: Oxford University Press.

Wiecek, William M. (1998). *The Lost World of Classical Legal Thought: Law and Ideology in America, 1886 – 1937*. New York: Oxford University Press.

第 15 章

# 集权的简约治理

## ——中国以准官员和纠纷解决为主的半正式基层行政*

　　近二十多年来的档案研究显示,清代民事司法体系的那套原则和方法,出人意料地被广泛应用于众多其他的治理领域。时至今日,已经积累了不少证据,足以使我们能够得出一些有关清代基层治理的初步结论,而这些结论又足以促使我们重新思考有关中华帝国和中国现代国家本质的一些主要理论阐述。

---

\* 本章中文版原载《中国乡村研究》第五辑,福州:福建教育出版社,2007 年,第 1—23 页,并纳入《中国国家的性质:中西方学者对话(一)》专辑,载《开放时代》2008 年第 2 期,第 10—29 页。英文原作 Philip C. C. Huang, "Centralized Minimalism: Semiformal Governance by Quasi-Officials and Dispute Resolution in China," *Modern China*, 34.1(January 2008)。在此感谢白凯、夏明方、李怀印、彭玉生、白德瑞、樊德雯(Elizabeth VanderVen)和汪洋在本文修改过程中提出的宝贵意见。汪洋为本文译出初稿,谨此致谢。译稿经我自己详细校阅修改,基本准确。但因概念众多,不容易翻译,文字去理想甚远,尚盼读者见谅。

　　首先,简要地重述一下我们对于民事司法体系的认识:清代对民法的整体看法被概括在它的"细事"范畴中。这是一个接近西方现代法律"民事"范畴的概念。清代的认识是,有关土地、债务、继承和婚姻(以及老人赡养)的纠纷都是"细"微的、相对不重要的事情。这首先因为,在国家眼里,这些事件的纠纷远不如刑事案件来得严重,于是国家很少或者根本不加以惩罚。其次,较为不明显的一点是,国家认为这些事情最好由社会(社区、亲族)以妥协为主的纠纷调解机制而不是由国家以依法断案为主的公堂来处理。事实上,大多数纠纷正是由社区和亲属调解解决的。

　　但是,还有很多有关"细事"的纠纷并不能由此解决,而是告到了县衙公堂上。在这些场合里,国家首先依赖的是一个半正式过程。在此过程中,法庭体系和(因控诉而)再度启动的社会调解一同运作。两种体系之间的联系由社会提名、国家批准确认的不带薪准官员"乡保"担当。县令收到诉状、辩词和各种禀呈的时候,通常会写上简短的批示,而那些批示一般会被公布,或通过乡保传达给诉讼人。作为知县意见的初步表达,这些批示会在重新启动的社会调解过程中起重要作用,一方或另一方可能会更愿意妥协,由此达成调解协议。如果这样的庭外调解成功了,知县几乎毫无例外地会认可调解结果,因为对他来说,那样的结果要比任何公堂裁决来得理想。这个依赖准官员、法庭体系和社会调解间互动的半正式过程运用得非常广泛,几乎是个制度化了的常规程序。在告到公堂的所有"细事"案件中,可能有 40% 通过这种方式得以解决。只有在民间的和半正式的调解过程失败时,知县才会正式开庭按照法律裁决纠纷。(Huang, 1993b;1996:第五章;中文见黄宗智,

2001)

这种治理的基本进路——有了控诉才介入,并尽可能依赖民间调解和半正式程序——不仅运用于民法体系中,也广泛地运用于整个清代地方行政中。尽管高层十分"集权化",但是不同于现代官僚政府及其使用的正式监督和形式化文书,清代利用准官员和半正式纠纷解决机制进行地方治理的方法也许可以用"简约治理"和"简约主义"来概括。本章将从总结已经积累的证据出发,对中国过去和现在的治理方式提出一些看法。

# 一、历史证据

由于战争的破坏,晚清、民国的县政府档案存留下来的相对稀少,但是仍然有一定数量的资料相当完整地幸存下来,并在过去20多年内得到比较细致的研究。它们展示了民事(细事)司法的方法如何被应用于行政的其他领域,包括县以下的税收、教育、司法管理、村庄治理,甚至县衙门自身的管理。综合在一起,这些研究提供了一幅清代地方治理主要手段和特性的综合画面。

## (一)晚清宝坻县例证

晚清宝坻县的档案资料(中国第一历史档案馆,顺天府档案资料)向我们展示了该县县级以下行政单位的实际运作,区别于宣示于众,其仅仅显示了国家意图和设计的规章制度。档案揭示,县级以下的准官员乡保是个关键性的人员,每人平均负责管理20余个村庄(宝坻县总共900多个村庄)的赋税征收和司法事务。这些乡保是县衙门和地方社会之间的主要联络人。他们是不带薪的准官员,来自地方社会,由地方提名,经国家批准确认。处在国家与社会的交汇点上,他们具有两副面孔,既是社会代表人,也是国家代理人。他们可能是地方社会中的强势人物,也可能仅仅是这些强势人物推举的作为应付国家索取的缓冲器的小人物;他们可能是地方利益的代表,也可能是利用自身和国家的联系,在地方上滥用权力以谋取个人利益的人。一些乡保仅仅是县衙门政令和通告的传递者,而另一些乡保却握有相当大的权力,甚至可以依靠自己的权威解决纠纷。这些不同在很大程度上依地方情况和乡保个人品性而异。(Huang,1985:224—231税收部分;1996:127—131司法管理部分;中文见黄宗智,1986,2001)

　　我们对乡保的了解并非来自任何形式化的官僚行政文书,而主要来自涉及乡保任命和针对乡保的控诉"案件"。宝坻县档案收有1830年至1910年间关于乡保任命和再任命的案件99例。[1] 有时,案件涉及运用各种手段谋求乡保职位的地方人士间的争夺;有时却又正好相反,案件涉及用尽各种可能手段避免被任命为乡保。就后一种情形而言,我们有众多被提名的和现任乡保逃亡的例子。甚至在一个例子里,某人一再容忍提名人的敲诈,以求避免自己被任命为乡保(Huang,1985:238;中文见黄宗智,1986)。此外有很多涉及乡保的控诉案例,诉状通常指责乡保滥收税款或滥用权威(例如Huang,1985:225,28—30;中文见黄宗智,1986)。例如,在一个

---

[1] 这是王福明用该县20个里中5个里的材料整理出来的案件数(从翰香,1995:26—33)。

记录得特别详细的案件里,乡保田奎因为滥用职权一度被罢免,几年后,当他在 1814 年试图重新出任乡保时,再次遭到多位地方领袖的控告(宝坻县档案,87,1814,12.4;参见 Huang,1985:229;中文见黄宗智,1986)。在另一个案例里,拥有 20 000 亩土地的缙绅、大地主董维增,一次又一次挑选并提名自己手下的一个人担任乡保,目的是借此逃避田赋。1896 年,当地其他精英联合起来控告董和他的乡保,纠纷由此进入了司法系统(宝坻县档案,94,1896,5;1898,2;1898,7.15;参见 Huang,1985:230;中文见黄宗智,1986)。

正是这样的记录使我们得以勾画出乡保的图像。与此相对照,县衙门程序化的诉讼记录只能给我们提供一个在知县"饬令""查情""禀报"等程序化用词中,没有生动面孔的乡保。唯有从涉及乡保自身的案件和纠纷中,我们才能知道他们是谁,做了什么,卷入了什么样的纠纷。

但是过去的学术研究,包括我自己在内,都没有从材料中提炼出基层行政的特有方法,而这正是本章的焦点所在。在这些涉及乡保自身的案例中,知县的行为和其在民事案件中的所作所为非常相似。在没有针对他们进行正式控诉时,乡保一般都在没有官方监督和正式文书要求的情况下,按自己的意愿行事。因此,他们很少出现在县衙门程式化的文书中。唯有因控告或任免而卷入纠纷时,乡保的正式档案记录才会产生。在那些案件里,知县基本像在民事案件里一样作为。他的优先选择是让社会机制解决纠纷。只有这一机制失败了,他才会做出明确的判决。在关于乡保任免的纠纷中,如果双方对峙,他会毫不犹豫裁定由何人任职;在涉及滥用权力的持久纠纷时,他会判决哪方在理,或罢免或保留现任乡保。这种治理方法的目的在于,用最少的官僚付出来维持现存体系。

正如我在关于"民事"诉讼的研究中所展示的那样,清代知县既没有时间也没有动机在公堂上卷入旷日持久的调解,为他眼中的下层人物达成自愿妥协而付出努力。对他来说,让诉讼双方达成自愿协议要远比直接判决耗费更少的时间和精力。① 并且,考虑到国家制度将"细事"当作应由社会自己解决的事务,那些拒绝社会调解而在诉讼程序中一直坚持到正式堂审的当事人,一般都是比较固执、坚持自身立场的人。无论知县的道德教化多么热诚或高尚,这些案件通常不易经过教化、调停得到解决。在实践中,仅从行政效率来考虑,这便要求知县按照法律做出明确的判决(Huang,1996,2006a;中文见黄宗智,2001,2007a)。关于乡保的控诉案件道理相同。

但是,这一事实并没有阻止知县在其写作中或发表的案例中,仍旧用儒家理想化的词汇将自己建构成一个凭借道德楷模和说教来进行治理的人。正是因为这种意识形态化的表达,有的学者把知县看作公堂上道德化的调解人。② 事实上,大多数知县通常只是职业化的官僚。遇到非判决不能解决的纠纷时,他们会选择迅速地根据法律判案。在那样的案件之外,大多数县令在某地有限的任期中,在治理上尽可能从简,没有必要便不介入——换句话说,

---

① 当然,这也是当今改革时代,随着案件数量的增加,法庭倾向少采用调解而更多诉诸简单判决的原因。

② 关于我和滋贺秀三在这个问题上的争论,见黄宗智(Huang,1996:12—13);中文见黄宗智(2001)。

尽可能依赖民间的社会机制和半正式治理方式。

## （二）民国顺义例证

我们当然可以说，在民国时期，国家试图通过"现代国家建设"或科层制化（bureaucratization，亦译"官僚化"）的方式（见下文），深化自身对乡村社会的控制。国民政府通过将国家正规官僚机构延伸到县以下新建的"区"，加强其对乡村社会的治理。每一个区有一个由国家支付薪水的区长，具有正式文书和警察甚至武装保安的支持。这一重要的官僚化步骤出现在清末开始的各种改革之后。在新政时期，国家试图通过在自然村一级设立村长这一准官员职位，而不是像过去的乡保那样的跨村职位，强化自己对乡村社会的影响力。

然而，伴随着 20 世纪官僚化的"国家建设"，旧的草根阶层的简约治理仍然有相当部分被保留了下来。这里，像清代一样，我们的信息来源依然主要是涉及新村庄领导的任免和针对他们的控诉的档案。资料来自河北省顺义县。从 1929 年到 1931 年，顺义县政府共收到 88 份涉及村长的诉状。其中 70 份来自要求允许其辞职的现任或刚被提名的村长（顺义县档案，3：42 和 50，1929，1—12；3：170，1930，9—1931，9），6 份是针对现任村长滥用职权，主要是针对他们在税务管理中滥权的控诉，剩下的包括 5 份由其他村庄领导递交的要求任命新村长的诉状，5 份报告现任村长的死亡并要求新任命村长的诉状，以及两个特殊的案例①。

这些记录告诉我们，清代宝坻县关于乡保的记录所揭示的行政方法，仍然广泛地应用于民国的乡村治理。像乡保那样，新的村长是由地方领导提名并得到县令批准确认的。他们不是带薪的官员，更多的是村庄社区的代表而不是国家官员。除非有针对他们的控诉，或者有任命新村长的必要，否则大多数时候他们都是各行其是的。（Huang，1985:241—244；中文见黄宗智，1986）

1929—1931 年间顺义县资料中出现大量要求辞职的诉状，乃是由于国民政府强化对乡村的控制，增加赋税，尤其是杂税（指"摊款"——主要是为了建立警察、保卫团和学校而征收），从而加重了乡村政府的压力。与清政府在宝坻县只试图控制到人均管辖 20 个村庄的乡保一级不同，国民政府试图通过村长直接把自己的触角延伸到自然村一级。与清政府满足于通过乡保在跨村一级运作不同，国民政府希望让新的村长对税收负责。与清政府在两个世纪内将许多事务尽可能留给地方自身负责不同，国民政府试图征收更多税款来进行现代化改革——建立现代警察、武装力量和学校制度。最后，在国民党和军阀交战时期的战略区域，军队过境时要求村庄提供粮食、畜力、住宿、人力和其他后勤服务。（Huang，1985:278—280，284—285，288—289；中文见黄宗智，1986）

① 一份是一名村长提起的针对几个村民的控告。另一份是三名新成立的（虽然不是普遍建立的）"检查委员会"成员提起的针对一名村长没有遵照国民政府新指示公布村庄账目的控诉。在 1996 年的书中，我说有"大约 120 份"这样的诉状（Huang，1996:43—44；中文见黄宗智，2001）。更细致地看，那个数字包括了 15 份诉状复件，10 份不涉及村长的诉状，6 份只是由个别村民提起的普通民事诉状。总共是 119 份，因此当时说一共"大约 120 份"。

这些新的压力致使许多旧村长申请离职,许多新被提名的村长试图逃避负担。一些人借口年老体衰或健康状况不佳,另一些人借口自己是文盲,没有能力或资格任职,还有一些人则借口自己有其他的责任和义务。在好几个例子里,刚被提名的村长转身就提名他人做村长,而那个被提名者反过来又要求取消这样的"荣誉",并坚持最初的那个人更有资格担任村长一职。许多乞求脱离村长职务的请愿人都提到了新增税款给村长增加的压力,另外一些人则提到了战时的军事索取。

这些资料使我们确信,国民党治下的乡村治理仍然带有许多像清代宝坻县档案所揭示的那样的特性。和清政府在乡保任命上的做法一样,国民政府也从地方抽取人员,要求本乡本土的领导从社区成员中提名村长。国家并不任命或派遣这样的村长,而将自己的角色限于批准社区的提名。而且,和乡保一样,新的村长也是没有薪水的准官员。除非村长像乡保一样成为被控告对象,或者自己要求辞职或由他人替代,否则只要满足税收指标,村长都可以不受监督地依自己的意愿行事。这也正是为什么关于村长的信息来源主要是针对他们的控诉或者他们自己提交的呈诉。

从20世纪30年代到40年代初期,日本满铁所做的田野调查提供了重要的口述史信息,确证和充实了我们从档案记录中得到的认识。满铁研究人员在1939—1942年间调查的华北六个村庄,为半正式的乡村治理提供了细致具体的例证。乡村治理可以分为三种不同的模式。在鲁西北的后夏寨和冷水沟,由社区领导提名的早期村长大部分一直供职到40年代初期。他们通常更多地代表社区利益,而不是国家利益。他们所在的社区是以一个有内聚

力的整体来和国家打交道的。这些村庄内的社区纽带在 20 世纪
的变革中大部分都维持了下来。县政府根本没有干涉村庄事务。
我们关于这些事务的认识来自口述史而不是县档案。(Huang,
1985:259—264;中文见黄宗智,1986)

另一方面,在沙井和寺北柴(前者靠近北京,后者在冀中南),
在国家对村庄经济新的压榨和索取之下,长期担任村长的人辞职
了。这导致了权力真空,使得滥用权力的"无赖"得以窃取村长职
位,并利用职务为自己牟取私利。但是,这些村庄的社区纽带依然
足够强劲,在滥权行为面前,村民们联合起来,向县政府提起申诉,
并最终罢免了这些无赖。在沙井的案例里,这一过程发生在抗日
战争时期的 1939 年。在村庄(联合了邻近的石门村)向县政府提
起针对无赖樊宝山的正式控诉后,后者被罢免并遭到刑事处罚(有
期徒刑两年)。在寺北柴的案例里,这一过程发生在 30 年代早期。
长期担任村长的张乐卿辞职以后,无赖李严林在接下来的两年里
接替了他的位子。直到村庄向县政府提起控诉,李才被罢免,张重
新回来担任村长。这里,我们的认识来自满铁调查员所提供的村
庄口述史和他们搜集的县政府档案。(Huang, 1985:264—270;中
文见黄宗智,1986)

在第三种模式里,在冀东北的吴店和侯家营,社区的旧领导放
弃了位子,而让"无赖"式的人物独占了村政府。在日本人进行调
查的 1941—1942 年间,两个村庄都处在滥用权力的村长的管理之
下,但是村庄并没有能够团结起来提起正式申诉。县政府完全没
有介入村庄事务;因此,我们对发生在这两个村子里的事情的了解
全部来自村庄的口述史。(Huang, 1985:270—274;中文见黄宗智,

1986)

这些满铁资料确证,清代依赖准官员和纠纷解决机制进行统治的简约治理方法,仍然被国民政府,甚至日本占领军政府时沿用。他们并没有试图在村长位子上设置带薪官员,把村政府正式官僚化。相反,他们继续采用了半正式行政的方式,将自身角色限定在批准和认可下面提名的领导人上。只有在针对滥用权力的控诉和新的任命发生时,政府的官僚机构才会介入。(而且,正如我们已经看到的那样,当新的压力和张力瓦解了旧有的社区联结纽带时,这种做法很容易为机会主义者和无赖窃取权位打开方便之门。)在原则上和方法上,这种统治方式和清政府处理"细事"的方式有一定的相似和延续之处。

## (三)晚清和民国获鹿县的税务管理

李怀印对保存较好的(河北中南部)获鹿县晚清至 20 世纪 30年代档案资料的研究,为上面的观察提供了进一步的确证。在获鹿,和宝坻县乡保一级相当的县以下关键"官员"是所谓的"乡地"。和乡保一样,乡地没有薪水,由社区提名(通常依照长期存在的"村规"轮流任职),并得到知县的确认。但是,与乡保不同,每个乡地通常与一个特定的村庄相连。相对于宝坻县人均负责 20 个左右村庄的乡保,这里典型的情形是一个乡地负责一个村庄。如李怀印所观察的那样,这一情况的出现可能是因为冀中南较之宝坻县所在的冀东北生态更稳定,土地生产率更高,由此保障了更紧密联结的村庄社区和更高程度的社区团结。(Li,2005:9;2000:第一章)较高程度的社区团结和较高程度的县行政渗透似乎矛盾其实共存,政府的行政方法是相同的。这里,有关"乡地"的资料主要来源同样是涉及乡地的提名和确认的"案件",以及针对他们滥用权力和职责的控诉。和真正科层制化的组织不同,在政府的正式档案里,我们很少得见乡地的日常行为。有关乡地的文书大多限于非常规的、知县干预了的"案件"和"诉讼"。

获鹿县税务管理的主要模式是由乡地先预付应征款项,然后再由他们在社区成员中分配税额,收缴税款。如果进行顺利,县政府收到了应征税款,那么征收大体上由乡地个人负责,基本上任其自行运作。只有当这一体系的运作出现问题,在纠纷、控告和人事变动中,知县才会介入。(Li,2000:第五章;亦见 Li,2005:第四、五章)

在清末新政和紧随而来的民国时期的"现代国家建设"中,乡地体系和新建立的村长体系并存了下来。但是二者都遵循着旧有的简约治理原则:除非纠纷和申诉发生,这些不带薪的准官员基本自行其是。

## (四)东北地区海城县的乡村学校和教育管理

这里要提及的另一批档案证据来自东北地区的海城县,材料相当完整,是樊德雯博士论文(2003)的核心内容。在海城县,中央政府从新政时期开始呼吁按照中央的指导方针建立乡村社区学校。部分村庄过去有教授《三字经》《百家姓》和《千字文》的私塾(其上是教授"四书""五经"的私塾),当时整个教学体系都以国家主办的科举考试为导向。现在旧的私塾体系要被新的学校体系替代,后者预期将教育普及到所有儿童,并强调数学、地理、历史、科

学、语文、体育、音乐等新式科目。(VanderVen,2003:第三章)

中央政府为新型乡村学校所做的设计虽然相当详细,但并没有为它们划拨任何官方资金。一般村庄都是利用村里的庙宇或村政府自己的收入来建造校舍,自行选择和聘雇学校老师。它们可以收取学费,以资学校运转,但是由于它们在设计上是社区的"公共"学校,学费通常很低。有的新学堂是经过改造的私塾,在课程里将新式和旧式的科目合到了一起。(VanderVen,2003:第三章;VanderVen,2005)

就地方教育管理而言,晚清政府(在1906年)建立起了部分科层制化和部分半正式的"劝学所"。这些县以下的劝学所负责监察地方和村庄的教育。他们并不是县衙门的一部分,也不从属于某一行政部门。在这一点上,他们和过去的乡保类似。但是,他们在一定程度上官僚化了:所里任职的官员有薪水,对在其管辖权限内的学校做定期的巡视,并将结果报告给知县。所里的长官(至少在理论上)是由地方社会提名并得到知县任命的。而他反过来(至少在理论上)选择本所的其他"绅董"和工作人员,理论上要经由知县确认。由于这些教育机构的成员无一例外来自当地,他们通常更认同地方的利益。在例行的汇报之外,除非遇到纠纷或控诉,这些机构在很大程度上可以自行其是。(VanderVen,2003:第六章)

我们关于这些学堂和教育机构的信息部分来自他们向县政府递交的官僚化了(甚至具有固定的表格)的有关学校的定期报告。这些报告涵盖了教学质量、学校管理、学生表现、健康状况、卫生工作等各方面内容。但是,就像我们在搜集有关乡保、乡地的资料时那样,在这里,更多的信息来自涉及乡村违反规则、特殊的申诉或纠纷等有待知县解决的"案件"。在这种案件里,这些教育机构的官员们很大程度上像乡保一样充当村庄和县衙门之间的联络人。知县主要在这些控诉和纠纷中直接介入。(VanderVen,2003:第六章)

樊德雯的上述发现,在李怀印完成他的博士论文之后对冀中南获鹿县教育所做的研究中得到了进一步的确证。和樊德雯一样,李怀印的材料主要由涉及新式学校的纠纷和申诉的"案件"组成。这些材料显示了和东北海城县相同的部分科层制化、部分半正行政的原则和方法。(Li,2005:第八章)

使人惊奇的是这种由国家发起、结合了村庄社区和地方精英参与的治理模式产生了十分深远的影响。它开创了全国范围的乡村学校建设。今天的很多乡村学校都可以追溯到这个时期。"文革"时期广泛建立的村庄集体(大队)学校,尤其清晰地显示了与这些建于20世纪初期的学校的延续性。像晚清新政和民国时期的前身一样,集体制下的村办小学主要是由村庄(集体)自己出资建立的。当然,它们是在中央指导和其所制定的蓝图之下实施基础教育的。实际上,它们是村庄在国家简约主义的设计下由社区自己积极参与和推动的产物。

## (五)清代四川巴县的衙门行政

最后,白德瑞对四川省巴县衙门档案的研究表明,同样的治理原则和方法甚至也被应用于衙门自身的管理。根据清政府的设计,知县是县衙门里唯一由中央任命的带薪官员(Bradly Reed,2000)。很早以前瞿同祖的研究就明白地指出了知县的"非正式"(瞿的用词)私人"幕友"所扮演的重要角色——特别是知县带着去各处赴任的刑名幕友和钱谷幕友的至关重要的作用。知县用他自己正常"薪水"以外的"非正规"收入(来自礼物之类)来支付这些师爷的收入(Ch'ü,1962)。而白德瑞的研究向我们展示了衙门的日常工作人员——那些在衙门各房里任职的书吏和差役的运作。

这些吏役也是半正式人员。他们中的绝大多数被假定是根本不存在的,因为清代行政法规明确地将县衙书吏和差役的人数分别限制在几十人以下,仅相当于19世纪大多数县真实人数的很小比例。他们的收入也被条例限定在19世纪吏役实际收入的小部分的数额上。然而,这些居于正规条例外的灰色人物担负着衙门的日常行政工作。他们一般都展现了一种准官员的价值观,将自己的资格和志向与正规官僚相比拟。

白德瑞所用材料的核心也是"案件"记录。而且这些案件主要涉及衙门各房吏役的任命和再任命,以及围绕该房控制权所展开的争夺,或者是房与房之间围绕县衙门的权力和财政控制权所展开的争夺。正如白德瑞指出的那样,由于县衙门财政收入的大部分来自刑房在地方纠纷案件中所收取的费用,刑房也就成了特别容易发生冲突的地方。当这些冲突爆发的时候,冲突的一方或另一方会向知县提起申诉,希冀知县介入来解决纠纷。(Reed,2000:第二章)

正是通过有关这些纠纷的"案件"记录,我们了解到各房及其吏役的实际运作情况。白德瑞强调,这些案件向我们展示了县衙门日复一日的运作,非正规的吏役如何悖论地组成衙门的日常工作人员,他们如何同时带有非正规人员的不合法性和正规官僚的合法性[亦即白德瑞所谓的"非法官员"(illicit bureaucrats)],在法定规则之外承担着地方政府的必要职能。

我在这里要补充指出的,是衙门管理运作与司法、税务、教育管理运作间的共同之处。而且我们看到了它们对准官员的依赖——它们不是由政府而是由地方社会拨款,或由衙门从自己提供的服务所获得的收入中支取,来维系的半正式人员。这种方法也是为了让正式的国家机构尽可能少地介入地方事务,避免使用程式化的监察和文书工作等官僚政治手段。知县作为正式科层制的代表,仅在因纠纷而产生控诉的时候才介入地方事务;否则的话,基本上任其自行运作。

值得注意的是,知县几乎完全以管理他治下的村庄的办法来管理县衙门各房。各房头目由各房自己提名,然后由知县认可。每一房"代表"的准官员薪酬由各房自己负担。每一房首先依赖自己的内部机制解决纠纷。知县只有在不介入便无法解决纠纷时,或者在产生针对吏役滥用权力的控诉时才会介入。一旦介入,知县接下来便按照他处理细事案件的方式来解决纠纷和处理控告。这同样也是简约主义的行政。


## 二、集权的简约治理

韦伯在他的两个理想政府类型"世袭主义君主制"(patrimonial monarchy)和"科层制"("官僚制",bureaucracy)之间做了重要的区分。前者以一个把国家当作统治者个人领地的世袭君主制度为特色;后者以一个非人格化的、带薪官僚阶层行使专业职能的现代政府为特色。但是,当他讨论帝制时期中国的历史时,认识到实际和他提出的用以阐明理论联系的两个理想模型不同,因此颇具洞见地使用了"世袭主义(君主制)官僚制"(patrimonial bureaucracy)的概念,而不是简单地使用两个模型中的一个或另一个去进行描述。正如我在另文中提及的那样,韦伯的建议可以理解为一个既矛盾又统一的框架——一个既是"世袭主义的君主制度"同时又是"科层制化的官僚制度"的体系。(Weber,1978[1968]:1047—1051;请比较 Huang,1996:229—234;中文见黄宗智,2001)孔飞力在 1768 年有关"叫魂恐慌"的研究中强调"君主独裁"和"官僚制"间的冲突(Kuhn,1990),我的建议则是将二者看作在单一悖论体系中相互依存的两个部分。

然而无论如何,韦伯的理论框架对厘清中华帝国治理的两个重要特征很有说服力。(1)尽管在理论上皇帝有世袭权力,但是实际上他在很大程度上依靠官僚体系来确保自身统治的稳定性,并赖以抗衡世袭制统治的分裂倾向(导向独立的地方世袭领地)。(2)虽然韦伯本人并没有清楚地表达出这一点,尽管官僚制具有自我复杂化和延伸的倾向,但是世袭制的统治明显限定了政府机构必须尽可能地保持简约;否则的话,地方官员和皇帝本人将会被过多的中间阶层隔开,由此威胁到赖以编织这个体系的官员对皇帝的个人忠诚度,促使地方(世袭制)统治的分权倾向压倒官僚制的中央集权。(Weber,1978[1968]:特别是 1047—1051;请比较 Huang,1996:第九章;中文见黄宗智,2001)("世袭主义官僚制"作为"世袭主义君主"和"官僚制"两个概念的融合,其实证伪了韦伯本人从前现代的、前官僚化的国家变化到现代的、官僚化的、理性国家的直线理论体系。)

　　但是韦伯的概念并没有考虑到作为本章中心议题的半正式治理。无论是他的理想化治理模型,还是关于中国历史实际的"世袭主义官僚制"概念,最终都局限于政府的正式机构和功能上。这是从国家和社会非此即彼二元对立概念出发的思路。沿袭这样的思路,治理问题就会变得局限于民间社会对立的政府正规机构。

　　这样的概念框架,在官方治理之外,能够考虑到中国非正式的士绅精英和宗族扮演的角色,就像韦伯本人所考虑的那样。这也是过去中国研究关注比较多的课题(例如 Chang,1955,1962;Ch'ü,1962;Freedman,1966)。但是这样的概括并不能涵盖作为本章上述讨论核心的半正式乡保、乡地、村长和"非法官员"。其实,它也不能涵盖瞿同祖所突出的"非正式""幕友",更不能涵盖与政府协作、在公共事务和地方治理中扮演越来越重要角色的晚清和民国时期的士绅以及商人精英。新式的商会特别能说明问题:它们是由政府(在 1904 年)提倡建立并受其管束的,但同时代表"私人领域"个体商人的利益,并逐渐承担了很多政府职能,例如维持新式的市政服务,建立公共安全机构和调解纠纷。①

　　在韦伯之后,迈克尔·曼(Michael Mann)在政府正规权力中区别了中央集权化的程度(相对于其他与之抗衡的权力)——他称之为"专制权力"(despotic power),和政府深入社会的程度——他称

---

① 参见罗威廉(Rowe,1984,1989)和兰金(Rankin,1986)。他们的研究先是将这一趋势等同于哈贝马斯的和国家并置对立的"公共领域";但后来更多地将它看作国家与社会间的中间领域(Rowe,1993;Rankin,1993)。我 1993 年的论文对这些评述做了总结(Huang,1993a:220—221)。

之为"基层渗透权力"(infrastructural power)(Mann,1984,1986)。由此,考虑到政府权力在行政、立法、司法三个部门间的分立,这些部门间的相互制约以及市民社会的权力,我们可以说当今美国政府的专制权力程度比较低,但是它的基层渗透权力程度却非常高(无论在其税务局权力、警察或联邦调查局在追捕逃犯时的触角,还是战争动员中,都可以见到)。与此不同,考虑到以皇帝个人名义为代表的中央权威,中华帝国的专制权力程度很高;但是,考虑到官僚机构仅仅能延伸到在 19 世纪人均负责管理 25 万人的县令一级,它的基层渗透权力的程度很低。低度基层渗透权力和高度专制权力的矛盾结合,从这个切入点出发,是思考中华帝国政府及其和当今美国政府不同之处的一个有效路径。

曼的见解在王业键对中华帝国土地税的研究那里得到很好的支持。尽管清政府高度集权,王业键的研究证明,土地税(田赋、附加和耗羡)收入相对于农业总产出只占很小的一个比例:在 18、19世纪,税入仅仅占到产出的 2%—4%。相比较而言,明治时代的日本和欧洲封建国家(更不用说现代国家)的税入则占到产出的10%,甚至更多(Wang,1973;参见 Huang,1985:278—281;中文见黄宗智,1986)。税收当然是衡量政府基层渗透权力机构和影响力的一个很好的标志。晚期帝国政府获取的农业产出的低比例税收证明了这个政府相对薄弱的基层渗透权力。当然,这也表明了有限的财政收入对官僚体系规模的限制。

但是尽管有上述见地,和韦伯的分析一样,曼的分析也不能阐明政府正式机构之外的治理。他的双向区分仍然局限于和市民社会的民间权力并置对立的政府正式机构。他不能说明作为我们讨论焦点的半正式治理。换句话说,曼的专制权力和基层渗透权力间的区分,不能把握发生在政府官方和民间社会的中间领域内的治理方法。

正是在这一背景下,我提出了存在于国家、社会之间的"第三领域"概念,突出这二者之间重叠和合作的治理领域。在民法体系内,第三领域存在于以依法判决为主的官方法庭体系和以妥协为主的民间社会调解机制之间。向衙门正式提起控诉通常并不意味着社会调解的终结,反而刺激了更多的调解努力。同时,知县对诉状、辩词和各种呈禀的批词,作为其初步意见的明示,会对社会调解起一定作用。法庭体系则几乎没有例外地认可庭外调解的结果,其背后的理论是庭外居中调解有助于把纠纷双方的敌意最小化,避免纠纷恶化或重现。(Huang,1993b;Huang,1996:第五章;中文见黄宗智,2001)

同样,处在官方政府机构县衙门和民间社会调解机制之间的乡保也体现了清代治理中的"第三领域"。乡保在国家与社会间的灰色领域内运作,同时对知县和提名他的地方社区负责(Huang,1993a;参见 1996:127—131;中文见黄宗智,2003,2001)。我们在上面也已经看到 20 世纪初的村长,甚至帝制时期的县衙门房长,也拥有共同的特性。这些特性也可见于 20 世纪初扮演公共服务和政府角色的士绅和商人精英。20 世纪初的乡村教育同样并不单属于社会或国家,而是二者合作的结果。

我提出"第三领域"概念的目的并不是否定"国家"(譬如,正式的官僚机构)和"社会"(譬如,自然村庄)领域的无可否认的客观存在,当然也不是要继续沉溺于国家、社会非此即彼的二元对立建构中,而是要超越那样的建构。正如我们已经看到的那样,清代治理涵盖了二者之间的一个巨大领域。在这一领域内,二者相互重叠,协力运作。

但是,我的"第三领域"概念虽然突出了中间区域的存在,显示出其中准官员的身份,但它没有很好地把握这个领域中的简约治理方法。帝国的官僚体系本来可以选择全面官僚化和各部门职能专业化,以及与之相连的形式化文书工作。这样的话,会是一种繁密的"官僚政治"进路。然而相反,帝国政府选择了接近简易做法的一端,它坚持使用准官员而不是带薪的正式官员,除非发生纠纷和控诉,尽可能不介入此"第三领域"。仅当只有介入才能保障这一广泛领域内的治理能连续和平稳运作时,政府才会介入。

为了把握这一治理进路和政府的整体组织,我在这里提出了"集权的简约治理"概念。之所以是中央"集权",是因为帝国以皇帝个人名义声称拥有绝对(世袭)的权力,行政权威并没分割于相对独立的政府各部门,也没有为政府和市民社会所共享,而是聚集在中央。

这样一种中央集权制要求一个简约的正式官僚机构。尽管帝国政府有一个宏大的彻底控制社会的设想,特别是它的十进制户籍管理组织——里甲、保甲制度(见 Hsiao,1960)。然而事实上,世袭主义官僚制的逻辑要求政府机构保持最少数量的科层,以免切断整个体系倚为纽带的个人忠诚,造成地方性的世袭分割。当然,从一个长时期内卷化的小农经济中抽取的有限赋税也是对官僚机构充分科层制化的另一个限制,恰巧契合了清政府减少国家强加于社会的负担的愿望。由此,清政府规定将每个县的胥吏和衙役人数分别控制在几十个之内,试图将地方知县下的吏役数量控制在最低限度(Ch'ü,1962:38,58),并且朝廷许诺了"盛世滋丁,永不加赋"。

这样一个简约的正式官僚机构继而导致了对通过准官员和纠纷解决机制进行治理的半正式的简约行政方法的依赖。正因为正式机构结束在县一级,县以下的行政必须依赖准官员来完成。对准官员和社会调解机制的依赖,要求正式官僚体系只在纠纷或申诉中介入。

当然,这一"集权的简约治理"概念在某一层次上会使人联想起韦伯的"世袭主义官僚制"和曼的"高专制权力—低基层渗透权力"。但与它们的不同在于,这个概念不仅试图把握政府正式组织的性质,而且试图把握政府行政的实践;它不仅试图指出政府正式机构的组织方式,而且试图阐明在官方政府和民间社会之间的灰色领域内运作的半正式行政实践。

# 三、儒法合一的治理

儒法合一的,或者可以说是"儒化的法家"治理,能够涵盖这样的治理实践的一部分。法家的意识形态是要通过法律、刑罚和官僚制度来进行治理。① 这种严苛现实主义的治理意识形态为儒家

---

① 关于法家法律的"儒化",请参见瞿同祖(Ch'ü,1961);并比较博迪和莫里斯(Bodde and Morris,1967)。

的仁政理想所中和。[1] 在地方治理的层次上，这种融合带来了将知县看作"父母官"的理想。我们可以说，这一理想把一个代表刑罚、纪律和去人格化行政的法家的严厉父亲形象，同一个依赖仁慈、和谐与道德楷模的儒家慈祥母亲形象结合在一起。二者同样视中央集权为理所当然，因此把政府比喻为父母亲，把被统治的人民比喻为子女（子民）。另外，儒家还信奉对社会事务最小干预的理念。儒家的政治理想是一个近乎自我管理的道德社会。政府官员们的理想限定于以树立道德楷模为主要治理方法。这样，法律的理想原点是社会自己解决纠纷，国家机构尊重社会机制进行的纠纷调解。国家只有在这种机制失败、自己不得不介入的时候，才进行干预。诉讼是失常现象，依法判决的庭审则出于应付这种失常现象的必要。这就是将民法看成"细事"的意识形态支柱。这样的仁政对民众而言应是尽可能不繁重的——因此这也是18世纪将政府官员和税额指标定得极低的政策的根源。

在这里，读者自然会联想起已被众多学者研究过的11世纪司马光与王安石的论争。司马光可以被看作这里所讨论的儒家简约治理诸多方面的代表：他主张将官僚机构保持在简约的状态上，让社会尽可能自我治理。王安石提倡依赖带薪的正规官吏来进行治理；司马光反之，要求把县以下的治理寄托于社会自身的士绅精英。（Bol，1993：169，173—176，177—181；比较萧公权，1982：487—493，515—517）司马光的观点后来成为整个明清时代占统治地位

---

[1] 正如瞿同祖（Ch'ü，1961）所揭示的那样，法家意识形态同样也和儒家的社会等级观相融合。

的儒家主流政治观点。

但是,这种儒家简约主义不能充分涵盖帝国统治的意识形态——就此而言,甚至不能概括司马光自身政治观点的全部。就像我们已经看到的那样,帝国政府实际运作中的意识形态其实来自儒家和法家的融合。这一融合有着比 11 世纪司马光、王安石辩论更加深远的历史根源。甚至司马光自己也视依赖高度烦琐的官僚规章制度为理所当然。事实上,他的政治观点或许可以更好地被概括为"儒化的法家"治理意识形态,而不是简单的"儒家简约主义"。

然而,即便是这里阐述的"儒化的法家"概念,也不能全面涵盖上面描画的简约治理的各个维度。上面讨论的对准官员和纠纷解决机制的运用,作为一种治理方法,是来自行政实践的结果,而不是意识形态的原则。无论是儒家的简约主义还是法家的治理,都没有预见到使用乡保那样的准官员来作为国家官僚制度和社会调解之间的联结,在二者之间创造出治理的"第三领域",也没有预见到要求知县只有在非介入不能解决的纠纷的时候,才采取直接行动的实际。在儒家简约主义理想延续不变的情况下,这些方法是政府在人口增长的背景下逐步扩延的结果。考虑到统治者坚持的世袭制集权,而又同时企图把世袭制统治内的分裂最小化,并承诺把税收最小化,以及由此而来的简化政府机构的愿望,使用纠纷解决方式的半正式行政可能是维护整个体系的高效率、低负担的办法。这就是帝国政权行政实践的隐藏逻辑,而"儒化的法家治理意识形态"概念最多只能涵盖其部分内容。

"儒化的法家"概念更不能够把握产生于 20 世纪现代化需要

中的那些简约治理维度。准官员村长的设置，部分正规化、部分半正规化的"劝学所"的成立和由地方精英与新式商会承担的公共服务职能，都是这些维度的例证。更重要的也许是，在新式乡村学校的兴起中，国家推动与民众参与相互结合。儒家简约治理设想认为，地方士绅精英在地方行政中承担关键作用乃是理所当然，这也是司马光政治观点的核心。但在20世纪的乡村中，这样的士绅精英早已不存在了。新式学校中的民众参与更多来自儒家视野以外的村民和村庄农民领袖。儒化的法家归根到底是农业国家及其等级秩序的治理意识形态，它不能涵盖20世纪半正式行政的实践。

## 四、当代中国的科层制化和简约治理

自从韦伯系统概括近代西方民族国家政府机关的逐步扩张（和"理性化"）以来，"科层制化"被看成从前现代到现代治理的主要变化。从国民党统治在县级政府之下设立官僚化的"区"开始，到随后的中华人民共和国设立更加复杂的"公社"（乡镇）一级行政机构，国家机构比过去任何朝代都更加深入社会。由国家支付薪水的官员呈几何式增长，从晚清的25 000多增长到新中国成立后以百万数计算的国家干部——1979年"机关团体"人员共500万人，1989年1000万人（1999年到达顶峰1100万人，2002年是已发表官方统计数字中最新的一年，人数稍微少了一些）[见《中国统计年鉴（1990）》：114；《中国统计年鉴（2005）》：125]。大量繁杂的规章、程序和文书工作伴随着这一毋庸置疑的科层制化进程。

考虑到这样一个明显并惹人注目的科层制化进程，人们很容易忽视与之平行的另一过程:那就是帝制和民国时期简约治理传统的部分特征的持续存在。在改革之前,被称作"集体政府"的"村政府"实际上具有许多过去的半正式行政方式的特性。最低一层由国家支付薪水的干部是公社(乡)一级的干部;村干部(包括生产大队和生产小队干部)没有中央政府的财政支持,而是由村庄自己负担——集体干部吃"集体粮",而不是"国家粮"。而且他们也是村庄的代表。当然,新的国家制度利用了向下延伸程度远甚于正式政府机构的党组织来监督这些乡村领导。由此,村的党支部可以说相当于旧制度下的村长。支部服从上一级党支部的领导和管理。然而很多过去的治理方法还是保留了下来。就支部成员而言,他们几乎都是乡村自身的成员,和乡村自身的利益紧紧缠绕在一起;不可避免地,他们不会仅仅认同政党—国家,也会认同自己的村庄。

事实上,当代中国的乡村治理需要被理解为国家体制和延续下来的简约治理方法之间的互动,而不仅仅是前一种或后一种模式。村(大队)小学为二者的复杂历史提供了一个例证。我们已经看到,从 20 世纪乡村教育运动一开始,乡村社区就积极参与到乡村教育的发展之中。很多乡村学校主要是由村庄自身发起和出资的。国家设定了教育的指导方针,对学校进行监督检查,并且试图树立一定程度的正规化教育,但学校还是主要由社区自身维持和运作的。1949 年以后,尽管国家干预程度提高,许多 1949 年以前的传统还是保存了下来。例如在"文革"时期(1966—1976),"民办公助"办学模式["民办"指由大队(村)和公社(乡)办理,"公助"指由政府在资金、师资等方面提供不同程度的帮助]成为典型,推动了农村义务教育空前程度上的普及(Pepper,1996:414ff)。在国家制定的指导方针下,乡村大多自己管理和维护着自己的学校。很多学校自己雇用教师,其工资起码一部分由集体工分来支付。农村的民办学校和城市的精英学校在质量上虽然有明显的差距,但是这个民办教育体系成功地为绝大多数农村人口提供了免费的小学教育。

然而,在改革时期,市场化和乡/村财政收入的减缩(相对于其职责),把整个半官方的乡村教育体系推入了危机状态。免费的教育被一个为钱所驱动的、大规模增收学杂费的教育体系取代。教育变成农民沉重的经济负担,许多人根本就无法承担。乡/村的财政短缺又导致了教师工资的拖欠、名额的不足和对(便宜的)代课教师的广泛依赖等现象,导致了教学质量的急剧下降。整个体系实际上已在崩溃的边缘摇摇欲坠。(李梁、许桐珲,2005)

中央政府因此宣布了九年(小学和初中)义务教育的意图,教育部宣称要将全国380万乡村教师纳入正式预算,保障一定标准的工资(教育部,2005年12月9日)。这当然会导致更高程度的正规化和更深层的国家干预,并相应降低地方社区的半正式参与。

今天,乡村教育正徘徊在十字路口,也可以说是陷于漩涡之中。在毛泽东时代,大队和公社提供了以简约主义为基础的免费民办教育;改革时期的市场化却将早期的教育体系变成了一个极其昂贵和充满故障的体系;新的21世纪福利国家模式则希望全部由国库出钱,为所有人提供免费的九年制义务教育。这种过去和现在的混合,究竟会形成什么样的前景还是个未知之数。但是,旧有的国家发起与社区参与(建立在地方自我本位的公共服务动机之上,而不是简单的牟利之上)相结合的半正式进路,仍有可能起一定的作用。也许,同样的逻辑也适用于卫生保健,其价格今日已像教育一样超出了大多数农村人口的承受能力。[1]（宋斌文、熊宇红、张强,2003）

　　这些观察也许可以扩展到乡村治理的整体。首先,毛泽东时代集体制的大队和公社成功地提供了免费教育、卫生服务以及高度的公共安全,虽然是以党和国家对农村人口和经济的全能主义干预为代价的。[2] 这是一个矛盾的结合,同时包含全能主义的党和国家高度科层制化治理和过去的半正式简约行政进路。

　　事实上,毛泽东时代的乡村治理可以看作一个具有相当强烈的反官僚主义治理的传统,一个可以追溯到延安时期的"简政"口号的传统。毛泽东时代的政治运动和过去的简约主义治理有很大不同,但是这些不同不能消弭二者在治理方式上所有的共性。

　　就改革时代而言,它首先在 20 世纪 80 年代成功地利用了良好的乡村集体干部和新式市场刺激的结合,推动了令人瞩目的"乡村工业化",提高了农民的收入和生活水平。但是在市场化下,乡村治理逐渐屈服于货币主义和功利主义。首先,随着党组织权力的退却和乡村自治的呼声渐高,村、乡干部比改革之前有了更大的行动自由。事实上,地方治理在很大程度上不再像改革以前那样,完全遵循党的要求办事,而是在税收和计划生育等基本任务之上,只要避免党所明令禁止的事情,便多可自行其是。随着公共服务道

---

[1] 杨团（2006）提出了极具启发性的"第三条道路"医疗卫生服务体系模式。

[2] 相较于旧的"极权主义"（totalitarianism）概念,邹谠建议使用"全能主义"（totalism）一词（参见邹谠,1994:222ff）。

德的崩溃，少数地方干部变得功利主义和自私自利。少部分权力
滥用行为出现在省、地、县地方政府为企业发展和房地产开发的征
地之中（以期增加地方政府/官员的小金库，或提高其所谓的"政
绩"），以及为了自身或某些个人利益出售国有企业，并且使用专横
权力支持那种行为，镇压抗议和反抗。这些行为多数没有受到中
央的严厉制裁。党和国家机构越来越多地主要在国家既定目标不
能达成，或纠纷发生的时候，才介入干预。各级上访部门堆积了一
些民众对各级政府或某干部的申诉。① 这种权力滥用最极端的案
例可以看作全能主义和简约主义的恶劣融合，近乎一种新型地方
官僚世袭主义。

　　进入 21 世纪，一种新的地方治理模式正在兴起，可能会用新
的公共服务型福利国家来取代过去的和改革早期的控制提取型国
家。农业税已被废除，中央政府宣布了它彻底改造乡村教育和卫
生服务的愿望。但是国家向新模式的转型并不容易，多半会带来
许多意想不到的结果。村干部越来越成为只是简单地由上级政府
拨款支薪的职工，不再是由地方社区财政自己负担的准官员。这
似乎意味着韦伯式的"科层制化"或"理性化"，但是这一变化是伴
随社区（集体）资源和税收的锐减以及乡/村干部所承担的角色和
功能的锐减（停止征税，因缺少财力和权威而停止提供公共服务）

---

① 从 1990 年《行政诉讼法》颁布开始，可以通过法庭对滥用权力的行为进行申诉（参
　见 Pei，1997）。但是直到今天，半正式的上访体系仍然是普通公民赖以抵制这些
　权力滥用行为的首要途径。

而发生的。① 令人担忧的是,村级治理的正规化和科层制化可能仅存于形式上,缺乏实质内容,附带烦琐的文书却没有真正的工作,正如近期的一个调查报告所指出的那样(董磊明,2006:第三部分)。科层制体系的上层到底能否全面承担和接手公共服务,仍有待观察。

当然,在今天高度工业化和全球化的中国,对为农业国家设想的"儒化的法家"治理模式的多种要求已经不复存在了。科层制体系的规模也不再受到以农业为主的国民经济的有限税收的限制。而对教育、卫生、市场、交通和通讯基础设施的现代要求意味着新的政府和过去必定会有很大不同。简约主义治理模式必须联系今日从汲取控制型国家到公共服务型国家的转型,才可能起作用。然而,20 世纪早期地方自治和由地方推动的公共服务先例,以及毛泽东时代的"国家+地方"参与模式(起码部分源于旧有的简约治理传统)——排除其过度"全能"的弊端——仍然值得借鉴。民众参与和控制关乎地方利益的项目,有可能会推进近几十年来被市场经济原子化了的社区纽带的重新建立。考虑到小农经济和村庄将长期存在,简单地依赖西方科层制化的福利国家模式,不见得能够解决政府转型中的实际问题。

就我们在这里的目的而言,重要的一点是我们不能简单地用

---

① 集体单位瓦解后,乡村教育卫生服务的资金一度来自乡(镇)政府提留和统筹的费用。但是,2003 年(在减轻农民负担的目标下)的税费改革取消了所谓"三提五统"。其后两年,资金缺口一度由扩征的农业税(几乎翻番)弥补。但是,随着2005 年农业税的正式废除,乡一级政府在税收和财政上真正完全被"挖空"了。(周飞舟,2006)

从现代西方舶来的"科层制化""官僚化""理性化"和"现代化"等概念，或者它们的对立面（如"去官僚化"）来理解国家治理的变化。我们还要把在 20 世纪治理实践中占有一定地位的半正式行政及其依赖的准官员和纠纷解决治理方法，纳入我们的思考之中。

上面讨论的多对不同的概念——韦伯的"世袭主义官僚制"，曼的"高专制权力—低基层渗透权力"，以及"儒法合一的治理"——有明显的重合。我们或许可以将高专制权力或者中央集权权力和法家联系起来，而将简约主义主要和儒家联系起来。我们或许也可以把官僚（科层制）治理主要和法家联系在一起，而将君主世袭制及其对简约治理的要求主要和儒家联系在一起。

但是这几对概念都更多地展示了政府制度上的结构和目的，较少涉及政府的实际运作或治理实践，而恰恰是后者赋予了前者实质内容。这里的区分在于政府的正式结构和实际运作之不同，在于政府机构和行政实践之不同。正如本章所建议的那样，中华帝国的政府机构确实应看作官僚制和世袭主义制，高专制权力和低基层渗透权力，以及法家和儒家的矛盾结合。但是，中华帝国在其政府与社会的关键性交汇点上的实际运作，则寓于半正式行政的治理方法、准官员的使用以及政府机构仅在纠纷发生时才介入的方法中。由此，我在这里提出了"集权的简约治理"概念。正如我们已经看到的那样，帝制时期遗留下来的这一治理传统，有一部分的内涵在民国时期、毛泽东时期和改革时期的治理中留存下来。新时代对福利国家的需求当然会使旧有的简约治理传统的部分内涵过时，但是简约主义中的半正式行政方法以及国家发起结合社会参与的模式，也许仍然可能在中国起一定的作用，在其追求自身特色的政治现代性中扮演一定角色。

## 参考文献

宝坻县档案,北京:第一历史档案馆。(归顺天府;以案卷号、年、农历月、日顺序引用。例如,宝坻县档案 87,1814,12.4。)

顺义县档案,顺义县档案馆。[依照目录号、案卷号、年、阴历月、日(若有)顺序引用。例如,顺义县档案 3:42 和 50,1929,1—12。]

从翰香主编(1995):《近代冀鲁豫乡村》,北京:中国社会科学出版社。

董磊明(2006):《村将不村——湖北尚武村调查》第一到第三部分,见 www.snzg.net。

黄宗智(1986):《华北的小农经济与社会变迁》,北京:中华书局(2000、2005 年重版)。

黄宗智(2001):《清代的法律、社会与文化:民法的表达与实践》,上海:上海书店出版社。

黄宗智(2003):《中国的"公共领域"与"市民社会"?——国家与社会间的第三领域》,载《中国研究的范式问题讨论》,北京:社会科学文献出版社,第 260—285 页(此文是我英文原作[1993a]的翻译稿,错误较多,在本集中已适当改正)。

黄宗智(2007a):《中国民事判决的过去和现在》,载《清华法学》第十辑,第 1—36 页。

黄宗智(2007b):《中国法庭调解的过去和现在》,载《清华法学》第十辑,第 37—66 页。

教育部(2005):《教育部拟将 400 多亿农村教师工资金额列入预算》,新浪网 12 月 29 日,http: news. sina. com. cn/c/2005－12－19/

102577445315.shtml。

李梁、许桐珲（2005）:《"免费"义务教育百年跋涉》,载《南方周末》11 月 24 日,见 http://hsyong.e-dublogs.org。

宋斌文、熊宇红、张强（2003）:《当前农民医疗保障的现状分析与对策构想》,载《社会工作（学术版）》第 12 期,第 5—9 页。

杨团（2006）:《医疗卫生服务体系改革的第三条道路》,载《浙江学刊》第 1 期,第 37—47 页。

《中国统计年鉴（1990）》,北京:中国统计出版社。

《中国统计年鉴（2005）》,北京:中国统计出版社。

周飞舟（2006）:《从汲取型政权到"悬浮型"政权——税费改革对国家与农民关系之影响》,载《社会学研究》第 3 期,第 1—38 页。

邹谠（1994）:《二十世纪中国政治:从宏观历史与微观行动角度看》,香港:牛津大学出版社。

Bodde, Derk and Clarence Morris (1967). *Law in Imperial China: Exemplified by 190 Ch'ing Dynasty Cases.* Cambridge, Mass. : Harvard University Press.

Bol, Perter (1993). "Government, Society, and State: On the Political Visions of Sima Kuang and Wang An-shi," in Robert P. Hymes and Conrad Schirokauer (eds.), *Ordering the World: Approaches to State and Society in Sung Dynasty China*, pp. 129-193. Berkeley: University of California Press.

Chang, Chung-li (1955). *The Chinese Gentry: Studies on Their Role in Nineteenth Century Chinese Society.* Seattle: University of Washington Press.

Chang, Chung-li (1962). *The Income of the Chinese Gentry.* Seattle: University of Washington Press.

Ch'ü, T'ung-tsu (1961). *Law and Society in Traditional China.* Paris:

Mouton.

Ch'ü, T'ung-tsu（1962）. *Local Government in China under the Ch'ing*. Cambridge, Mass. : Harvard University Press.

Freedman, Maurice（1966）. *Chinese Lineage and Society: Fukien and Kwangtung*. London: University of London, The Athlone Press.

Hsiao, Kung-ch'uan（1960）. *Rural China: Imperial Control in the Nineteenth Century*. Seattle: University of Washington Press.

Huang, Philip C. C.（1985）. *The Peasant Economy and Social Change in North China*. Stanford, Calif. : Stanford University Press.

Huang, Philip C. C.（1993a）. "'Public Sphere'/'Civil Society' in China? The Third Realm between State and Society," *Modern China*, 19.2（April）:216−240.

Huang, Philip C. C.（1993b）. "Between Informal Mediation and Formal Adjudication: The Third Realm of Qing Justice," *Modern China*, 19.3（April）:251−298.

Huang, Philip C. C.（1996）. *Civil Justice in China: Representation and Practice in the Qing*. Stanford, Calif. : Stanford University Press.

Huang, Philip C. C.（2002）. *Code, Custom and Legal Practice in China: The Qing and the Republic Compared*. Stanford, Calif. : Stanford University Press.

Huang, Philip C. C.（2006a）. "Civil Adjudication in China, Past and Present," *Modern China*, 32.2（April）:135−180.

Huang, Philip C. C.（2006b）. "Court Mediation in China, Past and Present," *Modern China*, 32.3（July）:275−314.

Kuhn, Philip A.（1990）. *Soulstealers: The Chinese Sorcery Scare of*

*1768*. Cambridge, Mass. : Harvard University Press.

Li, Huai-yin (2000). "State and Village in Late Qing and Republican North China: Local Administration and Land Taxation in Huailu County, Hebei Province, 1875 – 1936," Ph. D. dissertation, University of California, Los Angeles.

Li, Huai-yin (2005). *Village Governance in North China, 1875 – 1936*. Stanford, Calif. : Stanford University Press.

Mann, Michael (1986). *The Sources of Social Power, I: A History of Power from the Beginning to A. D. 1760*. Cambridge, Eng. : Cambridge University Press.

Mann, Michael (1984). "The Autonomous Power of the State: Its Origins, Mechanisms and Results," *Archives européennes de sociologie*, 25:185 –213.

Pei Min-xin (1997). "Citizens V. Mandarins: Administrative Litigation in China," *The China Quarterly*, 152(Dec.):832–862.

Pepper, Suzanne (1996). *Radicalism and Education Reform in 20th-Century China*. Cambridge, Eng. : Cambridge University Press.

Rankin, Mary Backus (1986). *Elite Activism and Political Transformation in China: Zhejiang Province, 1865–1911*. Stanford, Calif. : Stanford University Press.

Rankin, Mary Backus (1993). "Some Observations on a Chinese Public Sphere," *Modern China*, 19.2(April):158–182.

Reed, Bradly W. (2000). *Talons and Teeth: County Clerks and Runners in the Qing Dynasty*. Stanford, Calif. : Stanford University Press.

Rowe, William T. (1984). *Hankow: Commerce and Society in a Chinese*

*City, 1796—1889.* Stanford, Calif. : Stanford University Press.

Rowe, William T. ( 1989 ). *Hankow: Conflict and Community in a Chinese City, 1796—1895.* Stanford, Calif. : Stanford University Press.

Rowe, William T. ( 1993 ). "The Problem of ' Civil Society ' in Late Imperial China," *Modern China* 19.2( April) : 139—157.

Vanderven, Elizabeth( 2003 ). "Educational Reform and Village Society in Early Twentieth-Century Northeast China: Haicheng, County, 1905 — 1931," Ph. D. dissertation, University of California, Los Angeles.

Vanderven, Elizabeth ( 2005 ). " Village-State Cooperation: Modern Community Schools and Their Funding, Haicheng County, Fengtian, 1905 — 1931," *Modern China*, 31.2( April) : 204—235.

Wang, Yeh-chien ( 1973 ). *Land Taxation in Imperial China, 1750 — 1911.* Cambridge, Mass. : Harvard University Press.

Weber, Max ( 1978 [ 1968 )]. *Economy and Society: An Outline of Interpretive Sociology.* Ed. by Guenther Roth and Claus Wittich, trans. by Ephraim Fischoff et al. 2 vols. Berkeley: University of California Press.

第 16 章

# 认识中国

## ——走向从实践出发的社会科学*

　　长期以来,无论是在国内还是国外,中国研究领域都因未能形成自己独立的学术理论而遗憾。在西方入侵之前,中国文明对本身的认识自成系统,藐视其他文明。但是到了近现代,这一认识全面解体,逐渐被西方认识取代。一方面,国内外中国研究也因此普遍从西方理论出发,不少学者甚至把它们硬套于中国实际,结果使相关研究不时走向歧途。另一方面,反对这种以论带史倾向的学

　*　本章原载《中国社会科学》2005 年第 1 期。原作是中文的,没有英文版。在写作和修改的过程中,夏明方、张家炎和白凯给了我很大的帮助。叶显恩、李放春、应星、张静、沈原、孙立平、王铭铭、郭于华、仝志辉、崔之元、彭玉生以及该刊的三位审稿人提出了宝贵的意见。另外,本人曾和李根蟠、曹幸穗和张小军讨论有关问题,受益匪浅。最后,此文的修改也得助于我为北大、清华等院校的 30 来位研究生开办的"社会、经济与法律的历史学研究"研讨班上的讨论。

者,或者是提倡本土化的学者,又多局限于经验研究,罔顾理论,或者干脆完全认同传统中国文明。有的试图与西方理论展开对话,但一般只能说明中国实际不符合西方理论,却不能更进一步地提炼出自己的理论,与之抗衡。迄至今日,本土化潮流固然相当强盛,但同时又有许多西方理论在国内仍被普遍认为是"经典先进"或"前沿"的,是大家都必须与之"接轨"的。

这样,中国研究领域其实正为两组对立力量所主宰。一是西方化和本土化的对立,现在已经高度意识形态化和感情化,成为非此即彼的二元对立。二是与此相关的理论和经验的对立,等于把理论和经验截然分开。所以,我们必须超越这两组对立力量,做出有目标的选择和融合,并建立符合中国实际的新理论。本章试从认识方法的角度来探索一个可行的方向。

本章指出,现代西方的主流"形式主义"(formalism)①理论多从理性人的构造出发,把它作为一切理论的前提,这是它们基本的认识方法。近年来这种"启蒙现代主义"理论受到后现代主义的强烈冲击,对其隐含的西方中心主义、科学主义等理论提出多方面的质疑。在近年众多的理论之中,又有社会学—人类学领域的布迪厄提出的"实践理论"(theory of practice)对马克思、韦伯以来经典著作发出强有力的挑战;它试图超越过去主观主义和客观主义之间,以及意志主义和结构主义之间的长期分歧,并且提出以实践为根据的理论的设想。

---

① 英语"formalism"和中文译词"形式主义"意义不完全一致。在英语语境中,"formalism"一般不带贬义,比较接近中文"'形式化'了的理论或认识"的含义,具体见以下关于韦伯的讨论。

布迪厄的设想其实和中国共产党在大革命失败后形成的独特的认识方法有不谋而合之处。本章因此从这里切入,进而讨论其学术含义。排除其伴随的阶级斗争意识形态,这套认识方法在理念上接近于布迪厄的实践理论;在调查方法上,它类似于现代人类学;而在学术研究上,则在相当程度上体现在费孝通所进行的现代中国社会学、人类学研究中。它十分不同于儒家传统中的认识论和历史观,也与现代西方主流认识论迥异。它要求从实践出发,进而提高到理论概念,然后再回到实践去检验。正是这样的方法为我们指出了一条走向从实践出发的社会科学和理论研究的道路。

# 一、中国现代的认识论和历史观的形成

1927 年大革命的失败迫使中国革命运动的重心从城市转移到农村,它的社会基础也从工人转移到农民。但当时的知识分子对农村的认识大多十分有限(来自农村的当然除外),甚至是一无所知。明清以来,中国大部分知识分子早已迁入城镇,脱离农村生活。到了近代,随着城市现代化的进展,这种隔离更加显著,城市中的知识分子和乡村里的农民几乎生活在两个不同的世界。加上传统儒家思维方式—— 一个脱离社会实际的、用道德理想替代社会实际的思维方式——的影响,绝大多数知识分子都缺乏实际的、准确的关于农村的认识。正是在这几个历史条件的相互作用之下,形成了中国革命运动对其知识分子的特殊要求:深入农村学习,了解实际,从那里找出行之有效的措施和政策。

其后形成的是一个完全不同于儒家传统的历史观。它要求知识分子认同农民的立场和观点,一反过去以士大夫为中心的历史观。正是革命的需要使得中国共产党把历史视作由农民的利益和行动推动的历史。

在理论上,它要求从实践的认识出发,进而提高到理论,然后再验之于实践。只有行之有效的认识,才是真正正确的、把实践和理论结合起来的认识。这一认识的集中点是村庄和农民的实践,截然不同于儒家集中于圣贤的经书,用道德价值来衡量一切的认识论。从这个角度来考虑,中国革命过程中形成的一套认识方法和历史观是十分革命性的,也是现代性的。①

当然,在这个过程中,有许多出于阶级斗争意识形态而违反这种认识精神的例子。但我们这里是要挖掘革命传统中符合它原先的认识理念的部分。中国革命之所以取得胜利,与其说是依靠马克思主义的理论,不如说是依靠以实践为先的认识方法对(当时共产国际的)马克思主义理论的纠正。

## 二、中国现代的认识方法和西方启蒙现代主义认识论的不同

这样的认识方法也十分不同于现代西方的主流形式主义认识论。后者从抽象化了的理性人的构造出发,以之为前提,作为一切认识的基础。如此的认识可见于许多西方近现代的经典理论。这里我将主要以韦伯的社会学和法律学为例,兼及亚当·斯密的古

---

① 李放春(2005)很具启发性地提出了"革命现代性"的概念。

典经济学。

韦伯本人便很有意识地把从现代人是理性人出发的形式主义和从道德观念出发的实体主义加以区别。毋庸说，他把自己看作一个形式主义者，这一点在他对现代社会、经济、政治和法律的一系列分析中表现得十分明显。

至于亚当·斯密，他的出发点同样是理性（经济）人的建构。斯密认为，在市场经济下，理性经济人会做出最合理的选择，追求利润最大化，由此推动社会分工，促进规模效益以及资本积累，伴之而来的是经济发展和国家富裕。

与西方现代主义的认识论截然不同，中国革命的特殊的认识方法产生于对大革命时期所犯过分依赖经典理论错误的反思，以及此后必须获得农民支持才可能生存的历史必要。这样的认识方法不同于形式主义从理论前提出发的演绎方法。（它也不同于归纳方法，因为它不仅要求从经验研究得出知识，更要求把知识提高到理论层面之后再返回到实践中去检验。）

中国革命的认识方法和西方现代形式主义认识方法的不同之处可以见于农民学三大传统及其对我们认识的挑战。形式主义的农民学传统是以追求利润最大化的理性小农为前提的；马克思主义反之，以被剥削而（在适当历史条件下会）追求解放的小农为前提；而实体主义则以追求满足消费需要，亦即生存需要的小农为前提。

但我们如果从农民实践出发，并以之为准绳，则小农很明显地同时具有这三种理论分别投射在他们身上的不同特征（我曾称之为三副面孔），而这三种特征占的比重分别因各阶层的小农而异，也因历史时期、历史环境而异。现存的三大理论中的任何一种显然都不能涵盖小农实践的全面,它们都是片面的。

如果我们的研究从实践出发,提出的问题便会很不一样。我们不会坚持以一种理论压倒另一种理论,也不会长期陷入无谓的意识形态的争论。我们会把注意力集中于悖论现象,承认从其中任何一个理论传统来看,农民的实践都有悖论的一面。我们需要了解和解释的是(从西方理论看来)矛盾的现实,不是争论哪一个理论是唯一正确的理论。同时,我们会注意到上述三种特征怎样并存,以及它们之间的互动和隔离,而不会去坚持把片面的真实当作唯一和全面的真实。

布迪厄的实践社会学的出现并不偶然。它是对过去形式主义历史社会学的一个重要理论批评。他要求从认识实践出发,一反过去从理论前提出发的认识方法。他又要求从微观研究的人类学出发,一反过去的宏观认识方法(从马克思、韦伯以来,到 20 世纪美国的历史社会学,从巴林顿·摩尔到查尔斯·蒂利,再到西达·斯考切波和迈克尔·曼,全是宏观的研究)。他试图超越形式主义中的主观主义和马克思主义中的客观主义之间的长期分歧,以及形式主义的意志主义和马克思主义的结构主义之间的分歧。从实践出发,他主张同时照顾到象征和物质因素[如他的象征资本(symbolic capital)概念],以及主体与结构[如他的习惯倾向(habitus)概念,在倾向(predisposition)之上另有抉择]。

我们应把布迪厄的实践社会学与经验主义清楚地区别开来:他要求探索"实践的逻辑",从实践中挖掘它的(常常是未经明确表达的)逻辑,由此提炼出抽象的理论概念,而绝对不是纯粹经验研究的累积。

但是，布迪厄本人并没有成功地把他的设想付之于自己的研究实践。在布氏自己关于卡比利亚社区的实地调查研究中，他只不过梳理出了该社区在象征领域的一些结构性的构造，其写作的结果是横切面的结构性分析，并没有能够关注到纵向跨时间的历史实践过程和变化。其实，他的理论概念中最贴切的分析是他对（自己的国家）法国社会中、高层社会阶级的分析，对其中的"象征资本"、微妙的社会区分（distinctions）以及阶级习惯倾向写得入木三分。但这些也主要是横切面的静态分析而不是跨时间过程的动态分析。

我个人认为费孝通所进行的研究要比布迪厄本人的研究更接近于后者的设想。首先，费孝通对开弦弓（江村）的研究非常贴近实际而又能从中提出高层次的概念。譬如，他一开始就根据农民的生产实践而把农村经济看作由种植业和手工业共同组成的结合体。这个概念看似简单却十分中肯。当时的许多农村研究只关注种植业，忽略了农村经济的一个主要问题和潜能。正是手工业领域才真正显出了当时世界经济大衰落对农村的影响，也正是手工业才具备后来乡村工业化的潜能。

费孝通的实地研究之所以能够在相当程度上体现布迪厄实践社会学，另一个重要原因是历史变化本身。江村在后来的 60 年中经历了根本性的"转型"变迁。这是任何一种现存西方经典理论都不能解释的变迁，它使得过程性的历史分析成为必要。两种截然不同的结构的持续接触、交锋、汇合是不能以任何单一性结构来理解的。正是这样的历史情境迫使我们采取另一种认识方法来理解问题。要把握这一变化,也只有从实际的历史实践过程出发才有可能形成新的分析概念。费孝通的乡村工业化概念便是一个很好的例子。

另外,正因为费孝通的研究具有贴近人民生活实践的多面性,他才能不仅照顾到客观现象(譬如水稻生产),也照顾到主观现象(如农民对待"科学和魔术"的态度);不仅析述了阶级和亲族的结构,也析述了个人意志和抉择(如江村的治理)。

其实费孝通所进行的研究从广义上来说,在学术上正体现了在中国革命过程中所形成的认识和调查研究方法。正是中国知识分子长期脱离农村,缺乏对农村的确切认识,迫使现代的知识分子要深入一个个村庄认识农村。正是在革命过程之中中国共产党别无选择地要依赖农民的支持来与国内外敌人做斗争,才迫使共产党必须准确地掌握农村的实际状况,从而寻找出一条行之有效的动员农民的行动路线。也正是在这种必要之下形成了世界上最重视社区田野调查的社会科学传统。在国外,只有人类学才用这样的认识方法,而它也主要用于对其他民族的研究,一般不会用于本国的社会。但是在中国,深入现场调查研究则被认为是理所当然的研究方法,不仅在人类学—社会学领域,就是在历史学、经济学、法学和政治学领域也常常如此。时至今日,国内各个社会科学领域的不少同人仍旧会带领学生去做田野调查。这是唯有在中国的社会科学领域才能看到的现象。即使是在改革和面向西方的今天,中国的社会科学家们仍然在有意无意中体现出现代中国革命遗留下来的认识传统。

这种认识方法和西方现代人类学方法不约而同地产生于两者

的一个基本共同点。现代人类学之所以要用"参与者的观察"的认识方法，是因为它知道要了解一个和自己身处的社会完全不同的社会，我们不可以只依赖宏观分析和数据，否则就会在不知不觉之中运用那些自以为无须检验的"真理"和"前提"，从而完全曲解了我们要了解的另一个社会。我们首先需要深入那个社会，了解它不同的组织逻辑和社会成员的心态，也就是先在"感性认识"方面下功夫，然后才有可能把认识提高到分析概念层面。中国以农村包围城市的革命经历的认识基础，可以说是历史上最大的一次参与式调查。我们甚至可以说，唯有在中国的现代史中才能看到西方人类学的认识方法被成功地当作革命战略而运用于全社会。

但光是经验性的调查研究是不够的。中国革命之所以取得胜利，不仅是因为对一个个村庄的深入调查，还因为在相当程度上成功地结合了参与者调查的方法和对社会历史的宏观分析。同样地，布迪厄之所以成功，是因为他能从人类学的认识方法中提炼出强有力的对全社会的宏观分析概念。

但布迪厄既是成功的，也是失败的。他自己对卡比利亚社区的研究并没有能够超越其他人类学著作的局限。而费孝通的著作则能在深入的微观调查的基础之上，提炼出跨时间的历史实践演变过程以及强有力的宏观概念，并在其后获得被实践检验的机会。

# 三、走向从实践出发的社会科学和理论①

　　韦伯的宏观的跨社会、跨时期分析的焦点在于资本主义社会及其文明。至于他对非资本主义的一些分析,则主要是用来作为对照和陪衬的,以凸显资本主义的特征。马克思也是如此。他们的长处在于结构性的分析,通过与其他类型文明的比较,点出一些资本主义特有的组织性逻辑(如资本家对无产阶级剩余价值的剥削,现代理性在政权、法律以及经济中的体现)。

　　理论界一个常用的手段是通过抽象化和理念化的理想模型的建构来显示一个整合了的系统的内在联系与逻辑(如韦伯的现代理性官僚制度及其一系列的特征:专职化,专业化,以职位而不是以人为主)。韦伯虽然也提到不同于他的理想模型的历史现象——例如他对中国历史上实际的政权组织进行分析时曾经引用自己的两个模型,即世袭主义和官僚制度(世袭主义官僚制),认为对中国的实际要结合这两个理想模型来理解,对中国的法律也同样要结合实体性和理性(实体理性)来理解,但他并没有充分阐明这两个很具启发性的念头。他的主要理论分析在于第一种方法,即把中国等同于世袭主义政权的抽象模式和实体主义法律的抽象

---

① 孙立平(2002)提出了"实践社会学"和"转型社会学"的设想,对我很有启发。但我对"实践"概念的使用和孙先生颇为不同(也和布迪厄不完全一致)。他的"实践"是主要相对于制度而言的,我这里的"实践"则更相对于理论和表述(表达);他的"实践"主要针对"过程—事件分析"而言,我这里则更以长时期的历史实践变迁为主。我之突出认识论问题,以之为关键,孙先生大概不会同意,但我相信我们的指向是基本一致的,或者起码是相辅相成的。

模式。批评他的后现代主义者在这一点上说得对:他主要是把中国当作陪衬性的"他者"来对西方做现代主义的也是西方中心主义的理念化了的概括。

而中国(以及许多其他发展中国家)自近代以来却是长时期混合不同类型的社会,无论是帝国主义入侵后的清代,还是国民党治理下的民国时期,或是中国共产党治理下的社会主义中国,还是改革中的中国。结构性的理想模型分析有助于了解资本主义社会和前资本主义社会、工业社会和前工业社会(以及后工业社会或信息时代的社会)的一些(尽管是理念化了的)基本的、宏观性的不同。但用来理解一个长期在多种系统、多种技术时代并存下的社会,是远远不足的。人们试图或用资本主义理论,或用传统社会理论来了解近现代中国,得到的只是隔靴搔痒的感觉。

即使是在西方入侵之前的明清时期,也不符合马克思或韦伯的理念化了的类型。它充满悖论的矛盾现象。这是我在有关华北和长江的两本著作中所要表达的一个中心论点(黄宗智,1986,1992)。在现代工业化初步兴起的民国时期、中国共产党领导下的社会主义建设时期以及改革后的转型时期,也仍旧如此。

正是这样一个多种社会类型并存的社会,迫使我们抛弃简单的理念化了的类型分析和结构分析,而着眼于混合体中的历史演变过程本身。"转型"一词用于中国,不应理解为带有目的地从一个类型转向另一个类型,从封建主义转到资本主义,或从社会主义转到资本主义,而应看作一种持久的并存以及产生新颖现象的混合。正因为现有单一类型理论的不足,我们需要从混合社会的历史实际出发,来创建新的理论概念。

在这方面,布迪厄试图建立的实践理论是一个有用的方向和尝试。只有着眼于实践过程,我们才能避免理念化了的建构的误导,尤其是意识形态化了的建构的误导。同时,着眼于实践中未经表达的逻辑,正是我们用以把握不同于现有理论框架的新的概念的一条可能的道路。

至于后现代主义,正因为它对现代主义以及西方中心主义的建构提出质疑,也是我们可以利用的一套思想。同时,它强调非物质的心态领域也是对过去唯物主义的很好的纠正。但我们不能像许多后现代主义者那样否定一切经验证据,以致把所有认识都仅仅看作不同的建构。那是极端的相对主义。我们知道,对经验信息的真实与否做出正确的判断,在认识过程之中是非常必要的。现代中国的革命历程充满了正确的和错误的判断的例子。

# 四、一些初步的认识

## (一)中国法律的实践历史

根据韦伯的建构,现代西方法律是理性的,是从(天赋)人权前提出发的一套原则,它们独立于政权,并且是施之于任何具体情况而皆准的法则。而中国传统的法律则是非理性的,出于统治者的道德理念(也就是儒家以礼、以和为先的理念),实质上是世袭主义统治的非理性手段。

国内外有的学者完全同意韦伯的建构,认为今日的中国如欲依法治国,必须全盘西化,建立和传统完全不同的法制。针对这样的移植论，有的学者则提倡面向中国的本土资源，从传统中发掘和继承可以用于今日的法律原则和制度；其中有的学者特别强调中国的调解传统，认为这是中国独有的优良传统。这种意见得到不少西方学者的认可。面对西方的极高的诉讼频率、极昂贵的律师费用，以及极严重的全法律制度危机，他们提倡借鉴中国的调解传统，发展西方（尤其是美国）的诉讼外处理纠纷制度（ADR），用来控制诉讼频率。这样，就形成了全盘西化主义和本土资源主义两种意见的针锋相对，并且造成了现代和传统的非此即彼的二元对立话语环境。

中国的法律实践其实并不符合双方任何一面的建构。现代以前的调解其实主要是在国家法律制度之外的社区中进行的。正规法庭的主要手段其实是断案，而不是调解。县令调解其实只是儒家的理念，不是其实践。这是我从相当大量的诉讼案件档案中得出的一个经验结论（黄宗智，2001，2003b）。过去许多学术研究都把官方的构造等同于历史实践，其实是歪曲了历史的真实。从实践中来说，法庭调解其实并不是儒家法庭的实际行为，只是它的表达、它的理想建构。中国前现代的法庭，从实践来说主要是一个进行判决而不是进行调解的法庭。

法庭这样的实践说明的是清代的法律和治理既有它道德性意识形态的一面，同时也有它非常实际的一面。地方县官体现的其实是两者的结合，我曾称之为"实用道德主义"。结合道德高调的意识形态和十分实际的法庭实践，其实是它未经明言的逻辑，也是它能够长期维持顽强的生命力的原因之一。

这里，让我简短地谈谈相关话语的研究及其与实践的关系。

一般的研究只分析官方话语。民间话语,尤其是农民的话语,因为缺乏资料,不容易掌握。但我们不必完全局限于官方表达的分析。如果我们着眼于话语实践,区别意识形态化了的官方话语及其实用话语,我们就可以看到在官方表达层面下的运作实际。例如在汪辉祖的著作(1939)中,两种话语即并存不悖。其中有当时已经公式化了的一些理想仁政和道德的表达,也有关于实际运作的实践话语。后者显示:调解是民间所为,明判是非的断案乃是法庭所用。儒家仁政理想把民事纠纷当作不重要的"细事",但在地方官员的治理实践中,"细事"的处理其实十分重要。而在处理这样的"民事"案件时,清代法庭实际上经常按法律明判是非。

进入现代,我们可以看到国民党统治下模仿《德国民法典》的《中华民国民法典》本身其实也对应社会现实而做了适当的修改。最显著的例子是典地制度。西方没有这个制度。《德国民法典》只有买卖、租佃、抵押和质权的制度,没有"典"的概念。中华民国民法最后是使用了民间原有的词——"典",来表达这样一个中国比较独特的保留回赎权的土地买卖和借贷制度。这是法律的实用话语,和它原先全盘移植德国现代法律的用意不同。

进入中华人民共和国时期,一个很重要的变化是民间社区调解的正规化以及法律化。同时,法庭开始大规模进行调解,完全不同于前现代的中国法庭。我们可以说,真正普遍地进行调解的法庭,并不是中国法律前现代的传统;它其实是中国共产党的发明。

同时,中国的所谓调解和西方人心目中的调解很不一样。它可以用相当程度的强制性手段,包括法官明确对当事人说明法庭的立场,其隐含的意思就是,如果当事人不接受法庭的调解,法庭就会依法判决。另外法庭也可能动员当地的党、政组织,对当事人施加压力,或者是给予当事人实质性的利益刺激(诸如安排好的工作、解决住房问题),凭这种办法来调解解决纠纷(尤其是离婚案件)。更显著的是法官的调查研究行为深入现场,访问当事人和社区领导及亲邻,了解实际情况,尽可能在真实确切的信息基础上进行调解。这种行为延续至今。在西方的按钟点计时收费的法律制度之下,这是完全不可想象的。这本身也是上文讨论的革命认识论传统的一个体现。这些都超出了西方概念之中的"mediation"可能使用的手段,它是现代革命政党在一定历史条件下的独特产物,具有它独特的未成文的逻辑,既不同于任何西方形式主义的理论建构,也不同于反对全盘西化的本土资源论者想象中的中国传统法制。

其实,中国前现代法律传统的可取之处不一定在于它对自己的不符合实践的表达。诉讼案件档案显示了清代法律实践中出人意料的一种社会公正精神。上面已经提到了"典"的制度:它赋予不幸被迫典卖土地的小农以相当有利的、几乎是无限期的回赎权,并且是以原价回赎的权利。同时,清代法庭相当普遍地禁止超过月利三分的"违禁取利"。再则是佃农的"田面权",成文法律虽然没有给予其正式认可,但是我们可以看到,法律实践对这种保护租地人权利的民间习惯基本是放任的。当然,社会公正绝对不能说是当时法制的主导思想,但这种法律实践所包含的逻辑仍然不失为今日值得借鉴的一个传统。

## (二)中国经济的实践历史

亚当·斯密的形式主义经济理论认为,理性经济人在市场环境下会促进经济发展。因此,我们一旦看到明清时期相当程度的市场经济发展,便会以为伴随它的应是相应的经济发展。国内外有学者从这样的观点出发,坚持18世纪中国江南地区的经济是和当时的英国旗鼓相当的,因为两者同样是"斯密动力"之下的经济。

这样的论点正是形式主义理论前提对实际情况的误导的又一个例子。18世纪英国的经济是一个极其独特的经济。它显示的是前工业社会中极其少见的农业劳动生产率的(将近)成倍提高。同时,其也呈现了新的手工业的发展,它逐步独立于农业,成为当时小城镇大规模成长的基础,并引起了一系列有关人口行为的变化。再则是科学革命条件的形成,以及英国当时独特的煤炭业的极早发展,等等。英国工业革命的形成实际上是好几个相对独立的历史趋势的偶然交叉所致,当时不可见于世界其他地方。18世纪中国的江南既没有农业劳动生产率的成倍提高,也没有农业手工业的分离,因此也没有英国规模的城镇兴起,更毋庸说它的人口行为变迁。把它等同于英国经济,有悖于近几十年来的学术研究所积累的经验证据。(黄宗智,2002)

但是,这个明显错误的论点仍然具有相当的影响。我们要问:它为什么会被一些人接受? 在美国,部分是因为意识形态的推动。这些人的用意是把世界上的经济全都纳入亚当·斯密的模式之内。我们不要被他们在斯密模式上附加的一个花样——英国煤炭资源的偶然性——愚弄。有人因此认为他们并不是简单的市场主义者。但是我们要问：现代经济发展，在"斯密动力"之外，是不是真的那么简单地只需要煤炭便能促成？18、19 世纪的中国是不是只要有了煤炭便真的能像英国那样进入工业革命？

他们的另一个附加花样是后现代主义的"去欧洲中心化"口号。国内可能有人会觉得在这一方面他们的论调很有吸引力，因为把 18 世纪的中国说得十分美好，甚至领先世界，足可使人感到骄傲。（但是，果真如此我们又该怎样去理解其后 19 世纪的中国？）其实，无论他们的意图如何，这样的论点和 20 世纪 50 年代美国保守派反共、反中国的论调客观上是一致的。当时的看法是传统中国文明十分灿烂，因此，共产党革命完全缺乏任何历史和社会基础。现在，美国 20 世纪 50 年代保守主义的这一套看法，已经被新保守主义完全恢复了。他们认为中国革命是全盘错误的，直至改革开放，中国终于抛弃了无谓的革命，才正确地走上了像西方一样的市场主义的道路。在本质上这是纯粹的西方中心论：英国的资本主义经济，通过斯密古典经济的市场主义的抽象化、理念化，乃是放之四海而皆准的唯一正确的经济发展道路。正是在这种意识形态和政治权力的推动之下，才会使明显错误的论点仍然具有一定的影响力，起码在美国如此。

这里要简略地讨论一下美国知识界今天出人意料但也是完全可以理解的，新古典经济理论和后现代主义的一些学者的联盟。表面看来，两者应是水火不容的。前者自视为保守主义者，而后者多认同于激进主义。但是，两者有一些很重要的共同点。第一，无论是指向西方发展模式的古典经济论，还是指向前现代传统（受西方现代主义影响之前）的后现代主义，都同样无视中国革命传统。

第二,两者在认识方法上有一个十分基本的共同点:否认经验证据的真实。正是这样的认识态度使明显违反经验证据的 18 世纪中英等同的论点得以具有相当的影响。①

　　国内大部分学者并不接受 18 世纪中英等同的论点,因为多年的经验研究积累不允许这样,但可能有不少人同意它依赖的新古典经济学理论。我个人以为,过去国内的中国经济史研究之所以能够领先全世界,是因为它同时包含生产力和生产关系两方面的研究(虽然当时的意识形态比较倾向生产关系)。在中国社会科学院经济研究所里可以说是体现于吴承明和李文治二位先生的研究,而不是单一的"一面倒",因此发挥了马克思古典政治经济学的内在威力。但是今天的市场主义论其实只考虑马克思的所谓生产力,而无视生产关系,抛弃了马克思理论的"一条腿",也抛弃了过去多年积累的经验证据。国内农史学传统所积累的关于生产状况的知识就更不用说了。我认为马克思主义政治经济学需要在生产力和生产关系两者之上再加上生产状况这第三种因素。此外是人口问题,虽然该问题可以纳入生产力研究,但国内长期对这个因素考虑不足。再则是环境因素,这在前现代农业经济中明显是个关键因素,过去对其也考虑不足。像亚当·斯密那样只用市场机制和理性经济人的构造来解释一切经济现象,是一条狭窄的道路,它不能包含中国经济方方面面的复杂历史实际,例如,由帝国主义、阶级剥削或小农生存所推动的市场化。这是我在有关长江的著作(黄宗智,1992)中已经提到的论点。

---

① 也正是在这种认知态度的情境之下,布什政府才无视经验证据而使做出发动伊拉克战争的决策成为可能。

如果着眼于中国明清时期农村的生产实践，我们看到的不会是像 18 世纪英国那样的农业资本化，肥料投入和劳动生产率的近倍增加，以及农业手工业的分离，而是与亚当·斯密理论期待相悖的现象。农民生产实践显示的是农业生产长期徘徊于基本同样的水平，手工业、农业长期相互结合于一家一户。即使进入现代，农村生产实践仍然基本维持原来的状态。

问题是为什么。我认为，这些悖论现象所显示的是这个经济在实践中的生存逻辑。在人多地少的压力之下，小农家庭同时借助于种植业和手工业来维持生存，缺一不可。两者中的任何之一都不能单独周转，因此长期结合，这与英国近代早期趋势相悖。费孝通的江村研究正凸显了这个特点。

进入中国共产党治理下的农村集体化时期，农村的生产单位规模扩大。根据当时中国的意识形态理论，接下来的应是在农业现代化（包括机械化、化肥投入、机动灌溉、科学选种等方面）的同时出现相应的劳动生产率的提高。但是，集体单位的生产实践显示的却是在多方面的现代化进程之下进一步的内卷化——劳动生产率及劳动报酬并没有相应提高。如此的实际所显示的逻辑是现代投入所产生的发展被高度内卷化的劳动投入蚕食掉，结果是农村收入和生活水平停滞不前。

改革时期，农村工业蓬勃兴起，吸收了 1 亿多的农村劳动力，先进地区明显有农业生产去内卷化的趋势。其后，城市工业的高速发展以及大量外来资本的投入，又吸收了约 1 亿农村劳工者。这些都是规模非常大的变化。但是，由于中国的乡村人口规模是如此巨大，劳动力是如此密集，以致时至今日，除了沿海一带，农业生产实践基本还是小规模低劳动生产率型的生产。适度规模的设想(具有进一步资本化和较高的劳动生产率的生产)仍旧有待于将来。相对国内工业经济以及信息产业经济,农业生产人均收入仍然偏低。截至今天,部分农村人口仍然生活艰难,农村经济变迁仍然存在上述种种悖论。中国农村经济的全面发展仍旧有待于将来。

这个简单事实,若从西方现代形式主义的认识方法出发,便很容易被忽视、抹杀。他们总是以理论前提的期待来替代实际,认为在市场经济下每个人的理性抉择必定会推动经济发展以及人民生活的全面现代化,因此完全无视中国 18 世纪以来长期的社会危机。然而,现代中国革命过程中所形成的认识方法不允许我们这样做,它要求我们面对实践,从事实出发。正因为社会现实不符合现存的理论建构,我们必须深入社会去了解它的实际及其运作逻辑。今天,我们需要的是从农村人民的生活实践出发的分析和理论概念。若从纯粹出自理论的"假设"出发,很容易完全脱离实际、歪曲事实。部分农村人口的持续贫穷,说明了中国从 18 世纪以来长时期存在的社会问题绝不可与英国和西欧相提并论。

正如有学者所指出的,今天我们看到的是三种不同时代、不同技术的经济的共存(孙立平,2003):仍旧主要依赖人力畜力的农业和农村手工业,使用无机能源的城市和城镇工业,以及后工业时代的信息产业。而在各个系统中人民的待遇和生活(以及心态)又极其悬殊,因为今天在一个经济系统中的阶级分化之上更加上了不同经济系统的分化。这种悖论性的共存造成不同于现存理论的社会实际,也迫使我们对它的不同部分及其之间的交接互动(民工问题便是一个交接性问题)进行深入的社会调查。我们需要通过历史实际来建构关于这种混合多种经济的理论概念。

## (三)中国社会的实践历史

在市场主义的理论建构中,明清以来的中国社会历史,一如它的经济历史,与英国的模式应该是相似的。

但是,中国明清以来显示的却是一系列的悖论现象。首先是明清时期手工业的社会基础。上面提到,英国早期工业化过程中出现的是手工业和农业的逐渐分家,使城镇成为手工业中心,脱离农业,也因此降低了结婚年龄(年轻人不必等待继承家庭农场而成家,可以凭手工业收入成家),同时提高了成婚率(更多的次子、三子等人可以成家)。但中国江南等地区的手工业兴起却一直和农业连在一起,成为农民生存依赖的"两柄拐杖"[这是我在有关华北的著作(黄宗智,1986)中使用的形容],缺一不可。我在有关长江的著作(黄宗智,1992)里称其为农村生产的"家庭化",这里不再多论。

英国和西欧的小城镇是伴随早期工业化而兴起的。其大城市的成长见于(其前的中世纪和)其后 19 世纪的工业时代。而中国明清时期虽然有一定数量的小城镇的兴起,但真正大规模的小城镇发展要到 20 世纪 80 年代伴随快速的乡村工业化方才兴起。相对英国,中国的情形也是悖论的:近现代发展先出现在大城市,而后才是小城镇,与西方的过程相反。这里所包含的经济发展逻辑是以大型工业带动小型工业,先用计划经济的强行高比例资本积累,在大型工业上取得突破,再由它来带动小型工业,而不是西方的相反的模式。费孝通说得好：西方的模式是"大鱼吃小鱼，小鱼吃虾米"，而中国乡村工业发展的模式，起码在其初期，却是"大鱼帮小鱼，小鱼帮虾米"。

最近十多年来，随着跨国公司（全球）资本的大规模输入，中国社会又一次显示出悖论性的变迁。上面提到，在当前的社会中，我们看到的是人类历时数千年的三大社会经济系统的同时并存：传统农业及其社会，现代工业的城市社会，以及最近的后工业（信息技术）社会，这不符合经典理论家们的建构。无论是斯密、马克思还是韦伯，他们构造中的西方现代社会是一个由资本主义逻辑整合了的社会，而不是一个长期结合多种社会类型的社会。

并且韦伯认为，伴随资本主义经济而兴起的应该是越来越理性化的社会，其政治体系应是一个理性法律、理性国家机器以及理性民主制度的体系。但近现代中国的实践却又是悖论的：它具有相当部分韦伯称作世袭主义以及国家主义的特征，也是一个政治变迁在相当程度上与经济发展脱节的社会。

另外，布迪厄虽然很具启发性地提出了象征资本的概念，把马克思主义的阶级和权力关系分析延伸到非物质的象征领域，但他完全没有考虑到在社会转型中象征和物质领域可能背离，以及背离可能引发的现象。现代中国的历史经验告诉我们，转型中的社会极容易出现象征和物质领域的背离，而在两者的背离之中，会出现许多不寻常的与现存理论完全相悖的现象。一个例子见于土改中的农村。有人通过社区研究，说明了一个非常矛盾的现象（张小军，2003；参见黄宗智，2003a）：正是在阶级的物质基础被完全消灭的时候，阶级的象征建构被提高到前所未有的决定性地位；正是在地主失去了土地之后,他的阶级象征标榜对他的社会命运起了前所未有的作用。同样,在"文革"期间,正是在国内资本主义失去了所有的物质基础(包括国家赎买私人资产的年利五分公券的有效期的终结)的时候,所谓资本主义路线和"走资派"变成了关键性的象征标榜。我们要问:为什么会有这样的现象?它包含什么样的逻辑?

这一切都是我们研究中国社会科学的学者面临的挑战:怎样从实践的认识而不是西方经典理论的预期出发,建立符合中国历史实际的理论概念?怎样通过民众的生活实践,而不是以理论的理念来替代人类迄今未曾见过的社会实际,来理解中国社会的经济、法律及其历史?我曾经建议:我们要到最基本的事实中去寻找最强有力的分析概念。一个做法是从悖论现象出发,对其中的实践做深入的质性调查(当然不排除量性研究,但是要在掌握质性认识基础之上来进行量化分析),了解其逻辑,同时通过与现存理论的对话和相互作用,来推进自己的理论概念建构(黄宗智,1993)。在这个过程之中,我们不妨借助有用的西方理论,尤其是针对西方现代形式主义主流的理论性批评。我们真正需要的是从实践出发的一系列新鲜的中、高层概念,在那样的基础上建立符合实际以及可以和西方理论并驾齐驱的学术理论。这是一个艰难的工程,不是一个或几个人所能完成的,甚至不是一代人所能完成的工程,但我们可以朝着这个方向走,逐步建立从实践出发的社会科学和理论。

**参考文献**

费孝通(1984):《小城镇 大问题》,载江苏省小城镇研究课题组编《小城镇 大问题:江苏省小城镇研究论文选》,南京:江苏人民出版社。

黄宗智(1986):《华北的小农经济与社会变迁》,北京:中华书局(2000 年再版)。

黄宗智(1992):《长江三角洲的小农家庭与乡村发展》,北京:中华书局(2000 年再版)。

黄宗智(1993):《中国研究的规范认识危机——社会经济史中的悖论现象》,载《史学理论研究》第 1 期(有删节),全文转载黄宗智(1992)。

黄宗智(2001):《清代的法律、社会与文化:民法的表达与实践》,上海:上海书店出版社。

黄宗智(2002):《发展还是内卷?十八世纪英国与中国——评彭慕兰〈大分岔:欧洲、中国及现代世界经济的发展〉》,载《历史研究》第 4 期,第 149—176 页。

黄宗智(2003a):《中国革命中的农村阶级斗争——从土改到"文革"时期的表达性现实与客观性现实》,载《中国乡村研究》第二辑,第 66—95 页,北京:商务印书馆。

黄宗智(2003b):《法典、习俗与司法实践:清代与民国的比较》,上海:上海书店出版社。

李放春(2005):《北方土改中的"翻身"与"生产":中国革命现代性的一个话语—历史矛盾溯考》,载《中国乡村研究》第三辑,第 231—292 页,北京:社会科学文献出版社。

孙立平(2002):《实践社会学与市场转型过程分析》,载《中国社会科学》第 5 期,第 83—96 页。

孙立平(2003):《断裂:20 世纪 90 年代以来的中国社会》,北京:社会科学文献出版社。

汪辉祖(1939)：《学治臆说》，见《丛书集成》，北京：商务印书馆。

张小军(2003)：《阳村土改中的阶级划分与象征资本》，载《中国乡村研究》第二辑，第 96—132 页，北京：商务印书馆。

Bourdieu, Pierre (1977). *Outline of a Theory of Practice*. Cambridge, Eng.：Cambridge University Press.

Bourdieu, Pierre (1990). *The Logic of Practice*. Stanford, Calif.：Stanford University Press.

Fei, Hsiao-tung (1939). *Peasant Life in China: A Field Study of Country Life in the Yangtze Valley*. New York：Dutton.

Said, Edward W. (1978). *Orientalism*. New York：Pantheon Books.

Smith, Adam (1976). *The Wealth of Nations*. Chicago：University of Chicago Press.

Weber, Marx (1968). *Economy and Society: An Outline of Interpretive Sociology*. 3 vols. New York：Bedminster Press.

# 第 17 章

# 悖论社会与现代传统 *

　　西方主流形式主义理论大多把现代早期以来的西方设想为单向整合于资本主义逻辑的社会，但是明清以来的中国实际明显不符合这样的逻辑。而进入近现代，在西方帝国主义冲击之下，仍旧如此，甚或有过之而无不及。但是，由于现代西方的势力和理论一直主宰着全世界，中国（以及大多数的发展中国家）主要使用西方理论来认识自己，结果把实际硬塞进不合适的理论框架。本章试图提出一个不同的认识方法：从实际出发，使用"悖论社会"（paradoxical society）概念来突出它们违背西方理论信念的实际。探讨的重点仍旧是社会史、经济史和法律史。需要说明的是，英文

＊　本章原载《读书》2005 年第 2 期（有删节）。这里收入的是原稿全文。原稿是用中文写的，没有英文版。此文写作、修改过程中，夏明方、孟宪范、张家炎、白凯、李放春、崔之元、林刚、安秉驲（Ahn Byungil）、苗文龙和刘莉给了我很大的帮助，谨此致谢。

"paradox"和中文"悖论现象"一词的含义不完全一致：前者指的不仅是个别违背理论预期的现象，更指一双双相互矛盾、有此无彼的现象的同时存在。因此，只要我们敢于正视这个悖论现象，便会立刻对预期它们不会同时并存的理论信念及其所包含的因果逻辑提出质疑。本章对"悖论"的使用将以此意为准。此外，本章还用"现代传统"（新传统）这一概念来突出已经具有一个半世纪历史传统的中国近现代实践对这个现实所做的回应及其所包含的"实践逻辑"，进而探讨现代传统中的理念传统。我认为，正是悖论社会的现实以及现代传统中的实践和理念传统，为我们提供了一个建立符合中国实际的学术理论和发展道路的方向。

# 一、悖论社会

我曾在《中国研究的规范认识危机——社会经济史中的悖论现象》一文中突出了中国明清以来的诸多悖论现象（paradoxes），认为我们如果从实际而不是西方形式主义理论信念出发，便会看到中国社会存在许多悖论现象。由此出发，便会对西方主流理论提出质疑，不仅是描述性的质疑，也是对其所包含的因果逻辑的质疑，比如，对商品化必然会导致经济全面发展的信念的质疑。同时，更会突出怎样来解释中国的现实的问题。我的"内卷型商品化"和"没有发展的增长"等概念乃是这样的一个初步尝试（黄宗智，1993）。

在帝国主义入侵和西方的强烈冲击之下，上述许多明清以来的悖论现象进一步地深化和显著化。帝国主义确实促进了中国的进一步市场化,但是中国经济在那样的刺激之下,只出现了极其有限的发展,也有因破坏而引起的贫困化,但主要的趋势仍是广大农村经济的继续内卷。同时,帝国主义虽然一定程度上触发了城市的发展,但是没有同时促进农村发展。这样,形成了另一对相关的悖论现象:没有乡村发展的城市发展。①

　　西方主流形式主义理论所考虑到的主要是西方社会本身,把它理念化为一个整合于资本主义的市场经济以及随之而来的一系列变化的历程,并把那些变化等同于理性化、资本化、民主化、(理性)官僚制度化、法治化等一系列直线性的现代"化"的过程。当然,西方的社会实际绝对不那么简单,也具有一定程度的悖论性,但它们绝对不会像中国(以及其他第三世界国家)那样,出现在西方的侵略之下形成的外来影响与本土文明长期并存的现象。这种并存本身便是一对主要的悖论现象。

　　人们试图用西方的现代化概念和话语来理解、描述中国近现代的变迁。但是,这些"启蒙现代主义"所构造的概念用于中国,除非硬套,最终只能突出一系列的悖论实际。在西方,(从西方理论看来)悖论是比较不常见的现象,但在第三世界它是常见的、普遍的。因此我要在这里突出"悖论社会"这样一个概念。如果说西方近现代社会的逻辑是斯密和韦伯的资本主义化和理性化,那么中国近现代社会的逻辑则是多重悖论和矛盾。

　　毋庸说,形式主义经济理论是不会承认第三世界中的悖论实际的。它会坚持理性经济人在自由贸易的环境之下,必定会推动

---

① 亚当·斯密的理论预期是城乡交换以及伴之而来的良性互动与同步发展(A. Smith,1976)。

广泛的、城乡互动的经济发展，造成西方式的整合。但是，我们知道，这正是帝国主义在 19 世纪所用的理论借口。[虽然如此，今天有一些中国学者倾向于使用（新）古典经济学框架来硬套中国社会实际。这是一个复杂的、令人费解的现象，但我们可以由此看到西方主流理论的学术霸权影响。]

有人也许会认为"悖论现象"概念本身就有问题，因为它是一个以西方为中心而衍生出来的概念：唯有从西方形式主义理论概念出发，才会显得是悖论。我在这里要再次说明，提出悖论，绝对不等于用形式主义理论来认识中国。因为，唯有从实际出发，才能看到悖论，而从悖论出发，必定会质疑今天压倒世界的西方主流形式主义理论，并突出建构另一种理论的必要。我这里用"悖论"，正是为了凸显西方理论逻辑在中国的不适应，从而提出面对中国社会实际的命题。只有从这样的实际出发，才有可能建立不同的新理论体系，既能与西方理论对话而又能独立于它的理论体系。

其实，韦伯本人已经意识到中国实际并不符合他的理想模型，并试图同时使用自己的两种模型来理解中国实际（Weber, 1968）。我们如果沿着他那条思路去认识中国，便会设想前现代和现代社会并存和相互作用，世袭主义统治和现代理性官僚制度并存，非理性卡迪法制和现代理性形式主义法制并存，资本主义与前资本主义并存，前市场身份经济和市场契约经济并存等悖论现象。这样，其突出的问题便会变成不是单向的整合，而是两种系统并存的悖论实际，以及它们之间的交接、矛盾和互动，而不是单向的"化"。

## 二、二元对立的语境

帝国主义不可避免地激起了相应的民族主义和感情,并因此把人们推向相反方向。对"五四"时期的知识分子来说,西方既是(帝国主义)敌人也是(科学、民主)模范,而中国则既是爱国的感情依托,也是憎恶的落后对象。在这样的感情张力下,提倡现代化似乎是在支持帝国主义,而指向传统似乎是在反帝。因此,很容易形成一种非此即彼的二元对立的思维模式,迫使人们否认中西并存的基本实际,要么简单地完全接受西方理论而否认中国悖论实际,要么完全否定西方而无视悖论实际双方中的一方。

这样的二元对立倾向仍可见于今天中国研究的各个领域。在法学界,主张全盘西化的移植论者和与其唱反调的本土资源论者针锋相对。前者认为自己才是真正心向依法治国、迈向民主政治改革、追求现代理性治理的人,而后者则认为前者过分崇洋、轻视本国传统以及中华民族的优点。

在经济学界,自由主义派和其反对者同样对立。前者认为,唯有全盘资本主义化以及产权私有化,才有可能促进像西方那样的全面发展和现代化;延续或扩大国家所有只会带来进一步的(腐败的)官僚化。而后者则指出国家官僚控制下的私有化所引起的一系列弊端,以及经济"转型"中的诸多违背社会主义理念的社会公正问题。

在历史学界,西化论和反西化论同样对立,并且最近在其张力之下形成了一个古怪潮流:把清代时期的中国说得十分美好,说它是中国历史上市场经济最发达的"高峰"，与 18 世纪的英国并驾齐驱，甚至领先世界。从经验证据来说，这是完全违背实际的观点[我已经对有关经验证据做了详细讨论（黄宗智，2002），这里不再多论]。它之所以仍旧具有一定的影响，部分原因是出于民族感情：将传统中国与西方等同，使人们感到骄傲。这是它民族感情的一面。同时，它又用西方（新）古典经济学的理论来理解中国，这是它西化的一面。把两者合并，就可以用市场经济来连贯灿烂的 18 世纪中国和改革开放后的中国，凭此打造出一个由市场经济推动的非常强大的中国的前景。这个论调的部分吸引力在于它既拥抱民族感情又拥抱西方化，即在感情上做到既反西方又拥抱西方，既反中国传统又拥抱中国传统。

在中西传统长期并存的悖论实际下，这样的感性拉锯当然是完全可以理解的。但是，中国近现代最基本的国情之一就是西化和本土化的长期并存以及两者的相互作用，缺少其中任何一个，都会脱离实际。面对历史实际，我们更需要探讨的是两者的并存和互动。最为关键的是首先要超越非此即彼的二元对立的语境，从两者共存的现实出发寻找出路。今天的中国学术界，虽然在一定程度上受到非此即彼的二元对立思维模式困扰，但是已经显出不少超越这种对立的动向，这一动向也是我们应该认可和参与的动向。

## 三、形式主义的误导

正是中西共存以及悖论的实际要求我们采取不同于从理论前

提出发的西方主流形式主义的认识方法来认识中国。若从"启蒙现代主义"的人是理性人的理论前提出发,预期现代社会必定会整合资本主义市场经济、社会、政体和法律逻辑,那么我们就必定会否认中国的悖论实际,因此陷入西方现代和中国传统的二元对立的非此即彼的争论。

现代形式主义理论之所以把人们推向这样的选择,不仅由于现代主义的实质性内涵,也由于它所提倡的认识方法。因为形式化理论在它理性人的前提之上,更要求在话语上规范化以及逻辑上整合化(也就是"形式化"),把其前提贯彻于全套理论。形式主义理论其实不仅是一套理论,也是一套建构理论的方法,一套如何把知识系统化进而提高到理论层面的方法。因此,它对我们的影响不仅在于它的实质性内容,也在于它所要求的认识方法是被现代人广泛看作"科学"的方法。

人人的行为都是理性的行为,这个前提显然不符合实际,因为就凭日常的接触和观察,我们都会知道许多人的行为是出于感情用事的,理性常常只不过是借口。也就是说,斯密的经典经济学和韦伯的经典社会学的理论前提都是很片面的。但是,它们仍然能够屹立不倒,并且压倒其他的理论,许多主流社会科学家们甚至简单地把它们等同于实际。这是因为在意识形态因素之外,还有科学主义在起作用。现代科学要求人们把知识形式化,也就是说构造一系列只有"专家"们才能了解的专用话语和概念。这样,便只有专家,也就是已经接受其理论前提的人们,才对其拥有发言权;普通人不可问津,更毋庸说质疑。正是在这样的科学主义的构造和制度之下,形式主义社会科学,尤其是经济学,能够长期卫护自己的主流地位。

西方现代科学主义对中国语境的影响可以见于中国语境对"形式化"的理解：根据严格的现代西方哲学的定义，"形式化"概括的是"科学方法"，是现代科学认识所必需的方法。但是，如果我们离开这种对"形式化"的严格用法，便会看到在广泛的知识界的话语实践之中，自然而然地对"形式主义"形成了一种贬义性的使用，认为它过分依赖形式，忽视实际。当然，有的人会认为这是一些非专家知识分子无知，他们不了解深奥的科学认识方法，但我认为这正体现了人们在话语实践之中的智慧，他们不接受科学主义的误导。可是，人们虽然反对"形式主义"，却多迷信"科学方法"，没有意识到科学主义所体现的正是形式主义。

今天，我们需要摆脱形式主义从理论前提出发的认识方法的束缚，而从人们的实践出发去认识中国。与理论建构不同，人们在实践之中，一般会自然而然地面对现实。它不会像理论那样要求自洽、整合于逻辑，因此做出非此即彼的一元选择。它会从二元或多元的实际出发，允许矛盾和非逻辑的存在，或者要求协调、综合两组不同的建构，并在此基础之上做出行为的抉择。我们也可以说，相对理论而言，实践是比较均衡的，它不会像理论那样一再大幅度地摇摆和一面倒。中国的近现代充满这样的实践及其所包含的逻辑。①

---

① 这里用的概念可以缩减为"实践历史"，与布迪厄的"实践"和"实践逻辑"概念有一定的关联，但不完全一致，因布迪厄并没有认真考虑历史变迁(Bourdieu, 1977)。

# 四、实践的现代传统

二元对立的语境所造成的误区之一是无视现代传统。对立的是西方的现代和中国的前现代,非此即彼。我们看到,形式主义经济理论所主宰的经济史,用亚当·斯密理论连贯 18 世纪中国和改革后的中国,基本无视其间将近两个世纪的时期。而本土论者则指向未经西方入侵和影响的中国传统,因此同样忽视中国近现代历史。此外,本土论者所借助的后现代主义是从全盘否定西方现代主义出发的,因此只关注(受西方影响之前的)"传统",同样无视近现代史,包括中国革命在内。[①] 这样,完全抹杀了近一个半世纪以来在中西并存下所形成的"新传统"——我在这里称之为"现代传统"。而正因为在理论领域长期存在非此即彼的二元对立,具有协调双方性质的现代传统主要凸显于实践,而不是建构,所以我们今天要走出这个理论上的和话语上的二元困境,必须着眼于实践及其现代传统。

我在上一章《认识中国——走向从实践出发的社会科学》中已经突出中国革命运动在大革命失败之后,在特定历史条件之下所形成的独特的认识方法:要求从对农村实践的认识出发,提高到理论概念,再回到农村去检验。这是和儒家认识传统相悖的认识方法,也是和西方现代要求形式化的(把理性人作为前提的)所谓科

---

[①] 格尔茨的"地方性知识"构造把西方现代与地方传统进行二元对立,非此即彼,因此完全把二者共处的近现代排除在其注意之外(Geertz,1978,1973)。(参见黄宗智,2003a:119—122)

学方法相悖的认识方法。虽然在整个革命历程中多次由于阶级斗争的意识形态而违背了这种认识理念和精神,但它不失为现代(革命)传统中既是革命性的也是现代性的一个"传统"。

除了革命运动本身的胜利之外,这个认识传统的威力也可见于其他特定领域。譬如在卫生领域,正如有人证明的,中国共产党十分可取地避免了囫囵吞下现代科学主义的错误,而国民党的抉择就是如此。国民党统治者几乎完全接受西方的现代医学知识及其理论和价值观,认为传统医学是不科学的、不可取的,因此在上海和北京等大城市用国家政权(通过赋予执照的控制权)试图建立新的基于西方现代医学的卫生体系。虽然有个别乡村改良主义人士提出重新培训现有乡村产婆的设想,但是在当时农村的实际情况下,现存产婆多是由农村有生育经验的妇女"兼任"的,她们大多不能脱离家庭参与新式的(要求在城市居住几个月的)训练;而接受过新式训练的"助产士"也不会进入农村服务于贫穷的农村人民。结果国民党的卫生制度只见效于大城市,并没有对农村当时的卫生制度起实质性的改革作用,农村新生婴儿的死亡率也因此徘徊于原来的25%左右。但中国共产党则从农村实际出发,在认可旧式产婆的经验认识之上,采取最简单廉价的办法传授给她们一些基本的现代卫生知识(譬如洗手、剪指甲、烧水消毒),凭此在短短十年之中把婴儿死亡率降低到原来的7%,因而在"大跃进"之前便在这方面几乎达到世界先进水平。这是十分值得赞赏的实践经历,也是包含着反对简单的现代西方科学主义逻辑的经验。(Byungil Ahn,2011)

在法律领域,如果我们只着眼于理论构造,中国的近现代法制似乎一无可取。革命运动时期,因为中国共产党把清代的传统视作落后的封建传统,同时又把国民党模仿西方(主要是德国)的法制视作资产阶级法律,因此只面向苏联,模仿其制度。但是,随后而来的是中苏的分道扬镳,以及再后来苏联的解体。因此,在中国近现代司法经历中剩下来的可取的部分似乎只是从农村得出的一些调解方法。而在今天的全球化贸易和信息时代,这些从农村来的传统又似乎是完全不可依赖的过时的、落后的制度。也正因为如此,才会使全盘西化成为今天中国法学界的强势话语。

要寻找现代的传统,我们必须着眼于实践。抗战时期,中国共产党在解放区的历史环境之下,形成了一套自己的独特的法律制度。它的特点是法庭普遍积极地进行调解(一反以断案为主的清代的传统)(黄宗智,2001),用法庭调解的手段来尽量减少党和农村人民之间的矛盾,尤其是新婚姻法所引起的矛盾。在推行婚姻自由的大原则下,中国共产党一方面坚持要革除旧式的重婚、婢女、童养媳、买卖婚姻、包办婚姻等弊端,而另一方面又极力试图减少农民对新婚姻法的反抗。它所采取的手段是对一个个有争端的婚姻案件进行调解,凭此协调两者之间的张力,并由此形成了比较独特的法庭调解以及干预夫妇感情的制度(Huang,2005;黄宗智,2006)。

这套制度其实是在实践过程中形成"现代传统"的很好的例子。它既不同于西方、苏联的法律制度,也不同于清代遗留下来的传统。它是现代革命政党在一定历史条件下所形成的独特的制度,有它自己的逻辑。在推行新婚姻制度的过程中,最后形成了自己从实践中得出来的逻辑:以夫妇是否有感情基础及其牢固程度作为法庭应否调解和好或允许离婚的标准。当然，在运作之中有许多过分强制性地干扰夫妻关系的例子，但是总的来讲，这套制度已经经历了相当长时期的实践考验，仍旧广泛运用于今天的中国。它明显既是革命性的，也是现代性的。当然，它只是法律的一部分，不足以应付今天的一切法治需要，但它肯定不失为一个有价值的现代传统。

另外，在农村的治理之中，中国革命运动响应上述的认识论而在其初期形成了具有民主的可能倾向的"群众路线"。在其理想的运作之中，革命干部深入农村，向民众学习，在确切的认识基础和他们认同的立场和观点之上，把初步的"感性认识"提高到理论概念，形成行动"路线"，再回到农村去检验，行之有效的才是正确结合实践和理论的认识。同样地，在采用理想的"马锡五审判方式"的过程之中，法官们会依赖"群众""雪亮"的眼睛来进行调查研究，进行调解，处理纠纷，体现从实践和民众意愿出发的认识方法。当然，这套方法曾经多次被阶级斗争的意识形态误导。但是，在适当的制度性保障下，我们可以想象一个走向民众参与的治理和法律制度。

在经济领域，现代中国同样在实践之中走出了一条独特的乡村工业化道路，也就是说没有城市化的工业化的悖论道路。按照西方的模式，工业化是应该伴随着城市化的，20世纪50年代的中国确实遵循了那样的西方模式。但中国农村人口是如此庞大，即使1952年至1979年以年增长率11%的速度发展工业，也只吸收了极少比例的农村人口。而农业方面，虽然在同时期呈现出了相当可观的土地生产率的提高，但仅仅略高于农村人口的自然增长，农村人均收入长时期徘徊于同一水平（Perkins and Yusuf, 1984）。这样的情况形成了乡村工业化的特殊需要和过程。在改革开放之后的短短十年之中，中国经济以超过 20% 的年增长率突飞猛进，吸收了将近 1 亿的劳动力。这是十分了不起的成就，也是世界历史上比较独特的现象。

上面这些都可以称作中国面对西中并存的悖论实际的挑战，在实践之中所形成的可取的现代传统的例子。在今天的二元对立、非此即彼的语境之中，这些是很容易被忽视的既是现代的也是经过一定历史考验的"现代传统"。

应该说明，这里谈的"现代传统"范畴绝不排除前现代传统，而是一个包含中国前现代传统与西方现代相互作用的概念。我之所以突出"现代传统"中的实践传统，只不过是想说：本土化学者们所指向的那些前现代传统，如果在中国近现代的一个半世纪的实践中没有起过作用，那么便很可能只是他们出于感情或意识形态的构造，而不一定是真的符合历史实际的东西。当然，这样的思路绝对不排除在现代的实践传统之中去发掘、继承或发扬那些既有悠久历史又可以和现代实际相结合的旧传统意识、习惯、文化、思维。

## 五、双刃性的实践逻辑

当然，现代的实践传统及其逻辑不会是完全正面的，它也充满了负面的例子。我突出从实践出发的认识，其中并不包含对实践的价值判断。

譬如，农村工业化虽然规模庞大，但最后并没有能够减少农村人口的绝对数量。在沿海和城郊地方,它确实起了去内卷化的作用,转移出相当比例的农村劳动力,农村收入和生活水平也相应提高(进入了"小康"水平)。但是,在广大的内地农村,农业收入仍然很低。

其后是全球资本投入中国以及相应的城市高速经济发展,因此又吸收了 1 亿的农民工。这里先不考虑"农民工"所包含的一些社会问题,而只从农村人多地少问题的角度来衡量这一变化。它事实上仍然没有能够减少农村非常密集的人口。时至今天,农村人口仍然基本徘徊于改革初期的 8 亿绝对量,人多地少的局面仍旧没有明显的改善。即使是 20 世纪 80 年代的适度规模设想(如江南的每劳动力 20 亩地),也仍然没有能够真正实现。农村劳动收入的提高主要得自非农收入,而粮食生产收入即使是在沿海一带,也仍旧大多徘徊于原有的水平。城市发展但农村落后的悖论现象仍旧是中国的基本现实。

这个经历所突出的逻辑是,中国人多地少的极其巨大的事实,不是农村工业化和全球资本与全球市场便能够彻底解决的问题。今天的农村问题是如此庞大、复杂,以致我们必须在乡村工业化和全球化这两条已经十分宽阔的道路之上,另外寻找更多的出路。近年来的"西部大开发"是具有一定潜力的一条道路。另外,在改革过程中相对被忽视的一家一户的小面积种植业以及与它直接关联的副业,显然需要进一步提高。一条可能的出路是转向高收益的、劳动密集的多种或专业化经营,但必须有投入上和销售上的扶助,不可仅仅寄希望于城市化以及其可能(像西方经历的那样)带来的大规模机械化生产。人们今日相当普遍地认为西方式的高度城市化必然也是中国农村的出路,但是事实上,中国农村人口起码在今后相当长时期之内,不大可能大规模减少,因此我们需要从悖论实际出发,去小面积的、劳动密集的农副业生产中寻找出路。①

　　另外是社会问题。在多种经济系统并存的情况之下,社会贫富悬殊的分化不仅仅是经典理论考虑到的资本主义社会中的阶级分化,更是不同技术水平(和收入)的经济系统的差别。传统农业和现代工业以及后工业的信息产业之间的差异悬殊,因而形成一系列社会问题。而人多地少和低收入农业是一系列其他问题的基本经济起因。广大农村的贫穷廉价劳动力的就业保障可能出现问题。而下岗职工问题则是在计划经济和市场经济混合的过程中出现的问题。这些存在于两种经济制度的交接点上的问题正是悖论社会的一个重要特征。这样的社会危机实在不允许仅仅用转型的过渡或市场化中的资源配置合理化过程等形式主义理论模式来淡化。

## 六、理念的现代传统

　　正因为如此,光靠"实践逻辑"及其"现代传统"是不足以指导中国未来的学术和发展方向的。所谓"实践逻辑"的方法主要是回顾性的分析方法,不是前瞻性的方法,而我们需要的是两者并用。无论是学科或理论的建构,还是全社会的走向,都不能不加区别地依赖现代实践所有的传统,而需要一定的理念来作为实践的现代

---

① 我自己在这方面的反思得助于与林刚和夏明方两位先生的讨论。

传统中不同部分的取舍标准。现代西方的经典理论家都明显地在理论之上兼具一定的理念——譬如,斯密的资本主义经济中每个人的最大利益以及韦伯的一切现代制度的理性化。

其实,在理念方面,中国在现代的历程中也已经做出了不少选择,可以说已经形成了一个理念的现代传统。

首先是民主:从辛亥革命以来,所有中国政府,无论什么党派,甚至包括军阀政权,起码表面上都尊重宪政、民主,在形式上都用宪法来规定国家主权在于人民,并且保证人民"出版及集会结社自由"(杨幼炯,1936;亦见黄宗智,2003b:51—53)。(中国共产党进一步建立了各级人民代表大会制度。)"五四"时期的知识界更广泛地以"德先生"为主要理念。由此可以看到民主理念在人们心目中的重要性。时至今日,我们可以说民主理念早已不仅是一个西方现代的传统,因为它在中国本身的政治话语中也已具有将近一个世纪的传统。今天我们应该承认,民主是中国人愿意从西方现代传统里借鉴的制度(虽然它的具体状态和形成道路肯定会带有中国特色)。中国前现代传统虽有"民本"的理念,但它没有得到制度化,而历代所实行的是君主集权。

此外是社会公正。我们看到,即使是清代政权,面对农村贫困的社会危机,也在法律实践中采取了一系列照顾贫困人民的措施,包括尊重回赎出典的土地的权利,允许民间田面权的存在,克制高利贷等(黄宗智,2003b:第5—7章)。进入现代,无论是孙中山"三民主义"中的"民生",还是国民党立法者用来综合(他们认为是)基于家族的中国传统法律和基于个人的西方现代法律的社会公正理念(黄宗智,2003b:59—62),都关心贫苦人民,要求国家照顾社会弱者。而中国共产党则更彻底地选择了以劳动人民为先的社会主义理念。我们可以说社会公平理念明显是得到人民广泛支持的,而且在现代中国的历史中十分明显地体现于城乡劳动人民给予共产党革命运动的拥护。它在中国也有一个相当长的传统。在这方面,中国应该能够做得比西方更公平,尤其比美国那样没有任何社会主义传统的西方国家更公平。

再者是融合中西的法律制度。从清末开始,中国历经军阀、国民党以及共产党政权,各政权都以建立新式的法制为要务。初期的改革曾经想全盘移植西方法律,但其后的立法都以融合中外法律为目标,试图从西方(包括苏联)和本土做出选择和结合,建立符合中国社会实际的法律。无论今天法学界的意识形态化争论如何,中国当前实用的法律其实是同时来自三大传统的:清代法律(包括清末的改革)、(模仿德国的)民国法律以及解放区的法律。其理念是要结合中西,建立既符合现代要求又符合中国实际的法律制度。这也是中国近现代传统中的一个重要理念。

融合中西法律的理念,毋庸说体现了更广义的融合中西文明的理念。在比较"软"的法律领域,在长时期的实践过程之中,已经形成了有一定基础的中西结合。至于在更"软"的艺术和人文学科领域,本土传统的延续和继承是更毋庸说的了。至于相对较"硬"的领域,上面已经提到现代卫生制度中的中西并用,把融合中西理念体现在一门比较西式的现代科学领域。

法律和卫生实践中的中西结合更体现了中国革命遗留下来的认识方法:从准确认识实践出发,提高到理论概念,再回到实践。在法律领域,虽然曾经受到把法律当作阶级斗争武器的误导,以及今日二元对立论争拉锯，但在实践中已经自然而然地应用了这种认识方法。在卫生制度以及中西医学并用之中，它更加显著。毋庸说，中国近 20 年改革中的"摸着石头过河"也是这种从实践出发的逻辑的体现，所缺的是进一步的理论提炼。

正是民主、社会公正、中西结合、从实践出发等理念一起，而不仅是近年来更为流行的形式主义的（由市场和理性人所推进的）"资源配置合理化"，才能代表现代中国的理念传统。它们要求我们做出有意识的抉择，而不像形式主义经济学那样完全信赖不具道德意志的市场运作。正是前面那些理念才堪称足可衡量中国现代多种实践传统的标准。

今天的中国，完全可以挖掘其近现代实践中可取的传统及其逻辑，并明确其现代传统中的可取理念。同时，也可以根据中国自己近现代的理念来对过去和当前的负面实践做出总结和批判。这样，从准确地认识实践出发，再提升到中、高层理论概念，才有可能建立符合中国实际的社会科学，并为中国选择一条合适的道路。

**参考文献**

黄宗智（1993）:《中国研究的规范认识危机——社会经济史中的悖论现象》，载《史学理论研究》第 1 期（有删节），全文转载黄宗智:《长江三角洲的小农家庭与乡村发展》，北京：中华书局，1992（2000 年再版）。

黄宗智（2001）:《清代的法律、社会与文化:民法的表达与实践》，上海：上海书店出版社。

黄宗智（2002）:《发展还是内卷？十八世纪英国与中国——评彭慕兰〈大分岔:欧洲、中国及现代世界经济的发展〉》，载《历史研究》第 4

期,第 149—176 页。

黄宗智(2003a):《学术理论与中国近现代史研究——四个陷阱和一个问题》,载黄宗智编《中国研究的范式问题讨论》,北京:社会科学文献出版社。

黄宗智(2003b):《法典、习俗与司法实践:清代与民国的比较》,上海:上海书店出版社。

黄宗智(2006):《离婚法实践与当代中国法律制度的形成》,载《中国乡村研究》第四辑,北京:社会科学文献出版社。

杨幼炯(1936):《中华民国宪法史料》,北京:商务印书馆。

Ahn,Byungil (2011). "Modernization,Revolution and Midwifery Reform in Twentieth Century China." Ph. D dissertation,University of California.

Bourdieu,Pierre (1977). *Outline of a Theory of Practice*. Cambridge, Eng. : Cambridge University Press.

Bourdieu,Pierre(1990). *The Logic of Practice*. Stanford,Calif. : Stanford University Press.

Geertz,Clifford(1978). *Local Knowledge*: *Further Essays in Interpretive Anthropology*. New York: Basic Books.

Geertz,Clifford(1973). *The Interpretation of Cultures*: *Selected Essays*. NewYork: Basic Books.

Huang,Philip C. C. (2005). "Divorce Law Practices and the Origins, Myths,and Realities of Judicial 'Mediation' in China," *Modern China*, 31.2 (April):151-203.

Perkins,Dwight,and Shahid Yusuf(1984). *Rural Development in China*. Baltimore,MD: The Johns Hopkins University Press.

Smith,Adam (1976). *The Wealth of Nations*. Chicago: University of

Chicago Press.

    Weber, Max（1968）. *Economy and Society：An Outline of Interpretive Sociology*. 3 vols. New York：Bedminster Press.

第18章

# 制度化了的"半工半耕"过密型农业[*]

　　当代中国乡村充满了错综复杂的矛盾现象。一方面,近二十多年来农村收入有相当程度的提高;另一方面,农村和城市的差距有越拉越大的趋势。一方面,农村出现了不少新兴富户;另一方面,困难户依然存在。一方面,部分地区许多村庄显示出可观的经济发展;另一方面,许多村庄经济反而倒退,同时人际关系、社区又明显衰败。一方面,产业化了的农业企业其劳动生产率显著提高;另一方面,家庭农场的劳动生产率相对停滞。一方面,部分地区乡村工业高度发展;另一方面,乡村工业增长率又明显降低,环境污

* 本文原载于《读书》2006年第2期,第30—37页;第3期,第72—80页。原稿是用中文写的,没有英文版。本文构想、写作、修改过程中,夏明方、林刚、张家炎、李放春、白凯、周其仁、汪晖、孟宪范、冯小双、温铁军以及我在中国人民大学农业与农村发展学院开的"社会、经济与法律的历史学研究"研讨班上的研究生们先后给了我很大的帮助,谨此致谢。

染也越来越严重。一方面,中央政府的威信(在全世界瞩目的国民经济发展成绩上)显著上升;另一方面,地方政府的威信普遍下降。诸如此类的矛盾现象使大家感到困惑,无论从现存什么理论观点来观察,都会感到与实际若即若离。高等院校里在读的农村子弟,正因为熟知其中的多重多层复杂矛盾,更加深深感到困惑和忧虑。本文试图从历史角度就当前的乡村问题做出一些分析,重点在经济,兼及社会与国家政权。其中一个核心问题就是今日该怎样理解数个世纪以来的农业内卷化问题。

# 一、从当前的根本事实出发

今日中国乡村的最基本事实之一是劳动力大量外流。2003 年底"离土离乡"的农民工共约 1 亿人(0.98 亿)。另外,"离土不离乡"就业于乡镇企业的也共约 1 亿人。这样,在共约 5 亿(4.90 亿)"乡村从业人员"中,约有 2 亿(40%)从事非农业,3 亿(3.13 亿)从事农业。①

我们可以先从农民工的数量来认识这个问题:以全国 70 万个(行政)村来计算,2 亿农民工相当于平均每村 700 劳动力中将近 300 个脱离农业[《中国农村统计年鉴(2004)》:31]。当然,非农劳动力不是平均分配于所有的村庄而是集中于部分地区,因为乡镇企业比较集中于东部沿海以及城郊地区(在工业化和城市化程度

---

① 农业及非农业从业人员的数字比较确切,得自《中国农村统计年鉴(2004)》:31。"离土离乡"农民工的数目,根据 2000 年人口普查,是 0.8 亿;其后根据农业部调查,2002 年是 0.95 亿,2003 年是 0.98 亿。(见张晓山,2004;陆学艺,无日期)

最高的地区,例如珠江三角洲和长江三角洲,已有相当比例的农户不再从事农业,把土地转包给外地人耕种),而离土离乡的农民工则更多来自中部地带。无论如何,全国相当大部分农村已是"半工半耕"的村庄。虽然如此,在农村所有劳动力中,仍然有60%是纯粹从事农业的。[①]

今日的家庭农场差不多都是很小规模的农场。根据国家统计局的数字,2003年人均分配土地是2.4(播种)亩,户均9.2亩,劳均(实际务农劳动力)7.3亩(同上:31,135)。这当然只是一个平均数字,忽略了各地区间的差异。出来打工人数较多的湘、鄂、皖、川等省的数字是:湖南2.1亩/人、湖北2.7亩/人、安徽2.7亩/人、四川2.0亩/人(同上:33,139)。

此外,总播种面积的约三分之二(2.3亿亩中的1.5亿)是粮食作物(同上:135)。而根据国家统计局的数字,2003年乡村每个农业劳动力平均所产的1362公斤粮食之中,只有18%(294公斤)是出卖的,其他都由农户自家消费[《中国统计年鉴(2004)》:502—503]。也就是说,今日的种植业整体中,口粮种植约占一半。

在这样的农场上"就业"的劳动力一般每年平均只投入相当于130天的全天劳动,其中80天种植(11天/亩,"三种粮食平均"),另加50天种蔬菜、养猪和养鸡(种蔬菜0.6亩35日、养猪1头12日,养鸡15只3日)[《中国农村统计年鉴(2004)》:148,261,276—277,278]。这些劳动力的投入,尽管实际上不是像城市上班那样集中于130天内,而是分散于更多的日数,但是在家只从事农业的

---

[①] "当代中国社会阶层结构研究"课题组抽样调查得出的是58%只从事农业,16%从事非农业,15%两者兼之,10%没有从业。(见陆学艺,2004:308-309)

劳动力,可以说一般不是"全就业"的,而是"半就业"的。(当然,如果在家的农业劳动力不止一人,而户均只有 9 个播种亩,那么一个劳动力种植的面积就更少了,其就业比例相应也就更低。)因此也可以说,今日的农业中存在着庞大的不充分就业,或"隐性失业"。

众所周知,农业从业人员的收入一般很低。根据国家统计局的数字,2003 年务农的每个劳动力在种植业和饲养业上投入的劳动,其日平均"用工作价"是 11 元/日。以此计算,一个这样半就业的劳动力在自家的家庭农场上一般每年可以净挣约 1430 元,也就是说约 120 元/月,与一个常住农村从业人员的非农工资收入基本相同,2003 年是 1344 元/年(同上:289)。

这样的收入水平乃是离土离乡农民工外流到城市打工的基本动因。出外打工的收入虽然不高,但是要比在家庭农场或乡镇企业工作高出好几倍(当然,花费也相对高)。反过来说,低收入的种植劳动(和低工资的乡镇企业)也是离土离乡农民工工资相对低的基本原因,因为农村充满了更多愿意为这种相对低的报酬而出外打工的劳动力。在供过于求的大环境下,今日的离土离乡农民工的工资被压到推、拉交叉的最低点。

我们也许可以想象,如果农村每个务农劳动力能够种植一倍于现在的播种面积(部分非农就业高度发达地区其实已经具备这样的土地条件),也就是说播种面积提高到劳均 14 亩,每年劳动日数相应提高,这样,即使没有任何规模效益,半就业型的劳动力也会变成接近全就业型的劳动力,其年收入立刻就可以相应提高。同时,种植 14 亩可以免去过密型经营的低效率,并应具有规模效益的多种可能。现存统计指标没有区别适度规模种植和口粮地种植,但是,以规模养猪和农户散养猪为例,前者劳动生产率明显高于后者,每头猪所需工数的比例是一比三,每劳动日净产值的比例是二比一,国家统计局得出的数目是2002年32元对14元(同上:276-277)。一个家庭农场如果能够掺入较高价值的专业性生产,并且能够在大市场前适当维护自己的利益(而不是被商人或资本家占去绝大部分),应当可以达到更高的收入。那样,部分的农村青壮年劳动力不一定会像今日这样全部外流。(我们这里还没有考虑到税费的减免以及农产品价格的可能调整。)

## 二、历史回顾和经济分析

长期的人口压力是今日的低报酬、半就业型种植业的主要原因,在几次的历史性大转变中都没有得到解决。首先是20世纪50—70年代农业中现代生产要素(农业机械、科学选种、化肥等)的投入。在发达国家中,这样的农业现代化带来了劳动生产率和收入的显著提高。譬如日本,这些投入是在农村人口基本没有增加的历史情况之下实现的。当时因为城市工业蓬勃发展,吸收了相当部分农村人口,因此,农村人口基本稳定,农村劳动力得以获取现代投入所赋予的产出上的提高,也因此能够实现农村劳动生产率和收入的提高。但是,在中国,在这些投入实现的同时,"第一产业就业人员"增加了将近70%[从1952年的1.73亿到1980年的2.91亿,《中国统计年鉴(2004)》:120]。加上集体化下妇女劳动力的动员以及每年劳动日数的提高,大规模的劳动力增加决定了中国农业现代化的模式:依赖原来劳动量约四倍的投入,伴随现代生产要素的投入,在已经相当高粮食总产量的出发点上进一步把产出提高了约三倍。这是可观的成绩,但是,每劳动日的报酬不但没有提高,实际上反而降低了(Perkins and Yusuf,1984;黄宗智,1992:441)。

其后,80年代蓬勃的乡村工业化,截至1989年吸收了将近1亿(离土不离乡的)劳动力[0.94亿,《中国统计年鉴(2004)》:123],再一次带来了可能提高农村劳动生产率和报酬的机会。但是,农村的劳动力是如此丰富,当时自然增长率又仍然是如此之高,乡村农、林、牧、渔从业人员在十年乡村工业化之后仍然从1980年的2.98亿增加到3.24亿(乡村人口则从8.1亿增加到8.8亿,乡村总从业人员数从3.18亿增加到4.09亿)。劳均耕地因此非但没有增加,反而递减(同上:473—474)。

其后,90年代至今,中国大规模参与国际市场,全球资本大规模进入,城市经济大幅度增长,又吸收了约1亿(离土离乡的)农民工,再次提供了农业劳动生产率发展的机会和可能,但是乡村农业从业人员数只有少量的递减,从1989年的3.24亿到2003年的3.13亿(同上:474)。中国劳动力人数及其自然增长率是如此庞大,以致改革以来将近三十年之中发展起来的惊人的非农就业总的来说仍然少于农村自然增长的数量。这就是今日劳均仍然只有7(播种)亩的基本原因。当然,近年来地方官员大规模侵夺征占城郊农民承包地,达到1.5亿亩、涉及9000万人,也是个不容忽视的因素(陆学艺,无日期)。

劳均土地当然不能完全解释今日的小规模经营,因为它有它的制度性因素。在全国农业非集体化的过程中,本来具有其他的制度性可能。一个可能是从计划经济下强制性的集体制度转向市场经济下自愿性的合作经营,借此建立规模经营。另一个可能是从集体所有制转向完全的私有制,任由人们自由买卖土地,由此形成一部分规模经营(以及伴之而来的农业雇工和贫富不均)。但是,中央政府做出的抉择是两者之间的责任制,在不允许耕地买卖的原则下,平均分配耕地的使用权,因此形成了今日的人均 2.4 播种亩、户均 9 亩、劳均 7 亩的局面。此外,国家强制性地实行城乡二元化的户籍制度,也是这个局面形成的一个重要因素。

上述是比较明显的制度性因素,但是此外还有一个不甚明显的组织性因素。今日的小农农户,仍然(正如恰亚诺夫多年前指出的那样,见恰亚诺夫,1996)既是一个生产单位也是一个消费单位。同时,它的劳动力是既定的。因此,它会做出一个资本主义生产单位不会做出的抉择,会愿意为(低于市场工资报酬的)自家消费之用而种植口粮/承包地,会(像过去那样)为了增加家庭的收入而结合主业和副业,结合主要劳动力和辅助性劳动力的使用。过去种植业是主业,在农村打短工或在家纺纱织布(或缫丝)是副业。今日半工半耕的农户则以城市打工为主(要收入来源),家庭种植为辅。今日中国半无产化了的农户之同时从事(半就业型)种植业和城市(镇)打工,既是出于这种农户经济单位的组织性逻辑,也是出于国家政策性抉择的原因。

问题是这种制度化了的生产方式极其容易僵化。对从事这种生产的农户来讲,他们觉得别无选择,大家紧紧抓住自己认为应得的承包地(和自留地)使用权来补助非农业的收入。首先以为这个制度是公平的,因为全村其他人都处于同样的状况并且也都这么想。同时，有一定的经济考虑，口粮地等于是一种社会保障，或者说是经济保险，因为如果一旦在城市失业，起码还有家可归，有地可糊口。另外，即使想种更多的土地，首先是不容易租种别人的责任地，而且净收入已经这么低，再加上租费实在是划不来。此外，哪怕有意在土地上做进一步的投入来种植价值较高的作物或进行多种经营，但是筹资无门，银行不贷款，而私家贷款的利息又普遍起码要求1%/月、12%/年，是农产品所不大可能达到的资本回报率。从政府的角度来考虑，用这样的劳动力来维持农产品生产，是最最廉价、最最"经济"的办法。城市的普通老百姓一般也认可这个制度，因为这样可以在各种消费需要的压力之下维持农产品的较低价格。这样就形成了一个多种利益集团所愿意维持的制度，哪怕它是个低报酬的农业生产制度。

过去的"男耕女织"是个非常牢固的经济体；今日已经形成了一个可能同样牢固的半工半耕的经济体。我们也许可以把这个状态称为僵化了的过密型农业经营。同时，因为它是个被国家政权制度化了的东西，也许更应该称作"制度化了的过密型农业"。

这里应该说明，这个制度的生产逻辑和我过去强调的近五六百年以来农业的"内卷化"或"过密化"有相似之处，也有一定的不同。明清以来的江南和华北地区的"内卷化"主要有几种表现。首先是高密度劳动力投入下的劳动日边际报酬的递减，譬如从粮食种植转到（棉）花—纱—布生产，以每亩地12到18倍的劳动投入换取远远不到那样倍数的收入［20天种植、161天纺纱织布（江南地区亩产30斤皮棉，可以织23匹布；每匹纺纱4天，织布1天，弹花及上浆等2天，共7天）相对于水稻的10到15天/亩］（黄宗智，

2002,2004）。华北同样,而江南则另有从粮食转到蚕桑种植的模式,以9倍的劳动力投入换取三四倍的净收入。另外是华北地区"经营式农场"（江南基本没有）和家庭农场的不同:前者（因为可以适当调整劳动量）每劳动力种植约25亩,后者则（因为其既定劳动力相对过剩）只种10来亩（黄宗智,1986:第9章）。后者亩产量仅略高于前者,但不到种植面积差距的幅度。最后,两地农户都种植相当比例的（自家消费的）口粮,那是在缺乏适度规模的多种经营所赋予的稳定性的情况下对付市场价格波动风险的策略。

在今日的制度化了的口粮地种植中,类似现象仍然可见。我们没有使用雇工的农场的数字,但是以国营农场的数字和家庭农场对比,前者劳均（每职工）种植20（播种）亩,后者7亩。前者亩产量确实较低,2003年亩产粮食281公斤;后者则293公斤,但差别远低于劳均种植地差别将近3:1的比例[《中国统计年鉴（2004）》:486,491,507]。后者承受的人口压力非常明显,体现于极小规模的经营。当然,新中国成立前以及集体化时期那种以极高的单位面积劳动投入换取极低的边际报酬的现象已不是很显著,因为人们在收入提高和机械与化肥大量使用的情况下,已经形成了和过去不同的收益预期和辛苦观念（劳动投入量可以理解为两者的均衡）。在20世纪30年代的严酷生存压力下,辛苦度的考虑不那么明显,但今日已经变成决定劳动投入的显著因素。过密的事实今日主要体现于农业从业人员的休闲时间（亦即隐性失业）。另外,像30年代那样的口粮种植,主要为自家消费,同样也是出于缺乏多种经营方式的稳定性下应对市场风险的行为。

整个半工半耕制度的逻辑是,人多地少的过密型农业因收入不足而迫使人们外出打工，而外出打临时工的风险又反过来迫使人们依赖家里的小规模口粮地作为保险。这样，就使过密型小规模、低报酬的农业制度和恶性的临时工制度紧紧地卷在一起。正是这个制度替代了原来的集体生产。

# 三、国家政权与"三农"问题

今日的过密型农业制度部分是出于国家政策的设计，但其后果则多是未曾预期的。在实行"耕者有其田"的"土地改革"之后，国家为了避免农村的再度阶级分化，也为了突破小规模经营的局限，以及稳定城市的粮棉供应，巩固国家从农村的提取等等考虑，实行了农业集体化。在集体组织的基础上，确实做出了许多令世界瞩目的成绩：在短短十几年内基本克服了过去的天灾人祸；普及了医疗卫生，把农村死亡率降低到接近发达国家的水平，预期寿命也同样；同时，把种植业产出从已经相当高的水平提高到原来的三倍以上；并且在每个村庄建立了党支部组织，培养出一代（大多数是）优秀的基层干部；也建立了稳定自信的村庄社区。但是，由于一些策略上的失误，主要是没有正视人口问题，又从农村提取过多，以及过分集中于粮食生产，其后面临的乃是虽然稳定但是基本停滞的农村劳动生产率和收入。

进入改革开放时期，国家做出决策，指令农村干部全面发展乡村工业，利用从过密的、也是过分强制性组织的农业中转移出来的劳动力，取得了惊人的乡村工业发展：以每年 20% 以上的增长率，在十几年内达到了几乎相当于国营工业的总产出，也因此缓和了农业上非常严重的人口压力。其后,在信息技术促成的全球贸易和资本流动剧增的大潮流下,国家做出大规模引进外资和大规模进入国际市场的决策,用来推动国内的经济发展,得到的是举世瞩目的持续二十多年将近 10% 的年均国民经济增长率。同时,为了避免农村的土地兼并以及更严重的社会分化,做出了维持按人/劳均分配土地(使用权)的决定。因此,在城市经济的蓬勃发展(及其对农民工的需求)和农村均分土地制度的会合下,形成了今日的半工半耕过密型种植制度。

政府和这个制度之间的关系充满矛盾。一方面,官方不允许土地自由买卖,主要是出于社会公正和照顾弱势群体的动机。另一方面,官方大力引进外资,允许新型资本主义企业大规模雇用民工,而在其同时不允许民工组织工会,又维持了城乡二元的户籍制度,使民工长期处于准公民、被欺压的地位。此外,对于农业的政策,主要寄希望于大规模的产业化农业,把现存的男工女耕、壮工老耕等农业体系视为既定事实,排除了其他经营模式的可能。另外,(尤其是在近年的减负之前)从农村提取过多,更毋庸说远远没有像美国或日本(以及其他发达国家)那样扶持农产品价格以及直接补贴农场。

今日的种植业实际上已经连续好几年呈现停滞的状态。粮食总产量从 1999 年以来逐年递减,从 1998 年的 5 亿吨直线递减到 2003 年的 4.3 亿吨[《中国农村统计年鉴(2004)》:150]。劳均粮食产量,因为粮食播种面积递减,从 1998 年高峰的 1574 公斤一年又一年地下降到 2003 年的 1362 公斤(同上:259)。更能说明问题的是十年来粮食("三种粮食平均")亩产量的基本停滞:1995 年 342

公斤,2000 年 342 公斤,2003 年 344 公斤(同上:261)。实际上,几乎所有农产品的单位面积产量已经连年下降或停滞:谷物以外包括棉花、花生、油菜籽、芝麻、黄红麻、甜菜、烤烟[甘蔗例外;见《中国统计年鉴(2004)》:472]。从更长远的视野来考虑,因为连年的大量化肥使用,以及低报酬所造成的不用心耕种,整个种植业隐伏了更大的危机,也是我们可以从其制度化了的过密型经营事实中预料到的危机。

有人也许会指向 1980 年到 1995 年粮食亩产量的持续上升来反驳,认为它证明了承包制度下劳动(积极性)的优越性,甚至以为已经因此解决了中国的粮食/农业问题。这样的观点是被市场主义意识形态误导的结果。个体劳动的积极性确实比集体劳动高,因此可以解释为什么改革开放后能够从农业释放出大量的过剩劳动力来从事非农就业,并且还剩下大量的休闲时间,但它不足以解释亩产量的持续提高。改革开放初期农产品价格的提高,以及承包制度所激发的劳动积极性,肯定是影响因素,但不可估计过高。化肥投入是个更基本的因素(伴随石油工业的成熟发展):2003 年的每亩化肥投入量足足要比 1980 年高出 348%,从 1980 年的每亩 12.3 斤(折吨量)提高到 43.1 斤(同上:479,486)。按照一般化肥对粮食产量影响的比例计算(折吨量乘 4.1 得出化肥实物量,再乘 3 得出产量可预期提高量。见 Perkins,1969:73;参见黄宗智,1992:252—253),如此幅度的提高足可解释 379 斤/亩的产量上升。(毋庸说,这样的化肥施用也正是造成今日农村耕地和整个自然环境危机的重要原因。)此外,科学选种以及农业机械总动力投入提高了 410%,应该也是部分因素[《中国统计年鉴(2004)》:477]。但是,这一期间粮食产量实际的增长幅度只不过 239 斤/亩(由 1980 年的 407 斤/亩上升到 2003 年的 646 斤;见同上:486,491)。事实是,在劳动力过剩的情况下,较高或者较低的劳动积极性只能影响单位面积的劳动投入时间,对其产量所起的作用非常有限。过密的劳动投入会导致边际劳动生产率的递减,而非过密的劳动力释放,除非完全就业,只能导致休闲量的增加,不会显著影响亩产量。这个道理在 20 世纪 30 年代的华北农村以及 80 年代的松江县已经十分明显(黄宗智,1986:第 9 章;1992:251—254)。无论是在新中国成立前的市场经济下,还是毛泽东时代的集体生产下,或者改革时期的承包制下,都是同一道理。

今日的过密型半工半耕制度所产生的一些结果不仅僵化了农业,其实可以说是破坏了甚至摧毁了中国共产党在农村几十年的建设。农业本身陷于低报酬、停滞的小规模经营,而劳动力的外流在一定程度上转变了原来的家庭代际关系,疏离了原来的农户家庭,也松解了原来的社区秩序。低报酬的农业使它被普遍看作没有人愿意干的工作。父母亲为了追求较高报酬而外出打工,更促使青少年子女普遍地蔑视种地、蔑视农村。城市成为大家的理想和希望的寄托,农村成为大家急不可待要离开的地方。子女考上大学、跳出农村是父母亲普遍梦寐以求的。此外,伴随农村非组织化以及部分地方官员滥用权力,基层政权组织威信普遍下降,农村社会治安也是一落千丈。在金钱化的大趋势下,原先集体制下(虽然不是很高质量但是稳定和具有起码水平)的公共服务出现了一定的危机,教育和医药都成为贫穷农民越来越难承担的重负。

因此,社会上的知识分子相当普遍地喊出了"三农"问题,呼吁重新"建设乡村"，以及（在 2005 年 10 月的十六届五中全会之后提出的）"建设社会主义新农村"。

## 四、出路问题

新古典经济学（包括制度经济学）学派认为今日中国的乡村只需要进一步明确私有产权、开放市场、允许土地买卖、吸收全球资本，自然而然会像西方乡村那样现代化、高度城市化，农场做到规模效益，农村得到资本主义发展，就像美国那样。

我们不用质疑，今日中国的乡村，显然有资本主义式的发展，部分地区确实有资本主义式的产业化了的农业企业单位，雇佣劳动、积累资本，在国内外市场中竞争牟利。市场主义的核心概念之一是：如果某产区能廉价生产甲产品，生产乙产品则代价比较昂贵，而在另一产区恰好相反，那么在这种情况下，两者交换，互相得利，胜过分别自我生产两种产品。如此的市场交换能够促进社会分工、规模效益、资本积累以及它们所推动的经济发展。这是在今日中国部分农村所能看到的事实。我们不用否认这些道理。

但同时，我们可以看到今日的中国农业仍然主要是小农经济，相当程度上甚至是"自然经济"。过去将近 30 年的蓬勃工业发展以及大规模的农村劳动力转移，并没有能够从根本上改变中国农业的过密实际，而那样高速的工业化和城市化是不大可能长期延续下去的。乡镇企业在 80 年代初期每年吸收了将近 1000 万劳动力（其后有上有下），但到 1995 年连续收缩两年，其后年增长人数降到平均约 200 万[《中国统计年鉴(2004)》:123]。离土离乡的城市非农就业迟早肯定会出现同样的收缩。因此,近期之内实在不大可能普遍建立产业化的农业。市场主义者所期望的产业化农业充其量也许可以解决几百万甚或几千万人的劳动生产率问题(美国的全部农业人口才700万!),但绝对解决不了中国3亿务农劳动力及其一半的隐性失业的问题。农村在相当长的时期内将仍然处于人多地少的小农经济局面。如果真的完全通过产权私有化和市场机制来做到劳动力资源的"最合理配置",在贫富分化之上,农村的1.5亿隐性失业者立刻会变成显性失业者,其后果不堪设想。中国人口庞大的问题自来就是假定劳动力是个稀缺资源的形式主义经济学所最不能了解、最不能解释、最不能处理的问题。

针对"三农"问题,国家提出"建设社会主义新农村"的设想,包括"千方百计"提高农民收入的意图。这是出于社会公正以及扶持弱势群体的良好动机的规划。农村中存在的诸多问题都已提到日程上来,包括减免税费和改善公共服务(尤其是教育和医药卫生)、建立为农业服务的金融体制(以及改善农民工待遇)等等。这些显然是很有必要的,并且是有可能引发更根本性的基层政权运作改革的措施(如果地方政府真能从提取性的机关改为国家拨款的服务性机关)。

但是,从"十一五"规划建议中可以看到,决策者仍然是把口粮地种植制度作为给定事实,主要寄希望于更高度的城市化和工业化,所设想的农业出路主要是大规模的产业化农业,并没有着重考虑现存小农家庭农业的改善,以及在可能范围内扶植规模较适度的(不一定是专业化的)家庭农场。和许多其他的观察者一样,我自己十多年来也同样主要寄希望于农村工业化与城镇发展。但是，当前的事实是，在大量劳动力转移之后，农业仍然过密，并且连带产生了更广泛的"三农"危机。鉴于此，我们必须进一步思考，面对小农经济仍将长时期存在的现实，再次检验农业本身，从中寻找出路，不能只寄希望于它的自然消灭以及美国式农场的来临。

## 五、历史性契机

其实，中国的农业今日正面临着一个历史性的契机。经过将近30年的非农就业剧增，以及近年来人口自然增长率的逐步降低，中国的农村劳动力绝对量正呈现长时期以来第一次可能稳定甚或递减的局面。农村的实际常住人口（区别于户籍人口）已经连续十年（1996年以来）以每年超过1000万的幅度持续减少[《中国统计年鉴（2004）》：95]。同时，农业从业人员从1999年以来也已经以年平均400多万（1.3%）的数目递减（同上：474）。今后的十年中很可能可以持续逐步少量地减少农业从业人员。近十年的乡村从业人员总数的自然增长平均数是480万/年（同上：473）。如果乡镇企业能够持续像前几年来那样每年吸收200万新就业人员，那么城市就业只需要持续吸收280万/年来维持稳定的农业从业人员数；超之，农业从业人员数便会逐渐递减。（上面已经提到，离土离乡农民工从2000年到2003年底四年中每年平均增加450万。）另外，正如有人已经指出的，农村本身（尤其是比较富裕的农村）的服务业方面（例如养老、饮食）也具有发展就业的相当空间（张富良，2005）。在那样的客观条件下，人口对土地的压力可能起码稳定，甚或逐渐减少，而任何单位面积产量的进一步提高，或者是任何反过密化的改造,都会导致真正的劳均生产率的发展,从而不再是五个世纪以来的没有发展的增长之僵局,即只见总产量的提高,不见劳动生产率和收入的发展。

今日已经放到日程上的一系列改革,应会为激发新时期家庭农场的发展提供必要条件。在那样的改革下,现在农业中1.5亿的"隐性失业",既可以视作问题,也可以视作等待发掘的潜力。如果国家能够适当扶植、逐步建立"适度规模"的家庭农场,协助其投入资本、提高产品价值、促进其经营的多样化以及单位土地的劳动容量(譬如,从粮食转到部分蔬菜或果树,或加上一定规模的养殖),应该能够在农村人数基本稳定或递减的现实下改善今日的恶性制度。关键是在城市化—工业化以及产业化农业之外同时致力于小农家庭农场的改善。

我没有资格提出具体的方案,因为我不具备关于政权运作的知识和体会。但是,凭空设想,如果以相当于国家三年之内要为发展中国家提供的100亿美元"优惠贷款"来扶植每年相当于全国5%的农户建立规模经营(每年用267亿人民币来扶植740万农业户,相当于每村11户,或者每年35 000个村),将等于每个农户得到3600元(当然,关键在于要把钱直接交到农民手里)。这个数目看来不小,但它只是美国联邦政府当今每年补贴全国农场200亿美元数目的六分之一。如果用从城郊农民那里征用的土地所得的等值来计算,就更加微不足道了。作为最起码的设想,国家可以为农村提供这样幅度的无息或低息贷款。

其实,2005年7月11日公布的《中华人民共和国物权法(草案)》提出允许"土地承包经营权以转包、出租、互换、转让或者其他方式流转"(第 132 条)的设想,已经拟出一个逐步转向适度规模经营的可能途径。剩下来的是国家的适当扶植。另外,在具有一定条件的村庄,通过土地入股制度的合作经营,筹集必要资本、进行多种经营、提高种植规模及其劳动容量和生产率,应该也是一个值得扶植的方法。国家的介入也可以作为鼓励家庭/合作农业转向有机农业发展的契机。[农业部从 2003 年起已经着力推广的"秸秆养殖"模式是一个好的例子:利用廉价的生物菌剂把秸秆加工为饲料(一斤秸秆发酵菌剂可以在三天到一周之内发酵一吨成品生物饲料)用来养殖牛、羊,再把其粪便同样加工为高效有机肥用来种植。]

此外的问题是小家庭农场与全球化大市场间的关系。小农户在大市场中是不可能单凭自己的力量来维护其利益的。正如近年的经验显示的,大规模产业化的农场只会为投资商带来大利,农民最多只得其小利。同样,由商业资本组织的小专业户只能获得自家产品价值的极小比例。根据国际经验,农业合作社乃是对农民比较有利的一种组织方式,也是维护其创造的收益的唯一办法(此外只有资本主义或集体经济的选择)。即使是资本主义大本营的美国,其农业生产资料收购和产品销售总量中也足足有 30%是由合作社经手的(Kraenzie,1998)。日本农协所占比例更要高得多(Bullock,1997)。这就证明,在适当的条件下,经营利益会触发一定程度的合作化。同时,美国和其他发达国家的食品工业显示,中国在这方面仍有很大的发展空间。一般发达国家的食品产业对农产品总产值的比例是 2—3 比 1,而中国则只是 0.3—0.4 比 1(徐滨、李希琼,无日期)。这些事实显示,合作收购、销售以及深加工的"纵向一体化"(恰亚诺夫语)具有很大的发展空间。当然,在主要为自家消费而生产的今日的中国小农经济中,这样的动力还不很明显。虽然如此,根据农业部的统计,2000—2001 年全国已有140 万个各类合作经济组织,参加农户占全国农户总数的 4% 左右,其中浙江省的合作经济组织发展尤其突出(郑有贵,2003)。在"社会主义新农村"的大旗下,鼓励、扶植各种自愿性的合作应该是当然的事(也是发达国家之普遍所为)。此外,明确真正自治的村庄的集体土地产权(借此赋予村庄社区一定的物质基础和资本来源),允许其集资办信用社,作为经济主体经营、招标等等,也是个值得考虑的方法(李昌平,无日期)。我们可以搜集成功的家庭农场、合作社以及合作/集体村社的例子,对其生产、加工和销售过程和逻辑进行梳理,寻找多种模式和途径。

当前关键性的第一步也许是概念上的转移,从今日的基本忽视小农经济而寄一切希望于城市化和大规模产业化农业,转向设想相当长时期的小农经济的延续及其逐步改善,明确承认今日的半工半耕过密型农业制度亟须改革,转向具有适度规模、能够持续发展的小农家庭农场。部分这样的家庭农场当然将会向小专业户和合作组织过渡。从长远的历史视野来看,抓住今日的历史性契机来逐步改善制度化了的极小规模、低劳动生产率、低报酬的农业,可能是解决"三农"问题的相当关键的一步。

**参考文献**

黄宗智(1986):《华北的小农经济与社会变迁》,北京:中华书局。

黄宗智(1992):《长江三角洲小农家庭与乡村发展》,北京:中华书局。

黄宗智（2002）：《发展还是内卷？十八世纪英国与中国——评彭慕兰〈大分岔：欧洲、中国及现代世界经济的发展〉》，载《历史研究》第 4 期，第 149—176 页。

黄宗智（2004）：《再论十八世纪的英国与中国：答彭慕兰之反驳》，载《中国经济史研究》第 2 期，第 13—21 页。

李昌平：《"国家"权力归还农民》，见 www.cc.org.cn/newcc/browwenzhang.php？articleid＝3825。

陆学艺（2004）：《当代中国社会流动》，北京：社会科学文献出版社。

陆学艺（2003）：《农民工问题要从根本上治理》，载《特区实践与理论》第 7 期，第 31—36 页。

陆学艺：《中国三农问题的由来和发展前景》，见 www.weiquan.org.cn/data/detail，php？id＝4540。

徐滨、李希琼：《重归农业合作社模式》，见 www.guoxue.com/economics/ReadNews.asp？NewsID＝2606&BigClassID＝2。

张富良：《围绕"三农"促就业》，见 www.snzg.net/shownews.asp？newsid＝6484。

张晓山（2004）：《析我国"民工荒"现象》，载《中国青年报》10 月 18 日。

郑有贵（2003）：《农村合作经济组织研究》，载《古今农业》第 1 期，第 6—16 页。

《中国农村统计年鉴（2004）》，北京：中国统计出版社。

《中国统计年鉴（2004）》，北京：中国统计出版社。

［俄］A. 恰亚诺夫（1996）：《农民经济组织》，萧正洪译，北京：中央编译出版社。

Bullock，R.（1997）．"Nokyo：A Short Cultural History，"＜www.jpri.

org/publications/workingpapers/wp41.html>.

Kraenzie, C. (1998). "Co-ops Break Supply Sales Record," <www.wise. edu/uwcc/info/farmer/pre2001/111298M1.htm>.

Perkins, Dwight H. (1969). *Agricultural Development in China, 1368– 1968*. Chicago: Aldine.

Perkins, Dwight H. , and Shahid Yusuf (1984). *Rural Development in China*. Baltimore, MD: The John Hopkins University Press.

# 第 19 章
# 中国农业面临的历史性契机[*]

中国农业出路何在？一种主要意见认为唯有在更高程度的城市化之下，减轻农村人口对土地的压力，才有可能改造中国农业，建立大规模的农场，淘汰小农经济，使之接近先进国家的劳动生产率和收入。此前，应该维持今日的承包制度，尤其是用来保证粮食

---

（脚注）

[*] 本文原载于《读书》2006 年第 10 期，第 118—129 页。原稿是用中文写的，没有英文版。本文写作中得助于与许多位农民和两位农村老干部的访谈，以及与我 2005—2006 学年在中国人民大学开办的"社会、经济与法律的历史学研究"研讨班上研究农村以及农村出身的研究生们的讨论。另外，在修改过程中，感谢夏明方、白凯、彭玉生、汪晖、刘昶、程洪、张家炎、李放春、顾莉萍和陈丹梅的建议。本文部分经验论据来自作者过去几十年的一些著作，主要是《华北的小农经济与社会变迁》（中华书局 2005 年再版）、《长江三角洲的小农家庭与乡村发展》（中华书局 2006 年再版）、《发展还是内卷？十八世纪英国与中国》（《历史研究》2002 年第 4 期）、《制度化了的"半工半耕"过密型农业》（《读书》2006 年第 2 期，第 30—37 页；2006 年第 3 期，第 72—80 页；修订稿见天益网，www.tecn.cn/data/detail.php？id＝9292）和《中国历史上的典权》（载法律史学术网，www.legal-history.net/article-show.asp？id＝1904），文中不再一一注明。

生产的口粮地制度。除此之外，没有什么其他的可能选择。这样，在人多地少的基本国情下，务农人口在相当长时期内只能过着相对贫困的生活，与城市居民的收入差距越来越大。

实际上，今日中国的农业正面临着一个历史性发展契机。其出路不必等待未来的更高程度的城市化，更不在于美国式的大农场，而在于当前新时代的、具有中国特色的、既是高劳动密集型的也是相对高收入的小家庭农场。在20世纪50—70年代，中国农村已经错过了一次许多发展中国家经历的因现代要素投入而提高农业收入的机会；今日的新机会主要来自伴随国民经济发展和收入提高而出现的农产品消费转型，从"以粮为纲"转向粮食—蔬菜—肉鱼并重的农业结构。（本文的农业一词是指广义的农业，包括农、林、牧、渔业；狭义的"农业"则单指种植业。）新的消费与生产结构能够容纳更多的劳动力，已使推广适度规模的小农场成为现实的可能。其关键在于做出能够激发农民牟利积极性的决策，其楷模应是新时代因地制宜地结合粮食与蔬菜或水果，或结合种植与养殖的小农农场。当然，在具有一定领导条件和民众支持的村庄，可以以合作或集体组织作为行动主体。推广这样的农业可以提高其收入，借此扩大"内需"，促进城乡连锁性的互动以及国民经济的发展。

这里探讨的问题不在于"建设新农村"政策下已经被采纳的一些措施，包括免去农业税、支援农村教育和医疗卫生、建设农村公路系统等非常关键的措施，这些都可以说是新时代小农经济发展的必要条件。至于改革开放以来的乡村工业和城市就业，毋庸说是当前农业发展出现历史性契机的前提条件。这里要集中讨论的是相对被忽视的小农农业内部建设的问题。

我的建议不涉及土地所有权的诸多争论,只涉及土地的经营权。我有意要把已经僵化了的左、右双方关于产权的争论置于一旁。今日需要的不是关于模式和意识形态的争论,而是具体问题的具体讨论。至于国家的作用,我绝对无意提倡对现存政治"体制"诸多弊端的进一步强化。国家从控制—榨取型的机关转型为服务—协调型的机关,乃是抓住今日转化中国农村的历史性契机的关键。

# 一、世界发达国家农业发展经验回顾

回顾西方先进国家历史上农业发展的历史,主要有两种模型值得注意。其一是现代工业兴起之前的农业革命,即 18 世纪英国的农业革命。当时,农村务农人数在一个多世纪之中(伴随城镇化及其手工业发展)基本稳定,与此同时,源于一些因素的偶然巧合,农业得以改组——在圈地运动过程中把社区公共放牧土地私有化,为新的种植—养殖交替的制度创造了基本条件,其典型就是诺福克轮耕制度(小麦—芜菁—大麦—三叶草轮作,其中芜菁和三叶草乃是牲畜饲料)——使农业产出提高了一倍。也就是说,使农村劳动生产率和农民收入提高了一倍,由此导致相应的"消费革命",从而促成了亚当·斯密理论中的城乡良性交换,推动了劳动分工、资本积累和规模效益,为后来的资本主义工业发展提供了基础和条件。这是过去经典作家们引以为典范的英国经验。

其实,在大多数的西方先进国家,如此幅度的农业劳动生产率和收入的提高,都要等到一个世纪以后经过工业要素(化肥、机械和科学选种)的投入而形成农业现代化革命才能做到。后者其实比 18 世纪英国的"农业革命"更具代表性。它是包括日本在内的先进国家农业现代化的比较普遍的实际经历。

在中国,在 20 世纪 50—70 年代,出于诸多历史因素,农业在经历如此现代化投入的同时,却出现了大规模的劳动密集化。最典型的例子是利用机耕来实行一年三作制,在江南地区把一年两作的水稻—小麦改为一年三作的早稻—晚稻—小麦。这样,本来可以减低劳动投入的机械化被转化为进一步提高农业劳动密集度的方法:机耕主要是使在连接一二两茬的紧张时段中赶收早稻与赶耕、赶种晚稻成为可能。这样,机械化所起的作用其实主要是提高了劳动密集度和投入量,结果形成内卷型的一年三作生产制度,导致不可避免的效益递减,从而蚕食掉了机械化可能带来的劳动生产率和报酬的提高。尽管农业总产出最终提高了三倍,但是同一时期的劳动总投入却提高了四倍,结果是劳动报酬的停滞不前,亦即农民收入和生活水平的停滞不前,中国也因此没有实现西方和日本等先进国家所经历的农村生活水平的现代化。回首往事,在当时的技术条件下,中国人口数量实在太大,增长速度也实在太快,而在政策上又没有采取适当的措施,以致积重难返。

## 二、当前中国农业发展的历史性契机

其后,在改革开放以后,因为几种不同历史趋势的汇合而形成了一个具有"中国特色"的新历史性契机。一个因素是 80 年代的乡村工业发展,在十年之中吸收了一亿的农村劳动力。其后是90年代后的大规模城市打工浪潮,又吸收了一亿的农村劳动力。这样,在短短二十多年中,非农劳动吸收了农村总劳动力的40%,很大程度上缓和了人口对土地的压力。

虽然如此,在今日的制度和技术条件下,农村仍然具有大规模的劳动力剩余,相当于今日务农劳动力总量的三分之一到一半。也就是说,今日三亿农业从业人员中很大部分都是半就业或不充分就业的(亦即"隐性失业"的)。这样的情况,使人们普遍认为,唯有在更高程度的城镇化解决了人口压力之后,才有可能根本改善农业生产和农民收入。连农村人民自己也已经相当普遍地把农业看作没有出路的绝境,千方百计地想让自己的下一代跳出农业和农村。这是当前所谓"三农"问题的一个主要根源。

这种想法没有考虑到今日农业的革命性变化,即近二十多年来伴随经济发展和居民收入提高而引起的农产品消费结构以及连带的农业生产结构的根本性转向。如表19-1所示,从1978年到2004年,人均生产总值上升了七倍多。其中,(狭义的)"农业"在农林牧渔业总产值中所占比例从1978年的80%降低到2004年的50%,而牧—渔所占比例则从1978年的17%上升到2004年的44%。这意味着全人口(其中城镇人口当然更为突出)在食物消费上的结构性转移,即从以粮食为主的消费型转到粮—肉、鱼并重(类似西方式)的消费型。而种植业内部更出现另一个结构性的转移,即从"以粮为纲"到粮—菜、果兼重型。2004年蔬菜和水果在(狭义的)"农业"总产值中所占比例已达到37%[以播种面积计算则是18%,见《中国农村统计年鉴(2005)》:106;《中国统计年鉴

表 19-1    人均生产总值、农林牧渔产值中各组成部分比例
以及城乡人口比例(1978—2004)

| | 人均产值 | 农林牧渔产值中 | | | 城镇人口 | 乡村人口 |
| | 1978 = 100 | 农业(%) | 牧业(%) | 渔业(%) | (%) | (%) |
| --- | --- | --- | --- | --- | --- | --- |
| 1978 | 100.0 | 80.0 | 15.0 | 1.6 | 17.92 | 82.08 |
| 1980 | 113.0 | 75.6 | 18.4 | 1.7 | 19.39 | 80.61 |
| 1985 | 175.5 | 69.2 | 22.1 | 3.5 | 23.71 | 76.29 |
| 1990 | 237.3 | 64.7 | 25.7 | 5.4 | 26.41 | 73.59 |
| 1995 | 394.0 | 58.4 | 29.7 | 8.4 | 29.04 | 70.96 |
| 2000 | 559.2 | 55.7 | 29.7 | 10.9 | 36.22 | 63.78 |
| 2004 | 760.0 | 50.1 | 33.6 | 9.9 | 41.76 | 58.24 |

资料来源:《中国统计年鉴(2005)》:54,93,448;《中国农村统计年鉴(2005)》:105,106。

(2005)》:460]。作为佐证,越来越多的年轻人的体格和其父母辈形成鲜明的对照,无论身高、面色还是其他方面的发育都显示出丰富得多的营养。这是一个历史性转折,也是一个方兴未艾的转折。

城镇化当然也是这种发展的一个体现。同一时期,全国人口中城镇人口所占比例总共增加了将近24个百分点,从1978年的18%上升到2004年的42%。假如今后30年人口城镇化的增长大致维持在每年一个百分点的速度,这将意味中国的人口可能达到城乡七三分的局面。如此规模的城镇化将意味着农业人口压力的进一步降低。虽然如此,城镇化本身并不足以解释农业的结构性转型,真正的关键是人们收入的提高,由此增加了副食消费,减少了粮食消费。

当然，这种转变并不是包含全体人民在内的普遍性转变，而是伴随着社会分层以及收入差距日益拉大的转变。首先，城市人民的平均消费水平一般要高于农村，但是城市中仍有相当比例相对贫穷的人口，包括城市本身的下岗工人以及农村来的暂住人口，他们的食物消费和过去差别不大。至于农村（和小城镇），虽然也有一定比例收入相对高的居民——主要是从市场经济谋得利益的人们，但是一般人口，尤其是只从事粮食种植的农民，在食物消费上和上一代仍然基本相同。

因此，社会下、中层的收入今后如果能够广泛提高，全人口食物的消费以及农业生产的结构应会更完全地转化，即从长时期的以粮为主的"单一"型农业和农产品消费结构转化到种植业—牧渔业并重的农业结构，以及从传统以粮为主的食物消费型更完全地转化为粮—肉—菜兼重的消费型。改革开放以来将近30年的时间可能是这种转型的前半期，今后的30年则可能会成为其后半期。除了更大的肉—鱼和蔬菜消费量外，应包括更高比例的精品蔬菜、鲜奶、绿色食品等的需求。

# 三、一个可能的出路

我们要问：食物消费的这种结构性转型，对中国极长时期以来人口对土地的压力问题意味着什么样的变化？它将赋予农业什么样的机会？

首先，它并不意味着中国农业结构将与美国型的农业相似。当前中国农业的3亿劳动力（相对于美国的300万），即使减掉一半,也还是意味着中国的农业仍将以小规模、相对劳动密集的经营为主,不可能转化为美国的那种地多人少型。中国的农场规模不可能达到美国式的劳均 900 亩的农场,而将长时期徘徊于 10 到 20 亩的小家庭农场的规模。新时代的农业仍将具有中国式高密度人口的特点,哪怕在农—牧兼重以及粮—肉—菜兼重的模式上将不同于中国传统农业而更相似于美国农业。也就是说,中国农业的将来仍需依赖小农场,其出路不在大农场而在于新时代的小农经济。

但在这同时,适度规模设想已从原先 20 世纪 80 年代流行的不太实际的理想,也是六个多世纪以来一直都没有可能达到的规模,转化为完全可以实行的目标。这里的关键性因素还是上面说的农业和食物消费转型。众所周知,蔬菜和水果以及舍饲养殖在土地利用上都比一般种植业需要更高程度的单位面积劳动投入,换取成比例和更高的劳动报酬。今日一般的农户只散养一两头猪、十几只鸡。一个农户如果养殖十来头猪,其收入便会提高不少;如果养殖收入更高的菜牛、奶牛、肉鸡、蛋鸡等(见下面的讨论)则会提高更多。兼种蔬菜或水果,逻辑一样。我们如果用(比较保守的)二到三倍的劳动投入和报酬来理解,这就意味着每一个从以粮为主的农场转化为种—养兼重以及粮—肉—菜兼重的农场将可以容纳两三倍的劳动力。也就是说,如果说 20 世纪 80 年代以粮为主的适度规模在华北是 30 亩,江南是 20 亩,今日粮—菜和种—养兼重的农场其适度规模则是华北 10 到 15 亩,江南 7 到 10 亩。

这样的规模是今日许多地方已经能够做到的。当前的人均耕地是 2.4 亩,劳均 7.3 亩。若以一家两个务农劳动力来计算(并不排除其他成员外出打工），亦即一家平均14.6亩，那么，今日很多地区已经完全能够达到这种劳动力充分就业的适度规模，尤其是专业化的高度劳动密集型种植（专业蔬菜种植户每劳动力只需要两三亩地）。今后可以根据新型食物消费结构的进一步演化而适当推广。

此外，从初级加工的肉—鱼和蔬菜产品转向更高比例的深加工的精品，应会带来更高的劳动容量和收入。中国今日的食品产业相对农产品产值的比例——0.3—0.4比1——仍然远远低于先进国家的2—3比1。在这方面，中国农业仍然有很大的发展空间。

另外，后工业时代的科学技术应该可以为提高土地的生产力和劳动容量提供多种可能。举例说，农业部从2003年以来致力推广的"秸秆养殖"模式便可能具有相当潜力。配合新生物技术，农村很多被废弃焚烧的农作物秸秆，可以通过使用少量的生物剂而改成高质量、低成本的牲畜饲料。据报道，一斤秸秆发酵菌剂可以在三天到一周之内发酵一吨成品生物饲料。另外，"分解剂"据称可以不经青贮发酵而把秸秆直接分解，不仅适用于牛羊等反刍动物，也可用于猪鸡等单胃畜禽。众所周知，传统的养殖方式——放牧食草的牛、羊，舍饲圈养吃粮的猪、禽——都面临严酷的资源限制，要么是过度放牧加快草地荒漠化，要么是耗粮牲畜导致粮食短缺。但秸秆养殖不同，它不是与人争粮而是节省粮食的饲养，可以相当程度地提高单位面积土地所能供养的牲畜量。据报道，用粮食养猪，一亩地玉米仅够养一头猪，而通过分解秸秆的利用，一亩地的玉米足可喂饲五头猪。因此，相对只种玉米而言，可以提高三倍的收益。而这样的秸秆养殖，其发展空间可能是相当宽阔的，因为全国每年共产各类秸秆5亿吨左右,加上茅草等则达到7亿吨(《论秸秆分解剂在养殖业中的应用》,2006)。

减少饲料制约,便可以在养殖业中扩大高收益养殖的比例。根据国家发改委价格司的调查,目前占主要地位的农户散养猪方式,是养殖业中每劳动日收益最低的。2003年,菜牛的每劳动日纯收益要比养猪高出将近4倍,蛋鸡则高出4.5倍,肉鸡高出6倍,奶牛高出7倍。对蛋鸡和奶牛来说,主要制约不在于成本收益问题,而在于土地限制,因为两者耗粮较多(约11—15倍于养猪;菜牛和肉鸡耗粮则相对较少,分别是25%和79%)。减少蛋鸡和奶牛所用粮食,当能加大养殖业中高收入的菜牛、蛋鸡、肉鸡、奶牛等所占的比例,提高养殖户的劳动报酬(国家发展和改革委员会,2004:263,322,328,340,358)。

另外,有人建议,今日多用来放牧牛羊的草原,可以考虑转养禽类。一方面,让草原牲畜"南下",利用粮食地区的大量秸秆来饲养(也可以同时提高农民的亩产收益);另一方面,让今日粮食地区所养的禽类"北上",在草原上养殖,可以免去因过度放牧导致的荒漠化(因为两只爪的鸡不仅不会危害草原,反而能控制草原虫害)(蒋高明,2006)。

此外是新技术下的能源使用。众所周知,今日许多农村所用燃料仍然主要依赖秸秆和煤炭,但新时代的技术提供了其他的可能。据报道,8立方米的沼气池,用10头猪的粪便,可以制取足够4—5口之家一年之需的生活用能(《四位一体生态日光温室的功能特点及应用问题》,2006)。但是,一家一户单干可能有一定的技术和经济困难,说不定要全村联合搞大沼气池的方式才可持续。

当然,推广如此使用沼气的前提条件是种—养结合的进一步发展。

上述的经营、能源模式主要关联耕作地带。此外,在宽阔的草原地带,新技术也带来其他新的可能。举例说,甜高粱作为耐盐碱干旱的作物,适合于黄河以北的地带,而其所产秸秆要数倍于玉米。作为饲料,伴随草原经营模式从放牧更全面地改为舍饲圈养,可以供养更多牲畜[据称一亩甜高粱能养三四头(菜)牛],并防止目前因过度放牧而导致的生态系统破坏。甜高粱也可以用来生产糖和酒精。更具潜力的是用来生产可供汽车使用的生物能源乙醇燃料。草原地带占全国土地面积的足足41%;这条道路如果可行,将会具有较大的发展空间(《中国的甜高粱》,2006;朱志刚,2006)

上述只是一些可能的例子。后工业时代的技术,应会发明更多的可能,而使用生物技术的方法一般将会是环保型的生态农业,是绿色产品,是长期可持续的农业。伴随着人们收入的提高和科学知识的增长,这样的农业其需求和供应的发展空间应该会是相当大的。

应该说明,这种中国式的新时代农—牧模式很不同于传统西方的农—牧模式。后者主要是放牧的、食草型的,得助于相对丰富的土地资源,不适合中国人多地少的客观条件。20世纪30年代,卜凯曾经论证,用种植粮食供养人口,以单位面积土地效率来计算,足足是放牧菜、奶牛所能供养的6—7倍(Buck,1937:12)。这也是中国高人口密度农业之所以长时期僵化于"单一小农经济"的根本原因,与西方传统的粮—畜并重模式很不一样。我这里提倡的绝非模仿传统西方的农—牧模式,而是中国式的、小规模的、使用新时代的技术的模式。用粮食舍饲圈养牲畜本来就比放牧食草用地少得多,加上秸秆养殖和甜高粱等方法可能起的作用,当更加如此。在这样的种—养结合模式之下,食物产品和消费的结构虽然类似于传统西方的粮—肉兼重模式,但是其经营规模、技术、逻辑都很不一样,符合今日中国的客观情况,也是后工业时代科技条件下的可行模式。

# 四、问题与措施

问题是今日的农业制度阻碍了这种结构的进一步演变。今日的农业相当程度上被困缚于口粮地制度,造成一种普遍过小和脱离市场的经营。按人分配的土地,仅用来种粮食,规模显然过小,也是今日农村劳动力大量剩余的主要原因。同时,今日的粮食大多是不经市场而由生产者直接消费的(2004年所产粮食中,足足有81%如此),也就是说,全种植业中足足有一半的产出是不经市场而直接消费的,完全没有可能通过市场而牟利[《中国统计年鉴(2005)》:461,474—475]。

于是,许多农民不是为牟利而经营,而是为保险去种植,把种地视作失去城市工作之后的退路,因此导致普遍地不用心耕种。另一种类型是那些城市打工机会较多的农村,基本上是根据城市打工的机会成本来做出农业的生产抉择:譬如,因玉米劳动投入较低而选择耕种玉米,凭此达到接近于进城打工的每劳动日的收入,而放弃其他的经营可能。在这种种植模式之下,农业只不过是一种辅助性的活动,等于是打工的副业,自然不会很用心耕种,更不会积极创新经营。这是当前的"半工半耕"制度下相当普遍的现象。

当然,广大农村仍然有相当高比例的村庄缺乏乡村工业以及城市就业机会。根据"当代中国社会阶层结构研究"课题组的抽样调查,农村劳动力中仍然有60%是纯粹从事农业的,另有15%兼农业和非农业(陆学艺,2004:308—309)。在仍旧以种植业为主的地区,人们相当普遍地得不到足够的土地来经营。

同时,当前的借贷制度也使大家相当普遍地认为,除了口粮种植之外别无选择。国家金融机构普遍以简单的市场逻辑对待农业,认为农业的回报率相对于其他投资太低,风险又比较高,因此基本上不借钱给农民。后者广泛地依赖农村的非正式借贷,一般(除了亲邻间的无息借贷之外)利息约月一厘,年一分多,乃是农业生产所完全不可能达到的回报率,结果扼杀了农村小农的任何生产性借贷。即使是农村的信用社,基本上也没有能够超越这种局限。

另外,也有运输、推销上的限制。个别的农户没有可能完全由自己来安排运输与推销,而商人一般不会为了有限几户的生产而到一个村庄去收购,却把从市场牟利的机会基本限制于部分地区和村庄,这等于把其他的村庄和农户排除在市场机会的范围之外。

面对以上的现实,今日需要的首先是放松口粮地承包权的流通,允许农民们更广泛地转让土地经营权,让更多不用心种地的人把地转让给愿意种地的人耕种,借以提高适度规模农场的比例。在这一点上,今日已经经历不少讨论的《物权法草案》应该会起正面的作用。部分地区已有不少的土地被转包,一旦得到法律的正式认可,其规模当会更有可能适应人们的需求而扩大。其实,《物权法》不妨进一步考虑适当允许承包权的典卖,作为比普通出租时间更长、更稳定的转让,而同时可以附带回赎条件,承继中国历史上典地制度原来的照顾农村被迫出卖土地的弱势群体的精神。这样,当会更进一步加大农村土地经营权转让的灵活度,逐步扩大适度小规模和充分就业的家庭农场的比例。

应该说明,上述意见不牵涉土地所有权问题。今日模糊不清的土地产权——使用权在一定时期内属于个人,但土地既是集体所有也可以被国家征用——不妨等到中国社会的新结构和问题进一步明确之后,再考虑如何处理。当前可以只考虑明确经营权和逐步改变经营规模的问题。

我自己因为缺乏对国家管理体制及其实际运作的认识,不可能提出完整的具体行动方案。但是,凭空设想,国家应该可以进一步为小农农户的投入市场和进行新时代的多种经营提供条件。一个可能可行的办法,也是国家机构已经具有相当经验的措施,就是模仿过去"扶贫"机关的"贴息借贷",实行更大规模的低息或无息生产性贷款,鼓励小农户利用市场机会而融资牟利,其关键在于把钱直接贷到农民手里。另外是有些地方领导已经做到的扶植、促进从生产到加工、销售一条链的专业生产的组成,可以协同私人公司与商人经纪建设这种产业化农业,尤其是食品的精深加工以及国内外市场的开发。若能把这种建设纳入地方干部政绩考核标准之内(不像今日那样以征集税收为主,结果把地方干部大力推向创收最多的征地开发、招商引资的路径上去),也许能够成为一个激发地方干部关心农业的积极性的办法。当然,养殖业的进一步发展将意味着需要更多更好的防疫设施。再则是适当限制商人的过分取利,让商人与农民分享商品性农业的利润。一个可能可行的办法是适当鼓励农村自主性的合作化,甚或集体化,让具有条件的村社自己组织销售。此外,考虑协助组织农民共同的风险保险,在多种经营所赋予的稳定性基础上提供针对天灾疾病等风险的合作保险。新时代农业发展的主体,既可以是个别的、合作的或集体的农户,也可以是地方干部或私营公司,或任何复合的模式。

这一切绝对不是说要重新返回到一个全控制型的国家政治体制。在已经达到相当高度的市场化的现实下,那样的国家机器只会扼杀农民的积极性,制造更多的低效率和腐败。但是,利用市场机制来发展农业也绝对不等于国家放任无为。纯粹由市场逻辑配置资源,必定会像以往那样导致农业和农村越来越落后于城市。在今日的市场经济现实下,唯有国家才有可能把农业这个弱势产业扭转为有生气的产业,唯有国家才有可能使被排除在市场之外的弱势农民得到在市场牟利的机会,唯有国家才具有大规模投资农业的能力,扭转城市发展中农民日益相对贫穷的局面。在认识上,关键是把建立新型适度规模的高收入小农场看作发展国民经济的可行的、符合经济逻辑的、值得大规模投入的道路;毋庸说,也是化解当前"三农"问题的一个方法。

农业收入一旦逐步提高,应会引起一系列的连锁性反应:扩大城镇轻工业和新农业本身的产品市场、推动食品产业以及各项支农服务业的发展、促进农村建筑业的进一步发展、推进城乡一体化等等,由此实现亚当·斯密古典模式中的城乡交换与良性互动,以及伴之而来的螺旋式的国民经济发展。关键在于政策上抓住今日中国农业面临的历史性契机。错过当前的机会,中国农业说不定真的将长时期陷于低收入的困境。

## 参考文献

陆学艺(2004):《当代中国社会流动》,北京:社会科学文献出版社。

国家发展和改革委员会价格司编(2004),《全国农产品成本收益资料汇编》(2004),北京:中国物价出版社。

蒋高明(2006):《恢复草原新思路:畜南下、禽北上》,载《人与自然》第 9 期。

《论秸秆分解剂在养殖业中的应用》,见 www.shantang.com(2006 年查阅)。

《四位一体生态日光温室的功能特点及应用问题》,见 www.agri.ac.cn(2006 年查阅)。

《中国的甜高粱》,见 www.fao.org/ag/zh(2006 年查阅)。

《中国农村统计年鉴(2005)》,北京:中国统计出版社。

《中国统计年鉴(2005)》,北京:中国统计出版社。

朱志刚:《中国鼓励发展生物质能源替代石油》,见 www.China5e.com(2006 年查阅)。

Buck, John Lossing ( 1937 ). *Land Utilization in China*. Chicago: University of Chicago Press.

第 20 章

# 三大历史性变迁的交汇与中国小规模农业的前景*

## 一、引言

当前,观点对立的两派在土地产权问题上固然针锋相对,但对于农业本身却有一个基本的共识,即中国农业的低收入唯有在更高度城镇化之后,减轻人口压力,建立规模农业,才有可能解决。在这个基本共识下,一方要求的是维持当前均分土地使用权的制度,赋予农村人民基本生活保障,防止贫富分化,借以稳定农村,避免更尖锐的社会矛盾;另一方则要求土地私有化,依赖市场机制进

* 本文原载于《中国社会科学》2007 年第 4 期,第 74—88 页。文章没有英文版。文章由彭玉生、黄宗智两人十多次反复来回合作撰写,计量工作主要由彭玉生承担。感谢贺雪峰、张家炎、顾莉萍、陈丹梅和该刊三位匿名评审人的帮助。

行资源配置,让小部分能干农民实现规模经营,领先致富,期待进一步城镇化之后,走向西方先进国家的资本主义农业发展模式。双方的共识是:小规模农业潜力十分有限,在相当长时期内,中国农村劳动力将继续过剩,大部分农业从业人员只可能仍旧贫穷。[1]

这种意见今天已是许许多多农民自己的想法;正因为如此,农村人民普遍把希望寄托于子女们的教育,为的是让下一代跳出农业和农村的困境,争得一份城市的富裕。这种意见显然也为决策者所接受。上上下下虽然都在提倡要"建设社会主义新农村",要"千方百计"提高农民收入,但总的想法仍然是寄长远希望于城镇化,眼前则提倡由工业来反哺农业,并没有真正考虑到农业本身的发展潜力,更毋庸说投资农业的高回报可能。[2] 一言蔽之,决策者同样认为,在人多地少的基本国情下,农业本身只可能是个待哺的弱势产业。

黄宗智(2006a)在《制度化了的"半工半耕"过密型农业》一文中从历史角度回顾了这种现状的经济和制度性来源,认为在当前

---

[1] 两派关于土地产权问题的论争可以2005年7月11日公布的《物权法草案》所引起的众多争议为例。有关报道见晓宁《物权法草案争议中的问题与主义》,见 www.chinacourt.org,2006-3-2,原载《潇湘晨报》;王亦君、万兴亚整理《关注物权法草案争议焦点》,《中国青年报》2005-7-21,见 www.chinayouthdaily.com.cn。关于土地私有化等观点的学派可以党国英《中国农村改革——解放农民的故事还没有讲完》为例,见 www.zhinong.cn,2007-1-30,原载《南方都市报》;对立的一派可以温铁军《"三农"问题的研究思路》(2004年10月在中国社会科学院金融研究所讲座)、《"十六大"以来宏观经济形势》(2004年10月13日福建宁德讲话)(www.xschina.org,2005-4-26)为代表。

[2] 国家决策者的思路可见于2006年的《中共中央国务院关于推进社会主义新农村建设的若干意见》、2007年的《中共中央国务院关于积极发展现代农业,扎实推进社会主义新农村建设的若干意见》等文件。

的承包制下，务农人口普遍处于土地过少而引起的"不充分就业"或"隐性失业"，基本仍处于长时期以来人多地少的"过密"状态，因此大规模向城市求业；而他们的低农业收入又使其在城市所能得到的工资被压到最低的糊口水平，迫使许许多多农户同时依赖低收入农业和低收入临时工，以部分家庭成员出外打工的"半工半耕"方式来维持生活需要。这是当前存在的"三农"问题经济上的基本原因。

在《中国农业面临的历史性契机》一文中，黄宗智（2006b：118—129）则从前瞻性角度探讨了农业的可能出路，认为改革开放以来的大规模非农就业（先是乡村工业，而后是城市就业）以及近年来人们的食品消费转型（从以粮为主向粮食、肉—鱼、菜—果兼重模式）两大趋势的交汇，正赋予小规模农业以一个历史性的契机，使中国农业有可能走出自己多年来所强调的"过密化"困境。适当提倡推广新时代粮食兼肉—鱼、菜—果的具有中国特色的小规模劳动密集型农场，可以在不久的将来迈向充分就业的适度规模、多种经营的农业发展阶段，改善隐性失业问题，提高务农人员收入，缓解长期以来的农村劳动力过剩和低收入问题。黄文建议：通过法律规定和市场机制来促进土地使用权的进一步流转，包括定期的转租和带有回赎权的出典，借以扩大适度规模农场比例，所有权问题则可以暂时置于一旁。

黄文发表后，遭到双方同仁的质难。首先是大家直觉地认为，农业充其量只能让务农人员勉强维持生活，不可能为他们提供高收入的机会。其中一种主要意见认为，今日肉—鱼、菜—果的市场已经基本饱和，发展余地十分有限。由如此众多的务农人口来为城市人口提供食物,只可能是低报酬的农业。因此,唯有在更高度城市化的大经济环境之下,才有可能解决农村贫穷问题。

为此,我们决定就农业近、中期的前景问题做一个比较系统的探讨。首先,根据近年的人口与就业变化趋势,估计今后 10 年、25 年的农业就业人口变化。计划生育政策的实施,使中国的人口出生率大大降低,而劳动力的自然增长,经过八九十年代的惯性高峰,近年来大幅度下降。与此同时,非农就业的高速增长使农业从业人数上升趋势被扭转,于新世纪之交开始下降。然后,根据国家统计局对食品消费的分县按户抽样调查,明确近年的消费转型趋势。假定今后 10—25 年将延续近年的趋势而进一步转型,人均食用粮食需求将会减半,对肉—鱼、菜—果、蛋、奶等"副食"的需求则将大规模扩增(并且附带饲料需求的扩增)。肉食中的牛、羊肉和禽肉上升空间尤其宽阔。奶、蛋、水果亦然。蔬菜的发展空间则主要在于提高销售比例以及向多品种和高档产品转化,而不在于总消费量或产量。面对这样的食品消费前景,农业生产应会伴随需求而进一步转型,扩大劳动相对密集和相对高收入的肉—鱼、菜—果、蛋、奶生产。

总的结论是:人口增长减慢与非农就业的交汇,将会导致长时期以来务农人数的第一次显著下降,而这样的下降正好与食物消费转型所导致的农业向相对高价值和高劳动需求产品转型同步,结果将是农业劳动人员人均劳动价值以及收入的提高。小规模农场的农业从业人员将有可能从今天的半隐性失业达到近乎全就业的状态,并在收入上获得显著提高。

与主张均分土地使用权派的意见一致,我们认为土地承包的基本制度应该坚持,以避免大批农民失地流离,今后的农业发展则应以小规模家庭农场为主,避免两极分化。我们与此派意见的不同之处在于提倡允许土地经营权进一步流转,让不愿意种地的农民把土地经营权以市场价格有限期地转租、出典给愿意种地的人,借此提高适度小规模农场所占比例。为了避免农村过度分化,国家法律不妨规定一户农民所经营土地的极限,基本以自家劳动的小规模农场为主,政策上给以适当扶持。此外,与主张土地私有化派的意见一致,我们认为农产品亟须进一步市场化,突破今日粮食、鱼肉、菜果的低比例销售局面,让农民能够充分顺应市场需求牟利。[1] 我们与此派意见的不同之处在于反对采用少数人经营大农场、多数人无产化的传统资本主义模式。我们认为兼种植—养殖的小家庭农场更符合中国大部分农村的实际状况。另外,我们认为在农业生产迈向与消费需求平衡发展阶段的同时,应有计划地迈向高质量、高价值的可持续绿色农业发展阶段。在蔬菜方面,这已经是急不可待的需要。伴随人们收入与消费水平的提高,市

---

[1] 我们在这里提倡市场化的家庭农场,表面上与舒尔茨在《改造传统农业》(Schultz, 1964)中所提方案相似,然而两者有实质上的区别。舒尔茨所指的"传统农业"大致相当于1949年以前的中国农业,长期以来一直是相当高度市场化的家庭农场经济,但所导致的不是改造与发展,而是人口过剩、贫穷与分配不均。舒尔茨则坚持市场经济下不可能有劳动力过剩。此外,今天中国农业的客观情况完全不同于舒尔茨的"传统农业":农业已经是高度现代化的农业,而人口问题之可能解决是由于划时代的三大变迁——大规模非农就业、人口生育率下降以及食物消费转型——的交汇,完全来自于舒尔茨视野之外的变化。应该强调,我们心目中的"理论"和舒尔茨完全不同:是从特殊的实际/历史情况中提炼出来的分析概念,正如黄宗智的"内卷型商品化"概念,也包括本文的"三大历史性变迁的交汇",并不具有普适野心。具有普适野心的"理论",极其容易转化为脱离实际的意识形态或原教旨性的信仰。

场需求将会越来越趋向高档和绿色产品,那是中国农业发展长时期的方向与前景。面对上述前景,国家应向农业做出相应的积极投资和扶持,促进具有中国特色的新时代小规模农场的发展,借以提高全国的国民收入水平,同时为工业产品提供广阔的农村市场,从而促进整个国民经济的持续发展。

我们的思路其实类似于 20 世纪 80 年代适度规模和多种经营的设想。与 80 年代的不同在于,首先当时的人口与土地客观条件尚不允许普遍建设适度规模的家庭农场,而在二十多年的大规模非农就业之后的今天,加上食品消费和农业结构转型导致的单位土地劳动容量扩增,家庭农场已经成为十分实际可行的方案。此外,80 年代的环境污染问题远未像今天这么严重,对绿色农业的要求因此远未像今天这么紧迫。

## 二、人口与劳动就业

我们对中国经济前景的基本估计是它将会面临众多严峻的挑战,但是,即便不能维持过去 20 年的高速增长,也应该能够继续减速增长,因为中国的廉价劳动力和企业、科技人才资本仍然相对丰富,如今也不缺乏资金,而整个国民经济已积累了一定的动力,带动了连锁效应。今天中国面临着一些分配不公和社会矛盾,而不是经济增长。我们对未来近、中期的就业、消费和收入的预测是从这个基本估计出发的。

改革开放后的前 20 年中国经济虽然高速增长,但劳动力同时高速增长。劳动力的增长主要反映在六七十年代生育高峰期出生的孩子在八九十年代涌入劳动力市场。1978年至1990年间,农村劳动力总数从3亿猛增到近5亿。90年代,劳动力自然增长减缓,在国际资本涌入和城市化进度加快的大环境下,农村劳动力总量基本平稳,虽未突破5亿关口,但居高不下。农村八九十年代的乡镇企业和私营个体户蓬勃发展,就地容纳了大部分农村新增劳动力,避免了务农人数的大幅度膨胀。到了90年代后期,国企改革,大量国企职工下岗,城乡整体非农就业增长速度锐减,从1980至1996年的平均每年1500万,下降到1997至2000年的平均每年650万,仅仅勉强消化了劳动力的自然增长,农业从业人员仍然徘徊于3亿线上(图20-1)。在这一背景下,许多学者悲观地认为,中国农村人口将长期陷于人多地少的轮回,无以解脱。这是"三农"问题讨论和"社会主义新农村"建设方案的部分背景。

但是,出乎人们意料,经过几年的苦痛适应,城乡整体非农就业增长速度最近几年又回升到每年1000多万的数量。务农人数也在2000年以后以平均每年2%的速度递减,即每年600万左右。这就是黄文所指历史性契机的部分背景。我们认为,农业劳动力的下降趋势应该会持续下去(当然,这并不意味着城镇化会同速,因为进城打工的农民大部分在若干年之后会返回农村居住,继之以新的打工群体。我们这里考虑的只是从业趋势)。现今人口的自然增长趋势业已减缓,从1980到1995年的1.37%下降到今天的0.6%左右。劳动力的自然增长亦将随之减缓。今后即使非农就业人数增长减缓,务农人数应能仍然以每年五六百万的速度下降,

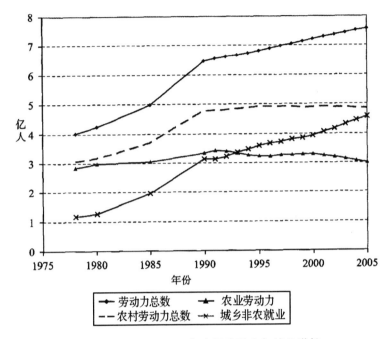

图 20-1　1978—2005 年中国劳动力与就业增长

资料来源:国家统计局:《中国统计年鉴(2006)》:表 5-4,中国统计出版社,2006。

并于 25 年后减半。[1]

　　总之,中国农村人口就业正处于两大趋势的交汇之中。两亿农民的非农就业和人口生育率的降低(及随后劳动力自然增长的

————————————

[1] 我们根据目前的趋势,假设未来务农劳动力将每年继续减少 600 万。这一假设与中国社会科学院人口与劳动经济研究所的预测不谋而合。后者纳入近年来 16—24 岁青年劳动参与率的显著下降(主要因升学)的数据,得出比我们更乐观的估计。(参见吴要武、李天国,2006)

减慢），导致长时期以来务农人数的第一次持续下降。这是个划时代的变迁。对中国人口峰值，国家计划生育委员会预测为 14.68 亿，国家统计局人口司预测为 15.57 亿。根据 2000 年第五次人口普查资料，中国的生育率（每对夫妻平均子女数）已降到 1.22 的水平。但人口学家普遍认为这个数字严重偏低。社科院人口专家根据历年小学入学人数，重新估算 90 年代出生人数，认为 2000 年的生育率应该在 1.7—1.8 之间，还是低于 2.1 的更替水平。如果今后生育率保持在 1.75 的水平，那么总人口将控制在 14.5 亿左右。即便今后生育政策有所放松，生育率回升到 2.1 的更替水平，总人口仍能控制在 16 亿（王广州，2006）。为方便起见，本文假定人口于 2030 年达到 15 亿；那么，今后 25 年人口的平均增长率为每年 0.55%。

至于人口的城市化进程，在过去 20 年里基本稳健。1985 年，全国城镇人口占总人口的 24%，到 2005 年增长为 43%[《中国统计年鉴（2006）》：表 4-1]。① 我们认为这个就业趋势将会继续下去。如果今后 25 年每年增加一个百分点，那么 25 年后中国的城镇居住和就业人口将占总人口的约三分之二。

农业从业人员和农村人口的减少会有两个结果：一是分享农业收入的人数减少，农业劳均收入因此提高；二是工商从业人口增加，而这一部分人的收入水平提高，也将提高农产品的消费需求。食品消费需求的提高又将刺激农业生产的发展，进一步提高农业收入。下面我们先分析食品消费的历史趋势和增长空间。

①　城镇人口是指居住在城镇范围内的全部常住人口，包含常住城镇但无城镇户口的农民工。

674

## 三、食品消费趋势

图 20-2、图 20-3 根据国家统计局家计调查资料绘制,显示各类食品人均消费量的历史趋势。总的来说,中国人的食品结构正在经历由植物纤维为主向兼重动物脂肪及高蛋白的转变。如图 20-2所示,动物类副食品(鱼、肉、蛋、奶)的消费量逐年上升,特别

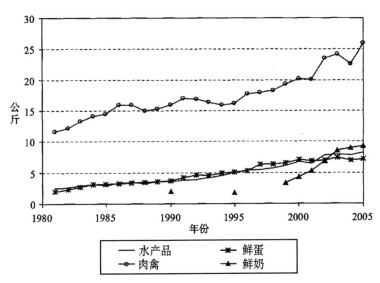

图 20-2　中国城乡人均副食品消费量

资料来源:国家统计局:《中国统计年鉴(2006)》:表 10-9,表 10-29;《中国统计年鉴(2005)》:表 10-11;《中国统计年鉴(2003)》:表 10-10;《中国统计摘要 2000》:106;《中国统计年鉴(1996)》:表 9-6;《中国统计年鉴(1993)》:表 8-7;《中国农村住户调查年鉴(2005)》:25。以上资料均由中国统计出版社出版。

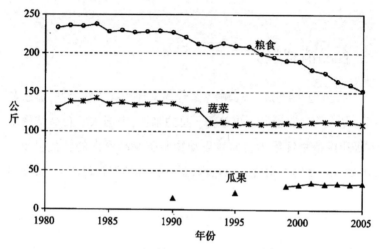

图 20-3　中国城乡人均粮食、水果、蔬菜消费量

资料来源:同图 20-2。

是近年来,奶及奶制品的消费迅速攀升。与此相对,粮食消费显著下降,反映动物类副食品的替代作用。蔬菜的人均消费量 1990 到1995 年间是下降的,其后趋向平稳,稳定在 110 公斤左右。相对蔬菜消费量,水果消费量偏低,但有上升趋势(图 20-3)。[①]

毋庸赘言,中国城乡生活水平差距很大。但是从食物结构的转型上看,城乡却是同步的。图 20-4 比较了城乡肉类(猪、牛、羊、禽)和水产消费的趋势。虽然改革开放以来农村人均收入的增长率低于城市,城乡收入差距扩大,但是动物蛋白消费量的城乡差距

---

[①] 我们在本文定稿之后方才从康奈尔大学图书馆借到黎东升博士的近作(2005)。黎书对食物消费趋势的判断和我们基本一致,并在国际比较上做了较多工作,但对于本文的主题,即对食物消费转型前景的量化估计、与之相应的农业生产和劳动力需求与收入变化,以及这一切的历史性根源,则讨论较少。

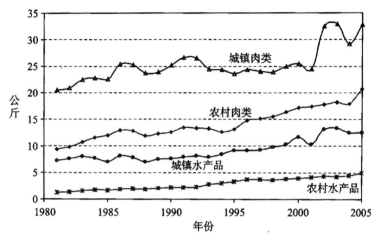

图 20-4　城乡居民肉类和水产品消费比较

资料来源:同图 20-2。

却有缩小之势。先看肉类消费量,80 年代初,城市人均约为 21 公斤(1981—1983 年 3 年平均),农村人均 10 公斤,城乡之比为 2.1;到近几年,城市人均肉类消费量是 31—32 公斤(2003—2005 年 3 年平均),农村人均 19 公斤,城乡之比为 1.7。再看水产类消费量,80 年代初,城市人均 7.7 公斤,农村人均 1.4 公斤,城乡之比为 5.5;近 3 年,城市人均 12.8 公斤,农村人均 4.6 公斤,城乡之比为 2.8。

食物结构的转型也是横跨不同收入群体的。根据国家统计局家计调查收入分组资料,鱼、肉、蛋、奶人均消费量随收入水平递增。纵向比较 1995 和 2005 年的收入分组资料说明,动物蛋白消费量的提高不仅体现在高收入人群上,也体现在低收入人群上。比如,1995 年城镇收入最高和最低 10% 人口的肉类(猪、牛、羊、禽)

消费量分别是人均 30.2 和 17.5 公斤[《中国统计年鉴(1996)》：表 9-10]；到 2005 年，这两个极端收入组的肉类消费量分别增长为 37.5 公斤和 23.7 公斤[《中国统计年鉴(2006)》：表 10-13]。所 以，随着城乡居民收入水平的提高，高能量的动物蛋白消费量将继 续提高。中国人在食品结构上的要求，无论城镇还是乡村居民(排 除体力和非体力劳动主要在量上的差别)，应该是基本一致的。

## 四、食品消费的上升空间

据联合国粮农组织对各国与地区食品供应的统计，中国大陆 的人均营养水平与日本、中国台湾地区和韩国接近，即每日 3000 卡 路里左右；但从食物结构来看，中国大陆的鱼、肉、蛋、奶消费水平 还比较低，还有较大上升空间。

我们根据城镇平均和城镇中上层 40% 收入组的消费量，来估 算全国食品消费量的上升空间(表 20-1)。这样的估算可能比较 保守，低估增长潜力，但可信度高，又避免了国际比较统计口径不 一和消费习惯不同的困惑。城镇中上层 40% 的人均肉类、水产消 费量分别为 37 公斤和 15.6 公斤，即每日约 3 两鱼、肉的水平。在 我们看来，这虽未达到鱼肉消费量的饱和水平，但已逼近。量的饱 和并不意味着消费的停滞。随着收入水平的持续提高，消费水平 的进一步提升会更多地反映在品质要求上，不仅要吃得饱，还要吃 得好。

表 20-1 全国人均消费水平上升空间估计（2005 年资料）（单位:公斤）

| | 全国人均 | 农村人均 | 城镇人均 | 城镇中上层 40% 人均 | 距城镇人均上升空间 | 距中上层 40% 上升空间 |
|---|---|---|---|---|---|---|
| 水产 | 8.21 | 4.94 | 12.55 | 15.62 | 53% | 90% |
| 肉类 | 25.95 | 20.75 | 32.83 | 37.32 | 27% | 44% |
| 猪肉 | 17.57 | 15.62 | 20.15 | 22.16 | 15% | 26% |
| 牛羊肉 | 2.43 | 1.47 | 3.71 | 4.24 | 52% | 74% |
| 家禽 | 5.95 | 3.67 | 8.97 | 10.92 | 51% | 84% |
| 蛋及制品 | 7.16 | 4.71 | 10.40 | 11.06 | 45% | 55% |
| 奶及制品 | 9.34 | 2.86 | 17.92 | 24.23 | 92% | 159% |
| 粮食 | 152.14 | 208.85 | 76.98 | 73.97 | −49% | −51% |
| 食用植物油 | 4.90 | 9.25 | 9.13 | 6.77 | 37% | 35% |
| 瓜果 | 34.17 | 17.18 | 56.69 | 70.62 | 66% | 107% |
| 蔬菜 | 109.29 | 102.28 | 118.58 | 124.64 | 9% | 14% |

资料来源:国家统计局:《中国统计年鉴(2006)》,表 10-13,表 10-29。

如表 20-1 所示,人均水产消费量还有较大上升空间,接近翻番(90%)。全国肉类人均消费量还需要增长 44%,才能达到目前城镇中上层的消费水平,其中猪肉上升余地较小,牛羊肉和禽肉的上升空间较大;鸡蛋还有 55% 的上升空间;而奶及奶制品的上升空间最大,为 150%。

人均粮食食用量有望减半。但这并不一定意味着对粮食的总需求会下降,相反,粮食消费的减少意味着肉食消费的增加,而畜牧业的发展需要更多的饲料。新增人口也需要粮食。近年来粮食总产量在 4.5 亿至 5 亿吨之间徘徊，其中人类消费约 2 亿吨。按国家发改委价格司数据匡算（见表 20-2），2003 年饲料耗粮 1.5 亿吨，2005 年约 1.7 亿吨。余数为工业用粮和加工消耗。根据我们对未来畜牧业发展潜力的估计，饲料粮大概还有 1 亿吨的增长空间。实际的需求不会这么多，因为秸秆养殖等新技术可能缓解饲料压力。另外，工业用粮（如可再生绿色能源）的发展前景十分广阔。所以，粮食总需求不会减少，而可能增加。

蔬菜消费，仅从斤量考虑，上升空间不大。但蔬菜问题比较复杂。首先，若仅从产量来看，无论是总产量还是人均产量，中国的蔬

表 20-2　2003 年中国畜牧业的劳动投入与净产值

| | 单位 | 主产品产量（公斤） | 单位所需劳动日（天） | 每劳动日主产品产量（公斤） | 每劳动日净产值（元） | 每公斤主产品净产值（元） | 每公斤主产品耗粮（公斤） |
|---|---|---|---|---|---|---|---|
| 农户养猪 | 头 | 106 | 12.1 | 8.8 | 18.86 | 2.08 | 1.692 |
| 农户菜牛 | 头 | 379 | 30.6 | 12.4 | 38.24 | 2.92 | 0.596 |
| 农户菜羊 | 头 | 37 | 8.6 | 4.3 | 26.29 | 5.30 | 0.652 |
| 专业户肉鸡 | 百只 | 212 | 5.2 | 40.7 | 55.98 | 1.36 | 1.532 |
| 专业户蛋鸡 | 百只 | 1550 | 22.6 | 68.6 | 47.59 | 0.59 | 1.702 |
| 专业户奶牛 | 头 | 5243 | 60.4 | 86.8 | 62.97 | 0.67 | 0.382 |

资料来源：国家发展和改革委员会价格司编：《全国农产品成本收益资料汇编》，2004。

菜生产似已领先世界，没有进一步发展的余地。但实际上，国家统计局的数字（总产5.4亿吨，人均415公斤）可能偏高，联合国粮农组织采用的数字是2.9亿吨。同时，在发展中国家中，中国的农业组织是比较特殊的。时至今日，仍以一家一户的自留地为主，其实是一种自然经济。在总产量中，绝大部分（79%）是不经加工储藏就地消费的，进入市场的只占总产的21%，因此浪费较大。根据国家统计局的数字，全国的实际蔬菜消费量其实只占总产量的26%。今后的发展方向不在于产量或播种面积的扩大，而主要在于改进品种、档次、加工和运销。

撇开总产，仅从人均消费量来考虑，结论也一样。如图20-3所示，1995年以后，人均蔬菜消费量没有增加。但是，众所周知，改革开放后城市蔬菜消费在供应方面比过去有一定进步，所指的方向正是品种、档次、加工和运销方面的改进，而不在于简单地扩大产量。比如，北方在过去的大、小白菜之外，加上茄子、西红柿、油麦菜、丝瓜、芦笋等多样品种，甚或有机蔬菜，虽然价格数倍于普通蔬菜，但多年来在大城市深受消费者的青睐。

今后蔬菜的发展空间主要在于从普通的露地生产逐步转向更高比例的高档次、跨（反）季节日光温室和大中棚生产，而这样的发展方向将会同时节省土地和提高收入。每亩日光温室或大中棚所吸收的劳动力是露地菜的四倍，并赋予成比例或更高的收入。据估计，一个劳动力进行日光温室和大中棚生产，只需一亩地，所能挣的纯收益是日光温室6000—8000元，大中棚3000—5000元。种植露地菜则需要四亩地，纯收益1000—3000元（尚庆茂、张志刚，2005）。也就是说，通过进一步市场化，每一亩露地菜改为日光温室或大中棚蔬菜,可以吸收四倍的劳动力并赋予其从业人员成比例或更多的收入。当然,今天大多数农民都习惯自种蔬菜自吃,在近期内,这样的发展很可能主要限于城、镇近郊。

相对蔬菜消费量,水果消费量偏低,但有上升趋势。全国人均水果消费量为 34 公斤,城镇中上层的人均消费量为 70 公斤。发达国家的水果消费水平是 100—150 公斤。水果消费水平偏低的一个因素可能是中国人还没有饮鲜果汁的习惯。随着冰箱的普及,水果和果汁的消费有很大上升空间。

总之,食物消费转型是近年来在大规模非农就业和人口增长率下降之外的第三个历史性变迁。下面我们先对其可能引起的农业生产变化做一个估计。


# 五、农业生产预测

从 1995 至 2005 的 10 年间,人均水产和肉类(猪、牛、羊、禽)消费以每年约 5% 的速度增长,人均蛋消费的增长速度为 3.4%,奶及奶制品为 18%。我们如果假定水产和肉类继续以每年 4% 的速度增长,蛋以 3% 的速度增长,奶类产品以 10% 的速度增长,那么,如图 20-5 所示,10 年以后,这些副食品的人均消费量将达到或接近增长的限值,即今天中上层的消费水平。

假定人均产量与人均消费同步增长,那么劳均产量的增长速度一定高于人均消费增长的速度(图 20-6)。这是因为还要考虑总人口增长(带动消费)和农业劳动力逐年递减两个因素。以肉类为例,设定人口增长速度为 0.55%,务农劳动力人数每年递减 2%

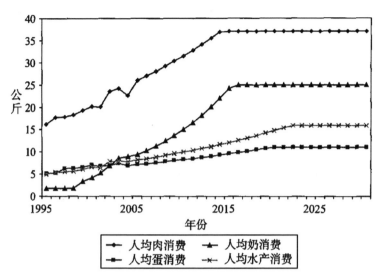

图 20-5　各种副食品人均消费增长趋势预测

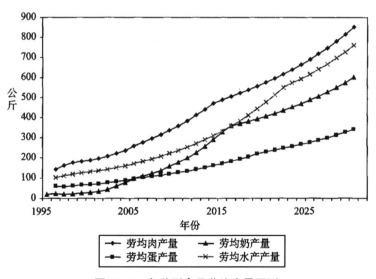

图 20-6　各种副食品劳均产量预测

(约 600 万人),那么劳均产量的增长速度就是 6.7% 左右($\approx 1.04 \times 1.0055/0.98$)。人均消费量达到最高点之后,劳均产量会继续增长,但速度放慢。

根据这样的预测,10 年后,即 2015 年,中国务农劳动力总数为 2.4 亿左右,平均每一劳动力产出 500 公斤肉(5 头猪或等量的牛羊或肉禽),333 公斤水产,170 公斤禽蛋和 330 公斤奶。劳均肉、水产和禽蛋都是 2005 年水平的一倍,奶为当前产量的 3 倍。到 2030 年,农业劳动力减为 1.5 亿,平均每一劳动力产出 850 公斤肉类、760 公斤水产、340 公斤鸡蛋和 600 公斤奶。当然这些都是平均数,不同地区会出现适当的专业分工,不同规模的农场也会有一定的差距,但在适当的政策扶持下,应该不会像传统资本主义农业那样产生农村阶级的两极分化。

# 六、劳动就业与收入

最后,我们要估计上述变化可能引起的农业劳动与收入变化。由于欠缺数据,我们只能以静态分析做动态预测。我们采纳的方法是先做一个很保守的下限估计,目的不在于准确预测将来,而是以模拟来说明农业劳动人员平均工作日数和收入的上升空间,同时借此突出凭技术创新和资本投入提高劳动生产率和亩产量的需求。

我们先以 2003 年农业生产率为起点,假定其不变。估算的依据是《全国农产品成本收益资料汇编》(国家发展和改革委员会,2004),以及表 20-2 中国畜牧业生产主要项目的劳动投入和净收益数字。

根据此表,我们可以估算劳均用于畜牧业的劳动投入天数和劳均净产值(收入)。从表中可以看到,养奶牛、养鸡的回报是最高的,养猪回报最低。我们用 2003 年的总产量加权平均肉类生产的劳动投入与回报(改变这个权数区别不大),劳动投入天数用劳均产量除以每劳动日主产品产量估算,收入则用劳动天数乘以每劳动日净产值计算。这样算出的数字,与家计调查农民当年畜牧业收入数字基本一致。

渔业的劳动投入和产出资料不全,国家统计局只有淡水养鱼的信息。2003 年,每劳动日主产品产量为 36 公斤,每公斤产品净产值约 1.59 元。淡水养鱼占渔业总产量的 40% 左右。[《中国农村统计年鉴(2004)》:195,280]

种植业的劳动投入与净收入宜根据耕地来估算。中国现有耕地 1.3 亿公顷,即 19.5 亿亩(1996 年的数字,近年来非法占用耕地面积尚待核实)。2005 年农作物总播种面积约 23.3 亿亩,其中粮食播种面积约 15 亿亩,蔬菜面积约 2.7 亿亩,果园面积 1.5 亿亩,其余为油料作物、棉花、茶、烟等等[《中国统计年鉴(2006)》:表 13-15]。

农作物回报和劳动生产率,取稻谷、小麦、玉米、棉、油料作物为基准,以播种面积加权平均,2002 至 2004 年三年平均每亩需要 12 个劳动日,净回报约 285 元(国家发展和改革委员会,2004)。[1]　果

---

[1] 农作物回报包括劳动投入折价和土地折价。亩均回报和劳动生产率计算分两步:第一步按 2002、2003、2004 各年播种面积加权,算出稻谷、小麦、玉米、棉花和油料作物(花生和油菜)的年平均回报和所需劳动日;第二步,平均三年的年平均数。除蔬菜和水果外,所有农作物(包括烤烟、糖等)都以此为准。

园以苹果为准，每亩需要 38 个劳动日，净回报 1200 元左右。计入果树的生长期，我们设定果园回报为 500 元[《中国农村统计年鉴（2004）》:274]。蔬菜投入产出只有大中城市数据，每亩现金收益 1800 元左右，劳动投入约 45 天（国家发展和改革委员会，2004）。考虑到农村和小城镇蔬菜收益会较低，我们取 1000 元下限。

　　假定粮食、蔬菜及其他农作物播种面积基本不变（未来粮食总产量增长主要靠亩产量提高），果园面积则从目前的 1.5 亿亩左右，到 2030 年适应需求而翻番为 3 亿亩，那么我们可以估算出所需要的劳均播种面积和劳动日投入数，以及可能的劳均净收入。近年来由于合法和非法的占用，耕地面积不断流失，保持现有或增加播种面积，必须提高复种率，或者凭新技术和资本投入来提高亩产量。①

---

① 果园面积的增加和耕地流失将意味着复种率的提高。复种率取决于市场需求、亩产量和耕地面积。中国的复种率在 20 世纪 70 年代比较高，尤其在南方（黄宗智，1992）。80 年代复种率下降到最低点——1.10 左右；90 年代中期恢复到 1.15，之后持续提高[播种面积根据国家统计局（2006，表 13-15）有关数据计算，总耕地面积以 19.5 亿亩计]。近年非法占用耕地严重，没有准确数字，假定现有耕地面积为大家比较公认的 5 亿亩，那么目前的复种率为 1.26。到 2030 年即使耕地面积不再减少，果园面积翻番意味着复种率提高至 1.35 左右。实际情况不至于如此，因为亩产量的提高会降低复种压力。比如，新技术的使用，例如新品种和秸秆养殖。又比如，资本投入，例如蔬菜的种植面积可能会随着阳光温室和大中棚推广使用而有所下降，每亩用工数量和收益进一步提高。新技术和资本投入很大程度取决于政府行为和政策，不宜估算，本文用静态估计来突出其需求和潜力。总之，以技术和资本为基础的复种，不同于以剩余劳动力为基础的过密化复种，它能提高而不是降低农民的劳动日生产率和收入。

图 20-7、图 20-8 是对种植农业和渔牧业劳动投入量和净收入的估算。尽管我们漏掉了林业和畜牧业的一些项目,但这两个图表所展示的中国农业前景还是乐观的。就劳动就业来看,2005年每个务农农民平均 169 天务农,其中 136 天种田,33 天渔牧。若按一年

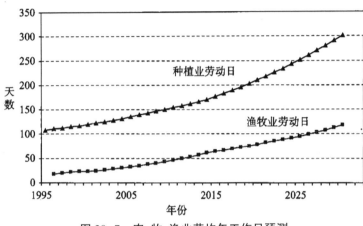

图 20-7　农、牧、渔业劳均年工作日预测

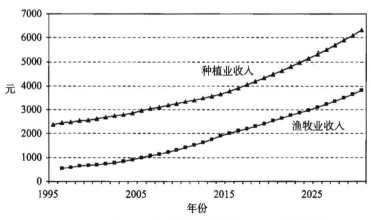

图 20-8　农、牧、渔业劳均净收入预测(2003 年不变价格)

250 个工作日来算,约三分之一的时间是失业的,即一亿左右剩余劳动力,这与学术界的共识基本一致。但根据我们的预测,10 年以后,局面就会大为改观:每个务农农民要用 176 天种田,另外 64 天从事渔牧业。虽然我们的估算是基于 2003 年的不变劳动生产率,可以肯定的是农村隐性失业问题将大大缓解。到 2030 年,每个农民就要用 300 天种田,120 天从事渔牧业。

当然我们不是想让务农人员夜以继日地干农活。因为这些数字假设劳动生产率不变,技术条件不变,没有规模经济。当劳动力过剩时,虽然不排除资本与技术的作用,总产量的增长主要靠劳动投入的增加,"过密化"实属难免,因而农业收入增长缓慢。但当劳动力出现"短缺"时,农民自然会想办法采用新技术,增加资本投入,提高劳动生产率。劳动生产率的提高,意味着劳均收入的提高。假如我们以上估计正确,那么农业劳动生产率将在 10 年后进入快速增长时期,截至 2030 年至少有约三分之二( $\approx 420/250-1$ )的增长空间。

从农场规模来看,也能说明问题。根据我们的估计,10 年以后劳均播种面积将从今天的七八亩提高到 10 亩左右,而 25 年之后将达到十五六亩。在改革初期以粮为主的农业结构下,一个劳动力的适度规模在江南起码是 10 亩,华北 15 亩,但是在今天向多种经营转型的农业结构下,只需要当年约一半的耕地。这里估计的 25 年之后的劳均 15 亩将会是超过一个劳动力(凭今天的技术)自己所能耕种的规模。即便假设在未来的 25 年里,农业劳动力下降的速度达不到每年 600 万,而是每年 400 万,到 2030 年农业劳动力总数为 2 亿,劳均播种面积约十二三亩,那么每个农民仍然需要工作

320 天左右。所以,无论如何,10 年至 25 年内,中国的劳动力剩余问题应会明显改善。

收入的估计比劳动时间的估计复杂许多,因为涉及市场波动和价格问题。2005 年,劳均农牧渔的收入接近 4000 元。[①] 根据我们的静态估计,到 2015 年,增长到五六千元,增长速度为 4%左右。到 2030 年增长到 10 000 多元。这些数字是根据 2003 年的不变价格来估算的,必须以今天的价格结构来理解。

应该强调,这里的下限保守估计是假设性的,因为它附有下列过分保守的假设条件:

第一,这里不包括价格增长和政策扶持。中国加入 WTO 后,依协议农业补贴政策分为绿箱、黄箱和蓝箱三类,目前尚未充分利用。所以农业补贴还有相当大的空间。现今中国农产品的进出口量很小,国际市场对国内价格影响不大,但今后很难不受其影响。总体上看,国内粮食价格较高,竞争力弱,以后进口可能增加;而劳动密集的副食产品价格较低,国家应该积极引导,提高质量,增加出口。

第二,不包括技术进步。种植业增收的估计基本只计算劳动力的递减,这也是过于严格的限制条件。比如新品种的培育和亩产量的提高,再如秸秆养殖,应能相当程度降低饲养费用,我们都没有计算在内。

---

① 本刊的一位匿名审稿人提了一些很好的问题和建议,但认为我们这个数字有误:2005 年劳均收入应为 2085 元。经过反复推敲,我们发现审稿人善意提出的数字是根据农村全体 5 亿从业人员计算的。我们这里指的是 3 亿农业从业人员。我们根据农产品收益估算的劳均收入,与国家统计局家计调查报告的人均农林牧渔纯收入(1470 元)大体一致。

第三，不包括资本投入能带来的效益。中国现有耕地总面积只可能减少而不可能增加，唯有靠资本投入提高劳动和土地的生产率。国家对农业基础设施的投入，如南水北调工程能扩大灌溉面积。农户私人投资，如从低收入养殖（譬如养猪）转向高收入养殖（譬如养犊牛、奶牛），或从露地蔬菜转向温室、大中棚蔬菜。

第四，没有计算质量提高的收益。我们只考虑了食品的消费量和产量的增长潜力。随着生活水平的提高，消费者对食品质量的要求也会提高。农产品加工、包装、冷冻、保鲜等配套产业与发达国家相比还有很大距离，有待进一步发展。

我们采取的静态下限估计方法，首先是要证明即便不考虑以上因素，每个农业劳动力的工作日数和收入也会伴随消费和生产转型，以及务农人数递减，而逐步上升。同时，未来的劳动和播种面积的要求，突出了凭新技术和资本投入来提高劳动生产率和亩产量的需求。而价格的扶持、资本的投入、技术的进步以及质量的提高都会给务农人员带来更高的收入。

即便是在上述最保守估计的情况之下，我们可以想象，一个农民如果在今天的收入和价格结构下能够单靠务农平均每年挣 10 000 块钱，应会带来一系列的变化。首先，农业从业不会像今天这样陷入困境，只能解决基本的生存需要。相当部分急不可待要脱离农业的农民应会愿意留村，在农业经营中谋取出路。今天农村的青壮年几乎全体外流所引起的一系列社会问题应能得到缓解。此外，农业收入一旦提高，农民工工资必定也会相应提高（不然农民就不会愿意外出打工）。有人会认为工资一旦这样提高，中国将会失去其争取全球资本的"比较优势"。我们认为这是个盲点，其一，较高和较稳定的待遇应意味着提高劳动者工作效率,减少今日许多不合理的浪费。其二,即使工资成倍上升,中国的劳动力价格仍将是世界上相对低廉的。[①] 其三,伴随经济进一步发展,对外来资金的依赖度也应会逐步降低。无论如何,今天的"三农"问题应会得到缓解。

在很大程度上,中国过去二十多年的经济高增长是靠农村的廉价劳动力推动的。解决今天的农民失业和低收入问题是目前经济高增长的前提条件,也一定要靠经济高增长来解决。当作为劳动后备大军的失业农民充分就业后,中国的经济将进入一个新的阶段,面临新的挑战。届时,经济增长的动力更多要依靠资本投入、技术革新,以及组织和制度效率的提升。走完了以劳动密集为主的第一个发展阶段后,中国必须适当调整其发展战略,谋求在全球经济分工格局中更上一层楼。

# 七、结论

总而言之,我们得出的结论是:中国农业今天正处于三大历史性变迁的交汇所赋予的契机之中。持续上升的大规模非农就业、持续下降的人口自然增长以及持续转型的食物消费和农业结构,将会导致长时期以来务农人数的第一次显著下降,而这样的下降

---

[①] "2002 年一些国家和地区的制造业相对工资水平,如果以美国为 100 的话,墨西哥为 11.2,巴西为 12.0,韩国为 42.9,中国台湾为 25.4,中国香港特别行政区为 27.3,新加坡为 34.1。而同年中国大陆正规部门的工资水平仅为美国的 2.9%,非正规部门的工资则更低,仅为美国的 1.9% 左右。"(引自蔡昉,2006:222)

正好与农业向相对高价值和高劳动需求产品转型同步,结果将是农业劳动人员人均劳动以及收入的提高。我多年来一直强调中国农业在人口压力下的"过密化"和"内卷化"困境;今天,面对三大变迁交汇的现实,我们在此呼吁要明确认识当前的历史性契机,适当抓住当前的机遇,在今后 10 到 25 年中完全可以改善长时期以来的农业劳动力过剩和低收入问题,使农业本身能够为务农人员提供充分就业的机会和小康的生活水平,并因此稳定农村,缓解"三农"问题。

本文突出了农业本身的经济潜力,因为它是被很多人忽略的问题,但没有涉及非经济的政治、村庄组织、文化等问题。我们总的思路应该是相当明确的,即今后农村的出路既不在于纯粹的资本主义市场经济,也不在于回归到原来的计划经济。使用市场机制和激发农民通过市场而牟利的积极性乃是全篇文章的前提认识。但因为小农经济比较脆弱,不能承受纯粹市场经济的大起大落,所以国家在稳定粮油副食价格、保护城市消费者利益的同时,也必须考虑保护农民利益,发挥调节和促进作用。并且,由于农民收入仍将长期落后于城镇,因而也必须依赖国家的投资和扶持。这也是其他发达国家的通例。我们并不提倡国家再次直接控制经济和生产,我们设想中的国家主要是服务性、扶持性和设计性的,如农业基础建设和农村公共物品投入,农产品价格扶持,为农户提供低息或无息贷款,农业科研的推进和推广等,其作用是激发农民自主经营的积极性和保护小农利益。在"大市场"前,分散的小农户很容易被公司或商人支配,所挣收益的大部分被他们提取,就像过去在计划经济下被国家支配和提取那样。我们的设想是,在国家的协调和提倡之下,让农民自愿组织独立自主的协作和农会,或其他类型的农民利益团体,疏导市场信息,组织、指导生产和销售,并从有谈判权力的位置来利用市场,而不是单独脆弱地受人摆布。在这个前景之中,国家、农民自发团体和公司—商人间的关系,既非权威政府下的支配关系也不是资本主义的不平等关系,而是平等交易的关系。但是,为了缩小城乡距离,也是为了发展整个国民经济,政府必须抓住今日的契机大规模投资、扶持农业。这是本文的主要建议。

## 参考文献

蔡昉(2006):《21 世纪中国经济增长的可持续性》,载蔡昉主编《中国人口与劳动问题报告(No. 7)》,第 212—227 页,北京:社会科学文献出版社。

国家发展和改革委员会价格司编(2004):《全国农产品成本收益资料汇编》,北京:中国物价出版社。

《中国统计年鉴(1996)》,北京:中国统计出版社。

《中国农村统计年鉴(2004)》,北京:中国统计出版社。

《中国统计年鉴(2006)》,北京:中国统计出版社。

黄宗智(2006a):《制度化了的"半工半耕"过密型农业》,载《读书》第 2 期,第 30—37 页;第 3 期,第 72—80 页。

黄宗智(2006b):《中国农业面临的历史性契机》,载《读书》第 10 期,第 118—129 页。

黄宗智(1992):《长江三角洲的小农家庭与乡村发展》,北京:中华书局。

黎东升(2005):《中国城乡居民食物消费》,北京:中国经济出版社。

尚庆茂、张志刚(2005):《中国蔬菜产业未来发展方向及重点》,载《中国食物与营养》第 7 期,第 20—22 页。

吴要武、李天国(2006):《中国近年来的就业状况及未来趋势》,载蔡昉主编《中国人口与劳动问题报告(No. 7)》,第 20—43 页,北京:社会科学文献出版社。

王广州(2006):《人口预测及其分析》,载蔡昉主编《中国人口与劳动问题报告(No. 7)》,第 84—103 页,北京:社会科学文献出版社。

Schultz, Theodore W. (1964). *Transforming Traditional Agriculture*. New Haven Conn. : Yale University Press.

## 附录

水产、肉类、蛋、奶的人均消费、劳均产量、劳均工作日及劳均播种面积预测*

| 年份 | 人口（万） | 农业劳动力 | 增长率 | 人均肉消费 | 劳均肉产量 | 人均蛋消费 | 劳均蛋产量 | 人均奶消费 | 劳均奶产量 | 人均水产消费 | 劳均水产量 | 劳均渔牧业工作日 | 播种面积（亿亩） | 劳均播种面积 | 劳均工作植日 |
|---|---|---|---|---|---|---|---|---|---|---|---|---|---|---|---|
| 1995 | 121 121 | 32 335 | 98.9% | 16.2 | | 5.1 | | 1.8 | 20.8 | 5.06 | | | 22.5 | 7.0 | 108 |
| 1996 | 122 389 | 32 260 | 99.8% | 17.7 | 142 | 5.3 | 60.9 | 1.8 | 22.8 | 5.38 | 101.9 | 18 | 22.9 | 7.1 | 111 |
| 1997 | 123 626 | 32 678 | 101.3% | 17.9 | 161 | 6.3 | 58.1 | 1.8 | 20.8 | 5.52 | 110.2 | 20 | 23.1 | 7.1 | 112 |
| 1998 | 124 761 | 32 626 | 99.8% | 18.3 | 175 | 6.3 | 62.0 | 1.8 | 22.8 | 5.72 | 119.7 | 22 | 23.4 | 7.2 | 115 |
| 1999 | 125 786 | 32 912 | 100.9% | 19.3 | 181 | 6.6 | 64.9 | 3.4 | 24.5 | 6.09 | 125.3 | 23 | 23.5 | 7.1 | 116 |
| 2000 | 126 743 | 32 797 | 99.7% | 20.2 | 187 | 7.1 | 68.4 | 4.3 | 28.0 | 6.75 | 130.5 | 24 | 23.4 | 7.1 | 119 |
| 2001 | 127 627 | 32 451 | 98.9% | 20.0 | 195 | 6.9 | 72.0 | 5.2 | 34.6 | 6.46 | 135.0 | 25 | 23.4 | 7.2 | 122 |
| 2002 | 128 453 | 31 991 | 98.6% | 23.5 | 206 | 7.0 | 77.0 | 6.9 | 43.8 | 7.82 | 142.7 | 26 | 23.2 | 7.3 | 125 |

续表

| 年份 | 人口（万） | 农业劳动力 | 增长率 | 人均肉消费 | 劳均肉产量 | 人均蛋消费 | 劳均蛋产量 | 人均奶消费 | 劳均奶产量 | 人均水产消费 | 劳均水产量 | 劳均渔牧业工作日 | 播种面积（亿亩） | 劳均播种面积 | 劳均种植工作日 |
|---|---|---|---|---|---|---|---|---|---|---|---|---|---|---|---|
| 2003 | 129 227 | 31 260 | 97.7% | 24.2 | 222 | 7.4 | 83.4 | 8.6 | 59.1 | 7.96 | 150.5 | 28 | 22.9 | 7.3 | 128 |
| 2004 | 129 988 | 30 596 | 97.9% | 22.6 | 237 | 7.0 | 89.0 | 9.0 | 77.4 | 7.83 | 160.2 | 30 | 23.0 | 7.5 | 131 |
| 2005 | 130 756 | 29 976 | 98.0% | 25.9 | 258 | 7.2 | 96.1 | 9.3 | 95.6 | 8.21 | 170.4 | 33 | 23.3 | 7.8 | 136 |
| 2006 | 131 476 | 29 376 | 98.0% | 27.0 | 276 | 7.4 | 101.5 | 10.3 | 107.9 | 8.54 | 181.8 | 35 | 23.4 | 8.0 | 140 |
| 2007 | 132 200 | 28 776 | 98.0% | 28.1 | 294 | 7.6 | 107.3 | 11.3 | 121.8 | 8.88 | 194.1 | 38 | 23.5 | 8.2 | 143 |
| 2008 | 132 928 | 28 176 | 97.9% | 29.2 | 314 | 7.8 | 113.5 | 12.4 | 137.6 | 9.24 | 207.3 | 40 | 23.5 | 8.3 | 147 |
| 2009 | 133 660 | 27 576 | 97.9% | 30.4 | 336 | 8.1 | 120.1 | 13.7 | 155.5 | 9.60 | 221.5 | 43 | 23.6 | 8.5 | 150 |
| 2010 | 134 396 | 26 976 | 97.8% | 31.6 | 359 | 8.3 | 127.2 | 15.0 | 175.8 | 9.99 | 236.8 | 46 | 23.7 | 8.7 | 154 |
| 2011 | 135 137 | 26 376 | 97.8% | 32.8 | 384 | 8.5 | 134.7 | 16.5 | 198.9 | 10.39 | 253.2 | 50 | 23.7 | 8.9 | 158 |
| 2012 | 135 881 | 25 776 | 97.7% | 34.1 | 411. | 8.8 | 142.8 | 18.2 | 225.1 | 10.80 | 271.0 | 53 | 23.8 | 9.1 | 162 |
| 2013 | 136 629 | 25 176 | 97.7% | 35.5 | 440 | 9.1 | 151.4 | 20.0 | 254.9 | 11.24 | 290.1 | 57 | 23.8 | 9.4 | 166 |
| 2014 | 137 382 | 24 576 | 97.6% | 36.9 | 471 | 9.3 | 160.6 | 22.0 | 288.8 | 11.69 | 310.8 | 61 | 23.9 | 9.6 | 170 |

续表

| 年份 | 人口（万） | 农业劳动力 | 增长率 | 人均肉消费 | 劳均肉产量 | 人均蛋消费 | 劳均蛋产量 | 人均奶消费 | 劳均奶产量 | 人均水产消费 | 劳均水产量 | 劳均渔牧工作日 | 播种面积（亿亩） | 劳均播种面积 | 劳均种植工作日 |
|---|---|---|---|---|---|---|---|---|---|---|---|---|---|---|---|
| 2015 | 138 138 | 23 976 | 97.6% | 37.0 | 490 | 9.6 | 170.5 | 24.2 | 327.4 | 12.15 | 333.1 | 64 | 24.0 | 9.9 | 176 |
| 2016 | 138 899 | 23 376 | 97.5% | 37.0 | 505 | 9.9 | 181.1 | 25.0 | 356.5 | 12.64 | 357.3 | 67 | 24.0 | 10.2 | 182 |
| 2017 | 139 664 | 22 776 | 97.4% | 37.0 | 521 | 10.2 | 192.5 | 25.0 | 367.9 | 13.14 | 383.5 | 70 | 24.1 | 10.6 | 189 |
| 2018 | 140 433 | 22 176 | 97.4% | 37.0 | 538 | 10.5 | 204.8 | 25.0 | 380.0 | 13.67 | 411.9 | 73 | 24.2 | 10.9 | 196 |
| 2019 | 141 206 | 21 576 | 97.3% | 37.0 | 556 | 10.8 | 218.0 | 25.0 | 392.7 | 14.22 | 442.7 | 75 | 24.3 | 11.3 | 203 |
| 2020 | 141 984 | 20 976 | 97.2% | 37.0 | 575 | 11.0 | 230.1 | 25.0 | 406.1 | 14.79 | 476.2 | 79 | 24.3 | 11.7 | 210 |
| 2021 | 142 766 | 20 376 | 97.1% | 37.0 | 596 | 11.0 | 238.2 | 25.0 | 420.4 | 15.38 | 512.6 | 82 | 24.4 | 12.1 | 218 |
| 2022 | 143 552 | 19 776 | 97.1% | 37.0 | 617 | 11.0 | 246.8 | 25.0 | 435.5 | 16.00 | 551.7 | 86 | 24.5 | 12.5 | 226 |
| 2023 | 144 343 | 19 176 | 97.0% | 37.0 | 640 | 11.0 | 255.9 | 25.0 | 451.6 | 16.00 | 572.1 | 89 | 24.6 | 12.9 | 234 |
| 2024 | 145 138 | 18 576 | 96.9% | 37.0 | 664 | 11.0 | 265.7 | 25.0 | 468.8 | 16.00 | 593.8 | 92 | 24.6 | 13.4 | 243 |
| 2025 | 145 937 | 17 976 | 96.8% | 37.0 | 690 | 11.0 | 276.0 | 25.0 | 487.1 | 16.00 | 617.0 | 96 | 24.7 | 13.8 | 252 |
| 2026 | 146 741 | 17 376 | 96.7% | 37.0 | 718 | 11.0 | 287.1 | 25.0 | 506.7 | 16.00 | 641.8 | 99 | 24.8 | 14.3 | 261 |

续表

| 年份 | 人口（万） | 农业劳动力 | 增长率 | 人均肉产消费 | 人均蛋消费 | 劳均蛋产量 | 人均奶消费 | 劳均奶产量 | 人均水产消费 | 劳均水产量 | 劳均渔牧业工作日 | 播种面积（亿亩） | 劳均播种面积 | 劳均种植工作日 |
|---|---|---|---|---|---|---|---|---|---|---|---|---|---|---|
| 2027 | 147 549 | 16 776 | 96.5% | 37.0 | 11.0 | 299.0 | 25.0 | 527.7 | 16.00 | 668.5 | 104 | 24.9 | 14.8 | 271 |
| 2028 | 148 361 | 16 176 | 96.4% | 37.0 | 11.0 | 311.8 | 25.0 | 550.3 | 16.00 | 697.1 | 108 | 25.0 | 15.3 | 281 |
| 2029 | 149 178 | 15 576 | 96.3% | 37.0 | 11.0 | 325.6 | 25.0 | 574.7 | 16.00 | 727.9 | 113 | 25.0 | 15.8 | 291 |
| 2030 | 150 000 | 14 976 | 96.1% | 37.0 | 11.0 | 340.6 | 25.0 | 601.0 | 16.00 | 761.2 | 118 | 25.1 | 16.4 | 302 |

\* 此表采取静态下限估计方法，假定技术与资本投入不变，因此，农业生产（相应食物消费转型）的变化主要体现于劳均工作日数和劳均播种面积的上升。在真实世界中，变化更可能同时也体现于技术（比如，秸秆养殖，改良品种）和资本投入（比如，水利建设，机械化）以及其附带的劳动生产率的提高上。但这些因素无法预测、计算，而我们目的是窥出农业结构的转型及其去过密化的发展潜力。

第 21 章

# 连接经验与理论

## ——建立中国的现代学术<sup>*</sup>

本章突出经验与理论联系问题,因为根据我自己四十多年学术生涯的经验,这是所有从事学术研究的人们共同面临的最基本问题。我近年来为国内研究生开的"中国社会、经济与法律的实践历史研究"研修班便以此为主题(见附录《课程大纲》)。本章的读者对象主要是国内的研究生,目的是把自己对这个问题多年来的一些想法为他们做一个简单的提要。①

---

\* 本文原载于《开放时代》2007 年第 4 期,第 5—30 页。感谢李放春、白凯、彭玉生、张家炎、王宁霞、汪晖各位同仁和朋友,以及屠凯、张婷、顾莉萍、陈丹梅、巫若枝各位同学为本文提的宝贵意见。特别感谢余盛峰、黄家亮两位同学在最后阶段给我提的深刻而又细致的建议。

① 另外,一些在美国的亲友们问我为什么巴巴地老远来为学生们开课。按照美国的收入来说,等于是无偿地开这样的课。此文也许可以说同时是对他们的一个解释吧。

# 一、一个意识形态化的世界及其市场原教旨主义理论

学术研究的首要要求是把意识形态置于一旁。后者一向是历史上的一个主要动力,而现今世界更是个高度意识形态化的世界,其实比过去冷战时期有过之而无不及。在过去两个"超级大国"针锋相对的世界之中,知识意识形态化的事实显而易见,无须赘述。同时,两个超级大国相互制衡,不容许向单方的意识形态一面倒。但在苏联解体之后,美国成为唯一的超级大国,其权威压倒所有其他国家,而其新保守主义统治集团又十分有意识地试图建立美国一国在全世界的霸权,不仅是军事和经济上的霸权,也是意识形态和文化上的霸权。[①]

在新保守主义意识形态的理解之中,一些隐藏于西方启蒙时代以来现代文明中的偏激倾向已经成为一种国家意识形态。我们先看它的经济理论层面,也是我们这个研修班要重点讨论的领域之一。它认为历史已经证明,唯有自由市场经济及最少的国家干预,才可能导致真正的经济发展和富裕。它认为这是西方自己经验的一个真实和准确的总结,今日则更在发展中国家,包括中国,得到无可辩驳的证实。

我们需要明确,这是个不符合历史实际的建构。首先,在市场

---

① 美国在"9·11"(2001)前夕,已在国境之外拥有 725 个军事基地,驻军共约 25 万。查莫斯·约翰逊(Chalmers Johnson)有权威性的详细论证(Johnson,2003:第一、六两章,尤见第 151—161 页)。

经济的建立和扩张的历史之中,国家权威一直扮演着关键性的角色。与其说市场经济证实国家干预越少越好,不如说唯有在国家干预下才树立了现代的市场经济及其扩张。这个事实从中国的视角和历史经验看显而易见:我们只需回顾 19 世纪西方各国入侵中国时所使用的放任自由市场和平等互利贸易借口,其实质则是帝国主义国家的侵略;再则是中国自身改革以来的市场化,其间国家权威的推动和干预是显而易见的。

即便西方本身,其经济实践历史也证明,不存在像新保守主义及其新古典经济学所建构的那种纯市场经济。首先,回顾西方现代早期,在市场经济初级阶段时的国家重商主义(mercantilism)时期,国际贸易的兴起和国家权力干预的关系实际上是密不可分的。其后是上面已经提到的帝国主义时代。再其后,是资本家对工人阶级的逐步妥协,工人阶级争得部分国家政权,是通过国家立法而得到的结果。我们也可以就近回忆一下美国由市场经济所导致的全世界经济恐慌之后,在罗斯福总统的"新政"(New Deal)下,建立了众多的国家对市场的干预制度、工会的权力以及整套的社会福利制度,借此稳定了美国经济。提倡国家干预的凯恩斯主义的 [Keynesian,指约翰·梅纳德·凯恩斯(John Maynard Keynes)的] 经济理论伴之兴起,从 20 世纪 30 年代一直到 20 世纪 70 年代占据了美国经济学主流。

今天国家意识形态化的新市场主义兴起的历史背景是:罗斯福总统新政的国家干预虽然促使了美国的经济复苏和社会稳定,但多年之后也显示了国家官僚制度的一些弊端,尤其是官僚化的福利制度成本日益高涨,使家债务日益膨胀,因此成为古典经济学及其市场主义复兴的促成因素之一。到 1973—1975 年，美国（和世界）经济出现滞胀（stagflation，即经济停滞伴随通货膨胀）危机，便成为新古典经济学在美国取代以凯恩斯经济学为主流经济学理论的契机，随后形成所谓（美国共和党右派的）"里根经济学"（Reaganomics），再其后则是新保守主义（Neoconservatism，亦即国内外左派人士所谓"新自由主义"）经济学的国家意识形态化。

　　事实上，20 世纪 30 年代的经济大萧条及其后对纯市场主义的反思，起码应该看作是与（苏联与东欧）社会主义国家解体具有同等重要性的划时代历史变化。但当今的市场主义意识形态抹杀了这个历史背景，片面简单地强调资本主义国家的"胜利"（其实，苏联的解体主要出于其内因，而不是一方"胜利"的外因），甚或是"历史的终结"。历史事实是，无约束的市场经济波动导致了 20 世纪 30 年代的世界经济大萧条及其后的国家干预，绝对不是所向披靡的单一发展秘方。此外，新古典经济学在近 20 多年来的输出运用几乎完全失败，最显著的例子是苏联和东欧"休克治疗"的失败；而与之相反，中国的经济发展奇迹，则是在旧政权维持下，国家大力干预经济而获得的。另一个主要例子是新保守主义为拉丁美洲设计的所谓"华盛顿共识"的失败，已由诺贝尔奖得主经济学家约瑟夫·斯蒂格利茨（Joseph Stiglitz, 2003）等人论证。但是在国家意识形态化的推动之下，新保守主义的市场原教旨主义完全掩盖了这些历史背景。

## 二、新制度经济学在美国和中国的历史背景

下面我们要转入由新古典经济学延伸出来的"新制度经济学"（New Institutional Economics），因为它是今日在中国影响力最大的一个经济学流派。它在美国兴起是与新古典经济学复兴的大潮流不可分割的。毋庸置疑，"新制度经济学"常常以批评和修正古典经济学的姿态出现。以诺贝尔奖得主诺斯（Douglass North）为例，他开宗明义地说：真实世界中没有像古典经济学假设的那样完美的竞争市场，即人人都掌握完全的信息，人人都是完全的"理性"经济人，因为人们的行为不只决定于市场运作，而更重要地决定于"制度"因素，尤其是国家体制和法律（也包括习惯、文化等）。正是这些"制度"因素决定了人们在什么样的程度上能够达到假设中的那种"零交易成本"（zero transaction cost）的完美市场。诺斯因此提倡自由民主政治体制及以产权为主的法律制度。[①]

我们应该明确，新制度经济学对古典经济学的这种批评姿态，绝对不是根本性的批评，而是一种对古典正统的修正和延伸，类似于基督教和天主教之间的关系。它们和原来的正统仍然具有基本共识，其核心信条是：认为理性经济人配合放任市场经济乃是最佳的经济制度，会导致资源的最合理配置和经济的最高效率；任何国家干预，尤其是像社会主义计划经济的那种干预，都是非经济的。

---

[①] 见《课程大纲》所列诺斯《经济史上的结构和变革》；亦见诺斯（North, 1997）关于"交易成本"的概念，亦见科斯（Coase, 1990）。

这是新制度经济学和(新)古典经济学的共同信条。①

　　这里,可以用另一位新制度经济学诺贝尔奖得主舒尔茨关于农业经济的论点来做进一步的说明。舒尔茨(承认国家在技术和教育提供方面可以对"改造传统农业"起一定作用)强烈反对国家对市场的干预,对市场主义表示坚定不移的信仰。譬如,他坚持在市场机制运作之下,不可能有剩余劳动力(Schultz,1964:第四章),其逻辑是因为劳动力必定和其他经济要素一样,是个稀缺资源,而市场机制必然会导致稀缺资源的最合理配置。② 显然,这样的建构完全不符合(我们可以称作)中国最基本的"国情"之一,即明清以来的中国农村社会,包括市场化改革以来的农村经济,其中农村劳动力过剩的事实显而易见。舒尔茨等人的新制度经济学实质上乃是新古典经济学的一个支流,是与之在同一大潮流上兴起的。我的"课程大纲"中所选的何秉孟等的论文,比较详细地把他们的理论置于经济思想史和历史变迁的背景之中来理解。

　　此外,我们还要指出,美国的新制度经济学和它在中国所得到

---

① 新制度经济学意识形态的方方面面,可以更明显地见于《课程大纲》所选诺斯理论的支柱之一哈耶克(Friedrich Hayek)的著作;《课程大纲》所选是他的《个人主义与经济秩序》。此外,《课程大纲》所选汪晖《现代中国思想的兴起》,有关于哈耶克的精彩讨论。

② 舒尔茨引用的"经验证据",是印度1918—1919年发生的流行性感冒疫症,当时农村劳动力减少约8%,农业生产因此显著下降。舒推论说,农业中若真有"零价值"的劳动力,生产应该不会因此受到影响。但是,这样的推理明显不符合实际。首先,他假定所有农户受到同等比例的影响,而实际不会如此——有的农户会全家病倒,有的不受影响。此外,农业劳动高度季节化,要看病疫影响是否在农忙季节,而后者即使显示全就业,也并不表示在农忙季节之外农村没有剩余劳动力(亦可称作就业不足或隐性失业)。舒尔茨没有考虑这些经验细节,因为他主要是个理论家,关心的是纯理论问题,而不看重理论与经验实际的紧密连接。

的理解是很不一样的。首先,在美国,它的提倡是建立在高度发达的市场经济的前提上的。以这样一个市场经济为前提,新制度经济学指出国家制度十分关键,尤其是其法律上的产权制度。他们认为交易成本的决定性因素在于产权,唯有清晰明了、无可置疑的私有产权制度才可能降低交易成本,激发企业家和所有理性经济人的积极性,由此导致市场经济资源配置的最佳运作。很明显,他们对于理性经济人和市场机制的基本看法,和古典与新古典经济学是一致的。

中国改革环境中的新制度经济学则和美国的历史背景十分不同。中国经济学家对新制度经济学的接受不是在高度发达的市场经济的前提下出现的,而基本是在全计划经济的环境中产生的。在那样的环境下,"制度"带有和美国很不一样的含义。在中国,制度所指首先是计划经济及其官僚"体制"下所形成的一个僵化了的经济。针对于此,中国的制度经济学家特别突出产权问题,试图把财产从公有变为私有,借此改造"制度"整体。他们把产权理解为市场经济建立的前提条件。这就和美国很不一样,因为美国的新制度经济学是把高度发达的市场作为前提的,他们的要求是明确私有产权,把国家干预最少化,让已经存在的市场经济自由运作,发挥它最高效率的功能。中国的制度经济学家则倒过来把产权作为建立市场经济的前提条件。

这是个关键性的差别。众所周知,中国的国企私有化改造所导致的不是设计者所希望的市场竞争机制的运作,而在很大程度上是官商勾结和垄断;不是市场经济的进一步健全,而是畸形的非自由竞争市场经济(房地产企业便是很好的例子;由各级政府"招商引资"建立的其他各种企业同样如此)。

最后应该指出，我们必须区别中国新制度经济学在 20 世纪 80
年代和其后的 20 世纪 90 年代以来两个时期的不同意涵。80 年代
初期，提倡新制度经济学可以说是"进步"的，因为它要求搞活一个
僵化了的计划经济，改革、削弱一个权威过度渗透的国家机器("体
制")，甚或建立民主自由，而它的客观背景是一个相对平等的社
会。但是，进入 90 年代，中国社会经历了极其激烈的变化，从世界
上比较平等的国家转化为比较不平等的国家。其客观环境已经从
80 年代的相对平等转化为一个阶级差别尖锐的社会。① 此外，在
美国新保守主义的提倡之下，"新制度经济学"实质上已经成为美
国借以建立世界霸权意识形态的重要组成部分。在这样的不同历
史条件下，提倡西方产权制度的意涵已经和 80 年代时很不一样。
私有化和国家最少干预，已经成为维护阶级分化和上层阶级既得
利益的思想。同时，它也是在当前关于"全球化"的论争之中，赞同
美国新保守主义的观点，而不是优先考虑发展中国家劳动人民利
益的思想。

我在这里要特别强调的是，我们不应像今日国内许多经济学
课程那样把新制度经济学当作一门跨时空、纯客观建制的"科学"
来理解。同一切理论一样，新制度经济学有它的历史性，我们要通
过它的特殊社会背景来理解它在不同历史环境之下的不同意涵。

---

① 譬如，中国的"基尼系数"(量度收入不平均系数，以零点为完全平均，100 为完全
不平均)已从 1982 年的 0.30 退落到 2002 年的 0.45(根据世界银行数据)。后者在
当年世界 131 国家中，排名在第 90 的低下位置。[见中国发展研究基金会(China
Development Research Foundation)，2005：第 13 页]

唯有如此,才能得到更符合历史实际的理解。在一定的历史条件下,市场经济确实可以促进经济发展,但我们不应就此接受市场原教旨主义,忘记中国自身在帝国主义时期和国民党统治时期的经历,认为市场是全能的和唯一的经济发展道路。

## 三、美国法律的主流"古典正统"

美国法律中的所谓"古典正统"(classical orthodoxy),亦即美国从19世纪70年代一直到20世纪20年代的主流法学传统,和新古典经济学及新制度经济学的历史是基本并行的。虽然因为美国最高法院的"终身制",其变迁要滞后于经济学。与新古典经济学一样,它把自己的学科看作一门科学,要求它具有同等的普适性和绝对性。这正是古典正统始祖兰德尔所提倡的基本精神。他把法律比喻为古希腊的欧几里得几何学,亦即西方现代文明长期以来认为是其独有的最为科学的演绎逻辑性的文化传统。它实质上是把特殊历史背景下所产生的资本主义经济和社会的法律制度(譬如其合同规则)形式化、科学化、普适化了。①

虽是主流,但它自始便受到美国第二主要的法哲学传统法律实用主义的质疑。后者的始祖是兰德尔在哈佛法学院的同事霍姆斯。后者与兰德尔的不同首先在认识哲学上,霍姆斯不承认可能有绝对的、超时空的普适不变的真理。他更强调实用,认为法律必

---

① 我的课程大纲中没有选兰德尔的著作,而是选了影响更大(不限于美国)、思想更完密的韦伯来作为现代形式主义法律思想的代表。

须验证于实用,到 20 世纪 20 年代,导致了从此衍生的法律现实主义的兴起,要求法律应时而变。① 与要求国家干预的凯恩斯主义经济学一样,法律实用主义在世界经济大萧条后罗斯福总统新政的大氛围中,取得了法律界的主流地位,长期在最高法院的九名法官中占有多数。与古典正统不同,法律实用主义更注重法律的社会效果,与新兴的社会科学(尤其是社会学)紧密联结并更重视社会公正问题。这一切在我的"课程大纲"所列的《中国法律的现代性?》一文中都有讨论。

很明显,美国实践历史中的法律制度其实产生于这两大传统的长期并存、拉锯、相互影响和渗透。这和美国实践中的经济制度一样,产生于反国家干预的古典市场主义和赞同国家干预的凯恩斯主义之间的拉锯。美国的新保守主义却完全无视两大传统共存的事实,与他们在经济领域的立场一样,片面地认为自家的意识形态乃是独一无二的真理,否认实践历史中两者的相互影响。

# 四、只有特殊的学术模式,没有普适的理论

我在这里首先要突出的一点是,世界上没有放之四海和古今皆准的绝对、普适真理。任何理论都有它一定的历史和社会背景,都得结合当时的环境来理解。我们不要迷信所谓"科学"。在人文社会科学领域,我们研究的是有意志和感情的人,不应该也不可能

---

① 虽然法律现实主义的两位主要代表人物庞德和卢埃林之间多有争议(见 Wiecek, 1998:197ff;参见 Hull,1997)。

完全依赖对没有意志和感情的物质世界的那种数学、物理似的科学方法的理解。前者与外因的关系是双向的、由客观与主观因素互动的,后者才是单向的或客观的。即便是生物科学,也不可能具有今日许多经济学家自我宣称的那种类似于数学那样的科学性、精确性、绝对性。其实,物理学本身也早已超越了牛顿物理学那种绝对的时空观。

上面已经讨论了美国新制度经济学和古典正统法学的历史与社会背景,这里不妨用我自己的"内卷化"理论来进一步说明"理论"的历史性。明清时期因为各主要河流流域的核心地区人口已经基本饱和,人口的持续增加要么导致了向边缘地区的移民,要么是核心地区的"内卷化",即在按日报酬递减的情况下把农业生产进一步劳动密集化。例如,从一年一茬水稻转到一年两茬的水稻和冬小麦;抑或从粮食种植转向蚕桑(—丝绸)和棉花(—纱—布),以数倍的劳动投入来换取不成比例的收益。后者同时提高了商品率,因此也可以称作"内卷型商品化(或市场化)"。

这个现象背后的逻辑是家庭农场的特殊组织性。家庭成员的劳动力是给定的。同时,家庭农场与资本主义企业不同,它既是一个生产单位,也是一个消费单位。这样,在人口压力下,也就是说在土地不足的情况下,一个家庭农场会为生存需要而在土地上继续投入劳力,逻辑上直到其边际报酬下降到零(而一个资本主义企业则会在边际报酬降到低于市场工资时,停止再雇用劳动力)。这个道理是苏联的恰亚诺夫在俄国农业经济的大量经验证据上提炼出来的[见"课程大纲"所列恰亚诺夫(1996)]。

这种内卷趋势在民国时期仍旧持续下去,在中国农业经济"国际化"(其实应该说是帝国主义化)的趋势下,包括外来资本(尤其是日本在山东)所建立的纱、布工厂,棉花经济进一步扩充。花—纱—布的分离(手工种植棉花,工厂产纱,再由农村手工织布),大规模提高了农村的商品率,但内卷化逻辑基本一致,农村劳力普遍种植少于自己劳动力在理想条件下所能耕种的面积。

进入中华人民共和国时期,随着现代科技因素(主要是机械化、化肥与科学选种)的投入,本来可以像许多其他发达国家和发展中国家那样,提高劳动生产率、去内卷化;但是,面对人口的快速增长(主要由于现代卫生医疗进步所带来的死亡率下降,以及政策上对生育控制的忽视),农业进一步劳动密集化,复种指数大规模上升,结果是内卷化的持续。进入80年代改革后的蓬勃农村工业化,在10年间吸收了1亿农村劳动力,尽管国家采取了严格的人口控制政策,农村工业的新就业也仅仅吸纳了其自然增长的劳动力,农业仍然内卷,农业劳动力中有三分之一到一半处于隐性失业状态中。

直到20世纪90年代,在"全球化"资本投入的推动下,1亿多农村劳动力进入城市打工,连同乡村工业化,因此形成了历史性的2亿多农民的非农就业大趋势。进入新世纪,这个趋势正好与其他两大趋势交汇。一是生育率的下降终于反映于新就业人数的下降。另外是伴随国民收入上升而来的食物消费转型,从以粮食为主的模式转向粮—肉、鱼—菜、果兼重模式,并因此形成了对农业生产的不同需求,推动更高的劳动投入和成比例、超比例价值农产品的需求。三大历史性变迁的交汇为中国提供了一个历史性契机,可以走出长时期以来的农业内卷化困境,提高农村土地/劳力比例,提高务农人口收入,使农民逐步达到小康生活水平(见"课程大纲"中黄宗智《制度化了的"半工半耕"过密型农业》《中国农业面临的历史性契机》,以及黄宗智、彭玉生《三大历史性变迁的交汇与中国小规模农业的前景》)。上面已经提到,新制度经济学家舒尔茨坚持在市场机制运作下,不可能有劳动力过剩。事实是,中国农村长期以来都处于劳动力过剩的状态,而今日的历史性契机则完全来自舒尔茨视野之外的社会和经济因素。

显然,我自己的"内卷"概念,自始便和特殊的历史和社会背景相连。它是从历史实际提炼出来的分析概念,是一个与经验证据紧密结合的概念。从明清以来直到20世纪80年代,中国农业是"内卷"的,但在近年"三大历史性变迁的交汇"下,未来的趋势很可能将是"去内卷化"。显然,我的"内卷化"理论自始并不具有超越特殊历史情况的普适野心,也不可能成为(国家)意识形态;它从来就只不过是一个学术分析概念,不能超越时空。上述这些结论可以见于我的《华北》《长江》两本书,以及上面提到的近两年关于农业的三篇文章。

我在"课程大纲"中选择了汪晖先生的著作,是因为它很好地显示了他所使用的思想史方法的威力:任何理论,无论它的提倡者多么想自封为超越经验证据的科学理论,都得放在历史环境中去理解。意图普适的理论,其历史背景都是特殊的,与特殊理论的不同最终只在于其话语权力。换句话说,汪晖先生的方法是把今天主宰学术界(人文与)社会科学的理论思想化和历史化。这是破除迷信西方"现代主义""科学主义"(乃至"后现代主义")的最好药方。也就是说,大家千万不要迷信追求任何超越实际的全能性理论,因为它只可能是通过强权建立的意识形态。

## 五、现代主义和后现代主义,以及其制度化表现

人们对绝对、全能理论的追求有它一定的深层来源。与中国的传统不同,西方天主教—基督教传统一直深信掌握绝对、全能真理的上帝。进入现代,伴随人们思想的世俗化,科学和"理性"(reason)很大程度上在人们的心目中取代了原来宗教中上帝所占的位置。现代哲学始祖笛卡尔(René Descartes)试图通过"理性"论证上帝的存在,便是两者关联的很好例证。理性和科学被建构为绝对的、普适的、超历史的。在法国革命之后的恐怖统治(Reign of Terror)之下,"理性"曾经成为新时代的宗教,具有近乎原教旨天主教教会的生死权威。

在西方现代文明中,这样的信仰尤其体现于现代思想(亦可称作现代科学)的两大组合传统之一——演绎逻辑中。从笛卡尔开始,达其大成于康德,现代主义深信人们可以通过理性的演绎推理而掌握绝对真理。虽然在具体的科学实践中,演绎逻辑是和经验归纳同时并用的,并在科学实践的发展中显然缺一不可,但作为一种意识形态,现代主义自始便具有强烈的偏向演绎逻辑的倾向,也就是后来在各知识领域中被称为"形式主义"或"形式化"的理论传统。

这种现代主义的基本倾向可以见于许多方面和领域。我们不妨就近并且具体地以美国今天一般大学对知识的组织制度为例。在美国一流大学的哲学系中,基本不存在西方文明之外的课程,占

中心地位的是源自古希腊传统的数学逻辑和形式化推理及西方现代早期以来的哲学家。因此,今天美国的哲学系,首先是不承认世界其他文明传统的哲学是一门哲学。譬如,一般美国哲学系中不开中国或印度或阿拉伯哲学的课;后者的讲授主要由历史系或东亚、中东等语文系的思想史课程来提供,不算真正的哲学。

我个人有过这方面的具体经历。1985 年,因普林斯顿大学聘请,UCLA 全力挽留,请我负责为 UCLA 建立一个世界一流的中国研究中心。(这是美国学术界高度市场化的一个具体例证:教授们一般唯有在"市场""竞争""机制"的运作下,才有可能得到校方的特殊待遇。)为此,我曾投入 10 年精力,尽一切可能想在各学科中增补中国研究专家,努力建立像美国五六十年代成为风气的那种由多种学科组成的跨系中国研究中心。但是,我发现当时美国的许多学科的发展趋势已经走向淘汰所谓"外国区域研究"(foreign area studies),而哲学领域则处于这种大趋势的前沿。20 世纪 80 年代中期,美国一流大学哲学系的在职教员中,以中国哲学为主要研究主题的总共才两三人。当时 UCLA 哲学系根本没有可能认真考虑聘请研究中国哲学的教授。

剩下来的是各门社会科学:经济系、政治学系、社会学系。为此,我投入了很多精力与时间。一开始时,以为不会很困难,因为当时几个最大的中国研究中心,如加大伯克利分校、哈佛、耶鲁等都有研究中国经济、政治和社会的学者。但我发现,真的做起来,却是困难重重。首先是经济系,它们近年的主流倾向先是高度形式化或数学化的、脱离时空与实际的理论;次之,则是高度数学化的计量技术。UCLA 当时的经济系主任甚至断言说,他们只愿考虑每年全国毕业生中数学本领最高的前 100 名博士;不然,不予以考虑。我曾经向他们推荐当时一些其他著名大学和智库研究中国的经济学家,但全都立刻就被否决掉。后来只短期聘请了林毅夫博士,主要是因为 UCLA 经济系特别倾向(新古典)芝加哥学派[因此被称为"西岸的芝加哥"(Chicago West)],而林正好是芝加哥出身的博士。事实是,今日美国经济学系已经基本没有研究中国的经济学家。就以哈佛为例,在学历比我要高一辈的珀金斯之后,便已没有研究中国的专家。加大伯克利也是一样。至于其他学校,若有,如普林斯顿和斯坦福,则多是偶然的。主要是因为系里某华裔经济学家在本学科得到一定地位之后,出于对中国的关怀,而又具备阅读中文资料的条件,就连带研究中国经济。但这样来源的中国经济专家的看家本领多是某派理论和某种计量技术,对中国历史、社会、政治等不一定十分关心,所做的研究主要是验证某一种经济理论,与中国的实际可能有关联,但也可能没有。

这样的趋势现在已经渗透到其他的社会科学领域。他们普遍的价值观是一个学科,越接近"硬"的科学,亦即模仿数学和物理学那样的绝对性和精确性,便越高明;越"软",即越接近某区域、国家的特殊性,不可普适化或计量化,便越低级,越得不到本行的重视。在各学科科研审核的要求中,在区域研究的刊物上发表的论文基本不算数,要求的是在本学科主流和"硬"的刊物上发文章[例如,《美国经济评论》(*American Economic Review*)、《美国社会学期刊》(*American Journal of Sociology*)、《美国政治学评论》(*American Political Science Review*)等类型的刊物]。作为一个中国区域研究刊物《近代中国》(*Modern China*)三十多年来的创刊编辑(虽然《近代中国》是美国区域研究领导刊物之一），我对此也有许多切身感受。

这种区别也体现于教授们的待遇。一般大学之中，“硬”的学科的平均工资都要比“软”的学科来得高，这虽然不会见于明确说明的文字材料，但已经广泛地在院长和系主任级的行政人员中形成一种默契。美国是个由市场经济主导的国家，学术人员的市场价格便是全社会价值观的最好例证。

各社会科学领域中的这种倾向，其根源即在我上面提到的现代主义追求知识绝对化、普适化、理论形式化。它是长时期积累下来的一种倾向，不是一朝一夕的事。它体现的是现代主义认识论的基本精神，今日在高等教育中已经越来越制度化并趋于僵化，以形式和技术来替代实质性的学问。

这种学术的明显误区，是无视理工与人文社会两个领域的主题在性质上的基本差异：前者主题是物质世界，后者则是带有意志、感情的人类社会，不容简单地形式化、计量化。这是一个人们普遍能体会到的常识（就凭我们在实际生活中的观察，人们的行为明显不是只受“理性”左右的，随时可能受到理性之外的意识形态或感情左右），但今天已经完全被现代主义的认识精神和方法掩盖，甚至不承认这是个问题。（这正是“科学主义”的意涵，它本身就是西方现代文明的一个主要倾向，却被哈耶克等人建构成共产主义“极权”国家的特征，与西方自由—民主、资本主义—市场主义对立。实际上，科学主义中的形式主义和实证主义是启蒙时期以来整个西方现代文明最基本的倾向之一。见“课程大纲”所选汪晖著作的有关讨论。）

我这里对现代主义知识体系的批评，并不来自我个人，而可以广泛见于西方现代传统本身,并且不限于西方"另类"传统,诸如批评资本主义的"左派"马克思主义传统(本身也具有十分明显的全能理论倾向),或近年的后现代主义(下面还要讨论)。我这里提的批评可以见于西方自己产生的、本身也是西方"主流"或近乎主流的传统,尤其是美国的实用主义传统和英国的经验主义传统。上面已经提到,美国法学"古典正统"虽然高度形式主义化,但在美国法史实际中,长期与以实用为最高标准的实用主义传统并存、拉锯、相互影响和渗透。又比如,现代科学的实践不仅包含演绎方法,也同时广泛依赖从经验证据出发的归纳方法,两者并用。但是,在理论上对全能形式化理论和绝对知识的追求,仍然可以说已渗透到整个知识界、学术界,哪怕是最"软"的社会科学,也都试图向这种认识看齐。

相对来讲,历史学、微观人类学—社会学、(外国)区域研究及其他跨系组织(如高等研究中心),比较重视主题的特殊性与跨学科的总体性,对形式化理论和实证主义型的计量持保留态度。虽然也有强烈的"硬"化倾向,但总的来说,宏大历史理论(grand gheories)和计量史学(quantitative history)在整个历史学科里仍然只是一个次级的支流。正因为如此,我个人认为它是纠正认识的过度科学主义化的一个重要基地。微观人类学—社会学、外国区域研究和高等研究中心似的跨系组织同样如此。

西方现代主义的反面是后现代主义。应该先说明,我上面所写的许多对现代主义的批评是出于后现代主义著作的启发和影响。本来后现代主义对现代主义及其科学主义是很好的纠正,并且带动了文化研究,以及一些过去不太受到重视的课题的研究,如妇女、少数民族等。但是，同时应该指出，后现代主义受其"敌人"的影响深远（这是历史上常见的现象），最终它自己与现代主义同样地高度意识形态化。针对现代主义对理性的、绝对的、客观的真理的迷信，后现代主义得出的是推向相反极端的结论：世界上没有科学的或绝对的认识。因此，一切认识最终只可能是一种主观话语或表象，而任何"事实"也只可能是一种话语，一种表象，只可能是某一方的观点。所以，后现代主义最终把所有事实都概括为"所谓事实"，对任何"所谓事实"都持怀疑态度。这是在后现代主义著作中常见的一个基本论调。"课程大纲"选了在国内影响较大的格尔茨和萨义德的著作为例。格、萨两人都特别强调表达/话语，萨义德并把它与对帝国主义意识形态的分析联结起来形成其"东方主义"的强有力分析概念；但与此同时，两人同样认为"所谓事实"最终只不过是某种主观建构或话语，格尔茨甚至把所有认识比喻为美国法庭上都为其雇主卖命的敌对双方的律师。

在中国，对后现代主义的理解和在美国不太一样，多主要突出其"去西方中心化"意涵，把它当作批评西方现代主义的理论依据。在一定程度上，也把同样的观点延伸到马克思主义，把它看作现代主义的一个侧面，并要求从唯物倾向转向唯心。但是，一般没有像在美国那样质疑所有经验证据。在中国，它的核心更在于与民族尊严感情的连接（但是，真正踏实地把西方经验和理论置于西方历史背景中去理解的研究并不多）。在美国，后现代主义的核心则最终在于它的认识论，显示出西方文明经历了对上帝和其后对理性的信仰的解体之后，在认识上的特殊焦虑。其具体表现就是上面所说的从绝对真理信念的极端走到了怀疑一切经验证据的极端。

在这一点上,后现代主义在美国知识界所起的作用与新保守主义的影响不谋而合。这是个颇为耐人寻味的现象,因为后现代主义者多自视为激进(左派)人士,而新保守主义者则多被视为(极)保守(右派)人士。两者联合的一个重要原因,是后现代主义特别强烈地反对 19 世纪以来的实证主义及其对绝对客观性事实的信赖,但对现代主义传统中更深层而又影响更大的形式主义,则反而讨论较少,也因此对(提倡高度形式化新古典经济学的)新保守主义批评较少。反倒是从唯心主义的认识观点对马克思主义的唯物偏向批评较多,最终完全否定了旧的政治经济学,走到了极端的主观主义(或文化主义)。同时,正因为其自身对任何"事实"都抱有怀疑,在这方面对新保守主义蔑视经验证据的意识形态(既已掌握绝对真理便不需要多考虑事实)的态度也比较包容。无论如何,结果是后现代主义不仅没有与旧左派联合抗拒新保守主义的极右浪潮,反而常常与新保守主义共同攻击老左派。有些自己前身是老左派的后现代主义者在这方面尤其不遗余力(也许是因为人们常常对自身的"错误"过去会显得特别不耐烦)。至于年轻一代,对后现代主义的虚无认识理论当然感到极大的诱惑,因为掌握时髦理论要比做踏实的经验研究容易得多。无论如何,总的结果是美国知识界在后现代主义和新保守主义两大潮流的影响下形成了普遍蔑视经验证据的学术氛围。[1]

我想再次以自己置身其中的美国大学制度来说明这个问题。

---

[1] 正是在这种认识气氛之下,美国在虚构的"证据"之上对伊拉克做出战争决策才成为可能。查莫斯·约翰逊对整个虚构证据的经过有精辟的论证(Johnson, 2003:217—236,283—312)。

根据我在加大头 20 年的经验(始于 1966 年),当时校级关键性的为每次评职称或聘任新教授特设的委员会(Ad Hoc Committee)(是个跨系、保密的临时委员会),在其运作中一般都相当严谨,普遍要求每位委员详细阅读有关资料(并为此设有专室多套),然后开会认真讨论,最起码也要两小时,一般三小时。讨论中会根据经验证据试图对申请人的学术做严谨、详细和客观的判断,而后根据那样的评价向校方和学术人事委员会(Committee on Academic Personnel,简称 CAP)提出行动方案建议。但是,到了 80 年代以后,后现代主义的虚无认识精神及新保守主义意识形态的影响渗透到整个学术界,许多学校同仁都认为学术没有客观标准可言,不可能做出真正"客观"的判断(起码不敢明目张胆地采取这样的立场),默认任何评价实质上只是一种政治或学派观点的反映,随着潮流越来越轻视经验证据。为此,学术评价制度也逐步转化,到 90 年代,已经不再要求评审委员会的成员认真阅读有关材料,做出自己的判断,在程序上干脆只把外校"专家"的来信复印转发给各成员,以作为评价的主要依据。开会则一般只开个把小时,草草了事,主要任务是由主任分配写形式化的总结报告。这样,学术评价逐渐变成一种人事权术活动(有的人甚至事先联系本行同仁,做买卖交易性的互诺:你今日帮我升级,明日我会回报)。许多(而不是个别)没有认真做过经验研究的同事,可以凭时髦理论的轻浮炫耀得到很高的认可。整个学术评价制度已经变成没有任何真正标准可言的制度。

后现代主义本来应该是对现代主义中科学主义的很好纠正,但由于它的虚无认识态度,结果对美国学术界实际操作的影响反而(和现代主义同样地)加重了新保守主义把一切知识意识形态化的趋向。结果是,各学科越来越倾向于脱离实际的纯理论(为理论而理论)或纯计量(为技术而技术)。美国学术界今天因此正面临一个十分严重的危机,而中国今日广泛地、没有保留地要求与之"接轨"的,正是这个处于严重危机中的学术制度。

# 六、历史学界的一个现象

新保守主义和后现代主义的联合可以见于众多的学术领域,下面我们就以新近对 18 世纪的中国进行重新阐释的学术为例来加以说明。这股潮流的出发点是从市场原教旨主义来重新认识清代前期:认为它是一个高度市场化的经济,而根据市场主义理论,人们在那样的环境下的理性抉择必定会导致资源的合理配置。据此,得出的结论首先是,在人口史方面,中国的变迁并不是像过去的认识那样由死亡率(天灾人祸)推动,而是和西欧一样由人们的理性生育行为所主宰。中国人民其实长期以来就习惯控制生育,包括各种堕胎手段。因此,18 世纪中国所面临的人口压力程度其实不过与西方基本相似。同时,在市场机制和人们的理性抉择推动下,清代前期的经济实际上达到了与西欧同等的发展水平。

至于中国经济在其后 19 和 20 世纪的落后,则有两种说法:一种是纯粹市场原教旨主义的,认为帝国主义把西方文明带到了全世界各个角落,落后国家一旦走上了资本主义市场经济的正轨,便能得到西方似的经济发展;另一种观点同样把经济发展等同于市场发展,但是承认帝国主义也许更多地为西方带来了发展,在落后国家则触发了 20 世纪的民族解放战争和革命运动。问题是后者走上了反市场、反资本主义的道路,因此妨碍了正常的经济发展。在中国,一直要到改革开放方才再次走上正途。

上述这种论点同时采用了后现代主义的姿态,把坚持 18 世纪西、中基本相等表述为"去西方中心化"的论点,是否定西方现代主义目的先行的历史叙述的观点。不少倾向后现代主义的学者们因此认同这种论点。在国内,不少学者这样理解:如果 18 世纪英国的发展程度只不过和中国基本相等,那么英国后来的发展只可能从外因,亦即其殖民主义和帝国主义来解释。这样,便突出了西方现代发展的偶然性和强暴性,否定了西方中心化的历史"元叙述"。显然,这样的理解在此论点上注入了民族感情内涵(也同时把自己表述为"与国际接轨"的学术)。其实,这样的理解完全忽略了此论点的市场原教旨主义基本核心,无视它完全否定了中国自己反帝国主义的民族解放斗争和革命运动——起码从经济角度如此。

在经验证据层面上,新保守主义者和后现代主义者的思路也基本一致:认为任何史学论争最终取决于理论观点,经验证据并不重要。为此,我写于 2002 年的《发展还是内卷? 18 世纪英国与中国》一文特别强调经验证据,总结了近二十多年西、中学术积累的翔实证据,说明像 18 世纪英国经历的五大社会经济"革命"那样程度的变化(农业、手工业工场、消费、人口行为和城镇化革命)在中国的长江三角洲其实一个都找不到。事实是,后来的英国工业革命不能仅从殖民主义和帝国主义的外因来理解,因为它确实具有一定的源自 18 世纪的内因,哪怕是偶然性的。18 世纪英、中所面对的人口/资源压力十分不同,英国煤炭业的特早发展也和中国很不一样。我们需要的,不是中西哪一方更优越的感情性和意识形态性论争,因为那样只能再次陷入简单化的市场/革命、西方/中国的非此即彼选择。我们需要的,是基于中、西双方复杂历史实际的踏实研究和概念创新。

# 七、国内的学术环境

今天国内,也许部分出于过去革命传统造成的思维习惯,在处理思想和学术理论问题上,同样具有强烈的意识形态化倾向。这当然也与古代长期一贯具有正统地位的思想传统有关(虽然儒家的中庸精神自始便比较能够包容其他思想)。无论如何,年轻一代的研究生对待新接触到的理论,相当普遍地带有寻找绝对、普适真理的倾向。借用一位研究生给我的来信说,他过去一直在寻找这样一种理论,企图用它来指导自己的研究。(他后来放弃了这样的探寻,但因此感到十分困惑。)

同时,由于处于一个转型时期,今天的意识形态中矛盾重重。正如一位最近重新就读研究院的博士生的来信中说的那样,她刚入学的时候,学的是马克思主义政治经济学,但现在则已完全改学西方新古典经济学。当然,有的研究生完全跟随潮流,把舶来的新经济学当作真"科学"来学习(不过,也有对新来的意识形态持保留意见的)。不少学生(和教员)则抛弃理论而寄一切希望于技术,把学问等同于计算,完全接受了简单的实证主义认识方法。

法学和社会学也有类似的西化倾向。今日国内法学院所教所学多以西方形式主义传统法学、理论和法典为主。至于中国自身的法学传统则只有少数教员研究，不大吃香。虽然，法学院师生群体中，也有强烈的"本土资源"呼声和意识，但是真正系统地在中国自己的法律、法学历史中挖掘现代化资源的学术还比较少见。

至于今天的社会学院系，也基本都以西方文献为主。譬如，对研究生们"开题报告"的"文献"讨论部分的要求，主要是与当前西方学术研究"接轨"，而与之接轨的常常限于二、三流的复杂繁琐的当前学术著作，没有进一步考虑到基础性的经典源流。这样，学生们的视野难免陷于庸俗，提出的问题多是次级的问题，不能深入到根本性的层面。当然，也有"本土化"的呼声，这是可用的资源，并且可以走向费孝通先生那种创建新鲜概念于踏实的经验研究，并付之于实践检验的优良传统。但是，这方面的文献尚嫌单薄。

史学则多偏向纯经验研究。与日益理论化（要么是新古典经济学类的理论，要么是与其相反的极端的后现代主义理论）的西方史学相比，今天的中国史学则更多地倾向于简单的经验主义。这是一个对毛泽东时代高度意识形态化及今天全盘西化潮流的反应，也是一个延续清代以来考证史学传统的倾向。如果说西方史学越来越倾向于单一左手的使用，中国今天的史学则倾向于相反的单一右手的使用。在这样的偏向下，研究生们所得到的培训缺乏概念锻炼，结果等于使他们脑袋里的那块"肌肉"萎缩、退化，即使试图使用理论时，也多显得力不从心，不能精确有力地掌握、连接概念。客观地说，考证史学缺乏经验主义中用归纳方法的概念提升，更没有与演绎逻辑对话的概念创新，实质上等于是全盘拒绝现代科学的闭关自守。

考证史学的反面则是意识形态化的史学。过去是由马克思主义—毛泽东思想主宰的史学,今天则是由其反面的市场原教旨主义主宰的史学。但我们需要的既不是意识形态化的史学,也不是简单的经验积累,而是经验与理论的双手并用,是紧密连接经验与理论、从新鲜的经验证据提升新鲜理论概念的历史学。

在今天的转型期间无所不在的浮躁之风下,真正心向学术的青年学生当然会感到十分困惑。什么是真的学问?怎样去做?什么是正确的理论?怎样使用?在一次和某大学历史系的研究生们座谈的时候,我问了在座的十几位同学:他们认为本系最大的长处是什么,最大的弱点是什么。他们说觉得自己在史料掌握上比较踏实,但作为新的一代,对老师们缺乏新概念和方法的研究觉得不太满意(据说,有的教授甚至积极抑制研究生们使用外来概念,排斥西方近几十年与社会科学结合的史学趋势),但又不知自己该怎样去做。在另一次与某大学社会学系的研究生们的讨论中,我问了他们同样的问题。他们对前者的回答是学习自由,接触到许多不同理论和模式;对后者的回答则是,从老师们那里得不到令人满意的指导或榜样,自己不知道该怎样去做。

在这样的学术氛围中,面对社会的众多诱惑与压力,有的年轻人难免追求速成,不能安心去做踏实严谨的学术研究。不少最聪明的学生选择轻浮炒卖时髦理论的"捷径",要么是新制度经济学的"真理"(多见于经济系,也可见于社会学、法学和历史学),要么是后现代主义的自觉"反思"与"去西方中心化"(尤其多见于中文系,也可见于有的历史系)。另一种学生则完全依赖经验堆积,甚或自己的感性认识,自以为是,轻视任何外国的著作,对本国的研究又缺乏真正的好奇和独立思考。这样,西化与本土化两大倾向同样陷于轻浮。难见到的是结合理论与经验的严谨研究以及有分量的学术交流。在近年学术制度官僚化、形式化的大潮流下（譬如，不可思议地定下硕士、博士生发表论文的数量指标），只可能更加如此。

以上是我个人注意到的今日国内学术环境中的一些明显问题。但是，我这里要指出，今天中国的青年研究生们同时具有很多优点，这也是我自己愿意大老远来为他们开课的原因。首先，优秀的学生之中，不乏中国传统知识分子所特有的社会、文化责任感，其中包含中国现代知识分子的救国救民于苦难的精神。这种意识在美国学生中是看不到的。伴随这种意识的是某种"本土化"的学术倾向，虽然今日这种倾向多出于感情用事（例如自以为天生就懂中国而洋人则不可能达到同等认识），但它却不失为一个可以用来纠正全盘西化趋势、建立独立自主学术的资源。再则是中国知识分子所特有的历史感，哪怕是在西化的大潮流之下，许多研究生还是常常具有一种几乎是下意识的历史感，觉得自己作为一个中国人，必须认识自己国家的历史，就连偏重现实的社会科学研究生也是如此。这在美国社会科学研究生中也比较少见。另外，研究生们对本国的社会现实一般都具有一定的感性认识，他们之中又不乏农民子弟，对中国农村的现实与危机有一定的体会，面对不符合实际的理论，自然而然会感到有所保留。美国学生则相反。我们在美国执教的教授们，为学生讲授中国的时候，最难做到的便是使在美国生活环境中长大的青年能够想象到中国的现实，包括农村的贫穷和危机。这可以说是我们在教学中遇到的最大障碍。因此，更谈不上高层次的要求，譬如从实际中提炼新鲜概念，同时质疑美国主流思想等。最后,根据我在国内与研究生接触的经验,哪怕是比较偏向理论的学生,许多还是具有一种中国长期以来偏重经验与实用的思维倾向,即便是在来势汹汹的西方形式主义理论潮流下,仍然不太会完全盲目地接受其理论,而会要求验之于经验证据。而这样的态度,我认为正是连接经验与理论问题中最最关键的。

## 八、实践历史中的实用道德主义和第三领域,以及现代革命的实践精神

中国旧传统与现代革命传统,都具有可供我们今天探索中国自己的现代性学术应用的资源。首先是帝制时期遗留下来的传统。我最近已经详细论证,中国传统法律的一个重要特征是在经验与理论这对范畴之中,偏重经验,但并不忽略概念。它要求的是抽象概念与具体经验情况紧密结合。与欧洲大陆法中可以用韦伯作为代表的形式主义法律传统不同,中国法律一贯要求寓抽象概念和法则于具体事例,不像形式主义法律那样要求抽象出脱离具体情况的普适法则。譬如,在产权方面,中国传统法律没有像西方现代法律那样的私有产权抽象法则,而是在当时的历史环境中,立法取缔"盗卖田宅"(比如,欺诈性地将他人土地或房屋当作自己的财产出售,或侵占他人田宅)、"擅食田园瓜果"等侵犯他人产权的具体事例,以及"卑幼私擅用财"(不顾父母意愿擅自使用家庭财产)的事例。又譬如,它没有抽象出婚姻合同的概念,而是立法规定惩罚各种欺诈违约行为(比如,"再许他人"或"有残疾者,妄作无

疾"或"期约未至而强娶""期约已至而故违期"等行为）。在"民法"的另外两个主要领域——继承和债务——做法也是一样。

　　有的学者（包括韦伯）因此认为中国古代法律只重特殊具体情况,缺乏抽象概念和原则。但这是一种误解。中国古代法律与西方现代形式主义法律的不同,不在于能否抽象、处理非具体的问题,而在于其对怎样连接经验和理论的不同思维方式。形式主义要求通过法律（演绎）逻辑,建立脱离具体情况的普适法则,而中国传统法律则要求寓抽象原则于实例。一个很好的例子是清代关于杀人的立法:全部有关法则其实是围绕一个十分抽象的范畴——意图而组织的。杀人罪分六等,取决于不同程度的意图。惩罚最重的是"谋杀",例如用毒杀人;次之是"故杀",例如在愤怒的时候有意杀人;再次之是"斗殴杀",在斗殴中杀人;而后是"戏杀",譬如在拳击比赛之中无意杀了人;更次之是"误杀",譬如在玩火或者玩射箭的时候杀了人;最低的是"过失杀",是完全出于无意的,譬如在山坡上拉车失去控制而因此杀了人（薛允升,1970［1905］:849—857）。我们可以说,这样的区分要比后来模仿德国法律的国民党法律的"故杀"和"过失杀"两分法来得细致（正因为如此,民国法官判案时常常转而使用清代法律的概念和区分）（详细分析与案例见 Neighbors,2004）。它不是出于纯抽象的概念（有意或无意）,而是把抽象概念与具体事例紧密连接起来。这些我已在"课程大纲"所列的《中国民事判决的过去和现在》《中国法律的现代性?》两文中做过详细论证。

　　同时,清代法律绝对不是一个仅仅具有回顾性,完全根据过去发生的具体事例建立的法律（有人据此批评美国法律实用主义,说它缺乏明确的立法日程，归根到底只是对古典正统的一种反应），而是一个具有强有力的前瞻性理想的法律制度。它对社会前景的设想寓于道德理念。譬如，认为在理想社会中（当然，儒家话语把这种理想等同于过去的圣王时代），人们将会基本没有诉讼，全凭道德解决纠纷，即使有诉讼，也将由地方"父母官"凭道德教化解决。

但是，在具备这种道德理念的同时，清代法律在实践中设立了十分讲求实用性的处理所谓民间"细事"（约相当于现代的"民事"范畴）纠纷的司法制度。首先依赖社区或宗族调解，而后是社区调解和法庭干预间互动的"第三领域"，最后，如果纠纷仍然得不到解决，才由"州县自理"的庭审来解决。而法官们在拥抱儒家治理道德话语之外，同时经常在实践中采用具有高度实用性的判决（亦即所谓"断案"），明辨是非，依法判决。我称这种结合为"实用道德主义"，体现了中国帝国时期法律体系的基本思维方式（详见"课程大纲"所列黄宗智《清代的法律、社会与文化：民法的表达与实践》《中国民事判决的过去和现在》《中国法庭调解的过去和现在》）。

这种思维方式的部分特征可以见于毛泽东时代。当然，上面已经提到，毛泽东时代建立了全能性的国家意识形态，其绝对性比西方现代主义有过之而无不及。但与此同时，也有一个类似实用主义的传统，我们可以称之为"实践主义精神"。其主要诞生自中国共产党自己的革命经验，是对党早期的教条性马克思主义的反思。在大革命失败之后，革命根据地转向农村——也是当时大部分党员所不太熟悉的环境，因此造成重新认识理论与实际的关系的契机。其后，在抗战时期，大量来自沿海地区城市的知识分子，来到延安地区,因不了解当地实际情况,他们甚至无法与当地农民群众交谈,造成党组织本身的一个危机:怎样去团结这两大群体。这就是"实践论"形成的部分历史背景。当时强调,首先要深入农村,获得"感性认识",并认同劳动人民的"阶级感情",而后经过知识分子所掌握的理论的提升,才有可能进入更高层次的认识,最后要验之于实践。基于这种现代的革命认识论,形成了全党普遍的"调查研究"要求("没有调查便没有发言权"),成为一股风气。时至今日,许多国内的社会科学教师仍然经常带领学生出去做实地调查,了解具体情况。这种精神国外绝少能够看到。这一点,我已在"课程大纲"中所列的《认识中国:走向从实践出发的社会科学》《悖论社会与现代传统》两文中做了讨论。

在法律领域,毛泽东时代因应特殊历史要求而在民间和社区调解制度之上广泛运用法庭调解制度。后者的起源主要是为了处理离婚纠纷,在党早期对婚姻自由的激进允诺(单方要求离婚便允许离婚)之下,面对农村的激烈反对,试图一起一起地通过调解来处理有纠纷的离婚申诉,消解党和农村人民之间的矛盾。我个人认为,这个现代革命的法律传统,今天可以配合中国法律中的由实际到法则到实践的思维方式来推进使用。西方形式主义法律从抽象权利原则出发,要求其适用于任何事实情况,因此造成必争对错胜负的对抗性法律制度。但是,真实世界中的纠纷既有附带过错的纠纷,也有不牵涉过错的纠纷(在离婚法领域,西方本身到了 20世纪 80 年代已广泛改用无过错原则)。根据中国法律从实际出发的思维方式,今天可以考虑采用这样的区分:在事实情况不涉及一方过错的情况下,使用调解,包括法庭调解,因为在这样的纠纷中调解成效较高；反之，则依法判决，维护法定权利，采用西方法律的优点。事实上，现今西方法律，针对其对抗性法制所导致的诉讼过于频繁的实际，正在试图摸索出一条补充性的非诉讼纠纷解决道路。中国在这方面所积累的经验远比西方丰富，所以应有意识地朝这个方向发展。我在《离婚法实践：中国法庭调解的起源、虚构与现实》《中国法庭调解的过去和现在》《中国法律的现代性?》三文中，对这个方向做了初步的探讨。

# 九、实践历史

最后，我想对上面使用的"实践"概念做进一步说明和总结。本章对"实践"一词的使用主要包含三个交搭而又不完全相同的意涵。中国革命所提出的"实践"是相对"理论"而言的概念。这和我自己在《清代的法律、社会与文化：民法的表达与实践》一书中，主要是相对"表达"而言的"实践"概念比较接近但又不同。这两者还应区别于布迪厄主要是相对制度而言的"实践"。毛泽东的"实践"指的主要是应用，突出应用"普适"的（西方）理论于中国实际的问题，而我则更多强调中国自己的"表达"和理论也会与其"实践"脱节，指的主要是行动。布迪厄则提出"实践的逻辑"的概念，要求到人们的"实践"过程中，亦即实际运作中，而不只是制度结构中，去挖掘一个社会的逻辑真髓，并借此超越西方长期以来主观和客观二元对立的问题。

事实是，西方现代文明在理论层面上具有强烈的二元对立倾向，一再把认识推向非此即彼的选择。上面已经讨论了现代主义理论倾向,要么完全信赖"理性"演绎逻辑,要么完全信赖经验归纳;要么完全依赖形式主义理论,要么完全依赖实证主义经验积累。这一(同是科学主义的)倾向引发了后现代主义怀疑一切的反应,走到了相反的虚无主义极端。客观主义与主观主义的对立也是一样。要么像实证主义那样完全信赖客观性,以为事实绝对客观,要么像后现代主义那样完全信赖主观性,怀疑所有经验证据。

但是,西方本身的实践历史并不像其理论倾向那么偏激,所体现的是客观与主观的双向互动。上面已经提到,现代科学的实践历史其实同时依赖演绎与归纳,形式理论与经验研究。美国的政治经济实践其实既非纯粹的市场经济也非纯粹的政府干预,而是两者的并存和拉锯。其法律制度的实践历史也是一样,既非纯粹的"古典正统"也非纯粹的法律实用主义,而是两者的并存和拉锯。

上述几种相近又不同的"实践"概念都有助于理解中国实际,解决连接经验与概念的问题,而我这里更要突出"实践历史",提倡从其中提炼紧密连接经验与理论的分析概念。譬如,中国法律传统中的表达和实践(行动)虽然背离,但在法律整体的实践(实际运作)中其实密不可分,所以我们不能像现代主义的二元对立非此即彼思维方式那样把中国法律简单地等同于其表达或其实践的任何单一方面。清代的法律其实应该这样理解:它说的是一回事,做的是一回事;但是,两者合起来,则又是另一回事。也可以说:清代法律在"应然"层面上说的是一回事,在"实然"层面上做的是一回事;但是,两者连接起来,则又是另一回事。而其法律整体所包含的"实用道德主义"思维方式,正体现了表达和实践结合起来的逻辑,不同于其中任何单一方面的逻辑。

　　我们可以进一步以中国治理实践(实际运作)的历史为例。西方现代关于国家与社会关系的理论受其自身从法国革命开始,由于资产阶级争取自己权力的历史经验,造成深层的社会与国家对立、非此即彼的理论框架之影响。这种思维方式可以鲜明地见于韦伯以来到今天的哈贝马斯的(历史)社会学理论中。"国家"主要是指其所谓"正式"的官僚体制,社会则主要是指其所谓"非正式"的自发组织,不多考虑介于两者之间的半正式(半官方)领域,也因此不符合中国治理的历史实际。中国治理实践中更多的是在中央集权的国家机器直接统治范围之外,国家与社会互动或联合的半正式运作,体现于清代处于国家与村庄关键联结点上的(由社区举荐和县衙批准的)准官员(乡保),半正式纠纷处理(官方县衙与社区调解互动的"第三领域"),以及晚清兴起的半官方地方组织(比如,劝学所和商会)。其主要行政方法是简约的,准官员既不带薪水也不带文书,而国家机器要在遇到纠纷或人事变更时方始介入。这种"集权的简约治理"实践,既不同于正式的官僚体制,也不同于非正式的民间组织,而是具有它自己的逻辑的治理方法。这一切我已在《中国的"公共领域"与"市民社会"?——国家与社会间的第三领域》《集权的简约治理:中国以准官员和纠纷解决为主的半正式基层行政》两文中做过详细论证。

　　上述从实践历史出发的认识方法,与中国长期以来偏重经验和实用的传统具有一定的连续性。它体现的是一个不同于西方现代由形式主义(与其后的后现代主义)主宰的偏激认识观念,是一个可供中国用以建立自己的现代认识方法和理论的资源。它可以用来超越经验与理论非此即彼二元对立的思维方式,其关键在于经验与理论的紧密连接。一旦连接理论,便有可能超越经验的简单描述性、回顾性和纯特殊性;同时,一旦连接经验,便会承认理论的历史性,避免其超时空的绝对化或意识形态化。我们可以这样来总结:经验是一回事,理论是一回事;但是,连接起来,则又是另一回事。

# 十、课程设计解释

## (一)阅读方法

　　基于上面总结的思路,我在研修班的"课程大纲"中,首先突出要养成连接概念与经验的阅读习惯。读书必定要首先掌握作者的中心论点(当然有许多没有形成中心概念的著作,甚或主要是经验信息堆积类的著作。有的价值不大,但有的是十分珍贵的参考书。我这里关心的不是参考书的编撰,而是学术专著的写作),而为了精确地掌握一本书,也是为了锻炼自己的概括能力与养成连接经验与概念的思维习惯,我特别强调读书笔记要总结作者为支撑自己的中心论点所使用的主要经验证据,并同时照顾到中心论点次一级的阐发性概念及其经验根据。最后要回答这样一个问题:作者把你说服了没有? 为什么? (更有进者,如果由你来写这本书,你会做怎样的修改?)这样的读书习惯也是为自己做学术研究、写学术专著而进行的一种锻炼。能够清楚掌握好的专著的设计和结构,才有可能自己撰写优秀的学术著作。

　　另外,这样的读书习惯有一个很实用的考虑,就是为了积累自己将来研究和教学的可用材料。根据我自己的经验,我们看书之后,在个把星期到几个月之中,对一本书的记忆是比较清晰完整的,之后便逐渐模糊,几年之后便几乎不可能在脑袋里进行详细的找回检索。因此,我们要在记忆清晰的时候,精确地总结这本书以备将来之用。而这样的总结,不是被动摘抄,而是积极消化,迫使自己在记忆最完整的时候,按照上述的方法精确地掌握这本书并对其进行系统思考。那样,将来可以随时找回检索使用。我自己要到 30 岁之后才清楚了解到自己的记忆(或仅仅把书排列在书架上)的不可依靠,开始积累笔记。有不少在研究院时候读过的书,后来都得回去重看。

## (二)理论学习

同时,"课程大纲"所建议的是我自己经验中行之有效的理论学习途径。前人有众多理论著作,对我们来说都是有用的资源。我自己提倡的途径是要掌握主要的不同流派的理论,作为入门途径。阅读时要求与之对话,而不是简单的死学。而对话、决定取舍的最好方法,乃是看它对我们组织、解释自己掌握的经验材料有用没用。

学习理论的目的不是寻求或掌握全能性的真理,而是提出问题,较高的一个境界是在理论和实际的脱节点上,或不同流派理论的交锋点上,提出问题,试图超越现存视野。学习理论的另一用途,是通过与现存理论的对话来澄清、推进自己的分析概念。这样,理论更多的是工具或对手,而不是答案。

另一个有用办法,是区别经典理论与庸俗理论;前者较少,后者俯拾皆是。前者一般视野比较宽阔,提出的概念更清晰并强有力,后者则比较模糊繁杂,除非和自己的研究课题有直接联系,一般用途不大。这种庸俗模式的大量存在本身便是西方形式主义倾向的一个例证:今日美国一般的社会学、政治学系,对学生的要求首先就是建立所谓"理论"或"模式",然后才做经验研究,这种认识方法的结果之一是"模式"堆积如山,绝大多数十分庸俗。而与这样的"模式"对话,虽然可能会起点公关作用,但对推进和提高自己的分析概念不会有太大帮助。

最后一种可行的理论学习方法,是先在某一种流派之中深入浸淫一段时间,作为入门方法,锻炼自己概括和连接概念的能力,然后再学习其他流派。国内许多年长一点的学生,已经接触过马克思主义理论,可惜的是其学习方法大多是当教条死背,而不是活学活用地用来提出问题。但也有少数的学生,还是能够从其中得到概括能力的锻炼,这是宝贵的资源,可以当作学习其他流派理论的基本功。

## (三)研究写作

"课程大纲"的最后部分是研究论文的写作。我这里要强调的是,设计这样的论文,首先应要求自己能在经验层面做出前人所未做的贡献,因为作为一个青年学者,思想上多未完全成熟,若能老老实实做经验研究,最起码可以在某个层面上做出新的贡献。但这不是说只做经验信息的简单堆积,因为那样无从区别重要和不重要的信息。优秀的学术贡献需要带有明确的问题,学习经验证据的目的是解决重要的问题,而问题的建立要靠经验与理论的连同使用，不可只靠单一方面。最理想的状况是通过新鲜的经验证据来提炼新鲜的概念，用以解决重要的理论问题。而所谓理论问题，上面已经提到，既可以是不同流派理论的交锋点，也可以是理论与实际的脱节点。另外，最好是自己特别关心的问题，因为那样才会有驱动力，使自己能够长时期地持续投入。

这里应该说明，寻找自己最想做而又最能做的题目常常是一个曲折的过程。我当年便因导师的影响而选择了思想史的题目，并试图为导师而挑战当时占美国首席位置的列文森（Joseph R. Levenson）。后来才发现，自己无论在感情上还是在能力上，都更倾向于关注普通人民，而又比较喜欢解答有关人们实际生活的问题，所以更适合做经济史、社会史和法律史。但清楚认识这一点的时候，我已经近乎不惑之年了。基于以上经验，我自己一贯避免指定学生做某个题目，因为我认为这几乎等于是在替他们找对象。做学问是个长时期的磨炼过程，非常有必要找到自己真正愿意一生与之相伴的主题。但国内由导师包办的做法仍然比较普遍，这点亟须改革。

最后回到本章主题，亦即怎样在经验证据上提炼新鲜概念。上面已经提到，一个好的方法是从经验证据与现存理论的脱节点出发，与现存理论尤其是经典性的著作对话，来澄清、推进自己的概念。最好是跨越不同流派的理论，因为同一流派中的论证，多只关乎次级问题，而不同流派的交锋点，常常是最为基本和关键的问题。有的同学可能会觉得掌握单一流派的理论已经很不容易，要求同时与不同流派对话，可能是苛求。但实际上，只掌握单一流派，常常会不自觉地完全接受其预设前提，久而久之，甚至会认其为天经地义、无可置疑的"真理",因此陷入由意识形态主宰的研究。而且,通过不同流派之间的争议,可以更清晰深入地同时掌握不同概念,并把自己的认识和问题提高到最基本的层面上。这方面中国的研究生其实具有比美国学生更优越的条件。作为处于两种文化冲击下的知识分子,中国的研究生更能体会理论与实际的脱节与不同理论之间的交锋。今天中国的研究生,几乎不可避免地都是"双重文化人"(见黄宗智《近现代中国和中国研究中的文化双重性》),和美国一般研究生很不一样。若能既不迷信普适理论,又不迷信自己的感性认识,这本身就是一个可资学术使用的重要资源。最后是通过严谨的经验研究与高层次的理论问题意识的探讨,来回反复连接,由此才可能建立既是中国的也是现代性的学术,并为全人类建立一个不同于西方现代主义传统的学术传统。

谨以此与国内的青年研究生共勉!

## 参考文献

薛允升(1970[1905]):《读例存疑重刊本》(五册),黄静嘉编校,台北:成文出版社。

China Development Research Foundation (2005). *China Human Development Report*. United Nations Development Programme, China Country Office.

Coase, Ronald H. (1990). "The Nature of the Firm," and "The Problem of Social Cost," in *The Firm, the Market, and the Law*. Chicago: University of Chicago Press.

Johnson, Chalmers (2003). *The Sorrows of Empire: Militarism, Secrecy, and the End of the Republic*. New York: Henry Holt and Company.

North, Douglass (1997). "Prize Lecture," (Dec. 9, 1993) in Torsten Persson (ed.), *Nobel Lectures, Economics, 1991–1995*. Singapore: World Scientific Publishing Co.

Hull, N. E. H. (1997). *Roscoe Pound and Karl Llewellyn, Searching for an American Jurisprudence*. Chicago: University of Chicago Press.

Neighbors, Jennifer Michelle (2004). "Criminal Intent and Homicide Law in Qing and Republican China." Ph. D. dissertation, University of California, Los Angeles.

Schultz, Theodore W. (1964). Transforming Traditional Agriculture. New Haven Conn.: Yale University Press.

Stiglitz, Joseph (2003). "Challenging the Washington Consensus (An Interview with Lindsey Schoenfelder)," *The Brown Journal of World Affairs*, 9.2(winter/spring):33–40.

Wiecek, William M. (1998). *The Lost World of Classical Legal Thought: Law and Ideology in America, 1886–1937*. New York: Oxford University Press.

# 附录 "中国社会、经济与法律的实践历史研究"研修班课程大纲

此门课程的基本设想,是把我在加利福尼亚大学设计的博士课程核心内容压缩到一年之内。课程主要分三部分:首先是阅读方法和习惯,然后是经验证据和概念的连接——包括学术理论的

掌握、运用和建造,最后是具体研究计划的设计和研究成果的写作和讨论。有意申请参加此课的学生,请于 2007 年 6 月 30 日之前把附件"报名表"直接发给我(邮箱略——编者注),说明自己为什么要参加,并附交一篇不超过两千字的关于我任何一本书的读书笔记。

此门课程的中心问题是事实和概念的连接,也可以说是经验研究和理论概念的媒介。这不是一朝一夕、一年半载的事,而是每一个研究人员终身面对的问题。它是每一个人需要通过研究的实践来寻找答案的问题,唯有通过具体去做才有可能发现自己的长处和短处,并形成自己独特的风格。我对怎样处理这个问题没有什么特殊的方法或秘诀;这门课程只不过是把问题摆到大家面前来,要求大家有意识地去寻找自己的答案。

根据我的经验,美国学生比较偏向理论,近一二十年来尤其如此。经验知识需要长期的积累,而时髦理论则可以很快掌握。因此,越聪明的青年学生越偏向理论,每一代都是如此。因此,我在美国强调的是经验研究那一只手。国内实证研究的传统比较强,倒是理论上的训练可能比较薄弱,起码历史学科如此。因此,尽管我这门课程在设计上更强调学术理论传统概念的掌握和形成,但是不可脱离经验研究。

我们阅读的书也是从这个角度来选择的。纯理论性的著作不大容易掌握,我一般的做法是把某一理论著作和使用那个理论的经验研究放在一起来读。那样更容易掌握理论概念,也更容易进行判断和决定取舍。这门课程限于时间将主要阅读我自己的三本书,由此进入那几本书中讨论得比较多的不同理论著作。这些著作不一定跟你最关心的专业有直接联系,但是可以用锻炼自己理论能力的态度来读。我的几本专著引用的理论比一般历史学著作更多,因此也可以看作向纯理论性著作的过渡。另一考虑是我要强调的养成精确阅读的方法和习惯:作为作者本人,我更有资格判断你的笔记到底精确与否,协助你养成高效率精确阅读的习惯。毋庸说,我希望课程前半部分的这些讨论会对后半部分大家自己的研究课题有帮助。

## (一)阅读方法与习惯

我个人认为,学术著作都应具有一个中心论点。阅读这样的著作,首先要掌握其中心论点,用自己的话(一段,甚或是一句话)表达出来。然后,用三四段总结其主要的次级论点,同时总结其经验证据。总结的时候,关键在于不要摘抄,要用自己的话,因为那样才会消化,使它变成自己的东西。一个可行的阅读次序是先看首尾,掌握其中心论点之后才逐章阅读,每章看完之后用自己的话总结。最后要回答这样一个问题:作者把你说服了没有,为什么?(甚或更进一步:如果由你来写这本书,你会做怎样的修改?)至于比较纯理论性的著作,我们要问:它对了解中国的实际或你自己的研究课题有什么用? 这样的看书写笔记方法乃是一种思维上的锻炼,也是养成自己的思考、写作习惯的办法。关键是养成看后就写系统笔记的习惯,不可依赖自己的记忆,因为几个月(最多一两年)之后肯定会变得模糊不清。笔记最好既不要太简短也不要太详细,应在一两千字的范围之内。这样长年积累,随时可供将来的研究和教学之用。为了帮助大家养成好的阅读和写笔记习惯,请大家起码每两周提交一篇书面的读书笔记给我看。

我们将每周讨论一本书。上课时我将随时点名,请三五个人做 10 分钟以下的总结。班上讨论程序是:先把要讨论的著作精确地"放在桌面上",然后才进行讨论。

**推荐书目:**

1.黄宗智:《华北的小农经济与社会变迁》,北京:中华书局,2006(1985,2000)年。

2.黄宗智:《长江三角洲小农家庭与乡村发展》,北京:中华书局,2006(1990,2000)年。

3.黄宗智:《清代的法律、社会与文化:民法的表达与实践》,上海:上海书店出版社,2007(1996,2001)年。

**参考:**

黄宗智:《法典、习俗与司法实践:清代与民国的比较》,上海:上海书店出版社,2007(2001,2003)年。

以下转入理论阅读。我个人认为,学习理论不应限于任何一个传统或流派,而应从掌握各个(至少两个)主要传统的基本论点出发,用经验实际来决定取舍,按实际需要来挑选,完全可以同时采用不同理论的不同部分。更好的办法是从不同流派的交锋点出发,根据实际建立自己的概念和解答。也可以说,我们要从理论得到的不是答案,而是问题。下列书单是目前主要理论体系的一些入门性著作,阅读目的是建立基础,让大家今后可以按兴趣和需要继续深入。

**推荐书目:**

1.恰亚诺夫:《农民经济组织》,萧正洪译,北京:中央编译出版社,1996 年。

**参考:**

詹姆士·斯科特:《农民的道义经济学:东南亚的反叛与生存》,程立显、刘建等译,南京:译林出版社,2001 年。

黄宗智:《制度化了的"半工半耕"过密型农业(上)》,载《读书》2006 年第 2 期,第 30—37 页。

黄宗智:《制度化了的"半工半耕"过密型农业(下)》,载《读书》2006 年第 3 期,第 72—80 页。

2.舒尔茨:《改造传统农业》,梁小民译,北京:商务印书馆,1999 年。

**参考:**

诺斯:《经济史上的结构和变革》,厉以平译,北京:商务印书馆,1992 年。

哈耶克:《个人主义与经济秩序》,邓正来译,北京:生活·读书·新知三联书店,2003 年。

中国社会科学院"新自由主义研究"课题组:《新自由主义研究》,载《马克思主义研究》2003 年第 6 期,第 18—31 页。

黄宗智:《中国农业面临的历史性契机》,载《读书》2006 年第 10 期,第 118—129 页。

黄宗智、彭玉生:《三大历史性变迁的交汇与中国小规模农业的前景》,载《中国社会科学》2007 年第 4 期,第 74—88 页。

3.韦伯:《法律社会学》,康乐、简惠美译,桂林:广西师范大学出版社,2005 年。

**参考:**

黄宗智:《中国民事判决的过去和现在》,载《清华法学》第十辑,北京:清华大学出版社,2007 年,第 1—36 页。

黄宗智:《中国法庭调解的过去和现在》,载《清华法学》第十辑,北京:清华大学出版社,2007 年,第 37—66 页。

黄宗智:《中国法律的现代性?》,载《清华法学》第十辑,北京:清华大学出版社,2007 年,第 67—88 页。

4.格尔茨:《地方性知识:事实与法律的比较透视》,邓正来译,载梁治平编《法律的文化解释》,北京:生活·读书·新知三联书店,1999 年,第 73—171 页。

**参考:**

萨义德:《东方主义》,王宇根译,北京:生活·读书·新知三联书店,1999 年,第 1—144 页。

5.汪晖:《现代中国思想的兴起》下卷,第二部《科学话语共同体》,北京:生活·读书·新知三联书店,2004 年,第 1107—1492 页。

6.布迪厄:《实践感》,蒋梓骅译,南京:译林出版社,2003 年。

**参考:**

毛泽东:《实践论》。

张小军:《杨村土改中的阶级划分与象征资本》,载《中国乡村研究》第二辑,北京:商务印书馆,2003 年,第 96—132 页。

孙立平:《社会转型:发展社会学的新议题》,载《开放时代》

2008 年第 2 期,第 57—72 页。

黄宗智:《认识中国——走向从实践出发的社会科学》,载《中国社会科学》2005 年第 1 期,第 83—93 页。

黄宗智:《悖论社会与现代传统》,载《读书》2005 年第 2 期,第 3—14 页。

黄宗智:《中国法律的现代性?》,载《清华法学》第十辑,北京:清华大学出版社,2007 年,第 67—88 页。

## (二)思考性论文

在理论阅读期间,请写一篇简短的论文(不要超过三千字),讨论自己从我们阅读的理论著作中获得的心得。可以适当突出一个概念,或借用,或修改,或作为对话对象,尽量对该概念做出经验检验。

## (三)研究计划/成果

请提交自己的计划/论文,讨论前发给大家,不要超过一万字。计划应该尽可能包括经验材料的讨论与自己要解答的问题及初步想法。论文则应具有一个中心论点,尽可能是发前人之所未发的论点。

**参考:**

研究课题设计的关键,首先是选择一个自己特别关心且在经验研究层面上可能有所创新的题目。通过对新鲜材料的掌握,建立中层的新概念。应该避免空泛的理论探讨,以及没有问题意识

的经验信息堆积。以下是几本示范性的(有中译版本)专著:

珀金斯:《中国农业的发展(1368—1968)》,宋海文等译,伍丹戈校,上海:上海译文出版社,1984 年。

阎云翔:《私人生活的变革:一个中国村庄里的爱情、家庭与亲密关系(1949—1999)》,龚晓夏译,上海:上海书店出版社,2006 年。

白凯:《中国的妇女与财产(960—1949 年)》,上海:上海书店出版社,2003 年。

孔飞力:《叫魂:1768 年中国妖术大恐慌》,陈兼、刘昶译,上海:生活·读书·新知三联书店,1999 年。